O TEMPO NOS CONTRATOS DE CONCESSÃO DE SERVIÇO PÚBLICO

PRAZO, EXTINÇÃO, PRORROGAÇÃO E RENOVAÇÃO

MÁRCIO MONTEIRO REIS

Alexandre Santos de Aragão
Prefácio

O TEMPO NOS CONTRATOS DE CONCESSÃO DE SERVIÇO PÚBLICO

PRAZO, EXTINÇÃO, PRORROGAÇÃO E RENOVAÇÃO

Belo Horizonte

FÓRUM
CONHECIMENTO JURÍDICO
2024

© 2024 Editora Fórum Ltda.

É proibida a reprodução total ou parcial desta obra, por qualquer meio eletrônico, inclusive por processos xerográficos, sem autorização expressa do Editor.

Conselho Editorial

Adilson Abreu Dallari
Alécia Paolucci Nogueira Bicalho
Alexandre Coutinho Pagliarini
André Ramos Tavares
Carlos Ayres Britto
Carlos Mário da Silva Velloso
Cármen Lúcia Antunes Rocha
Cesar Augusto Guimarães Pereira
Clovis Beznos
Cristiana Fortini
Dinorá Adelaide Musetti Grotti
Diogo de Figueiredo Moreira Neto (*in memoriam*)
Egon Bockmann Moreira
Emerson Gabardo
Fabrício Motta
Fernando Rossi
Flávio Henrique Unes Pereira
Floriano de Azevedo Marques Neto
Gustavo Justino de Oliveira
Inês Virgínia Prado Soares
Jorge Ulisses Jacoby Fernandes
Juarez Freitas
Luciano Ferraz
Lúcio Delfino
Marcia Carla Pereira Ribeiro
Márcio Cammarosano
Marcos Ehrhardt Jr.
Maria Sylvia Zanella Di Pietro
Ney José de Freitas
Oswaldo Othon de Pontes Saraiva Filho
Paulo Modesto
Romeu Felipe Bacellar Filho
Sérgio Guerra
Walber de Moura Agra

FÓRUM
CONHECIMENTO JURÍDICO

Luís Cláudio Rodrigues Ferreira
Presidente e Editor

Coordenação editorial: Leonardo Eustáquio Siqueira Araújo / Aline Sobreira de Oliveira
Revisão: Gabriela Sbeghen
Capa e projeto gráfico: Walter Santos
Diagramação: Derval Braga

Rua Paulo Ribeiro Bastos, 211 – Jardim Atlântico – CEP 31710-430
Belo Horizonte – Minas Gerais – Tel.: (31) 99412.0131
www.editoraforum.com.br – editoraforum@editoraforum.com.br

Técnica. Empenho. Zelo. Esses foram alguns dos cuidados aplicados na edição desta obra. No entanto, podem ocorrer erros de impressão, digitação ou mesmo restar alguma dúvida conceitual. Caso se constate algo assim, solicitamos a gentileza de nos comunicar através do *e-mail* editorial@editoraforum.com.br para que possamos esclarecer, no que couber. A sua contribuição é muito importante para mantermos a excelência editorial. A Editora Fórum agradece a sua contribuição.

Dados Internacionais de Catalogação na Publicação (CIP) de acordo com ISBD

R375t	Reis, Márcio Monteiro
	O tempo nos contratos de concessão de serviço público: prazo, extinção, prorrogação e renovação / Márcio Monteiro Reis. Belo Horizonte: Fórum, 2024.
	392p. 14,5x21,5cm
	ISBN impresso 978-65-5518-737-3
	ISBN digital 978-65-5518-736-6
	1. Concessão. 2. Serviços públicos. 3. Contrato administrativo. 4. Prorrogação. 5. Extinção. 6. Prazo. 7. Tempo. 8. Bens reversíveis. 9. Equilíbrio econômico-financeiro. 10. Regulação. 11. Regulação contratual. 12. Permissão. 13. *Public Utilities*. I. Título.
	CDD 341
	CDU 342

Ficha catalográfica elaborada por Lissandra Ruas Lima – CRB/6 – 2851

Informação bibliográfica deste livro, conforme a NBR 6023:2018 da Associação Brasileira de Normas Técnicas (ABNT):

REIS, Márcio Monteiro. *O tempo nos contratos de concessão de serviço público*: prazo, extinção, prorrogação e renovação. Belo Horizonte: Fórum, 2024. 392p. ISBN 978-65-5518-737-3.

À Anita Florentino (in memoriam), que ainda nos bancos da escola me pegou pelas mãos para levar a conhecer o fórum e assistir a julgamentos. Logo identificou e soube incentivar a conexão que cedo estabeleci com o Direito. Personificava, como ninguém, uma combinação de firmeza e afeto, seriedade e humor afiado, disciplina e leveza. Faz muita falta.

AGRADECIMENTOS

Sem amor a vida não vale a pena. Agradeço a quem mais amo por dar sentido à minha existência. Paulo e Ana Maria trouxeram-me ao mundo e me forjaram o que sou. Foram o exemplo em que mirei para chegar até aqui e são hoje o arquétipo que me inspira. Rafael tem seguido ao meu lado toda essa jornada, desde que chegou para trazer sua alegria à nossa família. Cristina é o grande encontro que tive na vida. Juntos fizemos Alice, que preencheu um espaço enorme em nossos corações, que nem sabíamos que estava lá, esperando por ela. É nossa preciosidade maior. Este livro se origina essencialmente da minha tese de doutorado. As duas foram certamente as que mais sofreram com minha ausência e com minhas angústias de doutorando. Pagaram involuntariamente o preço pelos sacrifícios pessoais inevitáveis para que fosse possível concluir o meu intento. Tenho tentado e vou continuar sempre tentando compensar. Amo muito vocês!

A empreitada de concluir uma tese não se logra sozinho. Deste modo, não posso deixar de agradecer a todos que, de alguma forma, estimularam o autor, ou contribuíram com a obra. Ao Prof. Alexandre Aragão, por sua precisa e essencial orientação. Suas provocações inspiradoras e críticas instigantes foram o combustível que me levou a trilhar diversos dos caminhos que percorri ao longo do desenvolvimento da tese que originou este livro. Obviamente, não lhe pode ser atribuído nenhum dos possivelmente inúmeros defeitos que se identifiquem no trabalho, mas os ricos debates que travamos certamente explicam as eventuais qualidades de que porventura se revista. Crucial importância também devo atribuir às críticas, comentários e sugestões que recebi em minha qualificação, pelo que registro o especial agradecimento aos professores Floriano de Azevedo Marques Neto e Gustavo Binenbojm. Patrícia Baptista e Jacintho Arruda Câmara completaram a generosa banca que examinou a tese, em uma prazerosa e enriquecedora sessão ocorrida no salão nobre da UERJ, no final da tarde do dia 19 de fevereiro de 2020, às vésperas da ainda insondável pandemia, que veio a assolar o mundo.

A troca acadêmica, o debate de ideias e o compartilhamento de informações são os motores principais da construção do conhecimento a possibilitar o desenvolvimento de uma tese. O convívio com meus colegas professores e com meus alunos do Ibmec-RJ, assim como com o corpo discente do PPGD da UERJ e com os professores com quem tive o privilégio de estudar no doutorado, foi fundamental. São muitos, o que me impede de declinar seus nomes, mas todos muito especiais e queridos.

Nesse período de intensa pesquisa e estudo, naturalmente estive por diversos períodos ausente do escritório. Naquela ocasião, integrava os quadros do BFBM e meus então sócios foram os mais compreensivos que poderia ter encontrado. Agradeço a todos, assim como ao time de advogados, funcionários e estagiários, que formam um grupo seleto, competente e de deliciosa convivência, pelo fundamental apoio. Destaque especial devo fazer à Priscilla Pestana Campana, hoje minha sócia no Queiroz Maluf Reis. Se eu pude ter tranquilidade de me ausentar, às vezes por longos períodos, foi porque sabia que podia confiar em sua competência e dedicação para liderar a equipe quando preciso.

Obrigado a todos!

Force est de constater que même les contacts les plus longs ont une fin... surtout eux.
(Nathalie Vinci)

Ao tratar do tempo (prazo) nos contratos de concessão de serviço público, Márcio Monteiro Reis desfia o novelo das nuances e modificações recentes das fórmulas jurídicas que disciplinam a exploração privada de serviços de titularidade estatal (serviços públicos).

É a partir do tratamento dado ao tempo de exploração dos serviços delegados que se constrói um dos principais pilares da equação econômico-financeira das concessões. Embora essa noção seja intuitiva e genérica, engana-se quem, numa aproximação superficial com o assunto, supõe que o tratamento da matéria seja uniforme ou estanque.

O livro descreve o quanto a abordagem legal e contratual do fator tempo nas concessões pode variar e, concretamente, tem variado. Para tanto, há ampla pesquisa do direito nacional e comparado e de diversos setores do que se convencionou denominar de serviços públicos. São apresentadas variáveis e tendências, indicando modelos mais rígidos e flexíveis, bem como as razões de natureza econômica e jurídica que justificam cada qual. Muito mais do que apresentar uma visão romanceada ou subjetiva em torno de uma fórmula ideal para aprazar tais relações jurídicas, a obra busca escancarar o quanto inadequado pode ser a tentativa de aprisionar o modelo de delegação de serviços públicos numa só ideia, num só propósito, num só regime jurídico.

A variabilidade dos modelos para fixação de prazo, para admitir prorrogação das outorgas ou para sua renovação, é o elemento utilizado pelo autor para promover uma autêntica revisão do regime jurídico de delegação de serviços públicos a particulares. A rica pesquisa bibliográfica e normativa, reveladora de um universo complexo e heterodoxo de modelagens jurídicas, forneceu o material necessário para uma criteriosa revisão teórica da matéria.

O leitor encontrará muito mais do que o título da obra sugere. Não é apenas uma investigação sobre o tempo (prazo) das concessões, mas sim uma revisão da teoria geral da delegação de serviços públicos a particulares, promovida a partir do fio condutor da diversidade do tratamento jurídico conferido a esse ponto específico desse tipo de relação jurídica.

Jacintho Arruda Câmara
Professor Doutor de Direito Administrativo da PUC-SP.

O livro aborda os principais problemas relacionados aos aspectos temporais da formação, execução e extinção dos contratos de concessão de serviços públicos e de infraestrutura. Com destaque para as discussões referentes à prorrogação, encerramento e eventual renovação desses contratos. Passando pela atualidade de temas como relicitação e renegociação.

Com importantes reflexões sobre o modelo de concessão a prazo certo – rever ou romper com ele? –, busca contribuir para o aperfeiçoamento do modelo de delegação predominante no país.

Baseada em sólida pesquisa acadêmica, a obra se beneficia ainda da visão prática e da ampla experiência do autor como advogado especialista e professor na área. Atenderá, portanto, aos que buscam não apenas literatura segura e de boa qualidade, como respostas aos desafios jurídicos cotidianos no trato dos contratos de concessão.

Patrícia Ferreira Baptista
Professora Doutora de Direito Administrativo da UERJ.

O livro de Márcio Monteiro Reis enriquece a literatura jurídica brasileira, no campo dos contratos administrativos, com notável pesquisa doutrinária e atualidade de pensamento, estando fadado a tornar-se referência na matéria. Já nasce clássico.

Gustavo Binenbojm
Professor Titular de Direito Administrativo da UERJ.

O livro, que li ainda quando era tese, é daqueles que merece ser lido. Com um recorte preciso do objeto, Márcio consegue contemplar todos os diferentes aspectos da vigência do contrato de delegação de serviço público, inclusive aqueles pouco tratados pela doutrina. Exposto de forma didática sem cair na vulgaridade de apostilas, a obra oferece um verdadeiro manual sobre a duração e a extinção da concessão. A leitura associa o prazer da escrita escorreita com a satisfação de ver dúvidas bem equacionadas.

Floriano de Azevedo Marques Neto
Professor Titular de Direito Administrativo da USP.

SUMÁRIO

PREFÁCIO
Alexandre Santos de Aragão 17

APRESENTAÇÃO 23

INTRODUÇÃO 25

CAPÍTULO 1
O PRAZO NOS CONTRATOS DE CONCESSÃO 31

1.1   A crise do modelo contratual de concessão com prazo fixo 31
1.1.1 A crise brasileira: relicitação e prorrogação antecipada 31
1.1.2 A transição norte-americana para uma regulação sem contrato
       (e sem prazo) 40
1.1.3 O retorno norte-americano aos contratos (governar por contrato) 48
1.2   Vantagens e desvantagens do modelo contratual a prazo fixo 58
1.2.1 A ótica do poder público: *publicatio* e licitações periódicas 58
1.2.2 A ótica do concessionário: equilíbrio econômico-financeiro em
       contratos incompletos 67
1.3   O modelo de regulação com contrato a prazo fixo 83
1.3.1 A opção pela regulação contratual (com ou sem concorrência) 83
1.3.2 A impossibilidade de contratos perpétuos ou por prazo
       indeterminado 101
1.3.3 Competência do Poder Executivo para fixar o prazo 105
1.4   A fixação do prazo 117
1.4.1 O prazo como elemento essencial da equação econômico-financeira
       do contrato 117
1.4.2 Os critérios para a fixação do prazo 132

CAPÍTULO 2
PRORROGAÇÃO 145

2.1   Aspectos gerais 145
2.1.1 Quando se justifica 145
2.1.2 Competência para prorrogar 154
2.1.3 Requisitos 163
2.1.4 Limites quanto aos reflexos da prorrogação no objeto contratual ... 181

2.2 Espécies de prorrogação 194
2.2.1 Ordinárias 194
2.2.1.1 Convencionais (por interesse público) 194
2.2.1.2 Premial 206
2.2.2 Extraordinárias 219
2.2.2.1 Para fins de reequilíbrio 219
2.2.2.2 Prorrogação antecipada (para fins de reequilíbrio) 258
2.2.2.3 Por emergência 275
2.3 Duração e quantidade dos períodos adicionais 283

CAPÍTULO 3
ENCERRAMENTO DO PRAZO CONTRATUAL 297
3.1 Relicitação: encerramento antecipado do prazo por acordo entre as partes 297
3.2 Extinção do contrato e indenização de bens reversíveis não amortizados 313
3.2.1 Identificação dos bens reversíveis em uma concessão 313
3.2.1.1 Conceito e natureza dos bens reversíveis 313
3.2.1.2 A disciplina legal e contratual dos bens reversíveis 319
3.2.1.3 A essencialidade para a prestação do serviço público 324
3.2.2 Indenização de bens reversíveis ao final do prazo dos contratos de concessão ou permissão de serviço público 336
3.2.2.1 Investimentos não amortizados e desequilíbrio contratual 336
3.2.2.2 A origem da indenização de investimentos não amortizados 348
3.2.2.3 Investimentos a serem indenizados ao final do contrato 351
3.2.2.4 Extinção antecipada e indenização 363

CONCLUSÃO 367

REFERÊNCIAS 377

PREFÁCIO

Conheci Márcio Monteiro Reis durante a sua destacada trajetória na advocacia e, durante o curso de Doutorado do Programa de Pós-Graduação *stricto sensu* em Direito da UERJ, pude notar que o brilhantismo profissional do autor também se estendia à academia.

Foi, portanto, com grande alegria que recebi o convite para prefaciar esta obra – que se baseia em tese de doutorado por mim orientada e aprovada por banca composta pelos professores Floriano de Azevedo Marques Neto, Gustavo Binenbojm, Jacintho Arruda Câmara e Patricia Ferreira Baptista, cujos nomes falam por si próprios.

O trabalho trata do tempo como elemento essencial nas delegações de serviço público, avaliando de maneira aprofundada o regime de prazos dos contratos de concessão e endereçando com louvor as muitas e sempre presentes discussões acerca do fim desses ajustes.

Com efeito, de um lado temos as dificuldades de planejamento do Poder Público em realizar novas licitações e as relações estabelecidas com a atual concessionária, e, de outro lado, há a necessidade de se aferir periodicamente as melhores possibilidades existentes no mercado em relação ao serviço e a impossibilidade jurídica de, em sendo o serviço de titularidade estatal, ser atribuído a particulares indefinida ou perpetuamente.

Já observei[1] que o período de vigência dos contratos de concessão constitui elemento essencial desses instrumentos, cf. art. 23 da Lei nº. 8.987/1995.

Mais que isso, no âmbito das delegações de serviço público, o prazo contratual é também importante variável econômico-financeira, vinculando-se à amortização dos investimentos e à própria rentabilidade do projeto. Como bem sintetiza Rozen Noguellou, no direito francês, "a duração das concessões é fixada de forma a permitir ao delegatário a possibilidade de amortizar os seus investimentos e obter retorno do capital investido".[2]

---

[1] ARAGÃO, Alexandre Santos de. *Curso de direito administrativo*. 2. ed. Rio de Janeiro: Forense, 2013. p. 428-429.

[2] NOGUELLOU, Rozen. *Le regime des biens dans les contrats de concession*. Paris: Commission Juridique de l'Institut de la gestion déléguée. Institute Management Delegué, [s.d.]. p. 30.

De maneira ampla:

> a temporalidade, funciona, portanto como um elemento de estabilidade dessas relações complexas e mutáveis, como garantia de que não ocorrerão rompimentos imotivados ou arbitrários no curso do ajuste. Tanto o Poder Público reconhece que, durante determinado período, a parte detém legítima expectativa sobre a previsão inicial de investimentos necessários, dos custos operacionais e financeiros e da projeção de receita, assim como o contratado tem ciência que é nesse lapso que sua proposta terá que se materializar em termos de entrega do objeto contratado, prestação do serviço acordado e efetivação da sua remuneração.[3]

Ante a complexidade da prática contratual administrativa, todavia, conceitos atinentes ao tema outrora cristalizados, como, ilustrativamente, a necessidade de determinação da duração das concessões e a impossibilidade apriorística de modificação do prazo concessório, vêm sendo cada vez mais – e em maior intensidade – revisitados.

Ilustrando as recentes inovações acerca do primeiro ponto, Jacintho Arruda Câmara, por exemplo, examina a hipótese das prorrogações contínuas nos contratos de concessão, já admitidas de maneira ampla em determinados estados e também em âmbito federal, dentro de certos setores, destacando inclusive que, em razão disso, "pode-se estar vivenciando uma mudança do paradigma pós 1988 em relação à aplicação do dever de licitar".[4]

Da mesma forma, exemplificando a relativização da concepção clássica em torno da imodificabilidade do prazo concessório, destacam-se as recentes iniciativas legislativas trazidas pela Lei nº 13.448/2017, que positivaram expressamente os institutos da relicitação e da prorrogação antecipada nos contratos.

Atento a todas essas discussões, Márcio Monteiro Reis investiga de forma detalhada e ponderada o tema da temporalidade nos contratos de concessão.

---

[3] OLIVEIRA, Carolina Zaja Almada Campanate. *Contratos administrativos complexos e de longo prazo*: a prorrogação antecipada e a relicitação na teoria dos contratos públicos. Dissertação (Mestrado) – Escola de Direito do Rio de Janeiro, Fundação Getulio Vargas, 2018. p. 148.

[4] O autor destaca, ilustrativamente, que "agora em 2019 alterou-se a lei geral de telecomunicações, que limitava a prorrogação a uma única vez, passando a admiti-la por períodos sucessivos. O Estado de São Paulo, no início do ano, editou lei para disciplinar a prorrogação de suas concessões, inclusive de contratos nos quais, originalmente, ela não era admitida" (CÂMARA, Jacintho Arruda. Prorrogações contínuas nas concessões? A legislação vem ampliando as hipóteses de prorrogação das parcerias com o setor privado. *Jota*, Brasília, 24 dez. 2019. Disponível em: https://www.jota.info/opiniao-e-analise/colunas/publicistas/prorrogacoes-continuas-nas-concessoes-24122019. Acesso em: 1º dez. 2023).

Primeiramente, "detalhada", pois, ao longo de toda obra, o autor examina minudentemente os temas que põe em discussão, avaliando as questões sob a sua perspectiva histórica; sob a ótica comparativa da experiência estrangeira; e sob o prisma das legislações setoriais específicas, quando aplicáveis às discussões levantadas.

Também "ponderada", porque o autor logra alcançar um importante equilíbrio entre aqueles que se aferram a todo custo a noções, conceitos e classificações tradicionais, não mais operacionalizáveis na prática e muitas vezes até já ultrapassadas pelo próprio legislador; e aqueles que veem novos paradigmas como uma realidade total já vigente e implementada, gerando uma indiferença muito grande a todo o arcabouço científico pretérito. Com efeito, uma das grandes virtudes da obra de Márcio Monteiro Reis é que ela não olvida que toda evolução científica é sempre calcada nos marcos anteriores vigentes, nem que seja para, posteriormente, evoluir bastante em relação a eles, como entendemos adequado.

Dentro dessa perspectiva, o autor realiza, já no início da obra, um exame crítico acerca da evolução dos modelos contratuais destinados à delegação dos serviços públicos e da dinâmica de prazos à qual aqueles são submetidos, inclusive à luz da experiência estrangeira.

Relatado o histórico, volta-se à análise da lógica regulatória encampada pelo direito brasileiro. Destaca a importância dos contratos aprazados na instrumentalização das delegações de serviço público, mas com certa flexibilidade na sua operacionalização autorizada pela Constituição.

Em seguida, em capítulo de grande importância prática, o autor elabora com grande didática e completude acerca das prorrogações contratuais, minudenciando as suas hipóteses de cabimento, a competência para promovê-las e os requisitos e limites que devem ser observados na sua operacionalização. Ainda nessa empreitada, examina, como poucas vezes se viu na literatura brasileira, cada uma das diversas espécies de prorrogação, debruçando-se sobre as suas distintas aplicações e características específicas: prorrogações ordinárias, convencionais, premiais, extraordinárias, para reequilíbrio, por emergência etc.

As valiosas contribuições trazidas pela obra de Márcio Monteiro Reis inserem-se na ordem do dia e "inflamam" discussões relevantíssimas, como exemplo, aquela em torno da possibilidade de extensão de prazo para fins de reequilíbrio dos contratos de programa para prestação do serviço público de saneamento básico.

Conforme já pude examinar doutrinariamente,[5] o Novo Marco Legal do Saneamento Básico teve como um dos seus objetivos principais inaugurar uma nova cultura na prestação descentralizada do serviço de distribuição de água e esgotamento sanitário, elegendo *ex nunc* as concessões como o instrumento para a formalização de novas delegações, em detrimento dos outrora prevalecentes contratos de programa.

A Lei nº 14.026/2020, em sua redação original, até trazia um regime de transição entre esses regimes contratuais, ressalvando expressamente a possibilidade de os contratos de programa serem "renovados" até o limite máximo de 30 anos, caso as partes discricionariamente assim acordassem (art. 16). Tal previsão, contudo, foi objeto de veto presidencial, posteriormente mantido pelo Congresso.

A supressão desse dispositivo no texto final da lei fez com que parte da doutrina entendesse que o veto representaria uma espécie de limitação geral a qualquer extensão dos contratos de programa vigentes. Por sua vez, outra parcela da literatura, na qual me insiro, sustentou que o referido veto somente poderia consubstanciar algum tipo de restrição em relação às prorrogações ordinárias, admitindo-se normalmente, por exemplo, as prorrogações para fins de reequilíbrio, considerando sobretudo as naturezas distintas dessas modificações de prazo.

Em sua obra, contudo, o autor relativiza esse fundamento, contribuindo para o debate ao trazer interessantes argumentos para concluir que "não parece haver razão para sustentar uma diferença de tratamento jurídico entre as prorrogações convencionais e aquelas para fins de reequilíbrio econômico-financeiro". Ainda nesse contexto, propõe também a reinterpretação de outras posições doutrinárias consolidadas, gerando instigante debate acerca inclusive das consequências práticas daquelas teses.

Por fim, analisa também o autor as principais questões decorrentes da extinção do contrato propriamente dita, seja pelo advento do termo definido, seja de forma antecipada, em razão da caducidade, encampação, rescisão ou relicitação. Debruça-se sobre os igualmente complexos e relevantes temas dos bens reversíveis e do regime indenizatório dos investimentos não amortizados.

Como não poderia deixar de ser, o conjunto de atividades acadêmicas e profissionais no qual o autor se insere propiciou a Márcio Monteiro Reis uma imersão muito profícua no tema que lhe despertou

---

[5] ARAGÃO, Alexandre Santos de. A extensão dos contratos de programa de saneamento para reequilíbrio à luz da Lei nº 14.026/2020 e do Decreto nº 10.710/2021. *Revista de Direito Administrativo*, v. 281, n. 3, p. 79-115, 2022.

interesse, permitindo que sua obra se revista ao mesmo tempo de profundidade teórica e elevado senso prático.

O livro de Márcio Monteiro Reis já nasce, assim, como literatura indispensável para todos os estudiosos da teoria geral da delegação dos serviços públicos e para todos aqueles que, no cotidiano profissional, se deparam com as intermináveis questões atinentes aos prazos dos contratos de concessão, incluindo as consequências de sua finalização.

Rio de Janeiro, 5 de dezembro de 2023.

Alexandre Santos de Aragão
Professor Titular de Direito Administrativo da UERJ. Doutor em Direito do Estado pela USP.

APRESENTAÇÃO

Este livro se origina de uma parte da tese de doutorado que defendi, em 19 de fevereiro de 2020, na UERJ, com o título "A regulação contratual dos serviços públicos e o prazo dos contratos de concessão: fixação, prorrogação e extinção", perante uma banca estelar composta pelos professores Alexandre Aragão (orientador), Floriano de Azevedo Marques Neto, Gustavo Binenbojm, Jacintho Arruda Câmara e Patrícia Baptista. A tese tem 552 páginas, de modo que as passagens mais teóricas foram todas suprimidas. O texto também foi todo atualizado, com contribuições doutrinárias e jurisprudência judicial e administrativa mais recentes, já que a pandemia e uma série de circunstâncias extraordinárias fizeram com que o surgimento do livro viesse cerca de quatro anos após a conclusão da tese.

O tema, contudo, continua bastante atual. Contratos de concessão são, em geral, de longa duração e, especialmente no caso dos serviços públicos, apresentam-se como contratos incompletos. O tempo constitui-se, portanto, em um dos mais relevantes elementos de sua equação econômico-financeira. A extinção desses contratos, com a reversão de bens e a necessidade de uma transição para um novo prestador do serviço, impõe uma série de desafios, com complexidade jurídica que merece mais atenção do que vem recebendo da comunidade jurídica. A alternativa da prorrogação, em suas variadas modalidades, não representa desafio menor.

A finalidade principal deste estudo é apresentar uma modesta contribuição nesse sentido, com algumas reflexões sobre o tema. Seria muito difícil encontrar respostas para todas as perguntas e soluções para todos os problemas. Mas o objetivo terá sido alcançado se tiver logrado aguçar a atenção dos leitores para a importância do tema e levantar questionamentos sobre os quais possam novos autores se debruçar. Terei enorme prazer em dialogar com aqueles que se interessarem pelo assunto, que poderão, se assim o desejarem, me contatar pelo endereço eletrônico marcioreis@monteiroreis.net.

Espero, por fim, que, na medida do possível, o texto proporcione uma leitura útil e agradável.

INTRODUÇÃO

O conceito de serviço público, como se sabe, tem evoluído ao longo de tempo e passado por várias crises. Apesar de suas raízes ancestrais, o uso do termo se consolidou a partir da Revolução Francesa e seu tratamento jurídico ganhou relevo especialmente após as transformações sociais e econômicas causadas pela Revolução Industrial, a partir de quando foi se reforçando o papel do Estado como um provedor de serviços essenciais à população, que se incorporou às funções regalianas que tradicionalmente sempre exerceu.

A primeira grande crise dos serviços públicos se fez sentir após o período de florescimento daquela que ficou conhecida como a Escola de Bordeaux, liderada por Léon Duguit, que provocou tal elasticimento no campo das atividades estatais, que acabou tornando o seu significado disperso e inconsistente, subtraindo grande parte da utilidade do conceito e dificultando a formulação de uma teoria jurídica proveitosa. Posteriormente, já no final do século XX, notadamente a partir da década de 80, ganhou força, em função de teorias econômicas desenvolvidas sobretudo nos Estados Unidos, o fenômeno da desregulação,[1] que

---

[1] Miguel Ángel Sendín Gracía faz interessante observação no sentido de que a utilização do termo *desregulação* só faz sentido nos Estados Unidos, onde havia se desenvolvido efetivamente um modelo de intervenção estatal baseado em regulação. No resto do mundo, faz mais sentido empregar o termo *liberalização*: "[...] mientras en los Estados Unidos se habla certeramente de desregulación; en Europa, al menos en los países de raíz latina como el nuestro, difícilmente se puede utilizar ese término, pues previamente no existía un modelo intervencionista basado en la regulación, por lo que es más correcto hablar de liberalización" (SENDÍN GARCÍA, Miguel Ángel. *Regulación y servicios públicos*. Granada: Comares, 2003. p. 19). A mesma terminologia é usada por Christian Stoffaës: "La *deregulation* est un concept moderne, lié au progrès contemporain du libéralisme économique. Elle serait traduite de manière plus pertinente en français par 'libéralisation', car elle vise à accroître les libertés économiques dans les secteurs sous fort contrôle publique: introduction de la liberté d'établissement, et de la liberté du commerce; création de marchés au détriment des régimes d'exclusivité; de protection et autres disciplines

acabou impactando grande parte do mundo com uma onda liberal (ou neoliberal), que se supôs ameaçar novamente a ideia de serviço público.

Seu conceito, no entanto, sobreviveu e até mesmo se reforçou, uma vez que, ao lado das privatizações e da despublicização de uma série de atividades – que deixaram de incumbir ao Estado e passaram a ser exercidas pelo setor privado, segundo os cânones da livre iniciativa –, houve casos em que o Estado se afastou apenas da gestão direta de prestação dos serviços, mantendo mecanismos de controle sobre a atividade, entre os quais se destacam exatamente os instrumentos de delegação de serviços públicos. Na Europa, o direito comunitário teve papel importante nesse processo de liberalização, já que se pretendia implantar um mercado comum no bloco, marcado pela livre concorrência e ausência de barreiras nacionais ao desempenho de atividades econômicas por indivíduos e empresas de todos os Estados-Membros.

Apesar de todas as suas crises e da atual predominância do pensamento liberal, a ideia de serviço público se mantém relevante em diversos países, o que levou Vera Monteiro a afirmar que tais crises se referem mais ao seu conceito histórico do que ao método de intervenção estatal na execução das atividades, por meio dos contratos de concessão, aos quais se somam, no Brasil, também os de permissão de serviço público.[2] Essas considerações da autora, no entanto, foram elaboradas em 2010, antes do acirramento da crise econômica que se abateu sobre o país, causando um período de recessão entre 2014 e 2016 e muitas dificuldades desde então. O que se tem observado no país, mais recentemente – muito possivelmente de forma potencializada pelo prolongamento dessa crise, somado aos efeitos deletérios na economia provocados pela ainda recente pandemia que o mundo enfrentou e a consequente escassez de recursos disponíveis para investimentos –, é uma crise do próprio modelo de delegação de serviços públicos.[3]

Têm sido recorrentes, por exemplo, os casos de concessionários que, impactados por esse ambiente recessivo, não demonstram capacidade de adimplir corretamente as suas obrigações contratuais.

---

imposées par la regulation" (STOFFAËS, Christian. *L'Europe de l'utilité publique*: des industries de service publics rénovées dans l'Europe libérale. Rapport au Ministre de l'économie. Paris: ASPE, 1995. p. 38).

[2] MONTEIRO, Vera. *Concessão*. São Paulo: Malheiros, 2010. p. 153.

[3] Rafael Véras, ao tratar do regime de relicitações e prorrogações antecipadas, previsto na Lei nº 13.448/2017, chama a atenção para o fato de que "nos idos de 2014, foram licitados, pelo Governo Federal, ativos que vieram a se tornar inexequíveis", de modo que "produziu-se um regime jurídico para dar conta das denominadas 'concessões em crise'" (FREITAS, Rafael Véras de. *Equilíbrio econômico-financeiro das concessões*. Belo Horizonte: Fórum, 2023. p. 157).

Assim, diante do prazo ainda restante para a execução do contrato, chega-se a um impasse, cuja resolução raramente é simples. O Poder Concedente não encontra instrumentos efetivos para assegurar a qualidade dos serviços prestados e seus instrumentos sancionatórios revelam efeitos práticos insuficientes, ao passo que o concessionário se encontra atado a um negócio que não mais deseja e do qual tem dificuldade em se desfazer. Há, ainda, hipóteses em que o concessionário desempenha bem a prestação dos serviços, mas transformações sofridas pela sociedade ou inovações tecnológicas – tão frequentes no mundo atual – indicam a necessidade de realizar investimentos não previstos ou reformular o modelo de prestação daquele serviço. Tendo em vista a existência de um vínculo contratual entre as partes, no entanto, o prazo restante pode não ser suficiente para assegurar a amortização dos investimentos necessários; ou pode impor ao Poder Concedente um ônus excessivo para a extinção antecipada do contrato, criando obstáculos para que as medidas necessárias possam ser adotadas.

Como se vê, os principais problemas que se inferem dessa crise atual do modelo de regulação dos serviços públicos decorrem da existência de um vínculo contratual – de concessão ou permissão de serviço público – e, mais especificamente, da existência de um prazo certo a ser observado, o qual, muitas vezes, pode funcionar como uma verdadeira armadilha que aprisiona Poder Concedente e concessionários, sem que se encontrem os mecanismos adequados para contornar os embaraços que têm sido hodiernamente enfrentados. Têm proliferado, então, críticas indicando imperfeições do modelo concessional, que se utiliza de contratos a prazo certo, entre as quais a de que não confere os incentivos corretos para que os concessionários façam investimentos ao final do período da concessão, mesmo que se revelem necessários. Assim, ainda que ocorra nessa época um "choque de demanda" a indicar claramente a necessidade de ampliar a capacidade de uma infraestrutura por meio da qual determinado serviço é prestado, o contrato de concessão distorceria os incentivos, desestimulando o concessionário a fazer os investimentos necessários.[4]

Críticas de outras naturezas também têm sido opostas ao modelo aprazado de regulação, como a formulada por Jacintho Arruda Câmara,[5]

---

[4] MORAIS, Rafael Pinho de. Empurrando concessões com a barriga. *Jota*, Brasília, 21 ago. 2019. Disponível em: https://www.jota.info/paywall?redirect_to=//www.jota.info/opiniao-e-analise/artigos/empurrando-concessoes-com-a-barriga-21082019. Acesso em: 8 nov. 2019.

[5] CÂMARA, Jacintho Arruda. Prorrogações contínuas nas concessões? A legislação vem ampliando as hipóteses de prorrogação das parcerias com o setor privado. *Jota*, Brasília,

que ressalta a necessidade de se valorizar a continuidade na prestação dos serviços públicos, por aqueles que a desempenham adequadamente e atendem de forma satisfatória aos usuários. Deste modo, a existência de prazos a serem obrigatoriamente observados, extinguindo inexoravelmente os contratos em determinadas ocasiões, pode nem sempre atender ao interesse público, já que afastaria o concessionário que "já demonstrou aptidão na execução do contrato, bem como a celeridade na implementação desses novos investimentos".

O estudo que se pretende empreender aqui consiste numa análise dos principais fatores jurídicos relacionados com essa crise identificada, decorrente do modelo contratual a prazo de prestação dos serviços públicos. Buscar-se-á responder, assim, qual a melhor forma de superar tal crise. Se é preferível abandonar o modelo contratual, fazendo uma transição para um modelo de regulação sem prazo determinado; ou se há razões para manter o modelo contratual aprazado, identificando-se meios de aperfeiçoá-lo, se for esse o caso.

De modo a buscar respostas para essa indagação, o Capítulo 1 dedicar-se-á mais especificamente ao elemento temporal das concessões de serviço público, tratando do momento de fixação do prazo dos contratos, quando de sua modelagem pelo Poder Concedente. No tópico 1.1, dedicado a um exame da crise envolvendo o modelo contratual, serão analisados os problemas identificados na realidade brasileira contemporânea, em cotejo com a transição ocorrida nos Estados Unidos, no início do século XX, quando houve o abandono do sistema de contratos de *franchise*, caracterizado pelo uso de prazos definidos, substituído pela regulação apenas baseada no poder de polícia, normalmente exercido por agências (*commission regulation*), sem um arcabouço contratual e, portanto, marcada pela indeterminação temporal. Chama-se atenção, também, para uma recente contratualização dos instrumentos de governo, nos Estados Unidos, que tem sido conhecida como *governing by contract* ou *contract regulation*, que pode revelar algumas vantagens da adoção do modelo contratual. Procurar-se-ão estabelecer, então, as bases para a comparação da crise atual brasileira com as razões que levaram ao abandono nos Estados Unidos do modelo contratual para as *public utilities*, buscando as identidades e distinções entre essas experiências.

Deste modo, estarão reunidos os elementos principais que permitirão, no tópico 1.2, examinar as vantagens e desvantagens do modelo

---

24 dez. 2019. Disponível em: https://www.jota.info/opiniao-e-analise/colunas/publicistas/prorrogacoes-continuas-nas-concessoes-24122019. Acesso em: 7 jan. 2020.

contratual a prazo, tanto sob a ótica do poder público, quanto sob a ótica do concessionário. Nos tópicos 1.3 e 1.4, então, será possível tratar em mais detalhes das características desse modelo de regulação a prazo fixo, destacando-se, de um lado, a flexibilidade permitida pela Constituição para a sua utilização e, de outro, a importância que o elemento temporal pode desempenhar em algumas situações específicas, chamando a atenção para a necessidade de serem observados certos critérios para a sua fixação, que deve ser revestida de algumas cautelas e atender a certos parâmetros, cujo respeito se mostra essencial para aumentar as chances de que seja bem sucedida a delegação do serviço público.

A fixação inicial do prazo dos contratos de concessão de serviço público, no entanto, reflete apenas uma parte do problema que se dispõe a enfrentar. Há uma série de exemplos práticos a demonstrar que os mecanismos de prorrogação contratual, muitas vezes, levam a uma tendência de prolongamento indefinido dos vínculos contratuais. Distorções deste tipo não são exclusivas do direito brasileiro. Na França, Nathalie Vinci, que produziu um estudo intitulado "Pondo fim a uma delegação de serviço público", afirma, logo em sua introdução, que é preciso reconhecer que, mesmo os contratos mais longos, precisam, em algum momento, ter um fim.[6] O Capítulo 2 destinar-se-á, portanto, a enfrentar o tema das prorrogações contratuais no que se refere às delegações de serviço público, cujo regime revelará, ao final, qual a verdadeira duração global do vínculo contratual.

No tópico 2.1, serão analisados os aspectos gerais relacionados à prorrogação, identificando-se os casos em que pode ou não ser justificável, as competências, os requisitos e os limites a serem observados. Já o tópico 2.2 se prestará ao exame das diversas espécies possíveis de prorrogação, que se propõe subdividir em ordinárias, quando as condições a serem examinadas já são conhecidas desde a celebração do contrato; e extraordinárias, quando destinadas a dar resposta a eventos imprevisíveis e indesejados. Serão examinadas, assim, as prorrogações convencionais (ou por interesse público) e as premiais, entre as ordinárias e aquelas para fins de reequilíbrio econômico-financeiro, as antecipadas e as por emergência, entre as extraordinárias. O objetivo principal desse capítulo será traçar um panorama de como tem sido tratada a temporalidade real dos contratos de concessão, considerando também a duração das prorrogações e a quantidade de vezes em que é

---

[6] "Force est de constater que même les contacts les plus longs ont une fin... surtout eux" (VINCI, Nathalie. *Mettre fin à une délégation de service public*. Voiron: Territorial, 2014. p. 5).

admitida. Serão examinadas as práticas atuais e a fórmula tradicionalmente usada no direito brasileiro, que autoriza as prorrogações "uma única vez por igual período", de modo a investigar se esse é o tratamento mais eficiente e consentâneo com o interesse público ou se há providências corretoras que podem ser tomadas, de modo a contornar ou minorar os problemas que têm levado à crise das concessões, que ora pode ser identificada no Brasil.

Por fim, o Capítulo 3 dedicar-se-á à extinção do vínculo contratual. No tópico 3.1, será examinado o instituto da relicitação, que se refere ao seu encerramento antecipado, quando do interesse de ambas as partes, exatamente como uma forma de contornar problemas derivados do prazo originalmente estabelecido, quando não se encontre alternativa mais adequada que pudesse preservar o contrato. Já no tópico 3.2, será examinada a principal consequência para o concessionário incumbente quanto à extinção do contrato de concessão, que diz respeito à reversão de bens e à possível indenização de investimentos que porventura não tenha sido possível amortizar integralmente, dando-se ênfase aos casos da extinção pelo decurso de prazo, exatamente para concluir em que circunstâncias o esgotamento do prazo pode ocasionar para o poder público o dever de indenizar e quais os requisitos e limites dessa indenização.

Ao final, espera-se oferecer uma resposta quanto à conveniência e viabilidade jurídica de se abandonar o modelo de regulação contratual a prazo certo dos serviços públicos, buscando-se a transição para uma regulação dissociada do elemento temporal; ou, ao contrário, identificar se há aspectos a serem aperfeiçoados, de modo que a regulação dos serviços públicos no Brasil possa manter o modelo contratual, constitucionalmente adotado, porém buscando fazê-lo da maneira mais eficiente possível, lidando com os prazos contratuais de modo adequado.

CAPÍTULO 1

O PRAZO NOS CONTRATOS DE CONCESSÃO

1.1 A crise do modelo contratual de concessão com prazo fixo

1.1.1 A crise brasileira: relicitação e prorrogação antecipada

A ideia de serviço público como um instituto jurídico tem passado por várias crises, a ponto de Alexandre Aragão se referir à "permanente crise dos conceitos de serviço público". Dois momentos são marcantes a esse respeito: o primeiro ocorrido em meados do século passado, quando, especialmente pela influência da Escola de Bordeaux, a sua ampliação excessiva acabou por retirar a própria utilidade do conceito.[7] Nova crise se abateu sobre o conceito, no final do século XX, quando ganhou força uma onda neoliberal que preconizava o afastamento do Estado das atividades econômicas, que se revelariam mais eficientemente exercidas pela iniciativa privada.

O que se pretende abordar aqui, contudo, é um terceiro momento crítico que atualmente atinge especificamente o modo pelo qual se optou por regular os serviços públicos no Brasil, onde se adota um sistema dual para regular as atividades econômicas em geral. A Constituição de 88 transfere ao legislador a opção entre adotar, para as diversas

---

[7] Ao ser elevado ao fundamento de toda e qualquer atividade da Administração Pública, foram tantas e tão diversas as atividades reconhecidas como serviço público, que o seu significado acabou ficando esvanecido e impreciso, fazendo com que se perdesse muito da utilidade desse instituto (ARAGÃO, Alexandre Santos de. *Direito dos serviços públicos*. 3. ed. Rio de Janeiro: Forense, 2013. p. 229-253 e BANDEIRA DE MELLO, Celso Antônio. *Serviço público e concessão de serviço público*. São Paulo: Malheiros, 2017. p. 47-49).

atividades econômicas *lato sensu*, um modelo que as trate como atividades privadas, sujeitas a um regime de livre iniciativa; ou, alternativamente, instituir um regime de direito público, qualificando-as como serviço público e estabelecendo assim uma titularidade estatal.

Neste último caso, quando o legislador opta por tratar determinada atividade como um serviço público, o Estado deverá necessariamente se valer de uma relação contratual, por força do quanto disposto no art. 175 da Constituição. A prática consolidada desde meados da década de 90 do século passado tem sido, também, a atribuição por lei de competências regulatórias a uma agência independente. Essas agências reguladoras – cuja denominação foi colhida nas *independent agencies* da experiência norte-americana, que se pretendeu mimetizar no Brasil – são, na verdade, autarquias, às quais frequentemente se assegura uma autonomia ainda mais reforçada.[8]

Ao contrário do que ocorreu nos Estados Unidos da América, no Brasil adotou-se a opção de manter esse sistema contratual, mesmo com a introdução das agências reguladoras. Lá, na passagem do século XIX para o XX, houve o abandono da regulação contratual e uma transição para um sistema de regulação apenas por agências, que passaram a atuar discricionariamente, segundo os parâmetros das leis que as instituem e da jurisprudência dos tribunais.[9] As vantagens e desvantagens de adoção do modelo contratual serão abordadas adiante. Por ora, o que se pretende demonstrar é que, no Brasil, com a consolidação desse sistema de regulação por uma agência que se encontra vinculada a certas condições contratualmente estabelecidas, alguns problemas passaram a ser percebidos.

Em obra dedicada ao estudo das concessões, Vera Monteiro sustentou que a crise do conceito de serviço público, surgida no contexto da onda de liberalização econômica dos anos 80 e 90 foi, na verdade, uma crise da capacidade do Estado de fazer frente à prestação direta desses serviços. Deste modo, a principal consequência dessa crise foi um incremento do modelo concessional. Com as privatizações que se sucederam naquele período histórico, o Estado se afastou da realização direta de diversas atividades econômicas e passou a concentrar seus

---

[8] Sobre os diversos aspectos de que se reveste essa autonomia reforçada das agências reguladoras, *vide*, por todos: ARAGÃO, Alexandre Santos de. *Agências reguladoras* – E a evolução do direito administrativo econômico. Rio de Janeiro: Forense, 2004. p. 331-367.
[9] HEMPLING, Scott. *Regulating public utility performance*: The law of market structure, pricing and jurisdiction. Chicago: American Bar Association, 2013. p. 4 e PRIEST, George L. The origins of utility regulation and the "theories of regulation" debate. *The Journal of Law & Economics*, Chicago, v. 36, n. 1, part 2, abr. 1993. p. 320-323.

esforços no exercício da função regulatória, seja na forma do art. 174 da Constituição, em relação a atividades privadas ou; no caso dos serviços públicos, de acordo com o regime de direito público previsto no art. 175, que impõe a celebração dos contratos de concessão ou permissão. Desta forma, em suas palavras, "houve um movimento de revitalização da concessão, indicando que a crise não era da concessão de serviço público em si, mas do sentido histórico da própria noção de serviço público".[10]

Naquela época – nos idos de 2010, quando Vera Monteiro afirmou que as crises do serviço público diziam muito mais respeito ao seu conceito histórico do que ao método "que permite a substituição do Estado na execução de atividades de sua responsabilidade",[11] por meio do instrumento dos contratos de concessão ou permissão –, ainda não se tinha testemunhado, no Brasil, ao acirramento da crise econômica que se iniciara em nível global em 2008. A estagnação da economia nacional, com seguidos anos de baixo crescimento ou até decréscimo do produto interno bruto, aumento do índice de desemprego e sensível retração da atividade econômica, começou a ser percebida mais concretamente a partir de 2014,[12] a partir de quando o país viveu um período de três anos de recessão, até 2016. Os efeitos dessa crise econômica brasileira causaram sérios problemas para o desempenho da maior parte das empresas do país, atuantes nos mais variados setores da economia. Muitas concessionárias de serviços públicos também foram afetadas e passaram a apresentar dificuldades para o prosseguimento de sua atividade.[13]

De certa forma, o cenário de escassez de recursos públicos e dificuldade de financiamento, que afetou gravemente o desempenho

---

[10] MONTEIRO, Vera. *Concessão*. São Paulo: Malheiros, 2010. p. 153.
[11] MONTEIRO, Vera. *Concessão*. São Paulo: Malheiros, 2010. p. 154.
[12] A indicação de que a recessão da economia brasileira se iniciou em 2014 e uma análise da conjuntura política e econômica do país naquele contexto podem ser consultadas na Carta de Conjuntura divulgada pelo Instituto de Pesquisa Econômica Aplicada – Ipea, de 2016 (INSTITUTO DE PESQUISA ECONÔMICA APLICADA. Diretoria de Estudos e Políticas Macroeconômicas. Grupo de Análises e Previsões. *Carta de Conjuntura*. Rio de Janeiro: Ipea; Dimac, 2016. Disponível em: http://www.ipea.gov.br/portal/index.php?option=com_content&view=article&id=26918&Itemid=3. Acesso em: 4 nov. 2019).
[13] Rafael Véras destaca o fato de que, justamente no ano de 2014, várias novas concessões foram licitadas, especialmente para a exploração de rodovias ou infraestruturas aeroportuárias, as quais foram severamente impactadas, logo no início do prazo de seus contratos, pelo efeito da grave crise econômica que se seguiu, o que acabou precipitando a edição da Lei nº 13.448/2017, com a criação de uma espécie de regime jurídico de socorro, para buscar algum tipo de solução para projetos concessionais que se viram inviabilizados logo em seu nascedouro (FREITAS, Rafael Véras de. *Equilíbrio econômico-financeiro das concessões*. Belo Horizonte: Fórum, 2023. p. 157).

das empresas estatais que se dedicavam a prestar os principais serviços públicos no Brasil até o final da década de 90, se reproduziu, ainda que em menor escala, com o aprofundamento da crise a partir de 2014, atingindo agora fortemente o setor privado. Deste modo, diversas empresas que haviam elaborado seus planos de negócios no final dos anos 90 ou durante a primeira década do novo milênio, com base em projeções otimistas quanto ao crescimento do mercado brasileiro, passaram a enfrentar problemas de gestão e dificuldade para manter seus negócios saudáveis.[14]

Durante a década de 90, a resposta governamental encontrada para a crise da absorção estatal dos serviços públicos havia sido a implantação de um amplo programa de privatizações que transferiu para o setor privado investimentos que, apesar de necessários, o Estado não tinha condições de fazer; reduziu as despesas públicas com empresas deficitárias e permitiu, ao mesmo tempo, um incremento de caixa para a Administração Pública, em razão da arrecadação dos valores recebidos pela venda dos ativos.

Nos casos em que se optava por manter a qualificação das atividades como serviços públicos, a sua delegação à iniciativa privada se dava com a assinatura dos contratos de concessão, mediante a prévia realização de licitações, cujo critério de julgamento poderia ser o oferecimento do menor valor de tarifa a ser cobrada dos usuários, mas usualmente envolvia também o pagamento de um valor diretamente à Administração Pública, como contrapartida pela outorga obtida para prestar o serviço público objeto da delegação, o que gerava novas receitas e também contribuía para aliviar as contas públicas.

Já a crise atual não permite o mesmo tipo de resposta, pelo menos não com a mesma amplitude, uma vez que a maior parte das empresas já foi privatizada. Após a recente privatização da Eletrobras, restam poucas empresas estatais com relevante valor de mercado, como

---

[14] O problema foi reconhecido em recente julgamento realizado pelo Tribunal de Contas da União. No Acórdão nº 1.593, o Ministro Relator Vital do Rêgo reconheceu que: "De 2014 a 2016, as concessionárias de aeroportos foram atingidas pela crise econômica no país. As empresas reclamavam que os investimentos previstos nos contratos estavam condicionados a uma projeção de "demanda inflada" do processo licitatório e que não se concretizou. Portanto, em uma década de execução contratual dos setores rodoviário e aeroportuário, 2012-2022, metade dela foi transcorrida sob efeito de crises econômicas extemporâneas, imprevisíveis e de longa duração. Certamente, os estudos de viabilidade elaborados entre 2010 e 2012 e que nortearam o edital e os contratos firmados, nos idos de 2012, não internalizaram essas crises econômicas e nem poderiam" (TRIBUNAL DE CONTAS DA UNIÃO. Acórdão nº 1.593/2023, Plenário, Min. Relator Vital do Rêgo, Processo TC 008.877/2023-8, sessão de 02.08.2023).

a Petrobras, a Caixa Econômica Federal, o Banco do Brasil e a Empresa Brasileira de Correios e Telégrafos. A maior parte das demais que se mantiveram na Administração Pública indireta, em geral, atuam em segmentos específicos da economia, apresentam estruturas reduzidas ou não são tão atraentes.

Ocorre que a presente crise atinge especialmente as concessionárias privadas e, muitas vezes, o próprio modelo de concessão. Na maior parte dos casos, o que se revela é a sua incapacidade de adimplir com as obrigações contratuais que assumiram quando foram investidas na condição de prestadoras de um serviço público; ou alguma distorção no próprio modelo contratual, causada algumas vezes por defeito original de sua modelagem[15] e, em outros casos, gerada pelas naturais transformações que costumam ocorrer em contratos de longa duração como os de concessão. Houve casos, ainda, em que o modelo contratual concebido no passado acabou não apresentando a longevidade esperada. Põem-se, então, situações em que se fazem necessários investimentos imprescindíveis para garantir a eficiência dos serviços prestados, os quais não constam como obrigação do concessionário e, caso sejam agora incluídos, não poderão ser amortizados no tempo que ainda resta do prazo contratual.[16]

---

[15] As concessões de rodovias da 3ª Etapa são um exemplo, segundo Maurício Portugal, de modelagem mal sucedida: "A ANTT desenvolveu a regra sobre indenizações por investimentos amortizados em face da possibilidade de extinção dos contratos de concessão de rodovias da 3ª Etapa, aqueles celebrados entre 2012 e 2014, logo antes da maior crise econômica da história do país, e fortemente afetados por ela, pelos erros de modelagem de contratos de concessão praticados no Governo Dilma, e pela inércia da ANTT e da União em adotar providências para reestruturar esses contratos oportunamente de modo a remediar os impactos da crise e dos erros de modelagem" (RIBEIRO, Maurício Portugal. iNFRADebate: ANTT, Crivella e Requião – regra sobre indenização aprovada pela ANTT ajuda populistas a estatizar concessões. *Agenciainfra.com*, Brasília, 13 jan. 2020. Disponível em: http://www.agenciainfra.com/blog/infradebate-antt-crivella-e-requiao-regra-sobre-indenizacao-aprovada-pela-antt-ajuda-populistas-a-estatizar-concessoes. Acesso em: 15 jan. 2020).

[16] Floriano Azevedo Marques, tratando da malha ferroviária paulista, chama a atenção para esse problema: "[...] vultosa ordem de investimentos é necessária para a construção de novas linhas e expansão da malha ferroviária. Porém, como viabilizar investimentos em ferrovias? Pelo menos no caso da Malha Paulista, a resposta a essa questão deve considerar a vigência do contrato de concessão com a Rumo ALL-MP até 2028. Entre as obrigações pactuadas, não constam deveres de investimento na etapa final da concessão, a qual hoje se encontre, nem há previsão de gatilhos de investimento. Estaria o poder público disposto a esperar o término da concessão para prever na nova modelagem investimentos adiados em mais de 9 anos? Ou seria possível construir uma alternativa mais eficiente para melhoria do setor ferroviário brasileiro ao tempo presente?" (MARQUES NETO, Floriano de Azevedo. Prorrogações antecipadas – Caso "ferrovias, malha paulista". *In*: MARQUES NETO, Floriano de Azevedo et al. (Coord.). *Dinâmica da regulação* – Estudo de casos da jurisprudência brasileira: a convivência dos tribunais e órgãos de controle com agências reguladoras, autoridade da concorrência e livre iniciativa. Belo Horizonte: Fórum, 2020. p. 107).

Tanto em um caso como em outro, essa onda de dificuldade que contemporaneamente tem atingido diversos concessionários está diretamente associada ao fato de que a regulação dos serviços públicos, no Brasil, se dá por meio de instrumentos firmados por prazos fixos. Quando o concessionário, impactado pelo ambiente recessivo da economia nacional, não consegue cumprir adequadamente suas obrigações, tendo ainda um longo prazo contratual pela frente, instala-se um problema de difícil solução, inclusive para o Poder Concedente, uma vez que os demorados processos sancionatórios não apresentam, na maioria das vezes, instrumentos que assegurem a qualidade na prestação dos serviços. O contrato de concessão vira, então, uma armadilha que enreda concessionários e Poder Concedente. O mesmo ocorre quando, durante a execução do contrato, surgem novas necessidades de investimento não previstas na origem, especialmente quando o prazo contratual restante se mostre insuficiente para assegurar a amortização de investimentos relevantes na infraestrutura sob cuidados do concessionário, essenciais para assegurar a qualidade da prestação do serviço público sob sua responsabilidade; ou quando as transformações sociais e econômicas indiquem a necessidade de que se altere o modelo de prestação de determinado serviço, de forma incompatível com os termos do contrato em vigor.

Um dos efeitos mais perceptíveis dessa reunião de uma crise econômica com a existência de compromissos regulatórios aprazados, que se tem constatado no Brasil, foi o surgimento de sucessivos pleitos para o encerramento antecipado de concessões. Mas problemas de outras naturezas também podem ser detectados, igualmente vinculados a um desencontro entre os prazos contratuais estabelecidos e a realidade da concessão. A estipulação de um prazo para o vínculo a ser formado entre regulado e regulador pode causar uma série de problemas, mesmo fora de um ambiente de crise econômica. Rafael Pinho de Morais se refere, por exemplo, ao fato de que, em geral, "um concessionário não possui interesse em fazer investimentos vultosos quando seu contrato de concessão se aproxima de seu término".[17] Deste modo, ainda que surja nesse período um "choque de demanda", isso não teria o condão de induzir os investimentos necessários para atender-lhe.

---

[17] MORAIS, Rafael Pinho de. Empurrando concessões com a barriga. *Jota*, Brasília, 21 ago. 2019. Disponível em: https://www.jota.info/paywall?redirect_to=//www.jota.info/opiniao-e-analise/artigos/empurrando-concessoes-com-a-barriga-21082019. Acesso em: 8 nov. 2019.

Por outro lado, Jacintho Arruda Câmara[18] recorda que, "antes da CF de 1988, era frequente a extensão de concessões, mesmo sem formalização", com destaque para o setor de transporte coletivo, em que essa prática era reiterada, tendo se dado na década de 90 uma inversão dessa tendência, quando "passou-se a restringir a extensão dos vínculos, proibindo a prorrogação ou limitando-a a uma só vez". Segundo sua percepção, há "outra perspectiva, esquecida desde 1988: a valorização da continuidade", de modo que defendem as vantagens de manter em operação um prestador de serviço que "já demonstrou aptidão na execução do contrato, bem como a celeridade na implementação desses novos investimentos". Mas não se pode olvidar, como alerta Rafael Pinho de Morais,[19] que "renovar concessão não é sem custo", pois envolverá sempre um "custo de oportunidade" ao abrir mão da possibilidade de um ganho. Como os contratos de concessão são longos, "em 20, 25 ou 30 anos, muita coisa muda: a tecnologia evolui, velhos players somem, novos players surgem etc.", de modo que pode ser bastante vantajoso "permitir a substituição da empresa incumbente por um novo concessionário eventualmente mais eficiente".

Nesse sentido, o regime puro de regulação por agências, adotado nos Estados, que têm exercido forte influência na prática regulatória brasileira mais recente, pode mostrar-se mais flexível. No Brasil, apesar de ter sido absorvida a regulação por agências ao modo norte-americano;[20] ao contrário do que ocorre lá, aqui tais agências encontram-se vinculadas às disposições contratuais e os concessionários a obrigações assumidas por prazo certo. Deste modo, nem todas as soluções regulatórias preconizadas pela regulação praticada lá podem ser implantadas aqui, o que, por vezes, causa perplexidades e desconfortos.

A resposta legislativa a diversos desses problemas ocorreu com a promulgação da Lei nº 13.448/2017, resultante da conversão da Medida Provisória nº 752/2016.[21] Os arts. 5º e seguintes trataram da prorrogação

---

[18] CÂMARA, Jacintho Arruda. Prorrogações contínuas nas concessões? A legislação vem ampliando as hipóteses de prorrogação das parcerias com o setor privado. *Jota*, Brasília, 24 dez. 2019. Disponível em: https://www.jota.info/opiniao-e-analise/colunas/publicistas/prorrogacoes-continuas-nas-concessoes-24122019. Acesso em: 7 jan. 2020.

[19] MORAIS, Rafael Pinho de. Empurrando concessões com a barriga. *Jota*, Brasília, 21 ago. 2019. Disponível em: https://www.jota.info/paywall?redirect_to=//www.jota.info/opiniao-e-analise/artigos/empurrando-concessoes-com-a-barriga-21082019. Acesso em: 8 nov. 2019.

[20] "O processo de agencificação não é unívoco. No Brasil houve influência estadunidense quanto à estruturação dos entes regulatórios" (GUERRA, Sérgio. Agencificação no Brasil: causas e efeitos no modelo regulatório. *In*: MARRARA, Thiago. *Direito administrativo*: transformações e tendências. 1. ed. São Paulo: Almedina, 2014. p. 265).

[21] "Tampouco se pode deixar de mencionar, ao analisar esse ponto, que o pano de fundo que possibilitou a instituição legal da medida foi o contexto de crise econômica que afetou

antecipada, que será examinada mais detalhadamente no tópico 2.2.2.2 a seguir. O objetivo principal deste mecanismo é autorizar a Administração Pública a negociar com o concessionário, mesmo antes de se aproximar o prazo de encerramento do contrato, a sua prorrogação, de modo que essa extensão de duração do contrato permita a amortização dos investimentos necessários na infraestrutura, viabilizando o prosseguimento da prestação dos serviços públicos em condições adequadas. Já a relicitação, disciplinada nos arts. 13 e seguintes, visa a permitir, ao contrário, o encerramento antecipado da vigência contratual, naqueles casos em que o contrato se tornou inexequível,[22] como se examinará adiante, no tópico 3.1. A esse respeito vale a transcrição de algumas passagens da exposição de motivos enviada pelo Poder Executivo ao Congresso Nacional relativamente ao texto da Medida Provisória nº 752/16:

> 2. A Medida Provisória ora proposta objetiva reparar problemas e desafios históricos em importantes setores de infraestrutura, buscando viabilizar a realização imediata de novos investimentos em projetos de parceria e sanear contratos de concessão vigentes para os quais a continuidade da exploração do serviço pelos respectivos concessionários tem se mostrado inviável.
>
> 3. Como é de conhecimento geral, a ampliação do investimento em infraestrutura é condição *sine qua non* para a retomada do crescimento econômico no Brasil. Ainda, a promoção da qualidade do serviço prestado aos usuários e a continuidade da prestação do serviço também devem receber atenção do poder público. Assim, a proposição ora apresentada à Vossa Excelência busca, por um lado, disciplinar as hipóteses de prorrogação de contratos de parceria para promover investimentos

---

diretamente contratos em fase inicial de execução e estruturados com bases econômicas diversas daquela verificadas na prática. A crise, quando não passível de ser antevista, é um desses fatores externos que pode levar à derrocada dos ajustes por incapacidade do parceiro privado, especialmente os novos, nos quais o volume de investimento se mostra mais elevado. Sob o ponto de vista do parceiro público, por sua vez, pode gerar a necessidade de alterações regulatórias de forma a exigir a adaptação dos contratos para atender o setor diante de uma nova realidade (outra estimativa de demanda, outros investimentos necessários, por exemplo). Poderia ser inviável essa alteração substancial apenas por meio do reequilíbrio econômico-financeiro, por exemplo, principalmente diante da incapacidade do parceiro privado" (OLIVEIRA, Carolina Zaja Almada Campanate de. *Contratos administrativos complexos e de longo prazo*: a prorrogação antecipada e a relicitação na teoria dos contratos públicos. 2018. Dissertação (Mestrado em Direito da Regulação, Economia, Intervenção e Estratégias Regulatórias) – Escola de Direito do Rio de Janeiro, Fundação Getúlio Vargas, Rio de Janeiro, 2019. p. 190).

[22] FREITAS, Rafael Véras de. As prorrogações e a relicitação previstas na Lei nº 13.448/2017: um novo regime jurídico de negociação para os contratos de longo prazo. *Revista de Direito Público da Economia – RDPE*, Belo Horizonte, ano 15, n. 59, p. 175-199, jul./set. 2017. p. 175-176.

prementes, não previstos nos contratos de concessão em vigor e, por outro, modernizar tais contratos com a inclusão de novas cláusulas de desempenho, metas objetivas para os parceiros privados e punições mais eficazes em caso do seu descumprimento. Além disso, a medida define procedimentos para a relicitação de contratos de parceria que não estejam sendo devidamente cumpridos ou cujos parceiros demonstrarem ausência de capacidade de cumprir com as obrigações assumidas contratualmente. [...]

11. A Medida Provisória, de outro lado, faculta ao Poder Concedente, em comum acordo com concessionário, adotar o procedimento de relicitação de contratos de parceria vigentes no setor rodoviário, ferroviário e aeroportuário cujos parceiros demonstrem ausência de capacidade em cumprir com as obrigações assumidas contratualmente. Trata-se de alternativa inovadora de "devolução coordenada e negociada" da concessão, evitando-se o processo de caducidade, muitas vezes moroso e com longa disputa judicial, em que, normalmente, os usuários da concessão são os principais penalizados pela má prestação do serviço até a conclusão do processo. Nesse caso, deverá ser realizado estudo prévio visando garantir a viabilidade econômica e operacional do novo ajuste. A governança e a transparência foram de novo reforçadas, e a proposta de transferência, junto com os estudos, deve ser submetida a consulta pública e ao TCU. Merece destaque o fato de que eventuais indenizações devidas pelo Poder Concedente ao parceiro privado serão pagas pelo novo contratado, o que evitará o desembolso de recursos por parte da Administração Pública Federal. Também está prevista a possibilidade ao novo contratado, quando as condições de financiamento se mostrarem vantajosas ao Poder Público e viáveis aos financiadores, de assunção das dívidas adquiridas pelo antigo concessionário.

Por ora, importa fixar a ideia de que o modelo misto adotado no Brasil, que, mesmo quando incorporou as agências reguladoras, manteve a obrigatoriedade de se celebrar contratos administrativos, de concessão ou permissão, a prazo fixo, para a delegação de serviços públicos a particulares, permitiu a criação de um ambiente regulatório que favoreceu o florescimento de uma crise jurídica associada à crise econômica que se instalou no país, agravada na segunda metade da década. Tal crise encontra as suas principais causas no modelo de regulação contratual, que jamais se abandonou no país. Mais especificamente, no fato de se fixarem prazos para a vigência dos contratos, o que, como já se viu, é, em geral, uma opção exercida pelo legislador ordinário.

A atual crise brasileira dos serviços públicos parece resultar da tensão inerente ao sistema duplo de regulação, que recebe influências das práticas típicas do modelo contratual das concessões, mas também – e com cada vez mais intensidade – se inspira nas experiências oriundas da regulação norte-americana, em que não existem contratos de concessão de serviço público. Diante dessa constatação, procurar-se-á examinar a seguir o contexto de como se deu, nos Estados Unidos, o abandono do regime dos contratos de *franchise*, com a transição para um regime de regulação discricionária por meio de agências reguladoras; apontando-se, ainda, uma tendência atual de retorno ao uso das estratégias contratuais, na busca por maior consenso entre a Administração Pública e seus colaboradores. Trata-se de transferir para a execução privada atividades nas quais o Estado tem especial interesse, mas não possui os recursos ou a expertise para desempenhar diretamente.

1.1.2 A transição norte-americana para uma regulação sem contrato (e sem prazo)

Como já se referiu, a partir de meados da década de 90, o Brasil incorporou à sua Administração Pública indireta a figura das agências reguladoras. Como adverte Alexandre Santos de Aragão,[23] tal afirmação consiste em meia verdade, na medida em que "a divisão da Administração Pública em mais de um centro de poder é um fenômeno muito mais amplo". De todo modo, se é verdade que o fenômeno da descentralização, com a atribuição de variados graus de autonomia aos entes descentralizados, é, de fato, uma prática bastante antiga no Brasil, não se pode negar que o direito administrativo brasileiro sofreu grande influência do direito estadunidense nesse período em que foram realizadas várias iniciativas de desestatização, incluindo a privatização de uma série de empresas, muitas delas incumbidas da prestação de serviços públicos. Nesses casos, além de comprar a empresa, o investidor assinava um contrato de concessão de serviço público e passava a se submeter à atividade regulatória do Estado, frequentemente atribuída a uma das agências reguladoras que foram instituídas nessa época.

Ocorre que, apesar de ter incorporado, em grande medida, a experiência estadunidense de regulação da economia, por meio de entidades tecnicamente especializadas e dotadas de autonomia em relação ao poder central, o Brasil, como já se afirmou, manteve significativa distinção em relação àquele modelo regulatório, na medida em

---

[23] ARAGÃO, Alexandre Santos de. *Agências reguladoras* – E a evolução do direito administrativo econômico. Rio de Janeiro: Forense, 2004. p. 263.

que nunca abriu mão aqui da relação contratual mantida entre o poder público e o concessionário, expressamente exigida pela Constituição e reflexo da titularidade estatal exercida sobre a atividade qualificada como serviço público.

Apesar de ter por vezes tangenciado o conceito, nunca houve no direito dos Estados Unidos o reconhecimento de que há determinadas atividades econômicas titularizadas pelo Estado, em relação às quais não se aplica integralmente o princípio da livre-iniciativa. Assim, desenvolveu-se naquele país um sistema de regulação das atividades econômicas que pode ser mais ou menos intensa, a depender do grau de interesse público a ser aferido em cada caso concreto. Por essa razão, a lei pode estabelecer variados matizes de intervenção e as agências dispõem de significativa discricionariedade para atuar. No Brasil, optou-se por um sistema dicotômico: a regra geral é a liberdade de iniciativa, na forma do art. 173 da Constituição. No entanto, o Estado pode qualificar determinadas atividades econômicas como serviços públicos, impondo-lhes um regime jurídico especial, que condiciona o seu exercício por particulares à prévia constituição de uma relação jurídica contratual, com natureza de direito público, na forma do art. 175 do texto constitucional.

A novidade é que tal relação jurídica contratual poderá ser supervisionada por uma agência reguladora, a qual, no entanto, não gozará, em princípio, da mesma discricionariedade existente no direito estadunidense, exatamente porque aqui se vincula aos termos e condições de um contrato previamente firmado. Estabelece-se, portanto, uma tensão entre um sistema que se baseia na *publicatio* e um sistema de agências reguladoras discricionárias, especialmente quando se pretendem importar experiências de outros ordenamentos jurídicos, onde não são vinculadas a contrato e exercem uma regulação que não se baseia em relações jurídicas a prazo certo previamente fixado.

Ao contrário do que se poderia supor, no entanto, esse sistema de regulação que atribui maior discricionariedade à atuação das agências reguladoras não produz, necessariamente, resultados que apontem para uma intervenção mais intensa do Estado nas atividades econômicas. Isso porque, nos Estados Unidos da América, o ambiente cultural é marcado por forte influência liberal. A regulação é, portanto, sempre vista com certa desconfiança e seus efeitos benéficos são constantemente desafiados. Enquanto no Brasil e em outros países latinos se discute qual o grau ótimo de intervenção regulatória nas atividades privadas, o debate norte-americano frequentemente se dá quanto à real necessidade da existência de algum tipo de regulação,[24] já que o ideal é, sempre que possível, confiar nas forças do mercado. George Priest chega a identificar na regulação por agência uma analogia com a planificação estatal da economia, típica dos regimes socialistas.[25]

São inúmeras, por lá, as iniciativas de análise da eficiência das diversas espécies de intervenção estatal. Um desses estudos que ficou muito conhecido foi o elaborado por George Stigler e Claire Friedland, em relação ao setor elétrico,[26] no qual se procurou comparar o comportamento dos preços cobrados pelas *public utilities* no período anterior à consolidação da regulação por agência nos Estados Unidos, entre 1907 e 1922, e o período seguinte, já sob o novo modelo regulatório, tendo a conclusão apontado não haver elementos que indicassem nenhuma vantagem de se optar por essa modalidade mais intrusiva de intervenção estatal. Mais de uma década mais tarde se seguiu outra análise, ainda mais incisiva, elaborada por Gregg Jarrell,[27] sustentando

---

[24] Em seu célebre artigo "Monopólio natural e a sua regulação", Richard Posner faz uma clara defesa da atuação das forças naturais de mercado como a melhor maneira de determinar as condutas a serem praticadas pelos agentes econômicos. Em sua opinião, com exceção das normas de direito da concorrência e do exercício do poder de polícia para a ordenação da vida em sociedade, qualquer outro tipo de regulação invariavelmente levaria a distorções de mercado e jamais se revelaria como um instrumento adequado para obtenção de resultados mais eficientes: "However, personal experience as a government lawyer involved in regulatory matters made me skeptical about the validity of the assumption and this study has convinced me that in fact public utility regulation is probably not a useful exertion of governmental powers; that its benefits cannot be shown to outweigh its costs; and that even in markets where efficiency dictates monopoly we might do better to allow natural economic forces to determine business conduct and performance subject only to the constraints of antitrust policy. I would stress, however, that no general challenge to government regulation of business is intended. One regulatory framework whose continued existence is explicitly presupposed by my analysis is, as just mentioned, the antitrust laws. Regulations enforcing standards of health or safety are instances of the many other government constraints on business activity that lie outside the scope of my critique" (POSNER, Richard. Natural monopoly and its regulation. *Stanford Law Review*, v. 21, n. 3, fev. 1969. p. 549).

[25] "First, regulation by commission represents the most sustained form of government interference in the otherwise competitive marketplace of the United States. A continuously sitting commission, with perpetual jurisdiction over all aspects of a firm's or an industry's operations including constraints of its rate of return, is the closest analogue to the government planning characteristic of socialist economies. Thus, though often below the surface, the debate over the welfare-enhancing or welfare-diminishing effects of commission regulation is a debate over socialism versus capitalism" (PRIEST, George L. The origins of utility regulation and the "theories of regulation" debate. *The Journal of Law & Economics*, Chicago, v. 36, n. 1, part 2, abr. 1993. p. 295).

[26] STIGLER, George J.; FRIEDLAND, Claire. What can regulators regulate? The case of electricity. *The Journal of Law & Economics*, v. 5, out. 1962.

[27] JARRELL, Gregg A. The Demand for State Regulation of the Electric Utility Industry. *The Journal of Law & Economics*, Chicago, v. 21, n. 2, out. 1978.

que, na verdade, os preços praticados e os lucros das empresas eram menores no período pré-regulação por comissão (ou agência). Conclusões deste tipo, provavelmente, estão por trás do movimento de desregulação que se seguiu, a partir dos anos 80, nos Estados Unidos da América, o qual teve o seu marco inicial exatamente no setor elétrico.

Nesse interregno, sobreveio o célebre artigo de Harold Demsertz,[28] preconizando que, nos casos em que são identificadas falhas de mercado que tornam a concorrência imperfeita, a ponto de impedi-la de regular equilibradamente o desempenho de determinada atividade, deve-se substituir a disputa *no* mercado por uma disputa *pelo* mercado, obrigando os interessados em prestar tais serviços a concorrerem entre si pelo acesso ao mercado, resultando dessa disputa a fixação das condições de fornecimento, que se dará com exclusividade. É interessante notar que a perspectiva defendia por Demsertz é de retorno à regulação contratual, já que seria o contrato o instrumento mais adequado para estabelecer tais condições. Pode-se ler o seu estudo, portanto, como uma verdadeira defesa da modalidade de regulação por contratos de *franchise*, que havia sido abandonada por não oferecer ao regulador mecanismos suficientemente intensos de intervenção.

Essas constatações provocaram, então, um estudo elaborado por Georg Priest,[29] sobre as origens da regulação de *public utilities*, buscando construir uma teoria da regulação. Em seu artigo, procede a uma nova comparação entre o modelo de regulação prevalecente nos Estados Unidos até o século XIX – por meio dos contratos de *franchise* –, com o modelo adotado a partir das primeiras décadas do século XX – com a implantação das agências reguladoras –, mais voltado agora para aspectos institucionais do que apenas econômicos, como foram as análises anteriores de Stigler e Friedland e de Jarrell. Grande parte das razões identificadas que teriam levado à transição para uma nova modalidade de regulação aponta exatamente para as dificuldades que o regulador enfrentava no modelo contratual, já que o ambiente jurídico norte-americano não dispunha dos mecanismos típicos de um regime de direito público, como aqueles existentes no direito administrativo francês, por exemplo. Pode-se destacar, a esse respeito, a ausência do poder de alteração unilateral do contrato, assim como de um monopólio estatal, que pudesse ser assegurado à empresa incumbente.

---

[28] DEMSERTZ, Harold. Why regulate utilities? *Journal of Law and Economics*, Chicago, v. 11, n. 1, abr. 1968.

[29] PRIEST, George L. The origins of utility regulation and the "theories of regulation" debate. *The Journal of Law & Economics*, Chicago, v. 36, n. 1, part 2, abr. 1993.

Nos Estados Unidos, desde o precedente de *Trustees of Dartmouth Coll. v. Woodward*,[30] restou consolidado o entendimento de que a vedação, constante da seção 10 do art. 1º da Constituição norte-americana – que impede os Estados, ao legislarem sobre direito contratual, de interferir quanto às obrigações livremente adotadas pelas partes – deve ser interpretada como uma *restrição absoluta a qualquer pretensão estatal a rescindir ou modificar unilateralmente as condições contratadas entre algum particular e o poder público*.

Um dos problemas enfrentados com os contratos de *franchise*, portanto, diziam respeito exatamente à ausência de poderes à disposição dos entes estatais para a alteração desses contratos, que necessariamente eram firmados por prazos longos em virtude do montante elevado dos investimentos que deveriam ser amortizados durante o período contratual. Em levantamento realizado em contratações dessa época, George Priest identificou que, nos contratos mais antigos, as cláusulas eram redigidas de forma muito vaga e genérica, o que causava todo tipo de controvérsias e desentendimentos entre as partes. Isso fez com que os contratos firmados nas últimas décadas do século XIX tivessem incorporado cláusulas mais precisas e detalhadas, com especificações mais completas quanto às características exigidas do serviço e à estrutura tarifária, o que era devido também ao ganho de experiência e informação das próprias autoridades estatais.

Os Estados Unidos não adotaram o modelo francês dos contratos públicos de concessão e a Suprema Corte, como se viu, rejeitou a possibilidade de se reconhecer ao Estado prerrogativas contratuais, como a de modificação unilateral dos termos contratuais. Essa rigidez passou a causar, então, outros tipos de problema, uma vez que as adaptações, sempre necessárias em contratos de longo prazo, deveriam ser obrigatoriamente aprovadas por ambas as partes.[31] As modificações pretendidas pelo poder público sempre dependiam, portanto, de negociação a ser entabulada com a empresa responsável pelo serviço (*public utility*). Assim, desconsiderando situações específicas em que o poder público dispusesse de poder de barganha em decorrência de algum interesse específico da empresa, quanto à alteração de alguma cláusula, à prorrogação do prazo contratual, ou à extensão da área de

---

[30] ESTADOS UNIDOS DA AMÉRICA. Suprema Corte. *Trustees of Dartmouth Coll. v. Woodward, 17 U.S. 4 Wheat 518 518., 1819*. Disponível em: https://supreme.justia.com/cases/federal/us/17/518/. Acesso em: 18 jan. 2019.

[31] PRIEST, George L. The origins of utility regulation and the "theories of regulation" debate. *The Journal of Law & Economics*, Chicago, v. 36, n. 1, part 2, abr. 1993. p. 303.

prestação do serviço ou do seu objeto, na maioria das vezes as negociações eram muito difíceis.

A celebração de contratos por prazos longos, sem a flexibilidade típica do regime das concessões, foi, como se vê, uma das principais razões para a transição para um modelo de regulação por agências, que, sem as amarras contratuais, permitia o exercício de poderes discricionários por parte da entidade reguladora.

É interessante notar que, posteriormente, com a ampliação da regulação por parte de agências federais, foi editado o *Federal Power Act*,[32] em cuja seção 206(a) se estabeleceu o poder das agências reguladoras para alterar condições contratuais que reputassem como "injustas, irrazoáveis, indevidamente discriminatórias ou anti-isonômicas". Como nesse momento já não havia contratos de *franchise* entre o poder público e as *public utilities*, a norma legal se destinava a delimitar os poderes das agências reguladoras para intervir em relações contratuais entre particulares. De todo modo, o exame da questão é relevante, pois não há razão para que o mesmo instrumento não pudesse ser estendido a contratos firmados com entes públicos.

A orientação jurisprudencial quanto ao uso desses poderes de interferência estatal em relações contratuais privadas ficou conhecida como *doutrina Mobile-Sierra*, em razão da combinação de dois casos julgados pela Suprema Corte norte-americana, ambos em 1956. No julgamento do caso *Mobile*,[33] a Suprema Corte recusou a aplicação ao

---

[32] "SEC. 206. (a) Whenever the Commission, after a hearing held upon its own motion or upon complaint, shall find that any rate, charges, or classification demanded, observed, charged, or collected by any public utility for any transmission or sale subject to the jurisdiction of the Commission, or that any rule, regulation, practice, or contract affecting such rate, charge, or classification is unjust, unreasonable, unduly discriminatory or preferential, the Commission shall determine the just and reasonable rate, charge, classification, rule, regulation, practice, or contract to be thereafter observed and in force, and shall fix the same by order. Any complaint or motion of the Commission to initiate a proceeding under this section shall state the change or changes to be made in the rate, charge, classification, rule, regulation, practice, or contract then in force, and the reasons for any proposed change or changes therein. If, after review of any motion or complaint and answer, the Com- mission shall decide to hold a hearing, it shall fix by order the time and place of such hearing and shall specify the issues to be adjudicated" (ESTADOS UNIDOS DA AMÉRICA. Legislação. *US Code: 16 U.S.C. 12 §824e*. Federal Regulation and Development of Power. http://uscode.house.gov/. Acesso em: 2 out. 2009).

[33] "The basic power of the Commission is that given it by §5(a) to set aside and modify any rate or contract which it determines, after hearing, to be 'unjust, unreasonable, unduly discriminatory, or preferential'. This is neither a 'rate-making' nor a 'rate-changing' procedure. It is simply the power to review rates and contracts made in the first instance by natural gas companies and, if they are determined to be unlawful, to remedy them, 1956" (ESTADOS UNIDOS DA AMÉRICA. Jurisprudência. Suprema Corte. *United Gas Pipe Line Co. v. Mobile Gas Svc. Corp.*, 350 U.S. 332. Disponível em: https://supreme.justia.com/cases/federal/us/350/332/. Acesso em: 2 out. 2019).

caso concreto de dispositivo existente no *Natural Gas Act*, legislação que disciplinava o setor de gás e permitia esse tipo de interferência estatal, afirmando que a agência somente poderia intervir na relação contratual privada no caso de identificar alguma ilegalidade no contrato, cujas cláusulas, de outra forma, deveriam ser sempre preservadas e respeitadas.

Já no caso *Sierra*,[34] a Corte, ao admitir a intervenção administrativa em um contrato privado, afirmou que a agência reguladora tem o poder de alterá-lo se identificar alguma ilegalidade, em razão do seu propósito de defesa do interesse público. Como explica Scott Hempling, tais situações excepcionais, que justificariam essa intervenção, estariam relacionadas a condições contratuais que levassem à fixação de uma tarifa: a) que inviabilizasse a continuidade de prestação do serviço; b) que impusesse encargos irrazoavelmente excessivos sobre os usuários ou c) que criasse alguma discriminação intolerável.[35] *Não se trata, portanto, de um poder estatal discricionário para a modificação dos contratos*, mas apenas um poder que permite, excepcionalmente, por razões de interesse público, *interferir nos casos em que seja identificada alguma ilegalidade*.

Já no que diz respeito à exclusividade das *public utilities* na execução dos serviços sob sua responsabilidade, há certa divergência entre os pesquisadores da época. Para Scott Hempling, por meio dos contratos de *franchise*, os governos estaduais conferiam às *public utilities* um privilégio especial, vinculado à prestação de um serviço, submetendo-as também a determinadas obrigações, reunindo-se as seguintes características: a) exclusividade como o único prestador daquele serviço em uma extensão territorial determinada; b) obrigação de manter o serviço disponível, sem discriminação aos usuários; c) submissão à regulação estatal; d) obrigação de manter padrões de qualidade; e) utilização do domínio eminente do poder público quando necessário se valer do uso de bens de terceiros; f) restrição quanto à responsabilidade civil advinda da prestação do serviço e g) cobrança de tarifa justa e razoável (*just and reasonable*).[36] Harold Demsertz partilhava da mesma visão

---

[34] "The purpose of the power given the Commission under §206(a) is the protection of the public interest, as distinguished from the private interest of the utilities, and a contract may not be said to be either 'unjust' or 'unreasonable' simply because it is unprofitable to the public utility" (ESTADOS UNIDOS DA AMÉRICA. Jurisprudência. Suprema Corte. *FPC v. Sierra Pacific Power Co., 350 U.S. 348*. Disponível em: https://supreme.justia.com/cases/federal/us/350/348/. Acesso em: 2 out. 1956).

[35] HEMPLING, Scott. *Regulating public utility performance*: The law of market structure, pricing and jurisdiction. Chicago: American Bar Association, 2013. p. 340-343.

[36] HEMPLING, Scott. *Regulating public utility performance*: The law of market structure, pricing and jurisdiction. Chicago: American Bar Association, 2013. p. 14-15.

ao sustentar que mais eficiente do que a regulação por agência seria voltar ao período anterior, dos contratos de *franchise*, em que as *public utilities* disputavam o acesso ao mercado. Obviamente, só faria sentido haver alguma disputa se a assinatura do contrato fosse a única forma de aceder a esse mercado.[37] Assim, sem a exclusividade, o interesse na disputa de um contrato de *franchise* restaria bastante prejudicado.

Curiosa a esse respeito é a constatação de George Priest, após empreender amplo exame dos antigos contratos de *franchise*, de que tal exclusividade, na verdade, não existia naquela época e algum tipo de restrição de entrada nos mercados só foi sistematicamente estabelecida no período de regulação por agências, quando se passou a exigir a obtenção de uma licença específica ou certificado para a prestação de determinados serviços. O interesse em firmar os contratos com o ente estatal estava, na verdade, ligado à possibilidade de se valer de uma limitação de sua responsabilidade civil, que podia ser conferida pelos Estados, ou em ter acesso a servidões sobre bens particulares – ou até mesmo à sua desapropriação –, para viabilizar a implantação da infraestrutura necessária, o que poderia ser conferido pelos municípios.[38]

---

[37] Nos países que adotam a *publicatio* e impõem aos particulares que pretendam prestar serviços públicos a prévia formalização de um vínculo contratual com o Estado, surge uma clara motivação para a participação nas licitações prévias. Apenas aquele que apresentar a proposta considerada mais vantajosa terá acesso àquela atividade econômica. Como referido por Floriano Azevedo Marques, "toda concessão cria na esfera de direitos do particular concessionário um direito antes inexistente em sua esfera jurídica, [...] confere a ele uma situação de desigualdade em relação a todos os outros indivíduos" (MARQUES NETO, Floriano de Azevedo. *Concessões*. 1. ed. Belo Horizonte: Fórum, 2015. p. 130).

[38] "Demsetz presumes that the governmental entity possesses an enforceable legal monopoly over the provision of the service in question which it can delegate unilaterally on terms of its own choice. As we shall see, without legal monopoly, Demsertz's competitive solution cannot be guaranteed. [...] Given Demsetz's presumptions, his conclusion that monopolization can be controlled without continuous regulation follows directly. Given the legal regime and property rights structure in force in the nineteenth century, however, an entirely different set of problems of utility control arise that are ignored or would be difficult to manage through Demsertz's auction proposal. First, during the nintieth century, there was no inherent legal municipal monopoly of utility services, nor did municipal or state governments generally possess the authority to limit entry. Demsertz's proposal seems to imagine a municipality with the authority to negotiate terms in return for the unilateral grant of something resembling the modern certificate of public convenience and necessity. But this legal construct postdates the regime of municipal franchises and appears to have been introduced only after establishment of state regulatory commissions. During the nineteenth century, with the exception of services such as the federal post office and money supply, all other American enterprises were available for open entry by any aspiring entrepreneur. Most typically, state governments possessed authority to confer corporate charters, but the corporate charter chiefly provided only benefits of limited corporate liability, not monopoly. Municipal government authority, in contrast, was limited to the regulation of those right-of-way that had been dedicated to the public either though custom or expressly in return for development authorization.

Pode-se concluir, deste modo, que a modalidade de regulação contratual nos Estados Unidos foi abandonada, de um lado, pelo reduzido interesse que provocava nos empreendedores, já que os contratos de *franchise*, em geral, não asseguravam a exclusividade na exploração das atividades e, portanto, não ofereciam às *public utilities* a segurança para a realização dos investimentos necessários. Por outro lado, do ponto de vista do regulador, não disponibilizava mecanismos adequados para o exercício da regulação, mostrando-se o modelo contratual inflexível para as constantes adaptações e modificações que se fazem necessárias em uma relação de longo prazo. A inexistência de mecanismos típicos de um regime contratual público, jamais adotado nos Estados Unidos, foi inviabilizando o uso de contratos tipicamente privados como ferramenta de regulação.

1.1.3 O retorno norte-americano aos contratos (governar por contrato)

Não existe no direito estadunidense, como se sabe, o conceito de serviço público, ao menos não como o conhecemos, segundo a tradição francesa que herdamos, associado ao fenômeno jurídico da *publicatio*, com a supressão de atividades do domínio da livre iniciativa, sujeitando-as a um regime jurídico de direito público e à titularidade estatal. O que existe na tradição jurídica anglo-saxônica é a admissão de uma regulação mais intensa no caso daquelas atividades que envolvam um especial interesse público (*public utilities*). Não se concebe, em princípio, que tais atividades sejam suprimidas da iniciativa privada. Todas as atividades que tenham potencial de lucro e geração de riqueza são sempre tratadas como atividades privadas livremente exploradas pelos empreendedores, embora logicamente submetidas à regulação estatal, que será dotada da flexibilidade necessária para que seja definido, caso o caso, o grau de intervenção estatal aceitável, conferindo-se maior discricionariedade à atuação das agências reguladoras, as quais não se vinculam a uma relação contratual previamente estabelecida.

Pode-se referir, por exemplo, ao intenso debate referente aos serviços prestados pelos provedores de internet. É ainda ampla a discussão sobre qual o grau de regulação que pode ser imposto aos

---

Thus, municipal regulatory authority derived solely from jurisdiction over public right-of-way" (PRIEST, George L. The origins of utility regulation and the "theories of regulation" debate. *The Journal of Law & Economics*, Chicago, v. 36, n. 1, part 2, abr. 1993. p. 305).

provedores em decorrência do princípio de neutralidade da rede. A FCC (*Federal Communications Commission*), que é a agência norte-americana responsável pela regulação dos serviços de telecomunicação adotou, em nome da proteção da neutralidade, disciplina regulatória que veda aos provedores impedir ou restringir o acesso de seus usuários ao conteúdo disponibilizado na internet, a depender de sua origem. A associação representativa das grandes companhias telefônicas, donas da infraestrutura de acesso à rede, propôs, então, ação judicial com o objetivo de afastar essa restrição, a qual foi julgada improcedente pela Corte Federal de Columbia, que manteve o ato regulatório da FCC. Em sua decisão, a Corte considerou que se tratava da regulação de um serviço de telecomunicação (*telecommunications service*) – atribuindo-lhe a natureza de uma *public utility* – e não de um serviço comercial (*commercial service*),[39] razão pela qual se justificava a intervenção mais intensa. Como se vê, nesse caso, a Corte Federal de Columbia tangenciou a afirmação de um sistema dicotômico de regulação, nunca admitido pela Suprema Corte. Admitiu expressamente que, reconhecendo-se a natureza de *public utility* a um serviço, justificam-se poderes mais intensos de intervenção reconhecidos ao regulador.

É curioso observar, a esse respeito, que determinados problemas podem se mostrar difíceis de resolver sem o instrumental jurídico disponibilizado pela existência de uma relação contratual entre as partes. Deste modo, o modelo de regulação por agência, sem contratos firmados entre a *public utility* e o poder público, provoca uma lacuna que, por vezes, pode ser difícil de contornar em determinadas situações. Por essa razão, também *já se pretendeu recorrer à figura de um contrato implícito*

---

[39] É o que se constata do seguinte trecho extraído da decisão, tomada pela maioria de dois julgadores contra um, que reconheceu o caráter eminentemente comercial da atividade: "The Commission also exercised its statutory authority to forbear from applying many of "Title II's provisions to broadband service and promulgated five rules to promote internet openness. Three separate groups of petitioners, consisting primarily of broadband providers and their associations, challenge the Order, arguing that the Commission lacks statutory authority to reclassify broadband as a telecommunications service, that even if the Commission has such authority its decision was arbitrary and capricious, that the Commission impermissibly classified mobile broadband as a commercial mobile service, that the Commission impermissibly forbore from certain provisions of Title II, and that some of the rules violate the First Amendment. For the reasons set forth in this opinion, we deny the petitions for review" (ESTADOS UNIDOS DA AMÉRICA. Jurisprudência. Corte de Apelação do Distrito de Columbia Circuit. *Case No. 15-1063, United States Telecom Association, et al., Petitioners V. Federal Communications Commission – F.C.C. and United States of America, Respondents and Independent Telephone & Telecommunications Alliance, et al., Interventors*, julgado em 14 de junho de 2016. Disponível em: https://www.cadc.uscourts.gov/internet/opinions.nsf/3F95E49183E6F8AF85257FD200505A3A/$file/15-1063-1619173.pdf. Acesso em: 4 jul. 2016).

nos Estados Unidos, sustentando-se que a relação que se estabelece entre a autoridade reguladora e as empresas reguladas é em tudo análoga ao fenômeno contratual, ainda que não exista propriamente um contrato real celebrado entre as partes.

Exemplo emblemático pode ser buscado no setor elétrico dos Estados Unidos, que estava assentado, até a década de 90, em um regime de tarifa regulada, que se baseava na confiança de todos os operadores quanto ao dever do regulador de garantir aos agentes privados a recuperação de todos os seus investimentos que fossem realizados de forma prudente, assim como dos seus custos de capital e de operação. Ocorre que, a partir da década de 90, houve uma decisão no sentido de desregular o setor elétrico naquele país, com o objetivo de introduzir a concorrência, especialmente na atividade de geração. Segundo alegaram à época alguns empreendedores privados, que haviam realizado vultosos investimentos em um ambiente regulatório que garantia a exclusividade de fornecimento, a introdução da concorrência tornaria irrecuperáveis os valores investidos. A magnitude dos prejuízos poderia chegar aos US$200 bilhões.

Como as *public utilities* nos Estados Unidos desempenham atividades econômicas privadas, embora submetidas à regulação estatal intensa, não dependem de um contrato firmado com o Estado para desempenhar suas atividades. Foi construída, então, pela doutrina, uma teoria que equiparava a relação de confiança, que era pressuposta entre os investidores e o regulador, a uma relação quase-contratual, designada como *regulatory compact*. Embora não se apoiasse em nenhum documento escrito, esse *regulatory compact* poderia ser extraído de acordos informais que se pressupunham existentes entre os diversos agentes,[40] como *uma espécie de contrato implícito entre o regulador e o regulado*.

Procurava-se assim uma via jurídica que assegurasse a indenização em relação aos custos nos quais haviam incorrido os investidores, que se tornavam irrecuperáveis diante da decisão adotada pelo Estado quanto à desregulação do setor, introduzindo uma até então inexistente concorrência no fornecimento de energia elétrica. Essa visão foi defendida, entre outros, por James Boyd,[41] assim como por William Baumol

---

[40] BAKOVIC, Tonci; TENENBAUM, Bernard; WOOLF, Fiona. Regulation by contract: a new way to privatize electricity distribution? *World Bank Working Paper*, Washington, n. 14, 2003. p. 15.

[41] BOYD, James. The "regulatory compact" and implicit contracts: should stranded costs be recoverable? *Discussion Paper*, 97-01, October 1996. Disponível em: http://www.rff.org/files/sharepoint/WorkImages/Download/RFF-DP-97-01.pdf. Acesso em: 4 jul. 2016.

e Gregory Sidak,[42] para quem o comportamento da regulação anterior, que garantia exclusividade para o fornecimento em áreas específicas, havia criado uma expectativa nos investidores quanto à possibilidade de recuperar seus investimentos de acordo com aquele modelo regulatório vigente. A quebra dessa expectativa seria equivalente a uma violação contratual.

Em sentido contrário, Robert Michaels[43] sustenta que um conjunto de normas regulatórias não poderia ser considerado um acordo de vontades. Chama a atenção ainda para a natureza cambiável da regulação, tendo o setor elétrico norte-americano, em sua origem, características de extrema competividade antes da introdução das exclusividades regulatórias.

A referência a essa teoria, que encontrou bastante espaço na ocasião, é um exemplo da relevância da técnica contratual de regulação, inclusive no que se refere à proteção dos investidores, a quem se assegura o respeito ao equilíbrio da equação econômico-financeira a ser estabelecida em contrato, considerando um prazo a ser previamente estipulado. A ideia dos *implied regulatory contracts* a que se acaba de referir não está relacionada com as possibilidades e limites da prática regulatória pelo Estado, mas antes com a segurança jurídica a ser garantida à iniciativa privada diante da ação do Estado Regulador em face dos regulados. A finalidade perseguida com a elaboração da teoria é bem delineada por Pedro Gonçalves:[44]

> O objectivo prosseguido é de, a partir dessa coincidência, remeter para o *direito dos contratos* a resposta para as múltiplas vicissitudes que se suscitem nas relações entre regulador e regulados. O resultado da "leitura contractual" conduzirá à diminuição da *discricionariedade regulatória*, dado que qualquer modificação regulamentar tenderá a ser considerada uma modificação contratual, com as consequências que daí decorrem (reposição do equilíbrio, em caso de aumento dos custos). Por outro lado, defende-se que o "contrato regulatório", apesar de implícito, é um contrato, e, portanto, deve ser honrado pelo Estado como qualquer outro.

---

[42] BAUMOL, William J.; SIDAK, Gregory. *Transmission pricing and stranded costs in the electric power industry*. Washington: AEI Press, 1995.
[43] MICHAELS, Robert J. Stranded investments, stranded intellectuals. *Regulation*, n. 1, 1996.
[44] GONÇALVES, Pedro António P. Costa. Regulação administrativa e contrato. *Revista de Direito Público da Economia – RDPE*, Belo Horizonte, ano 9, n. 35, p. 105-141, jul./set. 2011. p. 127-128.

Existem, ainda, modelos alternativos, que se valem dos contratos como instrumento de regulação, sem que necessariamente seja imposta ao particular a condição de firmar um contrato para ter acesso ao desempenho de uma atividade determinada. A contratualização pode ser instituída como uma das alternativas possíveis. Estabelecem-se, em casos como esses, uma negociação que envolve, por parte do ente estatal, a anuência em partilhar com o regulado o seu poder de administrar e regular, o que se dará, provavelmente, diante de certas contrapartidas – pode-se imaginar, por exemplo, que o regulado conquiste o direito de se submeter a uma regulação contratualizada ao atingir determinados parâmetros preestabelecidos de excelência quanto ao seu desempenho – e mediante a observância de certas condições a serem observadas. Pedro Gonçalves vê neste sistema um verdadeiro exemplo de autorregulação, ainda que estimulada pelo Estado, uma vez que depende de um prévio consenso a ser construído com o regulado:[45]

> Estamos, pois, diante de um fenómeno de contratualização da regulação pública e, portanto, perante a adopção de um modelo de *auto-regulação* – sustentado em contrato – como alternativa (ou em complemento) a um modelo de hetero-regulação – baseado num sistema hierárquico de imposição de normas e actos unilaterais.

Deste modo, restaria ampliada a segurança jurídica dos investidores, que passariam a conhecer as metas e parâmetros de atuação exigidos pelo regulador com maior antecedência e a participar de sua definição. O contrato serve, nesses casos, como instrumento pragmático de autocontenção da discricionariedade, em prol da segurança jurídica e eficiência do setor. É o que se extrai de interessante passagem de relatório produzido pelo Banco Mundial sobre as privatizações no setor elétrico:[46]

---

[45] GONÇALVES, Pedro António P. Costa. Regulação administrativa e contrato. *Revista de Direito Público da Economia – RDPE*, Belo Horizonte, ano 9, n. 35, p. 105-141, jul./set. 2011. p. 130.

[46] "In many developed countries, multi-year price or revenue caps, which are a form of regulation by contract, have become the system of choice in setting retail tariffs both for new regulatory commissions, such as exist in England and Wales and the Netherlands, and old regulatory commissions, such as exist in the United States. It appears that these countries have decided to commit themselves to a multi-year (as opposed to an annual) tariff-setting system because they have concluded that a multi-year tariff system embedded within a formal regulatory contract provides stronger incentives for the regulated enterprise to be efficient. In effect, they have decided to give up regulatory discretion because they expected that they will get more efficient performance from the regulated entity if they commit to a multi-year tariff regime. The U.S. example is particularly interesting because none of

Em muitos países desenvolvidos, a fixação de limites de preços ou receitas por vários anos, que é uma forma de regulação por contrato, tornou-se o sistema escolhido na definição de tarifas de varejo tanto por novas comissões regulatórias, como ocorre na Inglaterra, no País de Gales e nos Países Baixos, quanto para antigas comissões regulatórias, como existem nos Estados Unidos. Parece que esses países decidiram comprometer-se com um sistema de definição tarifária de vários anos (em oposição a um ano) porque concluíram que um sistema tarifário de vários anos incorporado dentro de um contrato regulatório formal fornece incentivos mais fortes para que a empresa regulada seja eficiente. Com efeito, decidiram abrir mão da discricionariedade regulatória porque esperavam ter um desempenho mais eficiente da entidade regulada ao se comprometerem com um regime tarifário de vários anos. O exemplo dos EUA é particularmente interessante porque nenhuma das comissões dos EUA que optaram por adotar sistemas de fixação tarifária de vários anos estavam legalmente obrigadas a fazê-lo. Em geral, a maioria das comissões dos EUA tem operado por muitos anos sob leis muito gerais, que simplesmente determinam que as comissões devem estabelecer tarifas "justas e razoáveis" e "não indevidamente discriminatórias". No entanto, algumas comissões dos EUA optaram por restringir sua própria flexibilidade e comprometer-se com um sistema de fixação tarifária de vários anos porque concluíram que esse era um sistema melhor para os consumidores. Isso sugere que um sistema de definição tarifária de vários anos, baseado em desempenho, que é o elemento-chave do contrato regulatório, deve ser a abordagem preferida para regular entidades de distribuição privadas em países em desenvolvimento e desenvolvidos e isso não apenas por um período de transição.

Mais recentemente, a discussão norte-americana do uso dos contratos em matéria regulatória tem se expandido a outros setores além das *public utilities*, como a gestão de escolas públicas ou a manutenção

---

the U.S. commissions that chose to adopt multi-year tariff-setting systems were legally obligated to do so. In general, most U.S. commissions have operated for many years under very general laws that simply say that the commissions should set tariffs that are 'just and reasonable' and 'not unduly discriminatory'. Nevertheless, some U.S. commissions have chosen to restrict their own flexibility and commit themselves to a multi-year tariff-setting system because they concluded that it was a better system for consumers. This suggests that a performance-based, multi-year tariff-setting system, the key component of the regulatory contract, should be preferred approach for regulating private distribution entities in developing and developed countries and not just for a transition period" (BAKOVIC, Tonci; TENENBAUM, Bernard; WOOLF, Fiona. Regulation by contract: a new way to privatize electricity distribution? *World Bank Working Paper*, Washington, n. 14, 2003. p. 21).

de programas voltados a idosos,⁴⁷ que se assemelha ao que no Brasil pode ser viabilizado por meio de uma concessão administrativa ou pela transferência de gestão para uma organização social ou Oscip, quando o particular não tem finalidade lucrativa.

A incorporação de mecanismos tipicamente contratuais na atividade estatal regulatória exercida nos Estados Unidos, onde o modelo dos contratos de *franchise* para as *public utilities* está superado desde a década de 20 do século passado, é uma clara influência do direito administrativo europeu, de origem francesa. Assim, apesar de as décadas de 80 e 90 terem testemunhado, como já afirmado anteriormente, uma grande influência do direito norte-americano sobre o resto do mundo, tendo havido uma significativa expansão no uso de agências reguladoras para a regulação das atividades econômicas, é digno de nota que a experiência de regulação por contrato também acabou produzindo alguma influência mais recente no direito norte-americano, ainda que em menor escala.

Nesse sentido, deve-se reconhecer que, após a crise dos anos 80 e 90, com os feitos da globalização, a França foi desenvolvendo uma regulação cada vez mais voltada para o fomento e disciplina da iniciativa privada do que para o desempenho direto das atividades econômicas.⁴⁸ A tradição do serviço público francês, visto como verdadeiro elemento de coesão social e territorial, com sua experiência de delegação por meio de diversos modelos contratuais, foi fortemente impactada pelas preocupações de estímulo à concorrência e pela metodologia de regulação por agências, incumbidas de exercer a coordenação entre os interesses públicos e privados, muitas vezes dotadas de independência,⁴⁹ em clara absorção do fenômeno da desregulação, originário dos Estados Unidos da América, especialmente impulsionado pelas diretivas oriundas do direito europeu.

Em contrapartida, nos Estados Unidos também ganhou força a ideia de mudança de uma lógica de comando para uma lógica de consenso,⁵⁰ intensificando-se as relações contratuais entre o Estado e os particulares, inclusive para a realização de atividades normalmente

---

[47] COOPER, Phillip. *Governing by contract*: challenges and opportunities for public managers. Washington: CQ Press, 2003.

[48] GAUDIN, Jean-Pierre. *Gouverner par contrat*. 2. ed. Paris: Presses de Sciences Po, 2007. p. 81-83.

[49] GAUDIN, Jean-Pierre. *Gouverner par contrat*. 2. ed. Paris: Presses de Sciences Po, 2007. p. 35.

[50] COOPER, Phillip. *Governing by contract*: challenges and opportunities for public managers. Washington: CQ Press, 2003. p. 46-47.

vistas como típicas ações de governo.⁵¹ Já durante o Governo Kennedy, houve ampla contratação de empresas e também universidades privadas para o desenvolvimento de tecnologias com vista ao estabelecimento do seu arsenal nuclear, incluindo os submarinos nucleares, assim como para atender às diversas demandas originadas pelo grande impulsionamento da indústria espacial, com o envio da primeira missão tripulada à lua.⁵²

Essa transferência contratual de funções eminentemente públicas para empresas privadas foi alcançando atividades cada vez mais variadas e muito mais amplas do que as *public utilities*, ou mesmo do que os serviços públicos, na mais larga conceituação francesa. Após os acontecimentos de 11.9.2001 – quando os Estados Unidos experimentaram um ataque terrorista em seu território, de proporções antes inimagináveis –, a necessidade de demonstrar uma reação rápida e a falta de estrutura da administração pública dos Estados Unidos para enfrentar sozinha aquele enorme desafio foram as grandes propulsoras de uma fase de intensa contratação de empresas para a realização de tarefas que sempre se imaginou deverem ser restritas a entes estatais, como a identificação de alvos militares, a realização de interrogatório de prisioneiros,⁵³ o controle de fronteiras, o gerenciamento de operações de inteligência, a análise e o controle de acesso sobre informação classificada como sigilosa,⁵⁴ além do suporte logístico a operações

---

⁵¹ "Over the last few years, the Unied States government has outsourced to private actors a significant portion of its work. [...] Moreover, these contracts increasingly encompass what many consider to be core government functions" (FREEMAN, Jody; MINOW, Martha. Introduction: reframing the outsourcing debates. *In*: FREEMAN, Jody; MINOW, Martha (Org.). *Government by contract*: outsourcing and American democracy. Cambridge: Harvard University Press, 2009. p. 1).

⁵² COOPER, Phillip. *Governing by contract*: challenges and opportunities for public managers. Washington: CQ Press, 2003. p. 41.

⁵³ Kelman justifica essa contratação: "Take the infamous example of contractors being used for prison interrogation at Abu Ghraib, and consider the Army's problem. It needed a stable of people fluent in Arabic for questioning prisoners (or translating between interrogator and prisoner). But this need came up suddenly, and it lasted for a limited time. There are countless other languages (Urdu? Spanish? Serbo-Croatian? Chinese?) for which similar demands might unpredictably appear. Surely it doesn't make sense for the Army to employ stables of language experts to wait around for the time when they might (hypothetically) be needed" (KELMAN, Steven J. Achieving contracting goals and recognizing law concerns. *In*: FREEMAN, Jody; MINOW, Martha (Org.). *Government by contract*: outsourcing and american democracy. Cambridge: Harvard University Press, 2009. p. 180-181).

⁵⁴ Um dos maiores escândalos de vazamento de informações no mundo ocorreu quando um jovem chamado Edward Snowden resolveu divulgar informações coletadas pela Agência de Segurança Nacional dos Estados Unidos (National Security Agency – NSA), revelando que um sistema de espionagem norte-americano, até então secreto, denominado Xkeyscore,

militares, quando não o desempenho direto de algumas missões específicas e até o gerenciamento de instalações nucleares. As guerras no Afeganistão e no Iraque e o furacão Katrina, que também exigiram providências estatais urgentes e de alta complexidade, igualmente podem ser apontados como molas para uma contratação em massa de empresas, com objetos relacionados ao desempenho de diversas funções estatais típicas.[55]

Como se pode constatar, as tradições do serviço público "à francesa" e da regulação estadunidense das *public utilities* acabaram voltando a se aproximar graças aos efeitos da onda neoliberal e da globalização no mundo, nos anos 80 e 90:[56] a tradição francesa acabou por incorporar a utilização de agências reguladoras, independentes ou não, como parte de seu arsenal para a regulação dos serviços públicos e os Estados Unidos intensificaram a utilização de instrumentos contratuais para transferir a empresas privadas o encargo de desempenhar atividades que lhe cabem. Desse encontro, *acabou surgindo um modelo de regulação contratual, cuja execução frequentemente é conduzida por agências reguladoras*. Esse é claramente o modelo predominante utilizado no Brasil desde a década de 90.

Mesmo após o movimento de afastamento das esferas públicas da execução direta de uma série de tarefas, transferidas para a iniciativa privada, o Estado não abandonou sua responsabilidade em buscar a concretização do interesse público. Como bem apontado por Pedro Gonçalves, "a privatização não poderia acarretar a abolição dos compromissos essenciais do Estado".[57] Sobressaíram-se, então, outros

---

tinha uma enorme capacidade coletar e tratar dados, supervisionando praticamente tudo o que todos os usuários fazem na internet, permitindo assim a espionagem de qualquer indivíduo, inclusive autoridades estrangeiras. Como se sabe, Edward Snowden não era servidor público do governo, mas um empregado de uma empresa terceirizada que havia sido contratada para operar tal sistema e fornecer as informações relevantes para a inteligência norte-americana. A história é retratada no filme *Snowden – herói ou traidor* (*The Sonowden files*), dirigido por Oliver Stone e lançado em 2016.

[55] FREEMAN, Jody; MINOW, Martha. Introduction: reframing the outsourcing debates. In: FREEMAN, Jody; MINOW, Martha (Org.). *Government by contract*: outsourcing and American democracy. Cambridge: Harvard University Press, 2009. p. 2.

[56] Para uma abordagem mais ampla sobre essa aproximação que se pode constatar recentemente entre os direitos administrativos de base romanística e de *common law*, especialmente, quanto à formação sincrética do direito administrativo brasileiro, que vem colhendo influências desses dois sistemas, ver: MARQUES NETO, Floriano de Azevedo. O direito administrativo no sistema de base romanística e de common law. *Revista de Direito Administrativo*, v. 268, jan./abr. 2015.

[57] GONÇALVES, Pedro António P. Costa. *Entidades privadas com poderes públicos*: o exercício de poderes públicos por entidades privadas com funções administrativas. Coimbra: Almedina, 2008. p. 159.

tipos de atividades estatais, voltadas à supervisão do desempenho pelo particular das atividades anteriormente exercidas diretamente pelo Estado. No que se refere a certo núcleo de atividades, além da mera supervisão, o Estado ainda desempenha um papel de garantidor, não só de que o serviço seja efetivamente disponibilizado aos indivíduos, mas que atenda a padrões mínimos de performance e qualidade.

Como se viu anteriormente, uma das principais razões que levou a regulação das *public utilities*, nos Estados Unidos, a se afastarem do regime de regulação contratual, passando a adotar a regulação por agências, foi a incompatibilidade afirmada pela jurisprudência da Suprema Corte daquele país entre os mecanismos de alteração unilateral dos contratos e os valores liberais que se extraíam da Constituição. Sem que tais mecanismos estivessem à disposição do Estado, o regime contratual se mostrava inflexível e, portanto, indesejável para servir ao propósito de regulação de uma atividade econômica.

Outra distinção essencial que se verifica entre os regimes de regulação contratual e simplesmente por agência diz respeito ao conceito de titularidade estatal dos serviços públicos. O uso dos contratos de concessão traz subjacente a ideia de que o particular, para exercer determinada atividade, depende do estabelecimento de uma relação contratual acordada com o poder público. Sem esse contrato, ele não teria acesso à atividade. De outra forma, dificilmente haveria interesse em contratar.

No Brasil, a contratualização da regulação dos serviços públicos tem sede constitucional, tendo as agências reguladoras sido incorporadas posteriormente ao ordenamento jurídico, em alguns casos por emendas constitucionais, como ocorreu com a Agência Nacional de Telecomunicações – Anatel[58] e, na maioria das vezes, por disposições da legislação ordinária. De todo modo, no direito brasileiro há muito se admitem, no que diz respeito aos serviços públicos, tanto o fenômeno da *publicatio* – sendo a assinatura de um contrato com o poder público uma condição para que o particular tenha acesso a prestar determinado serviço – como a existência de um regime jurídico especial incidente sobre esses contratos, de direito público, o qual permite uma série de extravagâncias em comparação ao regime aplicável aos contratos

---

[58] A Emenda Constitucional nº 8/1995 inseriu no texto do inc. XI do art. 21 da Constituição a referência à criação de um órgão regulador, ao tratar dos serviços de telecomunicação. No que se refere às atividades relacionadas à exploração de petróleo e gás, objeto de monopólio da União, a Emenda Constitucional nº 9/1995 também fez expressa referência a um órgão regulador, ao alterar a redação do art. 177, §2º, III da Constituição.

privados, como o poder estatal de alteração e rescisão unilateral dos termos originalmente acordados. Cumpre, então, antes de tratar mais detidamente das características desse modelo de regulação contratual a prazo fixo, analisar brevemente quais as principais vantagens e desvantagens da sua adoção, o que se fará no capítulo seguinte.

1.2 Vantagens e desvantagens do modelo contratual a prazo fixo

1.2.1 A ótica do poder público: *publicatio* e licitações periódicas

Como qualquer outro modelo, o contratual também possui vantagens e desvantagens. Duas de suas principais características são a imposição da estipulação de um prazo fixo para a duração da relação jurídica a se estabelecer entre o concessionário e o poder público – tema que será mais detalhadamente analisado em seguida, no item 1.4 – e a obrigatoriedade de que a sua assinatura seja precedida de licitação, como expressamente impõe o art. 175 da Constituição. As desvantagens mais evidentes dessa limitação temporal podem ser apontadas como (i) o possível desestímulo ao investidor de manter a excelência na prestação do serviço, já que, em algum momento, inexoravelmente a relação jurídica que o autoriza a prestá-lo será encerrada, independentemente de sua eficiência; (ii) a existência de incentivos perversos, ao final do prazo contratado, que podem levar a uma acentuada redução dos investimentos na operação e manutenção; (iii) os custos de transação envolvidos na desmobilização de um concessionário em atividade e nos preparativos de uma licitação para uma nova contratação, com o inerente custo de aprendizado do concessionário entrante; sem contar (iv) o risco sempre presente de que o novo concessionário preste um serviço de pior qualidade do que o que vinha sendo desempenhado.

Por outro lado, a imposição da renovação periódica de uma consulta ao mercado impede que a Administração Pública fique refém de um prestador único que, ainda que esteja se desincumbindo de maneira adequada de suas responsabilidades referentes ao serviço, pode não ser mais capaz de oferecer as condições mais vantajosas disponíveis naquele momento. Do mesmo modo, estabelecer marcos de transição pode permitir ao Poder Concedente uma forma mais barata de remodelar os serviços e introduzir modificações substanciais em sua regulação, sem a necessidade do pagamento de indenização ao concessionário; além de permitir aos demais interessados o acesso à prestação dos serviços, garantindo assim uma isonomia entre os agentes do mercado aptos a desempenhar aquela função. Essa limitação temporal, inerente à regulação contratual, permite, portanto, *manejar o tempo da delegação como um mecanismo para a perseguição das suas finalidades*.

Como menciona Ana Paula de Barcellos, o prazo das concessões é "um dos ativos específicos de que se vale o Poder Público na regulação dos serviços públicos delegados à exploração por particulares".[59] A fixação do tempo de duração de um período de delegação serve, portanto, a alguns propósitos principais.[60] Não se pode ignorar, no entanto, que há estudos defendendo a *ausência de racionalidade em se interromper um contrato de concessão quando há boa performance do concessionário*, o que representaria um *desestímulo para o investidor*, como já aventado, uma vez que, independentemente de seu desempenho e eficiência, seu negócio estaria fadado a ser interrompido após um tempo previamente determinado, mesmo que consiga obter grande sucesso e aceitação junto aos usuários. São nesse sentido as considerações de Ashley Brown,[61] em estudo sobre as concessões no setor elétrico no Brasil:

---

[59] BARCELLOS, Ana Paula de. A gestão do tempo pela regulação: parâmetros constitucionais para a prorrogação de prazos e alguns casos concretos. *In*: PEREIRA NETO, Caio Mario da Silva Pereira; PINHEIRO, Luís Felipe Valerim (Coord.). *Direito da infraestrutura*. São Paulo: Saraiva, 2017. v. 2. p. 174.

[60] Sobre vantagens e desvantagens de se proceder a licitações periódicas para as concessões de serviços públicos, especialmente relacionadas a infraestruturas, *vide*: PRADO, Lucas Navarro; PINHEIRO, Luís Felipe Valerim. O tempo nas concessões de infraestrutura: prazo de vigência de sua prorrogação. *In*: MARCATO, Fernando S.; PINTO JR., Mario Engler (Coord.). *Direito da Infraestrutura*. São Paulo: Saraiva, 2017. v. 1. p. 415-422.

[61] "It is obvious that thoughtful investors will have greater confidence in putting their capital to work in an enterprise whose fate is within their own control. Indeed, it is hard to see why any concessionaire, nearing the end of its concession, would reinvest any money in an enterprise, the concession for which, it has no hope for retaining. Indeed, the clear economic incentives for an investor about to have its concession expire is to reduce not only investment, but also maintenance and operations expenditures and environmental and safety compliance expenses, since there is almost always a time delay between the reduction of expenditures for those activities and the actual appearance of the problems that inevitably follow. Thus, the current concessionaire defers expenses and the next concessionaire is left to deal with the consequences. That almost certainly leads to increasing the costs imposed on the new concessionaire who wither anticipates them by requiring higher payments for its products and services or suffers a revenue shortfall that may lead to further diminution in the quality of service. [...] The automatic expiration of concessions sends a perverse signal to investors, namely that all concessionaires, regardless how well or poorly they perform, will suffer the same fate, namely loss the concession. [...] Their economic incentive is to think about their short-term profitability and loss avoidance, rather than long-term enterprise value, a very dangerous incentive to give to an infrastructure service provider. [...] There is another cost to automatic termination of concessions without possibility of renewal. It makes the regulation of concessionaires and the enforcement of concessions much more difficult. The reason for this relates to

É óbvio que os investidores cautelosos terão maior confiança em colocar seu capital para trabalhar em uma empresa cujo destino está sob seu próprio controle. De fato, dificilmente qualquer concessionária, perto do fim de sua concessão, reinvestiria qualquer dinheiro em uma empresa cuja concessão não tenha esperança de reter. De fato, os claros incentivos econômicos para um investidor prestes a ter sua concessão expirada é reduzir não apenas os investimentos, mas também os gastos com manutenção e operações, despesas de conformidade ambiental e de segurança, uma vez que quase sempre há um atraso entre a redução dos gastos para essas atividades e o aparecimento real dos problemas que inevitavelmente se seguem. Assim, a atual concessionária adia as despesas e a próxima concessionária é que deverá lidar com as consequências. Isso quase certamente levará ao aumento dos custos impostos à nova concessionária, que ou os antecipará, exigindo pagamentos mais altos por seus produtos e serviços ou, então, sofrerá um déficit de receita que poderá levar a uma redução adicional na qualidade do serviço. [...] o vencimento automático das concessões envia um sinal perverso aos investidores, ou seja, que todas as concessionárias, independentemente do seu bom ou mal desempenho, sofrerão o mesmo destino, ou seja, perderão a concessão. [...] Seu incentivo econômico é pensar em sua rentabilidade de curto prazo e evitar perdas, em vez de considerar o valor empresarial de longo prazo, um incentivo muito perigoso para dar a um provedor de serviços de infraestrutura. [...] Outro custo relacionado com a rescisão automática das concessões, sem possibilidade de renovação, é que isso dificulta muito a regulação das concessionárias e a imposição de suas obrigações. A razão para isso diz respeito aos incentivos econômicos discutidos acima. A regulação funciona melhor quando as expectativas do Estado estão totalmente alinhadas com os incentivos econômicos proporcionados às concessionárias. Quando as expectativas não se alinham bem com os incentivos, os reguladores devem se tornar mais "mãos na massa", o que significa que eles precisam confiar mais em ferramentas não econômicas, como auditoria, aplicação mais agressiva e maior sensibilidade às reclamações dos consumidores.

---

the economic incentives discussed above. Regulation works best when the expectations of state are fully aligned with the economic incentives provided to the concessionaires. When the expectations do not align well with the incentives, regulators must become more 'hands on', meaning they need to rely more on non-economic tools such as auditing, more aggressive enforcement, and heightened sensitivity to consumer complaints" (BROWN, Ashley C. Concessions, markets and public policy in the Brazilian power sector. *The Electricity Journal*, v. 25, n. 9, 2012. p. 71-72). Ver também, a esse respeito, OLIVEIRA, Carolina Zaja Almada Campanate de. *Contratos administrativos complexos e de longo prazo*: a prorrogação antecipada e a relicitação na teoria dos contratos públicos. 2018. Dissertação (Mestrado em Direito da Regulação, Economia, Intervenção e Estratégias Regulatórias) – Escola de Direito do Rio de Janeiro, Fundação Getúlio Vargas, Rio de Janeiro, 2019. p. 176-188.

O ponto central da crítica da professora de Harvard ao modelo brasileiro a prazo é que essa limitação automática, própria do sistema de concessões, retiraria valor da concessão, tornando-a menos atrativa em face de outras oportunidades de investimento. Obviamente, sua crítica não se aplica aos casos em que o concessionário não apresenta desempenho adequado, demonstra dificuldades de cumprir com suas obrigações, encontra-se inadimplente ou executa de maneira insuficiente suas atividades. Também não se trata aqui dos casos em que há acordo entre as partes para o encerramento do contrato de concessão. Suas observações dizem respeito àquelas situações em que o serviço é prestado de maneira adequada, como expressamente esclarece a autora:[62]

> Existem várias razões pelas quais uma concessão pode ser rescindida, como a existência de sérios problemas financeiros (por exemplo, falência), o mau desempenho, o mútuo acordo entre a concessionária e a autoridade concedente, ou a constatação de que o serviço prestado não é mais viável.

Outro grave problema apontado em relação à extinção automática dos contratos de concessão, independentemente do desempenho do concessionário, são os *incentivos perversos* que existirão quando for se aproximando o prazo de encerramento do contrato, que impulsionariam o concessionário em sentido contrário ao comportamento desejado pelo Poder Concedente. O encerramento automático da concessão criaria um estímulo para que o concessionário busque o maior incremento possível de sua lucratividade no final do período contratual, já que não haveria mais razão para se preocupar com a satisfação dos usuários, uma vez que em breve não estará mais à frente daquele negócio.

O risco, então, é que, próximo ao termo final do contrato, o concessionário busque reduzir ao máximo os seus investimentos em infraestrutura e mesmo em manutenção,[63] segurança e medidas

---

[62] "There are several reasons why a concession might be terminated, such as serious financial distress (e.g., bankruptcy), poor performance, mutual agreement of the concessionaire and the granting authority, or the service provided no longer being viable" (BROWN, Ashley C. Concessions, markets and public policy in the Brazilian power sector. *The Electricity Journal*, v. 25, n. 9, 2012. p. 70).

[63] "A ideia básica do artigo é a de que um concessionário não possui interesse em fazer investimentos vultosos quando seu contrato de concessão se aproxima de seu término. Perto do final do contrato, um choque positivo de demanda – quando por exemplo se projetou que 100 mil carros passariam por uma rodovia todo mês mas na prática são 200 mil – não induz os investimentos necessários, pois não haveria tempo hábil para o concessionário amortizar o investimento feito" (MORAIS, Rafael Pinho de. Empurrando

mitigadoras ambientais, já que os problemas – que muito provavelmente advirão desse comportamento pernicioso – tendem a demorar a aparecer. Assim, os custos provavelmente serão transferidos para o novo concessionário. Essa distorção dos incentivos econômicos, que estimulam comportamentos indesejados, criariam, ainda, embaraços para a própria atuação do regulador, que seria obrigado a lançar mão de instrumentos não econômicos para combater os efeitos perversos gerados pelos estímulos econômicos equivocados, incrementando, por exemplo, a necessidade de ações de auditoria e fiscalização para a verificação das condições de manutenção e segurança do serviço e a imposição de penalidades, gerando um ambiente conflituoso, exatamente no momento de transição da gestão do serviço.

Devem ser considerados, ainda, os inevitáveis *custos de transação* que sempre estarão envolvidos no encerramento de uma concessão.[64] A Administração Pública deverá estar preparada para assumir a prestação do serviço, com os custos de aprendizado que necessariamente advirão ou proceder a um novo processo licitatório, que imporá a realização de estudos prévios, os quais são custosos e demorados; a concepção de uma modelagem de delegação, com a elaboração das minutas de edital, contrato, termo de referência e todos os documentos típicos de uma licitação para a concessão de um serviço público; a promoção de audiências ou consultas públicas e uma série de outras providências que certamente consumirão recursos, mobilizarão pessoal e tomarão muito tempo.[65] De se considerar ainda o fato de que o Poder Concedente enfrentará problemas de assimetria de informação diante de agentes especializados do mercado que possam estar interessados em assumir o serviço. Deve-se reconhecer, por fim, que quando o prestador atual tiver bom histórico de desempenho, não será possível garantir que o novo prestador manterá o mesmo padrão, havendo, portanto, o *risco*

---

concessões com a barriga. *Jota*, Brasília, 21 ago. 2019. Disponível em: https://www.jota.info/paywall?redirect_to=//www.jota.info/opiniao-e-analise/artigos/empurrando-concessoes-com-a-barriga-21082019. Acesso em: 8 nov. 2019).

[64] OLIVEIRA, Carolina Zaja Almada Campanate de. *Contratos administrativos complexos e de longo prazo*: a prorrogação antecipada e a relicitação na teoria dos contratos públicos. 2018. Dissertação (Mestrado em Direito da Regulação, Economia, Intervenção e Estratégias Regulatórias) – Escola de Direito do Rio de Janeiro, Fundação Getúlio Vargas, Rio de Janeiro, 2019. p. 125-136.

[65] "[...] ainda que renovar não onere os cofres públicos – inclusive se economizam os gastos de realizar nova licitação – [...]" (MORAIS, Rafael Pinho de. Empurrando concessões com a barriga. *Jota*, Brasília, 21 ago. 2019. Disponível em: https://www.jota.info/paywall?redirect_to=//www.jota.info/opiniao-e-analise/artigos/empurrando-concessoes-com-a-barriga-21082019. Acesso em: 8 nov. 2019).

de que a licitação tenha como consequência a *degradação da qualidade do serviço prestado*.

Há, por outro lado, a ser considerado, o efeito que a literatura econômica denomina como *hold-up* e ocorre nos casos em que é realizado um investimento que implica custos irrecuperáveis, como ocorre com as infraestruturas para a prestação de serviços públicos, que estão indissociavelmente conectadas àquela atividade, não existindo nenhuma possibilidade de desviar o seu uso para outras finalidades.[66] O *efeito hold-up* geralmente é referido como uma fragilidade relacionada ao concessionário, que investe na implantação de uma infraestrutura, cuja única destinação é a prestação de determinada atividade regulada. Deste modo, qualquer alteração imposta pelo Estado nas regras do jogo pode impactar seriamente o investidor, já que ele não terá a opção de redirecionar o seu investimento para outro uso. No caso da concessão por ser encerrada, no entanto, o efeito pode ser inverso. Decorrido o prazo estipulado contratualmente, a presunção é de que o concessionário já tenha amortizado completamente o seu investimento, de modo que se estará diante de uma situação em que o Poder Concedente "comprou" aquela infraestrutura, que agora volta ao seu poder. O efeito *hold-up* poderia ocorrer em situações deste tipo se, diante da especialidade desenvolvida pelo concessionário, o Poder Concedente acabasse refém de sua *expertise*, vendo-se obrigado a mantê-lo indefinidamente à frente da gestão do serviço, de modo a evitar os custos de transação e riscos envolvidos na transição para uma nova gestão daquela atividade.[67]

---

[66] "The hold-up problem is a central issue in economic analysis. It arises when one party makes a sunk, relationship-specific investment and then engages in bargaining with an economic trading partner. That partner may be able to appropriate some of the gains from the sunk investment, thus distorting investment incentives, either toward too little investment or toward investments that are less subject to appropriation. Examples include a buyer that requires the seller's facility to market the buyer's products (e.g., a coal mine reliant on the local railroad or a web-based application provider reliant on an Internet service provider), a buyer that must invest in complementary assets to be used in conjunction with the seller's product (e.g., a firm undertaking marketing expenditures or investment in specialized facilities in order to distribute a manufacturer's product), investment in R&D or specialized production assets early on in a procurement process, and private investment subject to later government regulation (e.g., construction of a regulated oil or gas pipeline)" (HERMALIN, Benjamin E.; KATZ, Michael L. Information and the Hold-Up Problem. *The RAND Journal of Economics*, v. 40, n. 3, 2009. p. 405).

[67] "Nesses casos, em razão da alta complexidade envolvida e da natureza do objeto concedido (muitas vezes, serviços essenciais), o Poder Público pode se ver 'preso' ao negócio jurídico, preferindo renegociar com o contratado, ainda que a escolha eficiente pudesse ser a imposição de sanções ou extinção do contrato por eventual descumprimento" (OLIVEIRA, Carolina Zaja Almada Campanate de. *Contratos administrativos complexos e de longo prazo*: a prorrogação antecipada e a relicitação na teoria dos contratos públicos. 2018. Dissertação (Mestrado em Direito da Regulação, Economia, Intervenção e Estratégias

De modo a evitar o efeito *hold-up*, que vem acompanhado, ainda, dos riscos da corrupção e da captura, com o intuito de perenizar a posição ocupada pelo concessionário atual, deve ser considerada também uma série de benefícios descritos na existência de um prazo máximo previamente determinado para as concessões, a partir de quando uma nova licitação se torna obrigatória. Não se ignora que, necessariamente, tais contratos serão de longa duração, em decorrência da necessidade de um período de tempo extenso o suficiente para permitir que o concessionário aufira as receitas adequadas para fazer frente aos investimentos que deverá realizar na concessão. No entanto, como normalmente os serviços públicos impõem restrição de acesso ao desempenho daquela atividade delegada, é desejável que, de tempos em tempos, seja possível *voltar ao mercado em busca de novas propostas*, as quais podem revelar prestadores mais eficientes, soluções inovadoras ou quaisquer outros tipos de vantagens que estejam disponíveis, mas que não estejam sendo oferecidas pelo prestador atual. Para Lucas Navarro Prado e Luís Felipe Valerim, a licitação é o mecanismo cujos resultados mais se aproximam daqueles obtidos pelo funcionamento livre do mercado.[68] Segundo César Mattos, lembrando os estudos de Demsertz, a licitação é o mais eficiente "mecanismo de revelação da informação sobre o preço ótimo do serviço regulado para o regulador (uma preciosidade em um contexto de assimetria de informação sobre custos)".[69]

Regulatórias) – Escola de Direito do Rio de Janeiro, Fundação Getúlio Vargas, Rio de Janeiro, 2019. p. 135) e "[...] no momento pós-licitação, por vezes é o poder público quem se encontra em uma potencial situação de hold-up, a menos que os incentivos corretos tenham sido adequadamente previstos no contrato" (SAMPAIO, Patrícia; ARAÚJO, Thiago. Previsibilidade ou resiliência? Notas sobre a repartição de riscos em contratos administrativos. *Revista de Direito da Procuradoria Geral do Estado do Rio de Janeiro*, Rio de Janeiro, 2014. Edição Especial: Administração Pública, Risco e Segurança Jurídica. p. 319).

[68] "A licitação é o mecanismo que mais se aproxima de um funcionamento de mercado, pois as licitantes têm liberdade para ofertar seus respectivos preços, ainda que sujeitos a um preço mínimo ou máximo, nos termos do edital. Antes da licitação, podem-se realizar diversos estudos para estimar os custos operacionais e de investimentos, retornos adequados sobre o capital próprio, precificação de riscos, entre outros. A licitação permite aos licitantes revisitar as premissas de custos, receitas e retornos, bem como equacionar eventuais diferenças de percepção no âmbito de suas respectivas propostas. Dessa perspectiva, [...] a licitação tende a gerar melhores resultados que uma negociação direta (sem licitação). É por isso que a licitação é a regra e a negociação direta, a exceção. É conveniente, pois, que, de tempos em tempos, as concessões sejam relicitadas, para que se possa checar sua aderência aos parâmetros de mercado" (PRADO, Lucas Navarro; PINHEIRO, Luís Felipe Valerim. O tempo nas concessões de infraestrutura: prazo de vigência de sua prorrogação. *In*: MARCATO, Fernando S.; PINTO JR., Mario Engler (Coord.). *Direito da Infraestrutura*. São Paulo: Saraiva, 2017. v. 1. p. 416-417).

[69] MATTOS, César. Concessões de rodovias e renegociação no Brasil. *In*: OLIVEIRA, Gesner; OLIVEIRA FILHO, Luiz Chrysostomo (Org.). *Parcerias público-privadas*: experiências, desafios e propostas. Rio de Janeiro: LTC, 2013. p. 68.

Como se sabe, a decisão por delegar o serviço para os particulares é motivada normalmente, além da carência de recursos públicos para fazer frente aos investimentos necessários, também pela perspectiva de que na iniciativa privada haverá empresas especializadas, com maior *expertise*, mais conhecimentos específicos e capacidade técnica para encontrar os meios mais eficientes e adequados para o desempenho da atividade. Deve-se reconhecer, portanto, que haverá sempre uma assimetria de informações entre o Poder Concedente e os agentes de mercado, de modo que consultas periódicas aos potenciais interessados em prestar o serviço são desejáveis.

É de se considerar, ainda, que a Administração Pública pode ter interesse em *reordenar o serviço de tempos em tempos*.[70] Para tanto, sempre será possível lançar mão de mecanismos típicos da regulação contratual, como a alteração unilateral dos contratos ou, em casos mais extremos, a encampação. No entanto, no primeiro caso, deverá ocorrer a revisão contratual para o seu reequilíbrio econômico-financeiro, o que poderá redundar em aumento de tarifas ou na necessidade de pagamento de uma indenização ao concessionário, se não estiverem disponíveis alternativas mais adequadas. Caso a decisão seja pela encampação, será, então, inevitavelmente devida uma indenização, a ser paga previamente ao encerramento do contrato, além de se fazer necessária a aprovação de lei específica autorizadora, com todo o custo político envolvido.[71] Além disso, é de se considerar o elevado risco de surgimento de litígios, com potencial judicialização e criação de passivos.

A previsão de marcos temporais em que se encerra a vigência dos contratos de concessão é, portanto – além de um meio de forçar a Administração Pública a, em algum momento, recorrer ao mercado em busca de soluções mais vantajosas para a prestação dos serviços públicos –, um relevante instrumento à disposição do Poder Concedente para que, se for esse o caso, possa proceder à reformulação do modelo pelo qual os serviços são prestados, sem o risco de oneração dos cofres públicos ou de causar prejuízos aos interesses dos usuários.[72]

---

[70] PRADO, Lucas Navarro; PINHEIRO, Luís Felipe Valerim. O tempo nas concessões de infraestrutura: prazo de vigência de sua prorrogação. *In*: MARCATO, Fernando S.; PINTO JR., Mario Engler (Coord.). *Direito da Infraestrutura*. São Paulo: Saraiva, 2017. v. 1. p. 419-420.

[71] OLIVEIRA, Carolina Zaja Almada Campanate de. *Contratos administrativos complexos e de longo prazo*: a prorrogação antecipada e a relicitação na teoria dos contratos públicos. 2018. Dissertação (Mestrado em Direito da Regulação, Economia, Intervenção e Estratégias Regulatórias) – Escola de Direito do Rio de Janeiro, Fundação Getúlio Vargas, Rio de Janeiro, 2019. p. 180.

[72] "De outro lado, manter um vínculo indeterminado impediria que os contratos de concessão fossem, em algum momento, ainda que futuro, disciplinados pelo novo regime

A realização periódica de licitações, em que se oferece ao mercado a possibilidade de assumir o desempenho de um serviço público anteriormente prestado por determinado concessionário, atende, ainda, ao princípio da isonomia, uma vez que, nas palavras de Lucas Navarro Prado e Luís Felipe Valerim Pinheiro, "não é juridicamente legítimo que determinados grupos econômicos se apropriem permanentemente de atividades de titularidade estatal".[73] Como se sabe, as licitações servem a dois propósitos principais:[74] assegurar o acesso da Administração Pública à proposta mais vantajosa disponível no mercado e, por outro lado, garantir o respeito ao princípio da isonomia,[75] permitindo que todos os interessados tenham acesso a oferecer o fornecimento de bens ou serviços para as compras governamentais. No campo das concessões de serviços públicos, a exigência constitucional expressa de que os contratos sejam precedidos de licitação também tem esses objetivos, que somente podem ser garantidos com o estabelecimento de um prazo que permita a renovação periódica do processo licitatório.

---

jurídico. Daí que a previsão de prazos determinados configura importante marco temporal para adequar as concessões de serviços públicos a eventual novo regime que tenha sido arquitetado no curso de sua vigência" (FREITAS, Rafael Véras de; RIBEIRO, Leonardo Coelho. O prazo como elemento da economia contratual das concessões: as espécies de 'prorrogação'. In: MOREIRA, Egon Bockmann (Coord.). Contratos administrativos, equilíbrio econômico-financeiro e a taxa interna de retorno. Belo Horizonte: Fórum, 2016. p. 293).

[73] PRADO, Lucas Navarro; PINHEIRO, Luís Felipe Valerim. O tempo nas concessões de infraestrutura: prazo de vigência de sua prorrogação. In: MARCATO, Fernando S.; PINTO JR., Mario Engler (Coord.). Direito da Infraestrutura. São Paulo: Saraiva, 2017. v. 1. p. 421.

[74] "Dois fundamentos, ambos decorrentes do princípio da concorrência, autorizam essa conclusão: (i) o direito subjetivo dos agentes econômicos no acesso ao mercado público de contratação; (ii) o atendimento do interesse público, pois a eficiência e a economicidade são objetivamente aferíveis no processo de licitação e na escolha dos operadores econômicos" (GARCIA, Flávio Amaral. Concessões, parcerias e regulação. São Paulo: Malheiros, 2019. p. 216).

[75] Apesar de largamente reconhecido pela doutrina o princípio da isonomia das licitações, há autores que chamam a atenção para o fato de que assegurar a igualdade entre os participantes é um pressuposto das licitações, mas não o seu objetivo, que – não se pode perder de vista – é obter a proposta mais vantajosa para a Administração (SOUTO, Marcos Juruena Villela. Licitações e contratos administrativos: Lei nº 8.666, de 21-06-93 (comentada). 3. ed. Rio de Janeiro: Esplanada, 1998. p. 53). Para Luís Roberto Barroso, deve-se considerar uma hierarquia entre esses diferentes propósitos, prevalecendo sempre a busca pela proposta mais vantajosa, "para que não se incorra no equívoco de supor que a licitação deve garantir uma isonomia em tese e descontextualizada, em sacrifício do interesse públicos específico que se deseja atender" (BARROSO, Luís Roberto. O contrato de concessão de rodovias: particularidades, alteração e recomposição do equilíbrio econômico-financeiro. Revista de Direito da Procuradoria Geral do Rio de Janeiro, Rio de Janeiro, p. 186-215. Edição especial. p. 198).

1.2.2 A ótica do concessionário: equilíbrio econômico-financeiro em contratos incompletos

A contratualização da relação jurídica estabelecida entre o poder público e aquele que recebe a prerrogativa de prestar o serviço público não tem apenas desvantagens para o concessionário. Se é verdade, como se viu acima, que a limitação no tempo de sua atuação pode representar certo desestímulo pela certeza de que seu vínculo jurídico terá inexoravelmente um fim; por outro lado, *é essa relação contratual aprazada que lhe confere segurança por meio da proteção do equilíbrio formado pela equação econômico-financeira original do contrato que vier a ser assinado*.[76] É exatamente a fixação de um prazo que assegura ao investidor o estabelecimento de determinadas condições que lhe permitam, segundo as circunstâncias daquele momento, amortizar o seu investimento em um tempo predeterminado. Caso haja alterações significativas das condições originalmente estabelecidas ou das circunstâncias, que não tenham sido provocadas pelo concessionário nem digam respeito a riscos por ele assumidos, o contrato deverá ser revisto para recobrar o equilíbrio econômico-financeiro original.

Como já se referiu, nos Estados Unidos da América, quando se abandonou a utilização dos contratos de *franchise* na regulação das *public utilities*, o regime de sua exploração passou a estar submetido a um prazo indeterminado, o que pode acarretar um problema quanto à amortização dos investimentos a serem realizados pelos particulares, especialmente quando surge alguma alteração nas condições jurídicas ou fáticas relacionadas à prestação do serviço. Foi o que ocorreu, por exemplo, como já mencionado, por ocasião da desregulação do setor elétrico norte-americano, quando houve um movimento em direção à presunção de um contrato fictício entre regulado e regulador, que deveria ser considerado implícito, de forma a oferecer segurança jurídica aos investidores em face da alteração abrupta no modelo de regulação do setor, como foi abordado no item 1.1.3 acima.

---

[76] Essa dupla função da determinação de um prazo certo para os contratos de concessão foi bem destacada por Floriano Azevedo Marques: "O aprazamento cumpre, pois, um duplo papel. Em relação ao Poder Público, o prazo determina o momento em que o objeto será retomado (com ou sem transferência de bens associados à prestação), ensejando a possibilidade de o Estado delegar novamente aos particulares ou decidir que a utilidade será diretamente operada ou explorada. De outro lado, o prazo serve como garantia do particular de que poderá exercer o deu direito relativo ao objeto concedido de modo estável e perene durante aquele interregno contratualmente ajustado" (MARQUES NETO, Floriano de Azevedo. *Concessões*. 1. ed. Belo Horizonte: Fórum, 2015. p. 166).

Sem a existência de um contrato a prazo fixo, a regulação da tarifa leva em consideração essencialmente os custos do desempenho da atividade, além de uma taxa de retorno a incidir sobre o investimento ainda não depreciado. Segundo Scott Hempling, há duas principais equações que são utilizadas pelo regulador estadunidense para estabelecer a tarifa nesse caso. A primeira, destinada a aferir a receita anual necessária para cobrir os custos prudentes a serem incorridos para a prestação do serviço, assim como uma taxa justa de retorno sobre o capital investido. A segunda equação considera a projeção quanto às vendas esperadas e obtém a tarifa a ser paga pelos usuários pela divisão da receita necessária pela expectativa de unidades a serem comercializadas.[77] Como se vê, a fórmula não prevê a amortização do investimento em período determinado, pois não há um prazo preestabelecido para que isso ocorra. A amortização do investimento é permitida pela apropriação do resultado obtido pela aplicação da taxa de retorno. Stephen Breyer descreve da seguinte forma a metodologia de fixação das tarifas a partir dos custos (*cost-of-service ratemaking*):[78]

---

[77] "The most common method for setting cost-based rates is utility-specific ratemaking, known variously as 'rate of return regulation', 'rate base regulation', 'embedded cost regulation' or 'revenue requirement regulation'. Using data on the utility's fixed and variable costs (sometimes historic, sometimes predicted, sometimes both), the regulator sets rates calculated to give the utility a reasonable opportunity to recover its prudent costs and earn a 'fair' return on capital invested. Those calculations are based on assumptions about the likely number and type of customers and level of sales. Embedded cost ratemaking uses two simple equations. The first equation describes the 'annual revenue requirement': the total dollars the utility must receive during a specified future year (called a 'rate year') as reasonable compensation for providing obligatory service. If the utility sells enough service to earn those dollars, it can cover its reasonable expenses (e.g., operational expenses, taxes and depreciation) and the interest on its debt and still have enough left for its shareholders to receive a reasonable return on their investment. [...] The second equation converts the revenue requirement the utility needs to receive into the rates customers must pay. The utility receives its revenue because its customers pay for their service. The second equation therefore converts the annual revenue requirement into a rate per unit consumed" (HEMPLING, Scott. *Regulating public utility performance*: The law of market structure, pricing and jurisdiction. Chicago: American Bar Association, 2013. p. 217-218).

[78] "Except for the objectives of cost-of-service ratemaking, the system is an administrative effort to apply a fairly simple pricing formula through a series of mechanical steps. The regulator, in determining prices, proceeds as follows: 1. He selects a test year for the firm (t). 2. He adds together that year's operating costs (OC), depreciation (D), and taxes (T). 3. He adds that sum a reasonable profit, determined by multiplying a reasonable rate of return (r) times a rate base (RB), which is determined by taking total historical investment and subtracting total prior depreciation. 4. The total so far equals the firm's revenue requirement (RR). The regulator now sets prices so that the firm's gross revenues will equal its revenue requirement. 5. If the firm provides several different classes of service or serves different classes of customers, the regulator may also determine the percentage each will contribute to the total revenue, in effect determining the firm's 'rate structure'" (BREYER, Stephen. *Regulation and its reform*. Cambridge: Harvard University Press, 1982. p. 36).

Exceto pelos seus objetivos, o sistema de fixação dos preços em função dos custos de serviço é um esforço administrativo para aplicar uma fórmula de preços bastante simples através de uma série de etapas mecânicas. O regulador, ao determinar os preços, prossegue da seguinte forma:

1. Ele seleciona um ano de teste para a empresa (t).
2. Ele soma os custos operacionais (CO) daquele ano, a depreciação (D) e os impostos (T).
3. Ele acrescenta um valor razoável para o lucro, determinado pela multiplicação de uma taxa razoável de retorno (r) vezes uma taxa-base (RB), que é determinada tomando o investimento histórico total e subtraindo a depreciação total anterior.
4. O total até agora equivale à exigência de receita da empresa (RR). O regulador, então, deve definir os preços para que a receita bruta da empresa seja igual à sua exigência de receita.
5. Se a empresa fornecer várias classes diferentes de serviço ou atender diferentes classes de clientes, o regulador também pode determinar com que porcentagem cada uma contribuirá para a receita total, determinando a "estrutura de tarifas" da empresa.

A principal distinção ante uma regulação que se funda em uma relação contratual preexistente é que, quando não existe um contrato firmado a prazo fixo, não há uma referência predeterminada de em quanto tempo o investimento deverá ser amortizado. Assim, atribui-se normalmente a uma agência o poder de estabelecer, em cada caso, o valor justo para a tarifa (*just and reasonable price*) que levará em conta uma taxa de retorno razoável a incidir sobre os investimentos que ainda não estejam depreciados.

Essa foi, sem dúvida, uma preocupação no momento de transição do modelo contratual para o modelo de regulação por agências nos Estados Unidos, tendo surgido, naquela época, a previsão de *mecanismos de indenização de investimentos não amortizados*[79] para os casos em que o investidor perdesse o direito de continuar prestando o serviço, por exemplo, por ter tido cassada a sua licença (*license* ou *certificate*), conferida por prazo indeterminado. Estabelecia-se também para as

---

[79] Pode-se referir exemplificativamente à legislação de Wisconsin, que assim dispunha: "It is provided that only indeterminate permits shall be granted in the future and that a municipality may acquire any utility at any time, by paying therefor the price fixed by the commission" (LAPP, John A. Public utilities – Control. *The American Political Science Review*, v. 1, n. 4, ago. 1907. p. 634).

agências a obrigação de manter atualizada a avaliação do ativo das empresas.[80] Percebe-se, nas primeiras duas décadas do século XX, essa clara preocupação em assegurar a indenização de investimentos não amortizados em *public utilities*, exatamente quando se abandona, nos Estados Unidos, o modelo contratual, passando a exploração das infraestruturas a se dar por prazo indeterminado e sem a garantia de um equilíbrio econômico-financeiro. *A ideia de indenização de investimentos não amortizados se vincula originalmente, portanto, à ausência de um contrato e, consequentemente, da proteção de sua equação econômico-financeira.*

No Brasil, como, apesar da introdução das agências reguladoras, manteve-se o modelo de regulação contratual, a prestação dos serviços públicos tem assegurada a manutenção do seu equilíbrio, previamente ajustado pelo período de duração do contrato. A adoção da regulação contratual exerce, então, importante função de reforço da segurança jurídica do concessionário. Por um lado, os contratos de concessão dos serviços públicos funcionam como veículo de uma regulação fundada no poder conformador do Estado sobre o modo pelo qual os serviços serão prestados; de outro, como a expressão da garantia assegurada aos concessionários quanto à manutenção do equilíbrio econômico-financeiro originalmente avençado. Daí porque se revela de grande importância a adequada redação das cláusulas que garantem esse equilíbrio, de modo a evitar futuros litígios entre as partes.

Ao contrário do quanto frequentemente afirmado, *o equilíbrio econômico e financeiro da concessão não se dá pela imutabilidade das cláusulas*

---

[80] Como relatado nos estudos de John Lapp elaborados naquela fase de transição: "The Wisconsin law provides for a valuation by the commission of the property of all public utilities. In determining such value, the commission may avail itself of any information in the possession of the State board of assessment. A public hearing shall be held, and upon such hearing the commission shall fix the value and file a statement thereof with the utility and with the clerk of the municipality where it is situated. A re-valuation may be made at any time on the initiative of the commission" (LAPP, John A. Public utilities – Control. *The American Political Science Review*, v. 1, n. 4, ago. 1907. p. 635); Washington: "The commission is required to make a physical valuation of proper- ties and cost of reproduction. It is required also to investigate the financial condition of public utilities and pertinent facts concerning their capitalization" (LAPP, John A. Public utilities. *The American Political Science Review*, v. 5, n. 4, nov. 1911. p. 596) e Califórnia: "The California law authorizes the commission to establish uniform accounting systems and to require depreciation funds and make physical valuations" (LAPP, John A. Public utilities. *The American Political Science Review*, v. 6, n. 4, nov. 1912. p. 577).

econômico-financeiras,[81] mas sim pela relação de proporcionalidade[82] ou, como refere Caio Tácito, pelo "valor de relação"[83] estabelecido entre, de um lado, as condições contratadas que permitem ao concessionário auferir receitas e, de outro, aquelas que lhe impõem custos.[84] Como será tratado à frente, no item 1.4, quando forem abordados os critérios para a fixação do prazo das concessões, esse é um dos principais elementos que compõe a equação econômico-financeira a ser preservada, pois o contrato deverá oferecer as condições para que, até o seu encerramento, o concessionário tenha obtido a integral amortização de seus

---

[81] Não se comunga, nesse sentido, da percepção de que o disposto no art. 104, §1º da Lei nº 14.133/2021 (assim como, anteriormente, do art. 58, §1º da Lei nº 8.666/93) seria também aplicável aos contratos de concessão de serviços públicos. Apesar de serem uma espécie de contrato administrativo, os contratos de concessão possuem um regime jurídico especial próprio, que atende a uma lógica própria de relações jurídicas de longo prazo. A prática cotidiana das concessões, por si só, já desmente a existência desse tipo de vedação, pois é comum que a Administração Pública realize alterações unilaterais na estrutura tarifária, por exemplo, institua gratuidades, acrescente ou suprima receitas acessórias ou complementares. Desde que seja preservado o equilíbrio econômico-financeiro do contrato, com as devidas compensações, não haverá violação dos direitos do concessionário, ainda que uma cláusula econômico-financeira tenha sido alterada. O que não pode ser desnaturado ou modificado é o equilíbrio da equação econômico-financeira do contrato. Não as suas cláusulas.

[82] Alexandre Aragão leciona que tanto as cláusulas de serviço quanto as cláusulas financeiras são, por natureza, mutáveis e sujeitas ao *ius variandi*, de modo que "a intangibilidade é apenas da equação econômico-financeira, não das cláusulas que tenham expressão econômica em si, inclusive as respeitantes à estrutura tarifária, que podem, portanto, ser alteradas, desde que o delegatário seja de alguma forma recompensado" (ARAGÃO, Alexandre Santos de. A evolução da proteção do equilíbrio econômico-financeiro nas concessões de serviços públicos e nas PPPs. *Revista de Direito Administrativo – RDA*, Rio de Janeiro, v. 263, p. 35-66, maio/ago. 2013. p. 38). No mesmo sentido, Mariana Dall'Agnol Canto e Rafaella Guzella, para quem "a intangibilidade não é individualmente das cláusulas contratuais (mesmo daquelas que contenham expressões econômicas), mas da relação econômico-financeira que por intermédio de tais cláusulas se estabelece no interior do contrato" (CANTO, Mariana Dall'Agnol; GUZELA, Rafaella Peçanha. Prorrogações contratuais em contratos de concessão. In: MOREIRA, Egon Bockmann (Coord.). *Contratos administrativos, equilíbrio econômico-financeiro e a taxa interna de retorno*. Belo Horizonte: Fórum, 2016. p. 207).

[83] TÁCITO, Caio. O equilíbrio financeiro na concessão de serviço público. In: TÁCITO, Caio. *Temas de direito público*. Rio de Janeiro: Renovar, 1997. v. 1. p. 201.

[84] "O equilíbrio econômico-financeiro das concessões não é composto por uma singela operação envolvendo encargos e receitas – a exemplo do que ocorre nos tradicionais contratos de empreitada, regidos pela Lei nº 8.666/1993. Nem, tampouco, poderá ser albergado pelos conceitos de 'áleas ordinárias e extraordinárias', que devem ser manejadas em face de eventos exógenos ao contrato e ao exercício de prerrogativas publicísticas. Esse conceito envolve um plexo de variáveis – tais como o fluxo de caixa projetado, as variações de receitas, o custo de investimento do capital – que devem observância à base objetiva dessa avença, em atendimento ao disposto no art. 10 da Lei nº 8.987/1995" (FREITAS, Rafael Véras de; RIBEIRO, Leonardo Coelho. O prazo como elemento da economia contratual das concessões: as espécies de 'prorrogação'. In: MOREIRA, Egon Bockmann (Coord.). *Contratos administrativos, equilíbrio econômico-financeiro e a taxa interna de retorno*. Belo Horizonte: Fórum, 2016).

investimentos, além do auferimento de lucro. Uma das funções das cláusulas econômico-financeiras é exatamente assegurar a manutenção desse equilíbrio do contrato original,[85] que deve ser preservado durante toda a sua duração e deve ser compreendido como a relação instituída pelo formato original do contrato, entre o potencial de receitas contratualmente autorizado em face dos custos potencialmente impostos.[86]

Isso não quer dizer, por óbvio que as cláusulas econômico-financeiras sejam imutáveis. Ao contrário, elas também poderão ser modificadas e obrigatoriamente devem sê-lo sempre que isso se fizer necessário para recobrar o equilíbrio perdido. Já assim o reconhecia o Min. Aliomar Baleeiro, que expressou essa ideia em seu voto-condutor no MS nº 17.957, julgado pelo Supremo Tribunal Federal em 1967:[87]

> [...] essa figura da concessão foi de muito favor no século XIX, mas sofreu profunda modificação, sobretudo pela ação do Conselho de Estado e dos administrativistas franceses. Hoje, admite-se que não apenas a parte estatutária dêsse ato complexo, misto, duplo, contrato – e – regulamento, possa ser modificado. Também a parte contratual, dado que a emprêsa tem sempre a garantia da equação financeira. [...]
>
> Acredito que no serviço público, por meio de regulamento, lei ou contrato, o concedente pode modificar a estrutura do serviço, alterando o regime dos bens públicos envolvidos e até impondo novos ônus às concessionárias.

Ao tratar do assunto em parecer, proferido na qualidade de Procurador do Estado do Rio de Janeiro, Alexandre Aragão afirmou:[88]

---

[85] O estudo dos diversos aspectos do equilíbrio econômico-financeiro foi objeto de obra coletiva com contribuições relevantes para o tema: MOREIRA, Egon Bockmann (Coord.). *Contratos administrativos, equilíbrio econômico-financeiro e a taxa interna de retorno*. Belo Horizonte: Fórum, 2016.

[86] Dromi distingue o equilíbrio econômico do equilíbrio financeiro, afirmando que, no que se refere ao equilíbrio econômico, "el sinalagma convenido debe conciliar los términos de la ecuación, inversión y rentabilidad, procurando el ecuador de la misma: la intangibilidad del precio, entendiendo por tal a la equivalencia entre las prestaciones a las que se obligaron las partes al momento de la firma del contrato [...]" (DROMI, Roberto. *Ecuaciones de los contratos públicos*. 2. ed. Buenos Aires-Madri: Ciudad Argentina-Hispania Libros, 2008. p. 281). Já no que se refere ao equilíbrio financeiro, "en el contexto del sinalagma contractual, el equilibrio surge de la valoración de la relación entre inversión y rentabilidad, que determine la tasa de retorno de la inversión a realizar en que se expresará la estructura económico-financiera" (DROMI, Roberto. *Ecuaciones de los contratos públicos*. 2. ed. Buenos Aires-Madri: Ciudad Argentina-Hispania Libros, 2008. p. 306).

[87] SUPREMO TRIBUNAL FEDERAL. Plenário. MS 17957. Rel. Min. Aliomar Baleeiro, julgado em 06.12.1967, *DJ* de 23.08.1968.

[88] RIO DE JANEIRO (Estado). Procuradoria-Geral do Estado. *Parecer ASA/PSP nº 09/07, de 02 de julho de 2007*. Supervia. Análise de aditamento ao contrato de concessão com vistas ao

É que, ao contrário do que pode parecer, a intangibilidade é apenas da equação econômico-financeira, não das cláusulas que tenham expressão econômica em si, inclusive as respeitantes à estrutura tarifária, que podem, portanto, ser alteradas, desde que o delegatário seja de alguma forma recompensado (ex.: a tarifa pode ser diminuída, mas o equilíbrio econômico-financeiro há de ser recomposto mediante a minoração dos investimentos, a não reversibilidade de parte dos bens, o aumento do prazo da delegação, etc.).

Ocorre que, especialmente em nossa sociedade moderna, como bem aponta Zygmunt Bauman, "os tempos são líquidos porque, assim como a água, tudo muda muito rapidamente, de modo que na sociedade contemporânea, nada é feito para durar".[89] A constatação de que vivemos em uma sociedade complexa e imprevisível nos transmite a certeza da incerteza e a convicção de que não se pode esperar que as projeções e estimativas realizadas tanto pelo Poder Concedente como pelos licitantes irão, de fato, se realizar. Se o futuro é sempre algo insondável, o esforço de antecipação do que ocorrerá em mercados econômicos complexos e sofisticados, ainda mais em países emergentes como o Brasil, quase sempre restará frustrado.[90] Como é comum afirmar-se, a única certeza que se tem hoje é a de que, no futuro, tudo mudará.[91]

Por essa razão, diante da constatação de que provavelmente as projeções e estimativas não se confirmarão exatamente como previsto, *os contratos de concessão são exemplos típicos de contratos incompletos*. Isso não significa que, diante da impossibilidade de previsão precisa do futuro, qualquer esforço nesse sentido deva ser deixado de lado. É preciso, no entanto, ponderar até que ponto devem ser despendidos recursos *ex ante* procurando antever situações insondáveis. Algum esforço de projeção sempre deverá ocorrer, especialmente daqueles dados que se revelem mais essenciais para a modelagem das concessões. No

---

reequilíbrio econômico-financeiro, a ser criteriosamente aferido pelos órgãos competentes. Processo E-10/304/2007, fl. 181.

[89] BAUMAN, Zygmunt. *Tempos líquidos*. Rio de Janeiro: Jorge Zahar Ed., 2007. p. 13.

[90] "Em ambientes economicamente dinâmicos e sofisticados, na proximidade de mercados densos e concorrenciais, é de esperar que cresça o número de contratos com cláusulas abertas e com inacabamento deliberado, 'acordos de princípio', 'agreements with open terms' – deixando soluções para serem encontradas mais tarde, quiçá ao sabor da evolução dos contextos e oportunidades, mesmo quando previamente haja o cuidado de se demarcar um núcleo intangível de escolhas possíveis e de escolhas vedadas" (ARAÚJO, Fernando. *Teoria econômica do contrato*. Coimbra: Almedina, 2007).

[91] MOREIRA, Egon Bockmann; MILANO, Célio Lucas. Contratos públicos de longo prazo: a segurança jurídica advinda da certeza da mudança. *Revista de Direito Público da Economia – RDPE*, Belo Horizonte, ano 9, n. 34, p. 171183, abr./jun. 2011.

entanto, deve-se reconhecer que não seria racional pretender realizar esse esforço em relação a todo e qualquer aspecto que possa impactar a economia do contrato.

Na verdade, contemporaneamente, há uma compreensão de que qualquer contratação será sempre incompleta, tendo em vista a existência de custos de transação que inviabilizam sua completude perfeita,[92] a qual, em verdade, reflete a própria imperfeição humana, com suas inerentes limitações cognitivas. Desse modo, ao estabelecer a equação econômico-financeira desses contratos, além da consciência de que as informações em que estão baseados são imprecisas e precisarão ser ajustadas no futuro, há aspectos que sequer são considerados ao se fixar as suas variáveis. Tratando-se os contratos de concessão de serviço público de contratos incompletos, deve-se considerar também que as próprias equações econômico-financeiras neles estabelecidas são igualmente, além de imprecisas, incompletas.

O ideal do contrato completo está vinculado ao modelo clássico da economia em que as transações se realizam sempre entre indivíduos atomizados, que apresentam racionalidade e capacidade cognitivas ilimitadas, movidos pelo interesse de maximizar suas utilidades, para isso efetuando trocas (*tradeoffs*) de produtos indiferenciados, a respeito dos quais ambos possuem informações completas e plena capacidade para processá-las, tudo isso em um mercado perfeito,[93] orientado pelo sistema de preços, que incorpora todas as informações necessárias à transação, sem permitir a existência de externalidades desconhecidas.[94]

---

[92] ARAÚJO, Fernando. *Teoria econômica do contrato*. Coimbra: Almedina, 2007. p. 197-203.

[93] O Supremo Tribunal Federal já abordou esse tema ao julgar a ADIN nº 4.923, em que se discutia a constitucionalidade da Lei nº 12.485/2011, que disciplinou, no setor de telecomunicações, o serviço de acesso condicionado (SeAC), unificando a disciplina regulatória da TV por assinatura. Naquela ocasião, o Min. Relator Luiz Fux afirmou em seu voto que "o mercado de concorrência perfeita é um tipo ideal de funcionamento dos mercados que supõe, dentre outros aspectos, que todos os agentes econômicos atuantes no setor (consumidores ou fornecedores) são 'tomadores de preços' (price-takers). Isso significa, segundo Hal Varian, que, sob o ângulo da oferta, 'cada firma toma o preço como sendo independente de suas próprias ações, embora seja a ação conjunta de todas elas que determine o preço de mercado'. [...] Neste modelo, portanto, inexiste qualquer empresa que detenha poder de mercado, i.e., ostente capacidade de, individualmente, praticar os preços que desejar. O preço de mercado, afirma a literatura especializada, tende então a ser equivalente ao custo marginal de produção. [...] Os economistas apontam que mercados perfeitamente competitivos promovem uma alocação eficiente de recursos escassos [...]" (SUPREMO TRIBUNAL FEDERAL. ADIN 4923. Rel. Min. Luiz Fux, Tribunal Pleno, julgado em 08.11.2017, *DJe*-064, divulgado em 04.04.2018 e publicado em 05.04.2018).

[94] "Vai longe o tempo onde as transações econômicas caracterizavam-se pelo modelo clássico ideal, composto por agentes atomizados, transacionando produtos indiferenciados, envolvidos em uma transação única de troca pura ou monetária realizada no âmbito

A origem desta ideia está no *mito do mercado original*, em que a alocação dos recursos se daria de forma eficiente por meio de trocas orientadas pelo sistema de preços descrito por Hayek.[95] O preço atribuído a cada bem (valor de troca) seria determinado pelo conjunto das diversas decisões tomadas por cada indivíduo (oferta e demanda). Ocorre, no entanto, que na medida em que os bens produzidos pela sociedade vão se tornando mais complexos, fica mais evidente que há uma multiplicidade de custos em que as empresas incorrem, além do custo associado diretamente à produção do bem ou prestação dos serviços: são os custos de transação.[96] Ao elaborar seus contratos, as partes também devem, portanto, levar em conta os custos de transação envolvidos na própria contratação, os quais podem ser divididos em custos *ex ante*, relacionados à negociação das condições a serem contratadas e os custos *ex post*, que, em geral, são causados exatamente

---

de mercado, orientada pelo funcionamento do mecanismo de preços, como sinalizador único para a avaliação da disposição das partes em negociar, sem que houvesse diferenças relevantes no que tange à dominância entre partes que experimentam um equilíbrio recíproco em seu poder de barganha" (NATAL, Tatiana Esteves. *A teoria dos contratos incompletos e a natural incompletude do contrato de concessão*. Disponível em: http://anape.org.br/site/wp-content/uploads/2014/01/004_056_TATIANA_ESTEVES_NATAL_10082009-17h08m.pdf. Acesso em: 4 jul. 2016). "O modelo clássico dos contratos pressupõe que as partes apresentam racionalidade ilimitada e processam de forma ótima todas as informações que recebem. Há, portanto, uma informação livre e plenamente inteligível pelas partes quando da assinatura da avença, o que determina a ausência de dificuldades cognitivas. Além disso, as partes estão preocupadas em maximizar suas funções de utilidade, não preocupadas em trapacear ou levar vantagem de informações privilegiadas. Por fim, na síntese clássica, as trocas são feitas a custo zero, o que impõe uma estrita racionalidade na elaboração contratual" (NÓBREGA, Marcos. Contratos incompletos de infraestrutura: contratos administrativos, concessões de serviço público e PPPs. *Revista Eletrônica de Direito Administrativo Econômico (REDAE)*, Salvador, n. 18, maio/jul. 2009. Disponível em: http://www.direitodoestado.com/revista/redae-18-maio-2009-marcos-nobrega.pdf. Acesso em: 4 jul. 2016).

[95] HAYEK, Friedrich A von. The use of knowledge in society. *The American Economic Review*, v. 35, n. 4, set. 1945. p. 519-530.

[96] O problema dos custos de transação foi um dos principais aspectos abordados na obra do vencedor do prêmio Nobel de economia em 1991, Ronald Coase, inicialmente em COASE, Ronald. The nature of the firm. *Economica*, new series, v. 4, n. 16, nov. 1937. p. 386-405 e posteriormente desenvolvido em COASE, Ronald. Problem of social cost. *The Journal of Law & Economics*, v. 3, out. 1960. p. 1-44 e COASE, Ronald. *The firm, the market and the law*. Chicago e Londres: University of Chicago Press, 1988. O assunto tornou-se, então, o cerne da preocupação de vários economistas, com a produção de muitos trabalhos de destaque, como os produzidos por WILLIAMSON, Oliver. Transaction-cost ecomics: the governance of contractual relations. *Journal of Law and Economics*, v. 22, n. 2, p. 233-261, out. 1979, e mais recentemente se tornou a preocupação de neoinstitucionalistas, como em NORTH, Douglass C. *Institutions, institutional change and economic performance*. 27. ed. Nova Iorque: Cambridge University Press, 2015. p. 27-35 e OSTROM, Elinor. *Governing the Commons*: the evolution of institutions for collective action. 29. ed. Cambridge: Cambridge University Press, 2011. p. 38-41.

pelas falhas existentes no desenho contratual e que provocam o aparecimento de inadaptações, lacunas ou controvérsias já na fase de execução do objeto contratado, que demandam repactuações ou a utilização de mecanismos de solução de controvérsia, gerando custos não previstos inicialmente.

Assim, toda contratação embute uma decisão tomada pelas partes quanto ao grau ótimo de incompletude a ser admitido em cada caso.[97] Por um lado, não é razoável incorrer em custos excessivamente elevados para antever toda e qualquer contingência que possa afetar o transcurso da relação contratual, o que, a rigor, nem será completamente possível.[98] Por outro lado, não é desejável que as omissões incorridas no período de negociação criem impasses durante a fase de execução do contrato, que impeçam seu cumprimento a contento. Como bem adverte Marcos Nóbrega:[99]

> [...] haverá sempre um *tradeoff* completude versus custos. Dependendo das circunstâncias, valerá a pena deixar um certo grau de incompletude apostando na possibilidade de repactuação mais à frente. Isso parece uma equação simples, mas não é. A correta mensuração desses custos *vis a vis* o grau de completude do contrato repercutirá em toda execução contratual e também determinará os custos de repactuação e do inadimplemento.

---

[97] "Mas, na busca de um contrato mais completo, o esforço das partes pode 'esbarrar' com a necessidade de uma peculiar ponderação custo-benefício: valerá a pena continuar a negociar e a estipular, se porventura para lá de certo limite se torna difícil estabelecer deveres suplementares de forma eficaz – ou seja, obrigações que ainda sejam supervisionáveis pela contraparte ou sindicáveis por um terceiro?" (ARAÚJO, Fernando. *Teoria econômica do contrato*. Coimbra: Almedina, 2007. p. 148).

[98] "Percebe-se que a elaboração de um 'contrato completo' requer das partes uma ampla e perfeita cognição do futuro, a capacidade de acordar em torno de um entendimento comum a ser expresso no tempo presente e a disposição em obrigar-se em torno de inescrutáveis contingências, repartindo riscos e resultados futuros com base em estimativas e expectativas formadas pela investigação do passado. Um breve escrutínio mental acerca das transações econômicas realizadas no cotidiano da vida social sugere a *inexistência empírica de contratos completos*. Quando observamos mais detidamente as transações econômicas mais simples e de pequeno valor (nas quais há uma relação contratual tácita, porém não escrita), aprendemos que sua incompletude intrínseca é suficiente, uma vez que as contingências possíveis e riscos relevantes são diminutos e – uma vez presentes – são equacionados pela cooperação e solidariedade entre as partes" (NATAL, Tatiana Esteves. *A teoria dos contratos incompletos e a natural incompletude do contrato de concessão*. Disponível em: http://anape.org.br/site/wp-content/uploads/2014/01/004_056_TATIANA_ESTEVES_NATAL_10082009-17h08m.pdf. Acesso em: 4 jul. 2016).

[99] NÓBREGA, Marcos. Contratos incompletos de infraestrutura: contratos administrativos, concessões de serviço público e PPPs. *Revista Eletrônica de Direito Administrativo Econômico (REDAE)*, Salvador, n. 18, maio/jul. 2009. p. 5-6. Disponível em: http://www.direitodoestado.com/revista/redae-18-maio-2009-marcos-nobrega.pdf. Acesso em: 4 jul. 2016.

Essa realidade é especialmente verdadeira nos contratos de concessão de serviço público. Seu objeto é naturalmente complexo e os seus prazos, alongados. A estipulação *ex ante* de todas as circunstâncias que podem vir a afetar a execução contratual é impensável, já que, ao longo de sua duradoura vigência, estão sujeitos a transformações de mercado, assim como ao surgimento de novas tecnologias, que podem ser capazes de alterar a maneira como determinado serviço é prestado, muitas vezes de modo intenso e impossível de antecipar no momento da sua celebração.[100] Como bem observado por Tatiana Esteves, "antever o futuro no presente com base no passado é um esforço complexo",[101] cujo sucesso é praticamente inalcançável.

Rafael Véras e Leonardo Coelho apontam, ainda, que essa incompletude deliberada dos contratos de concessão é, em certa medida, imposta pelo próprio princípio da atualidade, que impõe um "dever de constante eficiência, que se traduz na busca das técnicas mais atuais disponíveis para o atendimento das finalidades esperadas pela coletividade",[102] o que seria incompatível com uma definição prévia de todas as características do serviço, que pudesse vigorar ao longo de toda a execução contratual.[103]

Sendo os contratos de concessão normalmente firmados por prazos extensos, não resta alternativa, portanto, que não o reconhecimento dessa incompletude intrínseca. Isso torna desejável a adoção de algumas medidas que possam minimizar seus efeitos nocivos. Nesse sentido, é importante que, diante da impossibilidade de prever todas as circunstâncias que poderão impactar na execução do con-

---

[100] "Isto sem embargo de haver um inacabamento involuntário que se prende a condições estruturais, como as de assimetria informativa (que impede as partes de esgotarem o domínio das estipulações possíveis), da insusceptibilidade de supervisão da conduta de uma das partes pela outra (a inobservabilidade), ou da insusceptibilidade de supervisão da conduta de ambas as partes por um terceiro (a inverificabilidade)" (ARAÚJO, Fernando. *Teoria econômica do contrato*. Coimbra: Almedina, 2007. p. 151).
[101] NATAL, Tatiana Esteves. *A teoria dos contratos incompletos e a natural incompletude do contrato de concessão*. Disponível em: http://anape.org.br/site/wp-content/uploads/2014/01/004_056_TATIANA_ESTEVES_NATAL_10082009-17h08m.pdf. Acesso em: 4 jul. 2016.
[102] FREITAS, Rafael Véras de; RIBEIRO, Leonardo Coelho. O prazo como elemento da economia contratual das concessões: as espécies de 'prorrogação'. In: MOREIRA, Egon Bockmann (Coord.). *Contratos administrativos, equilíbrio econômico-financeiro e a taxa interna de retorno*. Belo Horizonte: Fórum, 2016. p. 286.
[103] "[...] o inacabamento contratual é a resposta pragmática a um contexto económico e jurídico eivado de imperfeições e incertezas – é o fruto da constatação de que talvez não valha a pena alongar as negociações quando as resultantes estipulações não erradicariam ou cobririam eficiente os riscos subsistentes, ou quando elas se tornassem insusceptíveis de desencadear reacções tutelares adequadas" (ARAÚJO, Fernando. *Teoria económica do contrato*. Coimbra: Almedina, 2007. p. 151).

trato, procure-se desenhar da melhor maneira possível uma matriz, expressamente incorporada aos contratos de concessão, nas quais haja uma *alocação eficiente dos riscos* tomados por cada uma das partes contratantes, distribuindo-os preferencialmente àquele que tenha maior conhecimento (*know how*) e informações de maior qualidade quanto aos aspectos especificamente relacionados, de modo que possa evitá-los, mitigá-los ou gerenciá-los da melhor forma.[104] Além disso, deve-se procurar estabelecer uma governança contratual atenta a essas incompletudes, com a incorporação de *mecanismos de gestão contratual eficientes*, que disponham de procedimentos a serem seguidos quando se revele necessário enfrentar um problema para o qual o contrato não ofereça solução imediata.[105]

Revela-se útil, a esse respeito, lançar mão de instrumentos recomendados pela *teoria dos contratos relacionais*, que preconiza a necessidade de se manter um constante esforço revisional com uma negociação permanente entre as partes, em um processo periódico de construção de ajustes ao acordo original.[106] Essa negociação permanente *ex post* e não contenciosa entre as partes permite, inclusive, um ganho de aprendizado, já que os contratantes têm acesso a informações distintas que podem ser relevantes para a execução do contrato e essa interação pode permitir significativos ganhos com o natural intercâmbio de informações que ocorrerá. É o que Marcos Nóbrega chama de princípio da revelação, baseado em mecanismos reveladores de informação.[107]

---

[104] Maurício Portugal Ribeiro chama a atenção para "o erro de atribuir ao concessionário riscos controlados pelo Poder Concedente", apontando as consequências de ineficiência que uma medida deste tipo pode gerar, examinando a respeito os casos dos aeroportos e das rodovias federais. *Vide* as considerações contidas em: RIBEIRO, Maurício Portugal. *10 anos da Lei de PPP, 20 anos da Lei de Concessões*: viabilizando a implantação e melhoria de infraestruturas para o desenvolvimento econômico-social. p. 127-155. Disponível em: http://www.portugalribeiro.com.br/10-anos-das-lei-de-pps-20-anos-da-lei-de-concessoes/. Acesso em: 18 nov. 2019.

[105] GARCIA, Flávio Amaral. A mutabilidade e incompletude na regulação por contrato e a função integrativa das Agências. *Revista de Contratos Públicos – RCP*, Belo Horizonte, ano 3, n. 5, mar./ago. 2014. p. 67-75.

[106] Fernando Araújo sugere o exemplo do contrato de matrimônio como exemplo de contrato relacional, cuja lógica poderia ser estendida a contratos comerciais de longa duração, que envolvem condições evolutivas ao longo do tempo, as quais não podem ser todas previstas no momento da contratação: "todas insistem na ideia de que há uma 'teia normativa informal' embebida na prática comercial condicionando profundamente as atitudes das partes, tanto na negociação como no cumprimento, isto em especial no sentido mais 'estrito' de contrato relacional, que é caracteristicamente a situação de relação longa e evolutiva (pense-se fora do âmbito comercial, no extremamente sugestivo exemplo do matrimónio como contrato)" (ARAÚJO, Fernando. *Teoria económica do contrato*. Coimbra: Almedina, 2007. p. 406).

[107] Esse tema é tratado no tópico 3.2 de seu artigo já referido: NÓBREGA, Marcos. Contratos incompletos de infraestrutura: contratos administrativos, concessões de serviço público e

Também Tatiana Esteves, ao cuidar dos contratos incompletos e, mais especificamente, dos contratos de concessão, observa:

> A negociação *ex post* entre as partes não é somente possível, mas desejável – constituindo uma estratégia deliberada de ação de ambas as partes em contratos de longo prazo marcados por algum grau de dependência onde há oportunidade de aprendizado. Acolhe-se uma incompletude permanente do contrato, e a superação das lacunas dá-se, de modo pontual, através de sua revisão e/ou redesenho – resultado de (re)negociações ao longo da execução.
>
> Como aponta Gibbons, do ponto de vista da ciência econômica, uma vez acolhidas as imperfeições que derivam das fontes de incompletude, a relação contratual toma então, não mais a forma de uma curva de contrato neoclássica, mas a forma de um "jogo repetido", particularmente importante para a modelagem do processo de negociação de um contrato relacional, tal que um contrato de concessão.

Esse processo de (re)negociação permanente é muito facilitado pela criação de instituições específicas que possam desempenhar o papel de mediadores. Nos contratos privados de infraestrutura, com alguma frequência, são instituídos os chamados comitês de resolução de disputas (*dispute boards*)[108] com essa finalidade, cujo papel é exatamente o de prevenir conflitos entre as partes e identificar possíveis inconsistências entre as necessidades de execução do objeto contratual e as disposições do contrato, o mais cedo possível, de modo a encontrar uma solução que atenda da melhor maneira aos interesses em jogo, utilizando-se dos próprios mecanismos internos do contrato e valendo-se da boa-fé e confiança mútua entre as partes.[109]

PPPs. *Revista Eletrônica de Direito Administrativo Econômico (REDAE)*, Salvador, n. 18, maio/jul. 2009. Disponível em: http://www.direitodoestado.com/revista/redae-18-maio-2009-marcos-nobrega.pdf. Acesso em: 4 jul. 2016.

[108] Note-se que a Lei nº 14.133/2021 já prevê expressamente a possibilidade de utilização dos comitês de resolução de disputas, como um dos meios alternativos de resolução de controvérsia, em seu art. 151; admitindo-se até mesmo a rescisão contratual resultante de sua mediação, como previsto no art. 138, II. A maior utilidade desses comitês não parece residir na busca de solução para controvérsias já instauradas, para o que existem já outros mecanismos judiciais e extrajudiciais. Sua maior utilidade parece residir na potencialidade que possui para evitar o surgimento das controvérsias, prevenindo-as pela prévia formação de consensos em decorrência de uma abordagem dialógica contínua entre as partes, sob a mediação do comitê.

[109] "Uma boa governação dos contratos regulatórios – como de resto de qualquer contrato – é aquela que cria mecanismos eficientes de gestão que previnam o surgimento de litígios. É o que ocorre, por exemplo, com o mecanismo do dispute board, cuja lógica consiste em deslocar o foco do conflito para a própria relação contratual, com acompanhamento

No caso dos contratos de concessão, as agências reguladoras podem ter a vocação para exercer um papel facilitador nesse cenário de permanente negociação, já que normalmente lhes incumbem funções de regulação técnica e, em geral, estão mais afastadas da influência de interesses políticos de curto prazo e eleitorais. É preciso considerar ainda a necessidade de instituição de algum tipo de controle sobre o poder estatal, que pode incumbir ao Poder Judiciário ou, em alguns casos, ser reservado a meios alternativos de solução de controvérsias, como a mediação, a arbitragem[110] ou, preventivamente, os próprios mecanismos de *dispute boards* para contratos administrativos.

Quanto à *distribuição dos riscos*, a doutrina tradicional os divide em álea ordinária ou empresarial e álea extraordinária,[111] identificando-se os do primeiro grupo como aqueles riscos inerentes ao negócio, que devem ser preferencialmente suportados pelo concessionário, cabendo cogitar-se de reequilíbrio econômico-financeiro apenas em relação aos riscos do segundo grupo. A percepção mais moderna, todavia, como se viu, é que essa classificação não é suficiente para resolver os problemas que podem advir no curso da execução do contrato e que o ideal é que o desenho contratual, se não pode ser completo, seja elaborado de modo a estabelecer previamente uma matriz de risco mais detalhada possível e um conjunto de procedimentos hábeis a fornecer os parâmetros para distribuir, ainda que *ex post*, as responsabilidades entre as partes por eventos inesperados, com alguma previsibilidade.[112]

---

permanente da sua execução por experts de confiança das partes" (GARCIA, Flávio Amaral. A mutabilidade e incompletude na regulação por contrato e a função integrativa das Agências. *Revista de Contratos Públicos – RCP*, Belo Horizonte, ano 3, n. 5, mar./ago. 2014. p. 73). Ver também: ROSA, Pérsio Thomaz Ferreira. *Os dispute boards e os contratos de construção*. Disponível em: http://www.frosa.com.br/docs/artigos/Dispute.pdf. Acesso em: 4 jul. 2016.

[110] Sobre a possibilidade de participação da Administração Pública em arbitragem, atualmente expressamente autorizada pelo disposto no art. 1º, §1º da Lei nº 9.307/96, com a redação que lhe foi atribuída pela Lei nº 13.129/2015, *vide*, por todos: LEMES, Selma. *Arbitragem na Administração Pública*: fundamentos jurídicos e eficiência econômica. São Paulo: Quartier Latin, 2007 e FERRAZ, Rafaella. *Arbitragem em litígios comerciais com a Administração Pública*: exame a partir da principialização do direito administrativo. Porto Alegre: Sergio Antonio Fabris, 2008. Para a discussão equivalente existente em Portugal: ESQUIVEL, José Luís. *Os contratos administrativos e a arbitragem*. Coimbra: Almedina, 2004.

[111] Por todos, com diversificadas referências doutrinárias e jurisprudenciais, ver PEREZ, Marcos Augusto. *O risco no contrato de concessão de serviço público*. Belo Horizonte: Fórum, 2006. p. 107-119.

[112] Diante dessa maior liberdade que se tem admitido contemporaneamente quanto à divisão dos riscos nos contratos de concessão, surge uma interessante discussão quanto aos limites de endividamento do Estado. Assim, caso o Poder Concedente assuma riscos que normalmente não lhe caberiam em contratos de concessão de serviço público, isso pode equivaler a um aumento do endividamento público. Tratando dessa questão, Rafael Fernández

Além disso, tradicionalmente a álea extraordinária é dividida em álea administrativa e álea econômica. Esta última é decorrente de fatores exógenos à relação contratual e inteiramente independente da vontade de qualquer uma das partes. A álea administrativa, no entanto, é diretamente decorrente de ações do Estado, inclusive por meio de atos praticados pelo ente público contratante, em decorrência da relação contratual, como os atos de alteração unilateral do contrato, os quais, como já se viu, são a expressão maior da regulação administrativa contratual. Não se pode aqui, verdadeiramente, encontrar álea, a não ser do ponto de vista do contratado, que não tem nenhuma influência no advento dessas ações. Do ponto de vista do Poder Concedente, no entanto, álea não há. Trata-se de decisões administrativas de conformação do objeto do contrato às transformações sofridas no interesse público, as quais se concretizam por meio de atos administrativos de modificação do contrato.

Como já afirmado, o contrato de concessão de serviço público possui duas funções muito específicas: de um lado, serve como garantia contratual oferecida ao concessionário quanto ao equilíbrio econômico-financeiro da avença estipulada com o Estado, já que sua atividade envolve investimentos vultosos, somente recuperáveis em longo prazo e sujeitos ao já referido efeito *hold-up*, uma vez que grande parte dos custos incorridos somente pode ser recuperada por meio da prestação daqueles serviços, pois os ativos de que se vale não têm viabilidade para outros usos.[113] Por outro lado, os contratos de concessão possuem também uma função regulatória, oferecendo ao Poder Concedente instrumentos adicionais ao tradicional uso do poder de polícia para a regulação das atividades econômicas. Afinal, quando se trata de serviço público, o poder público não realiza uma intervenção em domínio de

---

Acevedo refere à Decisão 18/2004 da Eurostat (a agência de estatística da União Europeia), segundo a qual "para que los activos incluidos en una asociación público-privada puedan contabilizarse fuera del balance de las Administraciones públicas es preciso que se cumplan dos criterios acumulativos: que el sacio privado asuma el riesgo de construcción y que asuma al menos, bien el riesgo de disponibilidad o el de demanda" (FERNÁNDEZ ACEVEDO, Rafael. Mantenimiento del equilíbrio económico y responsabilidad patrimonial como técnicas de moderación del riesgo concesional. *In*: MOREIRA, Egon Bockmann (Coord.). *Contratos administrativos, equilíbrio econômico-financeiro e a taxa interna de retorno*. Belo Horizonte: Fórum, 2016. p. 256).

[113] SANTANA, Edvaldo Alves de. *Instituições, governança econômica e incompletude dos contratos: teoria e prática*. Disponível na internet em: https://www.gwu.edu/~clai/recent_events/2007/Edvaldo_Santana_Paper.pdf. Acesso em: 4 jul. 2016. *Vide* também as considerações de Fernando Araújo em: ARAÚJO, Fernando. *Teoria econômica do contrato*. Coimbra: Almedina, 2007. p. 642-647.

titularidade privada. O Estado, nestes casos, não é terceiro. A regulação administrativa dos serviços públicos se destina a garantir que a missão que lhe foi atribuída pela lei e que decidiu delegar será desempenhada a contento.

A utilização do modelo contratual de regulação, portanto, tem o potencial de criar para o concessionário um ambiente de maior segurança jurídica para a realização dos investimentos necessários, já que a atuação do ente regulador estará condicionada aos termos do contrato previamente firmado, e especialmente à sua equação econômico-financeira. Assim, se é verdade que os poderes estatais – exercidos pelo Poder Concedente ou pelo ente regulador, conforme o caso – podem ser ampliados pela alternativa das alterações unilaterais do contrato para a instituição de novas obrigações ao particular – normalmente submetidas ao princípio da legalidade –; há também a garantia de que qualquer alteração regulatória, ou mesmo das circunstâncias de fato não associadas a riscos por ele assumidos, que venha a alterar o equilíbrio contratualmente estabelecido, deverá ser objeto de uma revisão das condições contratuais, de modo a reequilibrar a relação, segundo os parâmetros a serem buscados no próprio contrato.

É importante consignar por fim que, tendo em vista a importância de que se revestem os contratos para a regulação dos serviços públicos, mostra-se de grande relevância a sua cuidadosa elaboração, de modo a perseguir a sua completude possível, que assegure a melhor qualidade para a execução contratual.

Apesar de ainda se manter relevante a classificação dos riscos acima referida, atribuindo-se os riscos empresariais aos concessionários e os extraordinários ao Poder Concedente, cada vez mais tem sido preconizada a importância de que os contratos procurem estabelecer uma repartição de riscos mais clara e detalhada entre as partes,[114] buscando distribuí-los de maneira racional e eficiente.[115] Como ocorre em qualquer tipo de contratação, o ideal é que seja adequadamente

---

[114] "Observe-se que, diante desse contexto muito complexo, a teoria das áleas ordinária e extraordinária apresenta-se como uma solução por demais simplista, inepta a solucionar muitos dos problemas relacionados ao risco nas concessões de serviço público. [...] trata o risco somente pelo seu aspecto 'profilático'. Melhor dizendo, dá-se teoricamente solução para prejuízos já existentes e contabilizados. Não há, de parte dessa teoria, preocupação com a formulação de soluções que previnam o prejuízo" (PEREZ, Marcos Augusto. *O risco no contrato de concessão de serviço público*. Belo Horizonte: Fórum, 2006. p. 115).

[115] ROCHA, Iggor Gomes. Concessão de serviço público e parceria público-privada: da garantia ao equilíbrio econômico-financeiro à partilha contratual de riscos. *In*: GONÇALVES, Guilherme de Salles; GABARDO, Emerson (Coord.). *Direito da infraestrutura*: temas de organização do Estado, serviços públicos e intervenção administrativa. Belo Horizonte: Fórum, 2012. p. 115-121.

instituída uma matriz de risco clara e estabelecido o tratamento que as partes devem dar a eventos aleatórios e fora de seu controle.[116]

Os contratos de concessão funcionam como um poderoso instrumento de regulação e, nesse sentido, é importante que sua redação seja cuidadosa e clara quanto aos padrões de conformação do serviço, metas de qualidade a serem atingidas, parâmetros e requisitos a serem observados e institua os mecanismos e procedimentos adequados para o exercício dos poderes regulatórios que passarão a ser desempenhados por todos os entes envolvidos, especialmente naqueles casos em que o poder concedente político for exercido de modo apartado do poder concedente regulador. Quanto mais aperfeiçoada for a redação contratual, maior será a segurança jurídica oferecida aos interessados que, assim, poderão oferecer as propostas mais vantajosas. Poder-se-ão esperar, ainda, nesses casos, conflitos menos frequentes entre concessionário e regulador, a serem gerenciados durante a execução do contrato.

1.3 O modelo de regulação com contrato a prazo fixo

1.3.1 A opção pela regulação contratual (com ou sem concorrência)

A Constituição brasileira é bastante flexível e confere ao legislador ordinário um amplo leque de opções para a regulação das atividades econômicas. À parte os monopólios, que devem estar expressamente previstos no texto constitucional, a regra estabelecida pela Constituição é a da livre-iniciativa e liberdade de empresa, na forma dos arts. 170, parágrafo único e 173 da Constituição. Há, no entanto, a possibilidade prevista no art. 175 de que o legislador venha a qualificar certas atividades como serviços públicos, o que importará em retirá-las do domínio da livre iniciativa, submetendo-as a uma regulação contratual. Nesses casos, o parágrafo único do art. 175 determina que a lei deverá

---

[116] "[...] com o advento da regulamentação das parcerias público-privadas no direito brasileiro, surge uma nova possibilidade de engenharia contratual: a alocação dos riscos feita de maneira prévia, no próprio contrato administrativo" (ROCHA, Iggor Gomes. Concessão de serviço público e parceria público-privada: da garantia ao equilíbrio econômico-financeiro à partilha contratual de riscos. In: GONÇALVES, Guilherme de Salles; GABARDO, Emerson (Coord.). Direito da infraestrutura: temas de organização do Estado, serviços públicos e intervenção administrativa. Belo Horizonte: Fórum, 2012. p. 126). No mesmo sentido: PEREZ, Marcos Augusto. O risco no contrato de concessão de serviço público. Belo Horizonte: Fórum, 2006. p. 129-133.

dispor sobre o "caráter especial" do contrato de concessão, pelo qual será estipulado "o regime jurídico das empresas concessionárias e permissionárias de serviços públicos", que poderá tratar de vários aspectos relacionados à sua prestação, admitindo-se, inclusive que essa lei permita o estabelecimento de uma política tarifária e a imposição da observância de requisitos para a configuração de um serviço adequado.

Revela-se aqui um espaço mais abrangente de regulação do que o espaço reservado pela Constituição para a regulação pela lei das atividades econômicas privadas, que podemos chamar de uma regulação de proteção. No caso dos serviços públicos, autoriza-se uma *regulação de performance*, caracterizada pela possibilidade de conformação estatal de aspectos relacionados à atividade econômica (qualificada como serviço público) quanto a parâmetros de *acesso, qualidade e preço*, o que se viabiliza também pela incidência, neste caso, além das normas legais primárias ou das normas secundárias produzidas pelas agências reguladoras, quando for o caso, também de normas oriundas dos contratos de concessão, mutáveis por natureza.

Essa qualificação como serviço público pode resultar diretamente do texto constitucional, o que ocorre raramente, como nos casos do serviço postal e correio aéreo nacional (art. 21, X da Constituição) ou da distribuição de gás canalizado (art. 25, §2º). De modo geral, cabe ao legislador ordinário tomar essa decisão. Caso peculiar é o encontrado nos incs. XI e XII do art. 21, em que a Constituição não qualifica diretamente as atividades ali elencadas como serviços públicos, mas impõe ao legislador, caso não opte por assim qualificá-las, a atribuição ao órgão ou ente regulador do exercício do poder de polícia na modalidade de consentimento, instituindo a necessidade de uma autorização administrativa prévia para que a atividade possa ser exercida.

Deste modo, pode-se afirmar, de acordo com a tradicional classificação proposta por Eros Grau,[117] que as atividades econômicas poderão ser reguladas segundo dois modelos principais: ou como atividades privadas, livremente exercidas e submetidas a uma regulação de proteção, baseada exclusivamente no poder de polícia do Estado; ou como serviços públicos, sob a titularidade estatal. Em ambos os casos, as atividades podem ser realizadas pela iniciativa privada. Contudo, o regime dos serviços públicos afasta a regra de livre-iniciativa,

---

[117] "Insista-se em que atividade econômica em sentido amplo é território dividido em dois campos: o do serviço público e o da atividade econômica em sentido estrito" (GRAU, Eros Roberto. *A ordem econômica na constituição de 1988*: interpretação e crítica. 18. ed. São Paulo: Malheiros, 2017. p. 100).

assegurando ao Estado a prerrogativa de instituir exclusividades. Afasta-se também a isonomia competitiva e impõe-se uma regulação de performance, assegurada pela assinatura dos contratos de concessão ou permissão, que se apresenta como a única via de acesso ao mercado. Podem-se vislumbrar, então, as seguintes situações: (i) atividade econômica privada, de livre exercício, independente de autorização; (ii) atividade econômica privada sujeita à prévia autorização (ou atividade de utilidade pública), como aquelas descritas nos incs. XI e XII do art. 21 e não qualificadas como serviço público; (iii) atividade econômica privada monopolizada ou (iv) serviço público.

Inicialmente, portanto, é preciso reconhecer que, em geral, a Constituição não impõe a nenhuma atividade específica uma regulação contratual, como serviço público. Trata-se normalmente de uma opção exercida pelo Poder Legislativo do ente federativo titular de cada serviço. Assim, quando se entender inconveniente a utilização da regulação por meio de contratos a prazo certo, basta que o legislador opte pelo modelo de regulação de atividades privadas. Há, no entanto, como se viu acima, diversas vantagens em adotar o modelo contratual. Os contratos de concessão de serviço público, portanto, se revelam como um instrumento à disposição do legislador quando essa estratégia de regulação lhe parecer a mais adequada para certas atividades consideradas especiais. Essencialmente, é o modelo a ser usado quando se entender necessário lançar mão de uma regulação de performance.

Muitas vezes, trata-se de atividades cuja prestação depende de uma infraestrutura de alto custo de instalação, o que costuma fazer com que a sua exploração se dê em regime de monopólio natural, diante das grandes e frequentemente intransponíveis barreiras a entrantes, já que os custos de entrada são muito elevados e os custos marginais muito reduzidos, tornando mais eficiente a exploração por um único prestador.[118] Deve-se ressaltar, no entanto, que não são apenas os serviços dependentes da instalação de infraestrutura que se configuram como serviços públicos no Brasil.

A estratégia de regulação por contrato pode ser utilizada sempre que o poder público tenha a intenção de desempenhar um controle mais rigoroso sobre determinados aspectos de certa atividade econômica, destacando-se o controle quanto às *condições de acesso ao serviço*, impondo regras de universalização e não discriminação; quanto às *condições*

---

[118] PRADO, Lucas Navarro; PINHEIRO, Luís Felipe Valerim. O tempo nas concessões de infraestrutura: prazo de vigência de sua prorrogação. *In*: MARCATO, Fernando S.; PINTO JR., Mario Engler (Coord.). *Direito da Infraestrutura*. São Paulo: Saraiva, 2017. v. 1. p. 416.

de qualidade na prestação do serviço, impondo a observância de metas a serem alcançadas e parâmetros a serem respeitados, assegurando, por exemplo, a continuidade da prestação dos serviços e, por fim, quanto ao *preço praticado*, controlando as tarifas a serem cobradas dos usuários. Nesses casos, em que se pretende exercer uma regulação de performance, a Constituição oferece o modelo de regulação contratual, em seu art. 175, que deve ser o escolhido pelo legislador ao disciplinar a regulação daquela determinada atividade.

Ao tratar das razões que, tradicionalmente, podem levar o Poder Legislativo a optar pela regulação contratual, qualificando determinada atividade como serviço público, Alexandre Aragão[119] tece as considerações:

> As razões – ideológicas, técnicas e econômicas – para esse estado de coisas foram, basicamente, de duas ordens: (a) a circunstância de os serviços públicos constituírem, inclusive por razões tecnológicas, monopólios naturais, de forma que a presença de mais de um prestador fosse tecnicamente impossível, economicamente inviável ou pelo menos inconveniente diante dos interesses públicos curados, como o que se daria, por exemplo, se a existência de mais de um prestador, ao invés de diminuir os preços, os aumentasse em função da menor economia de escala; (b) a concepção de que essas atividades, ainda que possuíssem conteúdo econômico, não poderiam, em face do estreito liame com os direitos fundamentais e com a solidariedade social, ser submetidas à lógica do lucro e do mercado.

Deve-se levar em conta, entretanto, que, mesmo quando regula atividades econômicas privadas, o Estado também pode disciplinar diversos de seus aspectos. Há uma corrente do pensamento econômico – incorporada ao voto apresentado pelo Min. Luiz Fux, como relator

---

[119] ARAGÃO, Alexandre Santos de. *Direito dos serviços públicos*. 3. ed. Rio de Janeiro: Forense, 2013. p. 390. O autor oferece, ainda, às páginas 398 a 401, uma série de "fatores de cautela na concorrencialização dos serviços públicos", os quais justificam, na verdade, a supressão de certas atividades do ambiente de livre-iniciativa e liberdade empresarial, submetendo-as a um regime jurídico de direito público e a uma regulação de performance. Menciona, entre outros fatores, a assimetria de informações entre os prestadores de serviço e seus usuários, ou até mesmo órgãos reguladores, a necessidade de coibir o efeito de *cream skimming*, em que agentes econômicos buscam explorar ao máximo as fatias mais lucrativas do mercado, deixando de atender a segmento menos lucrativo, que foi um dos fundamentos usados pelo Supremo Tribunal Federal no julgamento da ADPF nº 46, que tratou dos serviços postais e a dispersão de informações, típica de quando há muitos agentes atuando no mesmo mercado, que pode comprometer a eficiência e fragmentá-lo, provocando externalidades negativas como a proliferação de padrões técnicos incompatíveis entre si.

do acórdão proferido no julgamento da ADIn nº 4.923 –[120] que defende, nos casos em que a competição é possível, o mínimo de intervenção estatal, que deveria se restringir ao direito antitruste. No Brasil, contudo, a prática regulatória em relação às mais variadas atividades privadas está bastante incorporada em nossas tradições jurídicas. No exercício do poder de polícia é comum, por exemplo, que se estabeleçam padrões mínimos de segurança. Nesse caso, no entanto, a atuação estatal visa a resguardar, essencialmente, a saúde e a segurança do consumidor, havendo precedentes que admitem inclusive algum tipo de interferência relacionada à regulação das condições de acesso e ao controle de preços.[121]

---

[120] "Essa distorção alocativa gerada pelos monopólios e oligopólios explica por que se costuma rotulá-los como falhas de mercado, a ensejar intervenção do Estado de modo a preservar e promover condições de livre e hígida concorrência, próximas do modelo de competição perfeita. Tradicionalmente, essa intervenção estatal manifesta-se em duas dimensões distintas, embora complementares. Para os mercados em que a competição entre empresas seja possível, o direito antitruste é responsável por prevenir a formação de estruturas conducentes à concentração do poder econômico, bem como reprimir condutas comerciais sintomáticas desse fenômeno. Para os mercados em que a competição é (tecnicamente) inviável, como nos casos de alguns serviços públicos (public utilities) caracterizados, via de regra, como monopólios naturais, caberia ao Estado regular variáveis centrais para a prestação do serviço ou produção do bem, tais como condições de entrada e saída do mercado, padrões de qualidade e níveis adequados de informação, além de limites de preço (cf. KAHN, Alfred. The Economics of Regulation. Principles and Institutions. Cambridge: The MIT Press, 1988, p. 1-3; e BALDWIN, Robert; CAVE, Martin; e LODGE, Martin. Understanding Regulation. Theory, Strategy and Practice. Nova Iorque: Oxford University Press, 2012, p. 15-17)" (SUPREMO TRIBUNAL FEDERAL. Plenário. ADIN 4.923. Rel. Min. Luiz Fux, julgado em 08.11.2017, *DJe*-064, divulgado em 04.04.2018 e publicado em 05.04.2018).

[121] As atividades econômicas privadas, não qualificadas como serviço público, são titularizadas pela iniciativa privada, na forma prevista pelo art. 173 da Constituição e a elas se aplicam os princípios da livre-iniciativa e livre concorrência, a que alude o art. 170 do texto constitucional. Desta forma, em princípio, não seria possível ao Estado, nesses casos, exercer controle de preços máximos ou mínimos. No entanto, o art. 6º da Lei Delegada nº 04/1962 – só muito recentemente revogada pela Medida Provisória nº 881/2019 – previa hipóteses de tabelamento de preços, largamente utilizadas na década de 80, no Governo Sarney, ainda sob a égide do texto constitucional anteriormente vigente, com as famosas tabelas de preços da extinta Sunab. A venda acima dos preços tabelados pela Administração Pública é, inclusive, tipificada como crime pelo art. 2º, VI da Lei nº 1.521/1951. Outro exemplo relevante é o da Câmara de Regulação do Mercado de Medicamentos – CMED que, por força do que dispõem os arts. 6º, II a V e 7º da Lei nº 10.742/2003, estabelece tabela de preços máximos para os medicamentos a serem comercializados no Brasil, mesmo sendo a produção e comercialização de medicamentos atividades econômicas privadas. Mais recentemente, foi publicada a Resolução ANTT nº 5.820/2018, com base na Lei nº 13.703/2018, que estabeleceu tabela de preços mínimos a serem cobrados pelo serviço de frete, instituindo uma "Política de Preços Mínimos do Transporte Rodoviário de Cargas". A constitucionalidade dessa iniciativa se encontra pendente de apreciação pelo Supremo Tribunal Federal nas ações diretas de inconstitucionalidade nºs 5.956 e 5.959, tendo sido suspensas as decisões proferidas por tribunais inferiores que haviam afastado a aplicabilidade da referida resolução, assim como a tramitação de todos os processos que

Já no que se refere aos serviços públicos, o Estado tem uma incumbência, que lhe é constitucionalmente atribuída, de garantir aos cidadãos que aqueles serviços lhes sejam disponibilizados com qualidade e amplo acesso. Deste modo, a Administração Pública assume, nesses casos, um grande protagonismo, já que, ao se revestir da posição de Poder Concedente, passa a gerir um contrato firmado com o concessionário, que se torna um importante instrumento jurídico para a conformação da atividade e do comportamento do concessionário.

Institui-se, nesses casos, como se viu, uma regulação da performance, cuja *finalidade* não é apenas proteger terceiros, mas conformar a atividade (titularizada pelo Estado) ao planejamento estatal. Ao contrário do exercício do poder de polícia, em que a restrição da liberdade do indivíduo sempre dependerá de previsão legal, a regulação contratual permite que a Administração Pública maneje também os mecanismos de alteração unilateral dos contratos, quando houver necessidade. A principal característica da regulação contratual, portanto, é exatamente a existência de um contrato a ser firmado com a Administração Pública, cuja principal finalidade é transferir a um particular a outorga para desempenhar uma atividade de titularidade do poder público ou dar acesso a algum privilégio que, de outra forma, não seria possível. Tendo sido qualificada como serviço público, a titularidade da atividade se transfere para o Estado, deixando de lhe ser aplicável o regime da livre iniciativa do art. 173 da Constituição,

---

versam sobre a constitucionalidade da Lei nº 13.703/2018 e da Resolução ANTT nº 5.820/2018 (SUPREMO TRIBUNAL FEDERAL. ADI 5956. Rel. Min. Luiz Fux, julgado em 07.02.2019, *DJe*-028, divulgado em 11.02.2019 e publicado em 12.02.2019). De se recordar que o Supremo Tribunal Federal, ao julgar outro caso, manteve a decisão da corte de origem que havia decidido que a tabela de valores mínimos da Associação Médica Brasileira visa "tão somente, impedir a desvalorização do trabalho dos profissionais envolvidos na prestação de serviços médicos e laboratoriais [...] não havendo, portanto, a padronização de preços que caracterizaria o cartel" (SUPREMO TRIBUNAL FEDERAL. RE 630256 AgR. Rel. Min. Dias Toffoli, Segunda Turma, julgado em 26.05.2015, *DJe*-118, divulgado em 18.06.2015 e publicado em 19.06.2015). Esse não é, contudo, o objeto deste estudo e não se pretende discorrer sobre o assunto. Parece-nos, de todo modo, que o modelo regulatório adequado para exercer controle de preços é a regulação contratual dos serviços públicos, na qual o Poder Concedente pode se comprometer com o equilíbrio econômico-financeiro do contrato a ser firmado com o concessionário, permitindo assim que interfira ativamente na definição das tarifas a serem cobradas dos usuários. Para esse desiderato, a Constituição previu, em seu art. 175, a necessidade de qualificação por lei da atividade como serviço público, submetendo-a a um regime jurídico de direito público. Nesse sentido parece apontar a Medida Provisória nº 881/2019, conhecida como a MP da Liberdade Econômica, que estabelece, em seu art. 3º, III, o direito de "não ter restringida, por qualquer autoridade, sua liberdade de definir o preço de produtos e de serviços como consequência de alterações da oferta e da demanda no mercado não regulado, ressalvadas as situações de emergência ou de calamidade pública, quando assim declarada pela autoridade competente".

desaparecendo a imposição de assegurar isonomia competitiva. A atividade passa a se submeter a um regime jurídico de direito público, que se baseia em um contrato. O art. 175 admite essencialmente dois tipos de contrato: as concessões ou permissões de serviço público.

Assim, ainda quando o legislador tenha optado pelo modelo de serviços públicos, será possível se valer dos *contratos de permissão* naquelas hipóteses em que não houver interesse em firmar contratos de longa duração ou assumir compromissos relevantes vinculados a prazos. Tradicionalmente, as permissões são concebidas como atos administrativos precários.[122] No entanto, após a promulgação da Constituição de 1988, assim como a concessão, a permissão também teve a sua natureza contratual determinada pelo inc. I do parágrafo único do art. 175, que, como vimos, refere ao "caráter especial de seu contrato" ao se referir a ambos os instrumentos.[123] A Lei nº 8.987/95, ao tratar do instituto da permissão nos arts. 2º, IV e 40, como não poderia deixar de ser, reconheceu sua natureza contratual, imposta pelo texto constitucional; mas, curiosamente, manteve a referência à sua precariedade, tendo admitido também que o respectivo contrato seja celebrado com pessoas físicas, ao contrário das concessões, que se restringem às pessoas jurídicas.

Tem prevalecido, assim, na doutrina, o entendimento de que devem ser reservados os contratos de permissão de serviços públicos àqueles casos em que não se exija do delegatário a realização de investimentos relevantes, como os que envolvem a instalação de infraestrutura ou a realização de obras civis. Deve-se lançar mão desses contratos mais simplificados naquelas situações em que o delegatário não assuma

---

[122] "Tradicionalmente, afirmava-se que a permissão consiste em ato unilateral, precário e revogável a qualquer tempo, praticado no desempenho de competência discricionária. Já a concessão seria ato bilateral, gerando direitos e obrigações a ambas as partes" (JUSTEN FILHO, Marçal. *Curso de direito administrativo*. 14. ed. 2. reimpr. Rio de Janeiro: Forense, 2023. p. 1.182). No mesmo sentido: DI PIETRO, Maria Sylvia Zanella. *Direito administrativo*. 36. ed. 2. reimpr. Rio de Janeiro: Forense, 2024. p. 343; MOREIRA NETO, Diogo de Figueiredo. *Curso de direito administrativo*. 16. ed. Rio de Janeiro: Forense, 2014. p. 494; BANDEIRA DE MELLO, Celso Antônio. *Curso de direito administrativo*. 36. ed. Belo Horizonte: Fórum, 2023. p. 686 e ss. e ARAGÃO, Alexandre Santos de. *Curso de direito administrativo*. 2. ed. Rio de Janeiro: Forense, 2013. p. 458.

[123] "Mas todas as discussões acerca da precariedade e da estabilidade da permissão de serviços públicos perderam, em grande parte, seu sentido após a promulgação da Constituição de 1988, porque referido diploma, no inciso I do parágrafo único de seu artigo 175, expressamente determinou o caráter contratual (não unilateral e precário, portanto) e a necessidade de prévia licitação à outorga (afastando a discricionariedade) da permissão, o que foi integralmente refletido no art. 40 da Lei nº 8.987/95, o qual equiparou as concessões às permissões" (SCHIRATO, Vitor Rhein. *Livre iniciativa nos serviços públicos*. Belo Horizonte: Fórum, 2012. p. 304-305).

ônus significativos, fazendo com que não seja necessário assegurar ao permissionário um prazo mínimo para a exploração do serviço.[124] A ausência de investimentos de grande vulto a serem amortizados é que justificaria a natureza precária do contrato, assim como uma informalidade maior de que se reveste a relação jurídica estabelecida entre as partes, que seria alcançada, segundo Celso Antônio Bandeira de Mello,[125] quando:

> a) o permissionário não necessitasse alocar grandes capitais para o desempenho do serviço; b) poderia mobilizar, para diversa destinação e sem maiores transtornos, o equipamento utilizado ou, ainda, quando c) o serviço não envolvesse implantação física de aparelhamento que adere ao solo, ou, finalmente, quando; d) os riscos da precariedade a serem assumidos pelo permissionário fossem compensáveis seja pela extrema rentabilidade do serviço, seja pelo curtíssimo prazo em que se realizaria a satisfação econômica almejada

Essa caracterização que se tem dado aos contratos de permissão de serviço público no Brasil se aproxima muito do contrato de *affermage* do direito francês, em que o delegatário recebe do Poder Concedente uma infraestrutura já pronta e os equipamentos necessários para a prestação do serviço, cabendo-lhe arcar apenas com os custos de operação e manutenção[126] que, normalmente se amortizam na medida em que os serviços vão sendo prestados e as tarifas arrecadadas, fazendo com que inexista, nesses casos, o descolamento, típico das concessões de serviço público, entre os fluxos de receitas e despesas. Como bem alerta Marçal Justen Filho,[127] quando a Administração Pública pretende

---

[124] Floriano Azevedo Marques sustenta que os contratos de permissão de serviço público sequer precisam ter prazo certo, caracterizando-se pela precariedade: "A permissão não carece ter prazo certo (embora possa tê-lo como prazo máximo), as, por outro lado, caracteriza-se pela precariedade, vale dizer, pela ausência de garantia estável de duração" (MARQUES NETO, Floriano de Azevedo. *Concessões*. 1. ed. Belo Horizonte: Fórum, 2015. p. 170).

[125] BANDEIRA DE MELLO, Celso Antônio. *Curso de direito administrativo*. 36. ed. Belo Horizonte: Fórum, 2023. p. 687.

[126] "L'affermage est le contrat par lequel une personne publique va confier à une personne publique ou privée, dénommé le fermier, la gestion d'un service public, en se rémunérant par des redevances sur les usagers. [...] L'affermage est un contrat proche de la concession, mais dans lequel le cocontractant n'a pas de frais de premier établissement. Le fermier ne fait que gérer un service car les équipements, supports du service public, étant déjà construits" (BENCHENDIKH, François. *L'essentiel de la délégation de service public*. Issy-les-Moulineaux: Gualino, 2014. p. 43).

[127] JUSTEN FILHO, Marçal. *Curso de direito administrativo*. 14. ed. 2. reimpr. Rio de Janeiro: Forense, 2023. p. 1.185. Também tratando desse uso abusivo das permissões e a sua contribuição para a distorção da própria compreensão quanto ao seu regime próprio:

se valer desse instrumento, como forma de simplificação da contratação e redução de suas responsabilidades, mas institui para o permissionário obrigações típicas de um contrato de concessão, com imposições de investimentos e estabelecimento de prazos para a sua amortização, tais permissões, independentemente da denominação utilizada, se apresentarão como verdadeiros contratos de concessão, devendo se lhes aplicar, portanto, o mesmo regime jurídico.

É importante, ainda, ter em mente, que, no direito comparado, o modelo contratual não é o único a incidir sobre atividades que tipicamente se apresentam como serviços públicos. Nos Estados Unidos, por exemplo, tal modelo, que se baseava em contratos de *franchise* para as *public utilities* (cujas atividades são em grande parte coincidentes com aquelas que se costumam qualificar por aqui como serviços públicos), foi abandonado a partir do início do século XX. A regulação dessas atividades passou a adotar um modelo de agências reguladoras discricionárias, sem a utilização de vínculos contratuais entre o Estado e as empresas.

A combinação da regulação contratual com a utilização de agências reguladoras é sempre possível e não é uma exclusividade do Brasil. As técnicas e modalidades de regulação de atividades econômicas são variadas e podem ser usadas pelo legislador da maneira que pareça mais adequada em cada caso. Na França, por exemplo, onde a utilização dos contratos de concessão para a delegação dos serviços públicos se consolidou ao longo dos anos, influenciando diversos outros ordenamentos jurídicos nacionais, também se admite a delegação não contratual de serviços públicos, realizada por meio de atos administrativos unilaterais, ou mesmo por força de lei ou regulamento.[128]

No Brasil, como se viu, a opção pela regulação contratual dos serviços públicos foi elevada ao nível constitucional, por força do que dispõe o seu art. 175. Contudo, caberá geralmente ao legislador ordinário qualificar ou não uma atividade como serviço público, excepcionando-a do regime de livre iniciativa, que é a regra. A regulação contratual a prazo certo ocorrerá, portanto, apenas quando o legislador expressamente assim o determinar. Ainda assim, é preciso considerar

---

BANDEIRA DE MELLO, Celso Antônio. *Curso de direito administrativo*. 36. ed. Belo Horizonte: Fórum, 2023. p. 686-694.

[128] "Le contrat n'est pas le seul mode de dévolution du service public à un tiers. En effet, l'administration habilite parfois unilatéralement des personnes, publiques ou privées, à gérer une activité de service public" (BRACONNIER, Stéphane. *Droit des services publics*. 2. ed. Paris: PUF, 2007. p. 475). No mesmo sentido, vide GUGLIELMI, Gilles J. *et alli*. *Droit du service public*. 4. ed. Issy-les-Moulineaux: LGDJ, 2016. p. 639-644.

que, mesmo nesses casos, o fato de uma atividade ter sido prevista, legal ou constitucionalmente, como serviço público, não a torna, de *per si*, uma atividade interditada à atuação dos particulares.

Na verdade, o art. 16 da Lei nº 8.987/95, ao contrário, indica que a delegação de serviços públicos só deve ter caráter exclusivo quando houver "inviabilidade técnica ou econômica justificada".[129] Essa redação reflete a tendência atual, verificada não só no Brasil, mas em grande parte do mundo, de privilegiar ao máximo os arranjos competitivos para a realização das atividades econômicas em geral, "propugnando-se que, senão em todas, pelo menos em muitas das atividades até então submetidas ao regime de serviço público, a instalação da concorrência [...] fosse, não apenas possível, mas mesmo aconselhável".[130]

Além da mera despublicização, com a transferência à iniciativa privada de atividades que anteriormente eram prestadas como serviços públicos, vários têm sido os mecanismos regulatórios utilizados para propiciar a concorrência, mesmo em relação a atividades que continuem sendo exercidas como serviços públicos, sujeitas, portanto, a um regime jurídico de direito público. Pode-se referir, por exemplo, à desvinculação entre a gestão das infraestruturas de rede e a operação dos serviços que dela se utilizam, combinada com a implantação de regras de livre acesso – inspiradas em teorias como a da *essencial facility doctrine* –,[131] de modo a permitir a competição entre operadores, mesmo que a infraestrutura mantenha uma gestão unificada. Outro exemplo é a adoção do regime de liberdade tarifária vigiada[132] para as concessionárias de serviço público – como previsto no art. 104 da Lei nº 9.472/97 em relação ao serviço de telefonia fixa e no art. 193 da Lei nº 7.565/86 para os serviços públicos de transporte aéreo – ou com fixação de limites máximos a

---

[129] Lei nº 8.987/1995: "Art. 16 A outorga de concessão ou permissão não terá caráter de exclusividade, salvo no caso de inviabilidade técnica ou econômica justificada no ato a que se refere o art. 5º desta Lei".

[130] ARAGÃO, Alexandre Santos de. *Direito dos serviços públicos*. 3. ed. Rio de Janeiro: Forense, 2013. p. 391-392.

[131] *Vide*, a esse respeito, ARAGÃO, Alexandre Santos de. *Direito dos serviços públicos*. 3. ed. Rio de Janeiro: Forense, 2013. p. 421-455.

[132] A liberdade tarifária, nesses casos, se diz vigiada, pois, como ressalta Jacintho Arruda Câmara, "a 'liberdade' conferida ao concessionário é circunstancial, transitória. Não significa abdicar do poder de intervir, mas apenas a implementação de técnicas de regulação que empregam instrumentos próprios da atividade privada para extrair proveitos em prol do interesse público. Cessada a circunstância que faça desta técnica uma medida benéfica, o Poder Público resguarda a prerrogativa de retomar o regime de maior intervenção" (CÂMARA, Jacintho Arruda. *Tarifa nas concessões*. São Paulo: Malheiros, 2009. p. 89). *Vide*, ainda, GROTTI, Dinorá Adelaide Musetti. *O serviço público e a Constituição brasileira de 1988*. São Paulo: Malheiros, 2003. p. 251-252.

serem cobrados do usuário (*price cap*),¹³³ como costuma ocorrer, por exemplo, com distribuidoras de gás canalizado ou energia elétrica, que podem eventualmente sofrer a competição com outros tipos de energia a serem oferecidas aos usuários. Há, ainda, outros casos em que se adotam medidas de desverticalização ou desconcentração (*unbundling*) para incentivar algum tipo de concorrência nas relações a serem estabelecidas com as empresas pertencentes a outros segmentos do mesmo setor.

A exclusividade, por conseguinte, pode até existir, mas não é mais um traço necessário a todos os serviços públicos.¹³⁴ Daí ser um exagero dizer que a exploração de serviços ou obras públicas constitui direito exclusivo estatal que só alcança a esfera dos privados mediante trasladação de um direito próprio ao Estado.¹³⁵ É importante ter em conta, no entanto, que, uma vez qualificadas como serviços públicos, certas atividades passam à titularidade estatal e, portanto, deixam de estar submetidas à regra constitucional de isonomia competitiva. Deste modo, *a competição que envolva concessionárias ou permissionárias de serviço público sempre dependerá das condições a serem especificamente previstas em lei, não se aplicando necessariamente as normas concorrenciais normalmente incidentes sobre as atividades privadas.*

Como já se demonstrou anteriormente, especialmente no caso das atividades referidas nos incs. XI e XII do art. 21 da Constituição,

---

[133] "Forma mais branda de conferir alguma participação do concessionário na fixação de tarifas está na adoção de uma 'tarifa-teto' (price cap). Nestes casos, o poder concedente estabelece um valor máximo a ser cobrado pela prestação do serviço, mas este valor não é absoluto, pois se admite que o concessionário pratique valores mais baixos" (CÂMARA, Jacintho Arruda. *Tarifa nas concessões*. São Paulo: Malheiros, 2009. p. 92). Ainda a esse respeito: "Como já tivemos a oportunidade de afirmar, a concorrência na prestação dos serviços públicos predica uma liberdade tarifária, que poderá ser total ou parcial. Total, quando não houver qualquer parâmetro de fixação dos valores tarifários (como ocorre em relação aos serviços públicos de transporte aéreo de passageiros), ou parcial, quando houver a fixação de um limite máximo a ser cobrado pelos prestadores de serviços públicos (o chamado sistema price cap)" (SCHIRATO, Vitor Rhein. *Livre iniciativa nos serviços públicos*. Belo Horizonte: Fórum, 2012. p. 300).

[134] Vitor Rhein Schirato, tratando da "prestação concorrencial sem assimetria de regimes jurídicos", nos quais "há outorga de diversas concessões ou permissões a agentes distintos, que atuarão em regime de concorrência", refere expressamente aos serviços portuários, nos quais "tanto há concorrência entre portos organizados, quanto [...] dentro de um mesmo porto organizado (diversos terminais portuários localizados no mesmo porto organizado prestam o serviço)", assim como aos serviços de transporte público urbano de passageiros, em que há concorrência entre os prestadores, ainda, que "as condições fáticas de prestação dos serviços" interditem "a existência de outros regimes jurídicos" (SCHIRATO, Vitor Rhein. *Livre iniciativa nos serviços públicos*. Belo Horizonte: Fórum, 2012. p. 280-282).

[135] MARQUES NETO, Floriano de Azevedo. *Concessões*. 1. ed. Belo Horizonte: Fórum, 2015. p. 124.

é possível que determinada atividade seja qualificada como serviço público e delegada contratualmente, em determinados casos, sob uma regulação de performance e, concomitantemente, seja possível sua autorização para ser prestada por outros particulares, em um regime de livre iniciativa, sob uma regulação de proteção.[136] Nesses casos, ocorrerá o que se chama de *assimetria regulatória*.[137]

Existe, ainda, a possibilidade da chamada *concorrência intermodal*, que ocorre, por exemplo, quando um prestador do serviço público de transporte público urbano por ônibus concorre com o serviço de táxi ou com os atuais serviços de transporte vinculados a aplicativos de internet, os quais são considerados atividades privadas.[138] Atualmente já existem também serviços de transporte coletivo vinculados a aplicativos, como o Buser, cuja concorrência se dá com o serviço público de transporte coletivo intermunicipal ou interestadual.[139] No caso dos

---

[136] "[...] até a década de oitenta [...] tínhamos uma regulação eminentemente contratual (através do contrato de concessão), sobre apenas um agente (o concessionário exclusivo) e com a concepção de que a atividade fora inteiramente retirada do mercado para ser titularizada como serviço público. Hoje, ao revés, estamos diante de uma regulação de serviços públicos na maioria das vezes incidente sobre mais de um concessionário, evitada que é a outorga de direitos exclusivos, abrindo-se em alguns casos a atividade para agentes econômicos que podem vir a prestá-la fora do regime de serviço público e com a perspectiva de que o mercado não é excluído da regulação, sendo, outrossim, por ela atraído e a ela integrado" (ARAGÃO, Alexandre Santos de. *Direito dos serviços públicos*. 3. ed. Rio de Janeiro: Forense, 2013. p. 393).

[137] "Admite-se, em situações muito específicas, a solução da regulação assimétrica. Consiste na previsão estatal de que determinados serviços serão considerados como serviço público mas também como atividade econômica privada. Haverá, então, competição entre o Estado (usualmente por meio de concessionárias de serviço público) e a iniciativa privada. O exemplo típico, no Brasil, é o serviço de telefonia fixa" (JUSTEN FILHO, Marçal. *Curso de direito administrativo*. 14. ed. 2. reimpr. Rio de Janeiro: Forense, 2023. p. 1.062).

[138] Ao analisar a constitucionalidade de leis locais que procuravam proibir o uso de carros particulares cadastrados ou não em aplicativos, para o transporte remunerado individual de pessoas, o Supremo Tribunal Federal afirmou que "a admissão de uma modalidade de transporte individual submetida a uma menor intensidade de regulação, mas complementar ao serviço de táxi afirma-se como uma estratégia constitucionalmente adequada para acomodação da atividade inovadora no setor" (SUPREMO TRIBUNAL FEDERAL. RE 1.054.110. Rel. Min. Luís Roberto Barroso, Tribunal Pleno, julgado em 09.05.2019, *DJe*-064, divulgado em 05.09.2019 e publicado em 06.09.2019), tendo concluído em outro julgado que "a proibição legal do livre exercício da profissão de transporte individual remunerado afronta o princípio da busca pelo pleno emprego, insculpido no art. 170, VIII, da Constituição, pois impede a abertura do mercado a novos entrantes, eventualmente interessados em migrar para a atividade como consectário da crise econômica, para promover indevidamente a manutenção do valor de permissões de táxi" (SUPREMO TRIBUNAL FEDERAL. ADPF 449. Rel. Min. Luiz Fux, Tribunal Pleno, julgado em 08.05.2019, *DJe*-064, divulgado em 30.08.2019 e publicado em 02.09.2019).

[139] Em julgado recente, o Tribunal de Contas da União reconheceu a legalidade de resoluções da ANTT que disciplinaram as autorizações para empresas que exploram em regime privado, paralelamente à exploração como serviço público pelas empresas

serviços de telefonia fixa, por exemplo, além da assimetria regulatória, que permite que as concessionárias de serviço público concorram com outras prestadoras do mesmo serviço, que atuam em regime privado de livre concorrência; ainda existe a concorrência com serviços de natureza distinta, como o serviço móvel celular ou mesmo com os aplicativos que se valem da internet para promover conversas de voz, como o Skype ou o WhatsApp – para referir alguns dos mais conhecidos e usados no Brasil –, os quais se submetem a um regime jurídico privado e a uma regulação de proteção.

A introdução da concorrência em atividades reguladas como serviços públicos é complexa. Na Europa, diante da onda de liberalização econômica e forte determinação para a introdução da livre concorrência nos países europeus, que se verificou especialmente a partir dos anos 80, para consolidar o mercado comum que se estava construindo, a introdução do conceito de serviços de interesse geral foi a saída encontrada para assegurar que, em determinadas situações, algumas atividades pudessem ser mantidas fora desse ambiente competitivo. Foi, portanto, a compreensão de que o direito da concorrência não poderia reger todo e qualquer tipo de atividade –[140] havendo alguns casos que justificavam uma regulação distinta –, que deu origem ao conceito de serviços de interesse geral.

A partir de uma previsão ainda incipiente, já constante no artigo 90 do Tratado de Roma,[141] criou-se um regime excepcional para

---

concessionárias, o serviço de transporte rodoviário coletivo interestadual de passageiros – TRIP (TRIBUNAL DE CONTAS DA UNIÃO. Acórdão nº 230/2023. Plenário. Relator Antonio Anastasia, processo nº 033.359/2020-2). Para uma análise das características desse serviço e, especialmente, da distinção quanto ao precedente judicial do caso Uber, com exposição dos cuidados necessários quando a concorrência se estabelece com um serviço público, contratualmente regulado, vide: VIANNA, Fernando Villela de Andrade. Buser e a inaplicabilidade do precedente Uber. *Jota*, Brasília, 21 maio 2019. Disponível em: https://www.jota.info/tributos-e-empresas/regulacao/buser-e-a-inaplicabilidade-do-precedente-uber-21052019. Acesso em: 26 dez. 2019.

[140] No julgamento da ADIn nº 4.923, ao tratar dessa questão, o relator, Min. Luiz Fux, fez as seguintes afirmações em seu voto: "Para os mercados em que a competição entre empresas seja possível, o direito antitruste é responsável por prevenir a formação de estruturas conducentes à concentração do poder econômico, bem como reprimir condutas comerciais sintomáticas desse fenômeno. Para os mercados em que a competição é (tecnicamente) inviável, como nos casos de alguns serviços públicos (public utilities) caracterizados, via de regra, como monopólios naturais, caberia ao Estado regular variáveis centrais para a prestação do serviço ou produção do bem, tais como condições de entrada e saída do mercado, padrões de qualidade e níveis adequados de informação, além de limites de preço" (SUPREMO TRIBUNAL FEDERAL. ADIN 4923. Rel. Min. Luiz Fux, Tribunal Pleno, julgado em 08.11.2017, *DJe*-064, divulgado em 04.04.2018 e publicado em 05.04.2018).

[141] UNIÃO EUROPEIA. *Tratado de Roma, assinado em 25 de março de 1957, entrou em vigor em 1º de janeiro de 1958.* Disponível em: http://www.europarl.europa.eu/about-parliament/fr/

resguardar aos Estados a prerrogativa de criarem regimes especiais dedicados a certas atividades, nas quais a importância do sentido de coesão social deveria predominar em relação à busca pela eficiência econômica, promovida pela liberdade de competição. Apesar de não se confundir com o conceito de serviço público, essa foi a válvula de escape do direito comunitário, que permitiu que países como a França e outros que adotam modelos semelhantes pudessem preservar internamente o regime de serviços públicos em compatibilidade com o direito europeu.

Isso não significa, em absoluto, que a concorrência seja incompatível com o regime de serviços públicos. Os casos já referidos da radiodifusão de som e de sons e imagens, assim como transporte público aéreos são exemplos claros quanto a essa compatibilidade. Esses são exemplos de setores em que o Poder Concedente não se compromete com a manutenção de uma equação econômico-financeira do contrato, o que é a exceção. Problema maior ocorre quando é efetivamente estabelecido um equilíbrio econômico-financeiro com o qual as partes se comprometem. Nesses casos, só faz sentido introduzir a concorrência se o risco a ela inerente for suportado pelo concessionário,[142] pois não teria razão de ser a concorrência, caso o Poder Concedente fosse obrigado a indenizar o concessionário quanto às perdas dela decorrentes.

---

in-the-past/the-parliament-and-the-treaties/treaty-of-rome. Acesso em: 11 abr. 2019. Após a assinatura do Tratado de Maastricht, em 1992, a Comunidade Econômica Europeia passou a se chamar Comunidade Europeia e o artigo 90 foi renumerado como artigo 86. Atualmente, após a aprovação do Tratado de Lisboa, o Tratado da Comunidade Europeia foi transformado no Tratado sobre o Funcionamento da União Europeia, estando numerado atualmente como artigo 106. O texto atual pode ser acessado em: https://eur-lex.europa.eu/resource.html?uri=cellar:2bf140bf-a3f8-4ab2-b506-fd71826e6da6.0022.02/DOC_2&format=PDF (Acesso em: 11 abr. 2019).

[142] Vitor Rhein Schirato, ao enfrentar essa questão, afirma que "há de se estabelecer um mecanismo efetivo de alocação de riscos", pois "quando se introduz uma pluralidade de agentes em regime de concorrência na prestação dos serviços públicos, os únicos elementos que podem ensejar uma revisão dos patamares de remuneração dos serviços são os riscos expressa e claramente assumidos pelo concessionário, que deverão ser iguais para todos os agentes sujeitos ao mesmo regime jurídico, e os atos do poder concedente que tenham impacto direto sobre a remuneração dos agentes prestadores. Todos os demais eventos, que sejam decorrência natural da exploração de uma atividade em regime de concorrência (como demanda, condições de financiamento, grau de concorrência etc.), não devem ensejar qualquer forma de revisão na remuneração, na medida em que a inserção de concorrência na prestação dos serviços públicos implica a assunção de alguns riscos que não seriam assumidos pelo delegatário se atuasse com exclusividade (como ocorre com os riscos de demanda)" (SCHIRATO, Vitor Rhein. *Livre iniciativa nos serviços públicos*. Belo Horizonte: Fórum, 2012. p. 286-287).

Há que se considerar, ainda, o problema do *cream skimming*,[143] que ocorre quando algumas empresas se interessam apenas por atender a mercados ou usuários que permitam maior lucratividade. A questão foi bastante debatida durante o julgamento da ADPF nº 46,[144] no qual o Supremo reconheceu ser justificável que os serviços postais sejam prestados em um regime de serviço público – que é um regime de privilégio –, exatamente em decorrência das obrigações de universalização, continuidade e outras tantas que assume. Afastou-se naquela oportunidade a possibilidade de que empresas privadas pudessem explorar o serviço postal, exatamente porque essa concorrência, que se concentraria na parte mais lucrativa da atividade, retiraria da Empresa Brasileira de Correios e Telégrafos (ECT), responsável pela prestação desse serviço público, recursos necessários para que pudesse subsidiar as parcelas das atividades nas quais há prejuízo. Segundo o voto-vista do Min. Joaquim Barbosa:

> Ademais, o serviço público é informado, entre outros, pelos princípios da supremacia do interesse público, da igualdade, da universalidade, da impessoalidade, da continuidade, da adaptabilidade, da transparência, da motivação, da modicidade das tarifas e do controle, devendo ser prestado pelo Estado para atender às necessidades e interesses de toda a coletividade, em todo o território nacional.
> [...] É do interesse da sociedade que, em todo e qualquer município da Federação, seja possível enviar/receber cartas pessoais, documentos e demais objetos elencados na legislação, com segurança, eficiência, continuidade e tarifas módicas. [...]
> O que pretende a argüente é que o referido serviço público seja considerado atividade econômica, para que o acesso a ele seja livre à iniciativa privada e, portanto, seja ele explorado livremente no mercado. Esquece-se, porém, de que as empresas a ela filiadas (Abraed) não pretendem operar em todas as áreas em que atua a EBCT, e muito menos em todo o território nacional. Querem essas empresas atuar apenas naquele setor mais lucrativo e de maior interesse econômico: entrega de documentos comerciais. Ressalte-se que o trabalho por elas efetuado restringe-se às grandes cidades e capitais do País, não alcançando municípios pequenos e distantes do centro econômico nacional.

---

[143] *Cream skimming*, algumas vezes também referido como *cherry picking*, é uma figura de linguagem usada com frequência na literatura regulatória norte-americana para referir à tendência dos agentes que atuam em determinado setor de concentrarem seus esforços e investimentos nas áreas ou serviços que apresentem maior lucratividade, o que pode ocasionar ao abandono de outras áreas ou clientes que não sejam tão atrativos.
[144] SUPREMO TRIBUNAL FEDERAL. Plenário. ADPF 46, Relator para acórdão: Min. Eros Grau, Relator original Min. MARCO AURÉLIO, julgado em 05.08.2009, *DJe*-035 divulgado em 25.02.2010 e publicado em 26.02.2010.

Em relação ao efeito decorrente do *cream skimming* diante da potencial concorrência de aplicativos como o Buser em relação aos serviços públicos de transporte rodoviário coletivo, Fernando Villela traça distinções importantes, para demonstrar que não se aplicam exatamente os mesmos argumentos usados em relação à concorrência entre táxis e motoristas particulares cadastrados em aplicativos.[145] O transporte por táxis, como já decidido pelo Supremo Tribunal Federal,[146] não se consubstancia em serviço público. Trata-se de transporte privado individual de passageiros, que é atividade de utilidade pública, exercida em regime de atividade econômica privada e submetida a uma regulação de proteção. Já o serviço público de transporte intermunicipal ou interestadual se submete a uma regulação de performance e pode estar sujeito a variadas obrigações, como: cumprir horários preestabelecidos de partida e chegada, independentemente da demanda verificada para aquele momento; destinar duas vagas gratuitas para idosos em todas as viagens e oferecer descontos de 50%, em casos específicos, para idosos e jovens carentes. Do mesmo modo que o Supremo Tribunal Federal reconheceu – em relação aos serviços postais –, que a concorrência de empresas privadas poderia inviabilizar a prestação dos serviços públicos; a concorrência de aplicativos como o Buser pode retirar das concessionárias ou permissionárias de serviço público de transporte coletivo os recursos necessários para custear as obrigações que lhe são impostas pela regulação de performance, a que são submetidas com suporte contratual.

Deste modo, a *possibilidade de introdução da concorrência entre concessionárias de serviços públicos*; em assimetria regulatória com outras empresas submetidas à regulação de natureza distinta ou até mesmo a concorrência intermodal, embora seja possível, deve ser examinada com cuidado. É, no entanto, uma das opções que se confere ao legislador ordinário que, mesmo quando opta por introduzir uma regulação contratual a prazo certo, pode permitir algum tipo de concorrência, a ser disciplinada em lei, entre concessionários diversos do mesmo serviço; entre concessionários prestadores de serviços distintos, mas que atendam às mesmas necessidades dos usuários, apresentando-se como alternativos um ao outro (a chamada concorrência intermodal); ou,

---

[145] VIANNA, Fernando Villela de Andrade. Buser e a inaplicabilidade do precedente Uber. *Jota*, Brasília, 21 maio 2019. Disponível em: https://www.jota.info/tributos-e-empresas/regulacao/buser-e-a-inaplicabilidade-do-precedente-uber-21052019. Acesso em: 26 dez. 2019.
[146] SUPREMO TRIBUNAL FEDERAL. Plenário. RE 359.444. Rel. Min. Carlos Velloso, Relator para Acórdão: Min. Marco Aurélio, julgado em 24.03.2004, *DJ* 28.05.2004, p. 56.

ainda, abrindo o mercado à iniciativa privada (assimetria regulatória), hipótese em que deverá haver algum tipo de vantagem competitiva assegurada ao concessionário, de modo a criar um atrativo para o regime de serviço público.

Deve-se considerar que a vantagem mais óbvia que estimula a adesão dos particulares a um regime de serviço público é exatamente a restrição de acesso. Em geral, a delegação estatal é a única forma que a empresa privada encontra para poder acessar o mercado e prestar aquele serviço, celebrando um contrato de concessão ou permissão de serviço público e se submetendo a uma regulação de performance. Nos casos de assimetria regulatória, como o mercado é acessível de outras formas, há de haver algum outro tipo de vantagem para o concessionário para que, podendo prestar o serviço livremente, opte for criar um vínculo contratual com o poder público, assumindo um volume de obrigações muito maior que os seus potenciais concorrentes. No caso dos serviços de telefonia fixa, pode-se apontar como vantagem o fato de que os concessionários receberam toda a rede já implantada, da qual são os gestores, além da carteira de clientes das empresas estatais que prestavam os serviços anteriormente, além de um período inicial de prestação do serviço com exclusividade. Trata-se de significativa vantagem competitiva, que pode justificar a assimetria regulatória hoje em dia existente, nos termos do art. 66 da Lei nº 9.472/97.

No entanto, caso venha a ser introduzida a concorrência em face dos concessionários em algum setor, sem que se extraia uma clara vantagem que justifique sua submissão a uma regulação de performance, enquanto seus competidores se submetem a uma regulação de proteção, a tendência será o esvaziamento do serviço público, com a concentração do interesse do setor privado em prestar o serviço como atividade econômica privada.

De todo modo, qualquer que seja o modelo regulatório utilizado pelo legislador para cada tipo de atividade, haverá, ainda, inúmeras nuances possíveis que permitem um espectro variado de soluções regulatórias. No que se refere aos serviços públicos, a própria Constituição, ao dispor sobre as competências legislativas da União, em seu art. 22, indica a necessidade de que sejam estabelecidos marcos regulatórios específicos para cada setor da economia, segundo suas características próprias, chamados por Egon Bockmann de microssistemas normativos.[147]

---

[147] "Tais competências, conferidas de modo certo e estabelecidas em dispositivos diversos, tornam patente que deverá haver legislações específicas para cada um dos setores

Já em relação às atividades econômicas privadas, são múltiplas e diversas as possibilidades de incidência do poder de polícia, podendo tais atividades ser reguladas por agência reguladora independente, ou não. A regulação setorial, de todo modo, não impedirá o exercício do poder de polícia por outros entes públicos, quanto a diferentes aspectos, o que poderá ocorrer também, diga-se, em relação a prestadores de serviço público, os quais, por estarem submetidos à regulação de performance – normalmente centralizada em uma agência reguladora –, não deixam de se submeter às mais variadas limitações de polícia quanto a aspectos diversos que sua atividade pode envolver, com respeito às limitações urbanísticas, às regras de vigilância sanitária, proteção da segurança do trabalhador, meio ambiente, consumidor, prevenção a incêndio, regras para edificação etc.

O que é importante ter em mente é que, apesar do espectro variado de que cada um dos dois modelos regulatórios possa se revestir, *ao qualificar uma atividade como serviço público, o legislador transfere essa atividade do domínio da livre iniciativa para um domínio de titularidade estatal, o qual permite que a própria Administração Pública ou os particulares a quem a atividade venha a ser delegada a exerçam fora do ambiente de livre concorrência.* Nesse sentido, mesmo quando se pretenda inserir algum tipo de concorrência nesses mercados, essa introdução se fará na forma da lei, de acordo com o interesse público prevalecente, que é garantir o controle estatal sobre o desempenho do prestador do serviço, impondo-lhe uma série de obrigações, que podem estar dissociadas da lógica de mercado.

Ao contrário, se a decisão do legislador foi permitir que o serviço fosse prestado em regime de atividade privada, ainda que sujeita à regulação de proteção e mesmo quando submetida ao sistema de autorizações prévias, tal atividade será de livre acesso à iniciativa privada e exercida segundo o regime do art. 173, §1º, II e §2º da Constituição, que assegura a isonomia competitiva entre as empresas, privadas ou estatais, devendo estas se sujeitarem "ao regime jurídico próprio das

---

econômicos. É viável a positivação de normas gerais (como a Lei Geral de Concessões nº 8.987/1995), em conjunto com norma especial-setorial [...]. Porém, uma coisa é certa: não há palavras supérfluas na Constituição, sobremaneira ao definir competências legislativas. A norma demanda, senão exige, a positivação de microssistemas normativos, cada qual a instalar a regência dos setores econômicos previstos nos incisos do art. 22 (em combinação, quando for o caso, com as formas de exploração definidas nos arts. 21 e 175)" (MOREIRA, Egon Bockmann. Os serviços públicos brasileiros e sua lógica jurídico-econômica: reflexões a partir do art. 175 da Constituição. *Revista de Direito Público da Economia – RDPE*, Belo Horizonte, ano 17, n. 68, p. 9-43, out./dez. 2019. p. 18).

empresas privadas, inclusive quanto aos direitos e obrigações civis, comerciais, trabalhistas e tributários", sendo que "não poderão gozar de privilégios fiscais não extensivos às do setor privado".

Uma vez qualificada determinada atividade como serviço público, que é o objeto da presente investigação, estará submetida a uma regulação de performance, em que o poder público, além do poder de polícia, conta com um vínculo de natureza contratual com o regulado, com poderes de intervenção bastante mais alargados. São exatamente as características desse modelo – que, ao envolver um vínculo contratual, se incorpora por períodos de tempo determinados – que se pretendem examinar nos capítulos seguintes.

1.3.2 A impossibilidade de contratos perpétuos ou por prazo indeterminado

Constatada a opção constitucional pela via contratual, poder-se-ia ainda cogitar da adoção de contratos firmados por prazo indeterminado como uma alternativa para superar os problemas relacionados com a fixação de um prazo certo para as relações jurídicas a serem estabelecidas com os concessionários. Fora do âmbito dos serviços públicos, Carlos Ari Sundfeld e Jacintho Arruda Câmara apontam os contratos de mineração como exemplo de contratação que não conta com prazo certo, embora a sua duração seja determinável: "mesmo sem prazo certo de exploração – e a concessão minerária não traz prazo de vigência – tais relações jurídicas contam com limitação concreta e determinável: é o esgotamento das jazidas".[148]

Inicialmente, é relevante afirmar a esse respeito que, no Brasil, a Constituição, ao menos implicitamente, rejeitou os contratos perpétuos de concessão de serviços públicos; ou com duração indeterminada, uma vez que se referiu expressamente, no inc. I do parágrafo único do art. 175, à necessidade de que lei dispusesse sobre o regime a ser observado pelas empresas concessionárias e permissionárias e quanto ao regime especial de seu contrato e de sua prorrogação. Ora, para que se seja possível dispor sobre a prorrogação dos contratos, é imprescindível que tenham sido firmados por um prazo determinado. Não se admitem, portanto, no direito brasileiro atualmente vigente, contratos de

---

[148] SUNDFELD, Carlos Ari; CÂMARA, Jacintho Arruda. Uma crítica à tendência de uniformizar com princípios o regime jurídico dos contratos públicos. *Revista de Direito Público da Economia – RDPE*, Belo Horizonte, ano 11, n. 41, p. 57-72, jan./mar. 2013.

concessão de serviço público perpétuos, mesmo porque, como destaca boa parte da doutrina, isso violaria os princípios da concorrência e do livre acesso ao mercado, assim como a própria titularidade estatal da atividade.[149]

Questão relevante a esse respeito é saber se o prazo pode ser indeterminado, mas determinável.[150] No que se refere à possível indeterminação dos prazos contratuais, vale a referência ao estudo econômico realizado conjuntamente por pesquisadores da universidade norte-americana de Yale e da Universidade do Chile.[151] Em suas conclusões, os autores consideram que a forma mais eficiente de distribuir o risco da demanda em contratos para a exploração de rodovias seria o estabelecimento, como parâmetro de julgamento nas licitações, não da tarifa de pedágio a ser cobrada, mas sim do menor valor presente requerido pelo licitante para as receitas tarifárias globais. Deste modo,

---

[149] "A perenização ou perpetuidade da concessão equivaleria a uma transferência não da prestação, mas do próprio serviço público objeto da concessão" (ROCHA, Cármen Lúcia Antunes. *Estudos sobre concessão e permissão de serviço público no direito brasileiro*. São Paulo: Saraiva, 1996. p. 58-59); "Não se admitem concessões eternas nem aquelas em que o concedente renuncie definitivamente ao poder de retomar o serviço. Essas soluções corresponderiam ou à transformação do serviço em privado (o que descaracterizaria uma concessão) ou à alienação de competências públicas (o que seria juridicamente inexistente)" (JUSTEN FILHO, Marçal. *Teoria geral das concessões de serviço público*. São Paulo: Dialética, 2003. p. 56). "Nos contratos públicos o princípio da concorrência impede a indeterminação e a perpetuação de vínculos com quaisquer operadores econômicos ou agentes privados e, assim, justifica a referência doutrinária ao princípio da temporalidade como dominante nas concessões de atividade pública" (GARCIA, Flávio Amaral. *Concessões, parcerias e regulação*. São Paulo: Malheiros, 2019. p. 216). "[...] o lapso de tempo determinado é que garante a permanência do caráter público da atividade. Afinal de contas, uma delegação sine die implicaria na verdade uma renúncia de competência sobre a atividade, o que não se admite" (GUIMARÃES, Bernardo Strobel. O prazo nas concessões e as normas que estipulam vigência máxima do vínculo: algumas inquietações. *In*: MOREIRA, Egon Bockmann (Coord.). *Contratos administrativos, equilíbrio econômico-financeiro e a taxa interna de retorno*. Belo Horizonte: Fórum, 2016. p. 50). "As concessões de serviços públicos são contratos de longa duração, necessariamente, aprazados. Até mesmo porque seria antípoda ao interesse público que particulares se eternizassem na exploração de um cometimento público, o que, na ponta, representaria uma alienação da coisa pública" (FREITAS, Rafael Véras de; RIBEIRO, Leonardo Coelho. O prazo como elemento da economia contratual das concessões: as espécies de 'prorrogação'. *In*: MOREIRA, Egon Bockmann (Coord.). *Contratos administrativos, equilíbrio econômico-financeiro e a taxa interna de retorno*. Belo Horizonte: Fórum, 2016. p. 283).

[150] Referindo à doutrina de Themístocles Brandão Cavalcanti, Carmen Lúcia Antunes Rocha lembra que "já houve concessões por tempo indeterminado e mesmo perpétuas [...]. Entretanto, nesses tempos frenéticos de mudanças, nem se pensa mais na concessão perpétua, nem as concessões por tempo indeterminado são facilmente encontradas nos modelos sistêmicos de direito vigentes" (ROCHA, Cármen Lúcia Antunes. *Estudos sobre concessão e permissão de serviço público no direito brasileiro*. São Paulo: Saraiva, 1996. p. 58).

[151] ENGEL, Eduardo M. R. A. *et al*. Least-Present-Value-of-Revenue Auctions and Highway Franchising. *Journal of Political Economy*, v. 109, n. 5, 2001. p. 993-1020.

ao assumir o serviço, o concessionário teria liberdade para definir o valor do pedágio que considerasse mais eficiente.[152] Obviamente, a sua intenção será obter o valor presente líquido requerido no menor tempo possível. Como a elevação excessiva do valor do pedágio tenderá a reduzir a demanda pelo serviço, o desafio nesse caso será encontrar um valor ótimo a ser cobrado dos usuários, que não desencoraje a utilização daquela rodovia e, ao mesmo tempo, permita um faturamento adequado. Deverá ser encontrada a relação mais eficiente entre o valor do pedágio e a demanda por ele assegurada, com o intuito de obter mais rapidamente o valor presente líquido de receitas estabelecido no contrato. Atingido esse valor, o contrato se extinguirá, após o tempo que for necessário.

A Constituição brasileira não exige expressamente que o prazo dos contratos de concessão seja determinado, de modo que, em tese, seria possível cogitar a existência de contratos de concessão firmados por prazo indeterminado, desde que determinável por critérios objetivos a serem estabelecidos contratualmente.[153] No entanto, se a Constituição não impôs restrição expressa a esse respeito, a Lei nº 8.987/95,

---

[152] "In this paper we have shown that fixed-term contracts, which are commonly used to franchise highways, do not allocate demand risk optimally. We characterized the optimal risk-sharing contract and showed that it can be implemented with a fairly straightforward mechanism–an LPVR [least-present-value-of-revenue] auction. Instead of bidding on a toll (or a franchise length), as in the case of fixed-term franchises, in an LPVR auction the regulator sets a toll schedule and bidders announce present values of toll revenues. The lowest bid wins, and the franchise ends when that amount has been collected. Finally, we showed that the welfare gains that can be attained by replacing fixed-term auctions with LPVR auctions are substantial" (ENGEL, Eduardo M. R. A. *et al*. Least-Present-Value-of-Revenue Auctions and Highway Franchising. *Journal of Political Economy*, v. 109, n. 5, 2001. p. 1.015).

[153] Em sentido contrário, Flávio Amaral Garcia rejeita a possibilidade de prazos indeterminados em contratos de PPP. Segundo sua visão, "a primeira premissa a ser fixada em relação aos prazos dos contratos de PPP é não comportarem qualquer indeterminação em relação a esse elemento do ajuste. É da sua natureza a determinação concreta e objetiva do lapso temporal no qual perdurarão os direitos e obrigações previamente acordados entre as partes. Alicerçam essa premissa os princípios da igualdade e da concorrência" (GARCIA, Flávio Amaral. *Concessões, parcerias e regulação*. São Paulo: Malheiros, 2019. p. 215). Também Rafael Véras e Leonardo Coelho rejeitam a possibilidade: "Além disso, um vínculo indeterminado poderia desaguar em uma espécie de delegação, ao menos que, de fato, da titularidade do serviço público, ensejando que o concessionário opusesse seu vínculo especial ao ente federado, restringindo a influência do Poder concedente na conformação do serviço público em questão" (FREITAS, Rafael Véras de; RIBEIRO, Leonardo Coelho. O prazo como elemento da economia contratual das concessões: as espécies de 'prorrogação'. *In*: MOREIRA, Egon Bockmann (Coord.). *Contratos administrativos, equilíbrio econômico-financeiro e a taxa interna de retorno*. Belo Horizonte: Fórum, 2016. p. 293). A objeção posta pelos autores nos parece, no entanto, muito mais voltada a contratos que fossem firmados por prazo indeterminado e indeterminável; não àqueles cujo termo final possa ser determinado por circunstâncias futuras, embora não esteja já estabelecido de antemão.

lei geral das concessões e permissões de serviço público, foi enfática em relação ao tema. Nos incs. II e III de seu art. 2º, ao definir os conceitos de concessão de serviço público e concessão de serviço público precedida da execução de obra pública, deixou claro que os contratos de concessão devem ser celebrados "por prazo determinado".[154] No art. 5º, estabeleceu para o Poder Concedente a obrigação de publicar, antes da licitação, a motivação quanto à conveniência da delegação, deixando claro o "seu objeto, área e prazo". Além disso, impôs no art. 18 que o edital, prévio à contratação, deve conter "o objeto, metas e prazo da concessão", assim como, na forma do art. 23, deve constar no contrato cláusula relativa "ao objeto, à área e ao prazo da concessão", a qual é considerada essencial.[155] Além disso, há outras referências ao prazo da concessão quando é disciplinada a reversão de bens, no art. 36, a encampação, no art. 37 e a retomada do serviço, no art. 42, §1º.

Como se vê, a legislação ordinária foi mais longe que o constituinte e afastou completamente a possibilidade de contratos com prazo indeterminado. Assim, para realizar no Brasil uma licitação pelo menor valor presente líquido requerido de receitas tarifárias, que torna o prazo indeterminado e dependente do fluxo de caixa das receitas a ser verificado na prática, seria necessária a alteração da legislação vigente, não tendo o administrador, em princípio, liberdade para tomar essa decisão de acordo com o ordenamento jurídico atual. A esse respeito, deve-se referir ao projeto de uma nova lei geral de concessões, em trâmite na Câmara dos Deputados desde 2011,[156] cujo art. 103, parágrafo único, combinado com art. 69, VII, pretende introduzir no ordenamento

---

[154] Curiosamente, ao tratar dos contratos de permissão de serviço público, o legislador não fez referência equivalente no texto do art. 2º, IV da Lei nº 8.987/95, o que tem levado alguns autores a sustentar a desnecessidade de fixação de um prazo neste tipo de contrato. Tal posição doutrinária normalmente é acompanhada da conclusão de que, nesses casos, tratar-se-á de contratos firmados por prazo indeterminado e, portanto, precários, cuja rescisão não importará em custo para a Administração Pública, inexistindo o dever de indenizar nesses casos. Obviamente, nos casos em que não se reconheça a precariedade da relação contratual, aplicar-se-á o mesmo regime das concessões de serviço público e, portanto, será imprescindível estabelecer um prazo determinado para o contrato.

[155] "Todo contrato de concessão, por princípio, deve nascer com um prazo determinado (ou ao menos determinável) para sua extinção. Aliás, por expressa disposição legal, não se admitem contratos de concessão sem prazo ou por prazo indeterminado, eis que a definição do prazo é considerada uma cláusula essencial do instrumento, nos termos do art. 23, I da Lei n. 8.987/95" (PRADO, Lucas Navarro; PINHEIRO, Luís Felipe Valerim. O tempo nas concessões de infraestrutura: prazo de vigência de sua prorrogação. In: MARCATO, Fernando S.; PINTO JR., Mario Engler (Coord.). *Direito da Infraestrutura*. São Paulo: Saraiva, 2017. v. 1. p. 412).

[156] CONGRESSO NACIONAL. Câmara dos Deputados. *Substitutivo do relator ao Projeto de Lei nº 2.892, de 2011*. Institui a Lei Geral de Concessões. Disponível em: https://www.camara.leg.br/proposicoesWeb/rop_mostrarintegra?codteor=1834942&filename=Parecer-PL706317-19-11-2019. Acesso em: 25 nov. 2019.

nacional, caso seja aprovado, a possibilidade de celebração de contratos de concessão com prazo determinável, exatamente nos casos em que o critério de julgamento da licitação for o menor valor de receita a ser auferida pela concessionária.

1.3.3 Competência do Poder Executivo para fixar o prazo

No que diz respeito ao aspecto temporal, a única exigência constitucionalmente estabelecida, como se viu, é a de que os contratos de concessão de serviço público sejam firmados a termo, ou seja, tenham um prazo determinado ou determinável, tendo sido uma opção do legislador ordinário restringir essa escolha, obrigando que o prazo contratual seja sempre determinado. Resta perquirir, então, a quem é atribuída a competência para estabelecer esses prazos e, antes disso, para indicar os parâmetros e limites a serem observados em sua fixação.

Discussão ainda mais complexa diz respeito à prorrogação dos contratos. Tendo sido expressamente reconhecida pela própria Constituição essa possibilidade, insta examinar, por exemplo, se podem ou não ocorrer prorrogações sucessivas e ilimitadas ou se, ao contrário, é imperiosa a imposição de limites também para as prorrogações; qual a autoridade com competência para impor tais limites e para decidir quanto a cada caso concreto de prorrogação; devendo-se determinar, ainda, se se trata de decisão discricionária ou ato vinculado. Por se tratar de questionamento bastante complexo, repleto de nuances e especificidades, o tema será tratado neste momento apenas de modo genérico, dedicando-se um capítulo próprio à frente para tratar especificamente da competência para autorizar a prorrogação e fixar a sua duração, em cada caso.

Neste momento, iremos nos concentrar em examinar como são distribuídas as competências legislativa e administrativa nessa matéria, qual o espaço de discricionariedade legislativa para dispor a respeito dos prazos dos contratos de concessão e qual o papel a ser desempenhado pelo Poder Executivo, na análise do mérito administrativo. A esse respeito é preciso recordar que, assim como o conceito de soberania foi essencial para a afirmação dos Estados Modernos, rompendo com o esquema de poder feudal, o conceito de divisão de poderes foi essencial para a consolidação do Estado constitucional de direito.[157] Ganhou força

---

[157] "O Estado Constitucional se distingue do Estado absolutista, em primeira linha, pela divisão de poderes" (KRIELE, Martin. *Introdução à teoria do Estado*: os fundamentos

a ideia de que, apesar de uno e indivisível, o poder do Estado não deve ser concentrado em uma única pessoa. Deve ser exercido em parcelas de competência atribuídas a entidades diversas, que passarão a exercer um controle mútuo, umas sobre os atos praticados pelas outras.

Essa dependência e vigilância recíproca é que se constitui na principal garantia contra o arbítrio. Confia-se em que o exercício do poder, assim repartido em diversas áreas de competência, impõe a busca por uma harmonia que suaviza o seu peso sobre o cidadão. A Constituição é então introduzida nos ordenamentos jurídicos, como um documento político, incumbido de criar um desenho institucional apto a harmonizar o exercício das diversas competências pelos entes que delas se encarregarão:[158] uma norma superior, conformadora de todas as demais.

Ganha relevância, também, o papel desempenhado pelo parlamento, já que as leis por ele aprovadas passam a ser consideradas, juntamente com a Constituição, como a única fonte de legitimidade para qualquer ação estatal.[159] Suas atividades, assim como aquelas exercidas pelos tribunais, também passam a ser reconhecidas como típicas de poderes independentes do Poder Executivo, atribuindo-se garantias e prerrogativas aos seus membros. Consolidou-se, assim, a teoria iluminista de tripartição dos poderes, divididos entre o Legislativo, o Executivo e o Judiciário.[160]

O governante, nas democracias modernas, é apenas o chefe do Poder Executivo, que deve agir nos termos e limites da lei.

---

históricos da legitimidade do Estado constitucional democrático. Porto Alegre: Sergio Antonio Fabris, 2009. p. 169).

[158] "O poder é monopolizado no Estado, mas a sua divisão horizontal impõe custos inafastáveis de negociação e, por isso, existe a necessidade de cooperação permanente entre as esferas para a condução do governo. Nessa perspectiva, a Constituição não se resume a um simples projeto de arquitetura que distribui formalmente competências, fixa as funções de cada instituição e as conforma por meio de regras. Como reflexo dessa almejada unidade entre os fins estatais, ela se torna o principal referencial normativo para a manutenção da coerência do sistema jurídico nas tentativas de harmonizar conflitos interinstitucionais ao definir os objetivos gerais a que todos os poderes se submetem e determinar parcialmente as melhores estratégias para cada poder se relacionar com os outros" (ARGUELES, Diego Werneck; LEAL, Fernando. O argumento das "capacidades institucionais" entre a banalidade, a redundância e o absurdo. *Direito, Estado e Sociedade*, Rio de Janeiro, n. 38, jan./jun. 2011. p. 18-19).

[159] "Tratava-se de vincular o detentor do Executivo (antes o rei ou príncipe) a um Direito Constitucional ou a leis que ele não pudesse, sozinho, criar, anular, modificar ou violar, que, ao contrário, estivessem à disposição de um poder (legislativo) independente dele" (KRIELE, Martin. *Introdução à teoria do Estado*: os fundamentos históricos da legitimidade do Estado constitucional democrático. Porto Alegre: Sergio Antonio Fabris, 2009. p. 169).

[160] KRIELE, Martin. *Introdução à teoria do Estado*: os fundamentos históricos da legitimidade do Estado constitucional democrático. Porto Alegre: Sergio Antonio Fabris, 2009. p. 170.

Ao Parlamento incumbe o exercício do Poder Legislativo, com a prerrogativa de editar normas gerais e abstratas que disciplinam não só a vida em sociedade, como o próprio exercício dos poderes estatais. Ao Poder Judiciário, composto por juízes e tribunais, incumbe dirimir os conflitos entre particulares, de acordo com os ditames genéricos e abstratos das leis pretéritas, não mais existindo, para esse fim, nenhuma participação relevante por parte de quem exerce o governo. A partir da decisão tomada pela Suprema Corte norte-americana no caso *Marbury v. Madison (5 U.S. 137)*, em 1803, o Poder Judiciário passou paulatinamente a se afirmar também como verdadeiro controlador das decisões tomadas nas esferas legislativa e administrativa, com o poder, inclusive, de afastar a sua aplicação quando reputadas irregulares.

Como se vê, a figura do governante transitou daquele que exercia o poder de império, que impunha a sua vontade sem nenhuma limitação, incorporando a imagem do príncipe, tão bem retratado por Maquiavel, para a de chefe do Poder Executivo, ou seja, um dos braços do poder do Estado, restrito a uma atuação nos termos da lei e sob o controle dos poderes Legislativo e Judiciário. Antonio Joaquim Ribas assim retratou o sistema decisório do antigo regime,[161] em obra inaugural do direito administrativo brasileiro, publicada em 1866, em momento bem mais próximo dessas transformações históricas:

> Na antiga monarquia a autoridade régia, reunindo os poderes legislativo e executivo, desenvolvia-se nas cartas de lei, cartas patentes, alvarás, provisões reais, alvarás em forma de lei, regimentos, estatutos, pragmáticas, forais, concordatas, cartas régias, decretos, resoluções de consulta, provisões, avisos, portarias [...].
> No antigo regime todo o poder político, ou o poder absoluto, residia no monarca, que era a lei animada na terra. *Quod principi placuit habet vigorem*. As fórmulas administrativas não tinham a mesma importância que têm hoje; pois o que importava saber era qual a vontade do rei. Em todo caso, este permanecia sempre superior às leis. *Princeps legibus solutus est*.

Constata-se, então, que o espaço que restou para o exercício do poder político por parte da Administração Pública foi exatamente o mérito administrativo. Só faz sentido considerar que a função administrativa é reservada essencialmente ao Poder Executivo em razão

---

[161] RIBAS, Antonio Joaquim. *Direito administrativo brasileiro*, 1866, edição do Ministério da Justiça, 1968, p. 133-137 *apud* MEDAUAR, Odete. Ato Administrativo: origem, concepções, abrangência. In: MEDAUAR, Odete; SCHIRATO, Vitor (Org.). *Os caminhos do ato administrativo*. São Paulo: RT, 2011. p. 15-16.

da existência do espaço para as decisões de mérito. Apenas quando o governante age discricionariamente é que se pode reconhecer efetivamente um ato de vontade política, uma decisão tomada no âmbito da Administração Pública. O poder exercido pelo Executivo se manifesta em suas avaliações de mérito.

Como se sabe, a abordagem mais moderna sobre as autorizações administrativas, quando se apresentam como manifestação do poder de polícia na modalidade de consentimento, não insiste mais, como se fazia no passado, em uma divisão estanque dos atos administrativos, entre vinculados e discricionários. Compreende-se atualmente, a necessidade de se identificar, em cada caso, qual a densidade normativa incidente.[162] Assim, deve-se reconhecer que, mesmo naquelas decisões com maior grau de vinculação, sempre haverá algum espaço para a tomada de decisão.[163] O jardineiro dos jardins públicos, por exemplo, certamente não tem autonomia para extrair uma árvore sadia, mas pode eventualmente decidir qual o tipo de adubo que usará em cada ocasião, se houver mais de um à sua disposição. No entanto, é naqueles casos em que o grau de discricionariedade é mais elevado, que o governante age politicamente, define prioridades, pondera interesses e, de fato,

---

[162] Gustavo Binenbojm, ao descrever o giro democrático-constitucional do poder de polícia, demonstra muito bem essa verdadeira transformação pela qual tem passado esse instituto clássico do direito administrativo. Vide: BINENBOJM, Gustavo. *Poder de polícia, ordenação, regulação*: transformações político-jurídicas, econômicas e institucionais do direito administrativo ordenador. Belo Horizonte: Fórum, 2016. p. 81-115.

[163] "Entretanto, vale frisar, já nesse ponto, que a vinculação dos agentes administrativos aos termos empregados pela lei apresenta uma variação meramente gradual. Por isso, o ato administrativo 'vinculado' não possui uma natureza diferente ao ato 'discricionário', sendo a diferença no grau de liberdade de decisão concedida pelo legislador quantitativa, mas não qualitativa. A decisão administrativa oscila entre os polos da plena vinculação e da plena discricionariedade. Esses extremos, no entanto, quase não existem na prática; a intensidade vinculatória depende da densidade mandamental dos diferentes tipos de termos linguísticos utilizados pela respectiva lei. A qualificação de um ato administrativo como 'plenamente vinculado' – ainda comum na doutrina e jurisprudência do Brasil – parece remontar aos equívocos da Escola da Exegese, que pregava que normas legais 'serviriam de prontuários repletos e não lacunosos para dar solução aos casos concretos, cabendo ao aplicador um papel subalterno de automaticamente aplicar os comandos prévios e exteriores de sua vontade'. Ao mesmo tempo, a ideia de 'conceitos tecnicamente precisos' constitui um legado da Jurisprudência de Conceitos (Begriffs-jurisprudenz), que acreditava na definição da 'única solução correta do caso específico'. Está com razão Celso Antônio Bandeira de Mello quando critica que 'simplificada linguagem vertida na fórmula 'ato discricionário' e 'ato vinculado' tem levado a 'inúmeras e desnecessárias confusões' e despertado a enganosa sugestão de que existe uma radical antítese entre atos de uma ou de outra destas supostas categorias antagônicas" (KRELL, Andreas J. Discricionariedade administrativa, conceitos jurídicos indeterminados e controle judicial. *Revista ESMAFE – Escola de Magistratura Federal da 5ª Região*, v. 8, 2004. Disponível em: https://www.trf5.jus.br/downloads/rev08.pdf. Acesso em: 22 dez. 2019. p. 184-185).

exerce parcela do poder estatal que lhe incumbe. A dimensão possível deste espaço de discricionariedade deixado ao administrador público tem sido objeto de muita discussão e polêmica.

Deve-se reconhecer, por óbvio, que o mérito administrativo é exercido nos limites estipulados pelo legislador. A discricionariedade deve, então, ser compreendida como a possibilidade de valoração ou apreciação, por parte do órgão administrativo competente, de circunstâncias, fatos ou conhecimentos, de modo a escolher a atitude (inclusive a inação) da Administração Pública, que seja mais condizente com o interesse público, segundo a sua própria concepção técnica ou política, nos termos e limites impostos pela lei. Por outro lado, é preciso também ter em mente que a atuação nos casos concretos é, em geral, deixada para a Administração Pública, tendo em vista a sua proximidade dos fatos e a sua maior capacidade de obter informações referentes a casos específicos e promover as soluções casuísticas mais adequadas.

Seabra Fagundes, em sua obra seminal sobre o controle dos atos administrativos pelo Poder Judiciário, ofereceu um dos primeiros estudos sistematizados sobre o regime jurídico da ação administrativa e, logo na abertura de sua obra, trata das funções do Estado, fazendo as seguintes considerações:[164]

> O Poder Constituinte, manifestação mais alta da vontade coletiva, cria o Estado (ou o reconstrói), através da Constituição, lei básica em que lhe determina a estrutura geral, institui a autoridade, delimitando a organização dos poderes públicos, e define os direitos fundamentais do indivíduo. A Constituição é assim, a expressão primária e fundamental da vontade coletiva organizando-se juridicamente no Estado, que com ela principia a existir e segundo ela demanda os seus fins.

É a Constituição, portanto, que, ao determinar a estrutura institucional do Estado e a sua organização, distribui os poderes a diversos entes, de modo que a condução dos assuntos de Estado dependa da atuação concertada e harmoniosa de diversas autoridades, impedindo assim o exercício arbitrário dos poderes. Ganha enorme força a função legislativa que, como assevera Seabra Fagundes, está ligada "aos fenômenos de formação do direito, enquanto as outras duas, administrativa e jurisdicional, se prendem à fase de sua realização".[165] Incumbe,

---

[164] FAGUNDES, Miguel Seabra. *O contrôle dos atos administrativos pelo poder judiciário*. 3. ed. Rio de Janeiro: Revista Forense, 1957. p. 15.
[165] FAGUNDES, Miguel Seabra. *O contrôle dos atos administrativos pelo poder judiciário*. 3. ed. Rio de Janeiro: Revista Forense, 1957. p. 17.

portanto, ao Poder Legislativo a produção de normas subordinadas à Constituição, de caráter geral e abstrato e de observância obrigatória em todo o território estatal e por todos.

Assim, as funções de execução a que se refere Seabra Fagundes: a função administrativa e a função jurisdicional,[166] devem ser exercidas nos limites da lei e da Constituição, segundo os seus parâmetros. A busca do bem comum, associada com a função administrativa, passa a consistir na tarefa de acomodar as determinações legais abstratas às situações individuais verificadas, ou seja, de concretizar a vontade expressa na lei.[167] A expressão da vontade estatal passa, então, por diversas etapas para se revelar. Cabe à Constituição a criação das instituições superiores da estrutura do Estado e a distribuição inicial de poderes para que, no momento seguinte, a lei estabeleça as demais instituições orgânicas estatais, dispondo sobre suas competências e os parâmetros para a sua atuação. Cada um desses órgãos ou entes administrativos poderá dispor de variados graus de autonomia para agir e, nesse sentido, cada um deles poderá estar habilitado a expressar, em alguma medida, a vontade estatal. Essa prerrogativa é chamada de discricionariedade.

A discricionariedade está presente nas decisões mais prosaicas. Por exemplo, não se conhecem normas legais que disciplinem a montagem do menu a ser servido em jantares diplomáticos. Nesses casos, portanto – admitindo-se que a competência atribuída pela Constituição e pela lei à Administração Pública, para que trate das relações com outros Estados soberanos, inclui a permissão implícita para o oferecimento de jantares a autoridades estrangeiras –, há que se reconhecer amplo espectro discricionário ao agente que seja incumbido da tarefa. Poderá, então, selecionar livremente os ingredientes a serem preparados, as bebidas a serem servidas e demais aspectos inerentes a um jantar deste tipo.

Pode ocorrer, todavia, que venha a ser aprovada uma lei proibindo a Administração Pública de adquirir bebidas alcoólicas.

---

[166] "Enquanto o conceito da função legislativa decorre facilmente do contraste entre os fenômenos de formação do direito e os de realização, o mesmo não sucede com o das funções administrativa e jurisdicional. Constitui um delicado problema doutrinário fixar para cada uma destas o conceito específico, pois que ambas, se prendendo à fase de realização do direito, identificam-se como funções de execução. Assim, faz-se necessário estabelecer o feitio peculiar da interferência de cada uma delas nos fenômenos executivos, distinguindo-as entre si como espécies do gênero funções de execução" (FAGUNDES, Miguel Seabra. *O contrôle dos atos administrativos pelo poder judiciário*. 3. ed. Rio de Janeiro: Revista Forense, 1957. p. 19-20).

[167] FAGUNDES, Miguel Seabra. *O contrôle dos atos administrativos pelo poder judiciário*. 3. ed. Rio de Janeiro: Revista Forense, 1957. p. 20.

Se isso ocorrer e não houver nenhuma exceção legal aplicável aos jantares diplomáticos, o agente incumbido dos preparativos estará impedido de servir bebidas alcoólicas, ou, ao menos, de adquiri-las. Neste caso, sua discricionariedade terá sido limitada e esse limite deverá ser respeitado.

Pode-se imaginar, ainda, que lei venha a determinar que nesses casos sejam sempre servidas carnes de boi e peixe. A lei nesse caso não impede que seja servida carne de frango ou salada, mas imporá que o cardápio tenha sempre a opção daquelas carnes específicas. Ainda haverá, portanto, espaço para a discricionariedade administrativa. Não só quanto à decisão de acrescentar outros ingredientes ao menu, mas também em relação às proporções a serem servidas. Deverá haver a mesma quantidade de carne de boi e peixe? Nesse caso, se mais pessoas optarem por carne de boi, poderá faltar carne para todos. Contudo, caso se opte por servir maior quantidade de carne de boi, poderá faltar peixe. A opção de preparar uma quantidade de carne de boi e peixe suficiente para servir a todos com cada uma das opções, certamente, levará a um grande desperdício de comida e, consequentemente, nesse caso, de dinheiro público, pois acarretará grande sobra de alimentos ao final do jantar. Caberá ao gestor público encontrar o equilíbrio, de modo a tomar a decisão mais adequada ao objetivo de assegurar que todos tenham acesso à sua opção de preferência, sem gerar desperdícios indesejados e desnecessários. Esse tipo de tarefa não cabe ao Legislativo, que não tem como prever quantos convidados haverá em cada jantar, nem qual a preferência média a ser esperada em cada situação.

Assim, ainda que o legislador tenha optado por impor critérios e parâmetros para a elaboração do cardápio de jantares diplomáticos, ainda restará espaço para as decisões de gestão a serem tomadas pela Administração Pública. Afinal, é esse o seu principal papel: administrar os recursos públicos, de acordo com as necessidades e finalidades almejadas. As determinações legais deverão ser seguidas, mas caberá ao gestor público tomar decisões, baseando-se em sua experiência, nas informações disponíveis e em dados fáticos, que lhe pareçam os mais pertinentes. No caso do jantar, deverá, em cada caso, de acordo com os conhecimentos disponíveis sobre os convidados, estimar se haverá maior predileção pela carne de boi ou de peixe e assim decidir a quantidade mais adequada a ser adquirida de cada ingrediente, qual a melhor forma de preparo e se deve ou não ser incluída outra opção, como um prato vegetariano, por exemplo.

O exame de situações prosaicas, como essa, bem ilustra a extensão da discricionariedade em decisões administrativas. No que diz respeito aos serviços públicos, o art. 175 da Constituição determina que cabe ao poder público, na forma da lei, a prestação dos serviços públicos, indicando em seu parágrafo único qual deve ser a abrangência da lei na disciplina dessa matéria. Caberá à lei, portanto, dispor sobre o regime das empresas concessionárias e permissionárias de serviços públicos; o caráter especial de seu contrato e de sua prorrogação; as condições de caducidade, fiscalização e rescisão da concessão ou permissão; os direitos dos usuários; a política tarifária e a obrigação de manter serviço adequado.

Pode-se afirmar, deste modo, que *não cabe à lei, mas sim à Administração Pública, definir a modelagem dos contratos de concessão de serviço público*, inclusive no que diz respeito à fixação das variáveis que comporão a sua equação econômico-financeira em cada caso, entre as quais se inclui a *definição do prazo*.[168] Até mesmo porque seria impossível ao Poder

---

[168] Nesse mesmo sentido, as observações de Marcos Juruena: "Há entendimento de que a lei não pode fixar o prazo dos contratos, por representar invasão em competência administrativa. É certo que ao administrador cabe dimensionar o prazo contratual, com vistas à conciliação entre o retorno do investimento e a modicidade das tarifas" (SOUTO, Marcos Juruena Villela. *Direito administrativo das concessões*: concessões, terceirizações, convênios, consórcios e acordos – Outras formas de gestão associada. 5. ed. Rio de Janeiro: Lumen Juris, 2004. p. 46). Também Flávio Amaral Garcia adota esse posicionamento: "Certo é que a fixação de prazos é matéria tipicamente contratual, e não legal. Admitir que o legislador estipule estrita e objetivamente o prazo de determinado contrato implica violação ao princípio da separação dos Poderes, e isso interfere indevidamente na gestão privativa do Poder Executivo na administração material dos interesses públicos" (GARCIA, Flávio Amaral. *Concessões, parcerias e regulação*. São Paulo: Malheiros, 2019. p. 222). Rafael Oliveira e Rafael Véras corroboram esse entendimento: "Ocorre que a fixação do prazo das concessões não é matéria de lei; ao ato normativo caberá, tão somente, fixar os prazos máximos e mínimos (v.g. art. 57 da Lei nº 8.666/1993 e art. 5º, I da Lei nº 8.987/1995) desses contratos de longo prazo. Essa competência é privativa do Poder Concedente que, ao examinar o empreendimento que será delegado à iniciativa privada, estipulará um prazo que integre a equação econômico-financeira do contrato de concessão, suficiente para que o concessionário obtenha o retorno econômico projetado quando da apresentação de sua proposta na licitação" (OLIVEIRA, Rafael Carvalho Rezende; FREITAS, Rafael Véras de. A prorrogação dos contratos de concessão de aeroportos. *Interesse Público – IP*, Belo Horizonte, ano 17, n. 93, p. 145-162, set./out. 2015. p. 152-153). Também Bernardo Strobel Guimarães assevera que "compete ao Poder Concedente (i.e., à Administração) definir o prazo do contrato no ato justificador, sendo que esse elemento se corporifica no Edital e no Contrato" (GUIMARÃES, Bernardo Strobel. O prazo nas concessões e as normas que estipulam vigência máxima do vínculo: algumas inquietações. *In*: MOREIRA, Egon Bockmann (Coord.). *Contratos administrativos, equilíbrio econômico-financeiro e a taxa interna de retorno*. Belo Horizonte: Fórum, 2016. p. 50). Para Rafael Oliveira, "a fixação exata do prazo das concessões não é matéria de lei. Ao ato normativo caberá, tão somente, fixar os prazos máximos e mínimos desses contratos de longo prazo. Essa competência é privativa do poder concedente que, ao examinar o empreendimento que será delegado à iniciativa privada, estipulará um prazo que integre a equação econômico-financeira do contrato de concessão" (OLIVEIRA, Rafael Carvalho Rezende. Extinção dos contratos de parcerias público-privadas (PPPs). *Revista Brasileira de Direito Público – RBDP*, Belo Horizonte, ano 17, n. 66, p. 87-111, jul./set. 2019).

Legislativo se debruçar sobre as circunstâncias específicas de cada caso concreto, de modo a estipular o prazo mais adequado para a concessão ou quaisquer outras condições que possam interferir na economia do contrato. Nesse sentido, o art. 18, I da Lei nº 8.987/95 deixa claro que o prazo da concessão deve ser estabelecido no edital da licitação, que é um ato administrativo.

Não há dúvida, no entanto, de que o desempenho dessa função de Poder Concedente por parte da Administração Pública, embora revestido de discricionariedade, obrigatoriamente terá que atender aos parâmetros legais que venham a ser estabelecidos e obedecer aos limites que lhe sejam impostos, inclusive no que diz respeito à duração dos contratos.[169] A esse respeito, apesar de a lei geral das concessões de serviço público (Lei nº 8.987/95) não estabelecer limites para a fixação dos prazos contratuais, há várias leis específicas ou setoriais que o fazem. Pode-se referir a esse respeito à lei de parcerias público-privadas (Lei nº 11.079/2014) que, em seu art. 5º, I, fixou o limite mínimo de 5 (cinco) anos e o máximo de 35 (trinta e cinco)[170] para os contratos de concessão patrocinada e administrativa, incluindo as eventuais prorrogações. No setor elétrico, a Lei nº 9.074/95 limitou o prazo a ser estabelecido nos contratos de concessão, em seu art. 4º, estabelecendo também parâmetros e limitações temporais para as prorrogações, inclusive nos seus arts. 19 a 25. Mais recentemente, a Lei nº 12.783/2013, que tratou da prorrogação de concessões no setor elétrico, introduziu novas normas,

---

[169] "O que remanesce para o campo da lei é a possibilidade de prever prazos máximos e mínimos para determinados tipos contratuais (como expressamente previsto no art. 5º, I, da Lei nº 11.079/2004), limitando a discricionariedade do gestor à luz da realidade de cada segmento econômico" (GARCIA, Flávio Amaral. *Concessões, parcerias e regulação*. São Paulo: Malheiros, 2019. p. 223). No mesmo sentido: "Ocorre que a fixação do prazo das concessões não é matéria de lei; ao ato normativo caberá, tão somente, fixar os prazos máximos e mínimos (*v.g.*, art. 57 da Lei nº 8.666/1993 e art. 5º, I, da Lei nº 8.987/1995) desses contratos de longo prazo. Essa competência é privativa do Poder Concedente que, ao examinar o empreendimento que será delegado à iniciativa privada, estipulará um prazo que integre a equação econômico-financeira do contrato de concessão, suficiente para que o concessionário obtenha o retorno econômico projetado quando da apresentação de sua proposta na licitação" (OLIVEIRA, Rafael Carvalho Rezende; FREITAS, Rafael Véras de. A prorrogação dos contratos de concessão de aeroportos. *Interesse Público – IP*, Belo Horizonte, ano 17, n. 93, p. 145-162, set./out. 2015. p. 152-153).

[170] No projeto de lei para instituição de uma nova lei geral das concessões, passa-se a prever apenas o prazo mínimo de 5 (cinco) anos, no caso das concessões administrativas; excluindo-se a limitação de um prazo máximo, segundo a dicção do art. 5º, §1º. Não há, no projeto, prazo máximo nem mínimo estabelecido para as concessões comuns e as patrocinadas (CONGRESSO NACIONAL. Câmara dos Deputados. Substitutivo do relator ao Projeto de Lei nº 2.892, de 2011. Institui a Lei Geral de Concessões. Disponível em: https://www.camara.leg.br/proposicoesWeb/prop_mostrarintegra?codteor=1834942&file name=Parecer-PL706317-19-11-2019. Acesso em: 25 nov. 2019).

que serão examinadas em mais detalhe em capítulo próprio, à frente, dedicado às prorrogações. Também a Lei nº 9.472/97, ao tratar do setor de telecomunicações, fixou, em seu art. 99, o prazo máximo de 20 (vinte) anos para a concessão do serviço público de telefonia fixa comutada, além de também estabelecer regras e limites para as prorrogações. No setor portuário, o Decreto nº 9.048/2017 estabeleceu em 70 (setenta) anos o prazo máximo de duração dos contratos de concessão, considerando as possíveis prorrogações.

Em geral, portanto, as leis estipulam parâmetros e limites a serem observados, reservando ao Poder Concedente o poder de tratar da modelagem a ser adotada em cada caso específico.[171] Bernardo Strobel Guimarães[172] defende que, em razão do disposto no art. 22, XXVII da Constituição, que atribui competência à União para legislar sobre normas gerais em matéria de licitações e contratos, essa competência limitadora caberia apenas ao Poder Legislativo federal, sendo inconstitucionais leis estaduais ou municipais que pretendam limitar o exercício do que considera "competência privativa do Executivo":

> Leis que pretendem definir prazos máximos de vigência em nível diverso da legislação nacional, na verdade, implicam que o Legislativo dessas pessoas políticas restrinja o exercício de competência privativa do Executivo, assegurada em Lei que é vinculante para todos os entes federativos no que tange a normas gerais (cf. art. 22, XXVII c.c. art. 175 da CF/88).

Segundo sustenta, os casos em que a legislação federal não trata do assunto devem ser considerados como de silêncio eloquente, significando que o legislador reservou exclusivamente à Administração

---

[171] "Nada impede que o legislador fixe um prazo máximo, desde que razoável, após o qual, se não for admitida a prorrogação, é obrigatória a licitação" (SOUTO, Marcos Juruena Villela. *Direito administrativo das concessões*: concessões, terceirizações, convênios, consórcios e acordos – Outras formas de gestão associada. 5. ed. Rio de Janeiro: Lumen Juris, 2004. p. 46). Em igual sentido, *vide* GUIMARÃES, Bernardo Strobel. O prazo nas concessões e as normas que estipulam vigência máxima do vínculo: algumas inquietações. *In*: MOREIRA, Egon Bockmann (Coord.). *Contratos administrativos, equilíbrio econômico-financeiro e a taxa interna de retorno*. Belo Horizonte: Fórum, 2016. p. 51.

[172] GUIMARÃES, Bernardo Strobel. O prazo nas concessões e as normas que estipulam vigência máxima do vínculo: algumas inquietações. *In*: MOREIRA, Egon Bockmann (Coord.). *Contratos administrativos, equilíbrio econômico-financeiro e a taxa interna de retorno*. Belo Horizonte: Fórum, 2016. p. 51. No mesmo sentido: SCHWIND, Rafael Wallbach. Prazo de vigência e prorrogação dos contratos de parcerias público-privadas. *In*: SADDY, André; MORAES, Salus. *Tratado de parcerias público-privadas*: teoria e prática. Rio de Janeiro: CEEJ, 2019. v. 5. p. 47.

a tomada de tal decisão. Não nos parece que assista razão ao autor. Como se viu, o legislador federal ordinário optou por não estabelecer prazos mínimos ou máximos genericamente aplicáveis a todo tipo de contrato de concessão de serviço público. Isso não o impediu, todavia, de estabelecer em leis específicas, limites e parâmetros aplicáveis a setores e casos determinados. Obviamente, no entanto, o fez apenas em relação a serviços públicos de competência da União. Não teria cabimento que lei federal estabelecesse prazos especificamente aplicáveis apenas a serviços de competência de estados ou municípios.[173] Tendo em vista a autonomia política, administrativa e financeira desses entes políticos, assegurada pelo art. 18 da Constituição de 1988, e não havendo qualquer limitação na lei geral, caberá a eles estabelecer, em leis especiais, os prazos ou parâmetros que porventura entendam aplicáveis a serviços públicos determinados que estejam sob a sua responsabilidade.[174] No

---

[173] Tratando da fixação, pelo art. 42 da Lei nº 8.987/95, de um prazo máximo para as prorrogações provisórias de contratos de licitação firmados, antes da Constituição de 1988, sem licitação, Carlos Roberto Siqueira Castro enfrenta essa questão da abrangência do campo deixado à norma geral, nos termos do art. 22, XXVII da Constituição: "Da leitura do dispositivo constitucional acima transcrito [art. 18 da Constituição] verifica-se que os Municípios dispõem de um direito público subjetivo de organizar o seu governo e prover a sua Administração, nos limites da Constituição, sendo a autonomia uma prerrogativa intangível dos Municípios, capaz de autorizar, inclusive, a intervenção federal (a teor do artigo 34, VII, c, da Constituição Federal). Diante disso, se no âmbito federal entendeu-se, por intermédio da Lei nº 8.987/95, que o prazo mínimo de vigência dos contratos de concessão celebrados anteriormente à Constituição de 1988 seria de 24 (vinte e quatro) meses [...] é porque se verificou que aquele prazo mínimo atendia às necessidades da União Federal, o que não quer dizer tal prazo seja adequado à realidade de todos os Municípios que integram a federação" (CASTRO, Carlos Roberto Siqueira. *Direito constitucional e regulatório*: ensaios e pareceres. Rio de Janeiro: Renovar, 2011. p. 547-548).

[174] Nesse sentido as lições de Celso Antônio Bandeira de Mello: "À falta de disposição legal, a matéria restou entregue à discrição do Legislativo dos diversos poderes concedentes, os quais, em norma específica ou ao concederem autorização para os respectivos Executivos outorgarem concessão de tal ou tais serviços, fixarão o prazo máximo ou específico que reputem adequado" (BANDEIRA DE MELLO, Celso Antônio. *Curso de direito administrativo*. 36. ed. Belo Horizonte: Fórum, 2023. p. 661). Mesma opinião é esposada por Marcos Juruena: "O prazo máximo pode vir fixado genericamente, nas leis estaduais e municipais de concessões (já que a norma geral não o fez) ou na legislação específica para cada serviço" (SOUTO, Marcos Juruena Villela. *Direito administrativo das concessões*: concessões, terceirizações, convênios, consórcios e acordos – Outras formas de gestão associada. 5. ed. Rio de Janeiro: Lumen Juris, 2004. p. 46). Diogo de Figueiredo Moreira Neto explicita que "a competência da União se limita a legislar sobre normas gerais e, não exclui a competência suplementar das unidades menores (art. 24, §§1º e 2º), que mantém seu espaço normativo próprio e inviolável sobretudo o que lhe seja específico ou peculiar, respeitando-se, portanto, nesse espaço, reservado à edição de normas específicas, a inteireza do princípio federativo. [...] o alcance e limite da norma geral prevista no art. 22, XXVII, CF, há de se prender, necessariamente, à natureza da competência específica genética nela tratada, ou seja, a competência administrativa originalmente adstrita a cada unidade política para prestar os serviços públicos a seu cargo" (MOREIRA NETO, Diogo de Figueiredo. Das normas de transição nas concessões de serviços públicos de transporte coletivos urbanos (um estudo de caso). *Revista de Direito da Associação dos Procuradores do Novo Estado do Rio de Janeiro*, Rio de Janeiro, v. IX, 2002. p. 112).

que diz respeito à duração dos contratos de concessão, a Lei nº 8.987/95 determina, nos incs. I e XII do seu art. 23, que são cláusulas consideradas essenciais do contrato – cujo teor será definido pelo Poder Concedente, em cada um dos níveis federativos – as relativas ao seu prazo e às suas condições de prorrogação.

Há hipóteses, no entanto, em que o legislador extrapola o seu papel de instituir normas genéricas e abstratas e pretende adotar decisões a serem implementadas em casos concretos específicos. Como se demonstrará em seguida, com mais detalhes, não é incomum a aprovação de leis que determinam a prorrogação de contratos de concessão cujos prazos estão em via de se encerrar. Isso tem acontecido, inclusive, no que se refere a contratos que sequer foram licitados na origem. A questão será enfrentada no Capítulo 2, item 2.1.3, a seguir, quando for examinada essa circunstância: considerar como um dos requisitos para a prorrogação do contrato o fato de ter sido originalmente licitado. Dedicar-se-á também um tópico próprio no Capítulo 2 (item 2.1.2) para o exame da competência para o ato de anuir, em nome do Poder Concedente, com a prorrogação contratual, quando se sustentará a impossibilidade de fazê-lo por meio de lei, já que decisões como essa sempre dependerão de um exame das circunstâncias de fato, a ser realizado pela Administração Pública, além de um juízo de conveniência e da adoção de providências que assegurem, em cada caso, a manutenção do equilíbrio econômico-financeiro do contrato.

Por fim, reconhecendo-se como atribuição da Administração Pública decidir, segundo os parâmetros e limites legais, quanto à modelagem da concessão, incluindo a fixação do seu prazo e eventuais prorrogações, evidentemente será necessário identificar a autoridade com competência para tomar tais decisões, que será a mesma competente, em cada caso, para autorizar a celebração do contrato. Ao julgar o REsp nº 735.698,[175] o Superior Tribunal de Justiça considerou irregular o consentimento informalmente conferido por um agente público subalterno para que fosse alongado o prazo de execução de um contrato administrativo. Afirmou aquele tribunal superior que as prorrogações devem cumprir um rito formal, inclusive com a celebração do necessário termo aditivo, sendo imprescindível a expressa autorização da autoridade competente, sendo nulas as manifestações que não atendam a esses requisitos.

---

[175] SUPERIOR TRIBUNAL DE JUSTIÇA. Segunda Turma, REsp 735.698/RJ, Rel. Ministra Eliana Calmon, julgado em 18.12.2007, *DJ* 13.02.2008, p. 150.

1.4 A fixação do prazo

1.4.1 O prazo como elemento essencial da equação econômico-financeira do contrato

Ao contrário do que se possa supor, a obrigatoriedade de que as concessões tenham sempre um prazo determinado, como já referido, não é algo inerente à sua natureza contratual. Na França, por exemplo, somente em 1993, com a aprovação da Lei nº 122/1993 –[176] conhecida como *Loi Sapin*, que promoveu diversas alterações no regime jurídico das delegações de serviço público –,[177] é que se estabeleceu, pela primeira vez, uma norma exigindo que os contratos de delegação tivessem prazo determinado.[178] Na verdade, foi essa a lei que introduziu, pela primeira vez na França, a exigência de um procedimento público de seleção

---

[176] FRANÇA. *Lei nº 93-122, de 29 de janeiro de 1993*. Relative à la prévention de la corruption et à la transparence de la vie économique et des procédures publiques. Disponível em: https://www.legifrance.gouv.fr/affichTexte.do?cidTexte=JORFTEXT000000711604. Acesso em: 1º abr. 2019.

[177] Originária do antigo sistema de cartas (*chartes*), que eram conferidas pelos reis para conferir determinados privilégios, as delegações de serviço público (de que as concessões são uma das espécies) alcançaram grande desenvolvimento a partir do século XIX e somente no final do século XX tiveram uma disciplina legal mais consolidada: "Hérité des compagnies à charte de l'époque mercantiliste, il s'est considérablement développé au XIXe siècle, avec le régime des concessions ferroviaires – déléguées aux compagnies privées – ou encore celui des concessions de services urbains d'eau, de gaz, d'éléctricité. Les contrats de délégation lient une collectivité publique et un entrepreneur privé" (STOFFAËS, Christian. *L'Europe de l'utilité publique*: des industries de service publics rénovées dans l'Europe libérale. Rapport au Ministre de l'économie. Paris: ASPE, 1995. p. 51).

[178] Essa norma, que foi materializada no art. 40 da *Loi Sapin* e posteriormente consolidada como art. 1411-2 do Código Geral das Coletividades Territoriais (*Code général des collectivités territoriales – CGCT*), encontra-se atualmente revogada pela Lei nº 2016-65, de 26.1.2016. Antes da *Loi Sapin* não havia nenhuma limitação ou parâmetro legalmente estabelecido para a fixação do prazo dos contratos de concessão. Durante certo tempo, vigoraram na França regulamentações ministeriais, que vinculavam as coletividades locais, nas quais se estabeleciam cadernos de encargos padronizados, com a indicação de prazos máximos para cada tipo de concessão. Com a supressão dessa regulação administrativa, por lei de 1982, até que a *Loi Sapin* viesse a ser outorgada, havia uma liberdade praticamente plena para a negociação dos prazos, como anota Hélène Hoepffner: "Jusqu'à l'apparition de la Loi Sapin, les délégations de service public se négociaient de gré à gré, laissant aux parties une large marge d'appréciation quant à la détermination de la durée de leur contrat. Certes, antérieurement à la loi nº 82-213 du 2 mars 1982, la fixation de la durée des délégations de service public des collectivités territoriales n'était pas entièrement libre, en raison de la soumission de ces collectivités à un régime de tutelle, articulé autour de cahiers des charges établis par les ministères, qui prévoyaient des durées maximales de contrat. Mais depuis la fin de ce régime, les délégations de service public étaient placées dans un régime de liberté quasi-totale, dans la limite cependant des normes communautaires encadrant la passation des concessions de travaux publics" (HOEPFFNER, Helène. *La modification du contract administratif*. Paris: LGDJ, 2009. p. 241).

(licitação) para a escolha do concessionário,[179] já que anteriormente se entendia cuidar-se de um contrato *intuitu personae*,[180] sendo livre a Administração Pública para decidir com quem contratar.[181]

Não por acaso, tal lei, conhecida como a primeira lei francesa de transparência e combate à corrupção,[182] introduziu a obrigatoriedade

---

[179] "En effet, les conventions de délégation de service public étaient traditionnellement conclues selon le principe de l'intuitu personae, c'est-à-dire sur la base d'une discussion entre la collectivité et l'entreprise choisie, qui permettait de ne pas les soumettre aux règles de publicité et de mise en concurrence prévues par le Code des marchés publics. [...] Mais la multiplication des contestations apportées au système, a conduit à l'édiction d'une réglementation nationale, dans le cadre de la loi du 29 janvier 1993, déjà modifiée à deux reprises, relative à la prévention de la corruption" (AUBY, Jean-François. *La délégation de service public*. Paris: PUF, 1995. p. 26-27).

[180] Ainda hoje, na França, após uma primeira fase objetiva de comparação das propostas, aquelas consideradas mais vantajosas passam a uma fase seguinte de livre negociação em que há um espaço considerável de discricionariedade da autoridade administrativa, que pode inclusive anuir com pequenas alterações no objeto contratual. Procura-se garantir a impessoalidade, atribuindo-se a decisão a órgãos colegiados. Normalmente há uma comissão de negociação, formada por técnicos, que sugere a escolha de determinado licitante para ser contratado, cabendo a decisão final a um comitê de deliberação (*commission de délégation*), constituído por membros eleitos da assembleia local (*Assemblée délibérante*). O procedimento é bem descrito em: BENCHENDIKH, François. *L'essentiel de la délégation de service public*. Issy-les-Moulineaux: Gualino, 2014. p. 64-68. A esse respeito, as considerações de Stéphane Braconnier: "Le négociation directe entre l'autorité délégante et son délégataire potentiel demeure, en dépit de la réforme opérée en 1993, au coeur du processus de conclusion des conventions de délégation de service public. Plus encore, le principe du libre choix du délégataire, dérivé du caractère *intuitu personae* de ces contrats, est expressément rappelé aux derniers alinéas des articles L. 1411-1 du Code général des collectivités territoriales et 38 de la loi du 29 janvier 1993. Il résulte toutefois de la réforme opérée en 1993 que la négociation et le choix du délégataire doivent être précédés d'une publicité préalable et d'une mise en concurrence destinée à assurer la transparence du processus de formation du contrat de délégation" (BRACONNIER, Stéphane. *Droit des services publics*. 2. ed. Paris: PUF, 2007. p. 515-516).

[181] A tradição de livre escolha dos concessionários na França é bem descrita por Xavier Bezançon: "Les contrats passés intuitu personnae furent historiquement ceux qui comportèrent une délégation de mission publique. [...] En général solicités par des personnes privées les rois établissent un cahier des charges des obligations respectives des parties dans l'acte valant contrat créateur de la mission en question, en justifiant longuement l'intérêt public du projet. La capacité techinique et financière du futur titulaire à réaliser de contrat l'emporte sur toute considération dans l'immense majorité des cas" (BEZANÇON, Xavier. *Essai sur les contrats de travaux et de services publics*: contribution à l'histoire administrative de la délégation de mission publique. Paris: LGDJ, 1999. p. 219).

[182] Mais recentemente foi publicada a Lei nº 1.691/2016, conhecida como *Loi Sapin 2*, que modificou substancialmente o regime de licitação para as compras governamentais na França de trouxe novas disposições para ampliar a transparência e os instrumentos de combate à corrupção. Segundo Guglielmi, "Jusqu'à l'intervention du législateur au début des années 1990, l'autorité délégante disposait par principe d'une grande liberté de choix qui poussait guerre le juge administratif à distinguer les étapes et les composantes du choix. Mais, depuis les lois des 6 février 1992 et 29 janvier 1993, la liberté de choix a rencontré ses premières limites dans les textes, mais aussi une analyse juridique plus fine du processus de passation" (GUGLIELMI, Gilles J. *et alli*. *Droit du service public*. 4. ed. Issy-les-Moulineaux: LGDJ, 2016. p. 768).

da licitação e incluiu a necessária fixação de prazos nos contratos de concessão, como forma de combate a práticas de favorecimento indevido, identificadas após a explosão de alguns escândalos de corrupção naquele país, envolvendo exatamente contratos de delegação de serviços públicos.[183] Somente em 2009, com o julgamento do caso *Commune d'Olivet*[184] pelo Conselho de Estado, houve a primeira manifestação jurisprudencial em que se reconheceu que as disposições da Lei Sapin são aplicáveis inclusive em relação aos contratos firmados anteriormente à sua entrada em vigor. Posteriormente, tanto o disposto no art. 34 da lei relativa aos contratos de concessão,[185] de 2016, como a lei de licitações (*Code de la comande publique*), de 2019, que a revogou, passaram a determinar que a duração do contrato de concessão deve ser fixada em função do montante dos investimentos e prestações demandadas do concessionário.[186]

No Brasil, como se viu acima, é a própria Constituição que estabelece o conceito de que os serviços públicos só podem ser delegados aos particulares por contratos de concessão ou permissão de serviço

---

[183] Segundo Guglielmi, "Cette disposition est inspirée par une volonté très nette de diminuer la durée des conventions, suspectée par les parlementaires de favoriser l'apparition de phénomènes de niche injustifiée ou de corruption" (GUGLIELMI, Gilles J. *et alli*. *Droit du service public*. 4. ed. Issy-les-Moulineaux: LGDJ, 2016. p. 801).

[184] FRANÇA. Conselho de Estado. *Caso Commune d'Olivet, nº 271737, julgado em 8 de abril de 2009 e publicado no recueil Lebon*. Dispositions législatives limitant la durée des délégations de service public (art. 40 de la loi du 29 janvier 1993 et art. 75 de la loi du 2 février 1995) - Application aux conventions conclues avant l'entrée en vigueur de ces dispositions législatives. Disponível em: https://www.legifrance.gouv.fr.

[185] "I. - Les contrats de concession sont limités dans leur durée. Cette durée est déterminée par l'autorité concédante en fonction de la nature et du montant des prestations ou des investissements demandés au concessionnaire, dans les conditions prévues par voie réglementaire" (FRANÇA. *Ordonnance (lei) nº 2016-65, de 29 de janeiro de 2016. Relative aux contrats de concession*).

[186] "article L3114-7 – La durée du contrat de concession est limitée. Elle est déterminée par l'autorité concédante en fonction de la nature et du montant des prestations ou des investissements demandés au concessionnaire, dans les conditions prévues par voie réglementaire" (FRANÇA. *Ordonnance (lei) nº 2018-1074, de 26 de novembro de 2018. Code de la comande publique*. Disponível em: https://www.legifrance.gouv.fr). Disposição similar consta no artigo 410º do Código dos contratos públicos de Portugal: "1 - O prazo de vigência do contrato é fixado em função do período de tempo necessário para amortização e remuneração, em normais condições de rendibilidade da exploração, do capital investido pelo concessionário" (PORTUGAL. *Decreto-Lei nº 18/2008, de 29 de janeiro de 2008. Código dos contratos públicos*. Disponível em: http://www.base.gov.pt), assim como no apartado 6 do art. 29 da Lei nº 9/2017 da Espanha: "6. Los contratos de concesión de obras y de concesión de servicios tendrán un plazo de duración limitado, el cual se calculará en función de las obras y de los servicios que constituyan su objeto y se hará constar en el pliego de cláusulas administrativas particulares" (ESPANHA. *Ley 9/2017, de 8 de novembro de 2017. Ley de Contratos del Sector Público*. Disponível em: https://www.boe.es).

público, os quais devem ter um prazo, certo e determinado, por força do quanto previsto em lei. Como se referiu, cabe à Administração Pública, à luz das circunstâncias dos casos concretos, fixar o prazo a ser observado em cada contratação.[187] Resta, portanto, averiguar *como deve se portar a Administração no desempenho dessa relevante missão de estipular o prazo dos contratos de concessão ou permissão de serviço público*, que faz parte de uma atividade mais abrangente, que é a modelagem das concessões, a qual envolve estabelecer todas as condições contratuais a serem oferecidas aos potencias interessados em assumir determinado serviço público a ser delegado pelo Estado à iniciativa privada.

Especialmente quando a delegação da prestação de um serviço público envolve investimentos de grande monta, normalmente concentrados no início do período contratual, a concessão se apresenta como um verdadeiro projeto de investimento,[188] ou *project finance* no conhecido jargão em língua inglesa. O Poder Concedente exige a construção, ampliação, modernização e/ou manutenção de uma infraestrutura, além da aquisição de equipamentos – o que normalmente envolve o dispêndio de recursos vultosos – e oferece à concessionária, em contrapartida, a possibilidade de explorar o serviço durante tempo determinado, auferindo as correspondentes receitas, a fim de que, ao final do contrato, tenha sido possível amortizar completamente o investimento realizado e extrair uma parcela de lucro para remunerar o capital aplicado.

A principal característica desse tipo de projeto é que os investimentos e as receitas são desencontrados no tempo. Em geral, há investimento de grande volume de recursos logo no início da concessão,

---

[187] Ao fixar o prazo para os contratos de concessão, a depender das características de cada projeto, a Administração Pública evidentemente deverá observar os parâmetros previstos em lei, inclusive quanto a limites mínimo de máximo, quando a lei os houver imposto. Não cabe ao legislador, contudo, determinar o prazo de cada contratação. Essa é uma tarefa tipicamente exercida pelo Poder Executivo. Rafael Véras trata bem dessa questão: "Acontece que a fixação do prazo das concessões não é matéria de lei; ao ato administrativo caberá, tão somente, fixar os prazos máximos e mínimos (v.g. art. 57 da Lei nº 8.666/1993 e art. 5º, I da Lei nº 8.987/1995) desses contratos de longo prazo" (FREITAS, Rafael Véras de. *Equilíbrio econômico-financeiro das concessões*. Belo Horizonte: Fórum, 2023. p. 160).

[188] MARTINS, António. Sobre o equilíbrio financeiro das concessões e a taxa interna de rendibilidade (TIR) accionista: uma perspectiva económica. *In*: MOREIRA, Egon Bockmann (Coord.). *Contratos administrativos, equilíbrio econômico-financeiro e a taxa interna de retorno*. Belo Horizonte: Fórum, 2016. p. 322. Para Stéphane Braconnier, "le partenariat entre le secteur public et le secteur privé se développe autour de concepts tirés de l'ingénierie financière, qui remettent en cause les cadres préétablis. Il n'existe plus, aujourd'hui, de contrats stéréotypés" (BRACONNIER, Stéphane. *Droit des services publics*. 2. ed. Paris: PUF, 2007. p. 501).

muitas vezes na casa das dezenas ou centenas de milhões de dólares, podendo chegar a bilhões em casos especiais,[189] sendo que, muitas vezes, a receita só começa a ser obtida após o período de implantação da infraestrutura necessária para a prestação do serviço. Outras vezes, já existe uma infraestrutura que pode ser explorada desde o início, a qual deve ser ampliada ou reformada. De todo modo, os fluxos de receitas são muito mais lentos do que as necessidades de desembolso, especialmente no início. Por essa razão, os projetos de investimento se diferenciam significativamente de outras formas de financiamento, já que muito dificilmente se valem apenas de capital próprio. São projetos concebidos para serem remunerados com o fluxo de caixa gerado pela própria exploração da infraestrutura envolvida. Como a demanda de capital é muito intensa e concentrada em momentos específicos, normalmente se trata de projetos fortemente alavancados, com grande endividamento.[190] A utilização de capital de terceiros costuma oscilar entre 65% a 80% do capital total investido.[191]

A licitação de um projeto como esse envolve, portanto, uma fase importante de planejamento tanto por parte do Poder Concedente, na elaboração da modelagem mais adequada para oferecer o negócio ao mercado, como por parte dos licitantes interessados em assumir a condição de concessionários, os quais também deverão se preparar para poder apresentar uma proposta que seja competitiva e tenha chance de ser considerada a mais vantajosa pelos critérios de julgamento estabelecidos pelo Poder Concedente no edital e, caso seja a escolhida, apresente também um resultado adequado ao final do contrato de concessão a ser firmado, assegurando aos investidores a rentabilidade esperada.

Antes de proceder à licitação, o *Poder Concedente* precisa tomar uma série de decisões: qual deverá ser a duração do contrato a ser oferecido ao mercado é uma delas. Essa variável se associa a outras,

---

[189] Um exemplo deste tipo pode ser encontrado na concessão administrativa, modalidade de parceria público-privada, concebida para a revitalização da área portuária da cidade do Rio de Janeiro, denominada Porto Maravilha, cujo contrato foi firmado pelo valor de R$7,6 bilhões (sete bilhões e seiscentos milhões de reais), pelo prazo de 15 anos. A informação pode ser consultada em https://www.portomaravilha.com.br/noticiasdetalhe/3663-de-onde-vem-o-dinheiro-do-porto-maravilha? (Acesso em: 6 jul. 2019).

[190] Mesmo porque o custo do capital de terceiros, normalmente instituições financeiras, costuma ser bem menor do que o custo do capital próprio, ou seja, do que a taxa de retorno esperada pelos acionistas da empresa responsável pelo investimento.

[191] MARTINS, António. Project finance e medidas de reequilíbrio financeiro: uma nota analítica. *Revista de Contratos Públicos – RCP*, Belo Horizonte, ano 4, n. 7, p. 63-77, mar./ago. 2015. p. 64-66.

como: se haverá cobrança de pagamento pelo concessionário em razão da obtenção da outorga ou se, ao contrário, haverá contrapartida a ser oferecida pelo poder público – como tipicamente ocorre nas concessões patrocinadas, segundo os termos do art. 6º da Lei nº 11.079/2004, que disciplina as parcerias público-privadas –; como serão as regras de reajuste e revisão das tarifas; se haverá ou não a possibilidade de cobrança de receitas alternativas, acessórias ou complementares ou será permitido o desenvolvimento de projetos associados; quando tais fontes não tarifárias de receitas forem autorizadas, qual será a destinação dos recursos auferidos, atribuindo-se percentuais a serem obrigatoriamente considerados para fins de modicidade tarifária; como deverão ser distribuídos os riscos, procurando elaborar uma matriz que os atribua do modo mais eficiente possível às partes, de acordo com as suas capacidades;[192] e, até mesmo, qual o tipo de contratação mais adequada, podendo-se referir às concessões comuns ou àquelas descritas na lei de parcerias público-privadas (Lei nº 11.079/2004): concessões patrocinadas e administrativas. Sem mencionar outros tipos específicos de contratos regulatórios, a que se refere Flávio Amaral,[193] como os contratos de arrendamento, de *franchising* ou mesmo, em alguns casos, de concessão de uso de bem público ou outros.

---

[192] "[...] el reparto de los riesgos entre concedente y concesionario se realiza en cada caso en función de las respetivas aptitudes para gestionar de manera más eficaz los riegos en cuestión, de modo que cada una de las partes asuma aquellos riesgos que está más preparada para atender" (FERNÁNDEZ ACEVEDO, Rafael. Mantenimiento del equilíbrio económico y responsabilidad patrimonial como técnicas de moderación del riesgo concesional. *In*: MOREIRA, Egon Bockmann (Coord.). *Contratos administrativos, equilíbrio econômico-financeiro e a taxa interna de retorno*. Belo Horizonte: Fórum, 2016. p. 260). No mesmo sentido: "A regra fundamental que deve orientar a alocação dos riscos está em atribuir o risco à parte com melhores condições para gerenciar a sua prevenção ou, não sendo isso possível, minimizar os prejuízos na hipótese de sua materialização" (GUIMARÃES, Fernando Vernalha. *Concessão de serviço público*. 2. ed. São Paulo: Saraiva, 2014. p. 338) e "[...] um contrato será eficiente quando cada parte arcar com os riscos que melhor condição tem de administrar, isto é, há que se alocar o risco, de acordo com a sua natureza, àquele capaz de reduzir as chances de que os prejuízos subjacentes venham a se concretizar, às expensas menores, ou suavizar os prejuízos resultantes. Em suma, deve suportar determinado risco aquele que detenha mais adequado controle sobre a gestão ou sobre os resultados oriundos de sua materialização" (ROCHA, Iggor Gomes. Concessão de serviço público e parceria público-privada: da garantia ao equilíbrio econômico-financeiro à partilha contratual de riscos. *In*: GONÇALVES, Guilherme de Salles; GABARDO, Emerson (Coord.). *Direito da infraestrutura*: temas de organização do Estado, serviços públicos e intervenção administrativa. Belo Horizonte: Fórum, 2012. p. 119).

[193] GARCIA, Flávio Amaral. A mutabilidade e incompletude na regulação por contrato e a função integrativa das Agências. *Revista de Contratos Públicos – RCP*, Belo Horizonte, ano 3, n. 5, mar./ago. 2014. p. 61-67.

Para subsidiar essas importantes e complexas decisões que precisa tomar,[194] a *Administração Pública realiza uma série de estudos ex ante*, envolvendo pareceres técnicos e levantamento de diversas informações, destacando-se o estudo de viabilidade técnica, econômica e ambiental, conhecido pela sigla EVTEA. Nesses estudos, entre outras coisas, se busca projetar qual é a demanda esperada para o serviço a ser prestado, de modo a dimensionar a infraestrutura e os investimentos necessários para atendê-la, assim como para estimar a receita potencial com a cobrança de tarifas. São feitas ainda avaliações macroeconômicas, de modo a tentar antecipar o comportamento da variação inflacionária, preços, salários e taxas de juros, no período estabelecido para a duração do contrato, assim como a disponibilidade de capital para o financiamento.

Diante de tais dados, procurar-se-á estimar o conjunto das despesas projetadas para o período, como aquelas relacionadas com o custo de implantação e ampliação da infraestrutura (CAPEX), o custo de manutenção e operação (OPEX) e o valor cobrado pela outorga, se for esse o caso; assim como as receitas que poderão ser obtidas, seja pela cobrança de tarifa, seja pela exploração de receitas alternativas, acessórias, complementares e projetos associados, assim como pelo pagamento de contrapartidas públicas, quando previstas, especialmente no caso de parcerias público-privadas.

Como se vê, grande parte desse trabalho de planejamento consiste em realizar projeções e estimativas, o que é necessariamente uma atividade sujeita a erros e imprecisões, pois se trata de tentar antecipar o futuro, que é sempre algo indeterminado e imprevisível.[195] De todo

---

[194] "O objeto desses 'contratos concessionais' é complexo, não envolvendo apenas uma relação bilateral que se realiza no tempo presente entre as partes, mas também um plexo de interações, atividades e investimentos que precisam se estender no tempo para a sua amortização" (OLIVEIRA, Carolina Zaja Almada Campanate de. *Contratos administrativos complexos e de longo prazo*: a prorrogação antecipada e a relicitação na teoria dos contratos públicos. 2018. Dissertação (Mestrado em Direito da Regulação, Economia, Intervenção e Estratégias Regulatórias) – Escola de Direito do Rio de Janeiro, Fundação Getúlio Vargas, Rio de Janeiro, 2019. p. 19).

[195] Sobre a dificuldade encontrada por qualquer planejamento, já que a experiência do passado nem sempre apresenta respostas para os problemas do futuro, Marco Nóbrega relembra as lições de Nissim Taleb, ao alertar que "o gerente de risco erra ao olhar no retrovisor para enxergar o futuro" e complementa alertando que "pesquisas mostram que eventos passados não guardam qualquer relação a grandes acontecimentos futuros. Não havia precedentes para acontecimentos, por exemplo, como a 1ª Guerra Mundial e os ataques de 11 de setembro de 2001" (TEIXEIRA JR., Flávio Germano de Sena; NÓBREGA, Marcos; CABRAL, Rodrigo Torres Pimenta. Matriz de riscos e a ilusão da perenidade do passado: precisamos ressignificar o conceito de tempo nas contratações públicas. *In*: NÓBREGA, Marcos. *Um olhar além do óbvio* – Temas avançados de licitações e contratos. 2. ed. São Paulo: JusPodivm, 2024. p. 72).

modo, esse esforço é importante e quanto mais próximo da realidade forem tais estudos, mais eficiente tenderá a ser o modelo desenhado para a concessão. De acordo com essas projeções *ex ante*, caberá ao Poder Concedente estabelecer o modelo que lhe pareça ideal para assegurar sustentabilidade e eficiência ao projeto de investimento, de modo a atrair o maior número de interessados.[196]

A oferta ao mercado se dá, então, com a publicação do edital de licitação, que deverá conter as informações levantadas pela Administração na fase de planejamento, as regras contratuais que disciplinarão a sua prestação e os procedimentos e critérios de julgamentos das propostas que, segundo o art. 15 da Lei nº 8.987/95, poderão ser: menor valor de tarifa, maior oferta de pagamento pela outorga, melhor proposta técnica ou uma combinação desses critérios, podendo incluir, ainda, no caso das parcerias público-privadas, o menor valor de contrapartida pública, por força do quanto previsto no art. 12, II, alínea "a" da Lei nº 11.079/2004.

Por se tratar de atividade complexa, que requer grande *expertise* e conhecimentos especializados nos mercados especificamente envolvidos, é comum a contratação de consultorias privadas para auxiliar o Poder Concedente no levantamento dos dados e na construção dessa modelagem.[197] Também há certo consenso no sentido de que é desejável o maior incremento possível da permeabilidade, nessa fase de planejamento, às participações social e dos agentes de mercado,[198]

---

[196] "Quanto à modelagem do objeto e das condições contratuais, a competitividade do certame deve ser analisada considerando a sustentabilidade e a eficiência do projeto de infraestrutura. Em razão da complexidade e da sofisticação típicas aos projetos de infraestrutura, a determinação do objeto e das condições contratuais abre-se a soluções jurídicas que garantam não apenas sua sustentabilidade, mas também a eficiência administrativa" (SUNDFELD, Carlos Ari; PALMA, Juliana Bonacorsi de. Dinâmica de preparação do edital. *In*: MARCATO, Fernando S.; PINTO JR., Mario Engler (Coord.). *Direito da infraestrutura*. São Paulo: Saraiva, 2017. v. 1. p. 45).

[197] No substitutivo apresentado na Câmara dos Deputados, para a discussão de uma nova lei geral de concessões, incluiu-se, nos arts. 86 e seguintes, o procedimento da colação, por meio do qual tais especialistas poderão ser contratados por seleção simplificada, em que se exige apenas a "consulta a três ou mais profissionais, empresas ou entidades de elevada especialização técnica" (CONGRESSO NACIONAL. Câmara dos Deputados. *Substitutivo do relator ao Projeto de Lei nº 2.892, de 2011*. Institui a Lei Geral de Concessões. Disponível em: https://www.camara.leg.br/proposicoesWeb/prop_mostrarintegra?codteor=1834942&filename=Parecer-PL706317-19-11-2019. Acesso em: 25 nov. 2019).

[198] No substitutivo referente à nova lei geral de concessões, em discussão na Câmara dos Deputados, tanto o procedimento de manifestação de interesse (PMI), de iniciativa do poder público, como a manifestação de interesse da iniciativa privada (MIP), quando a provocação se dá pelo setor privado, são incorporados ao texto do projeto de lei, nos arts. 91 a 97, havendo expressa autorização, no art. 96, para que os autores ou patrocinadores dos projetos venham a participar da licitação que porventura venha a ser instaurada

que pode se dar por meio da realização de audiências e consultas públicas prévias à publicação da versão definitiva do edital[199] ou pelo procedimento de manifestação de interesse.

Os procedimentos de manifestação de interesse têm se revelado como um útil instrumento na fase de modelagem dos editais de licitação. Trata-se de um procedimento administrativo de colaboração entre a Administração Pública e a iniciativa privada, que precede a contratação. A ideia é buscar junto à iniciativa privada insumos para o gestor público desenhar futura contratação, propiciando que particulares apresentem contribuições ao modelo de contratação, como estudos, investigações, levantamentos e projetos que, reputados úteis, podem ser usados na licitação a ser realizada pelo poder público.[200]

A vedação constante no art. 9º, I da Lei nº 8.666/93 criava um entrave significativo para que esse instituto florescesse, pois aquele que apresentava o projeto básico ou executivo tinha vedada a sua participação na licitação que se porventura se seguisse, por força da expressa proibição legal estabelecida no e art. 14, I da Lei nº 14.133/2021.[201] Foi, portanto, a partir do disposto no art. 21 da lei de concessões e permissões de serviços públicos (Lei nº 8.987/95) que o instituto passou a ser mais usado;[202] sobretudo após a introdução da norma contida no art. 31 a Lei

---

(CONGRESSO NACIONAL. Câmara dos Deputados. *Substitutivo do relator ao Projeto de Lei nº 2.892, de 2011*. Institui a Lei Geral de Concessões. Disponível em: https://www.camara.leg.br/proposicoesWeb/prop_mostrarintegra?codteor=1834942&filename=Parecer-PL706317-19-11-2019. Acesso em: 25 nov. 2019).

[199] A Lei nº 8.666/93 determinava, em seu art. 39, como parte do regime geral das contratações públicas, a obrigatoriedade de realizar audiência pública em todas as licitações de grande valor. Já a nova Lei nº 14.133/2021 suprimiu tal obrigatoriedade, deixando ao gestor público a opção de decidir discricionariamente a esse respeito, como disposto em seu art. 21. No caso das parcerias público-privadas, o art. 39 da Lei nº 11.079/2004 impõe a realização de consulta pública em todas as licitações.

[200] MOURÃO, Carolina Mota; MONTEIRO, Vera. Procedimento de manifestação de interesse como instrumento de fomento à inovação: o artigo 81 da lei no 14.133, de 2021. *In*: RAUEN, André Tortato. *Compras públicas para inovação no Brasil*: novas possibilidades legais. Brasília: Ipea, 2022. p. 198-199. Capítulo 6. Disponível em: https://repositorio.ipea.gov.br.

[201] Especificamente em relação às manifestações de interesse, o art. 81, §2º, I da nova lei de licitações e contratos (Lei nº 14.133/2021), ao dispor que aquele que realizar estudos, investigações, levantamentos e projetos não terá preferência na licitação, dá a entender que, ao menos, sua participação será autorizada.

[202] "Foi a partir da experiência com o art. 21 da Lei de Concessões que o PMI passou a ser utilizado de forma mais ampla no setor de infraestrutura, em todas as esferas federativas. Em consequência, a esfera federal regulamentou o uso do PMI nos contratos de concessão (via Decreto no 8.428/2015, depois atualizado pelo Decreto no 10.104/2019). Este microssistema normativo acabou servindo de inspiração para outras normas que vieram a ser posteriormente editadas por diversos entes federativos, que disciplinaram o alcance e os critérios para a aplicação do PMI em suas próprias esferas. É o caso, por exemplo, do estado de São Paulo, que editou o decreto estadual no 61.371, em 2015" (MOURÃO, Carolina

nº 9.074/95, que introduziu a possibilidade de que particulares ofereçam ao Poder Concedente projetos básico ou executivo relacionados a projetos de concessão ou permissão de serviços públicos, mantendo o direito de participar nas licitação para assumir a atividade. O assunto veio a ser regulamentado pelo Decreto nº 5.977/2006, já revogado pelo Decreto nº 8.428/2015, que disciplina atualmente esse tipo de procedimento, cujo objetivo é permitir que os interessados em participar da disputa por uma concessão possam apresentar ao Poder Concedente projetos, levantamentos, investigações e estudos, sem que isso impossibilite que possam concorrer para serem, ao final, contratados como concessionários.[203]

De todo modo, a participação dos potenciais interessados nessa fase de planejamento – seja por meio de audiências e consultas públicas ou dos procedimentos de manifestação de interesse – tem se reputado cada vez mais como essencial ao sucesso do oferecimento desses projetos ao mercado, pois de nada adiantará oferecer um modelo que não desperte interesse ou atraia poucos participantes. Quanto maior for a competitividade, maior a probabilidade de êxito do projeto e a forma mais eficiente de assegurar essa atratividade é ouvindo previamente aqueles que poderão participar de uma futura licitação.

É importante considerar que, ao elaborar o edital de licitação e a minuta do contrato que será celebrado pelas partes, o Poder Concedente fixa uma série de variáveis que compõem a equação econômico-financeira. O art. 18, I da Lei nº 8.987/95, como já se destacou, determina que o edital da licitação deve conter o prazo da concessão. Deste modo, em princípio não se admite que o prazo seja uma variável definida pelo

---

Mota; MONTEIRO, Vera. Procedimento de manifestação de interesse como instrumento de fomento à inovação: o artigo 81 da lei no 14.133, de 2021. *In*: RAUEN, André Tortato. *Compras públicas para inovação no Brasil*: novas possibilidades legais. Brasília: Ipea, 2022. p. 199. Capítulo 6. Disponível em: https://repositorio.ipea.gov.br).

[203] A elaboração desse material se fará por conta e risco daquele que teve a iniciativa, cabendo à Administração Pública decidir discricionariamente se aproveitará ou não as informações e sugestões apresentadas, como estabelecido pelo art. 2º da Lei nº 11.922/2009. Caso sejam aprovados e selecionados para serem aproveitados na fase de planejamento, para a modelagem do edital, o particular poderá ser ressarcido, cabendo ao Poder Concedente estipular o valor a ser oferecido. O particular terá, então, a faculdade de aceitar ou rejeitar o valor arbitrado pelo poder público. Nessa última hipótese, o Poder Concedente não poderá se valer do material disponibilizado, como dispõe o art. 15, *caput* e §2º do Decreto nº 8.428/2015. De todo modo, os custos incorridos diretamente pela Administração Pública, inclusive com a contratação de consultorias especializadas, ou com o pagamento de ressarcimento devido aos particulares em procedimentos de manifestação de interesse, poderão ser transferidos ao futuro concessionário, o que deverá estar devidamente previsto no edital, como expressamente permite o disposto no art. 21 da Lei nº 8.987/95.

licitante. Em tese, no entanto, não parece haver empecilho para que a lei autorizasse a fixação da variável temporal dos contratos de concessão pela proposta vencedora na licitação, estabelecendo, por exemplo, o critério do oferecimento do prazo mais curto como um daqueles a serem usados para a identificação da proposta mais vantajosa. Essas são, no entanto, considerações *de lege ferenda*, já que o menor prazo não está elencado entre os critérios de julgamento do art. 15 da Lei nº 8.987/95. Não haveria, no entanto, nenhum empecilho de ordem constitucional para que fosse editada lei nesse sentido.[204]

Deve-se ressaltar o fato de que um dos elementos mais importantes para a formação dessa equação econômico-financeira dos contratos de concessão é exatamente o prazo.[205] Como lembra Ana Paula de Barcellos, "o tempo [...] é particularmente relevante para as atividades econômicas: é no tempo que riscos, investimentos, receitas e resultados são avaliados".[206] No Brasil, por opção legislativa, a fixação dessa

---

[204] Vale referir a esse respeito, que o projeto de lei para a instituição de uma nova lei geral de concessões, atualmente em trâmite na Câmara dos Deputados, estabelece, em seu art. 65, VIII, a possibilidade de adoção do critério de julgamento nas licitações referentes aos contratos de concessão, do "menor prazo para a exploração do serviço público" (CONGRESSO NACIONAL. Câmara dos Deputados. *Substitutivo do relator ao Projeto de Lei nº 2.892, de 2011.* Institui a Lei Geral de Concessões. Disponível em: https://www.camara.leg.br/proposicoesWeb/prop_mostrarintegra?codteor=1834942&filename=Parecer-PL706317-19-11-2019. Acesso em: 25 nov. 2019).

[205] Sobre o tema, *vide* as seguintes considerações: "O prazo da concessão é elemento da equação econômico-financeira inicial do contrato" (AMARAL, Antônio Carlos Cintra do. *Concessão de serviços públicos*: novas tendências. São Paulo: Quartier Latin, 2012. p. 25); "O prazo é um dos elementos determinantes na conformação do equilíbrio econômico-financeiro dos contratos de infraestrutura duradouros, em especial PPPs. A racionalidade desses contratos está diretamente ligada ao aporte privado de investimentos em serviços e infraestruturas públicas, com o operador econômico assumindo sua gestão e exploração visando à busca do lucro justo, o que é inteiramente justificado em economias de mercado orientadas pelos princípios da livre iniciativa e livre concorrência" (GARCIA, Flávio Amaral. *Concessões, parcerias e regulação.* São Paulo: Malheiros, 2019. p. 218); "Enquanto elemento norteador da viabilidade do projeto, o prazo da concessão integra a equação econômico-financeira do contrato, condicionando-a e por ela sendo condicionado" (CANTO, Mariana Dall'Agnol; GUZELA, Rafaella Peçanha. Prorrogações contratuais em contratos de concessão. *In*: MOREIRA, Egon Bockmann (Coord.). *Contratos administrativos, equilíbrio econômico-financeiro e a taxa interna de retorno.* Belo Horizonte: Fórum, 2016. p. 216) e "O prazo integra a própria racionalidade econômica do ajuste, são contratos de investimento, cujo tempo é fator a ser considerado na equação do seu equilíbrio econômico-financeiro" (OLIVEIRA, Carolina Zaja Almada Campanate de. *Contratos administrativos complexos e de longo prazo*: a prorrogação antecipada e a relicitação na teoria dos contratos públicos. 2018. Dissertação (Mestrado em Direito da Regulação, Economia, Intervenção e Estratégias Regulatórias) – Escola de Direito do Rio de Janeiro, Fundação Getúlio Vargas, Rio de Janeiro, 2019. p. 112).

[206] BARCELLOS, Ana Paula de. A gestão do tempo pela regulação: parâmetros constitucionais para a prorrogação de prazos e alguns casos concretos. *In*: PEREIRA NETO, Caio Mario da Silva Pereira; PINHEIRO, Luís Felipe Valerim (Coord.). *Direito da infraestrutura.* São Paulo: Saraiva, 2017. v. 2. p. 173.

variável de prazo caberá necessariamente ao Poder Concedente. Na Europa, por exemplo, embora também não seja comum que os editais de licitação deixem para o licitante a definição do prazo, a Diretiva 2014/23/EU,[207] de 26.2.2014, que estabelece parâmetros a serem seguidos pelos Estados nacionais quanto ao tema dos contratos de concessão,[208] expressamente reconhece a possibilidade de que a licitação utilize, como critério, a indicação do menor prazo de exploração do serviço necessário para amortizar os investimentos requeridos. Pode-se extrair de seu considerando 52 o trecho com a seguinte redação: "A duração máxima da concessão deverá ser indicada na documentação relativa à concessão, a menos que seja utilizada como um critério de adjudicação do contrato".

De todo modo, é especialmente relevante a definição de qual deverá ser o prazo dos contratos de licitação a serem firmados e esse será, sem dúvida, um fator da maior importância a ser considerado pelos licitantes para a definição das propostas que irão apresentar.[209] Há, então, uma série de outras variáveis que somente são fixadas no momento em que for selecionada a proposta considerada mais vantajosa. Pode caber aos licitantes, inclusive, a determinação de mais de uma dessas variáveis, as quais deverão ser indicadas em sua proposta, como o valor da tarifa a ser cobrada dos usuários, o valor do pagamento a ser realizado pela outorga ou da contrapartida a ser paga pelo parceiro público.

---

[207] A diretiva, em sua integralidade, pode ser consultada em: https://eur-lex.europa.eu/legal-content/PT/TXT/HTML/?uri=CELEX:32014L0023&from=pt (Acesso em: 20 jul. 2023).

[208] Quanto aos diferentes tipos de normas existentes no direito europeu e especialmente à natureza das diretivas, que, ao contrário dos regulamentos, não têm aplicabilidade direta nos ordenamentos jurídicos nacionais e apenas fixam parâmetros de harmonização das legislações de cada país-membro, deixando liberdade para que cada um dos Estados encontre a forma que entender mais adequada para cumprir suas prescrições, *vide*: REIS, Márcio Monteiro. *Mercosul, União Europeia e Constituição*: a integração dos Estados e os ordenamentos jurídicos internacionais. Rio de Janeiro: Renovar, 2001. p. 173 e seguintes.

[209] "É com base em prazos, e suas possibilidades de prorrogação, que concedentes estimam receitas com outorgas e definem a política tarifária, licitantes formulam propostas, concessionários acatam novas obrigações e realizam investimentos, dentre outros" (FREITAS, Rafael Véras de; RIBEIRO, Leonardo Coelho. O prazo como elemento da economia contratual das concessões: as espécies de 'prorrogação'. *In*: MOREIRA, Egon Bockmann (Coord.). *Contratos administrativos, equilíbrio econômico-financeiro e a taxa interna de retorno*. Belo Horizonte: Fórum, 2016. p. 292). Tratando do direito francês, Nathalie Vinci também se refere ao fato de que o prazo deve estar previsto no contrato e deve ser previamente conhecido por todos os licitantes para que possam apresentar suas propostas: "[...] les convections de délégation de service public devront donc avoir une date de fin. Celle-ci doit être prévue au contrat, et da durée, nous le verront plus loin, est une caractéristique essentielle devant être annoncée et portée à la connaissance des candidats au moment de la mise en concurrence" (VINCI, Nathalie. *Mettre fin à une délégation de service public*. Voiron: Territorial, 2014. p. 9).

Conclui-se, assim, que *somente com a definição da proposta vencedora é que estará definitivamente consolidada a equação econômico-financeira do contrato de concessão*,[210] a qual deverá ser respeitada até a sua extinção, como asseguram o art. 37, XXI da Constituição e art. 10 da Lei nº 8.987/95.

Nesse aspecto, deve-se considerar que, *encerrada a fase de planejamento do poder público*, com a publicação do edital da licitação, acompanhado da minuta do contrato a ser firmado, *se inicia a fase de preparação das propostas por parte dos interessados*. Cada um dos licitantes, então, irá realizar os seus próprios estudos e levantamentos, entre os quais se destaca o plano de negócios. Procurarão examinar, diante das condições fixadas pelo Poder Concedente, qual a proposta mais vantajosa que podem oferecer. Caberá a cada licitante propor como fixar as variáveis deixadas em aberto na minuta contratual. O objetivo de cada licitante ao formular sua proposta será o de assegurar para si condições mínimas aceitáveis, inclusive quanto à rentabilidade do negócio. Ao montar o seu projeto de investimento, o licitante certamente irá considerar que as despesas e as receitas esperadas são desencontradas no tempo. Tendo em vista que as concessões e parcerias público-privadas normalmente são contratadas por longos períodos, é possível que haja momentos com grande necessidade de investimento e baixa receita e outros em que se preveja receitas em montantes elevados, com baixa demanda de aportes.

---

[210] Ao tratar do "momento da definição do equilíbrio econômico-financeiro", Marçal Justen Filho afirma que "a equação econômico-financeira se delineia a partir da elaboração do ato convocatório. Porém, a equação se firma no instante em que a proposta é apresentada. Aceita a proposta pela Administração, está consagrada a equação econômico-financeira dela constante. A partir de então, essa equação está protegida e assegurada pelo Direito" (JUSTEN FILHO, Marçal. *Comentários à Lei de Licitações e Contratos Administrativos*. 11. ed. São Paulo: Dialética, 2005. p. 542). Celso Antônio Bandeira de Mello ainda adota a teoria do ato-condição e entende que "a concessão é uma relação complexa, composta de um ato regulamentar do Estado que fixa unilateralmente condições de funcionamento, organização e modo de prestação do serviço, isto é, as condições em que será oferecido aos usuários"; de um ato condição, por meio do qual o concessionário adere a essas condições e, de um contrato, que englobaria apenas as variáveis contidas na proposta apresentada pelo concessionário que, segundo sua concepção, consistiria na garantia do equilíbrio da equação econômico-financeira. Para usar a teoria defendida pelo ilustre administrativista, diríamos que, nesse caso, o equilíbrio econômico-financeiro seria obtido pela relação de proporcionalidade entre o regulamento de serviço e as cláusulas contratuais (BANDEIRA DE MELLO, Celso Antônio. *Curso de direito administrativo*. 36. ed. Belo Horizonte: Fórum, 2023. p. 646). Também na França, Stéphane Braconnier chama a atenção para o fato de que o prazo é um dos elementos essenciais da concessão e deve, portanto, estar definido no edital de licitação: "La durée de la convention de délégation de service public constitue une des caractéristiques essentielles, qualitatives et quantitatives, des prestations à effectuer par le délégataire. C'est pourquoi elle doit être précisément indiquée aux candidats dans le cahier des charges, le projet de contrat ou le document de consultation" (BRACONNIER, Stéphane. *Droit des services publics*. 2. ed. Paris: PUF, 2007. p. 513).

A depender de sua disponibilidade de capital próprio e capacidade de endividamento, o licitante fará um planejamento de uso de capital de terceiros, com os respectivos custos financeiros a serem levados em conta, assim como também considerará qual a rentabilidade mínima esperada pelos acionistas quanto ao uso do capital próprio.

Além de analisar as projeções apresentadas pelo Poder Concedente, os licitantes procurarão realizar suas próprias estimativas, especialmente naqueles casos em que o risco deva ser assumido pelo concessionário. Assim, além de um plano de investimento, normalmente se faz necessária a elaboração de um plano de financiamento, em que serão consideradas as fontes de recursos para fazer frente aos desembolsos necessários e um plano de exploração, em que serão considerados os fluxos de receitas e despesas, inclusive com manutenção e operação, ao longo do período contratual.[211] Vários outros elementos também serão considerados como o comportamento esperado da inflação e do mercado nacional e local, no que se refere à evolução de preços e salários, taxa de juros, demanda e uma série de outros possíveis indicadores impactantes.

Diante das condições fixadas pelo Poder Concedente no edital de licitação, caberá aos licitantes determinar qual a rentabilidade mínima aceita pelos seus acionistas para participar do negócio, o que dependerá de fatores como a percepção dos riscos envolvidos naquela operação específica, os riscos genericamente identificados em fazer negócio no Brasil – conhecido pelo jargão risco-Brasil – e as taxas de juros pagas no mercado financeiro para grandes investimentos. Evidentemente, a rentabilidade ordinária obtida em fundos de investimento disponibilizados no mercado, com baixo risco, funciona como um piso para a taxa interna de retorno (TIR) exigida pelos acionistas das empresas que se interessam em explorar concessões de serviço público, já que não faria sentido assumir os riscos e ônus de uma operação complexa como a gestão de um serviço público, para auferir a mesma taxa de remuneração que poderia ser obtida com a aplicação dos recursos junto a um banco confiável. Também é uma informação relevante o custo do capital de terceiros, ou seja, a taxa de juros que poderá ser negociada a incidir sobre o total do endividamento projetado para fazer frente aos investimentos necessários, ao lado da parcela de capital próprio que será empregado.

---

[211] MARTINS, António. Project finance e medidas de reequilíbrio financeiro: uma nota analítica. *Revista de Contratos Públicos – RCP*, Belo Horizonte, ano 4, n. 7, p. 63-77, mar./ago. 2015. p. 64.

De posse dessas informações, o exercício a ser realizado por cada um dos licitantes será o de procurar projetar os fluxos de todas as receitas esperadas para o projeto, assim como de todos os desembolsos que serão necessários para fazer frente às obrigações a serem assumidas pelo concessionário[212] e a distribuição desses fluxos de caixa e de despesas no tempo, de modo que seja possível trazê-los a valor presente e compará-los.

Nesse ponto, *o prazo a ser fixado para o contrato de concessão desempenha um papel essencial*. Como se trata de projetos de longo prazo e os recursos financeiros têm valor variável no tempo, é preciso estabelecer um marco de comparação, que é fixado no momento presente. Aplica-se então uma fórmula matemático-financeira pela qual se submetem esses fluxos de receitas e despesas a uma taxa de desconto, que variará de acordo com a distância temporal que se encontre determinada entrada ou saída de recurso em relação ao momento atual.[213] Quanto mais afastada do momento atual, maior a taxa de desconto a ser aplicada. Assim, obtém-se o valor presente líquido (VPL) do projeto como um todo, cotejando-se o total dos desembolsos previstos, com o total das receitas projetadas. Evidentemente, é essencial que as receitas superem os desembolsos e a diferença entre esses valores é que resultará na definição da taxa interna de retorno (TIR) do projeto de investimento.

Como se vê, o prazo desempenha um papel crucial para a definição da própria atratividade do negócio e consistirá em elemento essencial da equação econômico-financeira do contrato a ser firmado,[214] o que restará ainda mais claro no capítulo seguinte, quando forem examinados os critérios que devem ser observados para a sua fixação.

---

[212] MARTINS, António. Project finance e medidas de reequilíbrio financeiro: uma nota analítica. *Revista de Contratos Públicos – RCP*, Belo Horizonte, ano 4, n. 7, p. 63-77, mar./ago. 2015. p. 65.

[213] PRADO, Lucas Navarro; PINHEIRO, Luís Felipe Valerim. O tempo nas concessões de infraestrutura: prazo de vigência de sua prorrogação. In: MARCATO, Fernando S.; PINTO JR., Mario Engler (Coord.). *Direito da Infraestrutura*. São Paulo: Saraiva, 2017. v. 1. p. 431.

[214] "[...] a equação econômico-financeira se constitui dentro de um elemento de tempo" (GUIMARÃES, Bernardo Strobel. O prazo nas concessões e as normas que estipulam vigência máxima do vínculo: algumas inquietações. In: MOREIRA, Egon Bockmann (Coord.). *Contratos administrativos, equilíbrio econômico-financeiro e a taxa interna de retorno*. Belo Horizonte: Fórum, 2016. p. 50).

1.4.2 Os critérios para a fixação do prazo

Apesar de não existir nenhuma limitação na Lei nº 8.987/95 referente à duração dos prazos do contrato de concessão,[215] depois da promulgação da Constituição de 1988 não há mais nenhuma dúvida, diante da redação de seu art. 175, quanto ao fato de que sua duração deve ser limitada no tempo. Essa constatação, ao contrário do que pode parecer, não é algo evidente. Como já se referiu, no passado recente não eram incomuns os casos de concessões contratadas por prazo indeterminado ou de concessões que, tendo sido contratadas por um período específico, continuavam em operação mesmo após o termo contratual estabelecido, com base em acordos informais junto à Administração Pública, consolidando-se como verdadeiras concessões de fato. O art. 42, §2º da Lei nº 8.987/95 reconheceu expressamente esse estado de coisas e procurou regularizar para o futuro a situação, tendo encontrado forte resistência, como demonstra a jurisprudência que se examinará à frente, quando se for cuidar do regime jurídico das prorrogações dos contratos de concessão.

Já se afirmou quem é o responsável por fixar o prazo para os contratos de concessão de serviço público: a autoridade administrativa competente, observando os parâmetros e limites impostos pela legislação aplicável. Mais especificamente, a autoridade administrativa encarregada de autorizar a contratação e a publicação do edital de licitação, que trará como anexo obrigatório a minuta do contrato a ser assinado.[216] Resta saber, então, como deve ser fixado o prazo do contrato de concessão de serviço público e quais devem ser os critérios utilizados para se identificar o prazo mais adequado. O critério mais evidente, sem dúvida, é aquele que toma por base os estudos econômico-financeiros, de modo a perquirir qual o tempo necessário para a amortização dos investimentos que deverão ser realizados pelo concessionário.

Ao tratar da realidade espanhola, García de Enterría e Tomás-Ramon Fernandez,[217] depois de relatarem experiências pretéritas

---

[215] Segundo observação de Carlos Ari Sundfeld e Jacintho Arruda Câmara, "até por não importar comprometimento de recursos orçamentários, pois a remuneração do concessionário se dá com a exploração econômica do serviço concedido, a lei não fixou prazo máximo de vigência desses contratos" (SUNDFELD, Carlos Ari; CÂMARA, Jacintho Arruda. Uma crítica à tendência de uniformizar com princípios o regime jurídico dos contratos públicos. *Revista de Direito Público da Economia – RDPE*, Belo Horizonte, ano 11, n. 41, p. 57-72, jan./mar. 2013).

[216] É o que expressamente determina o art. 18, XIV da Lei nº 8.987/95.

[217] GARCÍA DE ENTERRÍA, Eduardo; FERNÁNDEZ, Tomás-Ramón. *Curso de derecho administrativo*. 13. ed. Madri: Thomson Civitas, 2006. v. II. p. 763-764.

malsucedidas, referem ao fato de que a legislação mais moderna daquele país exige que os prazos a serem estabelecidos para cada concessão deverão ser objeto de estudos específicos e faz referência ao Real Decreto-Lei nº 4/2000 que, ao instituir medidas urgentes nos setores imobiliário e de transportes, determinou que sua duração "a partir de ahora habrá de fijarse en cada caso, 'de acuerdo con las características y necesidades del servicio y atendiendo a los plazos de amortización de vehículos e instalaciones', entre un mínimo de seis años y un máximo de quince". Segundo o art. 29, apartado 6, da Lei nº 9/2017,[218] que disciplina atualmente os contratos do setor público na Espanha, o prazo dos contratos de concessão deve ser calculado em função das obras e serviços que constituam o seu objeto e não poderá superar o tempo razoável para que o concessionário recupere o seu investimento.

No mesmo sentido, pode-se referir ao Código dos contratos públicos de Portugal (Decreto-Lei nº 18/2008), cujo art. 410,[219] ao tratar das concessões de obras públicas e de serviços públicos, estabelece que "o prazo de vigência do contrato é fixado em função do período de tempo necessário para amortização e remuneração, em normais condições de rendibilidade da exploração, do capital investido pelo concessionário". Na França, a Lei de Concessões, de 2016, em seu art. 34, determina que os contratos de concessão devem ter a duração limitada, a qual deve ser estabelecida em função dos investimentos a

---

[218] "Articulo 29 [...] 6. Los contratos de concesión de obras y de concesión de servicios tendrán un plazo de duración limitado, el cual se calculará en función de las obras y de los servicios que constituyan su objeto y se hará constar en el pliego de cláusulas administrativas particulares. Si la concesión de obras o de servicios sobrepasara el plazo de cinco años, la duración máxima de la misma no podrá exceder del tiempo que se calcule razonable para que el concesionario recupere las inversiones realizadas para la explotación de las obras o servicios, junto con un rendimiento sobre el capital invertido, teniendo en cuenta las inversiones necesarias para alcanzar los objetivos contractuales específicos" (ESPANHA. Legislação. *Ley 9/2017, de 8 de novembro de 2017*. Ley de Contratos del Sector Público. Disponível em: https://www.boe.es/buscar/pdf/2017/BOE-A-2017-12902-consolidado.pdf. Acesso em: 20 jul. 2023).

[219] "Art. 410º (Prazo) 1 - O prazo de vigência do contrato é fixado em função do período de tempo necessário para amortização e remuneração, em normais condições de rendibilidade da exploração, do capital investido pelo concessionário; 2 - Na falta de estipulação contratual, o prazo a que se refere o número anterior é 30 anos, nele se incluindo a duração de qualquer prorrogação contratualmente prevista, sem prejuízo de lei especial que fixe prazo supletivo diferente, ou prazo máximo; 3 - Sem prejuízo do disposto no n.º 1, o prazo inicial da concessão pode ser prorrogado com fundamento na necessidade de assegurar a amortização e remuneração, em normais condições de rendibilidade da exploração, do capital investido pelo concessionário, nos termos previstos no artigo 282.º" (PORTUGAL. Legislação. *Decreto-Lei nº 18/2008, de 29 de janeiro de 2008*. Código dos contratos públicos. Disponível em: https://www.base.gov.pt/base4/media/ferbgqli/ccp-consolidado-impic-após-lei-30-2021.pdf. Acesso em: 21 jul. 2023).

cargo do concessionário.[220] O mesmo preceito consta do novo código de compras públicas, aprovado em dezembro de 2018 e cuja vigência se iniciou em abril de 2019, que, ao tratar das concessões, também afirma a necessidade de que sejam limitadas no tempo e que o seu prazo "seja determinado em função da natureza e do montante das prestações ou dos investimentos exigidos do concessionário".[221] Também a Diretiva 2014/23[222] da União Europeia, que trata da adjudicação dos contratos de concessão, estabelece, em seu art. 18, que "as concessões têm uma duração limitada" e que a sua duração deve ser calculada "em função das obras ou serviços solicitados ao concessionário". Anteriormente, a Comunicação interpretativa da Comissão sobre as concessões em direito comunitário[223] já havia estabelecido:

> O princípio da proporcionalidade exige também que se concilie concorrência e equilíbrio financeiro; a duração da concessão deve, então, ser fixada de forma a não restringir ou limitar a livre concorrência para lá do necessário à garantia de amortização dos investimentos e a uma remuneração razoável dos capitais investidos, mantendo, ao mesmo tempo, para o concessionário, um risco inerente à exploração.

---

[220] "Article 34 - I - Les contrats de concession sont limités dans leur durée. Cette durée est déterminée par l'autorité concédante en fonction de la nature et du montant des prestations ou des investissements demandés au concessionnaire, dans les conditions prévues par voie réglementaire" (FRANÇA. Legislação. *Lei nº 2016-65, de 29 de janeiro de 2016*. Relative aux contrats de concession. Disponível em: https://www.legifrance.gouv.fr/affichTexte.do ?cidTexte=JORFTEXT000031939947&categorieLien=cid. Acesso em: 21 jul. 2023).

[221] "La durée du contrat de concession est limitée. Elle est déterminée par l'autorité concédante en fonction de la nature et du montant des prestations ou des investissements demandés au concessionnaire, dans les conditions prévues par voie réglementaire" (FRANÇA. Legislação. *Lei nº 2018-1074, de 26 de novembro de 2018*. Code de la commande publique. Article L 3114-7. Disponível em: https://www.legifrance.gouv.fr/affichCode.do?cidTexte= LEGITEXT000037701019&dateTexte=20190409. Acesso em: 20 jul. 2023).

[222] "Artigo 18º (Duração da concessão) 1. As concessões têm uma duração limitada. A autoridade adjudicante ou a entidade adjudicante calcula a duração em função das obras ou serviços solicitados ao concessionário. 2. Para as concessões de prazo superior a cinco anos, a duração máxima não pode ser superior ao prazo durante o qual um concessionário pode razoavelmente esperar recuperar os investimentos realizados para a exploração das obras ou dos serviços, a par da remuneração do capital investido, tomando em consideração os investimentos requeridos para alcançar os objetivos contratuais específicos. Os investimentos tomados em conta para efeitos do cálculo incluem tanto os investimentos iniciais como os investimentos realizados durante o prazo da concessão" (UNIÃO EUROPEIA. Legislação. Parlamento Europeu e Conselho. *Diretiva 2014/23/UE, de 26 de fevereiro de 2014 e publicada no Jornal Oficial da União Europeia, L 94/1, de 28 de março de 2014*. Relativa à adjudicação de contratos de concessão. Disponível em: https://eur-lex.europa.eu/legal-content/ PT/TXT/HTML/?uri=CELEX:32014L0023&from=pt. Acesso em: 20 jul. 2023).

[223] Publicada no *Jornal Oficial* nº C 121 de 29.04.2000, p. 2-13.

Na França, embora não houvesse até recentemente uma limitação legal ao prazo dos contratos, admitia-se o controle pelo juiz administrativo quanto ao prazo estipulado para os contratos de concessão, de modo a evitar que fossem fixadas durações excessivas, que pudessem gerar vantagens indevidas para os concessionários. Tal controle, no entanto, deve atingir apenas aqueles erros que sejam manifestos e evidentemente extrapolem os limites de razoabilidade.[224]

Apesar de não haver norma claramente estabelecida no mesmo sentido no direito brasileiro, resta claro que o prazo é um dos elementos conformantes da equação econômico-financeira dos contratos de concessão de serviço público.[225] É essencial, portanto, para a sua estipulação, que sejam considerados os investimentos a serem realizados pelo concessionário em razão das obrigações que assumirá. Deste modo, durante a modelagem da concessão, o Poder Concedente deverá, à luz das informações, projeções e estimativas que estiverem disponíveis nos estudos econômicos realizados, ponderar qual o valor presente do total de desembolsos que se espera que o concessionário seja obrigado a realizar e, diante das fontes de receitas à sua disposição e considerando uma taxa interna de retorno que pareça adequada, verificar qual será o prazo necessário para a amortização desses investimentos.

Note-se que não se trata apenas de avaliar a necessidade de amortizar os bens reversíveis, de que se cuidará em capítulo próprio a seguir, mas o conjunto de todos os investimentos que o concessionário deverá realizar, inclusive em atividades de operação e manutenção, assim como os seus custos administrativos e todo e qualquer desembolso que se vislumbre como necessário durante o período da concessão, como exemplo, os pagamentos que sejam exigidos em contrapartida da outorga. Por outro lado, também não deve ser considerada apenas a receita oriunda da cobrança de tarifa, mas todo e qualquer benefício recebido pelo concessionário, como as previsões de recebimento de

---

[224] "Deux séries d; observations résultent de ces dispositions qui, compte tenue de leur souplesse, laissent aux cocontractantes une marge de négociation d'autant plus large que le juge administratif se contente d'effectuer sur ces durées un simple contrôle de l'erreur manifeste d'appréciation" (BRACONNIER, Stéphane. *Droit des services publics*. 2. ed. Paris: PUF, 2007. p. 511). No mesmo sentido: "Néanmoins, depuis l'intervention du fondement législatif unifiant la catégorie, il a rappelé qu'il se reconnaît le pouvoir d'apprécier une éventuelle erreur manifeste d'appréciation portant sur la durée de tels contrats" (GUGLIELMI, Gilles J. *et alli*. *Droit du service public*. 4. ed. Issy-les-Moulineaux: LGDJ, 2016. p. 801).

[225] "O prazo é um dos elementos determinantes na conformação do equilíbrio econômico-financeiro dos contratos de infraestrutura duradouros, em especial das PPPs" (GARCIA, Flávio Amaral. *Concessões, parcerias e regulação*. São Paulo: Malheiros, 2019. p. 217)

receitas alternativas, complementares e acessórias, os recursos estimados oriundos da exploração de projetos associados que sejam autorizados no âmbito da concessão e eventuais subsídios ou contrapartidas a serem oferecidas pela própria Administração Pública, notadamente nos casos de parcerias público-privadas.

Quanto às receitas não tarifárias que podem ser auferidas em uma concessão de serviço público, Letícia Queiroz oferece excelente sistematização de suas diferentes espécies.[226] Segundo a classificação que adota, *receitas alternativas* são aquelas que, ainda que estejam diretamente relacionadas ao objeto do serviço prestado, não são cobradas do seu usuário direto e se configuram, muitas vezes, como a principal fonte de receita da concessão, apresentando-se, portanto, como uma verdadeira alternativa à cobrança da tarifa. É o que ocorre, por exemplo, nas concessões de radiodifusão sonora e de sons e imagens, nas quais os concessionários não cobram tarifa de seus ouvintes ou telespectadores,[227] extraindo seu faturamento de uma fonte alternativa de recursos, que é a exploração de atividade publicitária nos intervalos de sua programação regular. Note-se que, neste caso, o usuário usufrui gratuitamente do serviço, que é integralmente custeado por receitas alternativas.

Há outros serviços públicos nos quais também é possível a exploração de atividades publicitárias. É comum observar, por exemplo, o uso da carroceria dos ônibus que prestam serviços públicos de transporte para a exibição de propagandas comerciais. O mesmo se dá nos espaços das estações de trem, metrô, barcas, rodoviárias ou aeroportos. Nesses casos, no entanto, apesar de estar relacionada ao objeto da concessão e depender da utilização dos bens que lhe estão afetos, essa fonte de receita não exclui a cobrança de tarifa dos usuários, de modo que se configuram como uma *receita acessória,* assim como as oriundas do pagamento, por terceiros não usuários do serviço, pelo uso da faixa de domínio de rodovias ou ferrovias, por exemplo, para fins de instalação de postes de eletricidade, gasodutos ou eletrodutos para a

---

[226] ANDRADE, Letícia Queiroz de. *Teoria das relações jurídicas da prestação de serviço público sob regime de concessão.* 1. ed. São Paulo: Malheiros, 2015. p. 148-149.

[227] "[...] aspecto marcante do serviço público de radiodifusão e da sua concessão, é a ausência de recebimento de remuneração pelo concessionário por parte dos usuários" (ROCHA, Iggor Gomes. Concessão de serviço público e parceria público-privada: da garantia ao equilíbrio econômico-financeiro à partilha contratual de riscos. *In*: GONÇALVES, Guilherme de Salles; GABARDO, Emerson (Coord.). *Direito da infraestrutura*: temas de organização do Estado, serviços públicos e intervenção administrativa. Belo Horizonte: Fórum, 2012).

passagem de cabos de internet ou, ainda, o uso da própria infraestrutura para finalidade não relacionada ao objeto do serviço, como a fixação de antenas em edificações para a transmissão de sinais de telefonia celular.

Por fim, são *receitas complementares* aquelas que não se relacionam com a prestação do serviço, nem se valem da infraestrutura a ele associada, como exemplo, as receitas financeiras, oriundas de investimentos mantidos em instituições bancárias, assim como subsídios ou contrapartidas recebidos diretamente do Poder Concedente.

Há que se considerar, ainda, os *projetos associados* à concessão, que são aqueles associados à atividade prestada em regime de serviço público, mas com características técnicas e financeiras autônomas. Não se confundem com a atividade objeto da concessão e, por isso, mantêm sua natureza de atividade econômica privada. No entanto, integram-se àquele serviço público, potencializando os seus ganhos.[228] Isso ocorre, por exemplo, quando se associa a um aterro sanitário uma usina de geração de energia elétrica para o aproveitamento do biogás a ser gerado; ou quando o Poder Concedente permite ao concessionário a exploração de um bem imóvel da concessão, especialmente valorizado em razão das melhorias inerentes à implementação do serviço. Exemplo emblemático pode ser a autorização para que, após o encerramento das obras para a implantação de uma linha do metrô, o concessionário explore os terrenos usados nas escavações para a implantação de projetos imobiliários. São também muito comuns projetos dessa natureza associados à exploração de infraestruturas aeroportuárias, com a implantação, na área do aeroporto, de centros comerciais, centros de convenções, hospitais e até mesmo zoológicos e parque de diversões, como se tem notícia pelo mundo.

Fica claro, portanto, que a definição do prazo das concessões deve ser realizada pelo Poder Concedente após um exame detido dos principais elementos da equação econômico-financeira do contrato.

---

[228] "É claro que, fixada sua natureza como atividade econômica em sentido estrito, tais atividades não estarão submetidas ao mesmo regime jurídico da concessão, na acepção de que não se submetem ao regime jurídico do serviço público. Como atividade econômica em sentido estrito, estão subjugadas ao disposto no art. 170 da Constituição (caput e parágrafo único). Contudo, estarão economicamente integradas com a concessão, sujeitas, portanto, a determinadas prerrogativas administrativas de controle e fiscalização (artigos 29, I, 30 e 31 da Lei nº 8.987/95). Na medida em que a prestação destas atividades gera receita à prestação do serviço público, passa a integrar a equação econômico-financeira da concessão, merecendo daí a tutela administrativa correspondente" (GUIMARÃES, Fernando Vernalha. As receitas alternativas nas concessões de serviços públicos no direito brasileiro. *Revista de Direito Público da Economia – RDPE*, Belo Horizonte, ano 6, n. 21, p. 121-148, jan./mar. 2008).

Contudo, esse não é o único fator que deve ser levado em conta. Uma questão importante a ser considerada diz respeito à vida útil do ativo, especialmente quando a prestação do serviço se baseia em uma infraestrutura principal. Em geral, não faz sentido estabelecer um prazo para a concessão maior do que a duração restante da vida útil da infraestrutura de base. Assim, especialmente nos casos em que se procede a uma nova licitação para a exploração de uma infraestrutura já amortizada, deve-se tomar o cuidado de avaliar qual o período ainda disponível para a sua vida útil. Se o contrato for firmado por período mais longo do que o adequado, é possível que, ao final da concessão, surjam variados problemas em razão do seu esgotamento ou se revelem imprescindíveis investimentos vultosos para a implantação de uma infraestrutura nova no final do prazo do contrato, o que, como já vimos, não é recomendável.

Por outro lado, a não ser nos casos de infraestruturas com vida útil especialmente longa,[229] pode não ser adequado fixar um prazo para a concessão muito inferior à sua vida útil estimada. Caso o contrato comporte a possibilidade de vários períodos sucessivos de prorrogação, não haverá maiores problemas. Em outros casos, no entanto, pode ser recomendável aproximar o termo final da concessão do final da vida útil da infraestrutura, pois assim, sabendo que irá explorá-la até momento próximo de seu esgotamento, o concessionário terá estímulos para realizar os serviços de manutenção adequados e adotar os cuidados com a operação, buscando uma relação de custo-benefício eficiente em suas decisões.[230]

Especialmente no Brasil, onde frequentemente são praticadas *taxas de juros* bastante elevadas, também é importante considerar que

---

[229] Na Nota Técnica Final RTS/004/2014, elaborada pela Agência Reguladora de Saneamento e Energia do Estado de São Paulo – ARSESP, para a primeira revisão tarifária da Sabesp, por exemplo, afirmou-se, à p. 38, ter sido adotada a premissa de uma vida útil de 44 anos para os ativos resultantes de investimentos novos. A nota pode ser consultada em http://www.sabesp.com.br/sabesp/filesmng.nsf/BD85ACBFF3D37A0D83257CC2006A52D1/$File/NT_RTS_004_2014.pdf (Acesso em: 10 jul. 2019). No caso da usina hidrelétrica de Itaipu, consta na página eletrônica da empresa Itaipu Binacional a informação de que "estudos geológicos apontam uma vida útil de no mínimo 200 anos", o que pode ser conferido em https://www.itaipu.gov.br/sala-de-imprensa/perguntas-frequentes (Acesso em: 10 jul. 2019). Os exemplos constam em: PRADO, Lucas Navarro; PINHEIRO, Luís Felipe Valerim. O tempo nas concessões de infraestrutura: prazo de vigência de sua prorrogação. *In*: MARCATO, Fernando S.; PINTO JR., Mario Engler (Coord.). *Direito da Infraestrutura*. São Paulo: Saraiva, 2017. v. 1. p. 431-432.

[230] PRADO, Lucas Navarro; PINHEIRO, Luís Felipe Valerim. O tempo nas concessões de infraestrutura: prazo de vigência de sua prorrogação. *In*: MARCATO, Fernando S.; PINTO JR., Mario Engler (Coord.). *Direito da Infraestrutura*. São Paulo: Saraiva, 2017. v. 1. p. 432.

não é vantajoso para a Administração Pública o estabelecimento de prazos especialmente longos para as concessões. Isso porque, como vimos na parte final do tópico 1.4.1 acima, nas avaliações econômicas que realizam para participar das licitações, os interessados em assumir a concessão estimam um fluxo de receitas e um fluxo de desembolsos distribuídos no tempo e calculam o valor presente desses valores. O cálculo desse valor presente se faz pela aplicação de uma taxa de desconto, que será tanto mais elevada quanto mais distantes os valores se encontrarem do momento atual. Essa taxa de desconto compreensivelmente acompanha as taxas de juros praticadas no país. Como se sabe, embora dependa de condições macroeconômicas e da política monetária adotada em cada época, há uma tradição brasileira em praticar taxas de juros elevadas. Quando da primeira rodada de concessões rodoviárias, por exemplo, foram praticadas taxas de desconto da ordem dos 23 a 27%. Deste modo, especialmente em projetos cujos investimentos são concentrados no início do período da concessão, quanto mais afastadas no tempo estiverem as receitas estimadas, menos relevância elas terão para os cálculos de amortização elaborados na fase de preparação das propostas, pois serão fortemente impactadas pelas taxas de desconto. A consequência, portanto, é que, a partir de determinado ponto, "o acréscimo de prazo [...] terá um efeito muito pouco significativo em termos de viabilidade econômico-financeira do projeto".[231]

Deve-se considerar, ainda, o perfil de *alongamento das linhas de crédito* disponíveis no mercado financeiro local para o financiamento de infraestruturas. Isso porque, também, não adiantará prever longos prazos de duração do contrato de concessão, se o futuro concessionário não encontrar meio de financiar o seu investimento por um período de tempo equivalente.[232] As instituições financeiras, como se sabe,

---

[231] PRADO, Lucas Navarro; PINHEIRO, Luís Felipe Valerim. O tempo nas concessões de infraestrutura: prazo de vigência de sua prorrogação. *In*: MARCATO, Fernando S.; PINTO JR., Mario Engler (Coord.). *Direito da Infraestrutura*. São Paulo: Saraiva, 2017. v. 1. p. 431.

[232] Como ressalta Luiz Chrysostomo de Oliveira Filho, esse é um dos grandes desafios dos projetos de implementação de concessões de longo prazo no Brasil, especialmente relacionadas à implementação de infraestrutura, que usualmente demandam investimentos vultosos que impõem prazos alongados de amortização: "Com um mercado de capitais com volumes ainda restritos, um baixo nível de poupança interna, forte presença estatal no *funding* de longo prazo e um sistema bancário concentrado (com passivos predominantemente de curto prazo), a disponibilidade de recursos de longo prazo e os instrumentos daí decorrentes mostram o lado desafiador do financiamento dos investimentos" (OLIVEIRA FILHO, Luiz Chrysostomo de. Financiamento de longo prazo e mercado de capitais em investimentos de infraestrutura: novas concessões e parcerias público-privadas. *In*: OLIVEIRA, Gesner; OLIVEIRA FILHO, Luiz Chrysostomo (Org.). *Parcerias público-privadas*: experiências, desafios e propostas. Rio de Janeiro: LTC, 2013. p. 358).

exigem a demonstração de um fluxo de caixa proporcional às parcelas do financiamento vincendas em cada mês. Assim, se o prazo do endividamento for muito inferior ao período calculado para a sua amortização, que levará em conta a integralidade do prazo contratual, dificilmente os fluxos gerados serão suficientes para lastrear o empréstimo, exigindo o aporte de maior volume de recursos próprios, o que, além de encarecer o projeto, pelo custo normalmente elevado do capital próprio dos investidores, ainda reduzirá a atratividade do negócio. Deste modo, a fixação de prazos demasiadamente extensos pode acabar tendo um efeito contrário ao esperado. Segundo Lucas Prado e Luís Felipe Valerim, por essa razão, "no Brasil, dificilmente se justificariam contratos de concessão por prazos superiores a 30 anos".[233]

Por outro lado, em alguns casos, a própria *premissa da amortização integral ao final do prazo* pode ser questionada.[234] Isso ocorre especialmente naqueles projetos em que o investimento não é concentrado no início do período da concessão, mas diluído ao longo de toda a sua duração, como exemplo, no caso das distribuidoras de energia elétrica, gás canalizado ou companhias de água e esgoto, que necessitam investir constantemente na rede para acompanhar o crescimento vegetativo da população; ou empresas de telecomunicações, em que os constantes avanços tecnológicos impõem um fluxo contínuo de investimentos em modernização, sem os quais sua rede rapidamente se torna obsoleta. Tendo em vista que os investimentos provavelmente continuarão elevados no final do período da concessão e que os benefícios gerados, especialmente pelos investimentos realizados nos últimos anos, se perpetuarão muito além da duração da concessão atual,

---

[233] PRADO, Lucas Navarro; PINHEIRO, Luís Felipe Valerim. O tempo nas concessões de infraestrutura: prazo de vigência de sua prorrogação. *In*: MARCATO, Fernando S.; PINTO JR., Mario Engler (Coord.). *Direito da Infraestrutura*. São Paulo: Saraiva, 2017. v. 1. p. 429.

[234] "Aliás, questiona-se até mesmo a premissa de que o investimento precisa ser amortizado integralmente no prazo da concessão de maneira que, ao final, não exista saldo residual a ser indenizado" (PRADO, Lucas Navarro; PINHEIRO, Luís Felipe Valerim. O tempo nas concessões de infraestrutura: prazo de vigência de sua prorrogação. *In*: MARCATO, Fernando S.; PINTO JR., Mario Engler (Coord.). *Direito da Infraestrutura*. São Paulo: Saraiva, 2017. v. 1. p. 425). Na França, Nathalie Vinci relata jurisprudência do Conselho de Estado que reconhece a possibilidade de que a modelagem da concessão reconheça, na partida, a necessidade de indenização ao final, rejeitando, então, a premissa de amortização integral como obrigatória: "Toutefois, de Conseil d'État a jugé qu'il n'est pas nécessaire que la durée initiale permette d'amortir intégralement ces investissements, le délégataire pouvant être indemnisé de la part non amortie à l'issue de la convention [CE, 4 juillet 2012, Communauté d'agglomération de Chartres Métropole (CACM), Veolia eau – Compagnie générale des eaux, req. 352417]" (VINCI, Nathalie. *Mettre fin à une délégation de service public*. Voiron: Territorial, 2014. p. 11).

exigir sua completa amortização dentro desse período poderá onerar excessivamente a equação econômico-financeira do contrato, causando uma elevação indesejada das tarifas. O mais racional nesses casos pode ser, portanto, prever, desde o início, o pagamento de uma indenização ao final do prazo contratual,[235] preferencialmente a ser arcada pelo novo concessionário, a quem seria transferida essa obrigação por meio da incorporação no edital e respectivo contrato de uma obrigação, atribuída ao sucessor, referente ao pagamento pelo valor da outorga, em montante equivalente ao devido para o concessionário *sainte*.[236]

A fixação do prazo de um contrato de concessão imporá sempre, de qualquer forma, a consideração e o exame de uma série de fatores, entre os quais a formação de uma equação econômico-financeira para o contrato e a definição do montante dos investimentos esperados são apenas alguns exemplos. Essa decisão, apesar de ser fundada em aspectos técnicos, possuirá certamente um grau elevado de discricionariedade. Cabe, portanto, à Administração Pública fundamentá-la adequadamente e demonstrar as razões que presidiram as suas escolhas.[237] Infelizmente não tem sido essa a prática recorrente na realidade

---

[235] "Enfin, il est possible de prévoir une durée plus courte que celle de l'amortissement économique des investissements du délégataire en la compensant par le versement à celui-ci d'une indemnité de fin de contrat" (GUGLIELMI, Gilles J. *et alli*. *Droit du service public*. 4. ed. Issy-les-Moulineaux: LGDJ, 2016. p. 804). Rafael Schwind também aborda a questão, afirmando que "é perfeitamente possível que o prazo do contrato de PPP não seja suficiente para a amortização integral do investimento" (SCHWIND, Rafael Wallbach. *Remuneração do concessionário*: concessões comuns e parcerias público-privadas. Belo Horizonte: Fórum, 2010).

[236] "Esse problema é particularmente relevante nos casos em que o nível de investimento permanece relevante ao longo da concessão, especialmente nos seus últimos anos. Pretender, nesses casos, a amortização integral dos investimentos no prazo da concessão implicaria (a) aumentos tarifários relevantes nos últimos anos de vigência contratual e/ou (b) o início da remuneração do investimento muito antes de sua efetiva realização. [...] a alternativa mais razoável, nessas hipóteses, parece ser a previsão de pagamento por meio de cobrança de valor de outorga a ser pago pelo novo concessionário" (PRADO, Lucas Navarro; PINHEIRO, Luís Felipe Valerim. O tempo nas concessões de infraestrutura: prazo de vigência de sua prorrogação. *In*: MARCATO, Fernando S.; PINTO JR., Mario Engler (Coord.). *Direito da Infraestrutura*. São Paulo: Saraiva, 2017. v. 1. p. 426).

[237] Nos dizeres de Antônio Carlos Cintra do Amaral, "O prazo da concessão de serviço público não pode ser livremente estipulado. Ele deve resultar de sólidos estudos de viabilidade econômico-financeira. Deve ser estabelecido em função da equação econômica do contrato, que é composta de custos, mais lucro, mais amortização de investimentos, menos receitas alternativas e acessórias. O prazo da concessão não deve ser superior nem inferior ao necessário à amortização dos investimentos previstos, considerada a equação econômica do contrato em sua totalidade" (AMARAL, Antônio Carlos Cintra do. *Concessão de serviço público*. 2. ed. São Paulo: Malheiros, 1996. p. 86). No mesmo sentido, Flávio Amaral Garcia sustenta que "O prazo nos contratos de infraestrutura duradouros não pode ser fixado aleatoriamente ou, mesmo, orientado por critérios que se afastem da equação dinamizada pelos vetores dos investimentos e custos alocados no projeto e o tempo necessário para

brasileira e, em geral, se observa a fixação de prazo para as concessões de forma mais ou menos aleatória, baseada na tradição, em costumes e em uma certa percepção empírica daqueles que são incumbidos de orientar esse tipo de decisão.[238]

Como já há muito adverte Antônio Carlos Cintra do Amaral, "na prática, nem sempre a fixação do prazo tem sido sustentada em um sólido embasamento econômico".[239] Deve-se exigir, no entanto, que haja mais reflexão a esse respeito e que, na fase de planejamento, haja um

---

a sua amortização. Desse aspecto advém a importância de que a definição do prazo seja objeto de motivação clara, congruente, racional e transparente, que permita aos operadores econômicos avaliar a coerência e sua razoabilidade com os demais elementos que integram o núcleo do equilíbrio econômico-financeiro do contrato [...]" (GARCIA, Flávio Amaral. *Concessões, parcerias e regulação*. São Paulo: Malheiros, 2019. p. 219). Também Rafael Véras e Leonardo Coelho tratam do assunto, afirmando que "[...] o estabelecimento do período de tempo em que tal espécie contratual vigorará vem sendo constantemente estabelecido, de forma aleatória, pelo poder público. Por ocasião dos procedimentos licitatórios, são estabelecidos números 'cabalísticos', representados, por exemplo, pela expressão 'este contrato terá vigência de 25 anos', e mandamentos, acriticamente repetidos, do tipo 'e será prorrogado, por uma única vez, por igual período, a critério do Poder Concedente'. São expressões que parecem esclarecedoras, mas que, na verdade, causam toda a sorte de insegurança jurídica para quem pretende aportar investimentos em contratos de longo prazo. Daí a relevância de se afirmar, desde logo, que os prazos dos contratos de concessão não devem ser fixados de forma imotivada" (FREITAS, Rafael Véras de; RIBEIRO, Leonardo Coelho. O prazo como elemento da economia contratual das concessões: as espécies de 'prorrogação'. *In*: MOREIRA, Egon Bockmann (Coord.). *Contratos administrativos, equilíbrio econômico-financeiro e a taxa interna de retorno*. Belo Horizonte: Fórum, 2016. p. 283). Para Mariana Dall'Agnol Canto e Rafaella Guzela, "[...] o prazo estipulado para a vigência contratual não constitui decisão randômica ou meramente discricionária do Poder Concedente. Isso porque não será ele determinado aleatoriamente, mas estabelecido em observância a complexos cálculos e estudos envolvendo engenharia econômico-financeira. O emprego de técnicas adequadas resultará no lapso de tempo ideal, capaz de garantir a amortização dos investimentos então previstos, de gerar receitas necessárias à consecução do empreendimento e de conferir adequada remuneração do capital investido pelo concessionário. Tal prazo é assim ajustado com base em critérios objetivos e não pode ser inferior ou superior àquele necessário à realização do projeto concessionário" (CANTO, Mariana Dall'Agnol; GUZELA, Rafaella Peçanha. Prorrogações contratuais em contratos de concessão. *In*: MOREIRA, Egon Bockmann (Coord.). *Contratos administrativos, equilíbrio econômico-financeiro e a taxa interna de retorno*. Belo Horizonte: Fórum, 2016. p. 217).

[238] "Nada obstante, o estabelecimento do período de tempo em que tal espécie contratual vigorará vem sendo constantemente estabelecido, de forma aleatória, pelo poder público. Por ocasião dos procedimentos licitatórios, são estabelecidos números 'cabalísticos', representados, por exemplo, pela expressão 'este contrato terá vigência de 25 anos', e mandamentos, acriticamente repetidos, do tipo 'e será prorrogado, por uma única vez, por igual período, a critério do Poder Concedente" (FREITAS, Rafael Véras de; RIBEIRO, Leonardo Coelho. O prazo como elemento da economia contratual das concessões: as espécies de 'prorrogação'. *In*: MOREIRA, Egon Bockmann (Coord.). *Contratos administrativos, equilíbrio econômico-financeiro e a taxa interna de retorno*. Belo Horizonte: Fórum, 2016. p. 283).

[239] AMARAL, Antônio Carlos Cintra do. *Concessão de serviço público*. 2. ed. São Paulo: Malheiros, 1996. p. 87.

esforço de motivação quanto à fixação dos prazos contratuais, demonstrando-se qual o racional que recomenda o prazo fixado em cada caso. Não se devem tolerar, portanto, prazos fixados arbitrariamente, com base em usos e costumes e sem levar em conta os aspectos específicos de cada modelo de contratação. O prazo dos contratos de concessão deve ser fixado à luz do estudo de viabilidade econômica elaborado, devendo estar adequadamente motivada a decisão que aprovar a modelagem como um todo, que inclui, obviamente, a definição do aspecto temporal.

CAPÍTULO 2

PRORROGAÇÃO

2.1 Aspectos gerais
2.1.1 Quando se justifica

No Brasil, como se viu, a opção constitucional foi a de regulação contratual dos serviços públicos e a opção legislativa tem sido, em geral, a opção pelo modelo de regulação contratual por agências. Isso significa que sempre haverá um contrato firmado entre o Poder Concedente e um concessionário, o qual terá necessariamente um prazo certo e determinado (ou, ao menos, determinável). Deve-se reconhecer, no entanto, que ainda são pouco numerosos, na prática brasileira, os exemplos de concessões que se encerram pelo decurso de prazo. Isso se deve, em parte, pelo fato de que as concessões voltaram a ser utilizadas com maior frequência, a partir da década de 90, quando se consolidaram como um importante instrumento de regulação. São, portanto, ainda pouco frequentes os casos em que se esgotaram completamente os prazos estipulados e, quando isso acontece, o mais comum é a opção pela prorrogação, geralmente prevista nos contratos de concessão.

No passado, antes da aprovação da Lei Geral de Concessões (Lei nº 8.987/95), havia certa cultura entranhada na prática jurídica, não só no Brasil, mas também em outros países que se valem dos contratos de concessão, de prolongamento indeterminado dos prazos, por meio de prorrogações sucessivas. Nathalie Vinci, autora de uma das poucas monografias que estudam o fim dos contratos de delegação de serviço público,[240] examinando a realidade francesa, se refere ao julgamento

---

[240] "L'arrêt du Conseil d'État du 8 avril 2009 'Compagnie générale des eaux c/ Commune d'Olivet' a fait certainement prendre conscience aux collectivités délégantes et aux

do caso *Commune d'Olivet*,²⁴¹ pelo Conselho de Estado, como um marco para que os diversos agentes envolvidos tomassem consciência de que, em algum momento, os contratos de concessão devem se encerrar:

> A decisão do Conselho de Estado, de 8 de abril de 2009, "*Compagnie générale des eaux c/ Commune d'Olivet*", certamente fez as entidades delegadoras e os delegatários perceberem que os contratos de delegação de serviço público, mesmo os mais antigos, especialmente estes, tinham que acabar em algum momento, e mais importante ainda, que esse término precisava ser organizado. De fato, visto que os contratos de delegação de serviço público são geralmente de longa duração e as condições e modalidades de saída nem sempre são previstas no momento da assinatura, sair de uma delegação, independentemente do método de gestão escolhido para o futuro, nunca é fácil, dada a quantidade de parâmetros a serem considerados.

O caso *Commune d'Olivet* é particularmente interessante. Ele foi proferido após a aprovação da Lei Sapin que, na França, pela primeira vez tratou dos prazos dos contratos de concessão. Em sua decisão, o Conselho de Estado entendeu que, mesmo no caso dos contratos de concessão firmados anteriormente à promulgação da Lei Sapin, cujos prazos haviam sido estipulados de maneira arbitrária,²⁴² caberia

---

délégataires que les contrats de délégation de service public, même les plus anciens, surtout ces derniers, devaient non seulement à un moment donné prendre fin, mais surtout que ce terme devait être organisé. En effet, les contrats de délégation de service public étant généralement de durée longue et les conditions et modalités de sortie n'étant pas forcément prévues au moment de la passation, sortir d'une délégation, quel que soit d'ailleurs le mode de gestion choisi pour la suite, n'est jamais aisé, tant les paramètres à prendre en compte sont nombreux" (VINCI, Nathalie. *Mettre fin à une délégation de service public*. Voiron: Territorial, 2014. p. 5).

²⁴¹ FRANÇA. Jurisprudência. Conselho de Estado. *Caso Commune d'Olivet, nº 271737, julgado em 8 de abril de 2009 e publicado no recueil Lebon. Dispositions législatives limitant la durée des délégations de service public (art. 40 de la loi du 29 janvier 1993 et art. 75 de la loi du 2 février 1995) - Application aux conventions conclues avant l'entrée en vigueur de ces dispositions législatives*. Disponível em: https://www.legifrance.gouv.fr/affichJuriAdmin.do?idTexte=CETATEXT000021345371. Acesso em: 1º abr. 2019.

²⁴² Hélène Hoepffner, em tese dedicada à modificação dos contratos administrativos, ao tratar da modificação de sua duração, dá especial atenção aos contratos de concessão e afirma que, antes da Lei Sapin houve, até 1982, um sistema de regulação ministerial, que vinculava as coletividades locais, por meio do qual havia normas administrativas que estabeleciam prazos máximos para os contratos. No entanto, entre a revogação desse regime e o advento da lei de transparência e combate à corrupção, em 1994, que determinou a fixação dos prazos proporcionalmente aos investimentos e restringiu as prorrogações, houve um período de liberdade quase absoluta, que resultou em abusos (HOEPFFNER, Hélène. *La modification du contract administratif*. Paris: LGDJ, 2009. p. 241). No mesmo sentido: "La durée des conventions de délégation de service public a suscité bon nombre d'interrogations au regard notamment de durées parfois excessives de certains contrats bien supérieurs

ao juiz administrativo aplicar a nova lei, determinando os prazos restantes, de acordo com o volume de investimentos ainda pendentes de amortização, já incluindo eventuais prorrogações e assegurando que não fossem geradas rendas indevidas para o concessionário incumbente. Ao final do prazo necessário para concluir as amortizações necessárias, a Administração deveria proceder a uma nova licitação.[243]

Não há dúvida de que o estabelecimento de prazos para a duração das concessões causa transtornos, não só para o concessionário, como para a própria Administração Pública. Nesse sentido, é possível adotar modelos de regulação para os serviços públicos que não se utilizem de contratos e, portanto, não se submetam a prazos predefinidos. O sistema atual de regulação das *public utilities* nos Estados Unidos, que se vale das agências reguladoras, sem que haja vínculos contratuais com os prestadores de serviço, poderia facilmente ser adaptado para as atividades qualificadas como serviços públicos no Brasil. No tópico 1.2, acima, procurou-se demonstrar algumas das principais vantagens e desvantagens de se optar pelo modelo contratual. No final das contas, trata-se de uma opção legislativa. No Brasil, na verdade, uma opção adotada pelo constituinte, ao consagrar, no art. 175, o modelo contratual. Esse modelo contratual vem usualmente amalgamado ao modelo de agências reguladoras, seja por força de determinação constitucional direta – inserida em seu texto por ocasião das reformas constitucionais liberalizantes da década de 90 –, como no caso das atividades de telecomunicação (art. 21, XI, CRFB) ou relacionadas ao monopólio do petróleo (art. 177, §2º, III, CRFB) ou, na maioria das vezes, por força de legislação ordinária. Produziu-se, assim, no Brasil, o modelo misto, atualmente em vigor para a regulação da maior parte das atividades econômicas mais relevantes.

Uma das características desse modelo misto, como já se destacou anteriormente, no tópico 1.2.2 acima, é a segurança jurídica oferecida aos concessionários, por meio de um compromisso contratual formalmente

---

à la durée d'amortissement des installations réalisées, conventions qui d'ailleurs étaient renouvelées par tacite reconduction" (BENCHENDIKH, François. *L'essentiel de la délégation de service public*. Issy-les-Moulineaux: Gualino, 2014. p. 69).

[243] "[...] le Conseil d'État a mis un terme aux délégations conclues avant 1993 ou 1995 [...] d'une durée très longue et susceptible de générer des rentes économiques indues en l'absence de charges à amortir. [...] déterminer de manière précise la procédure à suivre par le juge saisi d'une convention conclue antérieurement à l'entrée en vigueur de l'article 40 de la loi Sapin. [...] prévoit que la durée des délégations de service public doit être limitée et fixée en fonction de la nature des prestations ou des investissements réalisés par le délégataire" (VINCI, Nathalie. *Mettre fin à une délégation de service public*. Voiron: Territorial, 2014. p. 22-23).

estabelecido por um prazo predeterminado, durante o qual o Poder Concedente se obriga a respeitar o equilíbrio da equação econômico-financeira contratada. Em países em desenvolvimento, esse modelo contratual pode representar uma significativa vantagem. Se, tradicionalmente, um dos principais problemas para a atração de investidores ao Brasil é exatamente a falta de segurança jurídica, pode-se imaginar que essa percepção fosse ainda mais aguda caso a exploração dessas atividades, sujeitas a uma intensa regulação, se desse sem a proteção de um vínculo contratual. A combinação, nesse modelo, com a utilização de agências reguladoras serve para aumentar ainda mais a segurança dos investidores, já que as agências, ao menos em tese, possuem autonomia reforçada e estão menos sujeitas a influências político-partidárias no seu processo decisório.[244]

Pode-se especular, assim, que seja essa uma das principais razões pelas quais acabou se consolidando no Brasil o modelo contratual por agência para a regulação dos serviços públicos. Sua adoção pode ser explicada, também, pelo objetivo de criar no país um ambiente jurídico mais familiar aos investidores estrangeiros (notadamente os provenientes dos Estados Unidos) que se intencionavam atrair quando das reformas neoliberais dos anos 90, quando foram introduzidas no Brasil as agências reguladoras, muito utilizadas no direito estadunidense, produzindo nos investidores uma maior familiaridade com o ambiente jurídico nacional.

Amalgamaram-se, assim, ambos os modelos e a regulação dos serviços públicos, no Brasil, continuou se valendo dos contratos, por meio dos quais o Estado assume um compromisso firme, formal e com prazo certo, de respeitar o equilíbrio da equação econômico-financeira decorrente das condições contratadas; assim como das agências reguladoras, instituições bem conhecidas dos investidores internacionais.

O aprazamento do vínculo estabelecido entre o concessionário e o Poder Concedente, no entanto, não produz apenas efeitos benéficos,

---

[244] Gustavo Binenbojm retrata muito bem esse contexto: "Com efeito, a superação da crise econômico-gerencial do estado brasileiro, cujo auge se atingiu na década de 198, passava pela reformulação das estratégias de intervenção do Estado na economia. [...] o modelo de Estado empresário [...] foi substituído [...] pelo modelo de Estado regulador [...]. O sucesso da aludida conversão dependia, contudo, de maciça atração de capital privado e, para tanto, fazia-se imprescindível superar a histórica crise de credibilidade do país [...]. Nisso reside, fundamentalmente, a razão da escolha pelo modelo de agências reguladoras: entidades com grau reforçado de autonomia, investidas de funções técnicas e, sobretudo, imunizadas das ingerências político-partidárias" (BINENBOJM, Gustavo. *Uma teoria do direito administrativo*: direitos fundamentais, democracia e constitucionalização. Rio de Janeiro: Renovar, 2006. p. 249).

como já se expôs. É preciso considerar, no entanto, que, tendo havido a opção do constituinte pelo modelo contratual a prazo certo, não se revela correto criar mecanismos legais, jurisprudenciais ou doutrinários, que conduzam à possibilidade de adoção de prorrogações sucessivas e ilimitadas. Como ficou claro no tópico 1.3 acima, ainda que pudesse haver vantagens em adotar um modelo sem prazo determinado, o modelo brasileiro de regulação de serviços públicos consiste em limitar as concessões no tempo. Assim, a advertência de Nathalie Vinci, relacionada à realidade francesa, pode ser perfeitamente transposta para a realidade brasileira, permitindo que se afirme a necessidade da tomada de consciência por parte dos operadores jurídicos nacionais de que as concessões, em algum momento, devem ter um fim. É imprescindível, ainda, que esse momento possa ser determinado previamente. Ou seja, em todo e qualquer contrato de concessão, deve ser possível indicar qual a data a partir da qual não haverá mais nenhuma possibilidade de extensão do prazo contratual, qualquer que seja a sua finalidade.

Se o prazo dos contratos deve ser certo e determinado, permitir que suas prorrogações sejam sucessivas, sem que se possa determinar um limite máximo de tempo que possam alcançar, seria uma forma de subverter a limitação temporal dos contratos. Essa é uma das principais razões pela qual não se admite que mesmo as prorrogações extraordinárias, ainda quando fundadas na necessidade de reequilibrar a economia dos contratos de concessão, possam ocorrer de maneira automática ou sem que se sujeitem aos parâmetros e limites contratuais e legais, como será tratado no tópico 2.2.2.1 a seguir.

É preciso reconhecer, por outro lado, que a redação do próprio art. 175 da Constituição autoriza expressamente as prorrogações dos contratos de concessão e permissão de serviço público, as quais são legítimas. Nesse sentido, deve-se admitir que *há situações em que prorrogar o contrato pode ser mais vantajoso do que licitar*. Há diversas razões que podem levar a essa conclusão, como a possibilidade de manter, em tempos de crise e de retração de investimentos, condições vantajosas contratadas anteriormente, permitir o reequilíbrio do contrato, sem aumentar tarifas nem onerar o orçamento público; adaptar condições estipuladas em contratos complexos, sem lapso de continuidade; manter em operação um bom prestador de serviço e tantas outras listadas no tópico 1.2.1 acima, que podem ser identificadas em determinados casos concretos e fundamentar decisões quanto à prorrogação de contratos em vigor.

Não nos parece correta, portanto, uma percepção difundida na cultura jurídica nacional – que se difunde intensamente na teoria e raríssimamente se reflete na prática – de que a regra deve sempre ser a realização da licitação e a prorrogação deve ocorrer apenas em situações excepcionais, muito bem fundamentadas. Ora, a prorrogação é expressamente prevista no texto constitucional, na legislação ordinária e nos contratos. *Prorrogar o contrato deve ser visto como algo natural.*[245] Obviamente, sempre dependerá de uma decisão discricionária da Administração Pública, que deverá ser fundamentada.[246] Mas não deve ser vista como algo extraordinário. Ao contrário, trata-se de providência ordinária, previamente conhecida de todos, desde o momento inicial, de publicação do edital de licitação.

Por outro lado, *há um prazo máximo, do qual não se pode afastar, que é o somatório dos períodos de prorrogação contratualmente admitidos.* Como já se afirmou, o ordenamento constitucional brasileiro impõe que os contratos de concessão tenham um prazo e que, mesmo sendo possível a sua prorrogação, *em algum momento será imperioso realizar uma licitação visando a uma nova contratação.* É preciso ter em mente que a avaliação que deverá ser feita não é "se" o contrato deverá ser encerrado ou não, mas, sim, "quando" isso deverá ocorrer.

A decisão pela prorrogação, portanto, é apenas uma decisão pela postergação do momento de extinção do contrato, o qual deverá ocorrer até o momento que se põe como o limite máximo para a sua vigência: a soma do período inicial com as prorrogações contratualmente admitidas. Excedido esse limite, não se devem admitir mais prorrogações de nenhuma espécie. Atingido esse limite temporal, as razões que dizem respeito ao desestímulo ao concessionário, que, sabendo que a relação jurídica que o autoriza a prestar o serviço será inexoravelmente encerrada, independentemente de sua eficiência, assim como a existência de incentivos perversos, ao final do prazo contratado, para uma acentuada redução dos investimentos em operação, devem ser relativizadas, já que prorrogar o contrato não corrigirá tais falhas, apenas adiará os seus efeitos.

---

[245] "Não se vislumbra uma prevalência absoluta do princípio da concorrência sobre outros valores ou interesses públicos, mormente quando se trata de prorrogação de contratos de concessão duradouros, que estruturam projetos de elevado interesse público" (GARCIA, Flávio Amaral. *A mutabilidade nos contratos de concessão.* São Paulo: Malheiros, 2021. p. 251).

[246] "A decisão que prorroga o prazo de um contrato de concessão de longa duração é fruto de uma ponderação realizada pelo gestor, que considerou estar concretizado o interesse público por intermédio da prorrogação do prazo, e não pela cessação do contrato e imediata instauração de uma licitação pública, o que produz como consequência imediata o diferimento quanto à operacionalização do princípio da concorrência" (GARCIA, Flávio Amaral. *A mutabilidade nos contratos de concessão.* São Paulo: Malheiros, 2021. p. 251).

Outros aspectos podem ser mais relevantes, como a consideração sobre os custos de transação envolvidos na desmobilização de um concessionário em atividade e nos preparativos de uma licitação e uma nova contratação,[247] com o inerente custo de aprendizado do concessionário entrante e o risco de que o novo concessionário preste um serviço de pior qualidade do que o que vem sendo desempenhado pelo atual. Nesses casos, é cabível uma avaliação conjuntural, pois tanto os custos de realização de uma nova licitação, como os riscos de que não apareça um licitante tão capacitado como o concessionário atual podem variar bastante no tempo. Deste modo, a Administração Pública pode, diante de uma conjuntura econômica desfavorável, concluir que a prorrogação do contrato, nas mesmas condições, é uma alternativa que atende melhor ao interesse público do que proceder à licitação, na convicção de que, em um momento futuro, haverá condições mais favoráveis para a licitação.

A opção constitucional-legislativa, adotada no Brasil, ao estabelecer um prazo máximo para os contratos de concessão, incluindo as suas possíveis prorrogações, tem o objetivo, como se viu, de forçar a Administração Pública a, em algum momento, recorrer ao mercado em busca de soluções mais vantajosas para a prestação dos serviços públicos, além de funcionar como uma espécie de válvula de escape a permitir reformulações abrangentes do modelo contratual e regulatório, sem o risco de oneração dos cofres públicos ou de causar prejuízos aos interesses dos usuários; além de atender ao princípio da isonomia, propiciando que, de tempos em tempos, potenciais interessados possam disputar a delegação do serviço.

É a concorrência entre os potenciais interessados, sem dúvida, o melhor instrumento para revelar, de modo mais claro, quais as condições mais vantajosas que o mercado pode oferecer. Quanto mais tempo se demora para recorrer a esses mecanismos, mais se distancia da realidade de mercado e mais difícil se torna tentar reproduzi-la por meio de metodologias regulatórias, como as revisões tarifárias, cujo resultado final vai se distanciando também cada vez mais do resultado real que seria produzido pela ação direta das forças do mercado. Para

---

[247] Sobre os custos de transação nas contratações públicas, especialmente em contratos de concessão de serviço público, *vide*: OLIVEIRA, Carolina Zaja Almada Campanate de. *Contratos administrativos complexos e de longo prazo*: a prorrogação antecipada e a relicitação na teoria dos contratos públicos. 2018. Dissertação (Mestrado em Direito da Regulação, Economia, Intervenção e Estratégias Regulatórias) – Escola de Direito do Rio de Janeiro, Fundação Getúlio Vargas, Rio de Janeiro, 2019. p. 125-136.

Rafael Pinho de Morais, decidir não realizar uma licitação e optar por prorrogar um contrato de concessão envolve um custo de oportunidade, a ser devidamente considerado.[248] Deste modo, embora seja legítima a opção legislativa de permitir sucessivas prorrogações e a opção administrativa de concretizá-las em determinados casos, é importante ter em mente que, em algum momento, deve ser traçado um limite temporal intransponível, obrigando a Administração Pública a ouvir o mercado novamente, o que é feito por meio de uma nova licitação.

Enquanto existir, no entanto, a possibilidade de prorrogar o contrato, caberá à Administração Pública avaliar se, naquele momento, considerado aquele contrato especificamente, é ou não vantajosa a prorrogação. A opção pela licitação deve ocorrer sempre que se considerar que são maiores as chances de, recorrendo ao mercado, obter-se uma solução melhor que a atual. Evidentemente, não há uma fórmula que permita acertar sempre, mas isso vale para a maior parte das decisões discricionárias que devem ser tomadas cotidianamente pelos governantes. O que se preconiza é um esforço de avaliação, o mais informada possível, antes que decisões quanto à prorrogação ou não de contratos de concessão de serviço público sejam tomadas.[249]

---

[248] "[...] renovar concessão não é sem ônus – apesar de parecer como tal para muitos dos presentes, inclusive atuais formuladores de política pública. Esta solução de simplicidade, ainda que com contrapartidas em termos de investimentos ou mesmo em direitos de outorga que revertam aos cofres públicos, nunca é sem ônus. E a fundamentação básica é o conceito de *custo de oportunidade*, ou seja, ainda que renovar não onere os cofres públicos – inclusive se economizam os gastos de realizar nova licitação – se está deixando de ter um ganho. E este ganho potencial é o próprio fundamento para que as concessões tenham prazo finito. Em 20, 25 ou 30 anos, muita coisa muda: a tecnologia evolui, velhos players somem, novos players surgem etc. As concessões não são por prazos ainda maiores (nem tampouco infinitas) justamente para permitir a substituição da empresa incumbente por um novo concessionário eventualmente mais eficiente – e esta maior eficiência se reverte em maior direito de outorga aos cofres públicos, melhor serviço à população, pedágios mais baratos etc. Claro que é possível que o concessionário incumbente participe e eventualmente ganhe de novo sua mesma concessão, mas eliminar a realização de nova concorrência do ponto de vista econômico é dar de presente um monopólio para uma empresa privada (possivelmente menos eficiente) em detrimento do erário e da população" (MORAIS, Rafael Pinho de. Empurrando concessões com a barriga. *Jota*, Brasília, 21 ago. 2019. Disponível em: https://www.jota.info/paywall?redirect_to=//www.jota.info/opiniao-e-analise/artigos/empurrando-concessoes-com-a-barriga-21082019. Acesso em: 8 nov. 2019. Grifos nossos).

[249] Como adverte Egon Bockmann Moreira, "o diferimento poderá ocorrer nos casos em que o contrato esteja desequilibrado e que seja mais razoável e eficiente incrementar seu prazo que promover expressivo aumento na tarifa [...]. Ou nos exemplos em que, devido a questões extraordinárias, algumas obras não puderam ser entregues até o dies ad quem. Ou mesmo nos casos em que seria economicamente ineficiente promover nova licitação, em vista da pouca atratividade do serviço quando do seu término (por exemplo, em razão do excesso de oferta pública no respectivo setor) ou em razão do alto valor de indenização

Nem sempre a via da licitação será o melhor caminho. Prorrogar pode, sim, devido a uma série de circunstâncias, se revelar a decisão mais correta. Não deve, no entanto, a decisão de prorrogar o contrato ser fundada na mera comodidade da Administração Pública de não precisar organizar uma nova licitação. Como já se asseverou, a licitação é uma imposição decorrente do quanto disposto no art. 175 da Constituição. A prorrogação, admitida na mesma norma constitucional, dependerá, por conseguinte, de um necessário exame de vantajosidade. Assim, mesmo quando possível juridicamente a prorrogação, só se deve prorrogar um contrato quando a Administração concluir que essa é a alternativa mais consentânea com o interesse público.[250]

É necessário, portanto, que – do mesmo modo que ocorre por ocasião da fixação original do prazo do contrato de concessão – também a decisão de prorrogar e por quanto tempo fazê-lo seja precedida de estudos e análises necessárias para uma decisão informada.[251] Não se deve admitir decisões arbitrárias ou aleatórias.[252] Como toda decisão

---

a ser desembolsado pelo concedente. O que há de comum a esses exemplos é a necessidade de estudos técnicos minuciosos, a instruir o respectivo procedimento administrativo, que expliquem e justifiquem a decisão administrativa da prorrogação" (MOREIRA, Egon Bockmann. *Direito das concessões de serviço público*: inteligência da Lei 8987/95. São Paulo: Malheiros, 2010. p. 133).

[250] Como bem apontado por Ana Paula de Barcellos, o juízo discricionário da Administração Pública está limitado pela racionalidade e boa-fé, de modo que se exige "que a Administração considere efetiva e racionalmente os eventos imprevistos ocorridos e seu impacto, tendo em conta os fins que a ordem jurídica pretende alcançar com a regulação em tela. Isto é, a Administração deverá levar em consideração esses dados ao decidir sobre a prorrogação ou não dos prazos discutidos. [...] deverá a Administração avaliar se, diante desses novos elementos, a prorrogação de prazos anteriormente fixados, nos limites da lei, é a solução que contribui melhor para a realização dos fins pretendidos pela regulação" (BARCELLOS, Ana Paula de. A gestão do tempo pela regulação: parâmetros constitucionais para a prorrogação de prazos e alguns casos concretos. *In*: PEREIRA NETO, Caio Mario da Silva Pereira; PINHEIRO, Luís Felipe Valerim (Coord.). *Direito da infraestrutura*. São Paulo: Saraiva, 2017. v. 2. p. 180-181).

[251] A respeito do direito português, nesse caso, se assemelha ao brasileiro, Lino Torgal considera ser imprescindível, para a prorrogação, que "se verifique um conjunto de circunstâncias excepcionais, em determinado sector de atividade, que deponha credivelmente no sentido de ser mais vantajoso – econômico-financeira e/ou socialmente – que a Administração estenda o prazo da concessão, em vez de reassumir diretamente a atividade em causa ou de promover a organização de um novo procedimento concorrencial, dirigido à celebração de um novo contrato" (TORGAL, Lino. Prorrogação do prazo de concessões de obras e de serviços públicos. *Revista de Contratos Públicos*, Coimbra, v. 1, p. 219-263, jan./abr. 2011. p. 238).

[252] ROCHA, Cármen Lúcia Antunes. *Estudos sobre concessão e permissão de serviço público no direito brasileiro*. São Paulo: Saraiva, 1996. p. 62; MOREIRA, Egon Bockmann. *Direito das concessões de serviço público*: inteligência da Lei 8987/95. São Paulo: Malheiros, 2010. p. 133 e TORGAL, Lino. Prorrogação do prazo de concessões de obras e de serviços públicos. *Revista de Contratos Públicos*, Coimbra, v. 1, p. 219-263, jan./abr. 2011. p. 258.

administrativa, essa também deverá ser motivada[253] e fundamentada em uma análise conjuntural prévia, juntamente com o exame de todos os requisitos jurídicos de que se cuidará em seguida. Como adverte Ana Paula de Barcellos, tal motivação deverá, ainda, levar em conta os argumentos apresentados por eventuais interessados, devendo-se não apenas apresentar as razões que levaram à decisão adotada, como também aquelas que justificaram ter afastado possíveis soluções alternativas, especialmente quando eram as preferidas por particulares que houverem se manifestado nesse sentido.[254]

2.1.2 Competência para prorrogar

A competência para anuir, em nome do Poder Concedente, com a prorrogação do contrato – que também deve ser desejada pelo próprio concessionário, como se verá a seguir –, também deve ser exercida

---

[253] "[...] a exigência de fundamentação da declaração administrativa de prorrogação do prazo valerá mesmo que não se encontre expressamente prevista nos clausulados dos contratos de concessão. Trata-se – dizemo-lo de novo – de um corolário de princípios gerais do ordenamento jurídico-administrativo" (TORGAL, Lino. Prorrogação do prazo de concessões de obras e de serviços públicos. *Revista de Contratos Públicos*, Coimbra, v. 1, p. 219-263, jan./abr. 2011. p. 242). No mesmo sentido, Ana Paula de Barcellos: "[...] cabe à Administração demonstrar, tendo em conta, de um lado, as finalidades que a ordem jurídica define e, de outro, as possibilidades que a mesma ordem jurídica lhe confere no que diz respeito a prorrogar ou não determinados prazos, qual a melhor solução à luz dos fatos supervenientes, decidindo motivadamente sobre a prorrogação ou não do prazo em discussão" (BARCELLOS, Ana Paula de. A gestão do tempo pela regulação: parâmetros constitucionais para a prorrogação de prazos e alguns casos concretos. *In*: PEREIRA NETO, Caio Mario da Silva Pereira; PINHEIRO, Luís Felipe Valerim (Coord.). *Direito da infraestrutura*. São Paulo: Saraiva, 2017. v. 2. p. 183), bem Egon Bockmann: "O que há de comum a esses exemplos é a necessidade de estudos técnicos minuciosos, a instruir o respectivo procedimento administrativo, que expliquem e justifiquem a decisão administrativa da prorrogação" (MOREIRA, Egon Bockmann. *Direito das concessões de serviço público*: inteligência da Lei 8987/95. São Paulo: Malheiros, 2010. p. 133) e Rafael Schwind: "O primeiro requisito para que ocorra a prorrogação prevista contratualmente é o de que o órgão ou entidade competente deve fundamentar a vantagem da prorrogação em comparação à realização de nova licitação" (SCHWIND, Rafael Wallbach. Prazo de vigência e prorrogação dos contratos de parcerias público-privadas. *In*: SADDY, André; MORAES, Salus. *Tratado de parcerias público-privadas*: teoria e prática. Rio de Janeiro: CEEJ, 2019. v. 5. p. 60). O próprio Tribunal de Contas da União tem decidido nesse sentido, *vide*: TRIBUNAL DE CONTAS DA UNIÃO. Acórdão nº 2.253/2015. Plenário. Rel. Min. José Mucio Monteiro, processo nº 003.379/2015-9.

[254] "[...] a motivação deve incluir não apenas as razões que apoiam a solução que a Administração pretende implementar – seja ela a prorrogação ou a não prorrogação –, mas também as razões que, a seu juízo, afastam eventuais argumentos que advogavam solução oposto à àquela final adotada pela Administração" (BARCELLOS, Ana Paula de. A gestão do tempo pela regulação: parâmetros constitucionais para a prorrogação de prazos e alguns casos concretos. *In*: PEREIRA NETO, Caio Mario da Silva Pereira; PINHEIRO, Luís Felipe Valerim (Coord.). *Direito da infraestrutura*. São Paulo: Saraiva, 2017. v. 2. p. 185).

pela Administração Pública, de acordo com os parâmetros e dentro dos limites estabelecidos na lei e no contrato originalmente firmado. O poder competente para estabelecer a modelagem contratual e fixar o seu prazo, também, será competente para decidir quanto à prorrogação. Essas são competências tipicamente administrativas, atribuídas ao Poder Executivo, como examinado acima, no tópico 1.3.3. Deste modo, assim como não cabe à lei, mas sim à Administração Pública,[255] definir a modelagem dos contratos de concessão de serviço público, também não se deve admitir que lei determine prorrogações de contratos específicos, as quais devem ser avaliadas à luz das circunstâncias de cada caso concreto e da presença de razões de interesse público que as justifiquem.

Nada obstante, deve-se reconhecer que não são raros os exemplos de legislação que pretende alcançar diretamente determinados casos concretos, vinculando a atuação da Administração Pública, sem lhe deixar espaço para realizar uma avaliação do contexto fático. A própria lei geral de concessões (Lei nº 8.987/95) estabeleceu, em seu art. 42, §2º, norma de caráter transitório, referente aos contratos firmados antes de sua promulgação, determinando que "as concessões em caráter precário, as que estiverem com prazo vencido e as que estiverem em vigor por prazo indeterminado, inclusive por força de legislação anterior" deveriam permanecer válidas pelo prazo que fosse necessário para a preparação de uma licitação.

Inicialmente, chama a atenção a referência a concessões em operação com o prazo vencido. A rigor, vencido o prazo originalmente estabelecido e sem que tenha sido formalizada a prorrogação, o contrato de concessão já se extinguiu e o serviço já deveria ter sido revertido para

---

[255] "Entendemos, em primeiro lugar, que a prorrogação de concessões só pode ser feita pela própria Administração Pública, em razão do princípio da separação dos poderes e de a prorrogação ter que envolver negociações para evitar desequilíbrio econômico-financeiro favorável ao concessionário" (ARAGÃO, Alexandre Santos de. *Direito dos serviços públicos*. 3. ed. Rio de Janeiro: Forense, 2013. p. 554). No mesmo sentido: "[...] não é válida nem sequer a cogitação a propósito de adiamentos 'tácitos' ou 'normativos' – eles devem advir de ato formal celebrado por concedente e concessionário, que atenda aos respectivos pressupostos fático-jurídicos" (MOREIRA, Egon Bockmann. *Direito das concessões de serviço público*: inteligência da Lei 8987/95. São Paulo: Malheiros, 2010. p. 132); "Nesse sentido, a prorrogação só pode ser feita pela Administração Pública, sendo inconstitucional a prorrogação efetivada pela lei" (OLIVEIRA, Rafael Carvalho Rezende. *Administração Pública, concessões e terceiro setor*. 2. ed. Rio de Janeiro: Lumen Juris, 2011. p. 224); "[...] podemos concluir, a partir da interpretação sistemática da CRFB/88, art. 175, par. Ún., I; e 223, que o Poder Executivo possui competência exclusiva para prorrogar o prazo de vigência dos contratos de concessão de serviço público" (GUIMARÃES, Felipe Montenegro Viviani. *Prorrogação por interesse público das concessões de serviço público*. São Paulo: Quartier Latin, 2018. p. 153).

o Poder Concedente ou delegado a um novo concessionário. Antes da Constituição de 1988, no entanto, sabe-se que não era incomum que certas concessões continuassem a ser exploradas pelo concessionário original mesmo após o esgotamento do prazo contratado, com base em acordos informais entabulados com o poder público. O que pretendeu o legislador, ao que parece, foi reconhecer essa realidade e assentir com um prazo para que o Poder Concedente pudesse se organizar e planejar adequadamente as próximas licitações, de modo a regularizar todos esses casos de contratos vencidos, ou com prazos indeterminados.[256]

Nota-se, no entanto, que na parte final do disposto em seu art. 42, §2º foi estipulado um prazo mínimo de 24 (vinte e quatro) meses para essa prorrogação legal. Como já se afirmou, *não cabe à lei determinar prazos ou prorrogações*, mas apenas indicar os parâmetros e limites para que a Administração Pública o faça. Poder-se-ia, então, interpretar tal norma transitória como tendo autorizado o Poder Concedente a tolerar situações que não estivessem de acordo com o novo regime jurídico estabelecido naquela lei, pelo tempo necessário para que pudessem ser adotadas as providências preparatórias.[257] Tratar-se-ia de uma espécie de prorrogação de emergência, autorizada por lei, em que o concessionário que já estava explorando o serviço poderia continuar exercendo a atividade até que uma nova solução conforme a lei fosse tornada viável.

A parte final da norma, contudo, ao estabelecer o prazo mínimo de 24 (vinte e quatro) meses para a prorrogação, cria, na verdade, uma espécie de prorrogação automática de contratos, uma vez que dissocia tal prorrogação de um exame da Administração Pública quanto à

---

[256] A situação, na prática, prolongou-se por bastante tempo. Pode-se consultar, a respeito, parecer de Carlos Roberto Siqueira Castro, datado de 2008, no qual se examina a constitucionalidade de lei complementar municipal de 1988 que havia prorrogado permissões para exploração do serviço de transporte coletivo de passageiros no Município do Rio de Janeiro, pelo prazo de 10 anos, prorrogável automaticamente por iguais períodos, havendo, ainda, a referência à notícia de que a Câmara de Vereadores do Município do Rio de Janeiro pretendia editar lei "renovando as atuais permissões [outorgadas sem licitação, anteriormente à Constituição de 1988] por mais dez anos, objetivando, assim, remunerar os investimentos realizados pelos atuais permissionários, que prestam o serviço desde 1968" (CASTRO, Carlos Roberto Siqueira. *Direito constitucional e regulatório*: ensaios e pareceres. Rio de Janeiro: Renovar, 2011. p. 1163-1166).

[257] O Supremo Tribunal Federal já admitiu esse tipo de prorrogação extraordinária, apenas pelo tempo razoável para viabilizar uma nova licitação, ao julgar o Recurso Extraordinário nº 412.921, tendo, no caso concreto em exame entendido se tratar de lei inconstitucional, por ter prorrogado o contrato por período além do prazo razoável para a realização de novo procedimento licitatório (SUPREMO TRIBUNAL FEDERAL. Primeira Turma. RE 412.921 AgR. Rel. Min. Ricardo Lewandowski, julgado em 22.02.2011, *DJe*-048, divulgado em 14.03.2011 e publicado em 15.03.2011).

sua necessidade e quanto ao tempo necessário para amortizar os investimentos. Nesse ponto, parece haver violação direta ao disposto no art. 175 da Constituição, que impõe a realização de licitação para a delegação de serviços públicos. Ora, se o Poder Concedente está apto a assumir o serviço ou já tem condições de contratar com um novo concessionário, qual seria a razão para que fosse respeitado um período mínimo de vinte e quatro meses para a prorrogação? Ou ainda, quando não houver investimentos a serem amortizados, como justificar a ampliação do prazo por esse período imposto pela lei?

Enquanto a Administração Pública não dispuser de alternativa que garanta a continuidade do serviço público, pode ser justificável que mantenha uma solução de fato que, embora irregular, permite o atendimento da população que, de outra maneira, restaria desatendida. Como expressamente prevê atualmente o art. 20 da Lei de Introdução às Normas do Direito Brasileiro (Decreto-Lei nº 4.657/42),[258] o gestor público não deve atuar apenas com base em valores jurídicos abstratos, perdendo de vista as consequências práticas de sua decisão. Não faria sentido, portanto, afastar o concessionário e interromper a prestação do serviço ou torná-lo deficiente. Todavia, dissociado da existência de razões fáticas deste tipo, havendo possibilidade de regularizar a prestação do serviço público, não há nada que justifique a manutenção de uma concessão irregular, cujo prazo já se encontra expirado ou que sequer possui prazo determinado.

A inconstitucionalidade do art. 42, §2º da Lei nº 8.987/95, no entanto, jamais chegou a ser proferida pelo Supremo Tribunal Federal. Tendo sido questionada a constitucionalidade da Lei nº 11.445/2007 – que deu nova redação a parágrafos do art. 42 da Lei nº 8.987/95 –, pela ADIN nº 4.058,[259] proposta em 2008, seu julgamento só veio a ocorrer em fevereiro de 2019. Tendo em vista que já havia sido superado o limite temporal estabelecido no art. 42, §3º, que fixara em 31.12.2010 o prazo máximo de validade para as concessões a que se referia o §2º, o Supremo Tribunal entendeu que a ação havia perdido o seu objeto.

---

[258] A redação atual do art. 20 da Lei de Introdução às Normas do Direito Brasileiro – LINDB foi conferida pela Lei nº 13.655/2018 e, portanto, entrou em vigor muitos anos depois da promulgação da Lei nº 8.987/95. No entanto, o espírito que norteou a disposição contida no art. 42, §2º da Lei Geral de Concessões parece ser o mesmo da LINDB: assegurar que as decisões administrativas levem em conta as consequências que produziram, devendo-se evitar, ao máximo, a adoção de soluções que contrariem o interesse público.

[259] SUPREMO TRIBUNAL FEDERAL. Tribunal. Pleno. ADI 4058. Rel. Min. Alexandre de Moraes, julgado em 19.12.2018, *DJe*-030 divulgado em 13.02.2019 e publicado em 14.02.2019.

De todo modo, em relação ao disposto no §1º, o pedido foi julgado parcialmente procedente para conferir interpretação conforme a Constituição, no seguinte sentido:

> A retomada do serviço pelo poder concedente pode ensejar, assim, tanto sua prestação pela própria Administração Pública quanto uma nova delegação a terceiros, a qual deverá cumprir a supramencionada exigência de realização de licitação. Qualquer entendimento capaz de dispensar procedimento licitatório para nova delegação não se conforma com o mandamento constitucional.

Verifica-se, portanto, a preocupação do Supremo Tribunal Federal com o fato de que o contrato de concessão não pode se prolongar indefinidamente. Deve ter um fim. Neste momento, uma nova contratação não poderá prescindir, em hipótese nenhuma, da necessária licitação. Há, no entanto, outros exemplos de leis que determinam prorrogações automáticas dos contratos de concessão, dispensando a análise do caso concreto pela Administração Pública e desconsiderando, por exemplo, possíveis distorções que possam ser geradas em relação à equação econômico-financeira do contrato. São frequentes exemplos deste tipo envolvendo concessões de transporte público, especialmente em âmbito municipal e estadual, em que leis sucessivas prorrogam automaticamente contratos – muitas vezes firmados sem licitação, antes da promulgação da Constituição de 1988 – levando ao prolongamento indefinido de sua vigência. A título meramente exemplificativo, pode-se referir à Lei nº 2.831/97, do Estado do Rio de Janeiro, cujo art. 45 foi redigido da seguinte forma:

> Art. 45. As concessões de serviço público outorgadas anteriormente à entrada em vigor desta Lei consideram-se válidas pelo prazo fixado no contrato ou no ato de outorga. [...]
> §2º As concessões em caráter precário, as que estiverem com prazo vencido e as que estiverem em vigor por prazo indeterminado, inclusive por força de legislação anterior, permanecerão válidas pelo prazo necessário à realização dos levantamentos e avaliações indispensáveis à organização as licitações que precederão a outorga das concessões que as substituirão, prazo esse que não será inferior a 60 (sessenta) meses, contados da data da publicação desta Lei.

Veja-se que, neste caso, a redação se assemelha muito àquela da Lei Geral de Concessões. No entanto, neste caso o prazo transitório se estende para um período mínimo de 60 (sessenta) meses, bastante superior ao já alargado prazo de 24 (vinte e quatro meses) previsto na legislação federal. As mesmas razões expostas anteriormente para sustentar a inconstitucionalidade do art. 42, §2º da Lei nº 8.987/95 se aplicam à lei fluminense. Embora não tenha havido declaração de inconstitucionalidade da norma federal, a jurisprudência dos tribunais superiores tem reconhecido a inconstitucionalidade de diversas normas municipais e estaduais dessa natureza, que pretendem prorrogar automaticamente os contratos de concessão, independentemente do exame de cada caso concreto pela Administração Pública.

Já em 1989, pouco tempo depois da promulgação da Carta de 1988, o Supremo Tribunal Federal deferiu medida cautelar na ADI nº 118 para afastar a aplicação de norma da Constituição do Estado do Paraná, que assegurava às concessionárias do serviço de transporte coletivo de passageiros, "o direito de dar continuidade aos mesmos serviços que vinham prestando, mediante prorrogações ou renovações das respectivas delegações".[260] Em outro caso oriundo do Estado do Paraná, o Supremo Tribunal Federal, ao examinar a ADI nº 3.521,[261] julgou inconstitucionais os arts. 42 e 43 da Lei Complementar nº 94/2002 daquele estado, por entender que, ao autorizar a manutenção de outorgas vencidas ou que estivessem em vigor com prazo indeterminado, havia violado o preceito constitucional do art. 175, que exige a observância do princípio da licitação para a delegação de serviços públicos. Em caso mais recente, ao julgar o ARE nº 869.007,[262] o Supremo Tribunal Federal afirmou:

> 3. É pacífica a orientação do Supremo Tribunal Federal de que, nos termos do art. 175, caput, da Constituição Federal, é imprescindível prévia licitação para a concessão ou a permissão da exploração de serviços públicos. Destarte, são inconstitucionais as prorrogações de concessão e de permissão que vão de encontro à referida premissa, inclusive as de contratos formalizados antes de 5 de outubro de 1988.

Quanto ao reconhecimento de que a decisão de prorrogar ou não o contrato se encontra no âmbito de discricionariedade da

---

[260] SUPREMO TRIBUNAL FEDERAL. Tribunal Pleno. ADI 118 MC. Rel. Min. Aldir Passarinho, Relator para acórdão Min. Néri da Silveira, julgado em 25.10.1989, *DJ* 03.12.1993, p. 26337.
[261] SUPREMO TRIBUNAL FEDERAL. Tribunal Pleno. ADI 3.521. Rel. Min. Eros Grau, julgado em 28.09.2006, *DJ* 16.03.2007, p. 20, *RT* v. 96, n. 861, 2007, p. 95-106.
[262] SUPREMO TRIBUNAL FEDERAL. Segunda Turma, ARE 869.007 ED-AgR. Rel. Min. Dias Toffoli, julgado em 05.05.2017, processo eletrônico, *DJe*-111, divulgado em 25.05.2017 e publicado em 26.05.2017.

Administração Pública, pode-se referir aos acórdãos proferidos pelo Supremo Tribunal Federal no julgamento do MS nº 24.785[263] e do RMS nº 34.203,[264] quando se afirmou que "a discricionariedade da prorrogação é uma das marcas mais acentuadas do contrato administrativo". Tratando de modo genérico dos contratos administrativos em geral, a Segunda Turma do Supremo Tribunal Federal afirmou no RE nº 573.556[265] que "não há direito líquido e certo à prorrogação de contrato celebrado com o Poder Público, mas simples expectativa de direito, dado que a decisão sobre a prorrogação do ajuste se insere no âmbito da discricionariedade da Administração Pública, quando embasada na lei". Especificamente quanto aos contratos de concessão, a Ministra Cármen Lúcia assim se pronunciou, em seu voto proferido na ADIN nº 5.991:[266]

> 12. Este supremo tribunal reconhece inserir-se a prorrogação do prazo contratual no espaço de discricionariedade da administração pública final a ela cabe analisar e concluir sobre a oportunidade e a conveniência da prorrogação, observados os limites legais e sempre em consonância com os princípios e normas constitucionais.

Já o Superior Tribunal de Justiça tem afirmado que, "de acordo com o art. 42, §2º, da Lei n. 8.987/1995, deve a Administração promover certame licitatório para novas concessões de serviços públicos, não sendo razoável a de contratos de caráter precário".[267] Especificamente nos casos das permissões e concessões de serviços de transporte coletivo

---

[263] "Prorrogação do vigente contrato por prazo suficiente para que fosse realizada nova licitação. A escolha do período a ser prorrogado, realizada de acordo com o disposto no contrato celebrado, insere-se no âmbito de discricionariedade da Administração" (SUPREMO TRIBUNAL FEDERAL. Tribunal Pleno, MS 2.4785. Rel. Min. Marco Aurélio, Relator para acórdão Min. Joaquim Barbosa, julgado em 08.09.2004, *DJ* 03.02.2006).

[264] SUPREMO TRIBUNAL FEDERAL. Segunda Turma, RMS 34.203. Rel. Min. Dias Toffoli, julgado em 21.11.2017, processo eletrônico *DJe*-053, divulgado em 19.03.2018 e publicado em 20.03.2018.

[265] SUPREMO TRIBUNAL FEDERAL. Segunda Turma, RE 573.556 AgR. Rel. Min. Ayres Britto, julgado em 14.02.2012, acórdão eletrônico *DJe*-047, divulgado em 06.03.2012 e publicado em 07.03.2012. No mesmo sentido: SUPREMO TRIBUNAL FEDERAL. Tribunal Pleno, MS 26.520. Rel. Min. Ayres Britto, julgado em 17.02.2010, publicado em 12.03.2010, Ement. Vol 02393-02, p. 294.

[266] SUPREMO TRIBUNAL FEDERAL. Tribunal Pleno. ADI 5991 MC. Rel. Min. Cármen Lúcia, julgado em 20.02.2020, *DJe*-169, divulgado em 03.07.2020 e publicado em 06.07.2020.

[267] SUPERIOR TRIBUNAL DE JUSTIÇA. Primeira Turma. REsp 1374541/RJ. Rel. Min. Gurgel de Faria, julgado em 20.06.2017, *DJe* 16.08.2017. No mesmo sentido: SUPERIOR TRIBUNAL DE JUSTIÇA. Segunda Turma. AgRg no REsp 1358747/RJ. Rel. Min. Og Fernandes, julgado em 15.09.2015, *DJe* 30.09.2015 e SUPERIOR TRIBUNAL DE JUSTIÇA. Primeira Turma. REsp 1374348/RJ. Rel. Min. Gurgel de Faria, julgado em 02.02.2017, *DJe* 17.02.2017.

de passageiros, o tribunal firmou sua jurisprudência no seguinte sentido:

> é indispensável a realização de prévio procedimento licitatório para que se possa cogitar de indenização aos permissionários de serviço público de transporte coletivo em razão de tarifas deficitárias, ainda que os Termos de Permissão tenham sido assinados em período anterior à Constituição Federal de 1988.[268]

Pode-se referir, ainda, à Lei nº 10.684/2003, cujo art. 26 alterou a redação da Lei nº 9.074/95 para incluir dispositivo determinando que, ao término do prazo das concessões aduaneiras e terminais alfandegados, seus contratos deveriam ser prorrogados pelo prazo de dez anos e as leis nºs 9.648/98 (art. 3º), 10.577/2002 (art. 1º), 11.668/2008 (art. 7º) e 12.400/2011 que, sucessivamente, prorrogaram contratos de franquia firmados entre a Empresa Brasileira de Correios e Telégrafos – ECT e empresas que administravam postos avançados dos Correios (agências franqueadas).[269]

Mais paradigmático é o exemplo das concessões de radiodifusão de som, prorrogadas diretamente pela Lei nº 5.785/72,[270] as quais,

---

[268] SUPERIOR TRIBUNAL DE JUSTIÇA. Segunda Turma. REsp 886.925/MG. Rel. Min. Castro Meira, julgado em 06.11.2007, *DJ* 21.11.2007, p. 325. No mesmo sentido: SUPERIOR TRIBUNAL DE JUSTIÇA. Segunda Turma. REsp 1354802/RJ. Rel. Min. Mauro Campbell Marques, julgado em 19.09.2013, *DJe* 26.09.2013 e SUPERIOR TRIBUNAL DE JUSTIÇA. Segunda Turma. REsp 1418651/RJ. Rel. Min. Herman Benjamin, julgado em 13.09.2016, *DJe* 07.10.2016.

[269] O tema é bem examinado em SUNDFELD, Carlos Ari. O paradoxo da licitação. *Revista Síntese Licitações, Contratos e Convênios*, São Paulo, v. 2, n. 8, abr./maio 2012. Ao examinar a questão, o Tribunal de Contas da União julgou inconstitucional a Lei nº 10.577/2002, afirmando, no item 51 do Acórdão nº 574/2006, que "Além de conflitar diretamente com os preceitos constitucionais acima, a prorrogação dos contratos de franquia ofende gravemente os princípios constitucionais da isonomia ou da impessoalidade, já que a ausência de licitação ceifou o direito de outros interessados na prestação do serviço público postal. Em consequência, o princípio constitucional da eficiência também não foi observado, pois deixou-se de obter a melhor proposta possível para a prestação do serviço. Por fim, ressalte-se que ao renovar esses contratos, a Administração deixou de recolher valores pecuniários pela outorga do serviço ao particular, o que no caso das ACC-II deverão representar montantes significativos" (TRIBUNAL DE CONTAS DA UNIÃO. Acórdão nº 574/2006. Plenário. Rel. Min. Lincoln Magalhães da Rocha, processo nº 012.751/2002-7). Posteriormente, reexaminando o caso, em sede de recurso de reexame, o Tribunal reafirmou sua decisão e asseverou, no item 64 do Acórdão nº 2.447/2007, que "A saída para que não haja um 'apagão postal' não é a edição de leis inconstitucionais, mas, sim, a realização imediata de licitação para a outorga de permissão aos particulares que desejem operar agência dos Correios" (TRIBUNAL DE CONTAS DA UNIÃO. Acórdão nº 2.444/2007. Plenário. Rel. Min. Guilherme Palmeira, processo nº 012.751/2202-5).

[270] "Art 1º - As concessões e permissões para execução dos serviços de radiodifusão sonora que, em decorrência do art. 117 da Lei nº 4.117, de 27 de agosto de 1962 (Código Brasileiro

como se verá em capítulo seguinte, não constituem o melhor exemplo, já que sequer há cobrança de tarifa nesse caso, sendo a receita auferida pela concessionária quase que exclusivamente oriunda de receitas alternativas. Nesse último caso, o Poder Concedente não se compromete com a manutenção da equação econômica do contrato e a regra – constitucionalmente estabelecida para esses casos em seu art. 223, §2º – é a prorrogação, denominada pela Constituição como renovação. Para não renovar essas concessões, a Administração Pública depende de autorização de, no mínimo, dois quintos do Congresso Nacional. De todo modo, *a contrario sensu*, a Constituição autoriza o Poder Concedente a não renovar tais concessões, desde que obtenha o apoio de dois quintos dos membros do Congresso Nacional. O quórum necessário, portanto, é menor do que o exigido para a aprovação das leis ordinárias.

Deste modo, parece-nos que uma iniciativa legislativa que busque interferir diretamente no prazo de contratos administrativos, prorrogando-os independentemente de uma decisão administrativa específica, confronta o texto constitucional vigente. Assim, lei que pretenda impedir o Poder Concedente de buscar a aprovação para não renovar a concessão – cujo quórum é inferior ao de aprovação das leis ordinárias, com rito distinto – subverte a norma constitucional. Se o constituinte deu à Administração Pública a prerrogativa de manter a extinção do contrato ao término do prazo, optando por não o prorrogar, desde que conte com o apoio de dois quintos do Congresso, não pode a lei ordinária pretender obstar tal iniciativa. A prerrogativa para tomar esse tipo de decisão no caso concreto deve ser sempre do Poder Executivo, mesmo porque pode se revelar necessária a extinção do contrato, por exemplo, para a reordenação do serviço e alteração do regime vigente, como aventado anteriormente no tópico 1.2.1.

Conclui-se, portanto, que, ainda que se reconheça ao Poder Legislativo o poder de conformar a atuação da Administração Pública, estabelecendo os parâmetros e os limites que devem ser observados tanto para a modelagem dos contratos de concessão e permissão de serviço público, com a fixação de seus respectivos prazos; como para a definição das condições necessárias para a sua prorrogação; a decisão

---

de Telecomunicações), foram mantidas por mais 10 (dez) anos, contados da publicação da referida lei, ficam automaticamente prorrogadas pelos seguintes prazos: [...]" (Lei nº 5.785, de 23.6.1972, prorroga o prazo das concessões e permissões para a execução dos serviços de radiodifusão sonora que especifica e dá outras providências. Publicada no *DOU* de 23.6.1972).

final, adotada em cada caso concreto, deverá sempre ser tomada por meio de ato da Administração Pública, o qual deverá examinar os aspectos fáticos de cada caso concreto à luz das disposições legais – e, no caso das prorrogações, também das disposições contratuais – aplicáveis.

2.1.3 Requisitos

Como adverte Lino Torgal, o leque de pressupostos autorizadores da prorrogação contratual dependerá do quanto disposto em cada contrato a ser especificamente considerado. Trata-se, certamente, de "matéria relegada para a autonomia contractual da Administração".[271] Há, no entanto, alguns requisitos que se impõem e que deverão sempre ser considerados. Procuraremos identificar alguns deles no presente capítulo.

Inicialmente, deve-se reconhecer a necessidade de que a prorrogação esteja prevista em lei. O art. 175 da Constituição, ao tratar da matéria, deixa claro que caberá à lei dispor sobre "o caráter especial de seu contrato e de sua prorrogação". Assim, se é certo que as prorrogações dos contratos de concessão ou permissão de serviço público são expressamente admitidas pela Constituição, deve-se frisar que é à lei que cabe definir as hipóteses em que isso será possível e estabelecer o regime jurídico aplicável, com a indicação de parâmetros, condições e limites a serem observados pela Administração Pública quando for examinar cada um dos casos concretos em que se cogitar quanto à prorrogação desses contratos.

Ao reconhecer a necessidade de *autorização legislativa* para a prorrogação dos contratos de concessão,[272] deve-se considerar, portanto, que é prerrogativa do legislador decidir que, em certos casos, não será possível prorrogar o contrato. Examinando essa questão, Flávio Amaral, mesmo admitindo que isso pode causar dificuldades para a execução contratual, reconhece que "tornar o prazo inflexível e, portanto, improrrogável é opção posta à disposição do legislador ou, mesmo,

---

[271] TORGAL, Lino. Prorrogação do prazo de concessões de obras e de serviços públicos. *Revista de Contratos Públicos*, Coimbra, v. 1, p. 219-263, jan./abr. 2011. p. 236.

[272] "[...] a possibilidade de prorrogação precisa contar com respaldo legal específico" (BARCELLOS, Ana Paula de. A gestão do tempo pela regulação: parâmetros constitucionais para a prorrogação de prazos e alguns casos concretos. *In*: PEREIRA NETO, Caio Mario da Silva Pereira; PINHEIRO, Luís Felipe Valerim (Coord.). *Direito da infraestrutura*. São Paulo: Saraiva, 2017. v. 2. p. 177).

do gestor público quando conforma a relação contratual".[273] Não deve causar espécie que, em determinados casos, não seja possível estender a duração do contrato além do tempo originalmente estipulado. Na verdade, para que a prorrogação seja possível, é preciso que esteja autorizada tanto pela lei, quanto pelo contrato, como se verá a seguir.

Resta saber se a necessária autorização legislativa precisa estar contida em lei específica – que trate de cada setor da economia ou de cada uma das espécies de serviço público – ou se basta uma previsão legal genérica. A esse respeito, parece assistir razão a Marcos Juruena, que dispensa a necessidade de lei específica, até mesmo no que diz respeito à própria delegação do serviço público.[274] Como se viu no capítulo anterior, a decisão a ser tomada em cada caso concreto é uma típica competência administrativa. Assim, desde que expressamente admitidas, ainda que genericamente, tanto na Constituição como na legislação ordinária, as prorrogações podem ser livremente disciplinadas nos contratos a serem firmados, a não ser que haja restrição legal específica. A alusão genérica contida no inc. XII do art. 23 da Lei nº 8.987/95, que inclui entre as cláusulas essenciais do contrato de concessão as relativas "às condições para a prorrogação do contrato"; assim como a determinação contida no art. 5º, I da Lei nº 11.079/2004, que determina que os contratos de parceria público-privada devem conter cláusula dispondo sobre o "o prazo de vigência do contrato [...], incluindo eventual prorrogação", nos parece fornecer suporte legal suficiente para que os contratos respectivamente das concessões comuns ou das concessões especiais, da lei de PPP, possam prever as hipóteses de prorrogação, se assim a Administração entender conveniente quando da elaboração de sua minuta.

Deve-se referir, no entanto, a precedente do Tribunal de Contas da União, em que se exigiu autorização legal específica, tendo sido negada a possibilidade de prorrogação de contrato de concessão do setor rodoviário, em decorrência da ausência de previsão legal prévia referente especificamente àquele setor:[275]

---

[273] GARCIA, Flávio Amaral. *A mutabilidade nos contratos de concessão*. São Paulo: Malheiros, 2021. p. 250 e GARCIA, Flávio Amaral. *Concessões, parcerias e regulação*. São Paulo: Malheiros, 2019. p. 227.

[274] "A delegação do serviço público mediante concessão configura ato de gestão, que, na sistemática constitucional da separação de Poderes, cabe, principiologicamente, ao Poder Executivo" (SOUTO, Marcos Juruena Villela. *Direito administrativo das concessões*: concessões, terceirizações, convênios, consórcios e acordos – Outras formas de gestão associada. 5. ed. Rio de Janeiro: Lumen Juris, 2004. p. 48).

[275] TRIBUNAL DE CONTAS DA UNIÃO. Acórdão nº 2.247/2018. Plenário. Rel. Min. Augusto Nardes, processo nº 031.581/2015-3.

a.1) à prorrogação ilegal da vigência do contrato, em função da ausência de respaldo no art. 4º da Lei 13.448/2017 – que veda o prolongamento da duração da vigência dos contratos de concessão rodoviária, salvo se houver previsão no edital ou no contrato original, o que não se verifica no caso concreto – bem como da impossibilidade de prorrogação dos contratos dessa natureza firmados previamente a edição da MP 752/2016, que originou a Lei 13.448/2017, seja sob o pretexto de que a extensão seria necessária para o reequilíbrio econômico-financeiro ou qualquer outra finalidade, em função da *ausência prévia de regulamentação legal do art. 175, §único, inciso I, da Constituição Federal para o setor rodoviário;*

Tratava-se, no caso acima, de examinar a legalidade de alterações que se pretendia fazer no contrato de concessão para a exploração da rodovia que liga as cidades do Rio de Janeiro e São Paulo, a Via Dutra, que foram rejeitadas pelo tribunal administrativo, em vista de se ter entendido que configurava "burla ao processo licitatório, uma vez que levaria a profundas mudanças nas relações contratuais vigentes, transfigurando um contrato primordialmente de operação rodoviária para um essencialmente de execução de obra pública". Questionou-se, ainda, a falta de previsão contratual específica para a prorrogação pretendida, de modo que não parece ter sido a ausência de respaldo em lei específica o principal motivo que embasou a decisão adotada. De qualquer forma, revela-se equivocada a afirmação do Tribunal de Contas da União no sentido de que as prorrogações dos contratos de concessão dependeriam de autorização por lei específica de cada setor.

O tema é bastante relevante, já que, não custa recordar, a Lei nº 14.133/2021 incluiu no Código Penal o crime de modificação ou pagamento irregular em contrato administrativo, consistente em "admitir, possibilitar ou dar causa a qualquer modificação ou vantagem contratual, durante a execução dos contratos celebrados com a Administração Pública, sem autorização em lei, no edital da licitação ou nos respectivos instrumentos contratuais". Antes dela, a norma do art. 92 da Lei nº 8.666/93 tipificava como crime "admitir [...] prorrogação contratual [...] sem autorização em lei, no ato convocatório da licitação ou nos respectivos instrumentos contratuais". É importante, portanto, que a jurisprudência administrativa e judicial que enfrente o tema ofereça segurança jurídica aos gestores que precisarão tomar decisões deste tipo.

Além da autorização legislativa que, como sustentamos, pode ser genérica, para que os contratos de concessão possam ser prorrogados, é imprescindível que haja *previsão no edital ou contrato*.[276]

---

[276] "[...] a prorrogação deve estar prevista no edital e na minuta do contrato, anexa ao instrumento convocatório (art. 23, XII, da lei nº 8.987/1995)" (OLIVEIRA, Rafael Carvalho

Como se viu acima, no tópico 1.3.3, ao tratar da competência para a definição do prazo dos contratos de concessão, trata-se de função a ser desempenhada pelo Poder Executivo, nos termos da lei, ou seja, o Poder Legislativo poderá impor limites mínimos ou máximos para a sua duração e definir parâmetros a serem seguidos para a sua fixação, mas a decisão em cada caso caberá à Administração Pública. Essa decisão administrativa se exerce em dois tempos. No primeiro momento, quando a Administração elabora a modelagem da concessão e define qual será o seu prazo, assim como se serão ou não possíveis prorrogações e em quais condições.[277] Essas regras contratuais deverão ser do conhecimento de todos os licitantes e interessados na licitação. Sua formalização pode se dar no próprio edital e/ou na minuta de contrato que o acompanha, mas é imprescindível que a informação esteja disponível previamente à licitação, já que se trata de dado relevante para a avaliação quanto ao interesse em contratar. O segundo momento de exercício da discricionariedade administrativa ocorre quando, ao término do prazo contratual inicialmente ajustado, a Administração deverá avaliar concretamente se é ou não o caso de, à luz da situação de fato posta e das regras legais e contratuais incidentes, prorrogar aquele contrato.

Questiona-se, a esse respeito, se o regime contratualmente estabelecido para as prorrogações pode ou não ser objeto de alterações unilaterais ou consensuais do contrato, já durante a sua execução. Esse tema específico será tratado mais à frente, mas já se adianta o entendimento quanto à impossibilidade deste tipo de modificação futura. Devem estar previstas, portanto, no edital ou na minuta do contrato elaborado pela

---

Rezende. Extinção dos contratos de parcerias público-privadas (PPPs). *Revista Brasileira de Direito Público – RBDP*, Belo Horizonte, ano 17, n. 66, p. 87-111, jul./set. 2019. p. 91); "O que parece fora de dúvida é a obrigatoriedade de o instrumento convocatório da licitação e o contrato estabelecerem expressamente a possibilidade de o prazo contratual ser prorrogado" (GARCIA, Flávio Amaral. *Concessões, parcerias e regulação*. São Paulo: Malheiros, 2019. p. 229) e "Para que a prorrogação por interesse público (comum ou antecipada) seja realizada validamente, é preciso, ainda, que a possibilidade de prorrogação esteja prevista, expressamente, no edital de licitação e/ou na minuta de contrato que o acompanha" (GUIMARÃES, Felipe Montenegro Viviani. *Prorrogação por interesse público das concessões de serviço público*. São Paulo: Quartier Latin, 2018. p. 183).

[277] "É o contrato de concessão, destarte, que definirá os termos e as condições da prorrogação, sendo temerário o recurso a afirmações doutrinárias genéricas sobre esse assunto e descoladas da legislação setorial pertinente" (PRADO, Lucas Navarro; PINHEIRO, Luís Felipe Valerim. O tempo nas concessões de infraestrutura: prazo de vigência de sua prorrogação. *In*: MARCATO, Fernando S.; PINTO JR., Mario Engler (Coord.). *Direito da Infraestrutura*. São Paulo: Saraiva, 2017. v. 1. p. 433).

Administração, as condições para a prorrogação, quando for possível, não se admitindo modificações contratuais posteriores desse regime.[278]

Deve-se referir ao fato de que há alguns autores que admitem, em situações excepcionais, que mesmo diante de hipóteses em que não é possível extrair da redação das cláusulas contratuais uma autorização para a prorrogação, seja possível autorizá-la em decorrência de fatos supervenientes e imprevisíveis.[279] No caso das prorrogações para fins de reequilíbrio econômico-financeiro do contrato, há inclusive uma significativa parcela da doutrina que sustenta não se tratar nesse caso propriamente de prorrogação, mas de um outro tipo de extensão de prazo, com finalidade específica, subordinado, portanto, a regime jurídico diverso. Esse tema será tratado mais à frente, no tópico 2.2.2.1, podendo-se adiantar, desde já a posição adotada no sentido de que, apesar de ser possível distinguir entre várias espécies de prorrogação, segundo as suas diversas finalidades, há um regime jurídico comum a todas elas que deve ser respeitado. Deste modo, diante de uma vedação genérica em lei ou no respectivo contrato, não se deve admitir, a nosso ver, nenhum tipo de prorrogação, qualquer que seja a sua finalidade.

Mais do que isso, é possível afirmar que *basta o silêncio do contrato para que a prorrogação seja interditada*. Para afastar a regra da licitação é necessário que haja expressa determinação nesse sentido, tanto para que seja possível a contratação direta, como ocorre nos casos de dispensa ou inexigibilidade de licitação – expressamente disciplinadas nos arts. 74 e 75 da Lei nº 14.133/2021 –, como nos casos de prorrogação. A esse respeito, note-se que, como já ressaltado anteriormente, o art. 23, XII da Lei nº 8.987/95, assim como o art. 5º, I da Lei nº 11.079, referem como uma

---

[278] "No caso dos contratos de concessão, utilizar a mutabilidade – nas suas mais diversas facetas – como escusa para prolongar o contrato além do prazo indispensável ou, mesmo, para desnaturar o seu objeto em relação ao que foi originalmente licitado priva a sociedade de ter acesso a novos projetos e a contratos estruturantes do interesse público em longo prazo e cuja seleção deve se operar meritoriamente por meio de processo de licitação pública. O interesse dos potenciais operadores econômicos em participar de futuras licitações públicas deve ser protegido pelo Direito e não pode ser bloqueado por uma desmedida mutabilidade" (GARCIA, Flávio Amaral. *A mutabilidade nos contratos de concessão*. São Paulo: Malheiros, 2021. p. 267).

[279] Exemplificativamente, pode-se referir à doutrina de Luiz Alberto Blanchet: "Há, ainda, consoante aludimos inicialmente, situações nas quais as prorrogações são admissíveis embora não previstas no contrato, sempre que provocadas por fatores supervenientes, imprevisíveis e não subordinados à vontade do concessionário. Estes fatores justificarão a prorrogação sempre que ficar patente o comprometimento da prestação adequada (merecendo especial menção a permanência e continuidade) do serviço se a concessão não vier a ser prorrogada" (BLANCHET, Luiz Alberto. *Concessões de serviço público*. 2. ed. Curitiba: Juruá, 2000. p. 126).

das cláusulas essenciais do contrato de concessão de serviço público aquela que discipline as condições para a sua prorrogação. Deste modo, diante da omissão do contrato a esse respeito, parece-nos que se deve considerar esse como um *silêncio eloquente*, extraindo-se daí a vedação a qualquer tipo de prorrogação.[280] [281]

A jurisprudência tem seguido também nesse sentido. Ao proferir o Acórdão nº 2.200/2015,[282] o Tribunal de Contas da União entendeu que é condição objetiva para a prorrogação "o contrato possuir previsão expressa" nesse sentido. Mais recentemente, no Acórdão nº 738/2017,[283] deixou claro:

> 1. A prorrogação da vigência do contrato de concessão para além do prazo inicialmente ajustado, em detrimento de nova licitação, somente é lícito caso haja expressa autorização do instrumento convocatório e do contrato, bem assim comprovação de que é a solução que melhor atende ao interesse público.

O Superior Tribunal de Justiça também já enfrentou o tema e reconheceu, no julgamento do RMS nº 24.118, a existência de vício na prorrogação de contrato administrativo, declarando sua nulidade "na medida em que não havia previsão, no edital do certame que a autorizasse", tendo a cláusula autorizadora sido incluída por termo aditivo ao contrato, o que impossibilitara, à época da licitação, que eventuais

---

[280] "O edital e o contrato podem ou não prever a possibilidade de prorrogação, o que, em muitos casos, se justifica e se recomenda. Se não contiver previsão, sou da opinião de que ela não é possível" (MARQUES NETO, Floriano de Azevedo. *Concessões*. 1. ed. Belo Horizonte: Fórum, 2015. p. 168). Nesse mesmo sentido: "O que parece fora de dúvida é a obrigatoriedade de o instrumento convocatório da licitação e o contrato estabelecerem a possibilidade de o prazo contratual ser prorrogado. [...] A contrario sensu, é suposto inferir que a omissão do instrumento convocatório da licitação e das cláusulas do contrato administrativo sobre o tema da prorrogação implica uma vedação tácita à sua admissão" (GARCIA, Flávio Amaral. *A mutabilidade nos contratos de concessão*. São Paulo: Malheiros, 2021. p. 253). *Vide* também GARCIA, Flávio Amaral. *Concessões, parcerias e regulação*. São Paulo: Malheiros, 2019. p. 230.

[281] Há, todavia, divergência na doutrina, havendo autores que defendem a solução contrária: "Tal espécie de prorrogação deverá encontrar amparo contratual, seja na existência de cláusula que admita a prorrogação ou na inexistência de cláusula que expressamente a vede" (CANTO, Mariana Dall'Agnol; GUZELA, Rafaella Peçanha. Prorrogações contratuais em contratos de concessão. *In*: MOREIRA, Egon Bockmann (Coord.). *Contratos administrativos, equilíbrio econômico-financeiro e a taxa interna de retorno*. Belo Horizonte: Fórum, 2016. p. 212).

[282] TRIBUNAL DE CONTAS DA UNIÃO. Acórdão 2.200/2015. Plenário. Rel. Min. Ana Arraes, processo nº 024.882/2014-3.

[283] TRIBUNAL DE CONTAS DA UNIÃO. Acórdão nº 738/2017. Plenário. Rel. Min. Walton Alencar Rodrigues, processo nº 014.689/2014-6.

interessados tivessem acesso à informação quanto à possibilidade de prorrogação, como se extrai do voto do Ministro Relator Teori Zavascki.[284] Nesse caso, enfrentou-se questão mais sensível, já adiantada na abertura deste tópico, pois, apesar de originalmente não haver previsão contratual, essa foi posteriormente inserida por aditivo contratual.

Ainda mais polêmico se torna o assunto, quando se cogita da possibilidade de que as condições contratuais vigentes venham a ser alteradas diretamente pela lei, para viabilizar uma prorrogação que não encontra previsão contratual. Já se afirmou, a esse respeito, que não se admitem prorrogações realizadas diretamente pela lei, já que dependem de exame a ser realizado pela autoridade administrativa quanto à situação de fato. No entanto, para que a Administração Pública possa tomar essa decisão, é preciso que haja uma autorização legal prévia, ainda que genérica. Essa lei, naturalmente, poderá estabelecer parâmetros a serem observados pela Administração ao tomar sua decisão no caso concreto ou condições a serem exigidas do concessionário que deseje prorrogar o seu contrato. Do mesmo modo, para que o contrato possa ser prorrogado, é preciso que ele contenha cláusula contratual prevendo essa possibilidade.

A *alteração da cláusula contratual que disciplina o regime jurídico das prorrogações, sem base em inovação legislativa,* apenas por deliberação administrativa, já foi rejeitada pelo Superior Tribunal de Justiça, como referido acima. Também o Tribunal de Contas da União, ao examinar o caso da alteração do contrato de concessão para a construção de uma nova pista na Serra das Araras, na Via Dutra, já teve oportunidade de rejeitar essa possibilidade.[285] A questão que se pretende examinar agora é se lei superveniente poderia alterar o regime de prorrogação originalmente previsto no contrato, regido pela legislação vigente à época em que foi firmado.

Há quem sustente que a natureza regulamentar das cláusulas que estabelecem os prazos e condições para a prorrogação dos contratos administrativos as tornam mutáveis, de modo que seria possível alterar seu conteúdo com o contrato em andamento, desde que por meio de

---

[284] SUPERIOR TRIBUNAL DE JUSTIÇA. Primeira Turma. RMS 24.118/PR. Rel. Min. Teori Albino Zavascki, julgado em 11.11.2008, *DJe* 15.12.2008.
[285] "Nota-se que dezesseis anos após o início da avença foi inserida no contrato, por meio de aditivo, a possibilidade de prorrogação; entretanto, considerando-se que as cláusulas essenciais do contrato (como a em questão) não devem ser alteradas, não cabe consentir a viabilidade da modificação do prazo de vigência" (TRIBUNAL DE CONTAS DA UNIÃO. Acórdão nº 2.247/2018. Plenário. Rel. Min. Augusto Nardes, processo nº 031.581/2015-3).

lei.[286] Não nos parece que seja esse o caso. Por um lado, é verdade que as cláusulas que fixam o prazo são cláusulas regulamentares. Por essa razão, reconhece-se ao Poder Concedente a prerrogativa de encerrar antecipadamente o contrato, encurtando o seu prazo por decisão unilateral, motivada por razões de interesse público, como ocorre na encampação; ou como sanção aplicada ao concessionário, como ocorre nos casso de caducidade. Igualmente, reconhece-se a sua prerrogativa de anuir com a sua prorrogação. No entanto, praticar atos unilaterais ou negociais que estendam ou encurtem o prazo do contrato e alterar o regime contratual que estabelece as condições em que isso pode ser feito são coisas bastante distintas. A nosso ver, *modificar esse regime jurídico*, com o contrato em curso, *permitindo a prorrogação sem que o contrato original o previsse; ou alterando as condições em que ela poderá ocorrer*, equivaleria a uma violação dos princípios de vinculação ao edital e da isonomia,[287] criando para o concessionário uma situação que

---

[286] "Assim sendo, a cláusula de prorrogação pode ser considerada uma cláusula regulamentar dos contratos de concessão de serviço público e não uma cláusula econômica, motivo pelo qual o Poder Concedente pode alterar, unilateralmente, seu conteúdo no interesse do serviço, notadamente para definir novas condições para a prorrogação" (GUIMARÃES, Felipe Montenegro Viviani. *Prorrogação por interesse público das concessões de serviço público*. São Paulo: Quartier Latin, 2018. p. 235).

[287] Essa é, por exemplo, a posição defendida por Celso Antônio Bandeira de Mello, para quem "[...] o prazo da concessão não é elemento contratual do ato. Compreende-se nas cláusulas regulamentares, pelo quê o concedente pode, em razão de conveniência e oportunidade – portanto, mesmo sem qualquer falta do concessionário –, extinguir a concessão a qualquer momento, sem com isso praticar qualquer ilícito". O autor, no entanto, rejeita a possibilidade de inclusão da disciplina quanto à prorrogação em momento posterior à licitação: "[...] seria inviável qualquer dilatação do contrato, a menos que referida na minuta de contrato que integrar o edital" (BANDEIRA DE MELLO, Celso Antônio. *Curso de direito administrativo*. 36. ed. Belo Horizonte: Fórum, 2023. p. 660). Flavio Amaral registra que "as contratações administrativas não podem ser eternizadas, devendo ser constantemente renovadas nos marcos temporais legais e contratuais, [...]. É da sua natureza a determinação concreta e objetiva do lapso temporal no qual perdurarão os direitos e obrigações previamente acordados entre as partes. [...] Noutros termos, a temporalidade dos prazos dos contratos públicos é uma decorrência lógica do princípio da concorrência. [...] utilizar a mutabilidade – nas suas mais diversas facetas – como escusa para prolongar o contrato além do prazo indispensável [...] priva a sociedade de ter acesso a novos projetos e a contratos estruturantes do interesse público em longo prazo e cuja seleção deve se operar meritoriamente por meio de processo de licitação pública" (GARCIA, Flávio Amaral. *A mutabilidade nos contratos de concessão*. São Paulo: Malheiros, 2021. p. 265-267). Também Marçal Justen Filho, ao tratar do tema, refere à mutabilidade das cláusulas que tratam da vigência dos contratos, chamando a atenção para a possibilidade de sua extinção antecipada (JUSTEN FILHO, Marçal. *Teoria geral das concessões de serviço público*. São Paulo: Dialética, 2003. p. 165). Letícia Queiroz também examina a natureza das cláusulas do contrato de concessão, classificando como regulamentares aquelas que tratam do prazo e como contratuais as que tratem das hipóteses fáticas de configuração do dever de equilíbrio (ANDRADE, Letícia Queiroz de. *Teoria das relações jurídicas da prestação de serviço público sob regime de concessão*. 1. ed. São Paulo: Malheiros, 2015. p. 118).

não foi oferecida aos demais licitantes e desvirtuando a própria lógica contratual.[288] Esse tipo de procedimento seria inaceitável, da mesma forma que a desnaturação do objeto, de que se cuidará no tópico 2.1.4 a seguir, ao tratar dos seus contornos como limite para as prorrogações.

Deve-se referir, todavia, que há exemplos recentes de alterações legislativas do regime de prorrogação de contratos de concessão que têm sido admitidas pela jurisprudência. Em todos os casos identificados, no entanto, a lei inovou para restringir as condições em que o contrato pode ser prorrogado. Pode-se referir, exemplificativamente, aos julgamentos dos MS nº 20.468,[289] MS nº 21.465[290] e MS nº 20.432,[291] que se referem à aplicação da Lei nº 12.783/2013,[292] que tratou da prorrogação de concessões do setor elétrico, condicionando-as à inserção de novos investimentos ou inclusão de parâmetros, metas de qualidade ou

---

[288] Curioso observar, nesse sentido, que Felipe Guimarães, que expressamente admite a alteração do regime jurídico das contratações, com o contrato em curso, rejeita a possibilidade de criação por lei da possibilidade de prorrogação não prevista originalmente em contrato (GUIMARÃES, Felipe Montenegro Viviani. *Prorrogação por interesse público das concessões de serviço público*. São Paulo: Quartier Latin, 2018. p. 241-242). As situações não nos parecem distintas. Em ambos os casos, cuida-se de alterar um regime jurídico, permitindo a prorrogação que era vedada ou impedindo a prorrogação que era permitida.

[289] "9. Ora, a decisão transitada em julgado dispôs que o prazo seria de 15 anos prorrogáveis por igual período, ou seja, consignou tão somente a possibilidade de prorrogação por mais 15 anos, não havendo, dessa forma direito líquido e certo a tal prorrogação, uma vez que esta é faculdade outorgada à Administração, exercida segundo critérios de conveniência e oportunidade. Assim, ao reconhecer a possibilidade de prorrogação das permissões originais, o juízo nada mais fez do que declarar a expectativa de direito dos autores na aludida prorrogação, que não pode nem deve ser confundida com o direito a tal prorrogação" (SUPERIOR TRIBUNAL DE JUSTIÇA. Primeira Seção, MS 20.468/DF, Rel. Min. Mauro Campbell Marques, julgado em 11.12.2013, *DJe* 05.02.2014).

[290] SUPERIOR TRIBUNAL DE JUSTIÇA. Primeira Seção, MS 21.465/DF, Rel. Min. Mauro Campbell Marques, julgado em 13.12.2017, *DJe* 18.12.2017.

[291] SUPERIOR TRIBUNAL DE JUSTIÇA. Primeira Seção, MS 20.432/DF, Rel. Min. Ari Pargendler, Rel. para acórdão Min. Herman Benjamin, julgado em 24.06.2015, *DJe* 15.02.2016.

[292] Sobre a inconstitucionalidade da Lei nº 12.783/2013, não relacionada às regras de prorrogação, mas sim à desnaturação do seu objeto, ao alterar um regime de livre comercialização da energia gerada por um sistema de cotas, com tarifa regulada, *vide*: REIS, Márcio Monteiro. Implantação do regime de cotas para as concessões de usinas de geração hidrelétrica (Lei n. 12.783/2013): prorrogação ou nova contratação? *In*: ROCHA, Fábio Amorim da (Coord.). *Temas relevantes no direito de energia elétrica*. Rio de Janeiro: Synergia, 2015. t. IV. p. 329-344. Tratando da MP nº 579/13, que foi convertida posteriormente na Lei nº 12.783/2013, Floriano de Azevedo Marques defende a inexistência de inconstitucionalidade em suas normas referentes à prorrogação, pois "já encontrava previsão legal e contratual lícitas, válidas e vigentes", o que tornava a MP apenas "desnecessária e inconveniente" (MARQUES NETO, Floriano de Azevedo. A prorrogação dos contratos de concessão do setor elétrico e a medida provisória nº 579/2012. *In*: MARQUES NETO, Floriano de Azevedo *et al.* (Org.). *Direito e Administração Pública*: estudos em homenagem a Maria Sylvia Zanella Di Pietro. São Paulo: Atlas, 2013. p. 906).

condições inexistentes originalmente. Os impetrantes alegavam que teriam direito à prorrogação automática de seus contratos, por terem cumprido todas as condições previstas nas cláusulas contratuais. Desse modo, não poderia a Administração Pública negar tal prorrogação com base em lei posterior, a qual não poderia contrariar o contrato – que consistiria em ato jurídico perfeito –, nem o direito, supostamente, já adquirido pelo concessionário à prorrogação.

A existência ou não de direito adquirido à prorrogação contratual será examinada mais à frente, em capítulo seguinte. Por ora, interessa observar que a Primeira Seção do Superior Tribunal de Justiça já expressou entendimento no sentido de que a lei posterior pode sim alterar o regime jurídico das prorrogações de concessões de serviço público. No entanto, tais decisões dizem respeito a essas hipóteses em que a lei nova apenas restringiu o campo de discricionariedade para a decisão administrativa. A premissa de que se valeu nesses julgados é a de que o concessionário não tinha um direito adquirido à prorrogação do seu contrato, que dependeria ainda de um exame de conveniência e oportunidade da Administração Pública. A lei nova, portanto, apenas alterou os parâmetros a serem levados em conta pela autoridade administrativa. Não teria havido, portanto, violação a direito do concessionário, pois, de todo modo, na relação administrativa de natureza contratual, sempre deverá prevalecer a decisão de mérito da Administração Pública:[293]

> 1. Na relação contratual privada, a interpretação que uma das partes faz do contrato não se sobrepõe à interpretação atribuída pela outra. Se não for dirimida pelo consenso ou por uma solução de compromisso, a controvérsia será decidida pelo Judiciário quando provocado. *Na relação administrativa de natureza contratual, prevalece a interpretação adotada pela Administração Pública. Trata-se do que a doutrina chama de "prerrogativa da decisão unilateral executória",* a revelar a subordinação de quem contrata com o Poder Público. Em se tratando do setor elétrico, a subordinação do concessionário em relação ao poder concedente se revela também pela natureza do sistema. A geração é só uma das fases do processo de fornecimento de energia. Quem a explora depende de quem controla o todo. Com efeito, a geração da energia só tem sentido se puder ser transmitida, distribuída e comercializada. *Quid,* se o poder concedente desfizer a integração no sistema da geradora de energia? A usina não terá meios de operar. Por isso, indeferindo o pedido de prorrogação,

---

[293] SUPERIOR TRIBUNAL DE JUSTIÇA. Primeira Seção, MS 20.432/DF, Rel. Min. Ari Pargendler, Rel. para acórdão Min. Herman Benjamin, julgado em 24.06.2015, *DJe* 15.02.2016.

o poder concedente deve assumir, "imediatamente, a operação das centrais geradoras, para garantir a sua continuidade e regularidade" (nona subcláusula da cláusula décima terceira - e-stj, fl. 96).

O que o Superior Tribunal de Justiça tem afirmado recentemente, portanto, é que pode o legislador, a qualquer tempo, interferir nos parâmetros que devem ser observados pela Administração Pública para a prática de um ato administrativo discricionário. Assim, se a legislação anteriormente vigente e o texto original do contrato lhe permitiam um campo amplo de alternativas, o legislador pode restringir as opções disponíveis. Isso não significa, de modo algum, que esteja o legislador autorizado a criar direitos subjetivos novos para o concessionário, que não possam ser extraídos do contrato, pois aí haveria violação aos princípios da vinculação ao edital de licitação e da isonomia.

Desdobramento interessante desta questão diz respeito, ainda, a uma exigência adicional mencionada por alguns autores. Para que o contrato de concessão seja prorrogado, não basta que haja cláusula anterior prevendo essa possibilidade, é necessário também que o contrato a ser prorrogado tenha sido ele próprio licitado. Diante da exigência contida no art. 175 da Constituição de que os contratos de concessão e permissão de serviço público sejam submetidos à prévia licitação, interpreta-se que *apenas os contratos licitados seriam prorrogáveis*.[294] Não se estenderia, portanto, aos contratos firmados anteriormente à Constituição de 1988 sem a realização prévia de licitação, a autorização constitucional para a prorrogação, que teria como premissa a existência de um certame licitatório na origem do contrato inicial.

Como já se referiu, o Supremo Tribunal Federal já enfrentou esse tema ao julgar o ARE nº 869.007,[295] no qual afirmou que "é imprescindível prévia licitação para a concessão ou a permissão da exploração de serviços públicos", de modo que "são inconstitucionais as prorrogações de concessão e de permissão que vão de encontro à referida premissa, inclusive as de contratos formalizados antes de 5 de outubro de 1988".

Esse tema causou alguma polêmica quando a Lei nº 12.783/2013, resultante da conversão da Medida Provisória nº 579/2012, estabeleceu

---

[294] Sobre o tema, com um apanhado de diversas decisões que interditam a prorrogação quando o contrato original não tiver sido firmado mediante previa licitação: GUIMARÃES, Felipe Montenegro Viviani. *Prorrogação por interesse público das concessões de serviço público*. São Paulo: Quartier Latin, 2018. p. 123-128.
[295] SUPREMO TRIBUNAL FEDERAL. Segunda Turma, ARE 869.007 ED-AgR. Rel. Min. Dias Toffoli, julgado em 05.05.2017, processo eletrônico, *DJe*-111, divulgado em 25.05.2017 e publicado em 26.05.2017.

condições para uma nova prorrogação das concessões de geração, transmissão e distribuição de energia elétrica, que já eram existentes por ocasião da promulgação da Lei nº 8.987/95 e foram prorrogadas nos termos dos arts. 17, §5º, 19 e 22 da Lei nº 9.074/95 e Decreto nº 1.717/95, tendo os seus prazos finais sido estendidos para termos entre os anos de 2015 e 2017, conforme o caso. Tratava-se de saber se a lei poderia – como, de fato, o fez – propiciar uma nova prorrogação dessas concessões, que haviam sido outorgadas originalmente sem licitação e cujos contratos originais não previam novas prorrogações. Claramente se nos afigura que a prorrogação, em 2015, de contratos firmados antes da Constituição de 1988, sem terem sido precedidos de licitação, feriria o disposto em seu art. 175. Não se conhece, no entanto, até esta data, nenhuma decisão judicial que tenha afastado, por inconstitucional, a aplicação dessa norma.

Deve-se referir, ainda, que, para que seja prorrogado, é imprescindível que *o contrato esteja vigente*. O advento do termo contratual é causa de extinção dos contratos de concessão, se não fosse por outras razões, por força do disposto no art. 35, I da Lei nº 8.987/95. Assim, uma vez atingido o termo final da sua duração e extinto o contrato não será mais possível cogitar de sua prorrogação. Caso a Administração Pública continue tendo interesse no objeto daquele contrato, deverá providenciar contratação nova, ainda que emergencial, se for esse o caso, podendo até firmar esse novo contrato emergencial com o mesmo concessionário.[296]

Ao examinar termo aditivo que havia prorrogado contrato administrativo já expirado, após o encerramento da sua vigência, o Superior Tribunal de Justiça entendeu pela sua nulidade absoluta.[297] Alexandre Aragão também afirma que, para ser prorrogado, é necessário que o contrato se encontre vigente. No entanto, admite exceção para os casos em que haja sido praticado, pela Administração Pública, ato suscetível de gerar objetivamente a confiança legítima do contratado na prorrogação do prazo contratual. Nesse caso, caberia ou a sua indenização ou a prorrogação do contratado, a depender do

---

[296] Sobre as prorrogações e contratações em situação de emergência, cuidar-se-á no tópico 2.2.2.3, a seguir.

[297] "4. Afigura-se juridicamente impossível, tanto a possibilidade de convalidação de ato administrativo que visa formalizar Termo Aditivo à contrato findo, como de dar a essa prestação de serviço a conotação de contrato verbal. Devendo, pois, ser encarado como contratação irregular" (SUPERIOR TRIBUNAL DE JUSTIÇA. Segunda Turma. REsp 1.111.084/RJ. Rel. Min. Mauro Campbell Marques, julgado em 02.06.2015, *DJe* 18.12.2015).

interesse público.[298] Não nos parece, no entanto, que a prorrogação seja uma alternativa juridicamente viável, pois, uma vez extinto o vínculo, não há como prorrogá-lo, ainda que houvesse interesse público em fazê-lo na época apropriada. Poderá haver indenização daquele que teve a sua expectativa legítima quebrada, assim como deverá ser apurada a eventual responsabilidade disciplinar daqueles que deram causa à violação do interesse público. A prorrogação, no entanto, não será possível.[299]

Como já se referiu, a competência administrativa para tomar a *decisão discricionária* quanto à prorrogação ou não de um contrato de concessão de serviço público se exerce em dois tempos. No momento inicial, de modelagem do projeto de concessão, cabe à Administração dispor genericamente e, ainda no plano abstrato, se haverá ou não possibilidade de prorrogação ao final do período contratual inicialmente avençado e quais as condições para que isso ocorra, sempre respeitando os parâmetros e limites impostos pela lei. No segundo momento, lhe caberá a tarefa de, à luz das disposições legais e das normas contratuais pactuadas com o concessionário, decidir, analisando as circunstâncias do caso concreto, se é ou não conveniente, naquele momento, anuir com a prorrogação do contrato. Para tanto, deverá avaliar as outras opções disponíveis, essencialmente: organizar uma nova licitação para a contratação do próximo concessionário, que poderá ou não ser o mesmo, a depender do resultado do certame licitatório, ou assumir diretamente a prestação do serviço, por meio dos órgãos ou entes que compõem a própria Administração Pública.

Esse exame comparativo com as alternativas disponíveis será obviamente sempre exigível. Pode ser necessário, todavia, proceder também ao exame de outras circunstâncias de fato ou de direito que interfiram na decisão administrativa. Por exemplo, caso se trate de uma prorrogação para fins de reequilíbrio econômico-financeiro, será necessário avaliar comparativamente a prorrogação diante das outras modalidades de correção do desequilíbrio identificado, como exemplo,

---

[298] ARAGÃO, Alexandre Santos de. *Curso de direito administrativo*. 2. ed. Rio de Janeiro: Forense, 2013. p. 370.

[299] "Elle suppose ainsi, de manière tout a fait logique, que le consentement à la prorogation se fasse avant que le terme soit échu car, à son échéance, le terme produit automatiquement son effet: la relation contractuelle s'éteint instantanément. La modification du terme ne peut donc être envisagée que par rapport à un engagement en cours d'exécution" (HOEPFFNER, Helène. *La modification du contract administratif*. Paris: LGDJ, 2009. p. 226). No mesmo sentido: GUIMARÃES, Felipe Montenegro Viviani. *Prorrogação por interesse público das concessões de serviço público*. São Paulo: Quartier Latin, 2018. p. 197.

o aumento da tarifa, a redução de investimentos ou o pagamento de uma indenização com recursos orçamentários ao concessionário. Quando se tratar de uma prorrogação emergencial, deve ser analisada a viabilidade de se firmar um contrato emergencial com outro prestador e as condições contratuais que se poderiam obter nessas circunstâncias, os custos de transação para uma troca de concessionário que firmará um contrato por prazo curto em decorrência da situação de urgência, ou ainda a possibilidade de assumir emergencialmente a prestação direta do serviço enquanto organiza uma licitação definitiva.

Há autores que entendem, como já se mencionou, que quando se trata de reequilibrar a economia do contrato, a ampliação do prazo não é propriamente uma prorrogação e se submete a regime jurídico distinto. Nesse sentido, sustentam que, nesses casos, haveria um direito adquirido do concessionário não somente ao reequilíbrio do seu contrato, mas também a que esse reequilíbrio se desse por meio de uma prorrogação contratual.

Não compartilhamos desse entendimento, pelas razões que serão expostas a seguir, no tópico 2.2.2.1, que cuidará dessa espécie de prorrogação. A nosso ver, qualquer que seja a espécie de prorrogação de que se trate – categoria na qual se inserem todas as modalidades de ampliação do prazo inicialmente estipulado – a decisão final, tomada em cada caso concreto, à luz das circunstâncias de fato, caberá sempre à autoridade administrativa e será sempre discricionária.[300] Ainda que o concessionário tenha direito adquirido ao reequilíbrio do seu contrato, por exemplo, decidir se a correção necessária se dará por meio de

---

[300] "[...] a decisão no sentido ou não da prorrogação deverá ser tomada na forma prevista e pelo agente público definido como competente pelas normas pertinentes. Por fim, é como a jurisprudência destaca ao tratar do tema, a prorrogação de prazos envolve um componente importante de discricionariedade a cargo da Administração Pública" (BARCELLOS, Ana Paula de. A gestão do tempo pela regulação: parâmetros constitucionais para a prorrogação de prazos e alguns casos concretos. *In*: PEREIRA NETO, Caio Mario da Silva Pereira; PINHEIRO, Luís Felipe Valerim (Coord.). *Direito da infraestrutura*. São Paulo: Saraiva, 2017. v. 2. p. 177); "Sem prejuízo disso, pode-se dizer que, na maioria dos setores de infraestrutura, há a prerrogativa discricionária do Poder Concedente em definir o momento e o conteúdo da extensão do prazo da concessão, não havendo a priori um direito subjetivo do concessionário à sua prorrogação" (PRADO, Lucas Navarro; PINHEIRO, Luís Felipe Valerim. O tempo nas concessões de infraestrutura: prazo de vigência de sua prorrogação. *In*: MARCATO, Fernando S.; PINTO JR., Mario Engler (Coord.). *Direito da Infraestrutura*. São Paulo: Saraiva, 2017. v. 1. p. 434) e "A prorrogação é faculdade do poder concedente, que só deverá efetuá-la se o concessionário estiver cumprindo bem suas obrigações e a tarifa for compatível com o nível econômico da maioria dos usuários do serviço, mas sempre dependendo do exame de conveniência e oportunidade da medida" (AZEVEDO, Eurico de Andrade; ALENCAR, Maria Lúcia Mazzei de. *Concessão de serviços públicos*. São Paulo: Malheiros, 1998. p. 101).

uma prorrogação (caso o concessionário também esteja de acordo), ou por outra modalidade qualquer que seja juridicamente disponível e economicamente viável, é uma prerrogativa da Administração Pública, segundo sua avaliação quanto ao atendimento do interesse público.

Há decisões jurisprudenciais, no entanto, que consideram vinculado o ato administrativo que defere a pretensão do concessionário à prorrogação do contrato de concessão. No julgamento do MS nº 21.465,[301] o Superior Tribunal de Justiça denegou a segurança, por entender que a Administração Pública estava adstrita às condições previstas em lei. Deste modo, tendo havido alteração do regime legal, tornando mais restritivas as condições para a prorrogação, as cláusulas contratuais anteriores não poderiam prevalecer em sentido contrário à nova regra legal. No entanto, apesar de não ter usado esse argumento como razão de decidir, o Superior Tribunal de Justiça afirmou naquela ocasião que o deferimento da prorrogação de prazo é um ato vinculado. Por tudo o que se expôs anteriormente, não parece ser esse o melhor entendimento.

Apesar de envolver uma decisão administrativa discricionária, a prorrogação dos contratos de concessão de serviço público obviamente não pode ser realizada de modo arbitrário, impondo-se uma análise racional dos seus benefícios em comparação com alternativas disponíveis.[302] Também não se trata de uma decisão unilateral. Para que o contrato seja prorrogado será necessário o *consenso* entre as partes.[303]

---

[301] "3. Ainda que o deferimento da prorrogação de prazo seja um ato vinculado, ele está adstrito às condições previstas em dispositivo normativo. Caso sobrevenha uma mudança no regime jurídico, desde que não haja afetação direta do equilíbrio econômico-financeiro, o Executivo está obrigado a implementar as novas balizas, em clara manifestação de seu poder de império, também presente nas relações contratuais. 4. No âmbito da implementação de políticas públicas, a tutela de uma situação individual não pode afetar as condições de competitividade dos demais players. Ao contrário da narrativa da impetrante, a recusa do Poder Concedente em prorrogar o contrato sub judice não perfaz ato arbitrário" (SUPERIOR TRIBUNAL DE JUSTIÇA. Primeira Seção. MS 21.465/DF, Rel. Min. Mauro Campbell Marques, julgado em 13.12.2017, *DJe* 18.12.2017).

[302] "O que hora se sustenta é que essa decisão (prorrogação ou realização de nova licitação) se submeta a uma racionalidade jurídica que impõe ao poder concedente a seus gestores a busca da melhor solução segundo os critérios de imparcialidade proporcionalidade e justiça, não podendo formar sua vontade a partir de voluntarismos subjetivistas que resvalem para o arbítrio" (GARCIA, Flávio Amaral. *A mutabilidade nos contratos de concessão*. São Paulo: Malheiros, 2021. p. 252).

[303] Nesse sentido, *vide* as seguintes considerações doutrinárias: "Ponto incontestável é que a prorrogação do prazo não é uma daquelas cláusulas exorbitantes que podem ser unilateralmente impostas pela Administração Pública ou mesmo, no caso de recusa da sociedade empresária contratada, resultar em aplicação de qualquer sanção administrativa" (GARCIA, Flávio Amaral. *Concessões, parcerias e regulação*. São Paulo: Malheiros, 2019. p. 236); "Além disso, a prorrogação não poderá, a nosso ver, ser administrativamente imposta

O ato discricionário da Administração Pública não será propriamente de prorrogação do contrato, mas de anuência à prorrogação, que será formalizada não por um ato unilateral, mas por um ato negocial firmado entre as partes: um *aditivo* ao contrato.[304] Segundo Jacintho Arruda Câmara, o interesse público, examinado pelo Poder Concedente, e o interesse econômico do concessionário "deverão estar, mais uma vez, em sintonia para que a relação seja estendida por igual período".[305] Como lembra Marçal Justen Filho – que não admite a prorrogação do contrato de concessão que não para a recomposição do seu equilíbrio econômico-financeiro –, "o concessionário tem o direito de encerrar sua atuação no término do prazo contratual".[306]

Em geral, cabe ao concessionário, dentro de um período de prazo previamente indicado no contrato, apresentar um requerimento para

---

ao concessionário, dependendo, em qualquer caso, a sua efectivação de uma manifestação de vontade deste, formulada nos termos fixados no contrato. [...] não são admissíveis prorrogações forçadas do prazo do contrato por acto unilateral do concedente" (TORGAL, Lino. Prorrogação do prazo de concessões de obras e de serviços públicos. *Revista de Contratos Públicos*, Coimbra, v. 1, p. 219-263, jan./abr. 2011. p. 244-245) e "[...] a prorrogação por interesse público (comum ou antecipada) dos contratos de concessão de serviço público tem natureza jurídica de um ato administrativo lato sensu, mais precisamente de um negócio jurídico administrativo, isto é, de uma declaração de vontade destinada a produzir os efeitos jurídicos queridos pelos declarantes (Poder Concedente e concessionária)" (GUIMARÃES, Felipe Montenegro Viviani. *Prorrogação por interesse público das concessões de serviço público*. São Paulo: Quartier Latin, 2018. p. 128-129).

[304] Nesse sentido, *vide*: CANTO, Mariana Dall'Agnol; GUZELA, Rafaella Peçanha. Prorrogações contratuais em contratos de concessão. *In*: MOREIRA, Egon Bockmann (Coord.). *Contratos administrativos, equilíbrio econômico-financeiro e a taxa interna de retorno*. Belo Horizonte: Fórum, 2016. p. 212 e GARCIA, Flávio Amaral. *Concessões, parcerias e regulação*. São Paulo: Malheiros, 2019. p. 236. Também já decidiu assim o Superior Tribunal de Justiça, exigindo a formalização de um aditivo para que se concretize: "Ao admitir a prorrogação, estabelecendo o legislador, adredemente, nos diversos incisos do §1º do art. 57, as causas possíveis, sem abandono do rigor formal do prazo contratual previsto, os quais devem ser fielmente cumpridos, inclusive no tocante à prorrogação. Esta, nas hipóteses permitidas, exige formalidade, assim como o contrato, o que se faz por termo aditivo" (SUPERIOR TRIBUNAL DE JUSTIÇA. Segunda Turma. REsp 735.698/RJ, Rel. Min. Eliana Calmon, julgado em 18.12.2007, *DJ* 13.02.2008, p. 150).

[305] CÂMARA, Jacintho Arruda. O prazo nos contratos públicos. *In*: DI PIETRO, Maria Sylvia Zanella (Coord.). *Tratado de direito administrativo*: licitação e contrato administrativo. 1. ed. São Paulo: Revista dos Tribunais, 2014. v. 6. p. 348. Armando Castelar Pinheiro e Leonardo Coelho Ribeiro também mencionam a necessidade de "comum acordo com os concessionários" para que possa ocorrer a prorrogação do contrato de concessão (PINHEIRO, Armando Castelar; RIBEIRO, Leonardo Coelho. *Regulação das ferrovias*. 1. ed. Rio de Janeiro: FGV, 2017. p. 145-146). No mesmo sentido: GASPARINI, Diógenes. *Direito administrativo*. 16. ed. São Paulo: Saraiva, 2011. p. 770; FURTADO, Lucas Rocha. *Curso de licitações e contratos administrativos*. 6. ed. Belo Horizonte: Fórum, 2015. p. 575 e MELLO, Rafael Munhoz de. Prorrogação de concessão de serviço público. *Revista de Direito Público da Economia – RDPE*, Belo Horizonte, ano 12, n. 46, p. 207-222, abr./jun. 2014. p. 213.

[306] JUSTEN FILHO, Marçal. *Teoria geral das concessões de serviço público*. São Paulo: Dialética, 2003. p. 574.

a sua prorrogação, se isso lhe interessar, devendo a Administração Pública deliberar à luz do direito, dos fatos e das razões de conveniência e oportunidade. Frequentemente os contratos de concessão estabelecem expressamente procedimentos deste tipo, estipulando o marco temporal que deverá ser observado para a formulação do pleito. Nada impede, no entanto, que a iniciativa para a prorrogação seja da própria Administração Pública. Tudo dependerá dos termos do contrato e da avaliação de conveniência e oportunidade que se fizer. De todo modo, para que o contrato seja prorrogado, sempre será necessária a existência de consenso.

Pode-se cogitar de hipótese em que esse consenso entre as partes seja formado no momento de celebração do contrato. Como já se referiu, a discricionariedade administrativa se exerce, no que diz respeito à prorrogação, em um primeiro momento quando são redigidas as cláusulas contratuais e, em um segundo momento, quando a decisão final é tomada. Isso também é verdade quanto à declaração de vontade do concessionário, que é expressa em um primeiro momento, quando firma o contrato, obrigando-se por suas cláusulas e, em um segundo momento, quando pleiteia ou anui com a prorrogação. Nada impede que qualquer uma das partes opte por se autovincular, quando da celebração do contrato, assumindo a obrigação contratual pela prorrogação em determinadas condições. É o que ocorre, do ponto de vista da Administração, com as prorrogações premiais, de que se cuidará no tópico 2.2.1.2 a seguir. Também o concessionário poderá, a depender da redação das cláusulas contratuais, estar obrigado à prorrogação do contrato. Essa, no entanto, não é a regra, sendo o momento de formação do consenso, em geral, próximo do termo final do prazo inicialmente ajustado.

Embora não seja esse o caso atualmente no Brasil, pode-se perquirir também quanto à hipótese em que a lei determina a prorrogação obrigatória do contrato em determinadas circunstâncias. Desde que esse regime estivesse vigente quando da celebração do contrato original, não haverá nenhuma violação do necessário consenso, pois ambas as partes conheciam essa condição quando se obrigaram. Na Espanha, por exemplo, em decorrência de expressa previsão legal, contida no art. 29, apartado 2 da *Ley* 9/2017,[307] que disciplina os contratos do setor

---

[307] "Articulo 29. 2 [...] La prórroga se acordará por el órgano de contratación y será obligatoria para el empresario, siempre que su preaviso se produzca al menos con dos meses de antelación a la finalización del plazo de duración del contrato, salvo que en el pliego que rija el contrato se establezca uno mayor. Quedan exceptuados de la obligación de preaviso

público naquele país, a prorrogação é sempre uma prerrogativa da Administração Pública, cabendo-lhe decidir unilateralmente a respeito, obrigando-se o concessionário a acatá-la nos termos em que previsto no contrato. Sua concordância se dá, sempre, de forma antecipada desde o momento da celebração contratual.

Por fim, não faria sentido prorrogar um contrato que não estivesse sendo executado a contento. Desse modo, um dos requisitos que tem sido indicado para a prorrogação é o *desempenho adequado* por parte do concessionário. Para que a Administração Pública possa cogitar quanto à conveniência e oportunidade de prorrogação de um contrato de concessão de serviço público que esteja em curso, será imprescindível, por óbvio, que o concessionário atual esteja demonstrando boas condições de prestação do serviço. Caso o seu desempenho não venha se revelando adequado, evidentemente não será possível sustentar o interesse público em estender o prazo de sua contratação. A questão é muito bem posta por Lino Torgal,[308] cujas considerações, embora calcadas no direito português, adaptam-se perfeitamente ao direito brasileiro:

> Só se justificará, na verdade, a prorrogação do contrato no caso de o desempenho passado do concessionário ser francamente satisfatório, de tal maneira que a execução da relação contratual tenha permitido suplantar ou, pelo menos, alcançar, com distinção, os objetivos definidos pela Administração. A actuação meramente suficiente ou regular do concessionário não fundamentará a atribuição do benefício da prorrogação do prazo; e, muito menos, isso sucederá quando haja, nesse histórico, sinais claros de impressivos de incumprimento (ou de cumprimento deficiente) do contrato. A prorrogação, a dar-se, deverá, em suma, estribar-se num critério marcadamente meritocrático.

Exigir o desempenho adequado do concessionário para que a prorrogação do contrato de concessão de serviço público possa ocorrer,

---

los contratos cuya duración fuera inferior a dos meses" (ESPANHA. Legislação. *Ley 9/2017, de 8 de novembro de 2017*. Ley de Contratos del Sector Público. Disponível em: https://www.boe.es/buscar/pdf/2017/BOE-A-2017-12902-consolidado.pdf. Acesso em: 18 nov. 2019).

[308] TORGAL, Lino. Prorrogação do prazo de concessões de obras e de serviços públicos. *Revista de Contratos Públicos*, Coimbra, v. 1, p. 219-263, jan./abr. 2011. p. 236. No mesmo sentido: ARAGÃO, Alexandre Santos de. *Direito dos serviços públicos*. 3. ed. Rio de Janeiro: Forense, 2013. p. 554; GARCIA, Flávio Amaral. *Concessões, parcerias e regulação*. São Paulo: Malheiros, 2019. p. 232 e PINHEIRO, Armando Castelar; RIBEIRO, Leonardo Coelho. *Regulação das ferrovias*. 1. ed. Rio de Janeiro: FGV, 2017. p. 169. Para Felipe Guimarães, caso as falhas identificadas sejam culposas, será necessária a caracterização de uma culpa grave para que se obste a prorrogação (GUIMARÃES, Felipe Montenegro Viviani. *Prorrogação por interesse público das concessões de serviço público*. São Paulo: Quartier Latin, 2018. p. 210-213).

nada mais é do que concretizar o princípio do atendimento ao interesse público. Como já se afirmou, a decisão da Administração Pública de anuir com a prorrogação será uma decisão discricionária. No entanto, como toda decisão dessa natureza, será vinculada à finalidade de interesse público, do qual não se poderá desviar. Caso haja deficiências graves na execução do contrato, que comprometam a qualidade da prestação do serviço, se não houver prévia extinção do contrato por caducidade, a Administração Pública deverá buscar outra solução para a continuidade do serviço público quando do advento do prazo contratual.

O ideal é que o contrato estabeleça critérios objetivos de aferição do desempenho do concessionário, voltados especialmente para aferir a possibilidade de prorrogação do contrato. De todo modo, a avaliação a ser realizada pela Administração Pública deve ser pautada pelos princípios da proporcionalidade e razoabilidade. Não é, portanto, qualquer pequena irregularidade cometida em contratos complexos de longa duração que deverá levar à inabilitação do concessionário para seguir atuando, mas, sim, inadimplências, omissões e irregularidades graves, que tenham o condão de comprometer a prestação dos serviços. Tais critérios, quando devidamente descritos no contrato, não devem, por outro lado, ser entendidos, em hipótese nenhuma, como condições aptas a criar para o concessionário, quando cumpridas, o direito adquirido à prorrogação. Só se deve entender vinculado o Poder Concedente à prorrogação – que nesse caso será premial – quando o contrato for explícito nesse sentido.

2.1.4 Limites quanto aos reflexos da prorrogação no objeto contratual

Os contratos de concessão e permissão de serviço público, como os contratos em geral, podem ser modificados durante o período de sua execução. Como espécie de contratos administrativos, poderão ser modificados unilateralmente pela Administração e, caso haja consenso, também poderão ser modificados pela vontade das partes. O momento da prorrogação pode ser também – e normalmente é – uma oportunidade para outros tipos de alteração contratual. Como já se afirmou anteriormente, o prazo é um dos principais elementos da equação econômico-financeira do contrato. Assim, é natural que, ao modificar a sua duração, outras modificações se façam necessárias como forma de compensação para corrigir um desequilíbrio que seja causado pela prorrogação;[309] isso quando não é ela própria a medida pela qual se pretende restituir o equilíbrio ao contrato.

São comuns, portanto, aditivos de prorrogação dos contratos de concessão de serviço público que, em alguma medida, também provocam algum impacto no objeto contratual, inserindo investimentos não originalmente previstos, acrescentando obrigações ou encargos anteriormente inexistentes ou realizando outros tipos de ajustes ou adaptações. Tal *alteração do objeto* é perfeitamente aceitável, desde que não o desnature, não o transforme em algo distinto do que era, em uma contratação diferente daquela que foi oferecida ao mercado por ocasião do certame licitatório.[310] Flávio Amaral refere a um princípio da intangibilidade do objeto, que se apresenta como "um limite ao exercício do poder de modificação unilateral do poder concedente".[311] Diogo Freitas do Amaral,[312] tratando do direito português, faz as seguintes considerações quanto a tal princípio, em tudo transponíveis para o direito pátrio:

> Lapidarmente: a Administração pode mudar o contrato mas não pode mudar contrato. Se a administração quiser mudar de contrato, deverá então fazer uso do poder de resgate da concessão. Isto, não só para proteger os interesses do concessionário, mas também para salvaguardar os interesses públicos da transparência, da objetividade e da neutralidade

---

[309] Floriano Azevedo Marques afirma expressamente que a prorrogação "é, em si, um fator de desequilíbrio contratual, e não de reequilíbrio" (MARQUES NETO, Floriano de Azevedo. *Concessões*. 1. ed. Belo Horizonte: Fórum, 2015. p. 167-168).

[310] Segundo Alexandre Aragão, "A alteração do contrato ou do marco regulatório não pode chegar a fazer com que o próprio objeto do contrato passe a ser outro, já que o concessionário vencedor da licitação passaria a prestar serviços diversos dos serviços para os quais concorreu. Não poderia, por exemplo, uma empresa de telefonia móvel ter o seu contrato de prestação de serviços a uma empresa pública alterado para deixar de prestar esses serviços e passar a prestar serviços de provimento de internet" (ARAGÃO, Alexandre Santos de. Revisão tarifária substitutiva da modelagem econômica licitada. *In*: MOREIRA, Egon Bockmann (Coord.). *Contratos administrativos, equilíbrio econômico-financeiro e a taxa interna de retorno*. Belo Horizonte: Fórum, 2016. p. 39). No mesmo sentido são as observações de Egon Bockmann: "[...] a ampliação do prazo não pode implicar outro contrato, que desrespeite o objeto e o conteúdo do original" (MOREIRA, Egon Bockmann. *Direito das concessões de serviço público*: inteligência da Lei 8987/95. São Paulo: Malheiros, 2010. p. 132). Tratando das alterações qualitativas nos contratos administrativos em geral, Marcos Juruena adverte que "não cabe é a descaracterização do objeto inicial" (SOUTO, Marcos Juruena Villela. *Direito administrativo contratual*: licitações – contratos administrativos. Rio de Janeiro: Lumen Juris, 2004. p. 409).

[311] GARCIA, Flávio Amaral. *A mutabilidade nos contratos de concessão*. São Paulo: Malheiros, 2021. p. 269.

[312] AMARAL, Diogo Freitas do. *Curso de direito administrativo*. 8. reimpr. Coimbra: Almedina, 2008. v. II. p. 620-621.

que regem o procedimento administrativo tendente à adjudicação da concessão. É que um limitado poder de modificação poderia traduzir-se numa completa desfiguração do contrato celebrado e, desse modo, pôr em crise o sentido do procedimento contratual enquanto momento de determinação transparente e aberta do objeto do contrato. Afirmava-se, pois, existir um princípio da intangibilidade do objeto do contrato administrativo.

Deve-se ter em mente que "como regra, novos objetos deveriam ser objetos de novos contratos, precedidos de procedimentos licitatórios específicos", como bem afirma Ana Paula de Barcellos, embora reconheça que contratos de longa duração podem impor o atendimento de novas necessidades que se apresentem e demandem adaptações, admitindo-se, portanto, que "o poder concedente poderá alterar, observados determinados limites, o objeto do contrato para atender ao interesse público".[313] Em sua concepção, essas alterações serão possíveis apenas naquelas situações em que não for viável licitar de forma autônoma o novo objeto, revelando-se imprescindível a sua incorporação ao contrato em curso.[314] Para Cármen Lúcia Antunes Rocha, "a prorrogação não pode mascarar uma nova concessão, para cuja outorga há que se passar pelas fases obrigatórias, inclusive escolha impessoal da concessionária".[315]

Obviamente, não seria possível, por exemplo, que uma concessão para explorar o serviço de transporte coletivo urbano por ônibus

---

[313] BARCELLOS, Ana Paula de. A gestão do tempo pela regulação: parâmetros constitucionais para a prorrogação de prazos e alguns casos concretos. *In*: PEREIRA NETO, Caio Mario da Silva Pereira; PINHEIRO, Luís Felipe Valerim (Coord.). *Direito da infraestrutura*. São Paulo: Saraiva, 2017. v. 2. p. 191-192. No mesmo sentido: "No entanto, é suposto compreender que a intangibilidade do objeto não implica cristalizar o objeto ou, mesmo, torná-lo imutável. O objeto pode, como qualquer outra cláusula contratual, ser alterado quantitativamente ou, mesmo, qualitativamente, o que encontra abrigo, por exemplo, no ordenamento jurídico brasileiro, como adiante se verá. A intangibilidade do objeto está conectada à ideia de proteger o núcleo essencial do contrato de uma desmedida e ilimitada mutação ou, mesmo, uma mudança tão profunda nas condições originais da contratação que poderia macular o direito subjetivo de terceiros quando da realização da licitação pública" (GARCIA, Flávio Amaral. *A mutabilidade nos contratos de concessão*. São Paulo: Malheiros, 2021. p. 270).

[314] BARCELLOS, Ana Paula de. A gestão do tempo pela regulação: parâmetros constitucionais para a prorrogação de prazos e alguns casos concretos. *In*: PEREIRA NETO, Caio Mario da Silva Pereira; PINHEIRO, Luís Felipe Valerim (Coord.). *Direito da infraestrutura*. São Paulo: Saraiva, 2017. v. 2. p. 193.

[315] "Mas a prorrogação não pode mascarar uma nova concessão, para cuja outorga há que se passar pelas fases obrigatórias inclusive escolha impessoal da concessionária, nem descontratar aquela originalmente ajustada, de tal modo que a concessionária não disponha de qualquer dos direitos inicialmente avençados" (ROCHA, Cármen Lúcia Antunes. *Estudos sobre concessão e permissão de serviço público no direito brasileiro*. São Paulo: Saraiva, 1996. p. 60).

fosse transformada em concessão para exploração do transporte metroviário.³¹⁶ Os limites não são, no entanto, assim tão claros, pois já se atribuiu, por aditivo firmado com a concessionária do serviço de transporte metroviário no Rio de Janeiro, por exemplo, a obrigação de disponibilizar algumas linhas de ônibus para integração com estações do metrô. Floriano Azevedo Marques considera interditada qualquer pretensão de modificação do contrato que possa adulterar o seu objeto, assim considerado "o conjunto de pressupostos negociais (ex. o valor econômico, não meramente nominal da tarifa) e o rol de obrigações subjacentes à outorga".³¹⁷ Para o referido autor, é inadmissível que, sob o pretexto da prorrogação, se pretenda realizar uma verdadeira novação dos contratos de concessão, alterando-se completamente as bases segundo as quais foi pactuado.³¹⁸

Exemplo recente de transformação indevida do objeto contratual, como condição para a prorrogação do contrato, pode ser encontrado na Lei nº 12.783/2013, cujo art. 1º, §1º determinou que, para que fossem possíveis as prorrogações das concessões de geração de energia hidrelétrica de que ali se cuidava, os concessionários incumbentes deveriam aceitar novas condições contratuais, que transformavam completamente o regime jurídico de comercialização da energia produzida.³¹⁹ Assim, usinas que comercializavam livremente a sua energia, por meio de contratos bilaterais negociados diretamente com os compradores no ambiente de comercialização livre (ACL) ou participando dos leilões promovidos pela Agência Nacional de Energia

---

³¹⁶ Flávio Amaral oferece um outro exemplo daquilo que não seria possível: "Em exemplo extremado, não poderia um contrato de concessão de rodovia ser alterado para admitir que o concessionário prestasse, ainda que em pequeno trecho, serviços de transporte rodoviário para uma determinada categoria de usuário final o objeto da prestação do serviço é de outra natureza e somente o poderia, em tese, ser cogitado se um instrumento convocatório e o próprio contrato autorizassem expressamente" (GARCIA, Flávio Amaral. *A mutabilidade nos contratos de concessão*. São Paulo: Malheiros, 2021. p. 270).

³¹⁷ MARQUES NETO, Floriano de Azevedo. Alteração em contrato de concessão rodoviária. *Revista Tributária e de Finanças Públicas – RTrib*, São Paulo, n. 44, 2002. p. 210.

³¹⁸ "A prorrogação não pode significar a outorga de nova concessão, em bases completamente distintas das originalmente pactuadas. Se assim fosse, estaríamos admitindo uma novação, com atribuição de um novo pacto concessório (pois que em bases distintas) com o mesmo particular, ferindo inclusive o dever de preceder a concessão de certame licitatório, o que em alguns casos é inclusive mandatório e impassível de exceção" (MARQUES NETO, Floriano de Azevedo. *Concessões*. 1. ed. Belo Horizonte: Fórum, 2015. p. 169).

³¹⁹ Tratando dessa questão e sustentando a inconstitucionalidade desses aspectos da Lei nº 12.783/2013, *vide*: REIS, Márcio Monteiro. Implantação do regime de cotas para as concessões de usinas de geração hidrelétrica (Lei n. 12.783/2013): prorrogação ou nova contratação? *In*: ROCHA, Fábio Amorim da (Coord.). *Temas relevantes no direito de energia elétrica*. Rio de Janeiro: Synergia, 2015. t. IV. p. 329-344.

Elétrica – ANEEL no ambiente de comercialização regulado (ACR); caso quisessem ter a possibilidade de ver os seus contratos prorrogados, deveriam passar a operar sob um regime de intensa regulação. O novo sistema de comercialização, imposto pela legislação referida, implica assumir a obrigação de disponibilizar toda a sua garantia física[320] para ser entregue às concessionárias de distribuição de energia elétrica, por meio de cotas a serem alocadas pela ANEEL, segundo critérios a serem definidos pelo Poder Concedente.[321] A remuneração das usinas hidrelétricas passa a se dar, consequentemente, por tarifa regulada, a ser definida pela agência reguladora, com base apenas nos custos de operação e manutenção.

Como se vê, a lei acabou impondo aos concessionários que pretendessem ter os seus contratos prorrogados a execução de um objeto contratual inteiramente distinto daquele originalmente pactuado em seus contratos, o que viola não apenas a autonomia da vontade, como o próprio princípio licitatório.[322] Nesse sentido, ainda que se entendam favoráveis aos concessionários as novas condições contratuais, não se pode admitir como legítima a alteração contratual, exatamente por desnaturar o objeto contratual que foi licitado. Comentando a lei de licitações e referindo, portanto, genericamente aos contratos administrativos, Marçal Justen Filho afirma que "o art. 104 não autoriza a Administração a desnaturar a contratação nem a lhe dar configurações substancialmente distintas daquelas adotadas no ato convocatório".[323]

No caso das geradoras de energia elétrica, a novel legislação importou não apenas em um desequilíbrio contratual, mas em verdadeira substituição da equação econômico-financeira do contrato por outra, inteiramente distinta da original, composta por fatores

---

[320] Garantia física é o volume e potências máximas de energia que uma usina está autorizada a negociar, a qual é definida por ato do Ministério das Minas e Energia, segundo critérios técnicos.

[321] Lei nº 12.783/2013: "Art. 1º [...] §3º As cotas de que trata o inciso II do §1º serão revisadas periodicamente e a respectiva alocação às concessionárias e permissionárias de distribuição será formalizada mediante a celebração de contratos, conforme regulamento do poder concedente".

[322] "Do contrário, estar-se-ia impondo às concessionárias a execução de um contrato projeto, ou seja, de um outro objeto contratual e, consequentemente, de um outro contrato, violando a autonomia da vontade [...] e os princípios licitatórios [...]. Se passaria a existir, materialmente um novo contrato, ele teria que ser licitado" (ARAGÃO, Alexandre Santos de. Revisão tarifária substitutiva da modelagem econômica licitada. In: MOREIRA, Egon Bockmann (Coord.). *Contratos administrativos, equilíbrio econômico-financeiro e a taxa interna de retorno*. Belo Horizonte: Fórum, 2016. p. 41).

[323] JUSTEN FILHO, Marçal. *Comentários à Lei de Licitações e Contratações Administrativas*. 2. ed. São Paulo: RT, 2023. p. 1.323.

diferentes e obedecendo a uma lógica distinta,[324] já que se substituiu um regime de comercialização livre de energia por um sistema de tarifa regulada e alocação de cotas pela agência reguladora:[325]

> [...] o regime instituído após a prorrogação não contém nenhum traço nem das condições anteriormente existentes para obtenção de receita, nem da composição dos seus custos. Revela-se, portanto, um contrato novo, inteiramente inédito em relação ao anterior, fazendo-se imperiosa, portanto, a realização de uma licitação, que teria a função de fixar a nova equação econômico-financeira do contrato.

Não há como se admitir que um contrato de concessão possa ter a sua equação econômico-financeira completamente transformada, alterando-se a própria lógica econômica do contrato.[326] Se o Poder Concedente entendia que o modelo do projeto concessório não atendia mais ao interesse público e era necessário substituí-lo, o momento mais adequado para fazê-lo era precisamente o advento do termo contratual. A decisão correta, no entanto, teria sido a elaboração de uma nova modelagem com o seu oferecimento ao mercado, por meio de um processo de licitação. Jamais se poderia ter procedido à prorrogação dos contratos nos termos em que foi feito. O que se verificou, na verdade, foi a celebração de novos contratos, com os concessionários antigos, sem licitação.

Vale ressaltar que, nesse caso, mesmo as alterações bilaterais não devem ser toleradas. Não se trata apenas de interditar que a Administração Pública unilateralmente imponha ao concessionário um objeto com o qual ele jamais anuiu. Importa, em verdade, em evitar que um contrato seja transmutado em outro, cujo objeto jamais foi licitado,

---

[324] "Os elementos que compõem a equação econômico-financeira, por conseguinte, não podem ser suprimidos ou trocados por variáveis outras não integrantes da equação original, mas unicamente compensados proporcionalmente entre si" (ARAGÃO, Alexandre Santos de. Revisão tarifária substitutiva da modelagem econômica licitada. *In*: MOREIRA, Egon Bockmann (Coord.). *Contratos administrativos, equilíbrio econômico-financeiro e a taxa interna de retorno*. Belo Horizonte: Fórum, 2016. p. 36).

[325] REIS, Márcio Monteiro. Implantação do regime de cotas para as concessões de usinas de geração hidrelétrica (Lei n. 12.783/2013): prorrogação ou nova contratação? *In*: ROCHA, Fábio Amorim da (Coord.). *Temas relevantes no direito de energia elétrica*. Rio de Janeiro: Synergia, 2015. t. IV. p. 350.

[326] "Não estamos de forma alguma a afirmar que as condições de prestação de serviços públicos concedidos não possam ser alteradas, mas sim que eventuais alterações têm limites e não podem desnaturar a equação econômica licitada" (ARAGÃO, Alexandre Santos de. Revisão tarifária substitutiva da modelagem econômica licitada. *In*: MOREIRA, Egon Bockmann (Coord.). *Contratos administrativos, equilíbrio econômico-financeiro e a taxa interna de retorno*. Belo Horizonte: Fórum, 2016. p. 27).

violando-se, assim, a determinação de que todo objeto contratual deve se submeter ao processo licitatório, de modo que o mercado propicie a apresentação da proposta mais adequada e vantajosa para a Administração Pública.[327]

Curiosamente, no entanto, apesar das diversas ações judicias que trataram da aplicação da Lei nº 12.783/2013, notadamente propostas por concessionários atuais irresignados com a alteração, por lei posterior, das condições de prorrogação e, muitas vezes, alegando violação a um suposto direito adquirido à prorrogação dos contratos, não se conhece jurisprudência que tenha enfrentado a constitucionalidade da lei diante da desnaturação do objeto e da substituição da equação econômico-financeira original.

Outros casos, no entanto, não têm escapado da apreciação dos tribunais, em sede administrativa ou judicial. Tratando das prorrogações antecipadas autorizadas no setor portuário, por exemplo, o Tribunal de Contas da União já expressou preocupação quanto ao "risco de que a repactuação desses contratos, para compatibilizá-los aos novos regramentos, implique alterações de tal monta que acabem por transfigurar os contratos originais, configurando, assim, burla à licitação".[328]

Em outro caso, concernente à prorrogação do contrato de concessão da rodovia que liga o Rio de Janeiro a São Paulo (Via Dutra), o mesmo Tribunal de Contas da União teve oportunidade de considerar ilegal tal pretensão, em decorrência do nível de alterações pretendidas no contrato original, que importavam, na verdade, em uma pactuação nova, a qual deveria, portanto, ser precedida de licitação:[329]

> Ainda quanto à burla a licitação, enfatiza-se que, caso se optasse pela prorrogação da avença para financiar as novas obras, observar-se-ia um desvirtuamento ainda mais intenso do contrato, pois, além de serem alteradas as obrigações da concessionária, também se modificariam o prazo, a TIR e as regras regulatórias, o que resultaria em essencialmente um novo contrato, não precedido do devido processo licitatório.

---

[327] "Contudo, para além de proteger os direitos do concessionário em casos do exercício da, a preservação do núcleo essencial do objeto é um parâmetro que deve ser observado independentemente da natureza da mutação. Mesmo alterações consensuais e bilaterais não encontram respaldo no ordenamento jurídico para transfigurar o objeto do contrato de concessão" (GARCIA, Flávio Amaral. *A mutabilidade nos contratos de concessão*. São Paulo: Malheiros, 2021. p. 269).
[328] TRIBUNAL DE CONTAS DA UNIÃO. Acórdão 2.200/2015. Plenário. Rel. Min. Ana Arraes, processo nº 024.882/2014-3.
[329] TRIBUNAL DE CONTAS DA UNIÃO. Acórdão 2.247/2018. Plenário. Rel. Min. Augusto Nardes, processo nº 031.581/2015-3.

Tratando dos contratos administrativos em geral, o Superior Tribunal de Justiça já afirmou que a prorrogação de um contrato não pode transformá-lo em um contrato novo, sob pena de nulidade:[330]

> 3. Prorrogar contrato é prolongar o prazo original de sua vigência com o mesmo contratado e nas mesmas condições. Termo aditivo a contrato administrativo que fixa novo período de prestação de serviço mas mediante novas condições, não previstas no contrato original, introduzidas mediante negociação superveniente à licitação, constitui, não uma simples prorrogação de prazo, mas um novo contrato. Nas circunstâncias do caso, considerada sobretudo a especificidade do objeto contratual (que não é de simples prestação de serviços), o Termo Aditivo representou uma contratação sob condições financeiras inéditas, não enquadrável na exceção prevista no pelo art. 57, II da Lei 8.666/93 e por isso mesmo nula por violação às normas do processo licitatório.

No Supremo Tribunal Federal, ao julgar a ADIN nº 5.991,[331] a Ministra Cármen Lúcia afirmou em seu voto:

> É certo que a Constituição faz referência à prorrogação de contratos e o que se prorroga não começa nem recomeça. O contrato administrativo, no Brasil, depende, em regra, de objeto licitado e adjudicado ao vencedor do certame.
> Mas a prorrogação de um contrato em curso não pode ser burla à regra da licitação. Por isso, não se pode alterar o objeto do contrato prorrogado, não se pode permitir a alteração de volume de objeto contratado a tornar outro, livre de seleção prévia.

O tema também é largamente estudado em outros ordenamentos jurídicos e a análise do direito comparado fornece alguns parâmetros interessantes quanto aos limites a serem respeitados nas modificações pretendidas do objeto contratual. Para Williamson, alterações substanciais realizadas por ocasião de uma prorrogação podem violar, inclusive, a isonomia entre os participantes da licitação referente à contratação original, pois cria condições novas que não eram conhecidas pelos licitantes, podendo gerar vantagens indevidas ao vencedor, que não eram conhecidas pelos competidores e, se fossem, poderiam ter produzido um resultado distinto para o processo seletivo:[332]

---

[330] SUPERIOR TRIBUNAL DE JUSTIÇA. Primeira Turma. RMS 24.118/PR. Rel. Min. Teori Albino Zavascki, julgado em 11.11.2008, *DJe* 15.12.2008.
[331] SUPREMO TRIBUNAL FEDERAL. Tribunal Pleno. ADI 5991 MC. Rel. Min. Cármen Lúcia, julgado em 20.02.2020, *DJe*-169, divulgado em 03.07.2020 e publicado em 06.07.2020.
[332] "(3) Lack of bidding parity during contract renewal. Lest meaningful competition at the contract renewal interval be upset, participation in contract execution should not

(3) Falta de paridade de lances durante a renovação do contrato. Para que não seja significativamente prejudicada a competição quando da renovação de um contrato, a sua participação na execução contratual não deve colocar os vencedores da concorrência original em uma vantagem substancial sobre os não-vencedores. Como já abordado de modo mais genérico (Peacock e Rowley, 1972, p. 242; Williamson, 1975, pp. 26-35), no entanto, e como expressamente desenvolvido no contexto da CATV na subseção seguinte, há razões para acreditar que a paridade de licitação em momentos de renovação não será obtida.

Ao tratar dessas modificações, Helène Hoepffner admite que o objeto contratual seja adaptado, retificado ou ajustado, rejeitando a possibilidade de que seja trocado, substituído por outro objeto, inteiramente distinto do anterior. É possível refinar os seus contornos, mas não se pode atentar contra a sua essência, impondo modificações excessivas e irrazoáveis.³³³ Guglielmi recorda que as prorrogações não consistem em novação contratual. Elas se dão por meio de aditivos contratuais, de modo que devem respeitar o contrato original e não pretender transformá-lo em um novo. Caso se pretenda, por meio dela, delegar um novo serviço ao concessionário antigo, sem licitação, a prorrogação será nula.³³⁴

---

place winners of the original competition at a substantial advantage over nonwinners. As discussed generally elsewhere (Peacock and Rowley, 1972, p. 242; Williamson, 1975, p. 26-35), however, and as expressly developed in the context of CATV in the following subsection, there are reasons to believe that bidding parity at contract renewal intervals will not obtain" (WILLIAMSON, Oliver E. Franchise bidding for natural monopolies: in general and with respect to CATV. *The Bell Journal Of Economics*, New Jersey, v. 7, n 1, 1976. p. 83).

³³³ "[...] le pouvoir de modification unilatérale ne doit ni dénaturer ni modifier les conditions essentielles du contrat, notamment pas son objet. L'Administration peut adapter, rectifier ou ajuster l'objet d'un contrat. Elle ne peut pas le changer, le modifier en lui en substituant un nouveau, le bouleverser en augmentant ou en diminuant démesurément les quantités initialement fixées ou le dénaturer en imposant des prestations exclues de l'objet du contrat initial. L'Administration ne peut pas utiliser son pouvoir de modification pour imposer au cocontractant des changements excessifs dépassant une mesure raisonnable'. Elle 'peut affiner son projet initial, le rectifier au besoin, mais il lui est interdit de porter atteinte à ce qui constitue l'essentiel de la convention, ce en vertu de quoi les parties sont déterminées à contracter'" (HOEPFFNER, Helène. *La modification du contract administratif*. Paris: LGDJ, 2009. p. 165).

³³⁴ "Premièrement, une prolongation de contrat n'est pas, en droit des contrats, considérée comme une novation de la convention initiale. [...] En ce sens, la prolongation ne modifie ni l'objet du contrat de délégation de service public, ni sa cause, ni les parties contractantes. [...] Les prolongations contractuelles font d'ailleurs l'objet d'avenants, ce qui montre bien qu'elles ne transforment pas le contrat initial en un contrat qui serait nouveau ou différent. [...] En revanche, une prolongation induite par la volonté de faire assurer au délégataire un autre service public, complémentaire de celui prévue au contrat, ne serait pas juridiquement une prolongation, mais une véritable novation et encourrait donc annulation" (GUGLIELMI, Gilles J. *et alli. Droit du service public*. 4. ed. Issy-les-Moulineaux: LGDJ, 2016. p. 805).

O art. 43 da Diretiva 2014/23/EU,[335] [336] relativa à adjudicação de contratos de concessão, ao tratar da sua modificabilidade, estabelece, em seu inc. I, alínea "e", que tais modificações serão possíveis desde que não sejam substanciais. De modo a procurar dar objetividade à definição quanto ao tipo de alteração que poderia ser interditada por transformar substancialmente o objeto contratual, refere-se àquela que "torne a concessão materialmente diferente da celebrada inicialmente", indicando, em seu inc. 4,[337] algumas hipóteses de modificação substancial, obrigando, nesses casos, a realização de uma nova licitação:

> a) A modificação introduz condições que, se tivessem feito parte do procedimento inicial de adjudicação da concessão, teriam permitido a admissão de outros candidatos que não os inicialmente selecionados, a aceitação de uma proposta que não a inicialmente aceite, ou teriam atraído mais participantes ao procedimento de adjudicação da concessão;
> b) A modificação altera o equilíbrio económico da concessão a favor do concessionário de uma forma que não estava prevista na concessão inicial;
> c) A modificação alarga consideravelmente o âmbito da concessão;
> d) Um concessionário ao qual a autoridade adjudicante ou a entidade adjudicante atribuiu inicialmente a concessão é substituído por um novo concessionário, em casos não previstos no n.º 1, alínea d).

No considerando 76 da respectiva diretiva, estabelece-se não ser aceitável que "uma modificação dê lugar a uma alteração da natureza

---

[335] UNIÃO EUROPEIA. Legislação. Parlamento Europeu e Conselho. *Diretiva 2014/23/UE, de 26 de fevereiro de 2014 e publicada no Jornal Oficial da União Europeia, L 94/1, de 28 de março de 2014*. Relativa à adjudicação de contratos de concessão. Disponível em: https://eur-lex.europa.eu/legal-content/PT/TXT/HTML/?uri=CELEX:32014L0023&from=pt. Acesso em: 10 jul. 2019.

[336] Reproduzido pelo art. 36, 5 do Decreto nº 86/2016, da França, que dispõe sobre os contratos de concessão.

[337] No considerando de número 75 da referida diretiva, afirma-se: "É obrigatório um novo procedimento de concessão em caso de alterações materiais à concessão inicial, em particular do âmbito de aplicação e do teor dos direitos e obrigações recíprocos das partes, incluindo a distribuição de direitos de propriedade intelectual. Tais alterações demonstram a intenção das partes de renegociar termos ou condições essenciais dessa concessão. Isso verifica-se, em particular, nos casos em que as condições alteradas poderiam ter tido influência no resultado do procedimento, se tivessem sido inicialmente contempladas" (UNIÃO EUROPEIA. Legislação. Parlamento Europeu e Conselho. *Diretiva 2014/23/UE, de 26 de fevereiro de 2014 e publicada no Jornal Oficial da União Europeia, L 94/1, de 28 de março de 2014*. Relativa à adjudicação de contratos de concessão. Disponível em: https://eur-lex.europa.eu/legal-content/PT/TXT/HTML/?uri=CELEX:32014L0023&from=pt. Acesso em: 10 jul. 2019).

global da concessão, por exemplo, substituindo as obras a realizar ou os serviços a fornecer por algo diferente ou alterando profundamente o tipo de concessão". Na França, o Conselho de Estado expediu, em 2005, opinião no sentido de que um aditivo de prorrogação não pode modificar elementos essenciais da concessão nem incluir investimentos dissociados dos investimentos anteriormente previstos, alterar as responsabilidades pelos investimentos inicialmente previstos ou atribuir novos investimentos em valores desproporcionais aos previstos originalmente.[338]

Em 2005, o Conselho de Estado francês expediu uma opinião (*avis*),[339] por meio da qual esclareceu que as prorrogações dos contratos de concessão não poderão ter o efeito de modificar seus elementos essenciais.[340] Desse modo, embora se tenha admitido a prorrogação de prazo com o objetivo de reequilibrar a equação econômica contratual naqueles casos em que o Poder Concedente impõe ao concessionário investimentos novos, não previstos inicialmente,[341] estatuiu-se que a natureza de tais investimentos não pode ser de molde a desnaturar a contratação. Não se admite, por exemplo, investimentos que não estejam relacionados diretamente com os anteriormente previstos. Assim, é possível determinar a duplicação de uma pista explorada pelo

---

[338] "b) Un avenant ne peut pas modifier substantiellement l'un des éléments essentiels de la délégation, tels que sa durée ou le volume des investissements mis à la charge du délégataire (cf. Avis Section des finances du Conseil d'État no 364 803 du 8 juin 2000). c) Enfin, un avenant ne peut avoir pour objet la réalisation d'investissements qui sont normalement à la charge du délégataire, tels les investissements de renouvellement des installations. En effet, le délégataire doit assurer l'entretien des installations et remettre au terme du contrat des équipements en bon état de fonctionnement" (FRANÇA. Jurisprudência. Conselho de Estado. *Opinião (Avis) nº 371.234, de 9 de abril de 2005*. Section des travaux publics. Délégations de service public – Condition de prolongation par avenant. Disponível em: https://www.marche-public.fr/Marches-publics/Textes/Jurisprudence/CE-avis-371234-avenants-dsp.pdf. Acesso em: 22 nov. 2019).

[339] O art. L. 113-1 do Código de justiça administrativa (*Code de justice administrative*) prevê uma espécie de reenvio, próprio do contencioso administrativo, que permite ao juiz administrativo, quando se depare com uma questão nova, que apresente uma séria dificuldade e se repita em outros litígios, enviar o processo para o Conselho de Estado, para que delibere previamente sobre a questão de direito. A decisão proferida pelo Conselho, nesses casos, é denominada *avis*.

[340] FRANÇA. Jurisprudência. Conselho de Estado. *Opinião (Avis) nº 371.234, de 9 de abril de 2005*. Section des travaux publics. Délégations de service public – Condition de prolongation par avenant. Disponível em: https://www.marche-public.fr/Marches-publics/Textes/Jurisprudence/CE-avis-371234-avenants-dsp.pdf. Acesso em: 22 nov. 2019.

[341] No Brasil, como se admitem as prorrogações antecipadas, caso haja intenção do Poder Concedente de inserir investimentos novos na concessão e haja consenso entre as partes quanto ao uso da prorrogação contratual como meio de reequilíbrio, será o caso de um aditivo de prorrogação antecipada.

concessionário, assim como construir um novo trecho ligando cidade não atendida anteriormente à via, por exemplo. Não seria possível, por outro lado, construir estrada nova, ligando cidades que não são atendidas pela rodovia explorada.

Também viola o critério das alterações substanciais a modificação de responsabilidades originalmente atribuídas pelo contrato quanto a investimentos inicialmente previstos. Assim, o arranjo feito no Estado do Rio de Janeiro, em que o concessionário do serviço de metrô, por ocasião do aditivo de prorrogação, assumiu a responsabilidade pela compra dos trens, que originalmente caberia ao Poder Concedente, não seria admitido segundo os critérios da jurisprudência francesa. Também se considera como modificação substancial, a desnaturar o objeto contratual, o acréscimo de investimentos em valores desproporcionais ao valor original do contrato. Poderiam se encaixar nessa restrição, por exemplo, os investimentos acrescentados ao contrato de concessão da Linha Amarela no Município do Rio de Janeiro, muitas vezes superior ao investimento originalmente acordado.[342]

Buscando dar objetividade aos critérios a serem observados, o art. 36, inc. 5, do Decreto francês nº 86/2016,[343] que regulamenta a Lei de Concessões,[344] ao dispor sobre os limites para a modificação dos contratos administrativos, vedou a alteração das condições contratuais quando se constatar que, se tivessem sido incluídas na época da licitação, poderiam ter atraído outros participantes ou proporcionado a apresentação de propostas diferentes. Do ponto de vista quantitativo, são expressamente vedadas aquelas que alarguem excessivamente o objeto da concessão.

A esse respeito, vale a referência a um caso histórico, que se constitui como o *marco do reconhecimento jurisprudencial na França do poder de alteração ou rescisão unilateral dos contratos de concessão*.[345] Ocorreu em 1902, no início do século XX, quando a chegada da energia elétrica

---

[342] Os casos da concessão do metrô pelo Estado do Rio de Janeiro e da Linha Amarela, pelo Município do Rio de Janeiro, serão examinados a seguir, quando se cuidar da espécie de prorrogação antecipada.

[343] FRANÇA. Legislação. *Decreto nº 2016-86, de 1º de fevereiro de 2016*. Relatif au régime de droit commun fixant les règles générales d'attribution et d'exécution des contrats de concession passés par les pouvoirs adjudicateurs et les entités adjudicatrices. Disponível em: https://www.legifrance.gouv.fr/eli/decret/2016/2/1/2016-86/jo/texte. Acesso em: 22 nov. 2019.

[344] FRANÇA. Legislação. *Lei nº 2016-65, de 29 de janeiro de 2016*. Ordonnance sur l'attribution de contrats de concession. Disponível em: https://www.legifrance.gouv.fr/eli/ordonnance/2016/1/29/2016-65/jo/texte. Acesso em: 22 nov. 2019.

[345] BRACONNIER, Stéphane. *Droit des services publics*. 2. ed. Paris: PUF, 2007. p. 320.

tornou obsoleta a tecnologia de iluminação das cidades a gás. Tratava-se, sem dúvida, de uma alteração substancial no objeto da concessão. Houve, então, a rescisão dos contratos firmados com as sociedades de gás, de modo que novos contratos de concessão pudessem ser firmados com sociedades de energia elétrica. Naquela época, no entanto, ao julgar o caso *Deville-Lès-Rouen*,[346] o Conselho de Estado admitiu que os concessionários de iluminação urbana poderiam ter o seu contrato alterado para substituir o gás pela energia elétrica. Deveriam, todavia, ser consultados quanto ao interesse ou possibilidade de proceder à alteração tecnológica. Caso não estivessem dispostos à atualização, aí sim seria possível à Administração rescindir unilateralmente os contratos, instituindo novas concessões com outras empresas.

Não se imagina hoje que uma concessão de geração de energia elétrica possa ser transformada em uma concessão de distribuição, ou que uma concessão de transmissão possa ser transmudada para uma concessão de iluminação pública. Naquela época, no entanto, as concessões eram integradas e se entendeu que, sendo o objeto do contrato iluminar as ruas, a alteração tecnológica quanto ao energético utilizado para gerar a luz não era parte essencial do contrato. Atualmente, como as diversas atividades do setor elétrico são exercidas de modo desverticalizado, separando-se a geração, a comercialização, a transmissão, a distribuição e, mais recentemente, a iluminação pública,[347] essa solução dificilmente seria admitida. Pode-se inferir, no entanto, que uma eventual interdição do uso de carvão ou petróleo, por exemplo, como combustíveis de usinas termelétricas, poderia autorizar o concessionário a substituí-lo por outro combustível, como o gás natural. A resposta já

---

[346] FRANÇA. Jurisprudência. Conselho de Estado. *Caso Deville-Lès-Rouen, nº 94624, julgado em 10 de janeiro de 1902 e publicado no Recueil Lebon*. Le silence de la convention relative à l'éclairage au gaz, au sujet de l'emploi de l'électricité, doit être interprété, en ce sens, que la commune a reconnu à la Compagnie concessionnaire le privilège de l'éclairage n'importe par quel moyen, et à la commune la faculté d'assurer ce service au moyen de l'électricité, en le concédant à un tiers, dans le cas où la Compagnie concessionnaire, dûment mise en demeure, refuserait de s'en charger aux conditions acceptées par ce dernier. Disponível em: https://www.legifrance.gouv.fr/affichJuriAdmin.do?idTexte=CETATEXT000007634664. Acesso em: 23 nov. 2019.

[347] Tradicionalmente, o serviço de iluminação pública das cidades esteve integrado ao serviço prestado pelas distribuidoras de energia elétrica, até que, em 2010, a Resolução nº 414/2010, da Agência Nacional de Energia Elétrica, deixou claro, em seu art. 21, que essa é uma atribuição dos municípios, os quais deveriam passar a se responsabilizar por eles, diretamente ou delegando-o a terceiros. O tema é bem examinado em: DUTRA, Joísa; SAMPAIO, Patrícia. Aspectos regulatórios e desafios da iluminação pública. *In*: ROCHA, Fábio Amorim da (Coord.). *Temas relevantes no direito de energia elétrica*. Rio de Janeiro: Synergia, 2014. t. III. p. 356-381.

não seria tão evidente se a alternativa fosse modificar a tecnologia de geração, transformando-a em uma usina eólica ou solar.

De todo modo, ainda que nem sempre a solução seja evidente, é preciso ter em mente que, ainda que a prorrogação possa se fazer acompanhar de outros tipos de alterações e ajustes contratuais, até mesmo relacionados ao seu objeto, não se pode admitir a sua desnaturação.

2.2 Espécies de prorrogação

2.2.1 Ordinárias

2.2.1.1 Convencionais (por interesse público)

Inicialmente, deve-se ressaltar o entendimento aqui adotado de que *prorrogação é toda e qualquer ampliação do prazo inicialmente ajustado para os contratos administrativos*, ampliando, portanto, a duração de um vínculo contratual preexistente.

Distinta da prorrogação é a renovação das concessões, quando ocorre o rompimento do vínculo anterior e a constituição de um vínculo contratual novo, ainda que mantido o mesmo objeto do contrato anteriormente vigente.[348] A renovação de uma concessão poderá ocorrer exatamente naquelas hipóteses em que não haja prorrogação, seja porque incabível ou porque uma das partes não demonstrou interesse em prorrogar o contrato. Abrem-se, então, para o Poder Concedente tanto a possibilidade de assumir, por meio da própria Administração Pública, a prestação do serviço; como a possibilidade de proceder a uma nova licitação para a escolha do próximo concessionário. Neste último caso, ocorrerá a renovação da concessão.

Note-se que a renovação poderá ocorrer, inclusive, com a mesma empresa que detinha a concessão anterior, caso venha a se sagrar vencedora do novo processo licitatório. Haverá, no entanto, uma concessão nova, com um novo contrato e uma nova equação econômico-financeira. Isso porque as renovações dependerão sempre de prévia licitação, já que não há, nesse caso, exceção contida no texto constitucional quanto à aplicação da regra geral prevista no *caput* do art. 175, na medida em que a regra constitucional excepcionadora da obrigatoriedade de licitação, contida no art. 175, parágrafo único, I, abrange apenas as hipóteses de prorrogação.

---

[348] O tema será desenvolvido em mais detalhe, no tópico 2.2.2.1 a seguir, quando se tratar das prorrogações para fins de reequilíbrio.

Como se demonstrará ao longo do presente capítulo, entendemos que, embora haja uma série de sutilezas e aspectos específicos a serem considerados em cada situação, *há um regime geral que pode ser aplicado a todas as espécies de prorrogação* que, no presente estudo, dividimos em ordinárias e extraordinárias, apenas para efeitos didáticos, de modo a organizar melhor o enfrentamento de alguns aspectos próprios a cada uma delas, notadamente relacionados à finalidade específica que a prorrogação busca atingir em cada caso.

Chamamos de *ordinárias* as prorrogações convencionais (ou por interesse público), que são as que ocorrem quando, ao final do prazo inicialmente estabelecido, as partes ajustam, por interesse mútuo, o prosseguimento da execução contratual por um período estendido[349] e as premiais, cujas condições e marcos já estão previamente estabelecidas no contrato, criando direito subjetivo para o concessionário quanto à prorrogação. As *extraordinárias* são aquelas que não se espera que ocorram. Se tudo transcorrer dentro do esperado, elas não se sucederão. No entanto, em casos excepcionais, será possível lançar mão dessas espécies de prorrogação com o intuito de corrigir situações que, embora não desejadas ou não previstas, acabaram ocorrendo. É o caso da prorrogação para fins de reequilíbrio, prorrogação antecipada e prorrogação por emergência.

Neste momento, cuidaremos da espécie aqui designada como convencional, a qual normalmente é tratada pela doutrina como prorrogação por interesse público ou por razões de interesse público.[350] Apesar de inegavelmente depender da presença de razões de interesse público que a autorizem, preferimos não aderir a essa denominação já que, como se sabe, toda a ação administrativa deve estar, necessariamente, pautada pelo interesse público. Como veremos em capítulo à frente, entendemos que mesmo as prorrogações para fins de reequilíbrio econômico-financeiro dependem do atendimento ao interesse público e se submetem a um exame prévio de conveniência e oportunidade a

---

[349] No julgamento da ADIN nº 5.991, assim se pronunciou a Ministra Cármen Lúcia, em seu voto, conceituando as prorrogações ordinárias: "a prorrogação de contrato de concessão ordinária ocorre quando, previsto no ato contratual originário e atendidos os requisitos nele estabelecidos, o contrato tem a sua duração alongada no limite temporal firmado, a critério do poder concedente, que define as condições técnico-administrativas e econômico-financeiras necessárias a prorrogação, facultando-se ao contratado aceitar ou não os novos termos" (SUPREMO TRIBUNAL FEDERAL. Tribunal Pleno. ADI 5991 MC. Rel. Min. Cármen Lúcia, julgado em 20.02.2020, DJe-169 divulgado em 03.07.2020 e publicado em 06.07.2020).

[350] Também são usuais as designações como prorrogações comuns, ordinárias, contratuais, em sentido estrito e outras.

ser realizado pela Administração Pública, não se devendo confundir o direito adquirido do concessionário à intangibilidade do equilíbrio econômico-financeiro do seu contrato, com um suposto direito adquirido a que, caso desequilibrado, o seu reequilíbrio se dê obrigatoriamente por meio deste ou daquele instrumento específico.

A grande diferença existente entre essas duas espécies de prorrogação, uma ordinária e outra extraordinária, é que, na primeira, as partes convencionaram que, ao final do prazo inicialmente ajustado, poderiam seguir executando o contrato por um prazo estendido, segundo condições a serem aferidas no momento oportuno. Trata-se de um evento planejado e desejado.

Por outro lado, quando, no curso da execução contratual, ocorrem fatos imprevistos que causem desequilíbrio à equação contratual, a prorrogação poderá ser um dos mecanismos escolhidos pelas partes – desde que ambas concordem – para viabilizar uma correção reequilibradora. Neste caso, a Administração estará inteiramente vinculada aos fatos já ocorridos. Deverá constatar o desequilíbrio, quantificá-lo e estabelecer a extensão do prazo necessária e suficiente para compensar o concessionário. Nas prorrogações antecipadas, surge uma necessidade não prevista que impõe a alteração das condições contratuais e as partes previamente ajustam viabilizá-la economicamente por meio de um ajuste no prazo, que é elemento da equação do contrato, ampliando-o. Também aqui estão as partes vinculadas àquelas necessidades prementes e imprevistas, como estão vinculadas à situação de emergência, elemento essencial da última espécie de prorrogações extraordinárias.

Nas prorrogações ordinárias, ao contrário, a Administração Pública estará mais livre para estipular as condições que irão compor o termo aditivo de prorrogação. O seu campo de discricionariedade será maior. Em ambos os casos, contudo, haverá sempre um exame de conveniência e oportunidade por parte da Administração Pública, que deverá estar convencida do interesse público na prorrogação e velar para que o contrato se mantenha equilibrado após a repactuação.

De se referir, ainda, ao fato de que há alguns autores que chamam de premial este tipo de prorrogação que ora se designa como convencional. Disso se tratará mais aprofundadamente à frente, quando enfrentarmos esse tipo de prorrogação, que aqui tratamos como uma espécie distinta da convencional, mais precisamente em razão de que, nas prorrogações premiais, a discricionariedade estatal se exerce adiantadamente, quando da elaboração das cláusulas contratuais, deixando vinculada a autoridade administrativa que vier a analisar, quando do atingimento de seu termo final, se o contrato deve ou não ser prorrogado. Nas convencionais, como se verá, esse exame discricionário se faz no momento mesmo em que o prazo original está para se extinguir. Passemos, então, ao exame mais detido das características das prorrogações convencionais (que, como já se sabe a essa altura, corresponde ao que a maioria da doutrina trata como prorrogação por interesse público).

Cuidando do direito português, bastante parecido com o brasileiro nesse particular, Lino Torgal menciona uma espécie de prorrogação "consentida por tal ser conforme ao interesse público", que designa como "premial".[351] Nesses casos, segundo suas lições, caberá à Administração Pública exercer uma ponderação quanto à existência ou não de interesse em permitir ao concessionário manter "os direitos outorgados pelo contrato por um período de tempo adicional", o que deverá ocorrer apenas naqueles casos em que "a actuação pretérita do co-contratante justifica um renovado voto de confiança".[352] Em suas palavras:

> Na hipótese mencionada, portanto, a Administração não se encontrará constituída em qualquer *dever contratual* de emitir uma declaração de prorrogação da relação contratual além do prazo originário, mas, tão-só, de ponderar autonomamente se, em face das circunstâncias do caso concreto, se justifica (e em que termos) a produção daquele efeito ampliativo da esfera jurídica do co-contratante. Ao particular, em contrapartida, assistirá, não um direito à prorrogação, *mas a mera possibilidade de a requerer*, à luz dos pressupostos contratualmente fixados.[353]

Como já anteriormente afirmado, a regra geral, em qualquer contratação em que a Administração Pública seja contratante, é a obrigação de ida ao mercado em busca das propostas mais vantajosas que estejam disponíveis,[354] o que se concretiza por meio do processo

---

[351] Como veremos no tópico seguinte, parte da doutrina brasileira costuma designar como premial um outro tipo de prorrogação ordinária, em que, ao contrário da prorrogação por interesse público, haveria vinculação da Administração Pública para a sua concessão, uma vez que os requisitos tivessem sido cumpridos.

[352] TORGAL, Lino. Prorrogação do prazo de concessões de obras e de serviços públicos. *Revista de Contratos Públicos*, Coimbra, v. 1, p. 219-263, jan./abr. 2011. p. 229-231.

[353] TORGAL, Lino. Prorrogação do prazo de concessões de obras e de serviços públicos. *Revista de Contratos Públicos*, Coimbra, v. 1, p. 219-263, jan./abr. 2011. p. 230.

[354] "[...] a regra geral é a de que, mantendo a Administração a opção organizativa de externalizar (para o sector privado) o exercício das tarefas por que é legalmente responsável, o concedente tenha de se dirigir, a 'tempo e horas', ao mercado" (TORGAL, Lino. Prorrogação

licitatório. A norma constitucional que autoriza a prorrogação dos contratos de concessão excepciona essa regra.[355] A mera autorização legislativa e contratual não cria, contudo, um direito adquirido para o concessionário de ver o seu contrato prorrogado. Tampouco deve a Administração Pública optar pela prorrogação por razões de comodidade. Só deverá fazê-lo quando concluir que a prorrogação é a opção que atende melhor ao interesse público.[356] E só poderá fazê-lo caso estejam reunidos os demais requisitos autorizadores de que

---

do prazo de concessões de obras e de serviços públicos. *Revista de Contratos Públicos*, Coimbra, v. 1, p. 219-263, jan./abr. 2011. p. 238).

[355] Essa afirmação consta expressa no voto-condutor do Min. Rel. Ari Pargendler, no julgamento do MS nº 20.432, pela Primeira Seção do Superior Tribunal de Justiça: "Contrato de concessão com prazo certo é a regra. A prorrogação é a exceção, que somente se justifica, se essa escolha se despontar eficiente" (SUPERIOR TRIBUNAL DE JUSTIÇA. Primeira Seção, MS 20.432/DF, Rel. Min. Ari Pargendler, Rel. para acórdão Min. Herman Benjamin, julgado em 24.06.2015, *DJe* 15.02.2016). Também o Tribunal de Contas da União já afirmou que "A não realização de licitação somente seria admissível se fazê-la fosse inviável ou trouxesse desvantagens [...] em relação à prorrogação. [...] Seria, portanto, situação excepcional, que fugiria à regra" (TRIBUNAL DE CONTAS DA UNIÃO. Acórdão nº 2.253/2015. Plenário. Relator José Mucio Monteiro, processo nº 003.379/2015-9). A doutrina também não discrepa desse entendimento: "Como os prazos das concessões são, em regra, bastante longos, a prorrogação somente se justifica em situações excepcionais" (DI PIETRO, Maria Sylvia Zanella. *Parcerias na administração pública*: concessão, permissão, terceirização, parceria público-privada e outras formas. 9. ed. São Paulo: Atlas, 2012. p. 116), "[...] imperativo frisar que a prorrogação dos contratos administrativos deve se dar sempre em caráter excepcional, não podendo ser encarada como um procedimento rotineiro, visto que a regra é a licitação" (SOUTO, Marcos Juruena Villela. *Direito administrativo contratual*: licitações – contratos administrativos. Rio de Janeiro: Lumen Juris, 2004. p. 344-345).

[356] Segundo Cármen Lúcia Antunes Rocha, "É certo que a lei não deixa à entidade concedente competência livre, antes estabelecendo o objetivo a ser necessariamente por ela buscado com a prorrogação – 'visando a garantir a qualidade do atendimento aos consumidores a custos adequados' (art. 19) –, o que equivale a um limite para o seu cometimento no sentido de atender ao pleito" (ROCHA, Cármen Lúcia Antunes. *Estudos sobre concessão e permissão de serviço público no direito brasileiro*. São Paulo: Saraiva, 1996. p. 62). Flávio Amaral também enfrenta o tema e assevera que "O que ora se sustenta é que essa decisão (prorrogação ou realização de nova licitação) se submeta a uma racionalidade jurídica que imponha ao ente público e seus gestores a busca da melhor solução segundo os critérios de imparcialidade, proporcionalidade e justiça, desse modo não podendo formar sua vontade a partir de voluntarismos subjetivistas que resvalem para o arbítrio" (GARCIA, Flávio Amaral. *Concessões, parcerias e regulação*. São Paulo: Malheiros, 2019. p. 229). No mesmo sentido as observações de Mariana Canto e Rafaella Guzela: "As prorrogações ordinárias fundamentam-se no juízo de conveniência e oportunidade da Administração [...]. A renovação contratual se justificaria, dentre outros fatores associados à ausência de interesse da Administração Pública na retomada do serviço para si, pela detecção objetiva de que a eficiência seria prestigiada antes pela prorrogação do que por um novo certame, pela economicidade oriunda da ausência de necessidade da instalação do custoso processo de licitação e na vantajosidade ao interesse público que a permanência daquele concessionário expressa" (CANTO, Mariana Dall'Agnol; GUZELA, Rafaella Peçanha. Prorrogações contratuais em contratos de concessão. *In*: MOREIRA, Egon Bockmann (Coord.). *Contratos administrativos, equilíbrio econômico-financeiro e a taxa interna de retorno*. Belo Horizonte: Fórum, 2016).

se cuidou no tópico 2.1.3 acima. Deve haver sempre, portanto, um esforço de análise e motivação nas decisões que optam por prorrogar os contratos de concessão.[357]

A prática brasileira claramente desafia a ordem constitucional vigente, já que frequentemente se verificam prorrogações de contratos de concessão sem nenhum esforço de fundamentação, baseando-se a Administração Pública única e exclusivamente na cláusula autorizativa, como se fosse uma prerrogativa sua decidir livremente, segundo seus gostos pessoais, se prorroga ou não o contrato. Como já se afirmou ao final do tópico 2.1.1 acima, ao introduzirmos o tema das prorrogações, não se devem admitir decisões administrativas arbitrárias ou aleatórias, ainda mais quando tenham o condão de gerar ganhos vultosos para o concessionário e impactar significativamente as vidas dos usuários daquele serviço.

Nesse sentido, deve-se tomar com cautela a premissa adotada por grande parte da doutrina quando admite que a "economicidade oriunda da ausência de necessidade da instalação do custoso processo de licitação"[358] pode ser apontada como uma das razões para que a Administração Pública opte pela prorrogação do contrato. Embora possa ser especialmente relevante em alguns casos, não nos parece que seja essa uma razão suficiente *per se* para fundamentar a decisão de não realizar uma nova licitação. É imprescindível que a Administração tome uma decisão informada. Nesse sentido, os estudos preparatórios serão sempre necessários para que a Administração possa optar entre licitar ou prorrogar o contrato existente, quando isso for possível. Assim, a instalação do processo e a análise das conclusões dos estudos iniciais serão imprescindíveis. Obviamente, no momento em que restar clara a vantajosidade da prorrogação, os preparativos para uma licitação poderão ser obstados. Mas, para tanto, é preciso que a autoridade pública encarregada da decisão já esteja munida de todas as informações necessárias, devendo motivar o ato administrativo decisório que adotar.

Como já se afirmou, *todas as espécies de prorrogação envolvem um exame de conveniência e oportunidade* por parte da Administração, mas a

---

[357] "[...] a cada prorrogação, haverá o dever de fundamentar o ato, demonstrando os motivos pelos quais, naquele caso concreto, a prorrogação é uma solução mais adequada e vantajosa do que a realização de nova licitação" (SCHWIND, Rafael Wallbach. Prazo de vigência e prorrogação dos contratos de parcerias público-privadas. In: SADDY, André; MORAES, Salus. *Tratado de parcerias público-privadas*: teoria e prática. Rio de Janeiro: CEEJ, 2019. v. 5. p. 60).

[358] CANTO, Mariana Dall'Agnol; GUZELA, Rafaella Peçanha. Prorrogações contratuais em contratos de concessão. In: MOREIRA, Egon Bockmann (Coord.). *Contratos administrativos, equilíbrio econômico-financeiro e a taxa interna de retorno*. Belo Horizonte: Fórum, 2016. p. 212.

prorrogação convencional é certamente aquela em que o campo de discricionariedade é potencialmente *mais largo*. Exatamente por isso, o esforço de fundamentação da decisão administrativa e motivação explícita das razões que levaram à sua adoção deve ser especialmente cuidadoso. Pode ser desejável, nesse caso, também a utilização de mecanismos de participação popular, cuja utilização relacionada às concessões de serviço público tem sido intensificada nos últimos anos na França.

Apesar de se tratar de um Estado unitário, de 1982 – quando foi aprovada a *Loi Deferre*, ou lei de orientação –[359] aos dias atuais, várias alterações foram sendo realizadas no desenho institucional francês no sentido de mais poder às "coletividades locais", que são as unidades políticas de exercício local do poder, as quais ganharam bastante autonomia nos últimos anos.[360] Já existem diversos exemplos de legislações locais que condicionam as próprias decisões quanto à delegação de certos serviços, assim como quanto à prorrogação dos contratos em curso, ao pronunciamento de comitês formados por representantes dos usuários, que são criados pelas Administrações Públicas das coletividades territoriais, com função meramente consultiva ou, em alguns casos deliberativa, podendo influenciar de formas diversas, conforme o caso, a decisão administrativa a ser tomada.[361]

Deve-se registrar, ainda, a esse respeito que, após a reforma empreendida pela chamada *Loi Sapin*, de transparência e combate à corrupção, em 1993, a possibilidade de prorrogação foi bastante reduzida pelo seu art. 40, transformado posteriormente no art. 1.411-2 do *Code général des collectivités territoriales* – CGCT, ficando restrita aos casos cuja finalidade é o reequilíbrio econômico-financeiro do contrato e, excepcionalmente, à hipótese ora examinada, fundada em razões de interesse público (*intérêt général*), limitada a uma única prorrogação, que não deve ultrapassar a duração de um ano.[362] Essas disposições foram

---

[359] FRANÇA. Legislação. *Lei nº 82-213, de 2 de março de 1982*. Relative aux droits et libertés des communes, des départements et des régions. Disponível em: https://www.legifrance.gouv.fr/affichTexte.do?cidTexte=JORFTEXT000000880039. Acesso em: 5 dez. 2019.

[360] De maneira muito resumida, com exceção da cidade de Paris, que possui um regime institucional próprio, o poder local é exercido por um *Préfect*, indicado diretamente pelo poder central, por meio de um ministério e por uma assembleia eleita pelo voto popular, a qual se reúne para escolher, entre os seus membros, o *Maire* e seus adjuntos, que exercem o Poder Executivo local, sob uma certa supervisão e controle do *Préfect*. Trata-se de um movimento de descentralização, ainda em curso, cujas principais características e etapas por que vem passando podem ser consultadas em: https://www.legifrance.gouv.fr/affichTexte.do?cidTexte=JORFTEXT000000880039 (Acesso em: 5 dez. 2019).

[361] ESPLUGAS, Pierre. *Le service public*. 3. ed. Paris: Dalloz, 2012. p. 109-113.

[362] Sobre a disciplina legal quanto às prorrogações dos contratos de delegação de serviço público na França, *vide*: VINCI, Nathalie. *Mettre fin à une délégation de service public*. Voiron:

recentemente revogadas pela nova Lei de Concessões,[363] de 2016, que não possui nenhuma norma que trate expressamente das prorrogações dos contratos de concessão. No entanto, a orientação jurisprudencial e doutrinária tem apontado a necessidade de que sejam observadas, nos casos de prorrogação, as normas que disciplinam a fixação do prazo dos contratos de concessão e determinam que devem ser estipulados proporcionalmente aos investimentos atribuídos ao concessionário. Deste modo, estaria vedada a prorrogação meramente por interesse público, persistindo válida apenas aquela destinada a reequilibrar o contrato após o acréscimo de investimentos não previstos inicialmente.[364]

No Brasil, a *prática arraigada*, tanto em determinações legais, como na redação que se costuma dar às cláusulas contratuais, é o uso de expressões consolidadas, que, após a fixação do prazo inicial, estabelecem que "o contrato poderá ser prorrogado, uma única vez, por igual período".[365] Não parece haver, contudo, razões para que assim seja. Não há, em princípio, nenhuma vantagem em limitar a um o número de prorrogações possíveis, nem muito menos estabelecer previamente, quando da celebração do contrato, um prazo certo para a prorrogação que, eventualmente se fará dali a 15, 20, 25, 35 anos. A duração e a quantidade de prorrogações possíveis em um contrato de concessão de serviço público serão o tema de encerramento deste capítulo, dedicado às prorrogações, quando se abordará a questão em mais detalhes. Deve-se asseverar, desde já, contudo, que, *de lege ferenda*, parece que a melhor solução seria deixar o maior espaço possível de liberdade para que a Administração Pública determinasse, em cada caso concreto, à luz das circunstâncias existentes no momento, qual a duração mais adequada para a prorrogação.

É certo que as concessões não podem se prorrogar indefinidamente.[366] Deste modo, a principal preocupação do legislador deve estar

---

Territorial, 2014. p. 12-13; BENCHENDIKH, François. *L'essentiel de la délégation de service public*. Issy-les-Moulineaux: Gualino, 2014. p. 71-73; BRACONNIER, Stéphane. *Droit des services publics*. 2. ed. Paris: PUF, 2007. p. 515-519.

[363] FRANÇA. Legislação. *Lei nº 2016-65, de 29 de janeiro de 2016*. Ordonnance sur l'attribution de contrats de concession. Disponível em: https://www.legifrance.gouv.fr/eli/ordonnance/2016/1/29/2016-65/jo/texte. Acesso em: 22 nov. 2019.

[364] HAUTON, Marianne. L'extension de la durée des contrats de concession. *Contrats Publics*, n. 183, jan. 2018. p. 52. Disponível em: https://www.seban-associes.avocat.fr/wp-content/uploads/2018/01/L%E2%80%99extension-de-la-dur%C3%A9e-des-contrats.pdf. Acesso em: 22 nov. 2019.

[365] Exemplificativamente, pode-se referir ao art. 99 da Lei nº 9.472/97, que trata do setor de telecomunicações e, mais recentemente, o art. 5º da Lei nº 13.448/2017.

[366] Nas palavras da Ministra Cármen Lúcia, no voto proferido no julgamento da ADI nº 5.991, "Reconhecido é que prorrogação indefinida do contrato é a burla às determinações legais

concentrada em estabelecer limites. O ideal, portanto, a nosso sentir, seria que as leis impusessem um limite global de duração do contrato, a ser aplicado quanto à soma do prazo inicial com o de todas as prorrogações possíveis, assim como um limite de tempo para cada uma das prorrogações a serem autorizadas. Como o tempo de duração dos contratos – e também, obviamente, o tempo de cada período de prorrogação – deve ser calculado como uma função da equação econômica do contrato, não é boa prática que o legislador pretenda fixar, de antemão, qual a duração exata que cada prorrogação deverá ter. A forma adotada pela Lei nº 9.074/95 é, nesse ponto, uma das que mais se aproxima do que ora se preconiza, já que estabelece limites e não um prazo predeterminado, tanto para o prazo inicial, como para as eventuais prorrogações.[367]

As prorrogações convencionais, como se viu, decorrem de um pacto firmado entre as partes, desde o início da contratação, de que, findo o prazo inicialmente ajustado, poderiam voltar a negociar a ampliação desse prazo para que o contrato possa seguir sendo executado, caso isso seja do interesse tanto do concessionário quanto do Poder Concedente. Do ponto de vista do concessionário, sua avaliação levará em conta as vantagens que tem podido obter pela exploração da concessão, o quão atraente a equação econômico-financeira firmada no passado lhe parece ser no momento presente e se tem conseguido confirmar as premissas de que se valeu quando apresentou a sua proposta, ou seja, se não ocorreram eventos referentes a riscos por ele assumidos, que tenham frustrado as suas expectativas. Do ponto de vista do Poder Concedente, será necessário avaliar se a prorrogação é solução mais consentânea com o interesse público, comparada com a possibilidade de assumir diretamente a realização da atividade ou organizar uma nova licitação.[368]

---

e constitucionais quanto a licitação obrigatória para a adoção do regime de concessão e permissão para exploração de serviços públicos" (SUPREMO TRIBUNAL FEDERAL. Tribunal Pleno. ADI 5991. Rel. Min. Cármen Lúcia, julgado em 20.02.2020, *DJe*-169, divulgado em 03.07.2020 e publicado em 06.07.2020).

[367] *Vide* a esse respeito os seguintes artigos da Lei nº 9.074/95: "Art. 4º [...] §2º As concessões de geração de energia elétrica anteriores a 11 de dezembro de 2003 terão o prazo necessário à amortização dos investimentos, limitado a 35 (trinta e cinco) anos, contado da data de assinatura do imprescindível contrato, podendo ser prorrogado por até 20 (vinte) anos, a critério do Poder Concedente, observadas as condições estabelecidas nos contratos" e "Art. 20. As concessões e autorizações de geração de energia elétrica alcançadas pelo parágrafo único do art. 43 e pelo art. 44 da Lei no 8.987, de 1995, exceto aquelas cujos empreendimentos não tenham sido iniciados até a edição dessa mesma Lei, poderão ser prorrogadas pelo prazo necessário à amortização do investimento, limitado a trinta e cinco anos, observado o disposto no art. 24 desta Lei e desde que apresentado pelo interessado: [...]".

[368] "[...] é realizada por razões de conveniência e oportunidade do Poder Concedente, desde que estejam presentes os pressupostos específicos da medida e a concessionária

Em geral, os contratos costumam estabelecer um procedimento próprio, a ser observado pelo concessionário quando lhe interesse propor a prorrogação convencional do contrato. Normalmente, fixa-se um período de antecedência mínima a ser observado, até quando o concessionário deverá tomar a iniciativa de apresentar à Administração um pleito para a prorrogação do contrato.[369] Após uma avaliação inicial de viabilidade jurídica, estando autorizada pela lei e pelo contrato a prorrogação e tendo sido atendidos todos os requisitos aplicáveis, alguns dos quais já se cuidou acima, no tópico 2.1.3, deve a Administração Pública realizar um exame de vantajosidade. Para Felipe Guimarães, as prorrogações que chamamos aqui de convencionais são um negócio jurídico administrativo a título oneroso.[370] Assim, "em troca do prolongamento do prazo de vigência do contrato de concessão [...] a concessionária deve dar, necessariamente ao Poder Concedente, 'algo' que caracterize a vantajosidade da prorrogação".[371]

Na verdade, como bem observa Floriano de Azevedo Marques, a prorrogação que aqui chamamos de convencional será um fator de desequilíbrio contratual.[372] Considerando-se que o contrato foi executado regularmente e tenha chegado ao seu termo devidamente equilibrado, a alteração do prazo, que é um importante elemento da equação econômico-financeira, sem outras modificações que a compensassem representaria, na verdade, uma vantagem indevida para o concessionário. Como aponta Maurício Portugal Ribeiro, a prorrogação "gera valor adicional para o concessionário".[373] Trata-se da extensão

---

aceite determinadas condições propostas pelo Poder Concedente, caracterizadoras da vantagem da prorrogação vis-à-vis as alternativas da prestação direta do serviço público e da realização de licitação pública para nova outorga da atividade" (GUIMARÃES, Felipe Montenegro Viviani. *Prorrogação por interesse público das concessões de serviço público*. São Paulo: Quartier Latin, 2018. p. 57).

[369] Exemplificativamente, pode-se referir aos procedimentos estabelecidos nos seguintes diplomas legais: art. 4º, §4º da Lei nº 9.074/95; art. 99 da Lei nº 9.427/97; art. 5º, §1º da Lei nº 12.783/13.

[370] "[...] a prorrogação por interesse público deve ser, sempre, onerosa ou condicionada, e nunca gratuita ou pura" (GUIMARÃES, Felipe Montenegro Viviani. *Prorrogação por interesse público das concessões de serviço público*. São Paulo: Quartier Latin, 2018. p. 136).

[371] GUIMARÃES, Felipe Montenegro Viviani. *Prorrogação por interesse público das concessões de serviço público*. São Paulo: Quartier Latin, 2018. p. 136.

[372] MARQUES NETO, Floriano de Azevedo. *Concessões*. 1. ed. Belo Horizonte: Fórum, 2015. p. 167-168.

[373] RIBEIRO, Maurício Portugal. *A Medida Provisória nº 752/16 e os setores rodoviário e aeroportuário: seu contexto, seus objetivos e as alterações que ela precisa sofrer ao longo do seu processo de conversão em lei*. Disponível em: http://www.portugalribeiro.com.br/wpp/wp-content/uploads/mp-para-reestruturar-contratos7.pdf. Acesso em: 25 nov. 2019. No mesmo sentido, ARAGÃO, Alexandre Santos de. *Direito dos serviços públicos*. 3. ed. Rio de Janeiro: Forense, 2013. p. 554-555.

de prazo referente a um negócio anteriormente firmado. Tendo em vista os princípios da isonomia e da vinculação ao edital, as condições originalmente negociadas não poderão ser substancialmente alteradas. Nesse sentido, o objeto não poderá ser desnaturado nem a equação econômico-financeira poderá ser modificada, em decorrência de sua intangibilidade. No entanto, tendo em vista o desequilíbrio provocado pela própria prorrogação, ela deverá ser acompanhada de medidas que o compensem.

O interesse público que poderá fundamentar a decisão administrativa que anui com a prorrogação convencional do contrato advirá exatamente dessas compensações que a Administração Pública deverá impor para compensar as vantagens que serão obtidas pelo concessionário com a prorrogação. Podem ser previstas, então, várias medidas, como exemplo: a instituição de um novo valor a ser pago pelo concessionário em decorrência da extensão temporal da outorga; a inclusão de novos investimentos a cargo do concessionário, não previstos anteriormente, sempre relacionados ao objeto originalmente pactuado, de modo a aperfeiçoar ou modernizar a prestação do serviço; a redução da tarifa; a solução de conflitos administrativos ou judiciais porventura existentes entre as partes; a inclusão de novos parâmetros de qualidade ou metas de desempenho; a adequação de aspectos específicos do regime contratual da concessão, que não desnature o seu objeto; algum tipo de atualização tecnológica ou uma combinação de alguns ou todos esses fatores.

Em certos casos, a própria lei trata de estabelecer quais as medidas que devem ser adotadas como compensação pela prorrogação do prazo. Nesse sentido, a Lei nº 9.472/97, que trata dos serviços de telecomunicação, impõe, em seu art. 99, que a prorrogação dependerá de novos pagamentos, tanto em contrapartida pela ampliação do período de outorga, como pelo uso da faixa de radiofrequência, além de "outros condicionamentos", cuja definição fica a critério da agência reguladora (Anatel).

Já no caso da Lei nº 12.783/2013, que instituiu regras para prorrogação de concessões no setor elétrico, a intenção principal do legislador é a obtenção de redução de tarifa, como se afere pela exposição de motivos da Medida Provisória nº 579/2013, que lhe deu origem, onde expressamente se afirmou que "o tratamento dessas concessões busca a captura da amortização e depreciação dos investimentos realizados nos empreendimentos de geração e nas instalações de transmissão e de distribuição de energia elétrica [...] em benefício da modicidade tarifária", razão pela qual seu art. 15 autorizou que, após a prorrogação, a tarifa levasse em conta apenas investimentos ainda não amortizados, depreciados ou indenizados.

Já a Lei nº 12.815/2013, que trata do setor portuário, também estabelece, em seu art. 57, §1º, que a prorrogação (antecipada nesse caso) dependerá da aceitação em realizar novos investimentos. Ao tratar das hipóteses de prorrogação antecipada no âmbito do PPI, a Lei nº 13.448/2017 estabeleceu diversos condicionantes para as prorrogações de contratos de concessão, incluindo o pagamento pela extensão do período da outorga, inclusão de novas metas de qualidade, extinção da exclusividade, introdução de obrigação de garantir acesso de terceiros à infraestrutura gerida, entre outros. Em casos diversos, a legislação estabelece como condição para que se proceda a uma prorrogação convencional a inclusão de novos parâmetros de desempenho, de modo a modernizar a prestação do serviço público, introduzir novas tecnologias ou estabelecer metas mais rigorosas de qualidade. É o caso, por exemplo, da Lei nº 9.074/95, em cujo art. 25, §1º há determinação para a inclusão de "cláusulas relativas a requisitos mínimos de desempenho técnico" quando da prorrogação contratual.

Por fim, vale registrar o alerta de Egon Bockmann[374] que, ao tratar das prorrogações, ressalta que "sua instalação não pode exigir novos investimentos de elevado volume (muito menos se estes forem transferidos ao concedente – o que desnaturará a qualidade de comum da concessão)". Em hipótese nenhuma, o aditivo de prorrogação poderá desnaturar o objeto da concessão. Isso vale para as prorrogações convencionais e vale para todas as outras espécies de prorrogação, como ficou claro acima, no tópico 2.1.4. Deste modo, cabe à Administração Pública, quando for tomar as suas decisões discricionárias voltadas à prorrogação convencional de um contrato de concessão de serviço público, assegurar a inclusão de compensações devidas pelo concessionário, que justifiquem o interesse público em prorrogar a avença e garantam o respeito à equação econômico-financeira original, sem que o contrato se torne em outro, ou se transforme em um pacto diferente do original, guardando, portanto, as suas características essenciais, sem que haja inovações no que for substancial.

---

[374] MOREIRA, Egon Bockmann. *Direito das concessões de serviço público*: inteligência da Lei 8987/95. São Paulo: Malheiros, 2010. p. 133.

2.2.1.2 Premial

Essa modalidade de prorrogação talvez seja uma das mais difíceis de ser caracterizada. Na verdade, apesar de ser mencionada por diversos autores, ao que parece, em muitos casos usa-se a mesma designação para referir a situações distintas. Há autores que denominam premial a prorrogação que acabamos de tratar aqui como convencional,[375] englobando muitas vezes nessa categoria todas aquelas que não se destinem a recuperar o equilíbrio da equação econômico-financeira do contrato – algumas vezes denominada corretora –, da qual trataremos a seguir.[376]

No que se refere às prorrogações de que cuidamos no tópico antecedente – que optamos por denominar convencionais –, Lino Torgal, tratando-as como "premiais", não reconhece um direito adquirido do concessionário a ter o seu contrato prorrogado pela simples razão

---

[375] TORGAL, Lino. Prorrogação do prazo de concessões de obras e de serviços públicos. *Revista de Contratos Públicos*. Coimbra, v. 1, p. 219-263, jan./abr. 2011; OLIVEIRA, Rafael Carvalho Rezende. Extinção dos contratos de parcerias público-privadas (PPPs). *Revista Brasileira de Direito Público – RBDP*, Belo Horizonte, ano 17, n. 66, p. 87-111, jul./set. 2019. p. 91; SCHWIND, Rafael Wallbach. Remuneração variável e contratos de eficiência no Regime Diferenciado de Contratações Públicas (RDC). *Revista Brasileira de Direito Público – RBDP*, Belo Horizonte, ano 10, n. 36, p. 177206, jan./mar. 2012; FERRAZ JÚNIOR, Tércio Sampaio; MARANHÃO, Juliano Souza de Albuquerque. Separação estrutural entre serviços de telefonia e limites ao poder das agências para alteração de contratos de concessão. *Revista de Direito Público da Economia – RDPE*, Belo Horizonte, ano 2, n. 8, p. 197227, out./dez. 2004; MARQUES NETO, Floriano de Azevedo. *Concessões*. 1. ed. Belo Horizonte: Fórum, 2015. p. 169; CANTO, Mariana Dall'Agnol; GUZELA, Rafaella Peçanha. Prorrogações contratuais em contratos de concessão. In: MOREIRA, Egon Bockmann (Coord.). *Contratos administrativos, equilíbrio econômico-financeiro e a taxa interna de retorno*. Belo Horizonte: Fórum, 2016. p. 212 e ARAGÃO, Alexandre Santos de. *Direito dos serviços públicos*. 3. ed. Rio de Janeiro: Forense, 2013. p. 555. Carolina Zaja – chamando de premiais as prorrogações que aqui denominamos convencionais – propõe, no entanto, uma classificação tripartite, entre premial, corretora/reequilíbrio e antecipada. *Vide*: OLIVEIRA, Carolina Zaja Almada Campanate de. *Contratos administrativos complexos e de longo prazo*: a prorrogação antecipada e a relicitação na teoria dos contratos públicos. 2018. Dissertação (Mestrado em Direito da Regulação, Economia, Intervenção e Estratégias Regulatórias) – Escola de Direito do Rio de Janeiro, Fundação Getúlio Vargas, Rio de Janeiro, 2019. p. 155.

[376] Floriano Azevedo Marques, apesar de diferenciar entre os dois tipos de prorrogação, afirma: "Se o contrato trouxer previsão da possibilidade de prorrogação vinculada ao cumprimento de certas condições e à observância de determinados procedimentos, temos que, satisfeitas essas condições e atendidos os procedimentos da prorrogação, o concessionário terá adquirido o direito à prorrogação. Direito que não decorre do fato em si de ser concessionário, mas de sua expectativa de permanecer por mais um período na concessão ter se convertido em direito pela satisfação das condições originariamente estipuladas. Ou seja, prevista no contrato – pressupondo não ser vedada na lei – ela não se constitui em uma discricionariedade ampla do poder concedente, pois preenchidas as condições contratuais, o concessionário faz jus à prorrogação" (MARQUES NETO, Floriano de Azevedo. *Concessões*. 1. ed. Belo Horizonte: Fórum, 2015. p. 169).

de ter cumprido os requisitos contratualmente estabelecidos. Indica o autor que, "além da revelação do concessionário de capacidade de gestão das actividades concedidas", é imprescindível que "se verifique um conjunto de circunstâncias excepcionais [...] que deponha credivelmente no sentido de ser mais vantajoso [...] que a Administração estenda o prazo da concessão",[377] em comparação com as alternativas de reassumir a atividade ou organizar uma licitação com vistas a uma nova contratação. Trata-se, segundo o autor, de decisão discricionária da Administração que, em consequência, deverá ser fundamentada "quanto à conveniência da solução da prorrogação para o interesse público", pois "a ausência de fundamentação tornaria imperscrutáveis as razões em que se arrimara a pronúncia administrativa".[378]

Mas é preciso ter atenção e não se deixar confundir aqui pelo uso divergente das denominações por parte da doutrina. As considerações acima referidas, expressadas por Lino Torgal, dizem respeito à espécie de prorrogação que denominamos convencional e, nesse sentido, suas conclusões estão em linha com o que se defendeu no tópico antecedente. De fato, em relação às prorrogações convencionais, que parte da doutrina brasileira também chama de prorrogação por interesse público, da qual cuidamos no tópico anterior, não há direito adquirido nem do concessionário nem do Poder Concedente. Sua adoção dependerá da manifestação positiva de vontade de ambas as partes.

O que se denomina aqui como prorrogação premial é algo distinto. Nesse sentido, discorda-se da designação como premial do que chamamos de prorrogação convencional, exatamente porque nos parece que o termo "premial" perde o seu sentido quando não se admite o surgimento para o concessionário-premiado de um direito adquirido a receber o prêmio. Deste modo, quando há condições e requisitos contratualmente estabelecidos que, quando atingidos, criam para a Administração Pública uma prerrogativa de decidir discricionariamente se prorroga ou não o contrato, a depender de outras circunstâncias que deverão ser examinadas, a fim de proceder a uma avaliação quanto à alternativa que melhor atenda ao interesse público, optamos por denominar essa espécie de prorrogação como convencional, como descrito acima.

---

[377] TORGAL, Lino. Prorrogação do prazo de concessões de obras e de serviços públicos. *Revista de Contratos Públicos*, Coimbra, v. 1, p. 219-263, jan./abr. 2011. p. 238.

[378] TORGAL, Lino. Prorrogação do prazo de concessões de obras e de serviços públicos. *Revista de Contratos Públicos*, Coimbra, v. 1, p. 219-263, jan./abr. 2011. p. 241.

Filiamo-nos à corrente de autores que consideram premiais aquelas prorrogações cujas condições e requisitos estejam previamente estipuladas em contrato, consistindo a prorrogação, nesses casos, em *direito subjetivo do concessionário*. Uma vez cumpridos os requisitos para se obter o prêmio, esse não poderá ser negado ao concessionário. A Administração Pública estará, portanto, vinculada aos termos contratuais e obrigada a prorrogar os contratos nesses casos.[379] Caso não o faça, estará violando um direito adquirido do concessionário, o que deverá ser resolvido em perdas em danos, como ocorre, por exemplo, com as rescisões contratuais unilaterais por interesse público em qualquer contrato administrativo.

Na verdade, é muito importante que a prorrogação premial não se confunda com a prorrogação convencional. Como vimos acima, um dos requisitos para que qualquer prorrogação possa ser autorizada é que o concessionário demonstre um desempenho adequado. Não será, no entanto, qualquer deslize, pequena irregularidade ou inadimplência eventual que deverá interditar completamente a pretensão de se prorrogar o contrato (pela via convencional). Deverá haver, assim, uma análise ponderada e equilibrada da Administração a esse respeito, como já se observou no tópico 2.1.3 acima, ao se cuidar dos requisitos da prorrogação. É importante ter em mente, contudo, que esses requisitos mínimos de qualidade a serem obrigatoriamente observados pelo concessionário e cujo descumprimento deve obstar qualquer tipo de

---

[379] Essa a posição, por exemplo, de Floriano Azevedo Marques, que afirma que "se o contrato trouxer previsão da possibilidade de prorrogação vinculada ao cumprimento de certas condições e à observância de determinados procedimentos, temos que, satisfeitas essas condições e atendidos os procedimentos de prorrogação, o concessionário terá adquirido o direito à prorrogação" (MARQUES NETO, Floriano de Azevedo. *Concessões*. 1. ed. Belo Horizonte: Fórum, 2015. p. 169). No mesmo sentido: "Em relação à possibilidade de a Administração optar e especificar, no momento da contratação, as condições necessárias para tal renovação contratual, algumas considerações são importantes. Isso porque, mediante Edital que antecipe condições em que ocorrerá a prorrogação ordinária e Contrato que as delimite criando triggers para o concessionário, o atendimento destas condições e o atingimento destes triggers torna a prorrogação ordinária um direito adquirido do concessionário" (CANTO, Mariana Dall'Agnol; GUZELA, Rafaella Peçanha. Prorrogações contratuais em contratos de concessão. *In*: MOREIRA, Egon Bockmann (Coord.). *Contratos administrativos, equilíbrio econômico-financeiro e a taxa interna de retorno*. Belo Horizonte: Fórum, 2016. p. 212). Pode-se referir também às considerações de Flávio Amaral: "Entretanto, variações poderão ser admitidas a esse entendimento, a depender das circunstâncias das leis setoriais disciplinadoras da prorrogação e da forma como a cláusula contratual foi elaborada. É o caso, por exemplo, das prorrogações premiais, a saber quando a própria entidade AD judicante voluntariamente impõe limites a sua discricionariedade e se auto vincula para assegurar eventual extensão de prazo do contrato quando atendidos os requisitos objetivos que atestem desempenho excepcional do concessionário" (GARCIA, Flávio Amaral. *A mutabilidade nos contratos de concessão*. São Paulo: Malheiros, 2021. p. 255).

prorrogação, inclusive a convencional, não pode ser confundido com os requisitos da prorrogação premial. Essa espécie de prorrogação, de que cuidamos no tópico presente, visa premiar aqueles que ultrapassarem o ordinário, que fizerem mais do que se exigia, que atingirem certas metas às quais não estavam obrigados, mas cujo atingimento os leva a serem premiados. A prorrogação premial não pode, portanto, ser tratada como regra.[380]

O ideal é que o contrato estabeleça objetivamente quais são as condições mínimas a serem atendidas, que serão os parâmetros a serem observados para que a prorrogação convencional se mostre viável e, por outro lado, quais são aquelas metas voluntárias, cujo atingimento dará direito ao prêmio. Não nos parece, portanto, que a mera existência de condições mínimas de qualidade no contrato possa levar à confusão com condições que criem para o concessionário um direito adquirido à prorrogação. Não são, deste modo, todas as condições e parâmetros de performance contidos no contrato que podem indicar a existência de previsão da prorrogação premial. Para tanto, é necessário que esteja explícita e se extraia com segurança da cláusula contratual a intenção de gerar para o concessionário um direito subjetivo pelo cumprimento de certas metas estipuladas de modo não obrigatório.

Alguns autores têm uma visão diferente e defendem que a previsão de condicionantes às prorrogações deve ser vista como a instituição, na verdade, de um contrato pelo tempo máximo autorizado, incluindo o tempo de prorrogação convencional previsto. As prorrogações consistiriam meramente em momentos de aferição formal do cumprimento desses requisitos objetivos, sem espaço para qualquer tipo de decisão discricionária da Administração. Constatado o atendimento àqueles requisitos mínimos, o contrato deveria ser automaticamente prorrogado. Esse entendimento é bem ilustrado por Rafael Véras e Leonardo Coelho, quando defendem cuidar-se de "modalidade em que se divide o módulo contratual em duas ou mais partes, possibilitando que o poder concedente, ao final de cada uma delas, avalie se o concessionário preencheu os requisitos previamente estabelecidos contratualmente".[381]

---

[380] Concorda-se, a esse respeito, com as afirmações de Flávio Amaral, para quem "A circunstância de o instrumento convocatório da licitação e o contrato eventualmente admitirem a prorrogação não implica que a extensão do prazo seja obrigatória ou, mesmo, se torne regra nos contratos de infraestrutura duradouros" (GARCIA, Flávio Amaral. *Concessões, parcerias e regulação*. São Paulo: Malheiros, 2019. p. 227).

[381] FREITAS, Rafael Véras de; RIBEIRO, Leonardo Coelho. O prazo como elemento da economia contratual das concessões: as espécies de 'prorrogação'. *In*: MOREIRA, Egon Bockmann (Coord.). *Contratos administrativos, equilíbrio econômico-financeiro e a taxa interna de retorno*. Belo Horizonte: Fórum, 2016. p. 296.

Tratar-se-ia, assim, de uma espécie de *recall*, em que, caso não tenham sido preenchidos os requisitos contratuais, o concessionário seria dispensado, recusando-lhe a prorrogação do seu contrato. Mas, se, ao contrário, estiverem atendidas as condições mínimas de qualidade preestabelecias, surgiria para ele o direito adquirido à prorrogação.[382]

Uma consequência que se extrai dessa conclusão é que, ao formular suas propostas, os licitantes deveriam levar em conta não apenas o prazo inicial previsto em contrato, mas sim a soma de todas as prorrogações possíveis. Esse entendimento importa, no entanto, que, caso não se confirmem as condições contratualmente previstas e a prorrogação não se torne possível, surgiria, em tese, um direito do concessionário a ser indenizado pelos investimentos efetivamente realizados, mas não amortizados, considerando que o prazo que compôs a equação econômico-financeira, como um de seus elementos, levou em conta, inclusive, o período da prorrogação frustrada.

Não parece, no entanto, que a modalidade sugerida pelos autores seja compatível com o ordenamento jurídico brasileiro. Como se viu, a regulação contratual dos serviços públicos se dá pela definição de um prazo contratual, ao longo do qual investimentos devem ser realizados pelo concessionário, que deverá amortizá-los durante a vigência do vínculo. Não seria admissível, portanto, que fossem dimensionados investimentos para um módulo concessional de, digamos, 50 anos – o qual restaria dividido em 2 partes de 25 anos cada uma –, sendo possível que, ao final da primeira, o contrato pudesse ser interrompido. Isso geraria um enorme desequilíbrio contratual, pois seria suprimida do concessionário a metade do prazo originalmente concebido para a amortização dos seus investimentos.[383]

Por outro lado, caso os investimentos sejam dimensionados apenas para a primeira parte desse suposto "módulo contratual", o

---

[382] Essa ideia de uma expectativa de direito que seria convertida em direito adquirido "pela satisfação das condições originalmente estipuladas" é também sustentada também em: MARQUES NETO, Floriano de Azevedo. *Concessões*. 1. ed. Belo Horizonte: Fórum, 2015. p. 169.

[383] Rafael Schwind, que não admite a existência de direito adquirido às prorrogações, chama a atenção para esse problema, ao alertar que o concessionário não poderá, ao preparar a sua proposta, levar em conta o período das prorrogações possíveis: "O lado negativo de se estabelecer um prazo inicial mais curto e a possibilidade de sucessivas prorrogações, no entanto, é que o parceiro privado não poderá calcular a viabilidade da PPP levando em conta que todas as prorrogações possíveis serão aplicadas. O seu direito é apenas que o prazo original seja observado" (SCHWIND, Rafael Wallbach. Prazo de vigência e prorrogação dos contratos de parcerias público-privadas. *In*: SADDY, André; MORAES, Salus. *Tratado de parcerias público-privadas*: teoria e prática. Rio de Janeiro: CEEJ, 2019. v. 5. p. 57).

que justificaria um direito adquirido a uma prorrogação automática (e, portanto, incondicionada) do contrato? Como presumivelmente os seus investimentos já estarão integralmente amortizados, haveria um verdadeiro enriquecimento sem causa do concessionário, que poderia gozar um novo período de mesma duração de execução contratual, só que agora sem obrigações de investimento, o que seria, obviamente, inadmissível.

Essa não parece ser a solução adequada. A nosso ver, assiste razão a Flávio Amaral quando afirma, em relação às prorrogações que chamamos aqui convencionais, que "a prorrogação não passa de uma expectativa de direito", razão pela qual "o particular não deve considerá-la como evento futuro e certo no momento em que elabora e apresenta sua proposta no processo de licitação".[384] Além disso, como se viu, na maioria das vezes cabe à Administração, inclusive, avaliar discricionariamente quais as condições que serão impostas ao concessionário, caso a prorrogação seja entendida como conveniente e adequada. Não parece possível conciliar a ideia de um direito adquirido do concessionário, com o concomitante condicionamento do exercício desse direito à aceitação de novos encargos a serem estabelecidos discricionariamente pela Administração Pública. Um direito subjetivo do concessionário não pode estar condicionado ao exercício de prerrogativas ou direitos potestativos da Administração.

É preciso reconhecer, portanto, que a prorrogação premial possui características bastante distintas da prorrogação convencional. Ao contrário desta, aquela deve ser encarada como uma verdadeira premiação, consistente em um período adicional de tempo. Como se viu, no capítulo anterior, a discricionariedade estatal quanto às prorrogações é exercida em dois momentos: quando elabora o contrato e quando toma a decisão definitiva. Nas hipóteses de prorrogações premiais, a discricionariedade da Administração Pública se concentra inteiramente no momento antecedente, quando insere na minuta do contrato de concessão a cláusula que expressamente estabelece para o concessionário o direito a ser premiado caso atinja determinadas metas não obrigatórias.

Como bem explica Flávio Amaral, a "entidade adjudicante voluntariamente impõe limites à sua discricionariedade e se autovincula para assegurar eventual extensão do prazo do contrato quando atendidos requisitos objetivos que atestem desempenho excepcional

---

[384] GARCIA, Flávio Amaral. *Concessões, parcerias e regulação*. São Paulo: Malheiros, 2019. p. 231.

do contratado".³⁸⁵ A analogia mais próxima é com o instituto da remuneração variável. Nesse caso, portanto, não há que se falar em aumento de investimentos ou imposição de qualquer outra condição a ser cumprida para viabilizar a prorrogação. As condições já foram previamente estipuladas e, tendo sido atingidas, o concessionário já assegurou o direito à extensão de prazo, que, evidentemente, não poderá se dar por período excessivamente longo.

Note-se que, quando se trata de prorrogação premial, a intenção é a de, propositalmente, deixar o contrato desequilibrado em favor do concessionário, proporcionando-lhe o aumento de sua margem de lucro, exatamente como ocorre na hipótese em que se autoriza a previsão de remuneração variável para o concessionário.³⁸⁶ Nesses casos, há um conjunto de receitas (tarifas, contrapartidas públicas, receitas acessórias etc.) calculadas em função dos investimentos a serem realizados, de acordo com uma equação econômico-financeira fixada no contrato. Ao atingir determinados níveis elevados de eficiência e qualidade previamente determinados, a norma do art. 6º, §1º da Lei nº 11.079/2004 permite uma elevação dessas receitas, sem nenhuma ampliação de encargos. O contrato, então, logicamente se desequilibra em favor do concessionário, como uma forma de premiação a ser por ele usufruída.³⁸⁷

O sistema da prorrogação premial consiste em oferecer essa remuneração adicional ao concessionário, não pelo recebimento de um pagamento em valor mais elevado, mas sim por meio de um acréscimo no prazo, ou seja, da extensão do período de outorga para a fruição da

---

³⁸⁵ GARCIA, Flávio Amaral. *Concessões, parcerias e regulação*. São Paulo: Malheiros, 2019. p. 232 e GARCIA, Flávio Amaral. *A mutabilidade nos contratos de concessão*. São Paulo: Malheiros, 2021. p. 255. No mesmo sentido: GUIMARÃES, Felipe Montenegro Viviani. *Prorrogação por interesse público das concessões de serviço público*. São Paulo: Quartier Latin, 2018. p. 67.

³⁸⁶ Como ressalta Nadja Lírio do Valle, ao tratar do tema, "o estabelecimento de metas e padrões de qualidade que resultem em incremento da contraprestação pecuniária estimula não só a adequada oferta do serviço – requisito mínimo –, mas o atingimento de tais objetivos, garantindo ao particular maior margem de lucro sem pôr em risco os padrões mínimos de qualidade – o que termina por trazer benefícios à Administração e aos usuários" (SILVA, Nadja Lírio do Valle Marques da. Remuneração variável nos contratos administrativos: um instrumento do princípio da eficiência. *Revista de Contratos Públicos – RCP*, Belo Horizonte, ano 5, n. 8, p. 149-171, set./fev. 2016. p. 154).

³⁸⁷ Em acórdão proferido pelo Tribunal de Contas da União, tratando-se da remuneração variável, já se admitiu a legitimidade desse tipo de remuneração desproporcional atribuída ao contratado, com natureza premial: "[...] é natural que, havendo sucesso na empreitada, a remuneração do contratado seja elevada e, eventualmente, desproporcional ao serviço prestado, pois o contratado assume, para si, todos os ônus do insucesso, adiantando despesas e arcando integralmente com os custos associados ao serviço, na expectativa de auferir o prêmio oferecido" (TRIBUNAL DE CONTAS DA UNIÃO. Plenário. Acórdão nº 589/2004. Rel. Walton Alencar Rodrigues, processo nº 008.746/2000-4).

receita. Prerrogativas como essas, seja de uma remuneração ampliada seja de um prazo estendido, devem estar vinculadas ao atingimento de *metas extraordinárias*, não confundíveis com as condições ordinárias de desempenho regular do serviço.

Deste modo, para fazer jus ao que se apresenta como um prêmio, não basta que o concessionário esteja adimplente e cumpra regularmente as suas obrigações. Essas podem ser premissas para a prorrogação convencional, não para a prorrogação premial. Neste último caso, é preciso que ele supere as expectativas.[388] Assim, as metas e parâmetros de qualidade estabelecidos para que faça jus à prorrogação premial devem estar – como ocorre com a remuneração variável, prevista no art. 6º, §1º da Lei nº 11.079/2004 – em um patamar mais elevado em relação às meras obrigações contratuais ordinárias.[389]

Trata-se de iniciativas (a remuneração variável e a prorrogação premial) de uma mudança de paradigma, em que se reservam as técnicas repressivas apenas para os casos mais graves de inadimplência quanto a aspectos básicos da execução contratual, procurando estimular o atingimento de padrões elevados de performance, por meio da premiação.[390] A única distinção nesses casos é que, enquanto a

---

[388] Trata-se, portanto, de um incentivo contratual a que contratado alcance níveis de performance mais elevados do que aqueles que lhe são exigíveis. É preciso que ele supere as expectativas para fazer jus ao prêmio. Segundo Flávio Amaral, trata-se de um "mecanismo incremental de performance" (GARCIA, Flávio Amaral. *A mutabilidade nos contratos de concessão*. São Paulo: Malheiros, 2021. p. 255).

[389] Como bem aponta Rafael Wallbach Schwind, "a remuneração variável pode estar vinculada à obtenção de um benefício adicional à Administração Pública. Ou seja, pode haver a previsão de determinados parâmetros de qualidade, sendo que, se forem atingidos índices superiores que gerem benefícios adicionais, poderá ser vinculada a eles uma remuneração adicional. Portanto, não há o abandono dos deveres de qualidade nem das obrigações assumidas pelo contratado. Em determinadas situações, a vinculação da remuneração à obtenção de um resultado configura a solução mais vantajosa para a própria Administração Pública, que somente efetuará qualquer pagamento se houver efetivamente um benefício com a contratação" (SCHWIND, Rafael Wallbach. Remuneração variável e contratos de eficiência no Regime Diferenciado de Contratações Públicas (RDC). *Revista Brasileira de Direito Público – RBDP*, Belo Horizonte, ano 10, n. 36, p. 177206, jan./mar. 2012). No mesmo sentido: Nadja Lírio do Valle, "[...] os objetivos fixados devem ser alheios ao mínimo essencial caracterizador da prestação contratada, e os benefícios alcançados traduzirão vantagem que não guarda relação com os aspectos primordiais da atividade concedida" (SILVA, Nadja Lírio do Valle Marques da. Remuneração variável nos contratos administrativos: um instrumento do princípio da eficiência. *Revista de Contratos Públicos – RCP*, Belo Horizonte, ano 5, n. 8, p. 149-171, set./fev. 2016. p. 155).

[390] "Mesmo nas concessões, em que existe maior liberdade ao prestador na definição dos meios de exploração do serviço, não há uma cultura muito difundida no sentido de se atrelar a remuneração do prestador a determinadas exigências de qualidade e disponibilidade. Há o estabelecimento de padrões de qualidade (por força dos artigos 23, inciso III e 29, inciso X, da Lei nº 8.987/95), mas a experiência demonstra que sempre se privilegiou de modo

remuneração variável permite a premiação no curso da execução do contrato, a prorrogação premial contempla o concessionário apenas ao final do prazo originalmente ajustado, quando é ampliado com a intenção de que o concessionário tenha a oportunidade de aumentar a sua margem de lucro.

Deve-se atentar, todavia, que, quando o concessionário logre atingir tais metas e atender a esses parâmetros extraordinários de qualidade, a ampliação do prazo a que fará jus – assim como ocorre em relação à variação de preço nos casos de remuneração variável –, deve guardar uma relação de razoabilidade com o prazo originalmente estipulado, não podendo chegar a distorcer as condições contratuais.[391] Deste modo, variações de 10 ou 15% podem facilmente ser aceitas como razoáveis. Dificuldade maior haveria caso se tratasse de variações próximas de 100%, que implicariam uma necessidade de fundamentação muito mais rigorosa. Por essa razão, cláusulas que preveem a possibilidade de prorrogação "por igual período" dificilmente podem ser interpretadas como uma espécie de prorrogação premial. Essas consistem em uma

---

geral a adoção de técnicas repressivas de conduta – tal como a aplicação de sanções pelo não atendimento de certos padrões de qualidade ou disponibilidade. [...] A adoção de técnicas repressivas pelo não atingimento de determinadas metas provoca a criação de novos custos ao concessionário – justamente em decorrência da aplicação de sanções. Já a atribuição do risco de qualidade e de disponibilidade ao prestador não cria novos custos, mas atinge a própria receita do concessionário" (SCHWIND, Rafael Wallbach. *Remuneração do concessionário*: concessões comuns e parcerias público-privadas. Belo Horizonte: Fórum, 2010. p. 238-239).

[391] Tratando da remuneração variável, Rafael Wallbach Schwind ressalta a necessidade de guardar proporcionalidade com os benefícios auferidos: "Não se trata de um agravamento nem da situação da Administração, nem da situação do particular. Trata-se, isso sim, de encontrar a justa medida entre a relevância do benefício almejado pela Administração e o montante da remuneração a ser paga ao contratado. O impacto das reais vantagens deve ser estipulado e avaliado em cada caso, a fim de que a remuneração devida seja dimensionada de modo justo. Evidentemente, mesmo em situações de remuneração variável, haverá o dever de a Administração, na engenharia contratual, buscar que a remuneração do particular seja módica. Do contrário, não será atendido o princípio da economicidade. Entretanto, essa avaliação somente pode ser feita à luz do caso concreto, tomando em conta a dimensão do risco assumido pelo contratado, as práticas de mercado e a relevância das vantagens buscadas pela Administração Pública. [...] Conforme prevê o §3º do artigo 70 do Decreto nº 7.581, o valor da remuneração variável deverá ser proporcional ao benefício a ser gerado para a Administração Pública. Ou seja, não caberá a fixação de remuneração adicional elevada se o benefício proporcionado para a Administração for insignificante. Isso significa que a Administração deverá ponderar a relevância das metas e parâmetros que justifiquem a remuneração adicional e deverá estabelecer valores proporcionais aos benefícios esperados com o seu atingimento" (SCHWIND, Rafael Wallbach. Remuneração variável e contratos de eficiência no Regime Diferenciado de Contratações Públicas (RDC). *Revista Brasileira de Direito Público – RBDP*, Belo Horizonte, ano 10, n. 36, p. 177206, jan./mar. 2012).

verdadeira premiação oferecida ao concessionário: a oportunidade de, mesmo após a amortização integral dos seus investimentos, continuar explorando o serviço, por um período limitado e curto de tempo, de modo a incrementar a sua lucratividade, como contrapartida por ter atingido metas e padrões extraordinários de qualidade, que não eram obrigatórios, mas eram desejáveis.

Saber se, no caso concreto, a cláusula prevê uma espécie de prorrogação convencional ou premial será uma questão de interpretação. O elemento essencial de distinção, a configurar a espécie premial, deve ser o estabelecimento de condições cujo implemento pelo concessionário lhe assegure fruir automaticamente um direito subjetivo à prorrogação. Já as prorrogações convencionais dependerão sempre de um juízo de conveniência e oportunidade da Administração Pública. Quando a cláusula se valer de expressões como "a critério do Poder Concedente", por exemplo, ao se referir às prorrogações, não haverá dúvida de que não é o caso de prorrogação premial.

Dificuldade maior ocorrerá nos casos em que não houver disposição expressa a respeito, havendo apenas uma autorização genérica para que o contrato seja prorrogado, indicando-se, ainda, as condições que devem ser cumpridas para que isso ocorra. Nesses casos, como já referimos anteriormente, deve-se ter em mente que a regra constitucional é a licitação. A prorrogação dependerá sempre, portanto, da demonstração de que é a alternativa mais vantajosa em relação à licitação. A interpretação da cláusula contratual que estabelece a possibilidade da prorrogação deverá ser feita sempre com esse cuidado. Para que se conclua que se trata de prorrogação premial, é preciso que essa condição decorra expressamente da redação da cláusula contratual, que não pode deixar dúvida quanto ao surgimento, para o concessionário, de um direito subjetivo à prorrogação. Em princípio, deve-se presumir que se trata de prorrogação convencional.

Também não se deve interpretar cláusulas que autorizam a prorrogação "uma única vez, por igual período", como prorrogação premial. Como se viu, as prorrogações premiais devem ter duração sensivelmente mais reduzida do que a duração original do contrato. Por se tratar de um prêmio, equivalente a uma remuneração extra, decorrente de uma performance extraordinariamente destacada. Não pode se equiparar ao prazo total previsto para a amortização dos investimentos. Também não se compatibiliza com a prorrogação premial a inclusão de novos investimentos ou qualquer outra iniciativa de reequilíbrio, que dependa de nova negociação entre as partes. O prêmio consiste exatamente em desequilibrar, propositalmente, a equação econômica do contrato,[392] em favor do concessionário. Reequilibrar o contrato em razão da ampliação do prazo é providência tipicamente vinculada às prorrogações convencionais.

Para Tércio Sampaio Ferraz Jr. e Juliano Maranhão,[393] toda prorrogação prevista contratualmente é necessariamente premial e o cumprimento dos seus requisitos criará para o concessionário um direito subjetivo em obter a extensão do prazo contratual:

> [...] uma vez prevista no contrato e especificadas suas condições, a prorrogação vincula a Administração, que somente pode recusá-la em caso de falta do concessionário ou se necessário para atender ao interesse público, a ponto de se considerar os contratos expressamente prorrogáveis como contratos com condição resolutiva cujo prazo corresponderia à soma do prazo inicial e o da prorrogação.

O caso analisado pelos autores é o dos serviços de telefonia, disciplinados pela Lei nº 9.472/97, cujo art. 99 estabelece que "o prazo máximo da concessão será de 20 (vinte) anos, prorrogável por iguais períodos, sendo necessário que a concessionária tenha cumprido as condições da concessão e as obrigações já assumidas e manifeste expresso interesse na prorrogação". Nesse sentido, admitindo-se como correta a interpretação sugerida, a cada 20 anos, desde que o contrato tenha sido adequadamente executado pelo concessionário, surgiria para ele um direito subjetivo a nova extensão do prazo concessional. Haveria, assim, um contrato por prazo indeterminado, que somente poderia ser interrompido pela inadimplência ou falta de interesse do concessionário em manter o vínculo contratual. Como já se demonstrou acima, no tópico 1.4, não se admitem no direito brasileiro contratos de concessão de serviço público por prazo indeterminável. Em algum

---

[392] Tratando de contrato que previa a remuneração variável do concessionário, o Tribunal de Contas da União afirmou no Acórdão nº 589/2004: "Nesses casos, é natural que, havendo sucesso na empreitada, a remuneração do contratado seja elevada e, eventualmente, *desproporcional* ao serviço prestado, pois o contratado assume, para si, todos os ônus do insucesso, adiantando despesas e arcando integralmente com os custos associados ao serviço, na expectativa de auferir o prêmio oferecido" (TRIBUNAL DE CONTAS DA UNIÃO. Acórdão nº 589/2004, Plenário. Rel. Min. Walton Alencar Rodrigues, processo nº 008.746/2000-4. Grifos nossos).

[393] FERRAZ JÚNIOR, Tércio Sampaio; MARANHÃO, Juliano Souza de Albuquerque. Separação estrutural entre serviços de telefonia e limites ao poder das agências para alteração de contratos de concessão. *Revista de Direito Público da Economia – RDPE*, Belo Horizonte, ano 2, n. 8, p. 197227, out./dez. 2004.

momento, será imprescindível que a Administração Pública esteja obrigada a voltar ao mercado em busca da alternativa mais vantajosa disponível. Portanto, não se pode admitir que esse momento possa ser indefinidamente adiado pela exclusiva pretensão do concessionário.

Evidentemente, caso haja interesse público devidamente justificado, o direito adquirido do concessionário à prorrogação, como um prêmio conquistado pelo atingimento das metas estipuladas no contrato, não poderá se impor como um obstáculo intransponível. Nesses casos, a Administração poderá negar a prorrogação, em decisão fundamentada. O direito subjetivo do concessionário, já adquirido, à prorrogação, no entanto, não desaparecerá. Surgirá, assim, o seu direito a ser indenizado.[394]

Por fim, deve-se mencionar que, embora referida por diversos doutrinadores, não se encontram facilmente exemplos práticos de prorrogação premial, pela qual o concessionário faça jus a uma extensão de prazo que lhe permita uma sobrerremuneração como premiação pelo atingimento de metas. Felipe Guimarães refere à Lei municipal nº 7.018/2002, do Município de Ponta Grossa/PR, que prevê hipótese de prorrogação que identifica como premial pelo fato de fazer referência ao "direito à renovação".[395] No entanto, não parece assistir razão ao autor. Além de não estabelecer metas distintas das condições normais de operação esperadas do concessionário, o prazo de prorrogação é idêntico ao da contratação original, o que não se adequa a uma natureza premial, por excessivo e irrazoável. A norma municipal, que se refere aos serviços municipais de transporte coletivo, tem a seguinte redação:

> Art. 2º Compete, ainda, ao Município diretamente, ou através de entidade de administração indireta, Fundação ou Autarquia, ou, indiretamente, através de delegação a empresa(s) privada(s) especializada(s), a execução da operação dos serviços de transporte coletivo público urbano nas áreas preferenciais de operação, sempre sob o regime de concessão, pelo prazo de 10 (dez) anos, renovável por igual período.
> Parágrafo Único. No caso de delegação do serviço de transporte coletivo urbano mediante concessão, somente terá direito à renovação do contrato, na forma deste artigo, a empresa concessionária que, cumulativamente:

---

[394] GARCIA, Flávio Amaral. *Concessões, parcerias e regulação.* São Paulo: Malheiros, 2019. p. 232.
[395] GUIMARÃES, Felipe Montenegro Viviani. *Prorrogação por interesse público das concessões de serviço público.* São Paulo: Quartier Latin, 2018. p. 69-70.

I - tiver operado as linhas objeto da concessão, durante seu prazo inicial, com índice de eficiência igual ou superior a 98% (noventa e oito por cento) da quilometragem mensal programada;
II - tiver renovado a frota operante conforme os critérios definidos nesta Lei, durante o prazo da concessão.

A expressão contida na norma, que estabelece que "somente terá direito à renovação do contrato" o concessionário que cumprir determinadas condições referidas, remete, a nosso ver, a uma espécie de prorrogação convencional, condicionada pelo contrato à constatação de que tenham sido atendidas aquelas condições estipuladas. Não atendidas essas condições não será possível prorrogar o contrato. Tanto assim que, ao julgar ação direta de inconstitucionalidade proposta em face dessa lei, assim decidiu o Tribunal de Justiça do Estado do Paraná:[396]

> [...] a generalidade e abstração do dispositivo impugnado *autorizador* da prorrogação, por prazo certo, não há que se falar em ofensa aos princípios da licitação, da impessoalidade, da igualdade, e da livre concorrência. - A *possibilidade* de prorrogar, uma única vez, o contrato de concessão de dez anos por mais dez anos, fixa um prazo limite para a concessão, inexistindo, portanto, a alegada "dominação do mercado".

Ao interpretar a lei municipal, o Tribunal de Justiça entendeu que se tratava de autorização legal para a prorrogação, que a torna possível, mas não obrigatória. Ao prever a prorrogação premial, de modo a criar para a Administração um dever legal de prorrogação do contrato, a cláusula deverá ser redigida de modo a não deixar dúvida quanto à vinculação da autoridade pública e ao direito subjetivo criado para o concessionário. Será imprescindível, ainda, indicar metas extraordinárias, que não se confundam com as condições de regularidade do serviço, as quais costumam condicionar a prorrogação convencional. Deve também determinar claramente qual a ampliação de prazo recebida como prêmio, que deverá ter proporção razoável em relação ao prazo originalmente pactuado.

Relevante, por fim, a referência a acórdão do Supremo Tribunal Federal, proferido no MS nº 34.203. Embora não tenha examinado hipótese de prorrogação premial nem tenha tratado da possibilidade de se assegurar remuneração variável ao concessionário por meio de

---

[396] TRIBUNAL DE JUSTIÇA DO PARANÁ. Órgão Especial. Acórdão nº 9571. Processo nº 484.439-9. Relator Des. Jesus Sarrão, julgado em 21.08.2009, publicado em *DJ* de 02.10.2009.

extensão do prazo do contrato, a Segunda Turma do tribunal afirmou que "é incongruente com a natureza da prorrogação contratual a ideia de sua formalização em momento antecedente ao término do contrato, como também é incongruente com sua natureza a garantia indissolúvel de sua realização já no instrumento contratual".[397] Na espécie, examinava-se pleito de prorrogação contratual de empresa do setor elétrico, em face das disposições da Lei nº 12.783/13, tendo o ministro relator afirmado expressamente em seu voto que o contrato não continha cláusula que estabelecesse direito adquirido à prorrogação e que "ao contrário, a margem à decisão administrativa quanto ao ponto restou expressamente consignada na lei e no próprio contrato". De todo modo, é de se atentar para o adiantamento de uma posição que pode ser vista como contrária à constitucionalidade de uma prorrogação premial.

Deve-se reconhecer, a esse respeito, que, para que seja possível, a prorrogação premial deve ser expressamente *autorizada em lei*, como ocorre atualmente com a remuneração variável. Apenas a lei poderá autorizar a subversão da regra de amortização, com a finalidade de autorizar a instituição de um prêmio para o contratado. De se notar, ainda, que a prorrogação premial não poderá levar o período contratual total a exceder o seu limite máximo, de que se cuidou no tópico 2.1.1 acima, ou seja, não poderá levar a contratação a exceder o *limite consistente na soma do período original, com todos os períodos de prorrogação autorizados contratualmente*.

2.2.2 Extraordinárias

2.2.2.1 Para fins de reequilíbrio

As prorrogações para fins de reequilíbrio são aquelas acordadas pelas partes para corrigir um desequilíbrio contratual anteriormente causado. Para que se caracterize essa modalidade, é necessário que o fator desequilibrante seja imprevisível para ambas as partes. A prorrogação é, portanto, um instrumento de que se pode lançar mão *a posteriori* para corrigir os efeitos causados por um problema já ocorrido e detectado. Situação muito semelhante, mas distinta, ocorre naqueles casos em que, no curso da execução do contrato, o Poder Concedente pretende promover alterações contratuais essenciais e, como meio de

---

[397] SUPREMO TRIBUNAL FEDERAL. Segunda Turma. RMS 34203. Rel. Min. Dias Toffoli, julgado em 21.11.2017, *DJe*-053 divulgado em 19.03.2018 e publicado em 20.03.2018.

compensar o concessionário pelos efeitos que essas alterações lhe causarão, negocia previamente um aditivo de prorrogação, que incorporará tanto as alterações criadoras de encargos extras para o concessionário, como a ampliação do prazo original, que servirá como compensação. Esses são os casos de prorrogação antecipada, dos quais se cuidará no capítulo seguinte.

Tanto a prorrogação para fins de reequilíbrio como a prorrogação antecipada são classificadas como prorrogações extraordinárias, juntamente com os casos de prorrogação por emergência, pois, quando da formulação contratual original não se esperava que ocorressem. A classe das prorrogações extraordinárias reúne aquelas espécies de prorrogação que só ocorrem porque algo imprevisto aconteceu, alguma coisa não saiu como se esperava e, então, se lança mão da prorrogação para corrigir um problema detectado.

Em princípio, as alterações unilaterais do contrato impostas ao concessionário não devem ser compensadas pela prorrogação para fins de reequilíbrio. As razões para isso são claras. Se, diante da constatação da necessidade de alteração do contrato, o Poder Concedente logra negociar um acordo com o concessionário, que envolva a prorrogação do prazo, estar-se-á diante de exemplo de prorrogação antecipada, de que se cuidará a seguir. Se não for possível chegar a um acordo entre as partes, não restará alternativa à Administração que não impor unilateralmente as alterações reputadas como essenciais. Nesse caso, não tendo sido possível o consenso prévio – que resultaria na prorrogação antecipada – para o uso da prorrogação como forma de compensação dos novos encargos introduzidos no contrato, será necessário buscar outros instrumentos de reequilíbrio contratual, já que a prorrogação, como se viu, sempre dependerá da vontade do concessionário. Não pode, portanto, ser-lhe imposta pela Administração Pública.

A prorrogação de que se cuidará a partir de agora é aquela para fins de reequilíbrio da equação econômico-financeira do contrato que, em geral, se destina a corrigir distorções que tenham sido geradas por eventos alheios à vontade de ambas as partes, imprevisíveis ou de consequências incalculáveis. Pode-se admitir também que essa modalidade se destine a corrigir distorções causadas por atos ilícitos cometidos pelo poder público – que posteriormente venha a reconhecer tal ilicitude –, também chamados de fato da Administração[398] ou por

---

[398] Para Maria Sylvia Di Pietro, "o fato da Administração compreende qualquer conduta ou comportamento da Administração que, como parte contratual, pode tornar impossível a execução do contrato ou provocar seu desequilíbrio econômico. [...] o que caracteriza

atos enquadráveis como fato do príncipe,[399] quando o Estado não age na qualidade de contratante, mas acaba interferindo no equilíbrio do contrato. Não se admite sua aplicação apenas em relação às modificações unilaterais do contrato, pelas razões já expostas.

Tem sido admitido largamente no Brasil, e mundo afora, que a ampliação do prazo contratual sirva como compensação oferecida ao concessionário nesses casos. Desde que o Conselho de Estado francês julgou o caso *Compagnie générale française des tramways*,[400] em 1910, não há dúvida de que o equilíbrio econômico-financeiro das concessões de

---

efetivamente o fato da Administração [...] é a irregularidade do comportamento do Poder Público" (DI PIETRO, Maria Sylvia Zanella. *Direito administrativo*. 36. ed. 2. reimpr. Rio de Janeiro: Forense, 2024. p. 319). Marçal Justen Filho rejeita a denominação, pois, ao tratar como fato da Administração haveria a suposição de se tratar de um ato (derivado da vontade humana), levando a que se pretenda esquivas das responsabilidades inerentes à conduta ilícita. Em suas palavras: "Difundiu-se a expressão fato da Administração para indicar as hipóteses de inadimplemento pela entidade estatal às obrigações assumidas contratualmente. [...] O inadimplemento da Administração gera a quebra da equação econômico-financeira, mas se subordina a tratamento jurídico próprio que, usualmente, impõe a indenização por perdas e danos. Na maior parte dos casos, no entanto, o particular prefere a adoção do equilíbrio econômico-financeiro por ser solução mais simples e prática" (JUSTEN FILHO, Marçal. *Curso de direito administrativo*. 14. ed. 2. reimpr. Rio de Janeiro: Forense, 2023. p. 839-840).

[399] Adota-se aqui o conceito de fato do príncipe que o distingue das alterações unilaterais do contrato. Segundo Di Pietro, são "as medidas de ordem geral, não relacionadas diretamente com o contrato, mas que nele repercutem, provocando desequilíbrio econômico-financeiro em detrimento do contratado" (DI PIETRO, Maria Sylvia Zanella. *Direito administrativo*. 36. ed. 2. reimpr. Rio de Janeiro: Forense, 2024. p. 319). Segundo José dos Santos Carvalho Filho, "o fato do príncipe se caracteriza por ser imprevisível, extracontratual e extraordinário, provocando neste último caso funda alteração na equação econômico-financeira do contrato" (CARVALHO FILHO, José dos Santos. *Manual de direito administrativo*. 28. ed. São Paulo: Atlas, 2015. p. 216). Referindo à tradição da doutrina francesa, Marçal Justen Filho aponta que "o fato do príncipe se verifica quando a execução do contrato é onerada por medida proveniente da autoridade pública contratante, mas que exercita esse poder em um campo de competência estranho ao contrato" (JUSTEN FILHO, Marçal. *Curso de direito administrativo*. 14. ed. 2. reimpr. Rio de Janeiro: Forense, 2023. p. 829). Diogo Figueiredo Moreira Neto afirma que, por fato do príncipe, "entende-se qualquer medida de ordem geral que parta do Estado, sem que vise especificamente à relação contratual, mas que produza reflexos sobre um contrato administrativo, dificultando ou impedindo a sua execução" (MOREIRA NETO, Diogo de Figueiredo. *Curso de direito administrativo*. 16. ed. Rio de Janeiro: Forense, 2014. p. 189).

[400] CONSELHO DE ESTADO (França). *Caso Compagnie générale française des tramways, nº 16178, julgado em 11 de março de 1910 e publicado no recueil Lebon*. L'État ayant concédé une ligne de tramways, le préfet tient-il de l'article 33 du règlement d'administration publique du 6 août 1881 le droit de prendre un arrêté imposant à la Compagnie concessionnaire, en ce qui touche le nombre et les heures de départ des trains, un service différent de celui qui avait été prévu par le cahier des charges ? - Rés. aff. - sauf la faculté pour la Compagnie de demander une indemnité en réparation du préjudice qui lui aurait été causé par une aggravation ainsi apportée aux charges de l'exploitation. Disponível em: https://www.legifrance.gouv.fr/affichJuriAdmin.do?idTexte=CETATEXT000007635472. Acesso em: 17 nov. 2019.

serviço público deve ser preservado e é dever da Administração Pública garantir sua preservação, mesmo porque, como recorda Alexandre Aragão, tal garantia serve a dois propósitos principais:[401]

> No primeiro caso, a proteção do equilíbrio econômico-financeiro é um contrapeso às prerrogativas exorbitantes da Administração Pública na gestão dos contratos de que seja parte. No segundo, a proteção não existe para resguardar imediatamente o concessionário, mas sim a continuidade do serviço público e o interesse público atendido pelo contrato.

Como menciona Bernardo Strobel Guimarães, "a remuneração do empresário é elemento que transcende o interesse patrimonial privado", pois "passa a ser o meio de satisfação concreta do interesse público".[402] No Brasil, o primeiro precedente do Supremo Tribunal Federal de que se tem notícia a esse respeito é o RMS nº 1.835.[403] Tratava-se da concessão para o funcionamento de um parque de diversões na Quinta da Boa Vista, que teve que ser removido, em razão da necessidade de transferência do Jardim Zoológico para o local que antes ocupava. Houve acordo entre a Prefeitura e o concessionário, que assumiu integralmente as despesas da mudança de endereço, recebendo, "como indenização dessas despesas", uma prorrogação de três anos do seu contrato.

Importante considerar que a recomposição do equilíbrio contratual não é tarefa trivial. É necessário levar em consideração uma série de variáveis e circunstâncias de fato, além de identificar adequadamente qual das partes deve suportar os efeitos de cada tipo de acontecimento, segundo os critérios estabelecidos na matriz de risco contratual, que pode ser mais ou menos detalhada. Caso não tenha sido instituída expressamente uma matriz de risco, deverá haver um esforço adicional de interpretação das cláusulas contratuais para identificar quais riscos se podem atribuir a cada uma das partes. A busca pelo reequilíbrio do contrato passa, muitas vezes, portanto, por decisões

---

[401] ARAGÃO, Alexandre Santos de. Revisão tarifária substitutiva da modelagem econômica licitada. *In*: MOREIRA, Egon Bockmann (Coord.). *Contratos administrativos, equilíbrio econômico-financeiro e a taxa interna de retorno*. Belo Horizonte: Fórum, 2016. p. 29.

[402] GUIMARÃES, Bernardo Strobel. O prazo nas concessões e as normas que estipulam vigência máxima do vínculo: algumas inquietações. *In*: MOREIRA, Egon Bockmann (Coord.). *Contratos administrativos, equilíbrio econômico-financeiro e a taxa interna de retorno*. Belo Horizonte: Fórum, 2016. p. 47.

[403] SUPREMO TRIBUNAL FEDERAL. Tribunal Pleno. RMS 1835. Rel. Min. Mário Guimarães, julgado em 26.11.1952, *DJ* de 24.09.1953, p. 33.

menos objetivas do que seria desejável, a ponto de já se ter dito que é atividade que se assemelha mais a uma arte que a uma ciência.[404] Esse não é, no entanto, o objeto de nossas investigações neste ponto e vamos nos limitar, por ora, a admitir que a manutenção do equilíbrio contratual é um direito que pode ser exercido por ambas as partes.

Desequilibrada a equação econômico-financeira do contrato, por fator cujo risco não tenha sido assumido pelo concessionário, não há dúvida de que fará jus a uma revisão das condições contratuais, de modo que seja corrigido o desequilíbrio identificado. Há várias alternativas, no entanto, pelas quais se pode proceder à revisão das condições contratuais, de modo a recobrar o seu equilíbrio econômico-financeiro. Entre elas, pode-se referir a:[405] (i) revisão tarifária, com elevação ou redução das tarifas cobradas do usuário pela prestação do serviço; (ii) revisão da estrutura de receitas, com a autorização ou exclusão da possibilidade de cobrança de novas receitas acessórias, alternativas ou complementares ou, ainda, pela alteração dos percentuais atribuídos à modicidade tarifária; (iii) alteração das obrigações contratuais existentes, especialmente quanto aos investimentos atribuídos ao concessionário ou ao Poder Concedente; (iv) introdução, supressão ou alteração de obrigações contratuais relativas ao pagamento eventualmente devido pelo concessionário pela outorga do serviço; (v) introdução, supressão

---

[404] "Even apart from the political context, the process of price control has proved to be much less straightforward than originally envisaged. Setting price controls is more an art than a science, and has involved the evaluation of widely different arguments from the various parties involved, a far more procedurally complex process than anticipated" (PROSSER. Theorising utility regulation. *The Modern Law Review*, v. 62, n. 2, mar. 1999. p. 198).

[405] Ver a esse respeito: PRADO, Lucas Navarro; PINHEIRO, Luís Felipe Valerim. O tempo nas concessões de infraestrutura: prazo de vigência de sua prorrogação. *In*: MARCATO, Fernando S.; PINTO JR., Mario Engler (Coord.). *Direito da Infraestrutura*. São Paulo: Saraiva, 2017. v. 1. p. 434; TORGAL, Lino. Prorrogação do prazo de concessões de obras e de serviços públicos. *Revista de Contratos Públicos*, Coimbra, v. 1, p. 219-263, jan./abr. 2011. p. 252; MELLO, Rafael Munhoz de. Prorrogação de concessão de serviço público. *Revista de Direito Público da Economia – RDPE*, Belo Horizonte, ano 12, n. 46, p. 207-222, abr./jun. 2014. p. 215-216; OLIVEIRA, Rafael Carvalho Rezende; FREITAS, Rafael Véras de. A prorrogação dos contratos de concessão de aeroportos. *Interesse Público – IP*, Belo Horizonte, ano 17, n. 93, p. 145-162, set./out. 2015. p. 154; SANTOS, Rodrigo Valgas dos. Concessão de serviço público: a prorrogação do prazo de exploração para recomposição do equilíbrio econômico-financeiro do contrato. *Interesse Público – IP*, Belo Horizonte, n. 38, ano 8, jul./ago. 2006; CANTO, Mariana Dall'Agnol; GUZELA, Rafaella Peçanha. Prorrogações contratuais em contratos de concessão. *In*: MOREIRA, Egon Bockmann (Coord.). *Contratos administrativos, equilíbrio econômico-financeiro e a taxa interna de retorno*. Belo Horizonte: Fórum, 2016. p. 211 e SENNA, Laís Ribeiro de. *Alteração de prazo dos contratos de concessão de serviços públicos como forma de recomposição de seu equilíbrio econômico-financeiro*. 2018. Dissertação (Mestrado em Direito Administrativo) – Pontifícia Universidade Católica de São Paulo – PUC-SP, São Paulo, 2018. p. 80.

ou alteração de subsídios, indenizações ou outras contraprestações pecuniárias devidas pelo Poder Concedente, especialmente, mas não apenas, no caso das parcerias público-privadas e também (vi) a prorrogação do contrato.

Questão extremamente relevante está em saber se as prorrogações de prazo que têm como objetivo recobrar um equilíbrio contratual perdido – em decorrência de alterações em outras variáveis de sua equação econômico-financeira – devem ou não estar submetidas a um *regime jurídico distinto* do aplicável às prorrogações ordinárias. Alguns autores, que fazem a distinção, preferem, inclusive, o uso de outras expressões para designar esse instituto, de modo a deixar clara a sua diferenciação em relação às prorrogações em geral, valendo-se de designativos como extensão de prazo para fins de reequilíbrio, ampliação corretiva do prazo, entre outras.

A mera utilização de uma designação diferente, contudo, não tem o condão de alterar a natureza do instituto. É preciso, portanto, perquirir se há, de fato, alguma diferença ontológica entre os institutos que pudesse justificar um tratamento jurídico distinto, mesmo sem que a lei ou o contrato o tenha estabelecido. Como se sabe, diversas razões distintas podem justificar a prorrogação do prazo: razões variadas de interesse público, a intenção de estimular performance excepcionalmente elevada pela estipulação de prêmios, a necessidade de acrescentar investimentos não previstos antes do término do prazo ajustado ou uma emergência que impõe a continuidade da relação contratual para evitar que o serviço seja interrompido.

A prolongação do prazo como forma de revisão do contrato, para reequilibrá-lo, é apenas mais uma razão que, não parece, em absoluto, justificar que seja tratada como uma categoria distinta das prorrogações em geral, como ocorre, por exemplo, em relação à distinção frequentemente estabelecida entre prorrogação e renovação do prazo de contratos administrativos. Neste caso, ao contrário daquele, a distinção parece mais adequada, já que, enquanto a prorrogação consiste em mera alteração do prazo de um vínculo contratual preexistente, a renovação permite uma completa transformação das demais condições contratadas, reproduzindo-se apenas o objeto, já que se inaugura um vínculo contratual novo.[406]

---

[406] Segundo Pedro Gonçalves, "a prorrogação do contrato de concessão consiste no prolongamento da sua vigência, que determina o protelamento do termo de concessão [...] Diferentemente da prorrogação é a renovação do contrato de concessão, que se traduz numa alteração (de cláusulas) do contrato inicialmente celebrado, que pode incluir alterações

A *renovação* é, portanto, resultado de uma *nova contratação* – precedida, consequentemente, de *licitação* –, tendo o contrato novo o mesmo objeto do anterior. As partes poderão também ser as mesmas se o contratante antigo vencer a nova licitação, mas as condições contratuais e, especialmente, o equilíbrio econômico-financeiro, serão estabelecidos pela nova contratação. Nas prorrogações pode ser possível a alteração de outras variáveis da equação econômico-financeira, além do prazo, mas o seu equilíbrio deve ser mantido como originalmente pactuado.

Encerrado definitivamente o prazo do contrato, ele poderá ser renovado, caso a Administração Pública tenha interesse em continuar contratando o mesmo objeto. Segundo o ordenamento jurídico brasileiro, no entanto – especialmente no que se refere aos contratos de concessão ou permissão de serviço público, por força do disposto no art. 175 da Constituição –, a renovação será sempre dependente de uma nova licitação.[407] Já a prorrogação permite, excepcionalmente, que,

---

das cláusulas relativas ao prazo de vigência" (GONÇALVES, Pedro António P. Costa. *A concessão de serviços públicos*. Coimbra: Almedina, 1999. p. 328). No direito brasileiro, Hely Lopes Meirelles sempre defendeu essa distinção, afirmando que "prorrogação do contrato é o prolongamento de sua vigência além do prazo inicial, com o mesmo contratado e nas mesmas condições anteriores [...] renovação do contrato é a inovação no todo ou em parte do ajuste, mantido, porém, seu objeto inicial" (MEIRELLES, Hely Lopes. *Direito administrativo brasileiro*. 34. ed. São Paulo: Malheiros, 2008. p. 237). Tendo em vista se tratar de um conceito doutrinário, são encontradiças definições diversas. Pode-se referir, ao propósito, ao conceito oferecido por Lucas Navarro Prado e Luís Felipe Valerim Pinheiro, para quem "embora não haja uma definição legal, a prorrogação é usualmente entendida como a extensão do prazo da concessão por período inferior ao originalmente estabelecido. Já a renovação costuma indicar que a vigência do contrato será acrescida de igual período ao originalmente estabelecido" (PRADO, Lucas Navarro; PINHEIRO, Luís Felipe Valerim. O tempo nas concessões de infraestrutura: prazo de vigência de sua prorrogação. *In*: MARCATO, Fernando S.; PINTO JR., Mario Engler (Coord.). *Direito da Infraestrutura*. São Paulo: Saraiva, 2017. v. 1. p. 413-414). Tendo em vista, no entanto, a prática reiterada no Brasil de cláusulas contratuais que permitem a prorrogação dos contratos de concessão "uma única vez, por igual período", não parece que a distinção proposta pelos autores se adeque à realidade brasileira. Optaremos, portanto, por tratar como renovação a licitação para uma nova contratação, com o mesmo objeto do contrato a ser extinto.

[407] Ao contrário da redação do inc. XXI do art. 37 que, ao estabelecer a licitação como a regra geral para todas as contratações públicas, ressalva expressamente "os casos especificados na legislação"; o art. 175 não contém ressalva semelhante e impõe sempre a realização prévia de licitação para a constituição de novos vínculos contratuais de concessão ou permissão de serviço público. Há, no entanto, diversas e abalizadas opiniões em contrário, sustentando a possibilidade de se valer das hipóteses autorizadoras da dispensa de licitação, assim como do reconhecimento de sua inexigibilidade, nos termos da Lei nº 14.133/2021 (ou, anteriormente, da Lei nº 8.666/93), que seria subsidiariamente aplicável, nesse aspecto, aos contratos de concessão ou permissão de serviço de serviço público. *Vide*, a esse respeito, a doutrina de: SOUTO, Marcos Juruena Villela. *Direito administrativo das concessões*: concessões, terceirizações, convênios, consórcios e acordos – Outras formas de gestão associada. 5. ed. Rio de Janeiro: Lumen Juris, 2004. p. 46; JUSTEN FILHO, Marçal. *Teoria geral das concessões de serviço público*. São Paulo: Dialética, 2003. p. 284; MOREIRA NETO, Diogo de Figueiredo. Das normas de transição nas concessões de serviços públicos

sem que se faça necessária nova licitação, o prazo possa ser estendido, mantendo-se o mesmo objeto, as mesmas partes e a mesma relação de equilíbrio econômico-financeiro. Assim, ainda que o aditivo contratual preveja outras alterações, como exemplo, o acréscimo de novos investimentos, tais alterações só serão admissíveis se também o fossem no curso do período da execução contratual ordinária. Caso sejam possíveis no curso do prazo contratual, não há razão pela qual interditá-las no momento da sua prorrogação.[408] A equação econômico-financeira, no entanto, deve se manter pautada pela mesma relação de equilíbrio. Essa só poderá ser alterada com a celebração de um novo contrato.

Como refere Lino Torgal, "a prorrogação equivale à ampliação, por um certo período, do prazo de validade do título originário".[409] Já a renovação implica necessariamente a constituição de um novo título,[410] que compartilhará com o anterior o mesmo objeto, podendo compartilhar também as mesmas partes, caso o resultado da nova licitação leve a esse resultado. Deste modo, no que se refere aos serviços públicos, deve-se admitir como renovação a outorga de novos títulos que terão o mesmo objeto, mas condições que poderão ser completamente distintas (ou seja, nova equação econômico-financeira).[411]

---

de transporte coletivos urbanos (um estudo de caso). *Revista de Direito da Associação dos Procuradores do Novo Estado do Rio de Janeiro*, Rio de Janeiro, v. IX, 2002. p. 110 e OLIVEIRA, Rafael Carvalho Rezende. Extinção dos contratos de parcerias público-privadas (PPPs). *Revista Brasileira de Direito Público – RBDP*, Belo Horizonte, ano 17, n. 66, p. 87-111, jul./set. 2019. Nossa respeitosa discordância quanto a essa linha de argumentação será exposta a seguir, no tópico 2.2.2.3, quando tratarmos dos contratos de concessão realizados sem licitação em razão de uma situação emergencial.

[408] A *Ley* 9/2017, que regula as contratações do setor público na Espanha, traz esse conceito expresso no texto da norma veiculada pelo art. 29, apartado 2: "El contrato podrá prever una o varias próriogas siempre que sus características permanezcan inalterables durante el período de duración de estas, sin perjuicio de las modificaciones que se puedan introducir de conformidad con lo establecido en los artículos 203 a 207 de la presente Ley" (ESPANHA. Legislação. *Ley 9/2017, de 8 de novembro de 2017*. Ley de Contratos del Sector Público. Disponível em: https://www.boe.es/buscar/pdf/2017/BOE-A-2017-12902-consolidado.pdf. Acesso em: 18 nov. 2019).

[409] TORGAL, Lino. Prorrogação do prazo de concessões de obras e de serviços públicos. *Revista de Contratos Públicos*, Coimbra, v. 1, p. 219-263, jan./abr. 2011. p. 222.

[410] Segundo Lino Torgal, "corresponde à outorga de um novo título jurídico ao mesmo sujeito, com o mesmo objeto e, em princípio, com as mesmas condições do título anterior ou semelhantes. A renovação equivalerá, assim, segundo tal entendimento, à reconstituição, no termo do prazo, e em moldes idênticos ou próximos, do vínculo contratual originário – e não, como sucede na prorrogação, à sua mera modificação, decidida naquele momento ou antes, protraindo a vigência do mesmo contrato por um período superior ao primitivamente definido" (TORGAL, Lino. Prorrogação do prazo de concessões de obras e de serviços públicos. *Revista de Contratos Públicos*, Coimbra, v. 1, p. 219-263, jan./abr. 2011. p. 222-223).

[411] A esse respeito, deve-se observar que o conceito de renovação é exclusivamente doutrinário. Ao contrário da prorrogação, expressamente prevista no texto constitucional e em

De volta ao tema deste capítulo, deve-se concluir que, ao contrário do que ocorre com os conceitos de prorrogação e renovação – que consistem efetivamente em fenômenos jurídicos distintos –, não se encontram razões para atribuir à prorrogação para fins de reequilíbrio um regime jurídico distinto do aplicável às prorrogações em geral. Seja naqueles casos que tratamos aqui como prorrogação ordinária, como nos casos que classificamos como de prorrogação extraordinária, haverá uma extensão do prazo – e eventual alteração de outras variáveis da equação contratual –, mantendo-se, contudo, os mesmos objeto e equilíbrio econômico-financeiro originalmente pactuados. O vínculo original não se desfaz, nem se renova. É simplesmente prolongado.

Deve-se reconhecer, todavia, que grande parte da doutrina nacional faz essa distinção entre os institutos da prorrogação e eventual extensão de prazo para fins de reequilíbrio, já consignada, inclusive em julgado do Superior Tribunal de Justiça.[412] Apesar das inúmeras e respeitáveis opiniões em contrário,[413] não nos afigura haver

---

diversas leis ordinárias, com significado uniforme, o uso do termo "renovação" na legislação não permite a identificação de um regime jurídico específico. Por exemplo, o texto constitucional, no art. 223, refere a possibilidade de renovar as concessões, permissões e autorizações para os serviços públicos de radiodifusão sonora e de sons e imagens, estabelecendo em seu §2º que depende de prévia aprovação do Congresso Nacional, com quórum mínimo de dois quintos, a recusa da Administração Pública em renová-las. Ao que parece, tendo em vista a importância desses serviços para assegurar a liberdade de imprensa e consequentemente a liberdade de expressão e acesso à informação, o constituinte quis proteger os veículos de rádio e televisão, retirando da Administração Pública o poder de cassar essas concessões, exigindo uma prévia apreciação pelo Congresso. Claramente, o uso do termo "renovação" aqui, nada tem a ver com o conceito ora utilizado, de instituição de um novo vínculo contratual com uma nova equação econômico-financeira, mesmo porque, como já se afirmou no tópico 1.4.2, nesse caso nem há que se cogitar de equação econômico-financeira do contrato, uma vez que não há cobrança de tarifa dos usuários e a principal fonte de faturamento advém de receitas alternativas (publicidade veiculada nos intervalos da programação regular).

[412] No caso examinado pelo tribunal, entendeu-se que a matéria envolvia fato e não poderia ser apreciada em sede de recurso especial, destacando-se que, "o Tribunal de origem, com base no exame dos elementos fáticos dos autos, consignou que 'não ficou efetivamente comprovada a ilegalidade e a lesividade apontada pelos autores'", pois "Segundo o aresto recorrido, 'não houve uma prorrogação contratual, mas sim a dilatação do prazo em virtude do restabelecimento do equilíbrio econômico-financeiro, que de fato, como bem salientou a ré Transporte Coletivo Grande Bauru Ltda., [...] possui natureza jurídica diversa da prorrogação'" (SUPERIOR TRIBUNAL DE JUSTIÇA. Segunda Turma. AgInt no AREsp 1320094/SP. Rel. Min. Assusete Magalhães, julgado em 28.03.2019, DJe 04.04.2019).

[413] Floriano Azevedo Marques afirma que "prorrogação não se confunde com a extensão do prazo para fins de reequilíbrio, nem com a devolução do prazo de delegação diante de situações que tenham impedido a regular fluência do prazo original" (MARQUES NETO, Floriano de Azevedo. Concessões. 1. ed. Belo Horizonte: Fórum, 2015. p. 168). Para Lucas Navarro Prado e Luís Felipe Valerim, "[...] as extensões de prazo contratual operadas em virtude de reequilíbrio econômico-financeiro pela materialização de riscos imputáveis ao

qualquer distinção ontológica em sua natureza, que possa justificar um tratamento jurídico específico. As razões que podem levar à prorrogação dos contratos de concessão de serviço público são variadas. O seu reequilíbrio é apenas mais uma dessas razões.

Resta, então, examinar quais os motivos que têm sido apresentados para justificar a necessidade de atribuir tratamentos jurídicos distintos nesses casos. Um dos principais autores a defender a necessidade dessa distinção é Floriano Azevedo Marques,[414] que desenvolve a sua argumentação, apontando as diferenças que caracterizam cada um dos fenômenos. Ressalta que a prorrogação

---

Poder Concedente são autônomas em relação às prorrogações para a extensão da relação entre poder Concedente e concessionário ou para a renovação das obrigações da concessão" (PRADO, Lucas Navarro; PINHEIRO, Luís Felipe Valerim. O tempo nas concessões de infraestrutura: prazo de vigência de sua prorrogação. *In*: MARCATO, Fernando S.; PINTO JR., Mario Engler (Coord.). *Direito da Infraestrutura*. São Paulo: Saraiva, 2017. v. 1. p. 434). No mesmo sentido: BANDEIRA DE MELLO, Celso Antônio. Parecer quanto à prorrogação do prazo da concessão para fins de reequilíbrio econômico-financeiro do contrato. *In*: CARVALHO, André Castro (Org.). *Contratos de concessão de rodovias*: artigos, decisões e pareceres jurídicos. São Paulo: MP, 2009. Mariana Dall'Agnol Canto e Rafaella Guzela apontam a existência de prorrogações ordinárias e extraordinárias, que encerrariam institutos diversos: "Ainda que ambos versem sobre a dilação do prazo contratualmente definido, tais prorrogações apresentam racionalidade distinta e são tuteladas por preceitos normativos diversos, com ratio dissemelhantes. São, portanto, institutos diferentes: prorrogações ordinárias e prorrogações extraordinárias não se confundem" (CANTO, Mariana Dall'Agnol; GUZELA, Rafaella Peçanha. Prorrogações contratuais em contratos de concessão. *In*: MOREIRA, Egon Bockmann (Coord.). *Contratos administrativos, equilíbrio econômico-financeiro e a taxa interna de retorno*. Belo Horizonte: Fórum, 2016. p. 212). Em dissertação dedicada ao tema, Laís Senna indica que, exclusivamente para fins didáticos, classifica "como prorrogação em sentido estrito aquela realizada por conveniência e oportunidade, como prerrogativa da Administração Pública e como extensão de prazo a prorrogação cuja finalidade seja exclusivamente a recomposição do equilíbrio econômico-financeiro desses contratos de concessão" (SENNA, Laís Ribeiro de. *Alteração de prazo dos contratos de concessão de serviços públicos como forma de recomposição de seu equilíbrio econômico-financeiro*. 2018. Dissertação (Mestrado em Direito Administrativo) – Pontifícia Universidade Católica de São Paulo – PUC-SP, São Paulo, 2018. p. 18). Bernardo Strobel Guimarães também reconhece a distinção, mas, curiosamente, inverte a designação usual e chama prorrogação aquela destinada ao reequilíbrio do contrato e renovação, a ordinária, por interesse público: "[...] o regime das prorrogações inerentes ao reequilíbrio do contrato não equivale àquele inerente à renovação, prevista pelo próprio instrumento" (GUIMARÃES, Bernardo Strobel. O prazo nas concessões e as normas que estipulam vigência máxima do vínculo: algumas inquietações. *In*: MOREIRA, Egon Bockmann (Coord.). *Contratos administrativos, equilíbrio econômico-financeiro e a taxa interna de retorno*. Belo Horizonte: Fórum, 2016. p. 54).

[414] MARQUES NETO, Floriano de Azevedo. *Concessões*. 1. ed. Belo Horizonte: Fórum, 2015. p. 167-168. Citando expressamente Floriano Azevedo Marques, Mariana Dall'Agnol e Rafaella Guzela também reconhecem os institutos como distintos e investidos um em relação ao outro. *Vide*: CANTO, Mariana Dall'Agnol; GUZELA, Rafaella Peçanha. Prorrogações contratuais em contratos de concessão. *In*: MOREIRA, Egon Bockmann (Coord.). *Contratos administrativos, equilíbrio econômico-financeiro e a taxa interna de retorno*. Belo Horizonte: Fórum, 2016. p. 214.

(ordinária) "é, em si, um fator de desequilíbrio contratual, e não de reequilíbrio"; ao passo que a "extensão de prazo para fins de reequilíbrio é o inverso da prorrogação", já que funciona como um mecanismo de "reposição do equilíbrio original". Sustenta o autor que a prorrogação, ao permitir o prosseguimento na exploração da utilidade concedida, por um prazo superior ao originalmente previsto, "acarreta a necessidade de novos dispêndios [...], mas também o alargamento do seu potencial de ganhos". Por isso, é "adequado que a prorrogação coincida com uma recomposição do equilíbrio econômico-financeiro inicial, incluindo novos aportes, incrementando obrigações ou exigindo contrapartidas". Já a extensão de prazo para fins de reequilíbrio seria uma reação posterior a um fator de desequilíbrio constatado. Sua função seria corrigir esse desequilíbrio indesejado, razão pela qual vários autores a denominam prorrogação ou extensão de prazo corretora ou corretiva.

Deve-se reconhecer, no entanto, que a prorrogação pode ser tanto um fator de desequilíbrio, como de reequilíbrio da equação econômico-financeira. Tendo em vista que o prazo é uma variável relevante da equação, como ficou claro no tópico 1.4.1 acima, sua alteração sempre importará na modificação do seu equilíbrio. Não nos parece, contudo, que se deva extrair dessas circunstâncias a conclusão de que haja uma natureza diversa entre a prorrogação que aqui chamamos de convencional e as extensões de prazo para fins de reequilíbrio, que incluímos entre as prorrogações extraordinárias. Juntamente com o prazo, há diversas outras variáveis que fazem parte da equação contratual, como exemplo, o volume de investimentos, a tarifa cobrada dos usuários, a demanda pelo serviço, o valor de eventual pagamento devido ao Poder Concedente em decorrência da outorga, as receitas acessórias, alternativas, complementares ou decorrentes de projetos associados, os variados custos etc.

Quando o contrato é prorrogado, a variável de prazo sofre uma alteração, que consequentemente modificará o resultado final da equação. Na verdade, sempre que qualquer uma das variáveis da equação sofrer uma alteração, que não possa ser revertida; a única forma de manter a sua neutralidade – ou seja, manter o resultado final da equação – será encontrar alguma outra variável que possa ser modificada, de forma a proporcionar uma compensação. A tabela a seguir ilustra, de modo extremamente simplificado, essa operação matemática:

Equação original	Equação desequilibrada	Equação reequilibrada
A + B − C = 0	A + B − C = 1	A + B − C = 0
A = 4	A = 4	A = 4
B = 1	B = 2	B = 2
C = 5	C = 5	C = 6

Quando o elemento B da equação foi alterado, passado do valor "1" para o valor "2", a sua variação implicou a modificação do resultado final. A equação original restou, portanto, desequilibrada em relação ao pacto original. Para recobrar o seu equilíbrio foi necessário, então, alterar outra variável, de modo a compensar a modificação sofrida pelo elemento B. A opção ilustrada acima foi a alteração do elemento C, cujo valor passou de "5" para "6", o que fez com que o resultado final da equação voltasse a zero, recobrando assim o equilíbrio original.

Embora em um contexto muito mais complexo, é basicamente isso o que ocorre com as equações econômico-financeiras dos contratos de concessão de serviço público. Assim, se a variável de "demanda" for alterada em seu desfavor, tendo esse risco sido atribuído ao Poder Concedente, o concessionário terá direito ao reequilíbrio da equação econômico-financeira, que deverá ser obtido pela alteração de alguma outra variável da equação, como exemplo, a tarifa ou o prazo. Um dos mecanismos disponíveis para reequilibrar o contrato, portanto, será a extensão do prazo (ou a sua prorrogação, que aqui classificamos entre as extraordinárias), caso seja obtido o consenso entre as partes para tanto.

Por outro lado, é possível que a alteração original, a gerar o desequilíbrio, seja a própria alteração do prazo, em razão, por exemplo, do deferimento, pelo Poder Concedente, de um pleito de prorrogação convencional apresentado pelo concessionário. Nesse caso, para recobrar o equilíbrio originalmente pactuado, será necessário buscar alguma outra variável cuja alteração possa compensar a modificação do prazo. Será possível, então, por exemplo, alterar a variável "investimentos a cargo do concessionário" para obter tal efeito.

Como se vê, a equação econômico-financeira não é imutável. Ela é constituída por uma série de elementos, ditados pelas cláusulas contratuais, alguns dos quais variáveis. A fixação original dessas variáveis pela licitação cria um equilíbrio para essa equação e é esse equilíbrio que deverá ser preservado ao longo de todo o período da contratação.

As variáveis podem ser alteradas ao longo do tempo, o que ocorre com certa frequência nos contratos de concessão. Isso modificará, contudo, o equilíbrio original, o que deverá acarretar, portanto, a modificação compensatória de outras variáveis, de modo a recobrar o equilíbrio perdido.

No primeiro caso, uma alteração inesperada na "demanda" causou o desequilíbrio, tendo sido o aumento do prazo a forma encontrada para reequilibrar a equação. No segundo caso, foi a ampliação do prazo que desequilibrou o contrato, e a forma de reequilibrá-lo foi ampliar os investimentos a cargo do concessionário.

Em princípio, não nos parece que o fato de a alteração do prazo ser o elemento desequilibrador, que impõe a alteração de outra variável, ou se constituir na variável a ser alterada para compensar o efeito do elemento desequilibrador, possa indicar uma distinção na natureza das prorrogações. Na prática, qualquer uma das variáveis, se for alterada, por qualquer razão, provocará o desequilíbrio da equação econômico-financeira, cujo reequilíbrio dependerá de que se opte por alguma outra variável a ser modificada em proporção que leve à compensação do fator desequilibrante. Prazo, demanda e volume de investimentos são alguns exemplos de variáveis que podem estar contidos nessa equação. Há diversos outros. É possível, inclusive, que o contrato seja desequilibrado e reequilibrado sem que, necessariamente, essas específicas variáveis sejam afetadas. Pode-se imaginar, por exemplo, um caso em que, tendo o risco ambiental sido assumido pelo Poder Concedente, o órgão competente determine medidas mitigadoras, que não eram previsíveis e que importarão em aumento excessivo nos custos de prestação do serviço, levando assim, como meio de reequilíbrio, a uma redução dos pagamentos devidos pelo concessionário ao Poder Concedente em razão da outorga recebida.

O prazo é, sem dúvida, uma variável relevante da equação econômico-financeira e sua alteração poderá gerar desequilíbrio ou ser usada para recobrar o equilíbrio original perdido. Se foi a alteração do prazo (em razão da prorrogação convencional) que desequilibrou o contrato, justificando a modificação compensadora de outras variáveis, ou se, em decorrência do desequilíbrio gerado por outras variáveis, convencionou-se ampliar o prazo como medida de reequilíbrio, não parece ser ontologicamente relevante para caracterizar institutos de natureza diversa em cada uma dessas hipóteses, mesmo porque, como preceitua o art. 9º, §4º da Lei nº 8.987/95, a restauração do equilíbrio econômico-financeiro deve ser concomitante ao evento desequilibrador, de modo que causa e efeito deverão estar o mais próximos no tempo que for possível.

Contudo, caso se defenda um entendimento diverso, é preciso atentar para o fato de que o art. 175 da Constituição, no inc. I do seu parágrafo único, reconhece expressamente as prorrogações como exceção ao princípio da licitação, expresso em seu *caput*. A Constituição nada dispõe, todavia, quanto ao regime das extensões, ampliações ou renovações de prazo. Assim, *se entendermos que a extensão de prazo para fins de reequilíbrio possui natureza distinta das prorrogações, teremos forçosamente que admitir que o texto constitucional excepcionou apenas as prorrogações da obrigatoriedade de licitar. As extensões de prazo para fins de reequilíbrio, sem licitação, seriam, portanto, vedadas pelo ordenamento constitucional*. Nem se alegue que o direito ao equilíbrio econômico-financeiro é também protegido constitucionalmente, pois esse direito não se confunde com o direito a escolher o meio pelo qual ele será assegurado. Não parece que seja esse o caso, no entanto, pois não se encontra nenhuma razão que possa justificar tal diferenciação entre as prorrogações do prazo contratual em virtude de ter como finalidade o atendimento a razões variadas de interesse público ou o reequilíbrio da economia contratual, afetado por evento passado.

Não nos parece possível afirmar, portanto, que, quando a prorrogação tenha por finalidade recobrar o equilíbrio econômico-financeiro, não seja necessária sua *previsão no contrato ou na lei*, podendo até mesmo ser deferida em casos nos quais haja expressa interdição legal ou contratual, como alguns autores chegam a afirmar. Também não se compreende por que, nesses casos, eventuais limitações temporais estabelecidas na lei ou no contrato não seriam aplicáveis. Essas questões serão tratadas adiante. Por ora, basta afirmar que *não parece haver razão para sustentar uma diferença de tratamento jurídico entre as prorrogações convencionais e aquelas para fins de reequilíbrio econômico-financeiro*. Não encontramos justificativa plausível, por exemplo, para distinguir situações como as seguintes: (i) cuidando-se de um pedido de prorrogação ordinária, o Poder Concedente só poderá deferi-lo quando essa possibilidade estiver prevista em contrato, devendo-se restringir aos limites e parâmetros da lei, podendo, então, estabelecer os investimentos adicionais necessários para o reequilíbrio do contrato; mas, por outro lado, (ii) caso a equação econômico-financeira do contrato seja impactada em desfavor do concessionário, a prorrogação (ou extensão de prazo) que seja daí decorrente não se submeterá a nenhuma limitação – nem legal nem contratual – e poderá sempre ser deferida para permitir o reequilíbrio da equação econômico-financeira.

A segunda alternativa provocaria situação ainda mais absurda, caso se entendesse possível prorrogar o contrato em função de desequilíbrio causado por alteração unilateral do contrato. Nesse caso, diante de uma necessidade de novo investimento identificada, se o Poder Concedente decidisse aguardar o final do prazo originalmente ajustado para prorrogar o contrato, com a inclusão de novos investimentos, aí teria que se sujeitar a todos os limites estabelecidos na lei e no contrato. De modo distinto, caso optasse por impor os novos encargos unilateralmente, ainda no curso do prazo original, o contrato poderia ser reequilibrado por meio de um aditivo de prorrogação antecipada, sem nenhuma limitação.[415]

Na França, o art. L. 1.411-2 do *Code général des collectivités territoriales* – CGCT, que previa expressamente as prorrogações contratuais para reequilibrar o contrato nos casos em que o Poder Concedente obriga o concessionário a contrair investimentos não previstos originalmente no contrato,[416] foi revogado pela nova Lei de Concessões, de 2016.[417] Não há atualmente nenhuma norma disciplinando expressamente as prorrogações dos contratos de concessão. No entanto, a orientação jurisprudencial e doutrinária que tem prevalecido é a de que devem ser aplicadas as normas existentes, tanto do direito francês como do direito comunitário, que disciplinam a fixação dos prazos contratuais, as quais impõem a sua proporcionalidade em relação aos investimentos que ficam a cargo do concessionário. Assim, do mesmo modo que, na contratação originária, o prazo não pode ser fixado em extensão distinta daquela que permita a devida amortização dos investimentos, também

---

[415] Note-se que, como visto acima, na França, antes da nova lei de concessões, a legislação previa duas possibilidades de prorrogação: (i) por interesse público, limitada a um ano suplementar, muito similar ao que denominamos nesta aqui como prorrogação premial e (ii) prorrogação para fins de reequilíbrio, quando haja determinação do Poder Concedente de acréscimo de investimentos. A segunda hipótese se assemelha em tudo, ao que denominamos aqui como prorrogação convencional, quando o Poder Concedente decide que é conveniente e oportuna a prorrogação e, então, determina novos investimentos, atribuindo uma extensão de prazo suficiente – e não excedente – para amortizá-los. Como refere Guglielmi: "La loi ne limite pas expressément la durée de la prolongation, mais tant l'application du régime général de la loi que le motif de la prolongation qui repose sur l'effet d'investissements imprévues indiquent que cette durée ne saurait excéder la durée d'amortissement des nouveaux investissements" (GUGLIELMI, Gilles J. *et alli*. *Droit du service public*. 4. ed. Issy-les-Moulineaux: LGDJ, 2016. p. 807).

[416] Sobre a disciplina legal quanto às prorrogações dos contratos de delegação de serviço público na França, *vide*: VINCI, Nathalie. *Mettre fin à une délégation de service public*. Voiron: Territorial, 2014. p. 12-13; BENCHENDIKH, François. *L'essentiel de la délégation de service public*. Issy-les-Moulineaux: Gualino, 2014. p. 71-73; BRACONNIER, Stéphane. *Droit des services publics*. 2. ed. Paris: PUF, 2007. p. 515-519.

[417] FRANÇA. Legislação. *Lei nº 2016-65, de 29 de janeiro de 2016*. Ordonnance sur l'attribution de contrats de concession. Disponível em: https://www.legifrance.gouv.fr/eli/ordonnance/2016/1/29/2016-65/jo/texte. Acesso em: 22 nov. 2019.

o prazo adicionado em uma prorrogação não poderá superar o tempo necessário para assegurar a amortização dos novos investimentos não originalmente previstos.[418]

Tratando-se, portanto, a prorrogação para fins de reequilíbrio, de uma das espécies de prorrogação *lato sensu*, não há razão para que não se aplique a ela o mesmo regime jurídico, incluindo a observância dos requisitos de que já se cuidou no tópico 2.1.3 acima. A existência de *consenso* entre as partes será, evidentemente, sempre necessária, pois não se pode admitir que a Administração Pública imponha ao concessionário uma prorrogação não desejada do contrato, como condição obrigatória para que seja compensado pelo desequilíbrio contratual cujas consequências suportou.

Nesse sentido, cumpre examinar também se seria possível, diante da formação de consenso, reduzir o prazo contratual para corrigir um desequilíbrio a favor do concessionário. Há autores que rejeitam essa possibilidade, pois isso implicaria verdadeiro desvirtuamento das bases econômicas e financeiras do projeto, sem produzir vantagem para a Administração.[419] Ocorre que a análise de vantajosidade deverá sempre

---

[418] "Désormais la modification de la durée d'un contrat de concession constitue une modification du contrat comme une autre, dont la légalité doit être appréciée au regard de la grille de lecture constituée par les articles 36 et 37 du décret du 1er février 2016. En outre, la prolongation d'un contrat de concession devra, en plus d'être conforme aux articles 36 et 37 du décret, être également conforme aux principes continues à l'article 34 de l'ordonnance et qui encadre la détermination de la durée du contrat, la nouvelle durée devait toujours correspondre à 'la nature et [au] montant des prestations ou des investissements demandés au concessionnaire' conformément aux principes traditionnels" (HAUTON, Marianne. L'extension de la durée des contrats de concession. *Contrats Publics*, n. 183, jan. 2018. p. 52-53. Disponível em: https://www.seban-associes.avocat.fr/wp-content/uploads/2018/01/L%E2%80%99extension-de-la-dur%C3%A9e-des-contrats.pdf. Acesso em: 22 nov. 2019).

[419] "A prorrogação do contrato para fins de reequilíbrio, contudo, é tema afeto ao desequilíbrio em desfavor do concessionário. As hipóteses em que a Administração Pública é afetada negativamente pelo desequilíbrio – e é bem verdade que elas existem – encontram remédio em outros mecanismos. Isso porque, se a prorrogação do tempo do contrato cria vantagem adicional ao particular sem prejuízo ao projeto, o seu 'encurtamento' ou encampação não cria vantagem adicional à Administração, mas desvirtua as bases econômicas e financeiras em que o projeto se funda" (CANTO, Mariana Dall'Agnol; GUZELA, Rafaella Peçanha. Prorrogações contratuais em contratos de concessão. *In*: MOREIRA, Egon Bockmann (Coord.). *Contratos administrativos, equilíbrio econômico-financeiro e a taxa interna de retorno*. Belo Horizonte: Fórum, 2016. p. 211) ou Laís Senna, que, fazendo referência ao regime jurídico da encampação, afirma: "Entende-se, portanto, que a Lei tenha tido a intenção de impedir a redução discricionária do prazo contratual, quando não acompanhada de lei autorizativa" (SENNA, Laís Ribeiro de. *Alteração de prazo dos contratos de concessão de serviços públicos como forma de recomposição de seu equilíbrio econômico-financeiro*. 2018. Dissertação (Mestrado em Direito Administrativo) – Pontifícia Universidade Católica de São Paulo – PUC-SP, São Paulo, 2018. p. 117).

ser realizada pela Administração Pública. Deste modo, parece-nos que só se poderá chegar a tais conclusões após uma detida análise do caso concreto. Assim, para que a Administração Pública anua com a redução do prazo contratual deverá estar convencida de que a providência atende ao interesse público. É possível, por exemplo, que, por variadas razões, a Administração Pública tenha interesse em retomar a concessão mais cedo, sem que isso desvirtue as bases do projeto. Em casos como esse, havendo consenso entre as partes, não parece haver razões que devessem impedir a redução do prazo contratual para fins de reequilíbrio.

Vale referir, a esse respeito, à decisão do Tribunal de Contas da União que, ao examinar os contratos de concessão rodoviária, especificamente da malha paulista, tendo em vista a constatação de que os mecanismos para revisão contratual em favor do Poder Público, como o acréscimo de outorga, não se mostram eficientes, preconizou o expurgo de vigência contratual, ou redução marginal do prazo contratual, a ser aplicado naquelas situações em que o concessionário deixe de realizar os investimentos que tenham sido incluídos nos aditivos de prorrogação antecipada,[420] de que se cuidará a seguir:

> Por outro lado, o mecanismo de "acréscimo de outorga", estabelecido no anexo 3 da Minuta do Termo Aditivo ao Contrato, que visa compelir a Concessionária a pagar os valores remanescentes não utilizados para solução de conflitos urbanos, previamente reajustados, a partir do décimo ano da concessão, conforme já mencionado acima, não tem o condão de desincentivar a inadimplência. Constata-se que grande parte dos riscos que podem afetar a consecução de investimentos em solução de conflitos urbanos não estão no controle da Concessionária. Portanto o "acréscimo à outorga" como forma de incentivo negativo não parece ser eficiente, sob o enfoque regulatório.
>
> Por último, entende-se que o mecanismo de *expurgo de vigência contratual* pode ser utilizado não só para os investimentos previstos em resolução de conflitos urbanos, mas para todos os investimentos de cunho obrigatório que a Concessionária deixe de realizar e que sejam decorrentes da prorrogação antecipada da Malha Paulista.

A condição de que o *contrato esteja vigente* também obviamente é exigível. Não faria sentido pretender, após o encerramento da vigência contratual, fazê-lo renascer com o fim de compensar desequilíbrio passado.

---

[420] TRIBUNAL DE CONTAS DA UNIÃO. Acórdão nº 2.876/2019. Plenário. Rel. Min. Augusto Nardes, processo nº 009.032/2016-9.

O mesmo se diga em relação ao *desempenho adequado*.[421] Não faria sentido prolongar o prazo contratual de um concessionário inadimplente, que não estivesse satisfazendo condições mínimas de desempenho, única e exclusivamente para compensá-lo de algum desequilíbrio que, eventualmente, tenha sofrido. Como se vê, não há direito adquirido do concessionário a uma forma específica de compensar o desequilíbrio contratual e o interesse público deve sempre prevalecer, obstando a prorrogação de contrato mantido com concessionário inepto.

Entre os autores que distinguem as extensões de prazo para fins de reequilíbrio das prorrogações em geral, há quem defenda que a sua utilização para reequilibrar o contrato dependeria de *lei específica*, não sendo suficiente a autorização legislativa genérica;[422] assim como há autores, como Rafael Véras e Leonardo Coelho, que sustentam que, por se tratar a manutenção do equilíbrio econômico-financeiro da concessão, de uma garantia constitucional, prevista no art. 37, XXI da Constituição, deve-se reconhecer que "prescinde de autorização legal específica, ou de previsão editalícia" e "está totalmente desvinculada do prazo limite previsto para eventual prorrogação contratual".[423]

---

[421] "[...] embora apresente grandes vantagens em detrimento de outras formas de recomposição, não pode ser adotada de forma indiscriminada. Apenas em situações em que o particular esteja obtendo resultados positivos da exploração do serviço, e nas quais seja possível demonstrar o prestígio ao interesse público, é que se poderia considerar a adequabilidade técnica, econômica e financeira da extensão de prazo no caso concreto" (SENNA, Laís Ribeiro de. *Alteração de prazo dos contratos de concessão de serviços públicos como forma de recomposição de seu equilíbrio econômico-financeiro*. 2018. Dissertação (Mestrado em Direito Administrativo) – Pontifícia Universidade Católica de São Paulo – PUC-SP, São Paulo, 2018. p. 87).

[422] "Uma genérica autorização legislativa não é por si só suficiente para a adoção da prorrogação aqui tratada, implementada para promover a recomposição da equação econômico-financeira da concessão" (MELLO, Rafael Munhoz de. Prorrogação de concessão de serviço público. *Revista de Direito Público da Economia – RDPE*, Belo Horizonte, ano 12, n. 46, p. 207-222, abr./jun. 2014. p. 217).

[423] FREITAS, Rafael Véras de; RIBEIRO, Leonardo Coelho. O prazo como elemento da economia contratual das concessões: as espécies de 'prorrogação'. In: MOREIRA, Egon Bockmann (Coord.). *Contratos administrativos, equilíbrio econômico-financeiro e a taxa interna de retorno*. Belo Horizonte: Fórum, 2016. p. 298. No mesmo sentido: "Assim, não há duvidar que, embora inexistindo na lei, no edital ou no contrato, explícita contemplação de prorrogação contratual para atender à finalidade mencionada [reequilíbrio econômico-financeiro], esta, sem a menor dúvida ou entredúvida, é perfeitamente cabível. Ou seja: dita prorrogação independe de previsão legal ou contratual" (BANDEIRA DE MELLO, Celso Antônio. Parecer quanto à prorrogação do prazo da concessão para fins de reequilíbrio econômico-financeiro do contrato. In: CARVALHO, André Castro (Org.). *Contratos de concessão de rodovias*: artigos, decisões e pareceres jurídicos. São Paulo: MP, 2009. p. 59 apud GUIMARÃES, Bernardo Strobel. O prazo nas concessões e as normas que estipulam vigência máxima do vínculo: algumas inquietações. In: MOREIRA, Egon Bockmann (Coord.). *Contratos administrativos, equilíbrio econômico-financeiro e a taxa interna de retorno*. Belo Horizonte: Fórum, 2016. p. 54).

Também Jacintho Arruda Câmara entende que a "extensão do prazo contratual" quando necessária "à recomposição da equação econômico-financeira inicialmente pactuada" independe de autorização no edital ou no contrato.[424] Maurício Portugal Ribeiro igualmente sustenta que há "confusão entre os regimes da prorrogação ou prorrogação antecipada de contrato e a extensão de prazo de contratos para seu reequilíbrio", afirmando em consequência que, por se tratar de uma "forma de pagamento de uma dívida contratual, a extensão de prazo do contrato não precisa estar previamente prevista em lei específica, em regulamentos ou no contrato".[425]

Os argumentos, no entanto, não impressionam. Do mesmo jeito que a Administração Pública não pode pagar uma indenização, ainda que devida e reconhecida por decisão judicial transitada em julgado, com violação da regra constitucional do precatório ou contrariando a lei do orçamento; também não pode prorrogar um contrato com fins de reequilíbrio se, para tanto, for necessário cometer uma ilicitude ou violar o contrato. *O direito à intangibilidade do equilíbrio contratual não se confunde com pretenso direito adquirido a escolher qual deverá ser o meio pelo qual se vai buscar eventual reequilíbrio necessário.*

O uso da prorrogação será possível, quando o seu regime jurídico assim o permitir, segundo as condições legais e contratuais aplicáveis. Será imprescindível, portanto, que além de prevista em lei – que poderá, a nosso ver, ser genérica, como já se afirmou anteriormente – a prorrogação seja autorizada nos termos do contrato. São inúmeras, no entanto, as opiniões em contrário.[426] Ao justificar a desnecessidade de

---

[424] CÂMARA, Jacintho Arruda. O prazo nos contratos públicos. *In*: DI PIETRO, Maria Sylvia Zanella (Coord.). *Tratado de direito administrativo*: licitação e contrato administrativo. 1. ed. São Paulo: Revista dos Tribunais, 2014. v. 6. p. 346-348.

[425] RIBEIRO, Maurício Portugal. *A Medida Provisória nº 752/16 e os setores rodoviário e aeroportuário*: seu contexto, seus objetivos e as alterações que ela precisa sofrer ao longo do seu processo de conversão em lei. Disponível em: http://www.portugalribeiro.com.br/wpp/wp-content/uploads/mp-para-reestruturar-contratos7.pdf. Acesso em: 25 nov. 2019.

[426] "A extensão de prazo para fins de reequilíbrio, ademais, pode ter lugar mesmo em contratos que não prevejam a prorrogação ou que a vedem, pois com ela não se confunde" (MARQUES NETO, Floriano de Azevedo. *Concessões*. 1. ed. Belo Horizonte: Fórum, 2015. p. 168); "Ademais, a prorrogação deve estar prevista no edital e na minuta do contrato, anexa ao instrumento convocatório [...], ressalvadas as hipóteses de prorrogação como instrumento de recomposição do equilíbrio econômico-financeiro" (OLIVEIRA, Rafael Carvalho Rezende. Extinção dos contratos de parcerias público-privadas (PPPs). *Revista Brasileira de Direito Público – RBDP*, Belo Horizonte, ano 17, n. 66, p. 87-111, jul./set. 2019. p. 91); "No caso de o contrato vedar, genericamente, a prorrogação, entendemos que está a tratar de prorrogação por conveniência e oportunidade, não da forma de recomposição do equilíbrio econômico-financeiro contratual. Pois, se assim o fizesse, detalharia a espécie de prorrogação a qual se refere" (SENNA, Laís Ribeiro de. *Alteração de prazo dos contratos de*

previsão contratual para que seja possível a prorrogação para fins de reequilíbrio, Marianna Dall'Agnol Canto e Rafaella Guzella[427] sustentam que "careceria de fundamento exigir que o instrumento previsse meios e métodos, numerus clausus, para tutelar tais situações inesperadas e imprevisíveis". Deste modo, concluem "desnecessária a previsão de cláusula contratual disciplinando a possibilidade de prorrogação extraordinária".

Parece aqui, novamente, haver uma confusão entre, de um lado, o direito ao reequilíbrio e os métodos para calcular o seu montante e, de outro, os meios a serem utilizados para a recomposição. Os fatores desequilibradores da equação são diversos e, efetivamente, devem ser inesperados e imprevisíveis. Espera-se, de um contrato bem elaborado, no entanto, que contenha a previsão de como os desvios provocados por tais fatores, quaisquer que eles sejam, deverão ser apurados. Quando não o fizer, a aferição do desequilíbrio restará dificultada, pouco importando se deverá ser recomposto por aumento de tarifa, prorrogação de prazo ou qualquer outra maneira. Aferida a extensão do reequilíbrio, contudo, restará escolher, entre as alternativas disponíveis, qual será o meio mais adequado de recomposição.

A prorrogação do prazo contratual poderá ser uma dessas alternativas. Isso vai depender, no entanto, de haver a possibilidade jurídica – diante do disposto na lei e nas cláusulas contratuais –, de se proceder à prorrogação. *Se houver vedação legal ou contratual de uma nova prorrogação, essa alternativa não estará disponível e a Administração deverá escolher a opção mais adequada entre as que sejam permitidas pela lei ou pelo contrato.* Isso não quer dizer, por outro lado, que seja imprescindível que o contrato indique expressamente a prorrogação como um dos

---

concessão de serviços públicos como forma de recomposição de seu equilíbrio econômico-financeiro. 2018. Dissertação (Mestrado em Direito Administrativo) – Pontifícia Universidade Católica de São Paulo – PUC-SP, São Paulo, 2018. p. 91); "Se o poder concedente optar pela prorrogação do prazo, a fim de assegurar o reequilíbrio contratual, poderá fazê-lo independentemente de constar do contrato cláusula de prorrogação, porque se estará diante de uma situação superveniente, imprevisível e extraordinária, criada no interesse dos usuários a fim de garantir-lhes até o final do contrato a prestação de 'serviço adequado'" (AMARAL, Antônio Carlos Cintra do. *Concessão de serviços públicos*: novas tendências. São Paulo: Quartier Latin, 2012. p. 29) e "A prorrogação contratual para fins de reequilíbrio não depende de previsão contratual expressamente consignada" (SCHWIND, Rafael Wallbach. Prazo de vigência e prorrogação dos contratos de parcerias público-privadas. *In*: SADDY, André; MORAES, Salus. *Tratado de parcerias público-privadas*: teoria e prática. Rio de Janeiro: CEEJ, 2019. v. 5. p. 72).

[427] CANTO, Mariana Dall'Agnol; GUZELA, Rafaella Peçanha. Prorrogações contratuais em contratos de concessão. *In*: MOREIRA, Egon Bockmann (Coord.). *Contratos administrativos, equilíbrio econômico-financeiro e a taxa interna de retorno*. Belo Horizonte: Fórum, 2016. p. 215.

meios de reequilíbrio contratual. Basta que possibilite a prorrogação. Sendo possível a prorrogação e não havendo vedação expressa a que seja utilizada para alguma finalidade específica, a prorrogação poderá atender a qualquer uma delas. No entanto, se a lei ou o contrato vedarem expressamente a prorrogação corretora de desequilíbrio ou a permitirem dentro de limites já alcançados (número máximo de prorrogações ou duração máxima somando-se o prazo original com as prorrogações já efetuadas, por exemplo), não mais será possível lançar mão desse instrumento para obter o reequilíbrio da equação econômico-financeira, que deverá ser obtida por outros meios.

Deve-se considerar, a esse respeito, que, apesar de não haver uma diferença ontológica entre as prorrogações convencionais e as prorrogações para fins de reequilíbrio, o contrato poderá atribuir tratamentos distintos a cada uma delas. É o que ocorre, por exemplo, nas concessões de aeroportos, como se constata pela leitura da cláusula constante no contrato de concessão para ampliação, manutenção e exploração do Aeroporto Internacional do Rio de Janeiro/Galeão – Antônio Carlos Jobim, no Rio de Janeiro/RJ:[428]

> 2.6. A vigência do Contrato será pelo prazo de 25 (vinte e cinco) anos para o Aeroporto do Galeão, sendo sempre contado a partir da sua Data de Eficácia.
> 2.7. O Contrato poderá ser prorrogado por até 5 (cinco) anos, uma única vez, para fins de recomposição do equilíbrio econômico-financeiro em decorrência de Revisão Extraordinária, na forma prevista neste Contrato.

Como se vê, o contrato não prevê hipótese de prorrogação convencional. A única espécie de prorrogação expressamente autorizada é aquela que se faça necessária para fins de reequilíbrio. Mesmo assim, o contrato limita a uma única prorrogação, que não poderá superar 5 anos, sendo o prazo original de 25 anos. Não parece haver dúvida neste caso que, tendo sido completados os 5 anos de prorrogação, ainda que se constate um novo desequilíbrio da equação econômico-financeira do contrato, não será mais possível reequilibrá-lo por meio de nova prorrogação do prazo. Outras formas de reequilíbrio deverão ser encontradas.

---

[428] Disponível em: https://www.anac.gov.br/assuntos/paginas-tematicas/concessoes/aeroportos-concedidos/galeao/. Acesso em: 20 dez. 2019.

Na Espanha, o art. 29, apartado 6, da *Ley* 9/2017,[429] possui disposição semelhante, de natureza genérica, que se aplica a todos os contratos de concessão de serviço público, limitando a quinze por cento de sua duração inicial o tempo máximo de prorrogação para fins de reequilíbrio econômico-financeiro:

> Os prazos dos contratos licitados podem ser prorrogados por apenas 15% de sua duração inicial, a fim de restabelecer o equilíbrio econômico do contrato nas circunstâncias previstas nos artigos 270 e 290. Os períodos em que serão suspensos por justa causa atribuível à administração concedente ou por força maior não serão levados em conta para fins de cálculo da duração da concessão ou para a execução das obras. Se a concessionária for responsável pelo atraso na execução das obras, se submeterá às disposições do regime de penalidade contidas nas especificações de cláusulas administrativas específicas e nesta Lei, não sendo possível a prorrogação do prazo da concessão.

Já, em Portugal, o art. 410, número 3 do Código dos Contratos Públicos[430] prevê expressamente que a prorrogação para fins de reequilíbrio pode ser realizada independentemente do disposto em cláusula contratual:

> 2 - Na falta de estipulação contratual, o prazo a que se refere o número anterior é 30 anos, nele se incluindo a duração de qualquer prorrogação contratualmente prevista, sem prejuízo de lei especial que fixe prazo supletivo diferente, ou prazo máximo.
> 3 - Sem prejuízo do disposto no n.º 1 [que trata do prazo fixado em contrato], o prazo inicial da concessão pode ser prorrogado com fundamento na necessidade de assegurar a amortização e remuneração, em normais condições de rendibilidade da exploração, do capital investido pelo concessionário, nos termos previstos no artigo 282.º

---

[429] "Los plazos fijados en los pliegos de condiciones solo podrán ser ampliados en un 15 por ciento de su duración inicial para restablecer el equilibrio económico del contrato en las circunstancias previstas en los artículos 270 y 290. No se tendrán en cuenta a efectos del cómputo del plazo de duración de la concesión y del establecido para la ejecución de las obras aquellos períodos en los que estas deban suspenderse por una causa imputable a la Administración concedente o debida a fuerza mayor. Si el concesionario fuera responsable del retraso en la ejecución de las obras se estará a lo dispuesto en el régimen de penalidades contenido en el pliego de cláusulas administrativas particulares y en esta Ley, sin que haya lugar a la ampliación del plazo de la concesión" (ESPANHA. Legislação. *Ley 9/2017, de 8 de novembro de 2017*. Ley de Contratos del Sector Público. Disponível em: https://www.boe.es/buscar/pdf/2017/BOE-A-2017-12902-consolidado.pdf. Acesso em: 18 nov. 2019).

[430] PORTUGAL. Legislação. *Decreto-Lei nº 18/2008, de 29 de janeiro de 2008*. Código dos contratos públicos. Disponível em: http://www.base.gov.pt/mediaRep/inci/files/ccp2018/CCP-DL_111-B.pdf. Acesso em: 8 de junho de 2019.

No Brasil, além de ser autorizada em lei e admitida pelas disposições contratuais, para que a prorrogação para fins de reequilíbrio possa se dar, será necessária, ainda, uma avaliação a ser realizada pela Administração Pública, a qual será discricionária,[431] como sempre deve ocorrer em qualquer tipo de prorrogação contratual. Evidentemente, não haverá espaço de discricionariedade quanto à identificação dos fatores de desequilíbrio ou quantificação da compensação necessária. Quanto a esses aspectos, a atuação da Administração Pública será vinculada. Saber se a prorrogação, entre as diversas alternativas de correção do equilíbrio da equação contratual disponíveis, é ou não a mais adequada, é que envolverá o exame de conveniência e oportunidade,[432] que deverá levar em conta a vantajosidade comparativa entre tais alternativas, assim como outros fatores envolvidos, como as possíveis vantagens de se optar por uma nova licitação ou pela assunção direta do serviço. Isso não significa que o reequilíbrio possa ser negado. Apenas que poderá ser necessário buscar outros meios para atingi-lo.

A esse respeito, é interessante notar que o argumento do interesse público é usado com frequência por aqueles que defendem a opção pela prorrogação como a melhor alternativa para recompor o equilíbrio contratual perdido, como preconizam Mariana Dall'Agnol Canto e Rafaella Guzela:[433]

> Some-se a isso que o reequilíbrio por prorrogação não subverte a lógica afeta a parcerias público-privadas que não sejam integralmente subsidiadas pela Administração, tal como faz o reequilíbrio por indenização oriunda de verbas públicas. [...]

---

[431] "Pressupondo a legitimidade da alteração que causou o desequilíbrio, o administrador poderá então fazer uma avaliação discricionária de como reequilibrar o ajuste, e, havendo cláusula contratual que autoriza a extensão ou prorrogação de prazo, não há óbice a que esse mecanismo seja utilizado" (BARROSO, Luís Roberto. Alteração dos contratos de concessão rodoviária. *Revista de Direito Público da Economia – RDPE*, Belo Horizonte, ano 4, n. 15, p. 99-129, jul./set. 2006).

[432] Jacintho Arruda Câmara chama atenção para o fato de que, algumas vezes, alternativas diversas, como o aumento tarifário, podem mesmo se revelar inviáveis: "Isso ocorrerá sempre que ao aumento da tarifa não corresponda um proporcional aumento de receita da concessionária. Seriam situações em que, devido à condição sócio-econômica dos usuários do serviço, a elevação do valor das tarifas traria uma queda na demanda pelo serviço e, consequentemente, a receita geral da empresa concessionária não seria beneficiada" (CÂMARA, Jacintho Arruda. *Tarifa nas concessões*. São Paulo: Malheiros, 2009. p. 173).

[433] CANTO, Mariana Dall'Agnol; GUZELA, Rafaella Peçanha. Prorrogações contratuais em contratos de concessão. *In*: MOREIRA, Egon Bockmann (Coord.). *Contratos administrativos, equilíbrio econômico-financeiro e a taxa interna de retorno*. Belo Horizonte: Fórum, 2016. p. 218-219.

As vantagens do reequilíbrio por prorrogação contratual não se encerram aqui, mas se alastram em tantas outras. Basta pensar que seu emprego permite ao concessionário a recuperação financeira de forma justa, não impõe restrição de liquidez à Administração, não obriga o usuário a arcar com tarifas superiores em desatenção à modicidade, poupa gastos que seriam necessários à realização de novo procedimento licitatório e ainda otimiza a mobilização e o *know-how* de concessionário que já acumulou a experiência no desempenho dos serviços concedidos.

Não nos parece, no entanto, que seja possível fazer essa avaliação de modo genérico e *a priori*. Saber qual a alternativa de reequilíbrio mais vantajosa dependerá sempre de um cuidadoso exame do caso concreto. Rafael Véras e Leonardo Coelho chegam a afirmar que poderá haver situações em que "a extensão do prazo contratual se apresentará como a única medida possível".[434] De fato, se isso ocorrer e não existir nenhuma outra forma de assegurar o equilíbrio econômico-financeiro do contrato, deve-se reconhecer que surgirá para o concessionário um direito adquirido à prorrogação do prazo contratual que, em verdade, se confundirá com o próprio direito subjetivo ao reequilíbrio. As chances de uma circunstância deste tipo de fato se verificar, no entanto, parecem ser bastante remotas. Seria necessário, então, provar que eventuais alternativas, como o aumento da tarifa e a redução de investimentos ou outros encargos, estejam completamente inviabilizadas. Se isso for possível, estar-se-á diante de um ato vinculado a ser praticado pela autoridade administrativa ao deferir o pedido de prorrogação. Na imensa maioria das vezes, no entanto, pode-se supor que haverá alternativas disponíveis, de modo que se tratará de uma decisão discricionária a cargo da Administração Pública.

Nesse sentido, *deve causar preocupação a tese quanto a um suposto direito subjetivo dos concessionários à prorrogação contratual quando ela se destine a reequilibrar a economia do contrato*, como sustentado por Bernardo Strobel Guimarães, para quem "[...] o concessionário tem o direito

---

[434] FREITAS, Rafael Véras de; RIBEIRO, Leonardo Coelho. O prazo como elemento da economia contratual das concessões: as espécies de 'prorrogação'. *In*: MOREIRA, Egon Bockmann (Coord.). *Contratos administrativos, equilíbrio econômico-financeiro e a taxa interna de retorno*. Belo Horizonte: Fórum, 2016. p. 291. Mesma afirmação também é feita por Rafael Schwind: "A prorrogação-reequilíbrio não só é cabível em tese, como, em certos casos, poderá ser a única solução possível (ou ao menos a mais adequada) para a recomposição da equação econômico-financeira do contrato de PPP" (SCHWIND, Rafael Wallbach. Prazo de vigência e prorrogação dos contratos de parcerias público-privadas. *In*: SADDY, André; MORAES, Salus. *Tratado de parcerias público-privadas*: teoria e prática. Rio de Janeiro: CEEJ, 2019. v. 5).

subjetivo público a continuar a executar o contrato em estando a avença desequilibrada a seu favor, isso pelo prazo necessário e suficiente para que a remuneração a ele devida em vista do projeto seja implementada".[435] Para o autor, a existência de um desequilíbrio pendente de compensação, no momento em que se atinge o termo final do contrato, deve obstar a sua extinção, criando automaticamente para o concessionário o direito de continuar prestando o serviço. Segundo sua compreensão, as razões para tal seriam: (i) o direito do concessionário ao equilíbrio econômico-financeiro do contrato; (ii) a impossibilidade de suspender a execução do contrato mesmo diante de inadimplência do Poder Concedente (art. 39 da Lei nº 8.987/95); (iii) a usual ausência de garantias a favor do concessionário em face das inadimplências do poder público e (iv) o fato de que, por estar em situação especial, não se aplicaria o princípio da licitação, em decorrência de que apenas o concessionário está sofrendo prejuízos, não havendo que se cogitar de isonomia em relação aos demais potenciais interessados em prestar o serviço.

Deste modo, conclui:

> se a Administração não se valer de outra técnica reparadora (indenização, supressão de investimento, aumento de tarifa etc.) para reparar o equilíbrio econômico-financeiro até o fim do contrato, ela não poderá pretender extinguir o vínculo, impondo por ato omissivo prejuízos ao seu contratado que pode ela evitar.[436]

Ora, inicialmente, é preciso reconhecer que há uma contradição lógica em reconhecer um pretenso direito subjetivo do concessionário a exigir que o reequilíbrio se dê por meio de uma prorrogação contratual e a conclusão de que esse direito só existirá quando a Administração Pública já não tiver se valido de "outra técnica reparadora". Fica claro,

---

[435] GUIMARÃES, Bernardo Strobel. O prazo nas concessões e as normas que estipulam vigência máxima do vínculo: algumas inquietações. *In*: MOREIRA, Egon Bockmann (Coord.). *Contratos administrativos, equilíbrio econômico-financeiro e a taxa interna de retorno*. Belo Horizonte: Fórum, 2016. p. 55. No mesmo sentido, a doutrina de Antônio Carlos Cintra do Amaral: "Se a indenização não for previamente paga, a concessionária tem direito a dar sequência ao contrato até obter sua plena recomposição econômico-financeira" (AMARAL, Antônio Carlos Cintra do. *Concessão de serviços públicos*: novas tendências. São Paulo: Quartier Latin, 2012. p. 29) e GONÇALVES, Pedro António P. Costa. *A concessão de serviços públicos*. Coimbra: Almedina, 1999. p. 327-328.

[436] GUIMARÃES, Bernardo Strobel. O prazo nas concessões e as normas que estipulam vigência máxima do vínculo: algumas inquietações. *In*: MOREIRA, Egon Bockmann (Coord.). *Contratos administrativos, equilíbrio econômico-financeiro e a taxa interna de retorno*. Belo Horizonte: Fórum, 2016. p. 56.

portanto, que o direito subjetivo alegado não é quanto à prorrogação do contrato, mas sim quanto à manutenção do seu equilíbrio, que, no entanto, poderá se dar por meio de diversas técnicas reparadoras – para usar a expressão do autor – entre elas, a prorrogação. Não parece haver sentido em concluir que, diante de uma suposta omissão da Administração Pública, surgiria para o concessionário um direito subjetivo referente especificamente a uma dessas técnicas, que é a prorrogação.

Também não parece correto sustentar que a omissão da Administração a impede de "pretender extinguir o vínculo". Na verdade, não se trata de uma pretensão. *Com o decurso do prazo, se não houver um ato formal de prorrogação, o vínculo se extinguirá.*[437] Como afirma Helène Hoepffner, diante do silêncio das partes, o efeito automático gerado pelo advento do termo final do prazo contratual é a sua extinção, jamais a sua prorrogação.[438] O que não se justifica é uma pretensão do concessionário, em casos deste tipo, a uma prorrogação

---

[437] Não nos parece haver qualquer respaldo na legislação vigente para a afirmação de Antônio Carlos Cintra do Amaral de que "o contrato não terá sido extinto pelo decurso do prazo, já que resta reequilibra-lo econômica e/ou financeiramente. Enquanto o contrato estiver desequilibrado, continua em vigor. Se a contratada for previamente indenizada, o contrato se extingue com o decurso do prazo. Caso contrário, continua válido e eficaz até ser reequilibrado. Vale dizer: o contrato continua a existir até que que a obrigação do poder concedente – de reequilibrar o contrato – seja cumprida" (AMARAL, Antônio Carlos Cintra do. *Concessão de serviços públicos*: novas tendências. São Paulo: Quartier Latin, 2012. p. 29). Não há dúvida, nesse sentido, que o contrato continuará a existir. Só não será mais eficaz. Ao menos, não para o fim de manter o concessionário prestando o serviço após o decurso do prazo. Também Carlos Roberto Siqueira Castro sustenta uma espécie de prorrogação tácita ao considerar obstada a realização de nova licitação enquanto não integralmente satisfeita a pretensão indenizatória do concessionário *sainte*: "[...] antes de se proceder à abertura do processo licitatório anunciado, faz-se necessário, sob pena de estar-se cometendo ilegalidade evidente, proceder à apuração dos investimentos efetuados pelas atuais permissionárias, com vistas ao seu efetivo e justo ressarcimento, que poderá ser efetivado pelo pagamento ou pela prorrogação da permissão. Tal apuração está inegavelmente incluída entre os levantamentos e avaliações indispensáveis à organização das licitações, a que se refere a lei, já que não se pode admitir a formalização de novas delegações, por meio de licitações, sem que antes se indenize de forma adequada e integral as atuais permissionárias pelos vultosos investimentos não amortizados dos atuais permissionários" (CASTRO, Carlos Roberto Siqueira. *Direito constitucional e regulatório*: ensaios e pareceres. Rio de Janeiro: Renovar, 2011. p. 1169).

[438] HOEPFFNER, Helène. *La modification du contract administratif*. Paris: LGDJ, 2009. p. 226.

tácita,[439][440] advinda única e exclusivamente de um pleito eventualmente existente em face da Administração Pública, independentemente da sua vontade.[441]

Não há respaldo legal nem justificativa legítima para se pretender conferir tal grau de proteção a uma pretensão do particular em face do Poder Concedente. É preciso reconhecer, antes de mais nada, que é disso que se trata: uma pretensão, não necessariamente um direito. Não se cogita – por absurdo – de hipótese em que a Administração reconheça o desequilíbrio, haja consenso entre as partes quanto ao seu valor, mas se recuse arbitrariamente a compensá-lo. Caso isso ocorra, estar-se-á possivelmente diante de um caso de improbidade administrativa.[442] O mais provável é que não exista, em casos como esse, consenso entre o concessionário e o Poder Concedente quanto à própria existência do desequilíbrio, ou quanto ao seu valor. Deste modo, eventual pretensão de prolongar indefinidamente a duração do contrato enquanto as partes não chegarem a um consenso ou houver uma decisão judicial definitiva revela, na verdade, a intenção de sobrepor a pretensão do concessionário ao interesse público de realizar uma nova licitação.

---

[439] Tratando especificamente do tema das prorrogações para fins de reequilíbrio econômico-financeiro, que admite como possíveis, Luís Roberto Barroso assevera que "não se admite, por evidente, que um contrato firmado pela Administração possa ser indefinidamente renovado ou prorrogado, tornando-se praticamente eterno" (BARROSO, Luís Roberto. O contrato de concessão de rodovias: particularidades, alteração e recomposição do equilíbrio econômico-financeiro. *Revista de Direito da Procuradoria Geral do Rio de Janeiro*, Rio de Janeiro, p. 186-215. Edição especial. p. 211-212) ou "O que não significa a possibilidade de utilização infinita desse recurso como forma de composição do equilíbrio econômico-financeiro. Aí sim, estar-se-ia diante de uma situação que ignora a constitucionalidade do princípio da licitação e admite a prestação de um serviço público por particular, por meio de uma concessão, de forma desenfreada" (SENNA, Laís Ribeiro de. *Alteração de prazo dos contratos de concessão de serviços públicos como forma de recomposição de seu equilíbrio econômico-financeiro.* 2018. Dissertação (Mestrado em Direito Administrativo) – Pontifícia Universidade Católica de São Paulo – PUC-SP, São Paulo, 2018. p. 83).

[440] Felipe Guimarães diferencia as prorrogações automáticas que, tendo fundamento no contrato, não foram expressamente admitidas pelas partes quando do termo final do contrato, tendo a sua execução prosseguido sem nenhuma manifestação expressa; das tácitas, que ocorreriam automaticamente ao final do prazo, sem que sequer houvesse previsão contratual que lhe desse respaldo. O autor, todavia, rejeita ambas espécies de prorrogação (GUIMARÃES, Felipe Montenegro Viviani. *Prorrogação por interesse público das concessões de serviço público.* São Paulo: Quartier Latin, 2018. p. 300-304).

[441] Na Espanha, a *Ley* 9/2017, que disciplina os contratos do setor público, veda expressamente as prorrogações tácitas, em seu art. 29, apartado 2: "En ningún caso podrá producirse la prórroga por el consentimiento tácito de las partes" (ESPANHA. Legislação. *Ley 9/2017, de 8 de novembro de 2017.* Ley de Contratos del Sector Público. Disponível em: https://www.boe.es/buscar/pdf/2017/BOE-A-2017-12902-consolidado.pdf. Acesso em: 18 nov. 2019).

[442] Conduta deste tipo consistiria, em tese, caso não haja interesses escusos de enriquecimento ilícito do agente ou outrem, em ato de improbidade por atentar contra os princípios da Administração Pública, na forma prevista no art. 11, II da Lei nº 8.429/92, que cuida da hipótese em que o agente público retarda ou deixa de praticar, indevidamente, ato de ofício.

Normalmente, prorrogações deste tipo são deferidas por medidas liminares, quando o juízo se convence da existência desse pretenso direito adquirido do concessionário a manter vigente um contrato cujo prazo se expirou para reequilibrá-lo. O que se pretende com a propositura de ações judiciais deste tipo é impor uma pressão ao administrador público para forçar a celebração de um acordo, deixando o concessionário em uma posição negocial de vantagem ou, simplesmente, prolongar indefinidamente um contrato de concessão. Nenhuma das hipóteses se justifica. O concessionário, ainda quando entenda ser credor da Administração Pública, não pode tomar a concessão como um verdadeiro "refém", prometendo libertá-la apenas quando tiver satisfeito integralmente seus interesses particulares. *Não se admite contrato de concessão por prazo indeterminado*, o que ocorreria caso se admitisse essa alternativa de prorrogação até que se considere reequilibrada a relação contratual.[443]

Antes de mais nada, é preciso reconhecer que só haverá um direito subjetivo do concessionário a um reequilíbrio econômico-financeiro específico e determinado do seu contrato se houver acordo com a Administração Pública ou após o trânsito em julgado de decisão judicial. Antes disso, há apenas uma pretensão. Mesmo quando houver um crédito definitivamente constituído em favor do concessionário, a forma de executá-lo será a mesma aplicável a qualquer credor de ente estatal, nos termos dos arts. 534 e seguintes, ou 910 e seguintes do Código de Processo Civil, valendo-se das garantias contratuais porventura existentes. Não se identifica, nessa hipótese, nenhum respaldo jurídico para que se pretenda obstar a licitação – constitucionalmente determinada – para manter o concessionário como prestador do serviço, até que sua pretensão seja satisfeita.

Deve-se considerar, ainda, que prorrogações contratuais judicialmente determinadas para assegurar o seu reequilíbrio econômico-financeiro, em geral, não avaliam a performance do concessionário quanto ao respeito aos requisitos mínimos de qualidade exigidos do concessionário – mesmo porque o Poder Judiciário sequer goza das capacidades institucionais para essa verificação – nem costumam

---

[443] No mesmo sentido: "A vedação à prorrogação automática se aproxima das razões que vedam a concessão por prazo indeterminado. De partida, impede-se a prorrogação automática por representar risco de perpetuidade do referido contrato, imunizando-o da incidência de novos regimes sobre a concessão" (FREITAS, Rafael Véras de; RIBEIRO, Leonardo Coelho. O prazo como elemento da economia contratual das concessões: as espécies de 'prorrogação'. *In*: MOREIRA, Egon Bockmann (Coord.). *Contratos administrativos, equilíbrio econômico-financeiro e a taxa interna de retorno*. Belo Horizonte: Fórum, 2016. p. 293).

respeitar os limites globais de vigência contratual, já que se deve considerar a soma do período inicial com o das prorrogações contratualmente autorizadas, como um marco temporal que não pode, em hipótese nenhuma, ser ultrapassado.

Maurício Portugal também indica que, quando do advento do termo final do prazo do contrato, caso seja devida indenização por investimentos não amortizados, o ideal seria "a conversão automática do valor da indenização em prazo adicional do contrato". No entanto, tempera a sua recomendação, admitindo que o Poder Concedente não fique impedido de realizar uma nova licitação, "desde que a extinção do contrato em curso e a assinatura do novo contrato de concessão fiquem condicionados ao pagamento da indenização por investimentos não amortizados ao concessionário".[444] Trata-se de proposta que pretende conciliar o interesse público em licitar com o interesse do particular de ver satisfeito o seu crédito. Para que seja viável, no entanto, é preciso que exista um crédito líquido e certo para o concessionário, não bastando uma mera pretensão. Não seria possível realizar uma licitação prevendo para o licitante vencedor a obrigação de pagar ao concessionário *sainte* um valor ainda incerto e indeterminado.

Ao examinar essa questão, a Segunda Turma do Superior Tribunal de Justiça afirmou que o termo final do contrato de concessão de serviço público não se condiciona ao pagamento prévio de eventual indenização que seja apurada como devida, de modo que "cabe ao ente concedente a retomada imediata da prestação do serviço público até a realização de nova licitação, para garantir a continuidade do serviço".[445]

Quanto à determinação contida no parágrafo único do art. 39 da Lei nº 8.987/95, no sentido de que, mesmo nos casos em que o concessionário tenha direito à rescisão do contrato, deverá manter o serviço em funcionamento até que decisão judicial transitada em julgado tenha desconstituído o vínculo contratual, trata-se de norma que visa a assegurar a continuidade dos serviços públicos naqueles casos em que haja

---

[444] RIBEIRO, Maurício Portugal. *10 anos da Lei de PPP, 20 anos da Lei de Concessões*: viabilizando a implantação e melhoria de infraestruturas para o desenvolvimento econômico-social. p. 375. Disponível em: http://www.portugalribeiro.com.br/10-anos-das-lei-de-pps-20-anos-da-lei-de-concessoes/. Acesso em: 18 nov. 2019.

[445] "2. O STJ firmou o entendimento de que, havendo a extinção de concessão de serviço público por decurso do prazo, cabe ao ente concedente a retomada imediata da prestação do serviço público até a realização de nova licitação, para garantir a continuidade do serviço, não se condicionando o termo final do contrato ao pagamento prévio de eventual indenização, a ser requerida nas vias ordinárias" (SUPERIOR TRIBUNAL DE JUSTIÇA. Segunda Turma. AgInt no AREsp 644.026/MG. Rel. Min. Og Fernandes, julgado em 19.06.2018, *DJe* 26.06.2018).

discordância entre o concessionário e o Poder Concedente quanto ao cumprimento das condições contratuais. Trata-se de contrato vigente, no qual descumprimentos de obrigações contratuais por parte do Poder Concedente fazem surgir para o concessionário um direito a rescindir o contrato. Em casos como esse, apenas a existência de um acordo ou de uma decisão judicial transitada em julgado autorizará a interrupção dos serviços, não se reconhecendo para o concessionário a prerrogativa de rescindir unilateralmente o contrato. Não se compreende como a interpretação dessa norma poderia redundar em se reconhecer ao concessionário o direito a continuar prestando o serviço público mesmo após o advento do termo final do contrato, que é causa de sua extinção.

No caso de que se cuida, dispondo a Administração Pública de alternativa para manter disponível aos usuários a prestação dos serviços – seja pela assunção direta pela própria Administração seja pela instituição de novo concessionário –, não há qualquer justificativa para manter em atividade o concessionário cujo contrato já se extinguiu por decurso de prazo. Seus eventuais pleitos de natureza patrimonial deverão ser discutidos na via administrativa ou judicial próprias. Evidentemente, caso não seja esse o caso e a Administração Pública não tenha outra forma de manter a continuidade dos serviços, o concessionário antigo poderá ser mantido, não em razão da existência dos seus pleitos, mas sim em decorrência de uma prorrogação emergencial, da qual se tratará no tópico seguinte.

Reitere-se, portanto, que a decisão de anuir ou não com uma prorrogação será sempre discricionária[446] e deverá examinar todas as

---

[446] Ana Paula de Barcellos reconhece que se trata de decisão discricionária: "[...] a Administração Pública poderá fazer uma avaliação, no âmbito de sua discricionariedade, de como será a melhor forma de recompor o equilíbrio original do ajuste, considerando os vários elementos que podem produzir esse resultado, desde aumento de tarifa, aumento da base pagante da tarifa, aporte de recursos pela própria Administração, prorrogação do prazo contratual, entre outros de que se possam cogitar" (BARCELLOS, Ana Paula de. A gestão do tempo pela regulação: parâmetros constitucionais para a prorrogação de prazos e alguns casos concretos. In: PEREIRA NETO, Caio Mario da Silva Pereira; PINHEIRO, Luís Felipe Valerim (Coord.). *Direito da infraestrutura*. São Paulo: Saraiva, 2017. v. 2. p. 201). No mesmo sentido, as considerações de Lino Torgal: "Só em concreto e perante cada tipo de contrato será possível decidir quais as medidas mais adequadas à reposição do equilíbrio econômico-financeiro. [...] inexiste, nesta matéria, um princípio de tipicidade de medidas correctoras. [...] as vias de reposição aí indicadas não revestem um carácter taxativo. Trata-se de uma norma aberta, que confere uma margem de manobra considerável à Administração na definição da via a utilizar" (TORGAL, Lino. Prorrogação do prazo de concessões de obras e de serviços públicos. *Revista de Contratos Públicos*, Coimbra, v. 1, p. 219-263, jan./abr. 2011. p. 252). Em dissertação dedicada ao tema das prorrogações para fins de reequilíbrio econômico-financeiro, Laís Senna afirma que: "Apresentadas algumas das formas de recomposição do equilíbrio econômico-financeiro surge a dúvida quanto ao critério de aplicação dessas medidas. Entendemos ter o Poder Concedente discricio-

circunstâncias fáticas existentes, além do regime jurídico aplicável, a fim de avaliar se há ou não interesse público em assim proceder. Ao tratar das prorrogações como medida de reequilíbrio contratual, Rafael Oliveira ressalta algumas medidas de cautela que devem ser adotadas pela Administração Pública, entre as quais explicita a necessidade de "demonstração, fundamentada de que a prorrogação contratual revela a melhor medida para o reequilíbrio quando comparada com outros instrumentos".[447] Reconhece, portanto, inexistir direito adquirido do concessionário à prorrogação, a qual dependerá – mesmo quando destinada a recompor o equilíbrio contratual – de uma avaliação da Administração, que deverá envolver uma análise comparativa com outras alternativas disponíveis e optar pela prorrogação apenas quando entender se tratar da forma que melhor atende ao interesse público. Adverte, ainda, o autor, quanto à "impossibilidade de prorrogações sucessivas *ad aeternum* que transformem o contrato por prazo determinado em relação com prazo indeterminado".[448]

Apesar do esforço realizado por vários autores para destacar as vantagens da prorrogação sobre outras modalidades de recomposição do equilíbrio contratual – uma vez que não onera o usuário com o aumento da tarifa, não reduz a expectativa de investimento e não se utiliza de recursos orçamentários, transferindo o custo do serviço do usuário para o contribuinte –, é preciso reconhecer que esse exame deve ser feito em cada caso concreto, à luz das circunstâncias específicas que estejam presentes. A prorrogação pode também não se revelar como uma opção satisfatória em algumas situações.[449] Pode ocorrer, por

---

nariedade na escolha do meio de recomposição" (SENNA, Laís Ribeiro de. *Alteração de prazo dos contratos de concessão de serviços públicos como forma de recomposição de seu equilíbrio econômico-financeiro*. 2018. Dissertação (Mestrado em Direito Administrativo) – Pontifícia Universidade Católica de São Paulo – PUC-SP, São Paulo, 2018. p. 43).

[447] OLIVEIRA, Rafael Carvalho Rezende. Extinção dos contratos de parcerias público-privadas (PPPs). *Revista Brasileira de Direito Público – RBDP*, Belo Horizonte, ano 17, n. 66, p. 87-111, jul./set. 2019. p. 91.

[448] Em igual sentido: "É importante ressaltar a impossibilidade de admissão de realização de prorrogações sucessivas e infinitas do contrato de concessão. Tal prática atentaria contra a própria natureza desse instituto, cuja finalidade é a temporalidade, que confira livre concorrência e isonomia entre particulares na escolha do prestador do serviço e a garantia de titularidade do serviço nas mãos do Estado" (SENNA, Laís Ribeiro de. *Alteração de prazo dos contratos de concessão de serviços públicos como forma de recomposição de seu equilíbrio econômico-financeiro*. 2018. Dissertação (Mestrado em Direito Administrativo) – Pontifícia Universidade Católica de São Paulo – PUC-SP, São Paulo, 2018. p. 51 e OLIVEIRA, Rafael Carvalho Rezende. Extinção dos contratos de parcerias público-privadas (PPPs). *Revista Brasileira de Direito Público – RBDP*, Belo Horizonte, ano 17, n. 66, p. 87-111, jul./set. 2019. p. 91.

[449] Egon Bockmann adverte que "[...] o alongamento cronológico do contrato é remédio de delicada prescrição, pois, se é certo que poderá implicar o incremento na receita em prazo

exemplo, que além de fatores de desequilíbrio a serem compensados, a concessão tenha outros problemas, não oriundos do desequilíbrio efetivamente verificado. A concessão pode não ter se revelado um bom negócio para o concessionário,[450] que superestimou receitas que não se concretizaram, apresentou proposta excessivamente agressiva para vencer a licitação e não conseguiu obter os níveis de eficiência que imaginou que conseguiria, sofreu o impacto de riscos que assumiu como seus em magnitude maior do que a esperada ou qualquer outra circunstância que tenha transformado o empreendimento em uma fonte de prejuízos para o concessionário. Nesse caso, ainda que haja desequilíbrio em seu favor a ser compensado, a prorrogação de um contrato que não produz lucro jamais poderá ser admitida como o meio adequado de reequilíbrio, devendo-se, nesse caso, buscar alguma alternativa efetiva para a compensação do concessionário.

Laís Senna observa, a esse respeito, que o ideal é que o serviço público seja custeado pela cobrança da tarifa pelos usuários, de modo que a modalidade de reequilíbrio preferível seria a revisão tarifária.[451]

---

mais longo (compensando de forma menos traumática o desequilíbrio presente), fato é que exige especial atenção, porquanto: (i) a faculdade de prorrogar não derroga a norma da obrigatoriedade de licitação, mas apenas a excepciona (logo, deve ser interpretada restritivamente); (ii) sua instalação não pode exigir novos investimentos de elevado volume (muito menos se estes forem transferidos ao concedente – o que desnaturará a qualidade de comum da concessão); (iii) a extensão do tempo deve ser certa e exauriente, pois não pode ser renovada ad eternum (pena de transformar um contrato com prazo determinado em algo com termo final incerto); (iv) a depender do momento contratual (antes de sua metade, por exemplo), a prorrogação não envolverá a solução do desequilíbrio, mas a instalação de futura incerteza ainda mais grave; (v) a prorrogação não se presta a resolver problemas de ausência de receitas presentes" (MOREIRA, Egon Bockmann. *Direito das concessões de serviço público*: inteligência da Lei 8987/95. São Paulo: Malheiros, 2010. p. 133).

[450] "Contudo, apesar das relevantes vantagens que o mecanismo apresenta, não será ele adequado à resolução de todo e qualquer tipo de desequilíbrio – a exemplo de desequilíbrios que incrementem os custos fixos na prestação do serviço ou que frustrem de forma corrente as receitas projetadas. Isso porque a dilação do prazo contratual não promoverá o reequilíbrio se o particular não estiver obtendo resultados financeiros positivos com a execução da atividade, resultado capaz de, para além de remunerá-lo em patamares adequados, consubstanciar um delta destinado a amortizar o desequilíbrio experimentado. Nesta hipótese, careceria de sentido a prorrogação do contrato, pois sua aplicação não combinada com outras medidas incorreria em majoração progressiva do desequilíbrio ou se mostraria incapaz de amortizar o desequilíbrio previamente configurado" (CANTO, Mariana Dall'Agnol; GUZELA, Rafaella Peçanha. Prorrogações contratuais em contratos de concessão. *In*: MOREIRA, Egon Bockmann (Coord.). *Contratos administrativos, equilíbrio econômico-financeiro e a taxa interna de retorno*. Belo Horizonte: Fórum, 2016. p. 219).

[451] "Como na assinatura do contrato fica acertada entre as partes a remuneração mediante a prestação do serviço, seria ideal a recomposição do equilíbrio garantido à concessionária a partir de uma compensação de mesma natureza que a prestação original comprometida, qual seja, a remuneração a partir do pagamento de tarifas pelos usuários do serviço público prestado" (SENNA, Laís Ribeiro de. *Alteração de prazo dos contratos de concessão de serviços*

No caso dos arrendamentos portuários, a Resolução nº 3.220/2017 da Agência Nacional de Transportes Aquaviários – Antaq estabeleceu como meio preferencial de reequilíbrio contratual o aumento ou redução dos valores previstos em contrato, embora também tenha previsto a possibilidade de prorrogação:

> Art. 14 A recomposição do equilíbrio econômico-financeiro dos contratos de arrendamentos a que se refere esta Norma poderá se dar, a critério do poder concedente, por intermédio, mas não se limitando, da utilização dos seguintes meios:
> I - Preferencialmente pelo aumento ou redução dos valores financeiros previstos no contrato de arrendamento;
> II - Modificação das obrigações contratuais do arrendatário previstas no próprio fluxo de caixa marginal;
> III - Extensão ou redução do prazo de vigência do contrato de arrendamento; e
> IV - Pagamento de indenização.

O Tribunal de Contas da União, ao aplicar a referida resolução,[452] estabeleceu a necessidade de que seja observada uma série de condições para que seja possível prorrogar um contrato de concessão para fins de reequilíbrio, destacando-se a identificação de fato superveniente imprevisível e a demonstração da inviabilidade de utilização de outros mecanismos, revelando que todas as demais formas de recomposição do equilíbrio devem gozar de prioridade em relação à prorrogação. Vale referir, ainda, à necessidade de se respeitar os limites materiais, de modo a que o objeto contratual não reste descaracterizado, e à vedação da prorrogação em casos de performance insuficiente:

> 9.2.1.2. restringir a hipótese de prorrogação contratual para fins de reequilíbrio econômico-financeiro em contratos de arrendamento portuário às situações em que restar demonstrado que a alternativa da licitação comprovadamente não se mostra a mais vantajosa, bem como o cumprimento dos seguintes requisitos, cumulativamente, para cada contrato:
> 9.2.1.2.1. ocorrência de fato superveniente, imprevisível ou previsível, mas de consequências incalculáveis, alocado como risco do poder concedente que tenha modificado a situação contratada inicialmente;

---

públicos como forma de recomposição de seu equilíbrio econômico-financeiro. 2018. Dissertação (Mestrado em Direito Administrativo) – Pontifícia Universidade Católica de São Paulo – PUC-SP, São Paulo, 2018. p. 85).
[452] TRIBUNAL DE CONTAS DA UNIÃO. Acórdão nº 1.446/2018. Plenário. Rel. Min. Bruno Dantas, processo nº 030.098/2017-3.

9.2.1.2.2. necessidade de adoção de mecanismo para a recomposição de desequilíbrio econômico-financeiro materialmente relevante;

9.2.1.2.3. demonstração da inviabilidade de utilização de outros mecanismos que interfiram prioritariamente na relação entre o poder público e o particular, e, subsequentemente, nos serviços disponibilizados aos usuários, nos termos do Acórdão 774/2016-TCU-Plenário e do art. 14 da Resolução-Antaq 3.220/2014;

9.2.1.3. vedar a possibilidade de extensão de prazo cujos arrendatários estejam em falta com as obrigações com o Poder Público, inclusive no que tange aos investimentos originariamente previstos, bem como em relação aos padrões de qualidade e desempenho na prestação de serviço;
[...]
9.2.2.1. fixar limites objetivos, com vistas a evitar a descaracterização do objeto do contrato de arrendamento e potencial comportamento oportunista dos arrendatários;

Em outro julgamento, ao proferir o Acórdão nº 774/2016,[453] o Tribunal de Contas da União rejeitou a pretensa distinção entre os regimes jurídicos aplicáveis às prorrogações ordinárias e extraordinárias e exprimiu o entendimento, de que, entre as alternativas disponíveis para obter o reequilíbrio contratual, a opção pela prorrogação, naquele caso, seria a menos adequada, devendo ser utilizada apenas excepcionalmente, quando demonstrada a inviabilidade de utilização de outros mecanismos:

77. Verifica-se que as opções para recomposição do equilíbrio econômico-financeiro do contrato estampadas na doutrina e na regulamentação da Antaq podem ser divididas em três grupos: mecanismos que interferem na relação entre o poder público e o regulado (alteração dos encargos devidos pelo arrendatário, estipulação de indenizações), mecanismos que interferem nos serviços disponibilizados aos usuários (alteração de tarifas cobradas, modificação das obrigações contratuais) e mecanismos que interferem no contexto do mercado regulado (alteração de prazo contratual).

78. Entende-se que a alteração de prazo é a forma mais gravosa à disposição do poder concedente para se alcançar o reequilíbrio contratual. De fato, a licitação de um arrendamento portuário público envolve minuciosa preparação por parte dos eventuais interessados, demandando estudos, análise de cenários, captação de recursos e preparação de propostas. A indiscriminada alteração do termo final das avenças traz

---

[453] TRIBUNAL DE CONTAS DA UNIÃO. Acórdão nº 774/2016. Plenário. Rel. Walton Alencar Rodrigues, processo nº 021.919/2015-1.

imprevisibilidade ao setor portuário, dificultando o planejamento dos possíveis concorrentes, e demonstrando a fragilidade dos mecanismos regulatórios.

79. Ademais, convém relembrar que o decreto regulamentador da Lei dos Portos (art. 19 do Decreto 8.033/2013) impôs restrições à prorrogação de contratos de arrendamento: uma única vez, por período não superior ao originalmente contratado, este não superior a vinte e cinco anos.

80. Logo, entende-se que a alteração de prazo, por se tratar da forma mais gravosa de interferência no mercado regulado dos arrendamentos portuários, deve ser utilizada como meio de reequilíbrio econômico-financeiro contratual apenas em situações excepcionais, quando demonstrada a inviabilidade de adoção de outros mecanismos que interfiram prioritariamente na relação entre o poder público e o particular regulado (alteração dos encargos devidos pelo arrendatário, estipulação de indenizações), e, subsequentemente, mecanismos que interferiram prioritariamente nos serviços disponibilizados aos usuários (alteração de tarifas cobradas, modificação das obrigações contratuais); e ainda, desde que não incorra em afronta às restrições impostas pela legislação.

Se prevalecesse a tese de que as prorrogações constituem um direito adquirido do concessionário quando fundadas em uma necessidade de reequilíbrio contratual, cláusulas restritivas como as inseridas no contrato de concessão dos aeroportos – que limita a 5 (cinco) anos o prazo máximo de prorrogações para fins de reequilíbrio – seriam ilegais, pois estariam obstando o exercício de um direito derivado diretamente da lei. Não parece que seja essa, no entanto, a solução jurídica correta para o problema. Como já se referiu, *o direito subjetivo do concessionário é ao equilíbrio econômico-financeiro do contrato* e, por via de consequência, ao reequilíbrio da equação que tenha sido desequilibrada. *Não há direito adquirido ao método ou instrumento que será usado para obter tal reequilíbrio.* Essa decisão é discricionária da Administração. Ilegais seriam cláusulas contratuais que obstassem o direito ao reequilíbrio, jamais aquelas que interditem o uso desse ou daquele meio para obtê-lo, desde que preservem alguma alternativa para que o concessionário seja devidamente compensado.

Há, por fim, que se tratar da *duração dos períodos de prorrogação contratual* quando sua finalidade seja recobrar o equilíbrio da equação econômico-financeira do contrato. O assunto será tratado no tópico 2.3 de modo mais abrangente, quanto a todas as espécies de prorrogação atinentes aos contratos de concessão de serviço público. No entanto, tendo em vista a tendência doutrinária que se tem observado de atribuir tratamento jurídico distinto a essa espécie, justifica-se a sua análise individualizada. De início, deve-se afirmar que, se o objetivo desse tipo de prorrogação é recompor o equilíbrio do contrato, a duração do período de prorrogação deve ser aquela necessária e suficiente para obter a compensação almejada. Se for menor, não terá logrado o intento. Por outro lado, não se justifica que se seja mais alongado, pois isso provocaria o enriquecimento sem causa do concessionário. Insta examinar, no entanto, a aplicabilidade a essa espécie de prorrogação dos limites temporais que atingem as prorrogações como um todo.

Ao indicarem que se submete a um regime jurídico distinto daquele aplicável às prorrogações em geral, há autores que sustentam que a extensão de prazo para fins de reequilíbrio não se submete aos limites de duração estabelecidos nos contratos nem sequer na legislação aplicável.[454] Adotando uma posição intermediária, Lucas Navarro Prado e Luís Felipe Valerim Pinheiro – que defendem um tratamento jurídico distinto entre as prorrogações e as extensões de prazo para fins de reequilíbrio – reconhecem que os prazos máximos que sejam estipulados para as prorrogações em geral, devem também ser aplicáveis àquelas que se destinem ao reequilíbrio dos contratos.[455] No entanto, expressam a opinião de que outras limitações, como a quantidade de renovações possíveis ("prorrogável uma única vez"), não seriam aplicáveis.

Outros autores, preocupados com a ilimitação desta espécie de prorrogação para fins de reequilíbrio, preconizam que, ao menos,

---

[454] Bernardo Strobel Guimarães rejeita qualquer tipo de limitação para as prorrogações corretoras: "[...] o alcance dessas normas não pode ser extrapolado para suprimir a técnica da 'prorrogação corretora', que sempre configura uma alternativa à disposição da Administração para retomar a relação entre encargos e receitas originalmente avençada. Isso independente da previsão de prazos máximos de vigência da avença, pois configura elemento externo à previsão originária do prazo" (GUIMARÃES, Bernardo Strobel. O prazo nas concessões e as normas que estipulam vigência máxima do vínculo: algumas inquietações. In: MOREIRA, Egon Bockmann (Coord.). *Contratos administrativos, equilíbrio econômico-financeiro e a taxa interna de retorno*. Belo Horizonte: Fórum, 2016. p. 55). Para Laís Senna, "É possível então perceber certo consenso: os limites estabelecidos em lei para as prorrogações não devem ser aplicados às extensões de prazo para reequilíbrio dos contratos" (SENNA, Laís Ribeiro de. *Alteração de prazo dos contratos de concessão de serviços públicos como forma de recomposição de seu equilíbrio econômico-financeiro*. 2018. Dissertação (Mestrado em Direito Administrativo) – Pontifícia Universidade Católica de São Paulo – PUC-SP, São Paulo, 2018. p. 111). No mesmo sentido, Lino Torgal (TORGAL, Lino. Prorrogação do prazo de concessões de obras e de serviços públicos. *Revista de Contratos Públicos*, Coimbra, v. 1, p. 219-263, jan./abr. 2011. p. 260).

[455] "o único aspecto que nos parece relacionar tais situações consiste na necessária observância do prazo de vigência máximo, considerando os períodos de cada etapa (v.g., prazo original e prazo total da prorrogação)" (PRADO, Lucas Navarro; PINHEIRO, Luís Felipe Valerim. O tempo nas concessões de infraestrutura: prazo de vigência de sua prorrogação. In: MARCATO, Fernando S.; PINTO JR., Mario Engler (Coord.). *Direito da Infraestrutura*. São Paulo: Saraiva, 2017. v. 1. p. 434).

deve a extensão temporal manter relação de proporcionalidade com o prazo inicialmente avençado.[456] Como já sustentamos, não há, a nosso ver, motivo para diferenciar as prorrogações segundo as finalidades perseguidas em cada caso. Não nos parece, portanto, que haja qualquer razão para excepcionar nesse caso a aplicação da lei ou do próprio contrato em relação aos limites temporais que se imponham às prorrogações.[457] Afinal, concluindo-se que não são aplicáveis a essas prorrogações os limites estabelecidos na lei e nos contratos, quais, então, seriam os limites aplicáveis? Não nos parece que seja possível conciliar a inexistência de limites temporais para a prorrogação com a impossibilidade de prorrogações ilimitadas que se extrai do texto constitucional. Adepta da tese de que não se aplicam nesse caso os limites legais e contratuais, Laís Senna, em dissertação dedicada ao tema das alterações de prazo como forma de recomposição do equilíbrio, procura dar resposta a essa indagação, afirmando que a desnecessidade de observar os limites existentes

> [...] não significa dizer que a extensão de prazo nesse caso pode ser infinita. O Poder Concedente deverá sempre realizar seu juízo discricionário como forma de considerar a melhor opção de recomposição, orientado pelo interesse público e pelos princípios de modicidade tarifária e licitação.[458]

Pretender que o controle quanto à impossibilidade de manter contratações por tempo indeterminado seja exercido por meio de

---

[456] "[...] a prorrogação para recomposição da equação inicial deve ser proporcional aos prazos fixados no contrato originário, sob pena da subversão legal e constitucional do instituto da concessão" (SANTOS, Rodrigo Valgas dos. Concessão de serviço público: a prorrogação do prazo de exploração para recomposição do equilíbrio econômico-financeiro do contrato. *Interesse Público – IP*, Belo Horizonte, n. 38, ano 8, jul./ago. 2006).

[457] "Há que se observar, na fixação do prazo de prorrogação, os limites eventualmente fixados pelo legislador, em atenção ao princípio da legalidade. De consequência, tendo o legislador já indicado o prazo máximo da concessão, deve ele ser necessariamente observado pela Administração Pública, não sendo lícito prorrogar a concessão para além do limite preestabelecido pela lei. Do mesmo modo, se a lei determina que o serviço pode ser objeto de concessão por 30 anos, prorrogáveis por igual período, eventual prorrogação não poderá ultrapassar tal prazo. E claro, sendo vedada a prorrogação pela lei, a medida simplesmente não estará dentre aquelas passíveis de adoção em caso de quebra do equilíbrio econômico-financeiro do contrato" (MELLO, Rafael Munhoz de. Prorrogação de concessão de serviço público. *Revista de Direito Público da Economia – RDPE*, Belo Horizonte, ano 12, n. 46, p. 207-222, abr./jun. 2014. p. 217).

[458] SENNA, Laís Ribeiro de. *Alteração de prazo dos contratos de concessão de serviços públicos como forma de recomposição de seu equilíbrio econômico-financeiro*. 2018. Dissertação (Mestrado em Direito Administrativo) – Pontifícia Universidade Católica de São Paulo – PUC-SP, São Paulo, 2018. p. 111.

um poder discricionário da Administração Pública não parece ser uma solução adequada. Tanto o art. 175 da Constituição, como a Lei nº 8.987/95, determinam que o contrato de concessão deve conter as condições para a prorrogação do contrato. É, afinal, a lei que pode disciplinar os casos de prorrogação segundo o texto constitucional. Não havendo disciplina legal a esse respeito, deve-se aplicar a regra geral do *caput* do art. 175, ou seja, deve-se proceder à licitação. Nesse sentido, não é possível que nenhuma das modalidades de prorrogação se dê fora dos limites legais e, tendo em vista que, segundo os termos da lei, é cláusula essencial dos contratos de concessão aquela que estabeleça as condições da prorrogação, pode-se concluir que, sem previsão contratual expressa não é possível prorrogar o contrato. Havendo cláusula contratual nesse sentido, toda e qualquer prorrogação deve atender às suas condições e aos seus limites.

Será sempre necessário, portanto, interpretar o contrato e encontrar nele tanto a autorização quanto os limites objetivos para as prorrogações. Assim, se o *contrato é silente*, isso significará a impossibilidade de prorrogação. De qualquer uma de suas espécies. Se houver autorização genérica, qualquer uma delas será possível. Sendo genérico o limite temporal, deverá ser observado para a soma de todas as prorrogações pretendidas. Não será possível ultrapassá-lo, qualquer que seja a espécie da prorrogação pretendida. Já nas hipóteses em que o contrato contiver previsão de regimes jurídicos distintos para distintas espécies de prorrogação, aí sim será possível a diferenciação. O Superior Tribunal de Justiça já afirmou esse entendimento, de que as limitações genericamente impostas às prorrogações se aplicam também àquelas cuja finalidade seja o reequilíbrio do contrato:[459]

> 1. O STJ entende que, fixado estabelecido prazo de duração para o contrato, não pode a Administração alterar essa regra e elastecer o pacto para além do inicialmente fixado, sem prévia abertura de novo procedimento licitatório, porquanto tal prorrogação implicaria quebra da regra da licitação, ainda que, *in casu*, se verifique a ocorrência de desequilíbrio econômico-financeiro do contrato com o reconhecimento de que as concessionárias dos serviços devam ser indenizadas.

---

[459] SUPERIOR TRIBUNAL DE JUSTIÇA. Segunda Turma. REsp 1549406/SC. Rel. Min. Herman Benjamin, julgado em 16.08.2016, *DJe* 06.09.2016.

No mesmo sentido:[460]

2. Fixado determinado prazo de duração para o contrato e também disposto, no mesmo edital e contrato, que esse prazo só poderá ser prorrogado por igual período, não pode a Administração alterar essa regra e elastecer o pacto para além do inicialmente fixado, sem prévia abertura de novo procedimento licitatório, sob pena de violação não apenas das disposições contratuais estabelecidas mas, sobretudo, de determinações impostas pela Constituição Federal e por toda a legislação federal que rege a exploração dos serviços de loterias.
3. Não há ofensa ao equilíbrio contratual econômico financeiro em face dos investimentos realizados pela empresa recorrente, porquanto o ajuste de tal equilíbrio se faz em caráter excepcional por meio dos preços pactuados e não pela ampliação do prazo contratual. A prorrogação indefinida do contrato é forma de subversão às determinações legais e constitucionais que versam sobre o regime de concessão e permissão para exploração de serviços públicos, o que não pode ser ratificado por este Superior Tribunal de Justiça.

Há também decisão do Superior Tribunal de Justiça em que foi mantido o entendimento do tribunal do *a quo* no sentido de que a "dilatação" do prazo para fins de reequilíbrio possui natureza diversa da prorrogação do contrato.[461] No entanto, a Corte não examinou o mérito da questão, tendo prevalecido o entendimento de que o julgado do tribunal *a quo* (Tribunal de Justiça de São Paulo) não poderia ser revisto em decorrência das limitações impostas pela Súmula nº 7 da Corte, que veda o reexame de questões de fato:

IV. O Tribunal de origem, com base no exame dos elementos fáticos dos autos, consignou que "não ficou efetivamente comprovada a ilegalidade e a lesividade apontada pelos autores, que ensejaria o prosseguimento da ação popular com consequente procedência". Segundo o aresto recorrido, "não houve uma prorrogação contratual, mas sim a dilatação do prazo em virtude do restabelecimento do equilíbrio econômico-financeiro, que de fato, como bem salientou a ré Transporte Coletivo Grande Bauru Ltda., [...] possui natureza jurídica diversa da prorrogação. [...] Em tal contexto, como bem afirmou o D. Juízo *a quo*, houve regular procedimento licitatório original e a prorrogação posterior não

---

[460] SUPERIOR TRIBUNAL DE JUSTIÇA. Segunda Turma. REsp 912.402/GO. Rel. Min. Mauro Campbell Marques, julgado em 06.08.2009, *DJe* 19.08.2009.
[461] SUPERIOR TRIBUNAL DE JUSTIÇA. Segunda Turma. AgInt no AREsp 1.320.094/SP. Rel. Min. Assusete Magalhães, julgado em 28.03.2019, *DJe* 04.04.2019.

indica, por si, lesividade, não havendo prova desta a supedanear a ação popular". Assim, concluiu pela manutenção da sentença, "posto que não ficou devidamente comprovado o binômio ilegalidade-lesividade, que configuraria o pressuposto elementar para a admissibilidade, consequente procedência da ação popular". Tal entendimento firmado pelo Tribunal *a quo* não pode ser revisto, pelo Superior Tribunal de Justiça, em sede de Recurso Especial, sob pena de ofensa ao comando inscrito na Súmula 7 desta Corte.

Em princípio, saber se os limites legais impostos para as prorrogações aplicam-se aos casos de reequilíbrio parece ser matéria de direito e não de fato. De todo modo, tendo em vista o entendimento da corte de que se aplicaria a Súmula nº 7, deixou-se de apreciar o mérito. A interpretação que prevaleceu no sentido de diferenciar a "dilatação" de prazo para fins de reequilíbrio reflete, portanto, o entendimento do Tribunal de Justiça de São Paulo e não do Superior Tribunal de Justiça que, como se viu nos precedentes acima mencionados, rejeita tal distinção.

O Tribunal de Contas da União também já decidiu, ao tratar dos contratos de arrendamento portuário, que, nas hipóteses de prorrogação contratual para fins de reequilíbrio econômico-financeiro, deve-se "avaliar a imposição de limite temporal com vistas a vedar a utilização do instituto no período final do contrato", assim como "avaliar a definição de limites que assegurem que o prazo admissível para a prorrogação guarde razoável relação de proporcionalidade com o prazo inicial do contrato".[462]

2.2.2.2 Prorrogação antecipada (para fins de reequilíbrio)

A prorrogação antecipada, como já se referiu, é uma espécie de prorrogação para fins de reequilíbrio,[463] decorrente de uma modificação

---

[462] TRIBUNAL DE CONTAS DA UNIÃO. Acórdão nº 1.446/2018. Plenário. Rel. Min. Bruno Dantas, processo nº 030.098/2017-3.

[463] A diferenciação dos dois institutos foi assim caracterizada no Acórdão nº 2.876/2019 do Tribunal de Contas da União: "Ou seja, a prorrogação antecipada faz uso de previsão contida em contrato com o prazo máximo possível predefinido, mas que até o momento da celebração tratava-se de uma mera expectativa de prorrogação. Com a sua efetiva antecipação, a expectativa é transformada e incorporada definitivamente ao patrimônio do contratado, com a dilação do prazo para uma nova data de vigência, até o limite máximo previsto no contrato. Já a prorrogação para fins de reequilíbrio é cabível para situações em que o equilíbrio da equação econômico-financeira da concessão é alterado, diante de ocorrência de eventos supervenientes e imprevisíveis, ou previsíveis, mas de consequências incalculáveis. A prorrogação do prazo, como uma dentre as medidas regulatórias disponíveis, é acionada como forma de se recompor o equilíbrio econômico-financeiro do

contratual reputada pelo Poder Concedente como imprescindível. Diante da constatação quanto à necessidade de realização de investimentos não previstos pelo contrato, ao invés de impor unilateralmente a alteração desejada, a Administração Pública pode optar por negociar com o concessionário a celebração de um termo aditivo que incluirá os novos investimentos a serem realizados e a forma pela qual o concessionário será compensado, de modo a manter a equação econômico-financeira do contrato equilibrada.[464] Nos casos em que o mecanismo de reequilíbrio acordado é a prorrogação do prazo, tratar-se-á de uma prorrogação antecipada, já que ocorrerá de maneira precoce, em momento afastado do termo final do contrato originalmente estabelecido.

Nos Estados Unidos, no período em que as *public utilities* eram reguladas por contratos de *franchise* (essencialmente, nas décadas que precederam o *New Deal*), há notícia de prorrogações de prazo renegociadas em momento substancialmente anterior ao termo final originalmente pactuado entre as partes.[465] No Brasil, há atualmente previsão expressa em lei para esse tipo de prorrogação, do que se tratará a seguir. Antes disso, no entanto, o instituto já era admitido pela prática administrativa. Após o revigoramento dos contratos de concessão na década de 90, há diversos exemplos em que essas prorrogações

---

contrato" (TRIBUNAL DE CONTAS DA UNIÃO. Acórdão nº 2.876/2019. Plenário. Rel. Min. Augusto Nardes, processo nº 009.032/2016-9).

[464] "[...] quando definidos pelo Poder Concedente e pela concessionária a prorrogação antecipada, tem-se a antecipação de uma decisão discricionária mediante o cumprimento de novas obrigações por parte deste contratado, tais quais, a realização de novos investimentos, não previstos inicialmente" (SENNA, Laís Ribeiro de. *Alteração de prazo dos contratos de concessão de serviços públicos como forma de recomposição de seu equilíbrio econômico-financeiro*. 2018. Dissertação (Mestrado em Direito Administrativo) – Pontifícia Universidade Católica de São Paulo – PUC-SP, São Paulo, 2018. p. 67). No mesmo sentido: "A antecipação do prazo contratual mediante contrapartida, por sua vez, terá lugar nas hipóteses que, por razões econômicas, o poder concedente, ao invés de esperar o termo do contrato de concessão, incentiva que o concessionário realize investimentos imprevistos nas suas obrigações contratuais originárias, mediante a contrapartida de ampliação da vigência do prazo da concessão. [...] Trata-se de expediente que se apresenta vantajoso para o poder público, em razão da possibilidade de realização de novos investimentos imediatos em infraestrutura pública, que teriam de ser adiados até o final da vigência das concessões" (FREITAS, Rafael Véras de; RIBEIRO, Leonardo Coelho. O prazo como elemento da economia contratual das concessões: as espécies de 'prorrogação'. In: MOREIRA, Egon Bockmann (Coord.). *Contratos administrativos, equilíbrio econômico-financeiro e a taxa interna de retorno*. Belo Horizonte: Fórum, 2016. p. 297).

[465] "In addition, there are many examples of simple renegotiation of the franchise duration – for example, extending its duration by twenty or thirty years – substantially prior to the expiration of the original franchise" (PRIEST, George L. The origins of utility regulation and the "theories of regulation" debate. *The Journal of Law & Economics*, Chicago, v. 36, n. 1, part 2, abr. 1993. p. 312).

precoces foram negociadas, mesmo antes da previsão legal explícita. Há alguns casos notórios, no Estado e no Município do Rio de Janeiro, que merecem ser examinados.

O contrato de concessão para a exploração dos serviços públicos de transporte metroviário de passageiros no Estado do Rio de Janeiro foi firmado em 1998,[466] por 25 anos, até 2023. Em 2007 foi firmado o Termo Aditivo nº 6,[467] prorrogando-o por mais 25 anos. A decisão se deu após cerca de 9 (nove) anos de execução contratual, muito antes, portanto, da metade do período inicialmente avençado e estendeu o seu prazo até 2048, em momento distante mais de 40 anos da data em que a decisão foi tomada. A análise jurídica quanto à minuta de aditivo que se propunha, resultou no Parecer nº 1/2007 – MLM/PHSC, exarado pela Procuradoria-Geral do Estado, no qual se afirmou:

> A critério exclusivo do poder concedente, especialmente para assegurar a continuidade e qualidade dos serviços públicos, o prazo da concessão poderá ser prorrogado, hipótese excepcional à regra de duração dos contratos que, para ser efetivada, depende da observância do princípio da motivação, onde o poder concedente, analisando requerimento (consubstanciado em relatórios técnicos de regularidade e qualidade dos serviços aprovados pela agência reguladora, bem como na apresentação de um plano de investimentos para o novo período contratual) da concessionária, formulado em prazo anterior ao término da concessão, inicalmente avençado, verificará o interese público (exame de conveniência e oportunidade) na prorrogação, inclusive no que diz respeito à manutenção ou não da exclusividade na prestação dos serviços na área concedida.

Situação muito semelhante ocorreu em relação aos serviços públicos de transporte ferroviário urbano, cujo contrato de concessão também foi firmado em 1998, pelos mesmos 25 anos,[468] tendo sido o

---

[466] Agência Reguladora de Serviços Públicos Concedidos de Transportes Aquaviários, Ferroviários e Metroviários e de Rodovias do Estado do Rio de Janeiro – AGETRANSP. Contrato de concessão para a exploração dos serviços públicos de transporte metroviário de passageiros, celebrado entre a Opportrans e o Estado do Rio de Janeiro, em 27.1.1988 (Disponível em: http://www.agetransp.rj.gov.br/documents/10181/54877/CONTRATO+DE+CONCESS%C3%83O+-+Metr%C3%B4Rio+-+31-03-1999.pdf/be7fe265-4d84-4519-8099-15644da76628. Acesso em: 5 dez. 2019).

[467] Todos os aditivos podem ser consultados no mesmo endereço eletrônico referido na nota acima.

[468] Agência Reguladora de Serviços Públicos Concedidos de Transportes Aquaviários, Ferroviários e Metroviários e de Rodovias do Estado do Rio de Janeiro – AGETRANSP. Contrato de concessão para exploração dos serviços públicos de transporte ferroviário

seu termo final fixado em 2023. Firmou-se, então, em 2010, o Termo Aditivo nº 8, prorrogando-o por mais 25 anos, estendendo, portanto, o seu prazo até 2048. A prorrogação se deu, como se pode constatar, após cerca de 12 anos de execução contratual. Pronunciando-se na qualidade de procurador do Estado do Rio de Janeiro, quanto à minuta proposta para o aditivo, o grande e saudoso administrativista Marcos Juruena colacionou diversos excertos de doutrina que, àquela época, sem que houvesse lei tratando especificamente do assunto, expressamente admitiam a prorrogação do prazo dos contratos de concessão como mecanismo para recobrar o seu equilíbrio econômico-financeiro e concluiu:

> Em síntese, a prorrogação do prazo contratual seria um mecanismo juridicamente válido para o atingimento do objetivo de recomposição do equilíbrio.
> Na hipótese em exame, tal prorrogação tem por objetivo realizar, de forma mais suave para o contratante, a compensação dos gastos suportados pela concessionária na execução de novos investimentos.

Também no Município do Rio de Janeiro já houve experiência deste tipo, como ocorreu na concessão firmada para a exploração da Linha Amarela.[469] O contrato de concessão foi originalmente firmado em 1994, pelo prazo originário de 120 meses, ou seja, 10 anos. Em 1997, foi assinado o 4º Termo Aditivo, acrescentando investimentos não previstos anteriormente e ampliando o prazo de vigência contratual para 162 meses. Já o 5º Termo Aditivo, firmado em 1999, passou o prazo da concessão para 300 meses, os quais deveriam ser contados apenas a partir de 1º.1.1998, ocasião em que se iniciou a cobrança do pedágio. Já em 2010, o 11º Termo Aditivo novamente acresceu investimentos, alguns deles, inclusive, fora da área de concessão, com o objetivo de melhorar a mobilidade na cidade, estendendo o prazo contratual para 480 meses que, contados a partir de 1998, levaram o termo final do contrato – que havia sido inicialmente fixado em 2004 – para 2038.

---

de passageiros celebrado entre a Supervia e o Estado do Rio de Janeiro (Disponível em: http://www.agetransp.rj.gov.br/contratos?_contratos_WAR_agetranspportlet_concessionaria=Supervia. Acesso em: 19 nov. 2019). O contrato e todos os seus aditivos podem ser consultados no endereço eletrônico referido, mantido pela AGETRANSP.

[469] PREFEITURA DO RIO DE JANEIRO. *Contrato de concessão para exploração de pedágio.* Disponível em: http://prefeitura.rio/documents/8822216/10480306/Linha_Amarela.pdf. Acesso em: 19 nov. 2019.

A elevação do valor cobrado pelo pedágio urbano a níveis muito superiores ao padrão verificado no Estado, considerando, inclusive, as estradas fluminenses, gerou uma grande polêmica, alimentada não só pela decisão de onerar os usuários com custos relacionados a obras realizadas fora da área da concessão, quanto pela decisão de, em 2010, levar o termo final do contrato para data distante 28 anos daquele momento, quando inicialmente o contrato havia sido celebrado por 10 anos. A questão acabou ganhando contornos políticos e o município, em determinado momento, iniciou verdadeira cruzada contra a concessionária, com a adoção de medidas de legalidade questionável, incluindo a destruição da praça de pedágio, dando início a uma longa contenda judicial.

A partir de 2018, foram publicados os decretos municipais nºs 45.546/2018, 45.645/2019 e 45.969/2019,[470] que simplesmente determinavam a interrupção da cobrança do pedágio na via, alegando desequilíbrio contratual em favor do município. A cada tutela de urgência que era concedida nos autos do Processo nº 0323589-13.2018.8.19.0001, em curso na 6ª Vara de Fazenda Pública da Comarca da Capital do Estado do Rio de Janeiro, suspendendo seus efeitos, publicava-se o seguinte decreto, sob o pretexto de terem sido sanadas as deficiências apontadas na decisão judicial anterior. O caso chegou ao ponto em que, em uma noite de domingo, em 27.10.2019, o prefeito determinou que agentes da prefeitura destruíssem as cancelas, impedindo a cobrança do pedágio, o que efetivamente foi feito,[471] tendo sido esses fatos objeto de nova liminar, proferida no Processo nº 0272141-64.2019.8.19.0001, também em curso na 6ª Vara de Fazenda Pública, que determinou ao município que se abstivesse de encampar a concessão sem a observância do devido processo legal. Foi, então, aprovada a Lei Complementar municipal nº 213/2019, autorizando a encampação da via, a qual veio a ser posteriormente suspensa por nova decisão liminar, fundada em possível inconstitucionalidade do procedimento previsto na lei municipal, que consistiria em verdadeira apuração unilateral dos prejuízos.[472] Atualmente, a concessionária se mantém como prestadora

---

[470] A decisão liminar referente ao último desses decretos, com o histórico dos fatos, pode ser consultada em: https://www.migalhas.com.br/arquivos/2019/5/art20190523-08.pdf (Acesso em: 20 nov. 2019).

[471] A notícia desses acontecimentos pode ser consultada em: https://g1.globo.com/rj/rio-de-janeiro/noticia/2019.10.27/prefeitura-do-rio-assume-linha-amarela-e-suspende-pedagio-neste-domingo.ghtml (Acesso em: 20 nov. 2019).

[472] *Vide* notícia veiculada em: https://oglobo.globo.com/rio/justica-suspende-lei-que-autoriza-encampacao-da-linha-amarela-pela-prefeitura-entenda-crise-24080388 (Acesso em: 20 nov. 2019).

do serviço – estando o processo de encampação suspenso pelo Supremo Tribunal Federal, nos autos da Reclamação nº 43.697 – e não há notícia quanto à definição sobre eventual crédito em favor da concessionária.

Os fatos acima narrados, ocorridos em concessões do Estado e do Município do Rio de Janeiro, encerram exemplos de prorrogações antecipadas de contratos de concessão, levadas a cabo em momento bastante precoce em relação ao termo final do contrato ou por tempo desproporcional ao prazo inicialmente ajustado. Não há dúvida, como já se afirmou, de que existe a possibilidade de utilizar as prorrogações contratuais como instrumento para recompor o equilíbrio econômico-financeiro das concessões. O desafio que se põe consiste em encontrar o momento mais adequado para que isso seja feito e os limites de proporcionalidade a serem observados.

No caso da concessão estadual do Metrô Rio, em 2007 – quando o contrato estava vigente há menos de 10 anos, com menos da metade de seu prazo decorrido –, sua duração, inicialmente estabelecida em 25 anos, foi postergada para 2048, momento 41 anos distante daquele em que a decisão foi tomada. A situação é muito parecida no caso da Supervia (serviço de trens urbanos) e no caso da Linha Amarela, esta última uma concessão de 10 anos, firmada em 1994, que, em 2010, foi estendida até 2038, momento distante 28 anos daquela data. Ressalte-se, ainda, que a última prorrogação se deu por prazo bastante superior à duração original do contrato. Nesses casos, não parece que a questão principal a responder seja se é ou não possível usar as prorrogações como instrumentos de revisão contratual, mas sim se deve haver algum limite temporal para a antecipação do momento em que tais prorrogações serão examinadas, assim como para a extensão de prazo a ser conferida.

Nesse sentido, são louváveis as iniciativas legislativas recentes de se disciplinar a prorrogação antecipada. Premido pelas circunstâncias criadas pela crise econômica, cujos efeitos no Brasil se acirraram a partir de 2014, aumentando bastante as dificuldades para a atração de novos investidores para projetos de infraestrutura no Brasil, foram disciplinados esses mecanismos legais de flexibilização dos prazos contratuais, já que, diante de um cenário de escassez de recursos, tornou-se imperioso negociar com concessionários incumbentes, com vista à possibilidade de ampliar o seu nível de investimentos, oferecendo-se, em contrapartida, a ampliação do prazo dos respectivos contratos.

Surgiram, assim, os novos marcos legais. O primeiro exemplo – e menos bem-sucedido – foi o da Lei nº 12.783/13 que, em seu art. 12, autorizou o Poder Concedente a antecipar, em até 60 meses, relativamente ao termo final do contrato, os efeitos da prorrogação. O objetivo principal, como já se referiu, era o de reduzir as tarifas de energia elétrica, uma vez que as usinas já tinham amortizado integralmente os seus investimentos e ainda havia significativo tempo de vida útil restante para os seus ativos. A prorrogação antecipada das usinas hidrelétricas deveria se dar, deste modo, com a alteração do regime de comercialização da energia produzida, que deixava de se dar em ambiente livre e passava a ocorrer em ambiente regulado, com tarifa fixada pela ANEEL, calculada apenas com base nos custos operacionais e de manutenção. Nos anos seguintes, no entanto, por razões diversas, a tarifa de energia elétrica no Brasil acabou alcançando patamares elevadíssimos.

No mesmo ano, o art. 57 da Lei nº 12.815/13 permitiu a prorrogação antecipada dos contratos de arrendamento portuário firmados sob a égide da Lei nº 8.630/93, excluindo-se, portanto, os contratos mais antigos, celebrados sob a vigência da legislação anterior, que não exigia a licitação. A norma legal também exigiu expressamente a existência de cláusula contratual permitindo a prorrogação, para que a sua antecipação fosse possível. Apenas os contratos que já estavam aptos a serem prorrogados, portanto, poderiam ter o momento da sua prorrogação antecipado. Além disso, foi estabelecida a condição de que o concessionário aceitasse assumir novas obrigações de investimento, sendo essa a razão de interesse público que motivou a instituição desse mecanismo legal, dada a premência por investimentos imediatos no setor.[473]

Mais recentemente, foi editada a Lei nº 13.448/2017 que, em seu art. 6º, §1º, introduziu modalidade de prorrogação antecipada especificamente dirigida aos contratos de parceria e empreendimentos qualificados no âmbito do Programa de Parcerias e Investimentos (PPI), disciplinado pela Lei nº 13.334/2010.[474] Além da obrigatoriedade de estar qualificado no PPI, conter cláusula autorizadora da prorrogação no contrato e incluir novos investimentos, também foram inseridas outras

---

[473] Vide, a esse respeito, as considerações de Lucas Navarro Prado e Luís Felipe Valerin em: PRADO, Lucas Navarro; PINHEIRO, Luís Felipe Valerim. O tempo nas concessões de infraestrutura: prazo de vigência de sua prorrogação. In: MARCATO, Fernando S.; PINTO JR., Mario Engler (Coord.). Direito da Infraestrutura. São Paulo: Saraiva, 2017. v. 1.

[474] "Trata-se de prorrogação do prazo dos contratos de parceria nos setores rodoviário e ferroviário, em razão da inclusão de novos investimentos não previstos no instrumento contratual vigente, realizada a critério do órgão ou da entidade competente e com a concordância do contratado (arts. 4º, inc. II e 6º da lei nº 13.448/2017)" (OLIVEIRA, Rafael Carvalho Rezende. Extinção dos contratos de parcerias público-privadas (PPPs). Revista Brasileira de Direito Público – RBDP, Belo Horizonte, ano 17, n. 66, p. 87-111, jul./set. 2019. p. 91).

condicionantes para essa prorrogação antecipada.[475] Uma genérica, de caráter temporal, que só permite a antecipação da prorrogação se, ao menos, a metade da duração originalmente pactuada já tiver sido esgotada e desde que não tenha sido ultrapassado 90% de sua duração. Deste modo, evitam-se casos, como os ocorridos no Rio de Janeiro, os quais se relatou acima, em que contrato firmado com prazo inicial de 25 anos foi prorrogado após 7 anos de execução;[476] assim como a antecipação da prorrogação quando o termo final do contrato já esteja muito próximo, situação em que é preferível aguardar o seu curso para, então, negociar um aditivo de prorrogação convencional. As prorrogações antecipadas devem ser reservadas para aquelas situações em que há premência para a realização de novos investimentos e não se pode esperar o advento do prazo final do contrato, que ainda está muito distante no tempo.[477]

Foram inseridos ainda condicionantes específicas. Para o setor rodoviário, impôs-se a constatação de conclusão de, pelo menos, 80% dos investimentos contratualmente acordados e para o setor ferroviário, o cumprimento, nos últimos 5 anos, das metas de produção e segurança estipuladas no contrato. O objetivo foi o de assegurar que seriam antecipadas as prorrogações apenas naqueles casos em que o contrato vem sendo executado adequadamente, com o cumprimento de parte significativa das obrigações do concessionário, quando já tenha transcorrido o tempo suficiente para traçar um perfil adequado do seu desempenho.

---

[475] "[...] a prorrogação antecipada do contrato não é livre. A lei é clara ao estabelecer condições específicas" (SENNA, Laís Ribeiro de. *Alteração de prazo dos contratos de concessão de serviços públicos como forma de recomposição de seu equilíbrio econômico-financeiro*. 2018. Dissertação (Mestrado em Direito Administrativo) – Pontifícia Universidade Católica de São Paulo – PUC-SP, São Paulo, 2018. p. 68).

[476] "[...] a depender do momento contratual (antes de sua metade, por exemplo), a prorrogação não envolverá a solução do desequilíbrio, mas a instalação de futura incerteza ainda mais grave" (MOREIRA, Egon Bockmann. *Direito das concessões de serviço público*: inteligência da Lei 8987/95. São Paulo: Malheiros, 2010. p. 133).

[477] "Diante de um investimento necessário e não contemplado, o que fazer? A Administração espera o termo contratual para, só assim, poder estruturar um novo ajuste? Ainda que ele seja inútil diante das novas necessidades? Afinal de contas, e o pacta sunt servanda? A realidade desses contratos demonstra, todavia, que é preciso admitir flexibilidade, reconhecendo-se mecanismos – como a prorrogação – que assegurem a mutabilidade necessária para trazer para a atualidade, aquilo que um dia já foi indispensável, hoje já se sabe não ser mais pertinente, e que, se esperado o amanhã, será inútil" (OLIVEIRA, Carolina Zaja Almada Campanate de. *Contratos administrativos complexos e de longo prazo*: a prorrogação antecipada e a relicitação na teoria dos contratos públicos. 2018. Dissertação (Mestrado em Direito da Regulação, Economia, Intervenção e Estratégias Regulatórias) – Escola de Direito do Rio de Janeiro, Fundação Getúlio Vargas, Rio de Janeiro, 2019. p. 153).

Além de assegurar que o concessionário possui boa performance, para que o contrato de concessão seja prorrogado antecipadamente é necessário que haja alterações imprescindíveis a serem realizadas no contrato, que justifiquem a antecipação do momento próprio para discutir ordinariamente as prorrogações. A esse respeito, o Supremo Tribunal Federal já se pronunciou quanto à constitucionalidade dessa autorização legal,[478] reconhecendo que tais alterações, decorrentes das necessidades econômicas e sociais de ajustar as condições de prestação do serviço, não violam a regra de imutabilidade do objeto da concessão que, como vimos acima, deve ser entendida como vedação à desfiguração do objeto contratual:

> 5. A imutabilidade do objeto da concessão não impede alterações no contrato para adequar-se às necessidades econômicas e sociais decorrentes das condições do serviço público concedido e do longo prazo contratual estabelecido, observados o equilíbrio econômico-financeiro do contrato e os princípios constitucionais pertinentes.

A caracterização das razões de interesse público que justificam a prorrogação devem sempre ser objeto, portanto, de cuidada motivação. Quando tais prorrogações são antecipadas, torna-se ainda mais relevante esse esforço, de demonstração das vantagens que são perseguidas pela Administração Pública, que normalmente dizem respeito à inclusão de novos investimentos, os quais, não tendo sido previstos inicialmente, tornaram-se necessários e essenciais; mas pode envolver também outros aspectos, como a modificação de índices de produtividade, a inclusão de novas metas ou quaisquer mecanismos voltados ao ganho de eficiência. É o que se extrai do Acórdão nº 2.200/2015 do Tribunal de Contas da União,[479] que determinou à então existente Secretaria de Portos da Presidência da República, que:

> 9.1.2. ao estabelecer os indicadores de desempenho – e suas condições de revisão e atualização – em cada pedido de prorrogação antecipada de contrato de arrendamento, evidencie, de forma expressa e fundamentada, sua aderência aos objetivos insculpidos na Lei 12.815/2013 e, também, que os índices de produtividade definidos proporcionarão ganhos de eficiência comprovados, à exceção, quanto a este último

---

[478] SUPREMO TRIBUNAL FEDERAL. Tribunal Pleno. ADI 5991. Rel. Min. Cármen Lúcia, julgado em 07.12.2020, *DJe* 045, divulgado em 09.03.2021 e publicado em 10.03.2021.
[479] TRIBUNAL DE CONTAS DA UNIÃO. Acórdão 2.200/2015. Plenário. Rel. Min. Ana Arraes, processo nº 024.882/2014-3.

aspecto, dos casos em que os investimentos propostos não oferecerão de imediato nenhum incremento dessa variável, para os quais deverão restar demonstrados os outros benefícios que serão obtidos com a dilação de prazo;

Discussão importante relacionada às prorrogações antecipadas diz respeito ao novo termo inicial da contagem do prazo do contrato. Nos casos ocorridos no Rio de Janeiro, que se relatou acima, anteriores aos novos marcos legais, contou-se a extensão dos prazos a partir do termo final originalmente estabelecido para os contratos. Assim, contratos firmados por 25 anos e prorrogados após cerca de 10 anos de execução, por mais 25, estendiam-se cerca de 40 anos à frente. Felipe Guimarães chama a atenção para a necessidade de que a extensão do prazo se inicie no momento em que é tomada a decisão, sustentando não ser possível o deferimento de uma prorrogação que só surtirá efeito no futuro, na data originalmente estabelecida como termo final do contrato. A seu ver, a prorrogação antecipada importa, necessariamente, na "antecipação do vencimento da concessão", seguida de sua ampliação por novo período. De outro modo, "os ocupantes do governo ao tempo da assinatura do termo aditivo de prorrogação antecipada terão usurpado, inegavelmente, dos ocupantes do governo ao tempo em que tal prorrogação se tornar eficaz, [...] a competência para decidir sobre a prorrogação por interesse público".[480]

Esse entendimento trará consequências significativas naqueles casos em que houver limitação do número de vezes que um contrato pode ser prorrogado. Parecem relevantes, de todo modo, as considerações do autor, pois, como se viu, a antecipação das prorrogações que se contam a partir dos termos finais originalmente estabelecidos acaba redundando em alongamento dos prazos para data muito distante do momento em que as decisões são tomadas. A Lei nº 12.783/2013 previu expressamente, em seu art. 14, II que, no caso da antecipação dos efeitos da prorrogação, o novo prazo estabelecido deve ser contado "a partir do 1º (primeiro) dia subsequente ao da assinatura do [...] termo aditivo".

Outro ponto sempre importante a destacar, quando se trata de prorrogações que trazem consigo alterações substanciais de outros aspectos do contrato, é a necessidade de que tais alterações *respeitem a essência do objeto*, não lhes impondo transformações substanciais.[481]

---

[480] GUIMARÃES, Felipe Montenegro Viviani. *Prorrogação por interesse público das concessões de serviço público*. São Paulo: Quartier Latin, 2018. p. 60-67.

[481] "A dúvida que surge nesse ponto tem relação com a possibilidade de se admitir a modificação/inclusão de obrigações em contratos em curso [...]. Ao acordarem a realização

Não se pode supor que o objeto dos contratos de concessão seja imutável. Caracterizados pelo longo prazo de sua duração, ajustes e adequações são frequentemente necessárias. O que não se admite é a sua transfiguração. Tratando do exemplo do setor rodoviário, Ana Paula de Barcellos alerta para a necessidade de que os investimentos a serem acrescentados – que, embora não previstos originalmente, podem se fazer necessários no curso de sua longa duração – devem ter uma conexão direta com o objeto originalmente instituído. Da mesma forma, é necessário um exame prévio para avaliar a possibilidade de incorporar tais elementos em um novo contrato autônomo, a ser licitado de modo independente da concessão em curso.[482] Somente quando isso não se revelar possível ou mais vantajoso é que poderá haver a modificação do contrato existente para incluí-los em seu objeto:[483]

> Parece natural que em concessões rodoviárias cujo prazo inicial varia entre 20 e 25 anos novas necessidades surjam ao longo do caminho. Será preciso demonstrar, porém, que essas novas necessidades estão diretamente conectadas ao objeto original da concessão, de modo que é mais racional e eficiente alterá-lo, para incluir a nova demanda, do que segregar essas novas necessidades em um objeto autônomo a ser licitado de forma independente.

---

imediata de novos investimentos, as partes não estão alterando o objeto do contrato, o que de fato levaria à desfiguração do pacto inicial [...]. No caso das parcerias de longo prazo, tem-se que o objeto é a prestação, o dar e/ou o fazer. Não alteradas essas circunstâncias pela inclusão de um novo plano de investimentos, não há uma desnaturação do contrato original, mas apenas a formalização de um novo negócio jurídico, já que fonte de novas obrigações" (OLIVEIRA, Carolina Zaja Almada Campanate de. *Contratos administrativos complexos e de longo prazo*: a prorrogação antecipada e a relicitação na teoria dos contratos públicos. 2018. Dissertação (Mestrado em Direito da Regulação, Economia, Intervenção e Estratégias Regulatórias) – Escola de Direito do Rio de Janeiro, Fundação Getúlio Vargas, Rio de Janeiro, 2019. p. 168).

[482] Luís Roberto Barroso também menciona a necessidade, para que se proceda à prorrogação antecipada, de se demonstrar previamente que não é viável licitar de forma autônoma a alteração ou que fazê-lo redundaria em solução antieconômica e ineficiente. A esse respeito, *vide*: BARROSO, Luís Roberto. O contrato de concessão de rodovias: particularidades, alteração e recomposição do equilíbrio econômico-financeiro. *Revista de Direito da Procuradoria Geral do Rio de Janeiro*, Rio de Janeiro, p. 186-215. Edição especial. p. 198-200.

[483] BARCELLOS, Ana Paula de. A gestão do tempo pela regulação: parâmetros constitucionais para a prorrogação de prazos e alguns casos concretos. *In*: PEREIRA NETO, Caio Mario da Silva Pereira; PINHEIRO, Luís Felipe Valerim (Coord.). *Direito da infraestrutura*. São Paulo: Saraiva, 2017. v. 2. p. 199. Laís Senna também adverte que "[...] o estabelecimento de termos totalmente distintos daqueles que foram inicialmente pactuados não seria admissível, pois aí haveria uma concretização do instituto da novação, garantindo à concessionária prestadora de serviço um novo contrato, sem que tenha havido certame licitatório para esta contratação. Isso acarretaria a violação ao princípio da concorrência garantido na Constituição Federal" (SENNA, Laís Ribeiro de. *Alteração de prazo dos contratos de concessão de serviços públicos como forma de recomposição de seu equilíbrio econômico-financeiro*. 2018. Dissertação (Mestrado em Direito Administrativo) – Pontifícia Universidade Católica de São Paulo – PUC-SP, São Paulo, 2018. p. 51).

Outro limite que não pode deixar de ser observado é a *preservação do equilíbrio da equação econômico-financeira do contrato*. Como se viu, a prorrogação antecipada é um mecanismo de reequilíbrio e jamais poderá provocar desequilíbrio. Daí a discordância que se impõe registrar quanto a afirmações como a de Rafael Véras que, em brilhante estudo sobre o equilíbrio econômico-financeiro das concessões, afirma que "as prorrogações antecipadas refundam, integralmente, o equilíbrio econômico-financeiro dos contratos de concessão" ou, ainda, que visam à "formação de um novo equilíbrio econômico-financeiro, que é forjado a partir da renegociação dos termos da prorrogação antecipada".

Ao que parece, há aqui uma confusão de conceitos. O que pode e deve ser alterado quando das prorrogações antecipadas é a equação econômico-financeira, mas jamais o seu equilíbrio. Como se afirmou no capítulo precedente, não é a equação econômico-financeira que deve ser preservada imutável. A equação é constituída por uma série de variáveis, incluindo as obrigações de investimentos. Essas variáveis podem ser alteradas. Mas o desequilíbrio gerado por tais alterações deve ser compensado pela modificação de outras variáveis em busca do reequilíbrio da equação.

> Deste modo, não há nenhum problema em renegociar os termos da prorrogação antecipada, modificando variáveis da equação originalmente contratada e refundando os seus termos, desde que respeitado o equilíbrio estabelecido pela licitação. Como se cuidou no item 2.1.4 acima, esse é um limite para qualquer alteração contratual, já que ignorar o equilíbrio da equação econômico-financeira significaria admitir uma verdadeira contratação nova, sem nenhum parâmetro de mercado a embasá-la, o que seria afrontoso ao texto expresso do art. 175 da Constituição e ao próprio princípio da moralidade. Tanto assim que, na ementa do Acórdão nº 5.991, proferido pelo Supremo Tribunal Federal, consignou-se que "a imutabilidade do objeto da concessão não impede alterações no contrato [...] observados o equilíbrio econômico-financeiro do contrato e os princípios constitucionais pertinentes".[484] Dito isso, não há dúvida de que a prorrogação antecipada admite, desde que mantido o seu equilíbrio, uma verdadeira refundação dos elementos da equação econômico-financeira do contrato, especialmente em relação às obrigações de investimento.

---

[484] SUPREMO TRIBUNAL FEDERAL. Tribunal Pleno. ADI 5991. Rel. Min. Cármen Lúcia, julgado em 07.12.2020, *DJe* 045, divulgado em 09.03.2021 e publicado em 10.03.2021.

Esses investimentos a serem incorporados no termo aditivo de prorrogação antecipada devem ser, de fato, novos. Não se deve permitir, evidentemente, que investimentos já exigidos na modelagem contratual original sejam apresentados sob nova roupagem, com o fim de incorporá-los no cálculo da compensação a ser transformada em ampliação do prazo. Essa preocupação foi expressa em acórdão proferido pelo Tribunal de Contas da União,[485] ao examinar a minuta do termo aditivo de prorrogação referente às concessões da malha rodoviária paulista:

> Ocorre que a cláusula 8 da minuta do Termo Aditivo ao Contrato foi redigida de forma ampla, a ponto de permitir a inclusão de investimentos não apenas diretamente relacionados com o interesse público, mas também ao interesse privado.
> É o caso, por exemplo, de o poder concedente exigir a realização de investimentos para o aumento da capacidade da via, que já estão previstos na cláusula 12.2.2, item 'iii' da minuta de Termo Aditivo e, consequentemente, *ser obrigado a reequilibrar o contrato, mesmo considerando que é obrigação da Concessionária a realização de investimentos*, sem direito a reequilíbrio, para manter a via com capacidade de transporte.
> Outra possibilidade de uso indesejado dessa cláusula seria a inclusão de investimentos para atender o interesse público enquanto ainda houvesse um montante de investimentos advindos do excedente econômico-financeiro indicado no MEF para ser utilizado na redução de conflitos urbanos.

O problema enfrentado pelo Tribunal de Contas diz respeito ao risco moral, ou comportamentos oportunistas. Além dessas situações de que cuidou o acórdão referido, pode-se cogitar, ainda, de investimentos que realmente não constem no escopo contratual e efetivamente sejam necessários, mas não propriamente urgentes. Pode haver, nesses casos, a tentativa de, por variadas razões, procurar "forçar" a sua inclusão antecipada no contrato. Um dos motivos para esse comportamento pode ser o interesse do concessionário de se aproveitar das relações políticas existentes com o governo atual, para garantir, por intermédio de uma prorrogação antecipada, a ampliação do prazo contratual que, ordinariamente, deveria ser negociado com o governo seguinte.

Diante do risco de comportamentos oportunistas deste tipo, a legislação espanhola restringe a utilização da prorrogação como

---

[485] TRIBUNAL DE CONTAS DA UNIÃO. Acórdão 2.876/2019. Plenário. Rel. Min. Augusto Nardes, processo nº 009.032/2016-9.

modalidade de reequilíbrio econômico-financeiro dos contratos de concessão, impondo limites máximos para as extensões de prazo que tenham esse fundamento, assim como vedando-as expressamente nas hipóteses em que o desequilíbrio foi causado por atos unilaterais adotados pelo Poder Concedente relacionados com a execução do contrato, reservando essa modalidade apenas para os casos de fato do príncipe e força maior, como relata Rafael Fernández Acevedo:[486]

> Não obstante, a prorrogação do período de concessão, tendo em vista sua colisão com os princípios da concorrência, publicidade e transparência, está sujeita a limites estreitos. De fato, é permitido apenas em casos de *de factum principis* e força maior, e com o limite máximo de 10% de sua duração inicial em contratos de gestão de serviços públicos (e em cumprimento aos limites de duração máxima legalmente esperados) e 15% nas concessões de obras públicas, desde que, neste último caso, mais de 50% da remuneração da concessionária provenha em das tarifas pagas pelos usuários. Portanto, mesmo que haja autorização expressa para a prorrogação nas disposições contratuais, não poderá ser adotada para compensar o exercício do *ius variandi*.

Na legislação brasileira, também há exemplos deste tipo, como já se referiu, como a restrição contida na Lei nº 13.448/2017, para que a prorrogação antecipada dos empreendimentos do PPI se dê apenas depois de superada a primeira metade do prazo inicialmente ajustado e antes que haja transcorrido mais de 90% desse tempo. A norma do art. 14, II da Lei nº 12.783/2013, que estabeleceu que o prazo novo, resultante da prorrogação antecipada, se inicia no momento da assinatura do aditivo e não a partir do termo final originalmente avençado, pode ser também um desincentivo a esses comportamentos oportunistas, especialmente nos casos em que o número de prorrogações possíveis

---

[486] "No obstante, la prórroga del plazo de la concesión, habida cuenta de su colisión con los principios de concurrencia, publicidad y transparencia, está sometida a estrechos límites. En efecto, se admite únicamente en los supuestos de factum principis y fuerza mayor, y con el límite máximo de un 10% de su duración inicial en los contratos de gestión de servicios públicos (y con respeto a los límites máximos de duración previstos legalmente) y de un 15% en las concesiones de obras públicas, siempre que, en este último caso, la retribución del concesionario provenga en más de un 50% de las tarifas abonadas por los usuarios. Por tanto, sin perjuicio la previsión expresa de la prórroga en los pliegos contractuales, no cabrá adoptarla para compensar el ejercicio del ius variandi" (FERNÁNDEZ ACEVEDO, Rafael. Mantenimiento del equilíbrio económico y responsabillidad patrimonial como técnicas de moderación del riesgo concesional. *In*: MOREIRA, Egon Bockmann (Coord.). *Contratos administrativos, equilíbrio econômico-financeiro e a taxa interna de retorno*. Belo Horizonte: Fórum, 2016. p. 266).

seja limitado, já que, ao antecipar o momento da prorrogação, o concessionário poderá estar reduzindo o prazo máximo potencial do seu contrato.

A prorrogação antecipada, como já se afirmou, é essencialmente um mecanismo para permitir a inclusão de investimentos novos – ou realização de outros tipos de modificação contratual – que efetivamente se mostrem relevantes para que a concessão possa resultar em uma prestação de serviços eficiente e adequada, permitindo atender aos usuários com qualidade. Foi essa a conclusão expressada pelo Supremo Tribunal Federal quando afirmou que "a imutabilidade do objeto da concessão não impede alterações no contrato para adequar-se às necessidades econômicas e sociais decorrentes das condições do serviço público concedido e do longo prazo contratual estabelecido".[487]

A alternativa consensual da antecipação do momento da prorrogação pode evitar, por exemplo, a alteração unilateral do contrato para a inclusão impositiva de novos investimentos. A possibilidade de usar a ampliação do prazo da concessão como modalidade de reequilíbrio do contrato é a principal vantagem dessa espécie de prorrogação. Outro mecanismo de que também pode lançar mão o Poder Concedente nesses casos é a *encampação*, já que a extinção antecipada do contrato, com vistas à realização de nova licitação, sob condições reformuladas, com a inclusão das obrigações de investimento que se pretendem introduzir, pode ser também uma forma de obter o intento perseguido pela Administração Pública e alcançar o interesse público almejado.

O cenário da encampação pode até mesmo ser considerado mais conveniente pela Administração, quando comparado com a prorrogação, por exemplo naquelas situações em que os contratos originais tiverem sido firmados em momentos nos quais o custo Brasil encontrava-se excepcionalmente elevado, ou as condições macroeconômicas encontravam-se deterioradas, levando à celebração de contratos de concessão com taxas internas de retorno – TIR – especialmente elevadas. Nesses casos, a inclusão de novos investimentos pode acabar impondo uma oneração excessiva para o Poder Concedente, caso se valha do instituto da prorrogação, combinado ou não com outros mecanismos.

Pode ocorrer também que o contrato original tenha sido firmado em bases especialmente favoráveis, se comparadas com o momento atual em que se dará a prorrogação. Em situações deste

---

[487] SUPREMO TRIBUNAL FEDERAL. Tribunal Pleno. ADI 5991 MC. Rel. Min. Cármen Lúcia, julgado em 20.02.2020, *DJe*-169, divulgado em 03.07.2020 e publicado em 06.07.2020.

tipo, pode-se projetar que o resultado de uma nova licitação, a ser realizada em momento de crise ou carência de recursos no mercado para investimentos, poderá resultar em condições piores do que as constantes dos contratos já existentes.[488] A prorrogação, nesses casos, pode, então, viabilizar a realização dos investimentos de forma menos onerosa à Administração Pública e aos usuários.

Há, na verdade, uma série de questões que devem ser consideradas quando se cogita lançar mão de um instituto como a encampação que, apesar de legítimo e previsto em lei, impõe uma série de custos extraordinários.[489] Antes de mais nada, há que se considerar que, não estando a Administração disposta a assumir diretamente a prestação do serviço, deverá considerar os custos para a organização de uma nova licitação e o tempo que levará para fazê-lo. Além disso, há os custos relacionados com a transição de um concessionário para outro, com a natural curva de aprendizado do concessionário novo, sem contar com o risco de que seu nível de performance se revele mais baixo do que o do concessionário anterior. Esses são os custos e riscos relacionados a qualquer extinção de concessão de serviço público. Há que se considerar, ainda, *riscos específicos* oriundos da encampação.

Em decorrência de previsão legal expressa no art. 37 da Lei nº 8.987/95, *a encampação dependerá de prévia autorização legal*. Assim, caso a Administração pretenda optar por essa via, deverá assumir o custo político de negociar com o Parlamento a aprovação de uma lei que o permita. Haverá, ainda, um custo reputacional para o país, que poderá vir a influenciar outros empreendimentos para os quais

---

[488] "Além disso, em cenários de recessão econômica, é possível que se tenha dificuldades em conseguir novos investimentos necessários à adequada prestação de um serviço ou para ampliação de obras de infraestrutura. A prorrogação, nessas hipóteses, representaria alternativa a possibilidade que eventuais contratados pudessem arcar com esses custos em troca da ampliação do prazo contratual para amortizá-los" (OLIVEIRA, Carolina Zaja Almada Campanate de. *Contratos administrativos complexos e de longo prazo*: a prorrogação antecipada e a relicitação na teoria dos contratos públicos. 2018. Dissertação (Mestrado em Direito da Regulação, Economia, Intervenção e Estratégias Regulatórias) – Escola de Direito do Rio de Janeiro, Fundação Getúlio Vargas, Rio de Janeiro, 2019. p. 154).

[489] Carolina Zaja dedica-se, em sua dissertação, a descrever diversos desses custos de transação: "A questão, na verdade, se desenvolve no domínio do questionamento central desse trabalho: qual é o custo da escolha pública? Isso porque, tanto quanto se pode comparar a prorrogação antecipada à encampação, pode o Poder Público entender que, diante de determinado caso concreto, a opção mais eficiente não é licitar e sim prorrogar. Ambos são instrumentos à disposição da Administração no exercício dos seus misteres" (OLIVEIRA, Carolina Zaja Almada Campanate de. *Contratos administrativos complexos e de longo prazo*: a prorrogação antecipada e a relicitação na teoria dos contratos públicos. 2018. Dissertação (Mestrado em Direito da Regulação, Economia, Intervenção e Estratégias Regulatórias) – Escola de Direito do Rio de Janeiro, Fundação Getúlio Vargas, Rio de Janeiro, 2019. p. 151).

se deseje a participação do investimento privado. Não há dúvida de que a encampação é um instrumento jurídico disciplinado em lei, cujo uso pelo poder público é perfeitamente legítimo. Há, no entanto, uma percepção negativa no mercado sempre que um país interfere impositivamente sobre relações consensuais firmadas com particulares.

Essa percepção negativa costuma ser ainda mais forte perante os investidores internacionais, especialmente em relação a países emergentes como o Brasil. Já existe uma percepção generalizada quanto à insegurança jurídica do ambiente regulatório brasileiro. Construir uma reputação de ambiente negocial seguro é algo que leva tempo e depende de compromissos assumidos por sucessivos governos. É difícil de construir, mas pode se perdida muito rapidamente com notícias veiculadas na imprensa internacional quanto à "quebra" de contratos ocorrida em determinado país. As explicações jurídicas viajam muito mais lentamente e têm alcance muito menor que as notícias e os comentários em redes sociais. Esse efeito perverso, portanto, não pode ser ignorado. Por fim, a encampação impõe o pagamento de indenização ao concessionário quanto aos seus investimentos ainda não amortizados, a qual deve ser prévia; ou seja, a retomada da concessão só poderá ocorrer depois de efetivamente paga a indenização devida.

Tendo por objetivo a comparação, sob o prisma econômico, das diversas opções existentes para enfrentar especificamente os problemas atuais da malha ferroviária brasileira, estudo divulgado em março de 2018 pelo Grupo de Economia da Infraestrutura e Soluções Ambientais, da Fundação Getúlio Vargas,[490] concluiu que, do ponto de vista da economicidade, as prorrogações antecipadas seriam a opção mais adequada para obter os investimentos necessários:

> 1) No que diz respeito à prorrogação antecipada dos contratos, conclui-se que essa permite tanto a inclusão da obrigatoriedade dos investimentos nos contratos de concessão quanto a atualização das cláusulas contratuais, visando, principalmente, a melhoria da transparência de informações e a promoção da concorrência na prestação dos serviços de transporte ferroviário. Considerando a economicidade dos atos administrativos, nos termos do art. 70 da Constituição, a prorrogação antecipada se mostra alternativa que melhor se adequa e atende ao interesse público.

---

[490] OLIVEIRA, Gesner *et al*. *Avaliação da política de prorrogação antecipada das concessões ferroviárias*. Grupo de Economia da Infraestrutura e Soluções Ambientais. Rio de Janeiro: Fundação Getúlio Vargas, 2018. Disponível em: https://gei-sa.fgv.br/sites/gei-sa.fgv.br/files/u49/estudo_vantajosidade_final_grupo_de_economia_vf_limpa_.pdf. Acesso em: 2 dez. 2019.

De qualquer modo, tratando-se de uma decisão discricionária, como são todas as decisões administrativas que anuem com qualquer prorrogação de contratos de concessão, é importante que a Administração Pública considere todas as circunstâncias do caso e tome uma decisão informada, após conhecer adequadamente os dados e analisá-los, inclusive com a realização dos estudos técnicos que se façam necessários, motivando a sua decisão, de modo que suas razões sejam conhecidas e possam ser, inclusive, controladas.

2.2.2.3 Por emergência

Nas prorrogações por emergência, como anota Felipe Guimarães, "o contrato de concessão é prorrogado pelo tempo necessário para o Poder Concedente preparar-se para prestar, diretamente, o serviço ou realizar a licitação pública para nova outorga da atividade".[491] Jacintho Arruda Câmara menciona a possibilidade de que os contratos de concessão sejam prorrogados pelo tempo que for necessário para a realização de um processo licitatório, de modo a evitar o risco de descontinuidade do serviço público.[492]

É preciso considerar, a esse respeito, que é uma obrigação da Administração Pública planejar-se adequadamente e adotar as providências necessárias para assegurar a continuidade dos serviços públicos segundo os parâmetros exigidos em lei. Tratando-se os contratos de concessão de serviços públicos de vínculos de longa duração, em princípio, é de se esperar que, aproximando-se o seu termo final, a Administração Pública tome as providências necessárias para que o contrato seja prorrogado, seja concluída a tempo uma licitação para a seleção do próximo concessionário ou se organize para assumir a prestação direta do serviço.[493] Deve-se admitir, no entanto, que, em decorrência

---

[491] GUIMARÃES, Felipe Montenegro Viviani. *Prorrogação por interesse público das concessões de serviço público*. São Paulo: Quartier Latin, 2018. p. 46.

[492] CÂMARA, Jacintho Arruda. O prazo nos contratos públicos. *In*: DI PIETRO, Maria Sylvia Zanella (Coord.). *Tratado de direito administrativo*: licitação e contrato administrativo. 1. ed. São Paulo: Revista dos Tribunais, 2014. v. 6. p. 347.

[493] "Bem por isso, o término do contrato de concessão não pode em hipótese alguma conduzir à interrupção da prestação do serviço público, cabendo à Administração Pública adotar as medidas necessárias à sua continuidade, seja assumindo ela mesma a prestação do serviço, se estiver autorizada, seja garantindo que outro particular esteja apto a prosseguir com a tarefa, após sagrar-se vencedor do indispensável procedimento licitatório, que para tanto deve estar concluído com alguma antecedência. Todavia, é possível que ao final do contrato de concessão nem uma coisa e nem outra ocorram: a Administração Pública não tem condições de assumir a prestação direta do serviço e não há ainda outro particular

das mais variadas razões, ocorra situação em que, aproximando-se o encerramento do prazo contratual, a Administração não disponha de nenhuma alternativa para a substituição definitiva do concessionário. Será necessário, então, buscar alguma solução provisória, enquanto se ultimem as providências que já deveriam ter sido anteriormente adotadas e não foram. Uma solução provisória possível é a prorrogação emergencial do contrato de concessão que se vai expirar, relativizando-se a regra geral da licitação em decorrência da urgência verificada.[494]

Para Marcos Juruena, seria aplicável nesses casos a autorização legal de contratação com dispensa de licitação, em decorrência da situação de emergência, prevista no art. 24, IV da Lei nº 8.666/93.[495] Não nos parece, contudo, que seja essa a melhor solução. Como já afirmado no tópico 2.2.2.1 acima, o art. 175 da Constituição, ao tratar dos contratos de concessão e permissão de serviço público, não possui a mesma ressalva constante do art. 37, XXI, de modo que não se admitem contratações diretas neste caso, não sendo aplicáveis as disposições da Lei nº 14.133/2021 – ou, anteriormente, da Lei nº 8.666/93 –,[496] cujo

---

escolhido para assumir o papel de concessionário, por conta, p. ex., de algum atraso no procedimento licitatório, algo para lá de corriqueiro. Em situações assim não poderá o Estado simplesmente permitir que o serviço seja interrompido, sendo lícita a prorrogação do contrato de concessão que está por ter seu prazo esgotado" (MELLO, Rafael Munhoz de. Prorrogação de concessão de serviço público. *Revista de Direito Público da Economia – RDPE*, Belo Horizonte, ano 12, n. 46, p. 207-222, abr./jun. 2014. p. 212-213).

[494] "Vale dizer: ainda que o caput do art. 175 da CRFB exija 'sempre' licitação para concessão de serviço público, a regra licitatória pode ser relativizada quando houver a necessidade excepcional de contratação direta para garantia 'dos direitos dos usuários' e manutenção do 'serviço adequado', na forma exigida pelos incisos II e IV do parágrafo único do referido dispositivo constitucional" (OLIVEIRA, Rafael Carvalho Rezende. Extinção dos contratos de parcerias público-privadas (PPPs). *Revista Brasileira de Direito Público – RBDP*, Belo Horizonte, ano 17, n. 66, p. 87-111, jul./set. 2019. p. 108).

[495] SOUTO, Marcos Juruena Villela. *Direito administrativo das concessões*: concessões, terceirizações, convênios, consórcios e acordos – Outras formas de gestão associada. 5. ed. Rio de Janeiro: Lumen Juris, 2004. p. 46.

[496] Em sentido contrário, a doutrina de Marcos Juruena: "O emprego do advérbio 'sempre', no art. 175 da CF, antes da menção à licitação para a concessão ou permissão de serviço público, levou à conclusão precipitada de que não caberia, jamais, a dispensa de licitação. No que se refere à inexigibilidade, não há, todavia, o que se questionar. Sendo impossível a competição, aplica-se o caput do art. 25 da Lei nº 8.666/93, que, repita-se, é adotada subsidiariamente aos institutos da concessão e permissão. A hipótese é fática e a lei simplesmente reconhece a realidade. Quanto à dispensa – art. 24 da lei nº 8.666/93 –, deve ser ressaltado que não cabe a aplicação dos incisos I e II (dispensa em razão do valor) pelo simples fato de que a modalidade geralmente exigida para a concessão é a concorrência, que, logicamente, não se encaixa em casos de dispensa em razão do valor; e todas as outras hipóteses que se referem a outros contratos, que não a concessão – incisos VII e VIII e XIV a XX –, além dos incisos X, XII e XIII, que também não se coadunam com o objeto da concessão. Podem ser aplicadas, no entanto, as hipóteses gerais concernentes a todos os contratos, tais como os incisos III, IV, V e IX" (SOUTO, Marcos Juruena Villela. *Direito*

fundamento, sem dúvida, é o disposto no inc. XXI do art. 37. O que ocorre na hipótese presentemente em estudo é uma colisão de princípios. De um lado, o art. 175 exige que os contratos de concessão e permissão de serviço público sejam sempre precedidos de licitação. De outro lado está o princípio da continuidade dos serviços públicos. Apesar de não estar expresso no texto constitucional – mas apenas na legislação ordinária, no art. 6º, §1º da Lei nº 8.987/95 –, esse princípio é deduzido do próprio conceito de serviço público como conjunto de atividades suprimidas da livre iniciativa e entregues à titularidade estatal, com o objetivo de que a Administração Pública assegure a sua prestação aos usuários. Como ensina Juan Alfonso Santamaría Pastor:[497]

---

administrativo das concessões: concessões, terceirizações, convênios, consórcios e acordos – Outras formas de gestão associada. 5. ed. Rio de Janeiro: Lumen Juris, 2004. p. 46). Também Marçal Justen Filho sustenta que, "embora o silêncio da Lei nº 8.987, é admissível a contratação direta, sem prévia licitação, para concessões e permissões. É possível adotar, para o caso, a mesma sistemática tradicional, distinguindo hipóteses de inexigibilidade e dispensa" (JUSTEN FILHO, Marçal. *Teoria geral das concessões de serviço público*. São Paulo: Dialética, 2003. p. 284). Segundo Diogo de Figueiredo Moreira Neto, o amplo enunciado do art. 37, XXI da Constituição, à primeira vista poderia levar à interpretação de que o art. 175 "no sentido de nele encontrar uma expressão absoluta daquele princípio, com o propósito de afastar temperamentos circunstanciais quando se tratasse de contrato de serviços públicos". No entanto, afirma que "esta, como outras interpretações apressadas, radicais e absolutas, não logram prosperar, pois as exegeses sistemática e teleológica não abonam essa abordagem do rational que justificaria a reiteração tópica do princípio de licitação, tal como encontrada no art. 175, caput, CF". Deste modo, concluir que "a par do princípio licitatório, existem vários outros, de igual ou maior envergadura axiológica, que também devem ser considerados e ponderados em conjunto, como é o caso para exemplificar, dos princípios da continuidade do serviço, da modicidade tarifária, o da segurança jurídica, da boa-fé do administrado e do interesse público, até mesmo por serem, estes outros, princípios substantivos que, de acordo com as circunstâncias, podem afastar a aplicação de um princípio adjetivo" (MOREIRA NETO, Diogo de Figueiredo. Das normas de transição nas concessões de serviços públicos de transporte coletivos urbanos (um estudo de caso). *Revista de Direito da Associação dos Procuradores do Novo Estado do Rio de Janeiro*, Rio de Janeiro, v. IX, 2002. p. 110). Também Rafael Oliveira admite a aplicação das hipóteses de dispensa de licitação para a contratação de "empresa que participou da licitação, observada a ordem de classificação e mantidas as condições inseridas no contrato de concessão, para executar o objeto contratual remanescente" (OLIVEIRA, Rafael Carvalho Rezende. Extinção dos contratos de parcerias público-privadas (PPPs). *Revista Brasileira de Direito Público – RBDP*, Belo Horizonte, ano 17, n. 66, p. 87-111, jul./set. 2019). Também Antônio Carlos Cintra do Amaral admite a aplicação da Lei nº 8.666/93 aos contratos de concessão. *Vide*: AMARAL, Antônio Carlos Cintra do. *Concessão de serviço público*. 2. ed. São Paulo: Malheiros, 1996. p. 26.

[497] "La continuidad en el funcionamiento del servicio es una de las razones fundamentales que justifican la asunción por la Administración de una tarea en concepto de servicio público: lo que se trata de garantizar con ello – entre otros valores, naturalmente – es que una actividad que cubre importantes necesidades colectivas se encuentre disponible para los ciudadanos de modo continuo y regular, sin que su realización efectiva dependa de la libre decisión de un particular y de su conveniencia económica" (SANTAMARÍA PASTOR, Juan Alfonso. *Principios de derecho administrativo general*. 3. ed. Madri: Iustel, 2015. v. II. p. 358).

A continuidade do funcionamento do serviço é uma das razões fundamentais que justificam a atribuição à Administração Pública de uma atividade em regime de serviço público: trata-se de garantir com isso – entre outros valores, naturalmente – que uma atividade que atenda necessidades coletivas importantes esteja disponível aos cidadãos de forma contínua e regular, sem que sua efetiva realização dependa da livre decisão de um indivíduo e de sua conveniência econômica.

Já Diogo de Figueiredo Moreira Neto admite a aplicação das hipóteses de dispensa e inexigibilidade previstas na lei de licitações também às contratações de concessão de serviço público, mas chega a tal conclusão valendo-se do mesmo racional da colisão de princípios:[498]

> Com efeito, a par do princípio licitatório, existem vários outros, de igual ou maior envergadura axiológica, que também devem ser considerados e ponderados em conjunto, como é o caso para exemplificar, dos princípios da continuidade do serviço, da modicidade tarifária, o da segurança jurídica, da boa-fé do administrado e do interesse público, até mesmo por serem, estes outros, princípios substantivos que, de acordo com as circunstâncias, podem afastar a aplicação de um princípio adjetivo.

A esse respeito, não parece haver dúvida de que, em situações nas quais sua aplicação impeça a concretização de outros valores constitucionais, o princípio da licitação possa ser excepcionalmente afastado. Isso não significa, a nosso ver, que estejam autorizadas as contratações diretas para as concessões de serviço público, nos termos da Lei nº 14.133/2021. Isso porque o art. 37, XXI, da Constituição – que fundamenta as hipóteses de contratação direta inseridas nos arts. 24 e 25 da lei de licitações –, autoriza expressamente o legislador a prever exceções quando entender que são desejáveis. A mesma autorização não consta no art. 175 da Constituição, de modo que, no que se refere aos contratos de concessão e permissão de serviço público, a obrigação de realizar previamente a licitação não poderá ser afastada por razões de

---

No mesmo sentido, Gaspar Ariño Ortiz destaca que "Como consecuencia del carácter imprescindible para la vida social, que es precio de las actividades de servicio publico, se produce esa característica doble que es: por un lado, la continuidad y regularidad en su prestación; por otro, la obligación legal de suministro y el derecho subjetivo de cualquier ciudadano a la utilización del mismo" (ARIÑO ORTIZ, Gaspar. *Princípios de derecho público económico*: modelo de Estado, gestión pública, regulación económica. 3. ed. Granada: Comares, 2004. p. 574).

[498] MOREIRA NETO, Diogo de Figueiredo. Das normas de transição nas concessões de serviços públicos de transporte coletivos urbanos (um estudo de caso). *Revista de Direito da Associação dos Procuradores do Novo Estado do Rio de Janeiro*, Rio de Janeiro, v. IX, 2002. p. 110.

conveniência admitidas pelo legislador. Seu afastamento somente será possível quando efetivamente obstar a consecução de outros valores constitucionais. Deste modo, no que se refere ao tema ora examinado, a contratação emergencial se justificará apenas extraordinariamente, de modo a assegurar a continuidade do serviço, mesmo em contrariedade à letra da norma constitucional do art. 175, que, neste caso, restará excepcionada por valor de igual estatura constitucional.

Não se trata de aplicação do disposto no art. 75, VIII da Lei nº 14.133/2021 e, portanto, não será aplicável a limitação de um ano para a duração do contrato emergencial. A esse respeito, deve-se reconhecer que a modelagem de uma contratação deste tipo pode se revelar bastante complexa e, não raro, exigir um período de tempo maior que esse. Deste modo, a contratação emergencial deverá cobrir o tempo que for preciso para que a Administração Pública possa organizar um procedimento licitatório adequado para a contratação de um novo concessionário, sem, por outro lado, superar o tempo estritamente necessário para tanto.[499] A prorrogação por emergência, portanto, deverá se dar pelo prazo necessário e suficiente para a adoção das providências imprescindíveis para obter uma solução definitiva que assegure a continuidade do serviço público.

No que se refere à inexigibilidade de licitação, igualmente não nos parece aplicável o regime estabelecido pela lei geral de licitações e contratos, pelas razões já expostas. Não há dúvida, como referido por Marcos Juruena, que se trata de hipótese fática e que "a lei simplesmente reconhece a realidade".[500] Nossa discordância se dá quanto aos efeitos jurídicos resultantes da realidade fática observada. Nesse sentido, não

---

[499] "Na hipótese aqui tratada, a prorrogação não deve se estender para além do prazo necessário à assunção da prestação do serviço por outro sujeito. Afinal, o contrato foi prorrogado apenas para garantir a continuidade do serviço enquanto não há outro sujeito apto a assumir a sua prestação. Trata-se de garantir a transição entre um contrato de concessão e outro (ou outra forma de prestação), sem interrupção do serviço, devendo o prazo da prorrogação ser adequado a tal finalidade, observado o princípio da razoabilidade. Se o motivo da prorrogação for atraso no procedimento licitatório para escolha de novo concessionário, p. ex., o contrato de concessão poderá seguir em vigor apenas pelo período necessário à conclusão do certame e à preparação do novo concessionário, não mais. O prazo da prorrogação há de ser breve, portanto, sendo de todo inadmissível que se estenda por período superior ao estritamente necessário, sob pena de violação à norma constitucional que exige licitação para outorga de concessão de serviço público" (MELLO, Rafael Munhoz de. Prorrogação de concessão de serviço público. *Revista de Direito Público da Economia – RDPE*, Belo Horizonte, ano 12, n. 46, p. 207-222, abr./jun. 2014. p. 212-213).

[500] SOUTO, Marcos Juruena Villela. *Direito administrativo das concessões*: concessões, terceirizações, convênios, consórcios e acordos – Outras formas de gestão associada. 5. ed. Rio de Janeiro: Lumen Juris, 2004. p. 46.

nos parece que, como sustenta o autor, a autorização legal do art. 25 da Lei nº 8.666/93 (atualmente, art. 74 da Lei nº 14.133/2021) seja extensiva aos contratos de concessão e permissão de serviços públicos. Para os contratos administrativos, em geral, a lei admite que, ao reconhecer a situação de fato – de inexistência de potencial competidor –, o administrador está autorizado a deixar de organizar a licitação e proceder a uma negociação direta com aquele a ser contratado, inclusive quanto às condições contratuais a serem estabelecidas. Esse procedimento, em princípio, não é aplicável aos contratos de concessão ou permissão de serviço público. Ao exigir que a contratação se dê "sempre através de licitação", o art. 175 impõe que a modelagem seja construída por meio de estudos e análises, permitindo a participação social por meio de audiências, consultas ou procedimentos de manifestação de interesse, mas nunca por uma negociação direta entre as partes quanto aos termos do contrato a ser firmado. Tendo em vista tratar-se de contratos geralmente vultosos e de longo prazo, também não se admite que a presunção de falta de competitividade, ainda que atestada pela Administração, produza o efeito de obstar a licitação. Será sempre necessário publicar o edital e constatar a efetiva ausência de competidores. Caso, de fato, apenas um interessado se apresente, se a sua proposta for considerada regular e aceitável, o contrato será com ele firmado. De todo modo, uma situação de emergência, que é do que ora se trata, não seria fundamento para o reconhecimento da inexigibilidade de licitação.

A formalização da prorrogação por emergência se dá, como ocorre com qualquer outra espécie de prorrogação, por meio de aditivo contratual, de modo que será essencial a obtenção de um acordo com o concessionário para que a prorrogação seja viável. Caso não seja possível formar o consenso, não havendo a prorrogação do contrato, deverá a Administração Pública buscar outra solução. Se houver outra empresa que se disponha a assumir a prestação do serviço pelo tempo reduzido estritamente necessário à adoção das providências necessárias para concluir uma solução definitiva, será possível proceder à sua *contratação direta*, em decorrência da colisão de princípios constitucionais acima aventada. Se houver vários interessados – o que parece uma hipótese improvável – a Administração deverá buscar algum tipo de seleção simplificada, com critérios impessoais e objetivos, para que possa escolher aquele que será contratado para o período de emergência. Será possível, ainda, que assuma ela própria a prestação direta do serviço provisoriamente ou, até mesmo, cogitar-se da *requisição de serviço*,[501] que poderá recair, inclusive, sobre o concessionário incumbente que recusou o aditivo de prorrogação emergencial. Findo o seu contrato, certamente não estará mais obrigado pela relação contratual anteriormente vigente e, portanto, não estará mais vinculado à equação econômico-financeira. As condições contratuais podem ser, portanto, um parâmetro para a indenização, mas o particular não estará mais contratualmente obrigado a aceitá-las e, caso os serviços sejam requisitados, poderá demonstrar os seus custos sem qualquer vinculação com a equação econômico-financeira do contrato extinto.

Carlos Ari Sundfeld oferece um exemplo interessante de requisição, envolvendo a prestação do serviço público de transporte intermunicipal de passageiros. Relata que algumas empresas concessionárias continuavam operando no Estado de São Paulo, mesmo após a promulgação da Constituição de 1988, com base em contratos que haviam sido firmados sem licitação. Com o advento da Lei estadual nº 15.179/13, que estabeleceu a obrigação de gratuidade para idosos no transporte público, algumas dessas empresas pleitearam a revisão tarifária como forma de reequilíbrio de seus contratos de concessão, tendo o pleito sido negado pela Administração Pública sob a alegação de nulidade das outorgas, por terem sido conferidas sem licitação. Sua conclusão é a de que, ainda que não subsista mais o vínculo contratual entre as partes, que estabeleça um equilíbrio econômico-financeiro; tendo em vista que a lei impôs à empresa a prestação de um serviço que não poderá ser cobrado diretamente do usuário, esse novo vínculo decorre de uma requisição de serviço, a qual necessariamente é onerosa. Assim, se não puder ser compensada pela adequação de um modelo tarifário, deverá ser compensada por outros meios:[502]

---

[501] "Por conseguinte, uma eventual imposição da Administração concedente, mesmo que fundamentada em razões de utilidade pública, para que a empresa concessionária desenvolva as actividades concedidas por um tempo superior ao prazo fixado [...] não corresponde a uma verdadeira situação de prorrogação [...] devendo tal hipótese ser enquadrada [...] como uma actuação limitativa da liberdade de iniciativa económica privada [...] bem como do direito de propriedade [...], uma vez que envolve uma intervenção pública em meios de produção [...] – porventura configurável como uma requisição empresarial –, assim conferindo, ademais, ao empresário o direito a ser indenizado pelos danos causados" (TORGAL, Lino. Prorrogação do prazo de concessões de obras e de serviços públicos. *Revista de Contratos Públicos*, Coimbra, v. 1, p. 219-263, jan./abr. 2011. p. 246).

[502] SUNDFELD, Carlos Ari. Direito ao equilíbrio financeiro na prestação precária do transporte coletivo de passageiros. *In*: MOREIRA, Egon Bockmann (Coord.). *Contratos administrativos, equilíbrio econômico-financeiro e a taxa interna de retorno*. Belo Horizonte: Fórum, 2016. p. 70.

A ausência de processo licitatório prévio ou mesmo de contrato formal não afasta a existência de uma requisição administrativa de serviços imposta pela lei estadual e que teve como sujeitos passivos todas as prestadoras do serviço de transporte intermunicipal de passageiros, inclusive as que não passaram por licitação. É em virtude dessa situação jurídica (requisição de serviços) que as prestadoras devem ser ressarcidas, seja por meio da aplicação de modelo tarifário baseado no rateio dos custos dos serviços entre os passageiros pagantes, como indicou a agência reguladora na análise do então projeto de lei, seja por intermédio de outra fórmula de compensação que venha a ser adotada pelo poder público.

No caso da necessidade de um contrato emergencial para assegurar a continuidade do serviço público, se não houver interesse do concessionário *sainte* nem de alguma outra empresa apta a prestar o serviço provisoriamente, até que uma nova licitação seja preparada ou a Administração se organize para assumir a prestação direta, restará ao Poder Concedente requisitar os serviços. Essa requisição certamente será onerosa e imporá o pagamento de uma indenização, a qual não estará vinculada ao contrato desfeito – embora possa tomá-lo por base –, uma vez que, sem o consenso do particular, a relação contratual não mais o obrigará após o encerramento de sua vigência.

Como já referido, os atos preparatórios para viabilizar uma solução definitiva que assegure a continuidade do serviço público, quando o contrato de concessão está perto de seu fim, é responsabilidade da Administração Pública. Tendo em vista os prazos longos que caracterizam esse tipo de contratação, presume-se que a Administração disponha de tempo suficiente para se planejar e organizar com antecedência os preparativos que se façam necessários para a alternativa escolhida. Evidentemente, imprevistos e percalços podem ocorrer. No entanto, não se deve tolerar a chamada "emergência fabricada", por meio da qual os agentes públicos encarregados propositalmente deixam de adotar as medidas necessárias, com o objetivo de provocar um contexto que possa ser futuramente caracterizador da situação de emergência, justificando assim a prorrogação contratual.[503] Deste modo, sempre que for firmado um termo aditivo de prorrogação contratual, um contrato emergencial, ou mesmo a Administração for obrigada a

---

[503] "Muito pior é a 'prorrogação fabricada', na qual as partes executam o contrato em sono profundo e, de repente, despertam para o fim do prazo sem que haja tempo útil para a licitação; assim, são constrangidas a alongar o prazo. Esse fabrico da solução ilegal é situação que merece firme resposta negativa" (MOREIRA, Egon Bockmann. *Direito das concessões de serviço público*: inteligência da Lei 8987/95. São Paulo: Malheiros, 2010. p. 132).

lançar mão da requisição de serviços, deve haver algum tipo de iniciativa apuratória da responsabilidade disciplinar dos envolvidos,[504] de modo a verificar se houve falha ou cometimento de alguma irregularidade, buscando extrair daí o aprendizado que sirva para evitar a repetição de situações como essas, quando forem evitáveis.

Para Marçal Justen Filho, que não admite como legítima nenhuma prorrogação que não se destine a reequilibrar a economia do contrato, não será possível prorrogar o contrato em decorrência da emergência. Segundo sua convicção, caso não sejam adotadas pela Administração Pública as providências para que, ao final do contrato, o serviço possa ser retomado ou transmitido a uma nova concessionária – escolhida por processo licitatório –, caberá ao concessionário alertar o Poder Concedente e provocá-lo à adoção das medidas cabíveis. Em todo o caso, se, ao final do prazo, não houver alternativa que permita a continuidade do serviço, "o concessionário estará legitimado a manter a prestação do serviço essencial". No entanto, segundo o autor, estará caracterizada uma situação de fato, pois "a concessão mantida, após o prazo final, é situação jurídica ilícita e irregular".[505]

2.3 Duração e quantidade dos períodos adicionais

No passado, já foi comum a celebração de contratos de concessão assinados por 50, 100 anos. A prática mais recente é que passou a estipular prazos menores, prevendo a possibilidade de sua prorrogação.[506] Isso não significa, no entanto, que essas prorrogações possam

---

[504] O projeto de uma nova Lei Geral das Concessões, em exame pelo Congresso Nacional, prevê expressamente, em seu art. 155, a possibilidade das prorrogações emergenciais e, corretamente, estabelece, no parágrafo único, a obrigatoriedade de que sejam apuradas as responsabilidades dos agentes públicos que, eventualmente, tenham dado causa à criação da situação de emergência (CONGRESSO NACIONAL. *Substitutivo do relator ao Projeto de Lei nº 2.892, de 2011*. Institui a Lei Geral de Concessões. Disponível em: https://www.camara.leg.br/proposicoesWeb/prop_mostrarintegra?codteor=1834942&filename=Parecer-PL706317-19-11-2019. Acesso em: 25 nov. 2019).

[505] JUSTEN FILHO, Marçal. *Teoria geral das concessões de serviço público*. São Paulo: Dialética, 2003. p. 574-575.

[506] "Ora, se é lícito ao titular do serviço público estabelecer que o prazo da concessão é de 30 anos, por que não seria lícito fixá-lo em 15, admitindo desde logo a prorrogação por outro período de 15 anos? Tanto num caso como noutro há um prazo determinado para a delegação da prestação do serviço ao concessionário, requisito essencial da concessão. A diferença é que na primeira hipótese o prazo considerado adequado pelo titular do serviço público é fixado no contrato de modo uno, não admitindo divisão, enquanto na segunda o mesmo prazo será dividido em dois blocos" (MELLO, Rafael Munhoz de. Prorrogação de concessão de serviço público. *Revista de Direito Público da Economia – RDPE*, Belo Horizonte, ano 12, n. 46, p. 207-222, abr./jun. 2014. p. 219).

ser sucessivas e ocorrer ilimitadamente. Não se admitem, como já se viu anteriormente, contratos eternos nem que se prolonguem indefinidamente. Assim, *se não é possível contratar por prazo indeterminável, também não será possível tornar o prazo indeterminável por força do regime jurídico atribuído às prorrogações*.[507] Todo contrato administrativo deve ter um fim e isso deve ser compreendido no sentido de que o seu prazo inicial, somado ao prazo de todas as prorrogações possíveis, deve ter um limite precisamente verificável e que seja previamente conhecido, inclusive por aqueles que estejam interessados em participar da licitação que selecionará o contratado.

Pode-se dizer que a estipulação desse limite temporal máximo e intransponível serve a três propósitos especiais: (i) assegurar que, em algum momento, o Poder Concedente seja obrigado a voltar ao mercado para uma busca ampla quanto à alternativa mais vantajosa disponível; (ii) fixar a variável de tempo da equação econômico-financeira, que as partes se obrigam a observar, comprometendo-se o Poder Concedente a compensar o concessionário caso esse equilíbrio seja perdido em seu desfavor e (iii) dar oportunidade a possíveis interessados em prestar aquele serviço de participar de uma nova licitação. Pode-se imaginar, no entanto, situação em que não fará sentido voltar periodicamente ao mercado: são aqueles casos em que o serviço público é exercido em competição com outros prestadores, sem que haja restrições instransponíveis de acesso ao mercado. São os casos em que a entrada de um novo agente não depende do desligamento de um anterior. A necessidade de licitações periódicas certamente perde muito o interesse em casos como esse. Há outros casos nos quais a segunda razão para limitar o prazo não está presente. São aquelas concessões em que o Poder Concedente não se compromete com a equação econômico-financeira do contrato firmado com o concessionário, por não ter controle quanto às rendas que pode auferir.

Enquanto estiverem presentes alguma dessas razões, será possível sustentar a imperiosa necessidade de manter os prazos máximos determináveis desde a contratação original. No entanto, se nenhuma dessas razões estiver presente, perde-se o fundamento para exigência

---

[507] "(i) a faculdade de prorrogar não derroga a norma da obrigatoriedade de licitação, mas apenas a excepciona (logo, deve ser interpretada restritivamente) [...] (iii) a extensão do tempo deve ser certa e exauriente, pois não pode ser renovada ad eternum (pena de transformar um contrato com prazo determinado em algo com termo final incerto)" (MOREIRA, Egon Bockmann. *Direito das concessões de serviço público*: inteligência da Lei 8987/95. São Paulo: Malheiros, 2010. p. 133).

dessa natureza.⁵⁰⁸ Pode-se referir exemplificativamente aos serviços de radiodifusão de sons e de sons e imagens e à antiga regulação do serviço de transporte público aéreo. No primeiro caso, a outorga de novas concessões de rádio ou televisão não dependem necessariamente da extinção de alguma das concessões existentes e as empresas que exploram esse serviço atuam em acirrada concorrência umas com as outras. Da mesma forma, suas receitas não são limitadas pelo Poder Concedente nem advêm de tarifas cobradas dos usuários. O serviço é prestado gratuitamente e a concessão se sustenta principalmente com as receitas alternativas oriundas da venda de espaços publicitários durante a programação que, embora possa se submeter a algum tipo de regulação, não está sujeito a nenhum limite imposto pelo Poder Concedente. Não teria sentido, portanto, que uma empresa concessionária desse setor pretendesse que a Administração Pública fosse responsável por recompor qualquer perda ou quebra de expectativa de receita sofrida. Por essa razão, a Constituição, em seu art. 223, estabeleceu um regime de prorrogações automáticas, fixando o seu prazo em 10 anos, conforme a redação de seu §5º e condicionando a decisão de não renovar a concessão à aprovação de, ao menos, dois quintos dos membros do Congresso Nacional, em votação nominal. Assim, não havendo pronunciamento do parlamento, as concessões seguem sendo prorrogadas indefinidamente. Note-se, contudo, que o Constituinte não abriu mão, nem aqui, de determinar um prazo. Apenas estabeleceu um regime de prorrogações indefinidamente sucessivas.⁵⁰⁹

No outro caso referido, a Lei nº 14.368/2022 revogou diversos artigos do Código Brasileiro de Aeronáutica, de modo que desapareceram

---

⁵⁰⁸ O caso do setor de telecomunicações é relevante sob esse aspecto. A única atividade do setor que segue sendo prestado sob o regime jurídico dos serviços públicos é o serviço telefônico fixo comutado – STFC, o qual, contudo, atualmente é prestado sob regime de liberdade tarifária, de acordo com a norma autorizadora do art. 104 da Lei nº 9.472/97. Todavia, tendo em vista que, apesar de ser prestado em ambiente competitivo, em assimetria regulatória, não é possível instituir um novo concessionário sem que o concessionário atual, da respectiva área, se afaste. Não se justificariam, nesses casos, portanto, as prorrogações automáticas e indetermináveis dos contratos de concessão.

⁵⁰⁹ "Há, por exemplo, importante segmento dos serviços públicos para o qual a própria Constituição Federal assegura a continuidade do vínculo, autorizando – e até incentivando – a prorrogação sucessiva das concessões. Trata-se do setor de radiodifusão. [...] Aliás, a opção claramente assumida pelo Constituinte foi pela continuidade do vínculo, pois exigiu que a não renovação da outorga contasse com a aprovação de, no mínimo, dois quintos do Congresso Nacional em votação nominal (art. 223, §2º)" (SUNDFELD, Carlos Ari; CÂMARA, Jacintho Arruda. Uma crítica à tendência de uniformizar com princípios o regime jurídico dos contratos públicos. *Revista de Direito Público da Economia – RDPE*, Belo Horizonte, ano 11, n. 41, p. 57-72, jan./mar. 2013).

os anteriormente chamados serviços aéreos públicos. Na redação atualmente conferida ao seu art. 174-A, consta que os serviços aéreos (em geral) são atividades econômicas de interesse público. Não se aplica mais, portanto, o regime das concessões. Vale referir, de todo modo, ao regime anterior, à título exemplificativo do que aqui se pretende demonstrar.

Assim como no caso da radiodifusão de sons e imagens, naquele regime de serviço público, ora extinto, inexistiam as duas razões que justificam estabelecer prazos totais máximos. As empresas de aviação, que exploravam os serviços públicos de transporte aéreo, competiam entre si, mesmo quando vigia o regime de serviço público. Embora a situação vivenciada no mercado brasileiro, até hoje, seja de concorrência imperfeita, pode-se considerar que a entrada de novos competidores não dependia da retirada de nenhum dos concessionários atuantes. Quanto às suas receitas, tratava-se de atividade que já era exercida sob regime de liberdade de preços. O Poder Concedente não determinava nem limitava os valores a serem cobrados dos usuários. Por outro lado, também não faria sentido que as companhias aéreas pretendessem extrair de seus contratos uma equação econômico-financeira a ser assegurada pelo Poder Concedente. Deste modo, tendo o art. 180 do Código Brasileiro de Aeronáutica (Lei nº 7.565/86)[510] estabelecido que "a exploração de serviços aéreos públicos dependerá sempre da prévia concessão, quando se tratar de transporte aéreo regular", seu art. 183[511] atribuiu ao Poder Executivo a regulamentação das concessões. A Resolução Anac nº 377/2016 dispôs, então, em seu art. 14, que "a concessão para operar permanecerá válida enquanto a empresa mantiver todas as condições técnicas e operacionais definidas pela Anac e atender as demais leis e normas infralegais aplicáveis". Assim, embora os contratos fossem celebrados com as companhias aéreas por prazo certo, com vigência estabelecida em 10 anos, sua prorrogação se dava automaticamente, até que sobreviesse alguma das causas de extinção indicadas no art. 18 da então vigente Resolução Anac nº 377/2016,[512] que incluía a constatação de risco à segurança operacional, o descumprimento reiterado da legislação ou do contrato de concessão, a perda do certificado de operador aéreo, entre outras.

Em geral, no entanto, ao menos algum dos motivos acima referidos continuavam presentes, justificando-se assim que as concessões

---

[510] Revogado pela Lei nº 14.368/2022.
[511] Revogado pela Lei nº 14.368/2022.
[512] Revogada pela Resolução Anac nº 659/2022.

continuassem a ser celebradas por um prazo máximo total definido. As prorrogações eram oportunidades de manter a prestação do serviço sob a responsabilidade de um concessionário que o estivesse desempenhando de maneira adequada, com qualidade, eficiência e demonstrando uma boa performance.

  Como foi possível observar acima, no tópico 1.2, há vantagens e desvantagens tanto para o Poder Concedente, quanto para o concessionário, pelo fato de a regulação dos serviços públicos se dar por meio de um vínculo aprazado. De todo modo, tendo havido a decisão – em geral, tomada pelo legislador – de optar pelo modelo de regulação contratual, este deve ser respeitado. O regime jurídico que se estabelece deve ter o objetivo de buscar o melhor equilíbrio possível entre as vantagens que podem ser extraídas desse sistema temporal. Não se discute que os vínculos contratuais nas concessões de serviço público devem ter um fim. Estabelecer qual o prazo ideal em cada caso é o desafio que se apresenta e não é tarefa fácil, pois depende da ponderação de uma série de fatores. O sistema de prorrogações, expressamente permitido pelo art. 175 da Constituição, confere certa flexibilidade a esse aprazamento dos contratos, uma vez que viabiliza que, ao longo do tempo, o Poder Concedente tenha oportunidades de avaliar se deve ou não seguir com aquele concessionário.

  Segundo esse racional, o ideal é que haja o maior número possível de oportunidades para que avaliações desse tipo possam ser feitas. Assim, embora possa ser desejável que – naquelas situações em que a execução do contrato transcorre à contento – haja a possibilidade de se estender o contrato por prazos razoavelmente longos, de modo a evitar as mudanças muito frequentes de concessionários; a existência de marcos de verificação periódica não tão afastados só favorece que se possa assegurar que um serviço de qualidade seja oferecido aos usuários. Deste modo, em princípio, no plano ideal, os contratos de concessão de serviço público devem ter um limite estendido em relação ao seu prazo máximo, antes que uma nova licitação se torne obrigatória, conjugado com prazos iniciais, assim como os decorrentes das prorrogações, estipulados no menor tempo possível, que permita aliar a amortização dos investimentos necessários com o princípio da modicidade tarifária.[513]

---

[513] Tendo em vista os vultosos investimentos que normalmente envolvem uma concessão, naturalmente é esperado que os prazos estipulados sejam longos. Quando se refere ao menor tempo possível, é preciso ter isso em mente. Relevantes a esse respeito as reflexões de Rafael Schwind, quanto ao lado negativo de "um prazo dividido em bloco inicial e

São nesse sentido as recomendações de Williamson, ao defender que, quando se utiliza a técnica contratual para a regulação dos serviços, o ideal é que tais contratos sejam firmados pelo menor prazo possível, embora sua recomendação esteja, em grande parte, associada à ideia de facilitar o exercício da função regulatória, especialmente no que diz respeito à adaptação do regime jurídico aplicável àquela dada atividade, no contexto de um sistema jurídico que não admite a alteração unilateral dos contratos administrativos:[514]

> *Contratos recorrentes de curto prazo.* Uma das principais vantagens da contratação recorrente de curto prazo sobre contratações de longo prazo é que os contratos de curto prazo facilitam a tomada de decisões adaptativas e sequenciais. Assim, evitam-se exigências como as de que as contingências sejam descritas de forma abrangente e as adaptações adequadas a cada trabalho sejam justificadas com antecedência. Em vez disso, o futuro pode ir se desdobrando e as adaptações podem ir sendo introduzidas em cada intervalo de renovação do contrato, considerando apenas os eventos que efetivamente se materializaram. Dito de outra forma, as pontes são cruzadas uma (ou algumas) de cada vez, à medida que ocorrem eventos específicos. Quando comparado com o sistema de reivindicações contingentes, que requer que a árvore de decisão completa seja gerada previamente, de modo que todas as pontes possam ser cruzadas com antecedência, o sistema de tomada de decisão adaptativo e sequencial economiza muito a racionalidade limitada.

---

prorrogações sucessivas", especialmente quando "se estabelecer um prazo inicial mais curto e a possibilidade de sucessivas prorrogações", já que "o parceiro privado não poderá calcular a viabilidade da PPP levando em conta que todas as prorrogações possíveis serão aplicadas. O seu direito é apenas que o prazo original seja observado". É esse, portanto, o prazo que deverá ser suficiente para a amortização pretendida (SCHWIND, Rafael Wallbach. Prazo de vigência e prorrogação dos contratos de parcerias público-privadas. In: SADDY, André; MORAES, Salus. *Tratado de parcerias público-privadas*: teoria e prática. Rio de Janeiro: CEEJ, 2019. v. 5. p. 56-57).

[514] "Recurrent short-term contracts. A leading advantage of recurrent short-term contracting over long-term contracting is that short-term contracts facilitate adaptive, sequential decision-making. The requirements that contingencies be comprehensively described and appropriate adaptations to each worked out in advance are thereby avoided. Rather, the future is permitted to unfold and adaptations are introduced, at contract renewal intervals, only to those events which actually materialize. Put differently, bridges are crossed one (or a few) at a time, as specific events occur. As compared with the contingent claims contracting requirement that the complete decision tree be generated, so that all possible bridges are crossed in advance, the adaptive, sequential decision-making procedure economizes greatly on bounded rationality" (WILLIAMSON, Oliver E. Franchise bidding for natural monopolies: in general and with respect to CATV. *The Bell Journal Of Economics*, New Jersey, v. 7, n 1, 1976. p. 83).

George Priest também questiona os contratos de duração muito extensa:[515]

> Durações dessa extensão para as franquias obviamente complicam a especificação de uma estrutura de preço e qualidade mínima de serviço. Mesmo confiante em estimar o preço competitivo para hoje, quem pode prever o preço competitivo em trinta anos? Como veremos, no entanto, as franquias de *utilities* também incorporaram muitas disposições que permitem o reajuste de elementos básicos, o que dificulta a análise das implicações de um prazo inicial de trinta ou cinquenta anos.

Quanto à estipulação de prazos limitadores máximos, que levem em consideração tanto o período inicial como todos os períodos subsequentes de prorrogação, Lino Torgal reconhece que "a soma do prazo máximo contratualmente previsto para a prorrogação premial[516] com o prazo original do vínculo não poderá exceder o limite máximo de duração fixado em abstrato por lei administrativa especial".[517] A legislação portuguesa estabelece um prazo máximo, que incorpora os períodos de prorrogação, fixando-o, na ausência de disposição contratual específica, em 30 anos, por força do disposto no art. 410 do Código de Contratos Públicos:[518]

> 2 - Na falta de estipulação contratual, o prazo a que se refere o número anterior é 30 anos, nele se incluindo a duração de qualquer prorrogação contratualmente prevista, sem prejuízo de lei especial que fixe prazo supletivo diferente, ou prazo máximo.

---

[515] "Franchise durations of such length obviously complicate the specification of a price structure and minimum quality of service. Even if confident in estimating today's competitive price, who can predict the competitive price in thirty years? As we shall see, however, utility franchises also incorporated many provisions allowing readjustment of basic provisions which make difficult analysis of the implications of the thirty- or fifty-year basic term" (PRIEST, George L. The origins of utility regulation and the "theories of regulation" debate. *The Journal of Law & Economics*, Chicago, v. 36, n. 1, part 2, abr. 1993. p. 309).

[516] Recorda-se que esse autor utiliza a expressão "prorrogação premial" para referir aquela espécie de prorrogação que denominamos como convencional e que, usualmente, é referida pela doutrina brasileira como prorrogação por interesse público.

[517] TORGAL, Lino. Prorrogação do prazo de concessões de obras e de serviços públicos. *Revista de Contratos Públicos*, Coimbra, v. 1, p. 219-263, jan./abr. 2011. p. 239-240.

[518] PORTUGAL. Legislação. *Decreto-Lei nº 18/2008, de 29 de janeiro de 2008*. Código dos contratos públicos. Disponível em: http://www.base.gov.pt/mediaRep/inci/files/ccp2018/CCP-DL_111-B.pdf. Acesso em: 8 jun. 2019.

Também na Espanha, o art. 29, apartado 6, da *Ley* 9/2017,[519] estipula prazos máximos de duração dos contratos de concessão, incluindo os períodos de prorrogação, sem estabelecer uma quantidade máxima desses eventos:

> Em qualquer caso, a duração dos contratos de concessão de obras ou a concessão de serviços a que se refere o segundo parágrafo do presente dispositivo não deve exceder, incluindo possíveis prorrogações:
> a) Quarenta anos para contratos de concessão de obras, e para a concessão de serviços que compõem a execução de obras e a operação do serviço.
> b) Vinte e cinco anos em contratos de prestação de serviços que compõem a operação de um serviço não relacionado à prestação de serviços de saúde.
> c) Dez anos em contratos de concessão de serviços que compõem a operação de um serviço cuja finalidade consiste na prestação de serviços de saúde desde que não se encarem no ponto (a).

Na União Europeia, a Diretiva 2014/23/UE, que trata dos contratos de concessão, em seu considerando 52, estabeleceu que, ao fixar a duração dos contratos de concessão de serviço público, a autoridade administrativa competente deve cuidar para que não feche o mercado para a concorrência por um prazo excessivamente longo, sob o risco de causar entraves à livre concorrência e à liberdade empresarial.[520]

---

[519] "En cualquier caso, la duración de los contratos de concesión de obras o de concesión de servicios a la que se refiere el segundo párrafo del presente apartado, no podrá exceder, incluyendo las posibles prórrogas, de: a) Cuarenta años para los contratos de concesión de obras, y de concesión de servicios que comprendan la ejecución de obras y la explotación de servicio. b) Veinticinco años en los contratos de concesión de servicios que comprendan la explotación de un servicio no relacionado con la prestación de servicios sanitarios. c) Diez años en los contratos de concesión de servicios que comprendan la explotación de un servicio cuyo objeto consista en la prestación de servicios sanitarios siempre que no estén comprendidos en la letra a)" (ESPANHA. Legislação. *Ley 9/2017, de 8 de novembro de 2017*. Ley de Contratos del Sector Público. Disponível em: https://www.boe.es/buscar/pdf/2017/BOE-A-2017-12902-consolidado.pdf. Acesso em: 18 nov. 2019).

[520] "A fim de evitar o encerramento do mercado e a restrição da concorrência, importa limitar a duração da concessão. Além disso, é provável que as concessões com uma duração muito longa resultem no encerramento do mercado, podendo desse modo causar entraves à livre circulação de serviços e à liberdade de estabelecimento. Todavia, tal duração poderá justificar-se se for indispensável para o concessionário poder recuperar os investimentos planeados para a realização da concessão, bem como para obter a remuneração do capital investido" (UNIÃO EUROPEIA. Legislação. Parlamento Europeu e Conselho. *Diretiva 2014/23/UE, de 26 de fevereiro de 2014 e publicada no Jornal Oficial da União Europeia, L 94/1, de 28 de março de 2014*. Relativa à adjudicação de contratos de concessão. Disponível em: https://eur-lex.europa.eu/legal-content/PT/TXT/HTML/?uri=CELEX:32014L0023&from=pt. Acesso em: 10 jul. 2019).

Deste modo, a recomendação aos Estados-Membros é no sentido de que a duração deve ser aquela indispensável para a recuperação dos investimentos. A mesma recomendação se aplica às prorrogações, que não devem ter duração mais longa do que aquela necessária para amortizar os investimentos que sejam previstos para o período de tempo suplementar.

No Brasil, embora pouco frequentes, são louváveis iniciativas como a do Decreto nº 9.048/2017, que, ao alterar o Decreto nº 8.033/2013, deu nova redação ao seu art. 19, passando a estabelecer um limite máximo temporal de 35 anos para o prazo a ser inicialmente ajustado nos contratos de concessão e arrendamento portuário, permitindo a sua prorrogação por sucessivas vezes, sem referir a natureza da prorrogação nem impor limite quantitativo ou duração individual das prorrogações, mas restringindo a soma de todos os períodos possíveis ao limite de 70 anos, a partir de quando o Poder Concedente obrigatoriamente deverá recorrer ao mercado, por meio de uma licitação seguida de nova contratação.

O que não se justifica, no entanto, sob nenhuma ótica, é a prática arraigada na tradição jurídica brasileira de contratos de concessão com prazo "prorrogável uma única vez, por igual período". Na experiência que se colhe do direito comparado também não se identificam práticas similares. Em Portugal, Lino Torgal,[521] ao contrário, adverte que o prazo da prorrogação não deve equivaler ao prazo original, nem ser dele próximo:

> De todo modo, diríamos que a duração máxima admissível da prorrogação que venha a ser, caso a caso, discricionariamente fixada, não deve equivaler à duração inicial do contrato ou, sequer, a um período próximo dela. Se, como foi referido, a decisão de continuidade do concessionário se poderá justificar à luz de considerações específicas e transitórias, a verdade é que essa mesma decisão vem obstar à (re)abertura ao mercado da atividade pública concedida, podendo, dessa forma, impossibilitar o eventual advento de uma proposta (e, ulteriormente, a celebração de um contrato) com atributos mais favoráveis para o interesse público.

Na França, onde os contratos de concessão sempre se entenderam como *intuitu personae*, não estando submetidos tradicionalmente sequer à necessidade de prévia licitação, depois da chamada *Loi Sapin*, as

---

[521] TORGAL, Lino. Prorrogação do prazo de concessões de obras e de serviços públicos. *Revista de Contratos Públicos*, Coimbra, v. 1, p. 219-263, jan./abr. 2011. p. 239.

possibilidades de prorrogação restaram bastante reduzidas. Excluídos os casos de prorrogação para o fim de reequilibrar o contrato, as demais hipóteses de prorrogação foram limitadas à duração máxima de um ano, havendo quem defenda atualmente o entendimento de que, com a aprovação da recente Lei de Concessões,[522] estariam vedadas quaisquer iniciativas de prorrogação meramente por interesse público.[523]

No Brasil, a Lei Geral de Concessões (Lei nº 8.987/95) deixa bastante espaço para que a Administração Pública estabeleça o desenho que entender mais conveniente para a temporalidade dos contratos. Não estabelece prazos máximos nem mínimos, nem impõe limites para a quantidade de vezes que o contrato pode ser prorrogado.[524] É verdade que a Lei nº 11.079/2004, ao disciplinar as parcerias público-privadas, impõe limites mínimos e máximos aos contratos de concessão especialmente por ela regulados e diversas leis setoriais também o fazem. Causa, assim, certa estranheza a insistência no modelo de iguais períodos, que não reflete o conteúdo das determinações legislativas e não faz sentido do ponto de vista da lógica econômica. Se originalmente foi calculado um prazo determinado para a amortização dos investimentos então reconhecidos como necessários, como se quer cogitar que, ao final desse prazo – normalmente alongado –, haja novos investimentos e obrigações cuja amortização deverá demandar exatamente o mesmo período de tempo?[525] Seria uma coincidência incrível e altamente improvável que situação desse tipo ocorresse.

---

[522] FRANÇA. Legislação. *Lei nº 2016-65, de 29 de janeiro de 2016. Ordonnance sur l'attribution de contrats de concession.* Disponível em: https://www.legifrance.gouv.fr/eli/ordonnance/2016/1/29/2016-65/jo/texte. Acesso em: 22 nov. 2019.

[523] HAUTON, Marianne. L'extension de la durée des contrats de concession. *Contrats Publics*, n. 183, jan. 2018. p. 52. Disponível em: https://www.seban-associes.avocat.fr/wp-content/uploads/2018/01/L%E2%80%99extension-de-la-dur%C3%A9e-des-contrats.pdf. Acesso em: 22 nov. 2019.

[524] "A lei também foi aberta em relação à prorrogação desses contratos. Não houve limitação quanto ao número possível de prorrogações; a lei apenas estabeleceu como cláusula necessária aos contratos de concessão a que tratasse das 'condições para prorrogação do contrato' (art. 23, XII). Os requisitos para prorrogação, inclusive o número de vezes em que será admitida, devem ser disciplinados no próprio contrato" (SUNDFELD, Carlos Ari; CÂMARA, Jacintho Arruda. Uma crítica à tendência de uniformizar com princípios o regime jurídico dos contratos públicos. *Revista de Direito Público da Economia – RDPE*, Belo Horizonte, ano 11, n. 41, p. 57-72, jan./mar. 2013) e "A Lei nº 8.987/1995, cumprindo a função de lei geral sobre o tema, interessantemente nada dispõs sobre o limite do prazo de duração dos contratos de concessão de serviços públicos, e nem tampouco sobre o limite do número de prorrogações" (FREITAS, Rafael Véras de; RIBEIRO, Leonardo Coelho. O prazo como elemento da economia contratual das concessões: as espécies de 'prorrogação'. *In*: MOREIRA, Egon Bockmann (Coord.). *Contratos administrativos, equilíbrio econômico-financeiro e a taxa interna de retorno.* Belo Horizonte: Fórum, 2016. p. 291).

[525] "[...] se a alteração do objeto é legítima, causará estranheza que ela produza uma extensão de prazo, e.g., equivalente ao prazo original do ajuste, exemplo frequentemente apresentado pela doutrina como de extensão ilegítima. Se o custo adicional associado à

Independentemente das limitações e parâmetros estabelecidos para as prorrogações dos contratos de concessão, é importante ressaltar que se trata, em última análise, como vimos anteriormente, de uma decisão discricionária da Administração Pública, que deve se pautar por avaliação do agente público competente quanto à existência de interesse na prorrogação em comparação com as alternativas disponíveis. Nesse caso, deverá levar em conta todas as circunstâncias do caso. Não somente se a organização de uma nova licitação ou a assunção da atividade para ser prestada diretamente pela Administração Pública se revelam como opções menos vantajosas, a autorizar a prorrogação. Haverá de levar em conta, também, se há opções de reequilíbrio contratual mais convenientes, se for essa a finalidade da prorrogação cogitada, por exemplo. Ou se seria mais vantajosa uma contratação emergencial ao invés de uma prorrogação emergencial para permitir o tempo necessário para a organização de uma nova licitação. A decisão quanto a prorrogar ou não o contrato deverá levar em conta todos os elementos envolvidos e deverá, evidentemente, ser fundamentada.[526]

Deve-se ressaltar, ainda, que o ideal é que o contrato ofereça parâmetros para pautar a decisão administrativa.[527] Devem ser evitadas, portanto, as chamadas cláusulas em branco,[528] que contenham uma mera

---

alteração é equivalente ao objeto original do contrato – tanto assim que o prazo necessário para amortizá-lo é o mesmo –, o quadro parece indicar que não se tratava na realidade de uma alteração necessária à melhor execução daquele objeto, mas de objeto diverso e autônomo, que deveria ser submetido a licitação própria" (BARROSO, Luís Roberto. O contrato de concessão de rodovias: particularidades, alteração e recomposição do equilíbrio econômico-financeiro. *Revista de Direito da Procuradoria Geral do Rio de Janeiro*, Rio de Janeiro, p. 186-215. Edição especial. p. 213).

[526] GARCIA, Flávio Amaral. *Concessões, parcerias e regulação*. São Paulo: Malheiros, 2019. p. 236-237.

[527] A prática brasileira nem sempre prima por contratos com cláusulas precisas e minuciosas. Como bem observa Letícia Queiroz, com saborosa comparação com a culinária francesa. Naquele país, tanto as receitas quanto os *cahiers de charges* dos contratos de concessão costumam ser bem mais detalhados: "Com efeito, diversamente do que ocorre na França, em que as condições de prestação de serviços pela própria Administração Pública são estipuladas com precisão e minúcia que caracterizam as descrições francesas – desde suas leis às receitas de sua famosa culinária –, a aplicação de tal critério à realidade brasileira teria que se basear em abstrações, porquanto a disciplina infralegal dos serviços prestados diretamente pela Administração Pública não costuma fornecer indicação minuciosa das condições em que serão desenvolvidos" (ANDRADE, Letícia Queiroz de. *Teoria das relações jurídicas da prestação de serviço público sob regime de concessão*. 1. ed. São Paulo: Malheiros, 2015. p. 113).

[528] ARAGÃO, Alexandre Santos de. *Direito dos serviços públicos*. 3. ed. Rio de Janeiro: Forense, 2013. p. 554; GARCIA, Flávio Amaral. *Concessões, parcerias e regulação*. São Paulo: Malheiros, 2019. p. 230; MELLO, Rafael Munhoz de. Prorrogação de concessão de serviço público. *Revista de Direito Público da Economia – RDPE*, Belo Horizonte, ano 12, n. 46, p. 207-222, abr./jun. 2014. p. 220; OLIVEIRA, Rafael Carvalho Rezende. *Administração Pública, concessões*

autorização genérica para a prorrogação. Como adverte Flávio Amaral, cláusulas excessivamente detalhadas também não são desejáveis, pois criariam amarras obstrutivas para o gestor, que precisa lidar com um contrato de longo prazo, incompleto, que demanda logicamente alguma flexibilidade.[529]

O ideal, portanto, como se viu, é que a cláusula deixe claro qual é o prazo inicial do contrato e qual o prazo máximo que a execução contratual poderá atingir, considerando-se todas as prorrogações possíveis, a partir de quando a Administração Pública fica obrigada a proceder à licitação. Quando se entender conveniente, a cláusula contratual poderá prever também limite máximo da quantidade de vezes que o contrato poderá ser prorrogado ou períodos máximos de tempo de que cada prorrogação poderá se revestir. Como já se referiu, a prática consagrada no Brasil de estabelecer a possibilidade de prorrogação "uma única vez por igual período" não parece adequada. Trata-se de solução que não se compatibiliza com a presunção de que o prazo contratual deve estar relacionado ao tempo necessário e suficiente para a amortização dos investimentos.

Nesse sentido, o que ora se preconiza é que os prazos de concessão sejam fixados na menor extensão que permita conciliar a amortização dos investimentos necessários com a modicidade tarifária. Quanto menor for esse prazo, mais reduzidas serão as chances de surgirem eventos de desequilíbrio contratual e mais simples será a sua correção. Também será reduzida a probabilidade de surgirem razões que imponham a antecipação do momento da prorrogação, já que não terá sido fixado em data muito distante; assim como do surgimento de problemas que imponham a extinção antecipada do contrato. A administração contratual será tanto mais simples quanto menor for o prazo da execução contratual.

Por outro lado, deve-se considerar também que há vantagens associadas à manutenção do concessionário, quando este esteja provendo um serviço de qualidade e adequado.[530] Prazos muito curtos poderiam

---

e terceiro setor. 2. ed. Rio de Janeiro: Lumen Juris, 2011. p. 267; GUIMARÃES, Felipe Montenegro Viviani. *Prorrogação por interesse público das concessões de serviço público*. São Paulo: Quartier Latin, 2018. p. 243 e TORGAL, Lino. Prorrogação do prazo de concessões de obras e de serviços públicos. *Revista de Contratos Públicos*, Coimbra, v. 1, p. 219-263, jan./abr. 2011. p. 235.

[529] GARCIA, Flávio Amaral. *A mutabilidade nos contratos de concessão*. São Paulo: Malheiros, 2021. p. 253-254 e GARCIA, Flávio Amaral. *Concessões, parcerias e regulação*. São Paulo: Malheiros, 2019. p. 230.

[530] Nesse sentido, Jèze já apontava para a necessidade de se assegurar certa estabilidade aos contratos de concessão de serviço público: "On ne conçoit pas une concession du service

criar embaraços relacionados a uma constante troca do concessionário, o que pode gerar custos e ineficiências indesejáveis. As prorrogações podem ser um instrumento contratual valioso para contornar esses problemas. No entanto, como não podem redundar em uma execução contratual por tempo indeterminado, será sempre necessário estabelecer um prazo máximo, a partir de quando será imprescindível ir ao mercado para colher novas propostas. Atingido esse limite, nenhuma razão poderá justificar nova prorrogação.

Deste modo, valendo-se da mesma lógica referida para a determinação do prazo inicial, também é ideal que os prazos de cada prorrogação sejam fixados no menor período de tempo possível para conciliar amortização de investimentos e modicidade tarifária. Em princípio, não se vê vantagem em limitar a quantidade de prorrogações possíveis. Fixado um prazo total máximo, consideradas todas as prorrogações, pode-se concluir que quanto maior for o número de prorrogações melhor, já que isso significará que cada uma delas foi fixada em período consideravelmente curto. Caso se entenda conveniente a limitação do número de prorrogações, em princípio, será recomendável que seja autorizada uma quantidade razoável, não havendo razão para limitá-las a uma única. Vislumbram-se assim, como ideais, situações em que seja viável estabelecer um prazo inicial relativamente curto, com a previsão de um prazo maior como limite global, sem limitação da quantidade de vezes em que poderá ser prorrogado, como na seguinte cláusula hipotética:

> A presente concessão é estabelecida pelo prazo inicial de 12 (doze) anos, considerando a amortização de todos os investimentos ora previstos, podendo ser prorrogada quantas vezes for necessário, qualquer que seja a finalidade da prorrogação, a critério da Administração Pública e caso haja interesse do concessionário, até o limite máximo de 40 (quarenta) anos, quando será obrigatoriamente extinto este contrato.

Preconiza-se, também, à luz de tudo quanto já exposto, que as cláusulas deixem clara a vinculação da Administração Pública nos casos em que se pretendam instituir prorrogações premiais. Nesses casos, será

---

public faite pour quelques mois. C'est d'ordinaire pour 25, 30, 40, 50, 60, 75 ans que le contrat de concession est conclu. Le besoin de stabilité est éprouvé par l'administration par le public, par le concessionnaire" (JÈZE, Gaston. *Les principes généraux du droit administratif*, tome 3: le fonctionnement des services pubics. Reimpressão da edição de 1926. Paris, Dalloz, 2011. p. 368).

imprescindível indicar quais são as metas que deverão ser atingidas para gerar o direito adquirido à extensão de prazo, as quais devem ser facilmente distinguíveis dos parâmetros de qualidade ordinários impostos ao concessionário para a execução contratual e das condições a serem comprovadas para que as prorrogações convencionais possam ser deferidas pela Administração Pública, caso entenda conveniente e oportuno.

Também no que se refere às prorrogações para fins de reequilíbrio, é desejável que seja indicado expressamente no contrato se haverá um prazo máximo global, a envolver qualquer tipo de prorrogação ou se, além das prorrogações convencionais, haverá um outro limite específico para as prorrogações para fins de reequilíbrio. Nada impede, ainda, que o contrato vede alguma das espécies de prorrogação. Como se viu anteriormente, em contratos que foram firmados para a exploração de infraestruturas aeroportuárias, foram inseridas cláusulas que não preveem prorrogações convencionais, pelo que se conclui que são vedadas, havendo, não obstante, autorização expressa para as prorrogações destinadas ao reequilíbrio contratual, as quais foram limitadas à duração máxima de 5 (cinco) anos. Pode-se vislumbrar também a hipótese inversa: um contrato que admita apenas as prorrogações convencionais e vede as prorrogações que tenham por objetivo reequilibrar o contrato. Como se viu, o direito do concessionário é ao equilíbrio contratual e não às formas disponíveis para recuperá-lo. Caso haja esse tipo de vedação, a revisão contratual deverá encontrar outra forma para efetivar a compensação devida.

CAPÍTULO 3

ENCERRAMENTO DO PRAZO CONTRATUAL

3.1 Relicitação: encerramento antecipado do prazo por acordo entre as partes

A introdução do instituto da relicitação pela Lei nº 13.448/2017 é, como se viu, um dos fenômenos de reação à crise que se abateu recentemente no ordenamento jurídico brasileiro quanto à existência de prazos fixos nos contratos de concessão. Trata-se de solução concebida para aqueles casos em que o concessionário demonstra não possuir mais a capacidade de manter a regular prestação do serviço e adimplir com as suas obrigações. Permite-se, então, a celebração de um *acordo entre o Poder Concedente e o concessionário para o encerramento antecipado da vigência contratual*.[531]

Esse mecanismo foi concebido especificamente para ser aplicado nos setores rodoviário, ferroviário e aeroportuário, naqueles casos em que os respectivos contratos estejam devidamente qualificados no Programa de Parcerias de Investimentos – PPI, como se extrai da combinação dos arts. 2º e 13 da lei, já que foram esses os setores identificados como mais sensíveis do ponto de vista das dificuldades econômicas que vinham sendo enfrentadas pelos concessionários. No entanto, embora se trate de instituto recentemente disciplinado em lei, não se deve imaginar que seja uma novidade a retomada de concessões

---

[531] GUIMARÃES, Bernardo Strobel; CAGGIANO, Heloísa Conrado. O que mudou no direito das concessões com a aprovação da MP nº 752: perguntas e respostas. *Revista de Direito Público da Economia – RDPE*, Belo Horizonte, ano 15, n. 58, p. 9-22, abr./jun. 2017 e FREITAS, Rafael Véras de. As prorrogações e a relicitação previstas na Lei nº 13.448/2017: um novo regime jurídico de negociação para os contratos de longo prazo. *Revista de Direito Público da Economia – RDPE*, Belo Horizonte, ano 15, n. 59, p. 175-199, jul./set. 2017. p. 175-176.

pelo Poder Concedente, antes do término inicialmente fixado para o encerramento do contrato. Na verdade, faz parte das suas prerrogativas, como titular do serviço, retomá-lo a qualquer tempo, seja para passar a prestá-lo diretamente ou para proceder a uma nova licitação. Isso pode ocorrer por razões de interesse público, que independam da performance do concessionário, como ocorre nos casos de encampação, ou em face da perda das condições de habilitação ou da inadimplência do concessionário, quando pode se justificar a decretação da caducidade da concessão, prevista no art. 38 da Lei nº 8.987/95.

Por essa razão, embora se reconheça que a introdução do instituto da relicitação no ordenamento jurídico brasileiro reflete, como afirma de Bernardo Strobel Guimarães e Heloísa Conrado Caggiano, "a força da realidade se impondo ao otimismo desmedido que animou diversos projetos licitados recentemente", é preciso manter em mente que a inadimplência do concessionário é uma conduta ilícita, que merece reprimenda. As sanções estão previstas em lei e no respectivo contrato e podem resultar, quando especialmente grave a inadimplência, na aplicação da pena de caducidade, com a extinção antecipada do contrato. Deste modo, é preciso ter cautela com a identificação de quais são os casos em que se pode lançar mão da relicitação, razão pela qual o art. 14, §2º, I da Lei nº 13.448/2017 impõe ao concessionário que apresente as justificativas e elementos técnicos que demonstrem a necessidade e conveniência de lançar mão dessa modalidade de extinção antecipada consensual. É preciso atentar aos chamados riscos morais (ou *moral hazards*, como denominados na literatura regulatória anglo-americana) envolvidos nessa decisão, de que se cuidará um pouco mais à frente.

Não se deve imaginar, no entanto, que, mesmo antes da nova disciplina legal não fosse possível a chamada "devolução" de uma concessão. A rescisão amigável de um contrato, afinal, é sempre uma opção à disposição das partes. Como recorda Guglielmi, do mesmo modo que as partes decidiram criar o vínculo contratual, podem decidir desfazê-lo.[532] Relevante observar, contudo, como recorda Hélène

---

[532] "Ce que les parties ont fait, elles peuvent de défaire. Les contrats de transfert de la gestion opérationnelle des services publics, quoiqu'administratifs, restent avant tout des contrats. L'indemnité – ou son absence – est alors le fruit d'une négociation. Certaines dispositions des contrats de concession prévoient par exemple que la personne publique pourra reprendre la gestion du service dans une période précédant l'échéance du terme. On utilise quelquefois pour décrire cette situation le terme impropre de rachat contractuel. Il s'agit en fait soit d'une résiliation dans l'intérêt du service accompagnée d'un accord sur l'indemnité, soit d'un avenant intégrant l'accord" (GUGLIELMI, Gilles J. *et alli*. *Droit du service public*. 4. ed. Issy-les-Moulineaux: LGDJ, 2016. p. 817).

Hoepffner, que a extinção antecipada dos contratos geralmente decorre de uma situação patogênica. Ainda assim, ela pode resultar de uma determinação unilateral da Administração, em uma decisão de cunho sancionatório, ou de um acordo entre as partes, quando houver a possibilidade de construção de um consenso e a lei assim o permitir.[533] A importância da Lei nº 13.448/2017, portanto, foi a de deixar claro quais os parâmetros que devem estar presentes para que uma solução consensual possa ser construída entre as partes, excluindo-se a aplicação de sanções administrativas, além de indicar quais as condições de que deve se revestir esse negócio jurídico extintivo do contrato em vigor.

Não sendo possível o acordo, nos termos da lei, ou o contrato deve continuar a ser executado a contento, ou não haverá alternativa que não a decretação da caducidade. Note-se que o legislador passou a condicionar a concretização definitiva da "devolução" da concessão, a que haja algum outro interessado em assumir a condição de concessionário, por meio de uma nova licitação, que deverá ser organizada pelo Poder Concedente. Formando-se o consenso entre as partes, a lei permite, então, que seja, inicialmente, estabelecida uma série de alterações contratuais, por meio de aditivo a ser firmado, que estabelecerá um *regime especial a vigorar durante o período de transição*,[534] enquanto uma nova licitação é organizada, exatamente o que permitirá ao concessionário incumbente manter a exploração do serviço, suspendendo investimentos que seriam obrigatórios, na forma do art. 15 da Lei nº 13.448/2017.

Deste modo, havendo um juízo inicial do Poder Concedente quanto à necessidade, a pertinência e a razoabilidade do pleito formulado pelo concessionário incumbente quanto à relicitação, abre-se um

---

[533] "Les parties peuvent également décider de réduire la durée du contrat en anticipant la réalisation du terme initialement convenu. Le plus souvent, cette modification est le résultat d'une situation pathogène: en réduisant la durée de leur contrat, les parties visent à éteindre la relation contractuelle, à rompre le contrat initial. [...] La résiliation anticipée peut d'abord être conventionnelle. En effet, comme en droit civil, la fin anticipée du contrat, avant la réalisation intégrale de son objet ou l'expiration de la durée pour laquelle il avait été conclu, peut faire l'objet d'un accord de volonté entre les parties. [...] La résiliation anticipée peut ensuite être unilatérale. Celle-ci occupe une place importante. [...] La résiliation peut, en premier lieu, être utilisée comme un moyen de sanction en cas de manquement de l'un des cocontractants à ses obligations contractuelles" (HOEPFFNER, Hélène. *La modification du contract administratif*. Paris: LGDJ, 2009. p. 236).

[534] OLIVEIRA, Carolina Zaja Almada Campanate de. *Contratos administrativos complexos e de longo prazo*: a prorrogação antecipada e a relicitação na teoria dos contratos públicos. 2018. Dissertação (Mestrado em Direito da Regulação, Economia, Intervenção e Estratégias Regulatórias) – Escola de Direito do Rio de Janeiro, Fundação Getúlio Vargas, Rio de Janeiro, 2019. p. 194.

processo administrativo, na forma do art. 14, §1º da Lei nº 13.448/2017, no qual serão estipuladas quais obrigações de investimento serão suspensas e quais as condições mínimas que deverão ser observadas para a prestação dos serviços, que devem continuar a ser oferecidos até que o contrato seja definitivamente extinto, com a sua delegação a um novo concessionário. Como expresso no art. 3º, §3º do Decreto nº 9.957/2019, apenas investimentos não essenciais poderão ser suspensos, mantendo-se todos aqueles relacionados à segurança ou que sejam imprescindíveis à prestação do serviço. Investimentos para a ampliação de capacidade ou novos investimentos, que não sejam considerados essenciais, portanto, poderão ser suspensos durante esse período de transição.

Por essa razão, Rafael Véras indica que, mesmo não se reconhecendo ao concessionário incumbente um direito ao reequilíbrio econômico-financeiro da concessão, a assinatura do aditivo que dá início ao processo de relicitação instauraria um "equilíbrio econômico-financeiro intermédio, que terá lugar até a devolução consensual do ativo".[535] A esse respeito, faz referência ao Parecer nº 00091/2022/PF-ANTT/PGF/AGU, que tratou da relicitação da Rodovia BR-040, no qual ficou consignado que "as obrigações da concessionária são diferentes daquelas inicialmente previstas, impedindo a aplicação do fator D em relação às obrigações cuja exigibilidade foi suspensa pelo termo aditivo" e conclui daí "que o caso de relicitação da Rodovia 040 veiculou um novo equilíbrio econômico-financeiro contratual, a partir da celebração do 1º Termo Aditivo".

Não nos parece, contudo, que tal conclusão seja acertada. Não há dúvida de que a assinatura do aditivo com a suspensão de obrigações de investir inaugure um novo regime jurídico para a concessão. Trata-se, contudo, de um regime jurídico excepcional, de vigência temporária. Esse regime vigorará até a conclusão da nova licitação. A partir deste momento, ou o contrato de concessão será extinto ou, não sendo bem sucedida a licitação, o concessionário deverá voltar a executar o contrato sob as condições originais, podendo ser retomado ou instaurado, quando cabível, o processo de caducidade (art. 20, §1º da Lei nº 13.448/2017), tendo o concessionário renunciado ao período de cura, previsto no art. 38, §3º da Lei nº 8.987/95, como condição para a sua adesão à relicitação.[536]

---

[535] FREITAS, Rafael Véras de. *Equilíbrio econômico-financeiro das concessões*. Belo Horizonte: Fórum, 2023. p. 170.
[536] Em processo de consulta, o Tribunal de Contas da União já teve ocasião de responder que "caso esse processo não tenha êxito, devido ao descumprimento do termo aditivo

Em qualquer caso, o regime especial de transição será encerrado, sem que tenha provocado qualquer alteração no equilíbrio econômico-financeiro original. Caso a licitação seja exitosa, o novo concessionário assumirá. Segundo Carolina Zaja, nesse caso a relicitação terá aliado "descumprimento contratual, renegociação e extinção do contrato sem solução de continuidade".[537] Ocorre que, tendo o contrato sido encerrado antes do prazo concebido para a amortização dos investimentos, deverá se proceder – como será aprofundado no item 3.2.2.4 a seguir, que trata da indenização devida por ocasião da extinção antecipada do contrato de concessão – a uma ampla revisão de encerramento, da qual poderá redundar uma indenização a ser paga ao ex-concessionário ou, eventualmente, poderá ser encontrado saldo a favor do Estado, caso o concessionário tenha auferido receita referente a investimentos que não foram realizados. Essa revisão de encerramento será baseada, obviamente, na relação de equilíbrio originalmente estabelecida quando o contrato foi firmado, que não sofrerá qualquer alteração em decorrência do regime de transição. Por outro lado, caso a relicitação se frustre e não seja encontrado algum interessado em assumir a concessão, o contrato atual deverá ser retomado, exatamente nas mesmas bases, respeitando-se o equilíbrio original da equação econômico-financeira.

Deve-se considerar, de todo o modo, que a relicitação pode ser uma opção bastante mais vantajosa, não só para o concessionário, mas também para o Poder Concedente.[538] Os processos de caducidade, não se pode olvidar, são processos administrativos sancionatórios e devem garantir o exercício do amplo direito de defesa do concessionário, além de lhe ser assegurada a prerrogativa de corrigir as falhas e transgressões identificadas. Apenas depois de observado o devido processo legal, com o exercício do contraditório e tomada a decisão final, é que poderá

---

de relicitação por parte do concessionário – art. 8º, inciso XII, do Decreto 9.957/2019 – ou na hipótese de licitação deserta e/ou decurso do prazo de 24 meses – art. 20, §1º da Lei 13.448/2017 – deve o Poder Público instaurar ou dar continuidade ao processo de caducidade" (TRIBUNAL DE CONTAS DA UNIÃO. Acórdão nº 1593/2023, Plenário, Rel. Min. Vital do Rêgo, Processo TC 008.877/2023-8, sessão de 02.08.2023).

[537] OLIVEIRA, Carolina Zaja Almada Campanate de. *Contratos administrativos complexos e de longo prazo*: a prorrogação antecipada e a relicitação na teoria dos contratos públicos. 2018. Dissertação (Mestrado em Direito da Regulação, Economia, Intervenção e Estratégias Regulatórias) – Escola de Direito do Rio de Janeiro, Fundação Getúlio Vargas, Rio de Janeiro, 2019. p. 188.

[538] Como já observou o relator de processo de consulta julgado pelo Tribunal de Contas da União, "a relicitação representa, em última instância, a tentativa de viabilização de uma alternativa menos gravosa e mais eficiente em relação à caducidade para a extinção do contrato de concessão" (TRIBUNAL DE CONTAS DA UNIÃO. Acórdão nº 1593/2023, Plenário, Rel. Min. Vital do Rêgo, Processo TC 008.877/2023-8, sessão de 02.08.2023).

ser iniciado o processo de licitação para a contratação de um novo concessionário, o que também não se conclui em pouco tempo, sem contar com a possibilidade de instauração de complexo, demorado e custoso contencioso judicial.[539]

É preciso cuidar, no entanto, para que o instituto da relicitação não se torne uma espécie de "tábua de salvação" para licitantes irresponsáveis, que tenham obtido suas concessões à custa de propostas sabidamente inviáveis ou mal elaboradas por falta de competência, de experiência ou, até mesmo, por má-fé. Pautando-se nos estudos de Demsertz[540] e Williamson,[541] César Mattos destaca que, para Demsertz, a modalidade de leilão por menor preço seria sempre a melhor opção, pois esse seria o mais eficiente "mecanismo de revelação da informação sobre o preço ótimo do serviço regulado para o regulador (uma preciosidade em um contexto de assimetria de informação sobre custos)",[542] mas alerta para as considerações de Williamson quanto ao risco, nesses casos, de se estimular "uma tendência sistemática dos participantes do certame a realizar lances excessivamente baixos", acreditando "serem capazes *ex post* de convencer o regulador a permitir o incremento dos preços dos serviços acima daquilo que foi resultado do lance no leilão".[543] Esse risco moral (*moral hazard*) é especialmente elevado em licitações pelo menor preço, em que licitantes "aventureiros" podem estar dispostos a assumir riscos "políticos".[544] Segundo os autores,

---

[539] "O tempo, aliás, se configura em fator econômico determinante a ser considerado pelo poder público. O procedimento de caducidade não é célere, envolve a fase de 'cura', já mencionada, na qual será necessário conceder prazo razoável para a defesa e correção de falhas à concessionária e, ainda, o tempo para realização de nova licitação (período no qual a Administração está, também, responsável pelo objeto licitado)" (OLIVEIRA, Carolina Zaja Almada Campanate de. *Contratos administrativos complexos e de longo prazo*: a prorrogação antecipada e a relicitação na teoria dos contratos públicos. 2018. Dissertação (Mestrado em Direito da Regulação, Economia, Intervenção e Estratégias Regulatórias) – Escola de Direito do Rio de Janeiro, Fundação Getúlio Vargas, Rio de Janeiro, 2019. p. 200).

[540] DEMSERTZ, Harold. Why regulate utilities? *Journal of Law and Economics*, Chicago, v. 11, n. 1, abr. 1968.

[541] WILLIAMSON, Oliver E. Franchise bidding for natural monopolies: in general and with respect to CATV. *The Bell Journal Of Economics*, New Jersey, v. 7, n 1, 1976.

[542] MATTOS, César. Concessões de rodovias e renegociação no Brasil. *In*: OLIVEIRA, Gesner; OLIVEIRA FILHO, Luiz Chrysostomo (Org.). *Parcerias público-privadas*: experiências, desafios e propostas. Rio de Janeiro: LTC, 2013. p. 68.

[543] MATTOS, César. Concessões de rodovias e renegociação no Brasil. *In*: OLIVEIRA, Gesner; OLIVEIRA FILHO, Luiz Chrysostomo (Org.). *Parcerias público-privadas*: experiências, desafios e propostas. Rio de Janeiro: LTC, 2013. p. 68.

[544] "The upshot is that, although franchise awards can be reduced to a lowest bid price criterion, this is apt to be artificial if the future is uncertain and the service in question is at all complex. Such awards are apt to be arbitrary and/or pose the hazard that "adventurous" bids will be tendered by those who are best suited or most inclined to assume political

quanto menor for a capacidade dos reguladores de se comprometer *ex ante* a não renegociar as condições contratuais *ex post*, maior a chance de que os lances reflitam menos a eficiência econômica do licitante e se apoiem, ao reverso, nas conexões políticas existentes[545] ou na confiança de falta de condições do regulador em resistir a pleitos futuros de alteração das condições licitadas. É importante que a relicitação não seja usada para casos como esse.

Não cabe ao Poder Concedente resolver as frustrações do concessionário que tenham sido causadas por sua própria culpa, sob o risco de que isso acabe incentivando propostas irrealistas, elaboradas de maneira oportunista com a expectativa de que o Poder Concedente sempre virá em socorro do concessionário. A relicitação não deve ser um antídoto para o que Richard Thaler denomina a maldição do vencedor (*the winner's curse*),[546] apresentando variados exemplos de comportamentos anômalos que podem acabar sendo incentivados, entre os quais se incluem propostas desastradas em licitações, que acabam provocando sérios prejuízos ao vencedor. Como adverte Williamson,[547]

---

risks. Again, this gives rise to execution issues, to which we now turn" (WILLIAMSON, Oliver E. Franchise bidding for natural monopolies: in general and with respect to CATV. *The Bell Journal Of Economics*, New Jersey, v. 7, n 1, 1976. p. 81).

[545] "[...] os limites de até onde cada candidato conseguirá renegociar o preço do serviço são definidos também pela capacidade percebida de cada um fazer *lobby* no governo. [...] Assim, mesmo que um candidato seja menos eficiente do ponto de vista econômico, com um custo marginal superior, sua 'eficiência política' percebida superior pode mais do que compensar a ineficiência econômica e fazer com que ele ganhe o leilão" (MATTOS, César. Concessões de rodovias e renegociação no Brasil. *In*: OLIVEIRA, Gesner; OLIVEIRA FILHO, Luiz Chrysostomo (Org.). *Parcerias público-privadas*: experiências, desafios e propostas. Rio de Janeiro: LTC, 2013. p. 74-76). No mesmo sentido, Williamson: "In circumstances in which renegotiation is common and perhaps vital to the profitable operation of a franchise, political skills assume special importance. Prospective suppliers who possess superior skills in least cost supply respects but who are relatively inept in dealing with the franchising bureaucracy and in influencing the political process are unlikely to submit winning bids.14 To the extent that political skills override objective economic skills, the advantages of franchising over regulation are placed in question" (WILLIAMSON, Oliver E. Franchise bidding for natural monopolies: in general and with respect to CATV. *The Bell Journal Of Economics*, New Jersey, v. 7, n 1, 1976. p. 83).

[546] THALER, Richard H. *The winner's curse*: paradoxes and anomalies of economic life. Nova Iorque: The Free Press (Macmillan Inc.), 2012.

[547] "I assume, for the purposes of this subsection, that there is a strong presumption that the winner of the bidding competition will be the supplier of the public utility service over the entire contract period. Only in the event of egregious and persistent malperformance would an effort be made to replace the winning franchisee. The assumption is supported by the following considerations. First, the award of a long-term contract plainly contemplates that the winner will be the supplier over a considerable period. A leading reason to make the contract long term is to provide the supplier with requisite incentives to install long-lived assets. If any slight failure to perform in accordance with the franchisor's expectations would occasion rescission of the franchise, the long-term contract would be a

a inexistência de uma presunção sólida de que o vencedor da licitação executará o contrato até o seu final pode acabar distorcendo a própria natureza do contrato de concessão, concebido necessariamente como um contrato de longo prazo:

> Vamos admitir, para efeitos desta subseção, que há uma forte presunção de que o vencedor da concorrência de licitação será o fornecedor do serviço de utilidade pública durante todo o período de contrato. Somente em caso de mal desempenho notório e persistente seria feito um esforço para substituir o franqueado vencedor.
> A suposição é apoiada pelas seguintes considerações. Em primeiro lugar, a concessão de um contrato de longo prazo contempla claramente que o vencedor será o fornecedor durante um período considerável. Uma das principais razões para fazer o contrato a longo prazo é dar ao fornecedor os incentivos necessários para implantar ativos de longa duração. Se qualquer leve falha de desempenho em relação às expectativas do franqueador pudesse ocasionar a rescisão da franquia, o contrato de longo prazo seria uma ficção e seus propósitos de investimento seriam comprometidos.

A mesma importância de atribuir ao concessionário de boa-fé a oportunidade de recuperar os seus investimentos deve ser atribuída à necessidade de evitar que o concessionário de má-fé se prevaleça das circunstâncias de um encerramento, antecipado ou natural, do contrato de concessão, para reivindicar indenizações indevidas, como bem apontado por Guglielmi.[548] Também Flávio Amaral alerta para efeito perverso que pode surgir quando um licitante "não elabora proposta séria e assume o risco de executar o contrato, mas intencionado a pleitear, ulteriormente, reequilíbrio econômico-financeiro do ajuste".[549] O grande risco a ser evitado é que um comportamento excessivamente leniente da Administração Pública, demonstrando grande disposição para aceitar a devolução de concessões, mesmo quando esteja claro

---

fiction and its investment purposes vitiated" (WILLIAMSON, Oliver E. Franchise bidding for natural monopolies: in general and with respect to CATV. *The Bell Journal Of Economics*, New Jersey, v. 7, n 1, 1976. p. 81).

[548] "D'un autre côté, le délégataire qui a investi de bonne foi dans l'activité de service public transféré par concession ne doit pas être privé du gain normal qu'il espérait, alors que le délégataire qui contracterait de mauvaise foi, dans l'espoir d'une indemnisation provoquée, doit pouvoir être exclu des avantages exclusivement liés à la fin du contrat" (GUGLIELMI, Gilles J. *et alli*. *Droit du service public*. 4. ed. Issy-les-Moulineaux: LGDJ, 2016. p. 799).

[549] GARCIA, Flávio Amaral. *Concessões, parcerias e regulação*. São Paulo: Malheiros, 2019. p. 221.

que as dificuldades do concessionário foram criadas pelo seu próprio modo de agir – apresentando propostas excessivamente agressivas ou conduzindo de forma incompetente a atividade, para a qual não estava adequadamente preparado –, seja interpretado pelo mercado como um incentivo a manter esse tipo de conduta, ampliando assim os problemas ao invés de resolvê-los.[550]

A cautela que deve ser observada pela Administração Pública ao selecionar os casos que poderão ser objeto de uma relicitação servirá para evitar o famoso efeito da criação de ratos em cativeiro, que se observou quando, por recomendação de Oswaldo Cruz para combater uma grave epidemia de peste bubônica no Rio de Janeiro, foi criado, em 1903, o cargo de "ratoeiro", cujos ocupantes tinham um salário baseado em uma parcela fixa, muito baixa e outra variável, dependente da quantidade de ratos recolhidos por cada um. A medida acabou criando um incentivo para que diversos moradores passassem a instalar criadouros de ratos em casa e até a "importar" ratos de cidades vizinhas, de modo a poder entregá-los às autoridades em troca da recompensa monetária.[551] Trata-se, portanto, de um mecanismo legal bastante sensível que, diante dos *incentivos errados que pode transmitir ao mercado,* deve ser utilizado com parcimônia e muita cautela, exatamente em razão da sutileza que muitas vezes pode envolver a caracterização

---

[550] "Embora seja um instituto que reflita a perspectiva consensual do Direito Administrativo, sempre existe a possibilidade de ser interpretado como um desincentivo para boas contratações. Isso porque, eventuais futuros contratantes – diante da larga utilização da relicitação – podem se aventurar em contratações nas quais não tenham capacidade ou expertise, contando que, diante da 'inviabilidade', possam se valer de um término consensual" e "Um governo que aceita devoluções com muita facilidade, indica ao mercado que ele pode ser menos conservador quando da licitação. As propostas apresentadas podem ser menos críveis – podem considerar, por exemplo, aumentos de demanda não amparados pela realidade e superestimar o crescimento econômico –, já que, uma vez não efetivadas as suas projeções, basta realizar um acordo com o Poder Concedente, suspender investimentos e extinguir o contrato. As falhas envolvendo risco moral e seleção adversa em futuras licitações poderiam se multiplicar" (OLIVEIRA, Carolina Zaja Almada Campanate de. *Contratos administrativos complexos e de longo prazo*: a prorrogação antecipada e a relicitação na teoria dos contratos públicos. 2018. Dissertação (Mestrado em Direito da Regulação, Economia, Intervenção e Estratégias Regulatórias) – Escola de Direito do Rio de Janeiro, Fundação Getúlio Vargas, Rio de Janeiro, 2019. p. 135-189).

[551] "Tal medida surtiu grande euforia na população e sucesso na captura de ratos. Mas também estimulou ações contrárias ao combate da doença, como pessoas que criaram cativeiros de ratos em suas próprias casas, assegurando que sempre teriam um trocado a mais, chegavam a importar animais de cidades vizinhas, como Niterói, e viu-se que entre os animais incinerados no Desinfectório Central estavam alguns feitos de papelão e cera" (CURY, Bruno da Silva Mussa. *Combatendo ratos, mosquitos e pessoas*: Oswaldo Cruz e a saúde pública na reforma da capital do Brasil (1902-1904). 2012. Dissertação (Mestrado em História) – Programa de Pós-Graduação em História, Universidade Federal do Estado do Rio de Janeiro – Unirio, Rio de Janeiro, 2012. p. 84).

da situação fática que justifique a relicitação. Carolina Zaja oferece considerações relevantes quanto ao contexto fático que pode justificar a sua utilização:[552]

> Será um instrumento eficiente quando for usado, sob a perspectiva do particular, como medida para sanar situações em que o inadimplemento decorre de fatos alheios ao seu controle e que o levem a uma situação de incapacidade comprovada de cumprimento. Sob o ponto de vista do poder público, por sua vez, será útil quando a situação de anormalidade que gera a inviabilidade contratual seja de tal monta que o fará alterar premissas e diretrizes regulatórias a serem aplicadas e a própria modelagem do ajuste, resultado na necessidade de elaboração de um novo contrato.

Na verdade, só há que se cogitar de relicitação quando houver descumprimento contratual ou, ao menos, potencial descumprimento. Ou seja, naquelas situações em que o concessionário já comece a demonstrar que não terá condições de continuar executando a contento suas obrigações.[553] A dificuldade reside em saber quais são os casos que poderiam permitir que, ao invés de aplicar as sanções cabíveis, o Poder Concedente admita negociar com o concessionário a interrupção precoce do vínculo contratual. Entre os concessionários faltosos ou inadimplentes, o que poderia distinguir aqueles que merecem um tratamento especial? A referência a "fatos alheios ao seu controle", utilizada pela autora acima referida, não é bastante para caracterizar a situação em exame. Afinal de contas, se não há culpa do concessionário

---

[552] OLIVEIRA, Carolina Zaja Almada Campanate de. *Contratos administrativos complexos e de longo prazo*: a prorrogação antecipada e a relicitação na teoria dos contratos públicos. 2018. Dissertação (Mestrado em Direito da Regulação, Economia, Intervenção e Estratégias Regulatórias) – Escola de Direito do Rio de Janeiro, Fundação Getúlio Vargas, Rio de Janeiro, 2019. p. 189-190.

[553] Segundo considerações contidas no voto do relator, em julgamento de processo de consulta pelo Tribunal de Contas da União, "para que o empreendimento esteja apto ao processo de relicitação é necessário que haja (i) o não atendimento das disposições contratuais pelo contratado ou (ii) a demonstração da incapacidade do contratado de adimplir as obrigações contratuais ou financeiras assumidas originalmente, nos termos do art. 13 da Lei 13.448/2017. Nesse sentido verificam-se, de antemão, duas situações distintas: uma, a de concessionária que já vem apresentando problemas de cumprimento das obrigações contratuais; e outra a de concessionária que, mesmo adimplente com suas obrigações, antecipa-se a uma provável incapacidade futura de cumprimento de suas obrigações (e.g. futura construção de uma nova pista de pouso ou duplicação de trecho rodoviário) e requer, assim, sua adesão à relicitação" (TRIBUNAL DE CONTAS DA UNIÃO. Acórdão nº 1593/2023, Plenário, Rel. Min. Vital do Rêgo, Processo TC 008.877/2023-8, sessão de 02.08.2023).

e se os fatos eram alheios ao seu controle, em princípio, seria o caso de reequilíbrio econômico-financeiro do contrato, para que pudesse continuar a ser executado normalmente.

Os casos de relicitação, no entanto, parece evidente, são aqueles em que o concessionário não tem direito a nenhuma compensação decorrente do desequilíbrio contratual. Ou, pelo menos, em que eventual reequilíbrio devido não se mostre suficiente para resolver os problemas enfrentados. Pode-se concluir, portanto, que a relicitação pode ser aplicada naqueles casos em que o contrato sofreu, de fato, um grave desequilíbrio que, no entanto, decorreu de fator cujo risco foi contratualmente assumido pelo próprio concessionário. Será necessário demonstrar, ainda – para que se possa lançar mão do instituto da relicitação – que o desarranjo contratual não era previsível. Trata-se, portanto, daqueles casos em que o concessionário apresentou uma proposta razoável e responsável, assumindo riscos que pareciam, à época da contratação, bem dimensionados.[554] No entanto, em decorrência de acontecimentos extraordinários, o contrato acabou se tornando ruinoso.

Em resposta a processo de consulta submetido ao Tribunal de Contas da União, o ministro relator faz algumas considerações a esse respeito, referindo-se especialmente ao setor aeroportuário:[555]

> No caso do setor aeroportuário, especificamente, as primeiras concessões de aeroportos surgiram no bojo da realização de grandes eventos: Copa do Mundo de 2014 e Jogos Olímpicos e Paraolímpicos de 2016. Cabe lembrar que o período 2003-2010 registrou um crescimento de demanda de 118%, quase três vezes maior que o aumento registrado mundialmente (40%), consoante bem ressaltado no relatório de auditoria operacional constante do Acórdão 548/2014-TCU-Plenário (relator Ministro Aroldo Cedraz):
> 19. Nos últimos anos houve um crescimento muito forte da demanda pelo uso dos serviços dos aeroportos no Brasil. De 2003 a 2010, enquanto a média mundial de crescimento no movimento de passageiros foi de 40%, no Brasil foi de 118%. Esse aumento trouxe uma necessidade

---

[554] Carolina Zaja se refere aos graves efeitos da crise econômica que assolou o país, especialmente depois de 2015, levando, por exemplo, à diminuição drástica da demanda nos aeroportos e à desnecessidade de duplicações anteriormente previstas em determinadas rodovias. Vide: OLIVEIRA, Carolina Zaja Almada Campanate de. *Contratos administrativos complexos e de longo prazo*: a prorrogação antecipada e a relicitação na teoria dos contratos públicos. 2018. Dissertação (Mestrado em Direito da Regulação, Economia, Intervenção e Estratégias Regulatórias) – Escola de Direito do Rio de Janeiro, Fundação Getúlio Vargas, Rio de Janeiro, 2019. p. 192.

[555] TRIBUNAL DE CONTAS DA UNIÃO. Acórdão nº 1593/2023, Plenário, Rel. Min. Vital do Rêgo, Processo TC 008.877/2023-8, sessão de 02.08.2023.

crescente de investimentos para a manutenção da qualidade no atendimento nos aeroportos e para a adoção de padrões internacionais de operação [...].

Os estudos de viabilidade foram feitos, naquele contexto promissor para o crescimento econômico do Brasil, com o olhar sobre o período 2003-2010, a fim de projetarem para 20, 25 e 30 anos variáveis de ordem econômica, financeira e técnica, a exemplo de: Produto Interno Bruto, taxas de juros e demanda. E foi nesse ambiente que o Poder Concedente conduziu as concessões no setor rodoviário, 3ª etapa, e aeroportuário.

No entanto, no período decenal seguinte à assinatura dos contratos de concessão daqueles setores e abrangidos pela lei de relicitação, ou seja, de 2012-2022, estão inseridos dois anos de crise econômica, abrangendo parte de 2014 até parte de 2016, e três anos de pandemia do coronavírus, período 2020-2022, que assolaram a economia brasileira e mundial. Esses eventos impactaram negativamente, em alguma medida, a execução daqueles contratos, respeitadas as especificidades de cada um dos setores abrangidos. [...]

De 2014 a 2016, as concessionárias de aeroportos foram atingidas pela crise econômica no país. As empresas reclamavam que os investimentos previstos nos contratos estavam condicionados a uma projeção de "demanda inflada" do processo licitatório e que não se concretizou.

Portanto, em uma década de execução contratual dos setores rodoviário e aeroportuário, 2012-2022, metade dela foi transcorrida sob efeito de crises econômicas extemporâneas, imprevisíveis e de longa duração. Certamente, os estudos de viabilidade elaborados entre 2010 e 2012 e que nortearam o edital e os contratos firmados, nos idos de 2012, não internalizaram essas crises econômicas e nem poderiam.

Não poderia deixar de mencionar que *os contratos de concessão contêm matrizes de risco que atribuem os riscos identificados ao agente com melhor condição de gerenciá-los, ainda que os eventos representados pelas crises citadas sejam considerados imprevisíveis. E foram.*

A frustação de demanda foi integral e exclusivamente atribuída ao concessionário (parceiro privado), seguindo os exatos termos da expressão "por sua conta e risco" prevista no art. 2º, inciso II, da Lei 8.987/1995: [...]

Arrisco dizer que essas crises se inserem na teoria das áleas, mas não da álea ordinária ou empresarial atinente a qualquer negócio de natureza privada ou pública, porque o termo ordinário traz consigo o conceito de previsível. Paro por aqui, pois não é objeto desta consulta discutir tal teoria ou verificar sua aplicabilidade no contexto da relicitação. Porém, serve para deixar registrado que passamos por cinco anos de crise econômica e financeira inseridos em uma década com geração de efeitos negativos sobre a economia do Brasil.

Nesses casos, não caberá ao Poder Concedente socorrer o concessionário, já que os riscos que assumiu fazem parte da atividade empresarial que desempenha. Contudo, também não se justifica que o concessionário seja punido além dos prejuízos que já foi obrigado a suportar em decorrência dos acontecimentos desastrosos que o atingiram. Justifica-se a relicitação, especialmente, naqueles casos em que, devido à alteração no cenário econômico, o Poder Concedente se convença de que deve alterar as condições contratuais, talvez até o próprio modelo contratual. Não poderá fazê-lo mantendo o concessionário atual. Deste modo, a alternativa mais conveniente é rescindir o seu contrato e estabelecer uma contratação nova, mediante licitação a ser organizada.

A Lei nº 13.448/2017 estabelece, ainda, algumas condições a serem observadas pelo concessionário que tenha interesse em acordar com o Poder Concedente a relicitação de sua concessão, cuja intenção principal é exatamente desincentivar os comportamentos oportunistas. Pode-se referir, a esse respeito, especialmente à renúncia a participar da nova licitação, na forma do art. 14, §2º, IV e a restrição da indenização que lhe será devida, que deverá incorporar apenas os investimentos em bens reversíveis ainda não amortizados ou depreciados, na forma do art. 17, §1º, VII, excluindo-se qualquer possibilidade de indenização de lucros cessantes. O valor dessa indenização deverá ser um dos elementos a integrar o estudo técnico que, obrigatoriamente, será desenvolvido para subsidiar a decisão da Administração Pública de anuir ou não com o pleito de relicitação apresentado pelo concessionário.

No que se refere ao cálculo desse valor a ser indenizado ao concessionário, é preciso levar em conta, ainda, que, apesar de ser essa a regra, a premissa de que o investimento esteja concentrado no período inicial da concessão, de modo que sua amortização ocorra ao longo do prazo contratual, nem sempre corresponde à realidade observada em todo e qualquer contrato. Ilustrativamente, pode-se imaginar o caso de uma concessão para manutenção de um *aterro sanitário*. Admitindo-se que se trate da implementação de um empreendimento novo, logo no início da concessão, de fato haverá despesas elevadas com a construção da infraestrutura e compra dos equipamentos necessários, sem que haja receitas, como costuma ocorrer nas concessões que envolvem implantação de infraestrutura. É a partir do momento que a infraestrutura fica pronta e pode ser usada para prestar o serviço que as receitas passarão a ser percebidas. No caso do aterro sanitário, a partir do momento que seja possível começar a receber os rejeitos. A partir daí as receitas pela prestação do serviço serão recebidas e as despesas se restringirão aos custos para a operação e manutenção da infraestrutura já implantada. No caso específico dos aterros sanitários, no entanto, é preciso considerar que, ao final da concessão, quando sua capacidade for saturada, as receitas diminuirão em decorrência da impossibilidade de receber novos rejeitos. Exatamente nesse momento de declínio de receitas, as despesas voltarão a se elevar, pois caberá ao concessionário passar a adotar as medidas de monitoramento, inertização do material acumulado e mitigação dos impactos ambientais, como exemplo, o reflorestamento do local.

Esse é apenas um exemplo, mas o mesmo problema ocorrerá sempre que houver previsão de alto volume de investimentos na fase final do prazo concessional, como a determinação de construção de uma nova pista em um aeroporto ou a duplicação de uma rodovia, o que pode ser recomendável, tendo em vista a curva de demanda projetada, apenas naquele momento avançado do prazo contratual. O ideal, sempre que possível, é evitar a programação de investimentos elevados ao final da concessão. Mas, caso isso ocorra, o projeto financeiro da concessão deve prever que as receitas obtidas no período intermediário da execução contratual sejam suficientes para arcar com os custos dos investimentos iniciais e também dos investimentos que se farão necessários ao final.

Em casos como esse, ocorre um fenômeno raro de *antecipação de receitas para o concessionário*. Em geral, são usados recursos próprios e de terceiros para a realização dos investimentos, já que o retorno do investimento fica diferido ao longo da execução contratual. É possível, no entanto, como se pode constatar, que o concessionário receba antecipadamente os recursos que deverá utilizar no futuro. Nesses casos, a equação econômico-financeira do contrato deverá levar em consideração a receita financeira que o concessionário poderá obter com essa disponibilidade antecipada de valores e, preferencialmente, deverá exigir a constituição de garantias que protejam a concessão de eventual mal-uso de tais recursos sob a guarda do concessionário.[556]

No que se refere à possibilidade de relicitação, obviamente caberá à Administração Pública constatar se a concessionária já faturou receitas que deveriam estar provisionadas para desembolso ao final da concessão. Nesses casos, mesmo que o contrato antigo seja extinto

---

[556] "Por outro lado, ao antecipar a amortização de investimentos que ainda não foram realizados pela concessionária, o Poder Público deverá se resguardar, eventualmente, por meio da exigência de reforço da garantia de contrato ao final da concessão, para evitar que a concessionária desembarque da relação contratual sem ter executado os investimentos pactuados, mas já tendo embolsado antecipadamente a respectiva remuneração" (PRADO, Lucas Navarro; PINHEIRO, Luís Felipe Valerim. O tempo nas concessões de infraestrutura: prazo de vigência de sua prorrogação. *In*: MARCATO, Fernando S.; PINTO JR., Mario Engler (Coord.). *Direito da Infraestrutura*. São Paulo: Saraiva, 2017. v. 1. p. 427).

sem pagamento de indenização, ainda assim isso poderá representar prejuízo para a concessão. Será imprescindível, portanto, a elaboração de um estudo técnico – nos moldes que o art. 17 da Lei nº 13.448/2017 preconiza para os casos de relicitação de aeroportos, rodovias e ferrovias, no âmbito do PPI – que indique a efetiva situação financeira do contrato naquele momento da sua execução.

Na Espanha, houve recente alteração do regime de indenizações devidas em razão do encerramento prematuro das concessões de serviço público. Atualmente, o art. 271 *bis* da *Ley* 9/2017[557] estabelece que, nos casos em que a extinção do contrato de concessão se dê por culpa do concessionário – ou sem que a Administração Pública lhe tenha dado causa – o contrato deve ser relicitado pelo prazo remanescente, na modalidade de menor valor a ser pago pela outorga, mantendo-se a mesma tarifa e todas as demais condições do contrato. A indenização devida ao concessionário *sainte* será, então, exatamente o valor oferecido pela proposta mais vantajosa, devendo ser paga pelo concessionário entrante. Deste modo, o concessionário cujo contrato foi extinto será remunerado exatamente pelo valor que o mercado virá a atribuir ao período remanescente da concessão. Como aponta Rafael Fernández Acevedo,[558] "las cosas valen lo que alguien está dispuesto a pagar por ellas; por tanto, la concesión valdrá lo que un tercero esté dispuesto a pagar y la forma de determinarlo es poniéndola en el mercado". Caso a licitação fique deserta e o concessionário *sainte* não logre apresentar algum interessado em um prazo de três meses após o certame, a extinção se dará sem qualquer indenização.

De se notar que o modelo espanhol é o que enfrenta da melhor forma o problema de incentivos distorcidos, já que só permite a relicitação naqueles casos em que haja algum interessado em assumir a concessão nos mesmos moldes do contrato vigente, sob as mesmas condições e mesma equação econômico-financeira. No Brasil, ao menos no que se refere à sistemática implantada pela Lei nº 13.448/2017, adotou-se premissa diversa. A finalidade da relicitação no Brasil parece ser, na verdade, uma correção de rumos da concessão, quando o Poder Concedente reconheça a inviabilidade da própria modelagem atual. Tanto

---

[557] ESPANHA. Legislação. *Ley 9/2017, de 8 de novembro de 2017*. Ley de Contratos del Sector Público. Disponível em: https://www.boe.es/buscar/pdf/2017/BOE-A-2017-12902-consolidado.pdf. Acesso em: 18 nov. 2019.
[558] FERNÁNDEZ ACEVEDO, Rafael. Mantenimiento del equilíbrio económico y responsabillidad patrimonial como técnicas de moderación del riesgo concesional. *In*: MOREIRA, Egon Bockmann (Coord.). *Contratos administrativos, equilíbrio econômico-financeiro e a taxa interna de retorno*. Belo Horizonte: Fórum, 2016. p. 275.

assim, que o art. 17, ao referir ao estudo técnico necessário para subsidiar a decisão da Administração Pública de relicitar uma concessão, se refere à necessidade de "assegurar sua viabilidade econômico-financeira e operacional", exigindo que conste do estudo um novo cronograma de investimentos, novas estimativas de custos, despesas operacionais e demanda e uma nova proposta de modelagem econômico-financeira, razão pela qual defendemos acima que a relicitação, nos moldes da Lei nº 13.448/2017, se justifica especialmente naqueles casos de inesperada alteração do cenário econômico que indiquem ao Poder Concedente a conveniência de alterar as condições contratuais. Não sendo possível desnaturar o contrato vigente, pelas razões já expostas acima, no tópico 2.1.4, a relicitação se apresenta como a solução mais adequada.

Não há dúvida, no entanto, de que a sistemática da Lei nº 13.448/2017 exige maiores cuidados da Administração Pública e cautela ao decidir pela relicitação de determinado projeto, já que sem dúvida estará mais exposta aos riscos morais. Como observa Rafael Acevedo, o mecanismo de relicitação utilizado na Espanha efetivamente transfere ao concessionário o risco do projeto, uma vez que, não havendo interessado em assumir a concessão nas exatas mesmas condições vigentes, deverá ser mantido, fazendo com que sofra as consequências de um projeto malogrado. Como bem observa o autor, esse é o melhor meio para incentivar o concessionário a preparar a sua proposta com base nas melhores informações de que dispõe e levando em conta o cenário mais realista que conseguir projetar com base em sua expertise, o que levará o mercado a sempre rejeitar projetos concessionais inviáveis.[559] Essa proteção que o mercado pode oferecer ao Poder Concedente, oriunda das licitações, só funciona quando lhe são transmitidos os incentivos corretos para uma avaliação cuidadosa da rentabilidade e viabilidade do projeto desenhado pela Administração Pública. Sabendo que será o concessionário a sofrer os impactos de um projeto desastrado, o mercado tenderá a rejeitar aqueles que não apresentem viabilidade, evitando que investimentos ineficientes sejam realizados.

---

[559] "Solo si el concesionario asume efectivamente una parte significativa del riesgo de la concesión, las empresas tendrán incentivos para usar o adquirir información fiable sobre la rentabilidad de la concesión, y descartarán licitar y ejecutar proyectos concesionales con valor social negativo" (FERNÁNDEZ ACEVEDO, Rafael. Mantenimiento del equilíbrio económico y responsabillidad patrimonial como técnicas de moderación del riesgo concesional. *In*: MOREIRA, Egon Bockmann (Coord.). *Contratos administrativos, equilíbrio econômico-financeiro e a taxa interna de retorno*. Belo Horizonte: Fórum, 2016. p. 275).

3.2 Extinção do contrato e indenização de bens reversíveis não amortizados

3.2.1 Identificação dos bens reversíveis em uma concessão

3.2.1.1 Conceito e natureza dos bens reversíveis

O conceito de reversibilidade dos bens da concessão, essenciais à prestação do serviço, já estava explícito no Decreto nº 24, de 1835, que, ainda durante o período do Império brasileiro, autorizava o governo a "conceder carta de privilégio exclusivo" para a exploração de obras resultantes da "construcção de estradas, pontes, caes, comportas, canaes, diques ou reprezas". O decreto impunha, já naquela época, que a concessão desse privilégio deveria se dar por um prazo determinado, findo o qual os bens utilizados para a sua prestação "reverterão à Nação, sem indemnisação alguma, obrigada a Companhia a entrega-las em bom estado". Anteriormente, ainda sem fazer referência ao termo *reversão*, a ideia já estava inserida na Lei de 29.8.1828, cujo art. 13 estabelecia que, "findo o prazo do contracto, as autoridades, a quem competir, poderão contractar a conservação das obras, reduzindo as taxas do uso, e de passagem, com quem oferecer melhores vantagens". A premissa adotada era claramente a de que a Administração Pública receberia a infraestrutura após findo o prazo contratual e, tendo em vista a amortização do investimento de implantação, poderia reduzir as taxas de uso.

A sistemática de reversão de bens está diretamente relacionada à titularidade estatal dos serviços públicos e à possibilidade de sua delegação. Cabe ao Poder Concedente garantir que o serviço público seja devidamente oferecido à população. Para cumprir sua missão constitucional, poderá a Administração Pública se organizar de modo a prestar diretamente o serviço ou, como se viu, optar por contratar um particular para fazê-lo. Neste último caso, muitas vezes a concessionária receberá do Poder Concedente os bens vinculados à prestação dos serviços, de modo que possa assumir a atividade. Outras vezes, receberá a incumbência de investir na construção da infraestrutura e aquisição dos demais bens necessários para o desempenho da atividade delegada. É possível, ainda, que receba um conjunto de bens ou uma infraestrutura já pronta e ainda a incumbência de modernizá-la, reformá-la ou ampliá-la.

Em qualquer caso, caberá ao Poder Concedente, ao final da vigência do contrato, continuar garantindo que o serviço seja prestado, sem solução de continuidade. Poderá, então, assumir a prestação dos serviços diretamente ou transferir a responsabilidade para outro concessionário contratado para esse fim. Em qualquer das duas hipóteses, precisará retomar aqueles bens essenciais para que o serviço continue sendo prestado. Deste modo, encerrado o vínculo contratual com a concessionária, a quem cabia a gestão desses bens, devem reverter ao poder público, que será responsável por garantir aos usuários que o respectivo serviço continue sendo oferecido em condições adequadas. Estabelecer a natureza jurídica desses bens, que normalmente tem sido associada à sua titularidade (bens públicos ou bens privados), é um dos temas mais polêmicos e que mais perplexidades gera no direito brasileiro, como menciona Alexandre Aragão. Segundo sua opinião, essas categorias tradicionais reconhecidas pela doutrina brasileira não são suficientes para abarcar os bens reversíveis,[560] induzindo à conclusão de que se poderia cogitar de uma classificação tripartite entre bens públicos, bens privados e bens reversíveis, estando estes últimos revestidos por certa dominialidade pública, independentemente de o direito de propriedade ser exercido por um ente público ou privado, como admitido em alguns casos, segundo o autor, pelo direito estrangeiro.[561]

Marçal Justen Filho se vale de um conceito extremamente largo de afetação e sustenta que todo e qualquer bem utilizado pelo concessionário de serviço público é um bem afetado. Nesse sentido, distingue três categorias em que esses bens afetados podem se dividir. Os bens recebidos pelo concessionário do Poder Concedente seriam bens públicos e manteriam essa condição durante o período em que estivessem sob administração do concessionário. Ao final da concessão deveriam ser restituídos ao seu dono (a Administração Pública) sem que seja devida nenhuma indenização, uma vez que a propriedade jamais

---

[560] "Na verdade, esses bens, quer tenham sido aportados pelo Estado quando da delegação, quer tenham sido adquiridos pelo delegatário no curso da concessão (estando portanto civilisticamente registrados em seu nome), não se enquadram com facilidade nas categorias básicas tradicionais de bens até o momento formuladas pela doutrina brasileira (bens públicos versus bens privados)" (ARAGÃO, Alexandre Santos de. *Direito dos serviços públicos*. 3. ed. Rio de Janeiro: Forense, 2013. p. 590).

[561] É o que se pode extrair de nota de rodapé assim redigida pelo autor: "Na doutrina estrangeira alguns autores diferenciam a propriedade pública (bem de propriedade do Estado), da dominialidade pública (afetação ao interesse público, independentemente de ser propriedade pública ou privada), 'o que acarreta, nesse caso, a aplicação de um regime jurídico mais ou menos exorbitante do direito comum' (CORNU, M. Vocabulaire Juridique, 3ª ed., Presses Universitaires de France – PUF, Paris, 1992, p. 832)" (ARAGÃO, Alexandre Santos de. *Direito dos serviços públicos*. 3. ed. Rio de Janeiro: Forense, 2013. p. 590, nota de rodapé 135).

deixou de ser do poder público. Na constância da concessão, apenas a posse seria garantida ao concessionário.[562]

O autor reconhece, entretanto, a existência de bens privados afetados às concessões, admitindo que entre eles haja aqueles que são reversíveis e outros que não o são. Reversíveis seriam aqueles "adquiridos ou edificados pelo concessionário e que serão integrados ao patrimônio público ao fim da outorga".[563] Os bens privados não reversíveis seriam aqueles "não integrantes do patrimônio público e que não se destinam à reversão".[564] A distinção de quais os tipos de bens que deveriam pertencer a uma ou outra categoria deve se dar, segundo o autor, pelo fato de serem ou não consumíveis, já que, segundo sustenta "não há maior sentido em aludir ao problema quando o bem tem vida útil inferior ao período de duração da concessão".[565]

Não há dúvida de que os bens da concessionária que não se relacionam diretamente à prestação do serviço não devem, em princípio, ser considerados reversíveis.[566] Ao contrário do sustentado pelo autor, no entanto, parece-nos que poderá haver situações em que seja sim conveniente incluir no conjunto de bens que reverterão ao patrimônio do Poder Concedente bens cuja vida útil seja inferior ao prazo da concessão ou mesmo bens de consumo imediato, desde que relevantes para o desempenho do serviço. Tome-se como exemplo o estoque de material e o conjunto de ferramentas e equipamentos usado para a manutenção de bens específicos, como as peças de reposição da locomotiva do metrô ou da turbina de geração térmica ou eólica de energia elétrica. Findo o prazo da concessão, se tal material não for reversível, qual deve ser o seu destino?

---

[562] "Na pendência da concessão, a situação jurídica do concessionário quanto aos bens públicos é equivalente à de um possuidor; assim ele não exercita poderes sobre a coisa tal como se proprietário fosse. Incumbe-lhe promover a sua manutenção, conservação e aperfeiçoamento. Uma vez encerrada a concessão, a posse desses bens será retomada pela entidade concedente e, se for o caso, transferida para um novo concessionário" (JUSTEN FILHO, Marçal. *Curso de direito administrativo*. 14. ed. 2. reimpr. Rio de Janeiro: Forense, 2023. p. 1.109).

[563] JUSTEN FILHO, Marçal. *Curso de direito administrativo*. 14. ed. 2. reimpr. Rio de Janeiro: Forense, 2023. p. 1.110.

[564] JUSTEN FILHO, Marçal. *Curso de direito administrativo*. 14. ed. 2. reimpr. Rio de Janeiro: Forense, 2023. p. 1.111.

[565] JUSTEN FILHO, Marçal. *Curso de direito administrativo*. 14. ed. 2. reimpr. Rio de Janeiro: Forense, 2023. p. 1.112.

[566] "Excluem-se da reversão, naturalmente, os bens de propriedade da concessionária que não são necessários à prestação dos serviços públicos" (OLIVEIRA, Rafael Carvalho Rezende. Extinção dos contratos de parcerias público-privadas (PPPs). *Revista Brasileira de Direito Público – RBDP*, Belo Horizonte, ano 17, n. 66, p. 87-111, jul./set. 2019. p. 106).

Em nota de rodapé ao texto principal, Marçal tenta resolver o problema afirmando que, "se o poder concedente resolver encampar a concessão, deverá promover a indenização prévia ao concessionário",[567] esclarecendo adiante que essa indenização "abrangerá tanto os bens reversíveis como outros, não reversíveis, que não possam ser utilizados para outros fins empresariais privados". Não se compreende, todavia, porque instituir a indenização de bens não reversíveis. Ora, se se trata de bens úteis para a concessão, qual o sentido de pagar por eles, mas não os incorporar ao uso da nova administração da concessão? Por outro lado, se o objetivo é incorporá-los à concessão, porque não lhes reconhecer a reversibilidade. Já que serão indenizados, que sejam revertidos. Apesar de, em princípio, se destinar a abranger os bens essenciais à continuidade da prestação do serviço público, não há razão que impeça, em casos específicos, a extensão da natureza reversível a outros bens que, embora não essenciais, sejam úteis à concessão. Esse tema será tratado adiante em mais detalhes, no tópico 3.2.1.3. Não parece razoável pretender exigir do concessionário um planejamento extremamente preciso de modo que a integralidade dos bens consumíveis seja efetivamente consumida até o último minuto da concessão, sem que nada falte nem nada sobre. Tal idealização parece incompatível com a realidade.

Já para Eros Grau, os bens aportados pelo concessionário para a prestação do serviço (que Marçal Justen Filho chama de bens privados afetados e reversíveis) são bens públicos de uso especial. Deste modo, segundo sua concepção, haveria bens públicos de uso especial de propriedade do concessionário, o que, em princípio, não encontra respaldo no art. 98 do Código Civil, que adotou o critério subjetivo ao classificar como bens públicos, inclusive os de uso especial, aqueles pertencentes a entes da Administração Pública. Assim se posiciona o autor:[568]

> 02. Permitam-me como que introdutoriamente lembrar que, embora de propriedade do concessionário, ainda não incorporadas ao domínio público, instalações e instrumentos integrados à prestação de serviço público são bens públicos, bens públicos de uso especial.

---

[567] JUSTEN FILHO, Marçal. *Curso de direito administrativo*. 14. ed. 2. reimpr. Rio de Janeiro: Forense, 2023. p. 1.112 (nota de rodapé 40).
[568] GRAU, Eros Roberto. Contrato de concessão: propriedade de bens públicos, encerramento do contrato e artigo 884 do Código Civil. *Revista de Direito Administrativo – RDA*, Rio de Janeiro, v. 261, set./dez. 2012. p. 35.

Percebe-se que ambos autores reconhecem a reversibilidade desses bens, que são essenciais para o desenvolvimento da atividade delegada, embora o primeiro entenda se tratar de bem privado (afetado e reversível) e o segundo, de bem público de uso especial de propriedade do concessionário. De todo modo, parece não haver dúvida de que os bens que estejam afetados a um serviço público encontram-se sob um regime jurídico equivalente ao dos bens públicos. Isso não significa, no entanto, que sua propriedade seja necessariamente titularizada por um ente público como decorrência direta de serem utilizados na prestação de um serviço público. Não significa, portanto, que todo bem reversível seja um bem público nos moldes da definição adotada pelo Código Civil.

A jurisprudência tradicional do Supremo Tribunal Federal, reconhecendo o fato de que há bens públicos entregues à administração privada nas concessões de serviço público, consolidou-se no sentido de que a "imunidade tributária constante do art. 150, VI, a, da Constituição Federal alcança o imóvel pertencente à União que se encontra em posse precária de concessionária de serviço público para ser utilizado na atividade fim a qual essa se destina".[569] Claramente adotou-se o entendimento de que se tratava de bens públicos, razão pela qual, mesmo durante o período de gestão privada exercida pelo concessionário, continuava sendo aplicável a regra constitucional da imunidade recíproca. Mais recentemente, no entanto, ao apreciar o Tema nº 437 de repercussão geral, em julgamento ocorrido em 2017, a Suprema Corte alterou seu entendimento. Não se baseou, no entanto, na natureza do bem, mas sim nas atividades para as quais são utilizados, uma vez que o §3º do art. 150 da Constituição expressamente ressalva a aplicação da imunidade recíproca aos casos em que haja "exploração de atividades econômicas regidas pelas normas aplicáveis a empreendimentos privados, ou em que haja contraprestação ou pagamento de preços ou tarifas pelo usuário", o que normalmente ocorre na prestação dos serviços públicos.[570]

---

[569] SUPREMO TRIBUNAL FEDERAL. Segunda Turma, ARE 947142 AgR. Rel. Min. Dias Toffoli, julgado em 02.09.2016, processo eletrônico DJe-209. Ver também: Segunda Turma, RE 773131 AgR. Rel. Min. Cármen Lúcia, julgado em 17.12.2013, processo eletrônico DJe-026, divulgado em 06.02.2014 e publicado em 07.02.2014; Primeira Turma, RE 253394. Rel. Min. Ilmar Galvão, julgado em 26.11.2002, DJ 11.04.2003, p. 37. O Superior Tribunal de Justiça tem seguido o mesmo entendimento: SUPERIOR TRIBUNAL DE JUSTIÇA. Primeira Turma. Resp. nº 389.961-MG. Rel. Min. Francisco Falcão. Brasília, 9 de dezembro de 2003. DJ de 29.03.2004, p. 172.

[570] SUPREMO TRIBUNAL FEDERAL. Tribunal Pleno. RE nº 601.720. Rel. Min. Edson Fachin, Relator para acórdão Min. Marco Aurélio, julgado em 19.04.2017, Repercussão Geral, DJe-200, divulgado em 04.09.2017 e publicado em 05.09.2017.

Ao levar em conta, aí sim, a natureza do bem, o Supremo Tribunal Federal, ainda em 1965, em acórdão relatado pelo Min. Victor Nunes Leal, afirmou a vedação de desapropriação de bens da União pelos estados, ainda que estejam sob a administração de concessionários privados. A abrangência da restrição constitucional nesses casos, no entanto, deve se restringir aos "bens que integram serviço público concedido, mas não os particulares do concessionário, que não estejam afetados ao serviço".[571] Verifica-se, portanto, que a Corte admitiu expressamente, neste caso, a existência de bens privados do concessionário em oposição a outros bens dedicados à prestação do serviço, que seriam públicos. A Corte teve, ainda, o cuidado de impedir a desapropriação não só dos bens públicos, mas de todo e qualquer bem afetado, ainda que privado.

Também no que diz respeito ao crime de dano, o Superior Tribunal de Justiça, ao julgar conflito de competência, decidiu que caberia à Justiça Comum julgar os casos em que o bem atingido esteja dedicado a um serviço prestado por concessionário privado, uma vez que se trataria de bem privado, afirmando-se que "nas concessões de serviço público, os bens pertencem à própria empresa concessionária, que explora o serviço em nome próprio, com seu patrimônio e por sua conta e risco".[572] Neste precedente, o Superior Tribunal de Justiça sequer cogitou de que pudesse haver bem público sob a administração do concessionário nem se preocupou em reconhecer um regime de afetação a determinados bens, que fossem reconhecidos como essenciais à continuidade dos serviços públicos. Em outro caso, no entanto, a Corte decidiu que era admissível "a penhora de bens de empresas públicas (em sentido lato) prestadoras de serviço público apenas se estes não estiverem afetados à consecução da atividade-fim (serviço público) ou se, ainda que *afetados*, a penhora não comprometer o desempenho da atividade" e aduziu: "Essa lógica se aplica às empresas privadas que sejam concessionárias ou permissionárias de serviços públicos (como ocorre no caso)".[573]

Como se vê, para que possam ser identificados os bens associados à prestação de um serviço público, que poderão se revestir da natureza de reversíveis, o que importa não é reconhecer se o seu proprietário é

---

[571] SUPREMO TRIBUNAL FEDERAL. Plenário. RE nº 26.149-SP. Rel. Min. Victor Nunes. Brasília, 18 de outubro de 1965. *DJ* de 24.11.65, p. 3.317.
[572] SUPERIOR TRIBUNAL DE JUSTIÇA. Terceira Seção. CC nº 37.751-DF. Rel. Min. Paulo Medina. Brasília, 15 de maio de 2003. *DJ* de 16.06.2003, p. 259.
[573] SUPERIOR TRIBUNAL DE JUSTIÇA. Segunda Turma. AgRg no Resp. nº 1.070.735-RS. Rel. Min. Mauro Campbell. Brasília, 18 de novembro de 2008. *DJ* de 15.12.2008.

um ente público ou privado, mas sim qual a função que por ele está sendo desempenhada. É a afetação ao serviço público que deverá ser levada em conta ao se analisar se um bem deve ou não ser considerado reversível, embora, como se verá adiante, apenas tal característica nem sempre baste para essa configuração.

3.2.1.2 A disciplina legal e contratual dos bens reversíveis

Ao dispor sobre as características de que deve se revestir o edital da licitação a ser promovida para a concessão de serviços públicos, o art. 18 da Lei nº 8.987/95 estabelece que deverá conter a indicação dos bens reversíveis (inc. X), assim como suas características e as condições em que estes serão postos à disposição, nos casos em que houver sido extinta a concessão anterior (inc. XI). Ademais, o seu art. 23, inc. X, determina ser obrigatória a inclusão nos contratos de concessão de cláusula que disponha sobre os bens reversíveis. Diante dessa determinação legal para que o edital e o contrato de concessão apontem tais bens e disponham a respeito dessa questão, pode-se afastar, desde logo, a conclusão de que todos os bens usados de alguma forma, direta ou indiretamente, para a prestação do serviço público, seriam necessariamente reversíveis.[574]

Por outro lado, não há dúvida de que no momento da licitação, quando são elaborados o edital e a minuta do contrato, só será possível listar aqueles bens que já existam, sejam conhecidos e estejam sendo usados para a sua prestação. Isso não quer dizer por óbvio que os bens que venham a ser incorporados à concessão pelo próprio concessionário não possam ganhar a condição de reversíveis. Como já se viu, essa possibilidade existe desde o aparecimento das primeiras concessões de serviço público no Brasil. Na verdade, uma das principais razões que normalmente leva a Administração Pública a decidir pela delegação de um serviço público é exatamente a possibilidade de se apropriar, de

---

[574] Pode-se extrair conclusão diversa do racional apresentado por Marçal Justen Filho. Para o autor, como se viu, pode haver bens públicos e bens privados relacionados à prestação de serviço público. No entanto, deve-se aplicar a todos um regime próprio de direito público, "ainda que se trate de bens de propriedade original do concessionário". E complementa: "A afetação do bem à satisfação da necessidade coletiva impede a aplicação do regime de direito privado comum. Não é possível, por isso, o concessionário invocar seu domínio para dar ao bem o destino que bem lhe aprouver. Nem poderia usar e fruir do bem como bem entendesse" (JUSTEN FILHO, Marçal. *Teoria geral das concessões de serviço público*. São Paulo: Dialética, 2003. p. 330). A reversibilidade ou não do bem, no entanto, não está intrinsecamente relacionada com o fato de ser pública ou privada a sua titularidade.

modo diferido, de infraestruturas a serem construídas às custas de uma empresa privada, especialmente em ocasiões de restrição orçamentária, quando o Estado não disponha de capacidade econômica suficiente. Com a amortização dos investimentos ao final do prazo contratual, a Administração recebe a infraestrutura e pode tomar novas decisões quanto à sua utilização e gestão. Parece correta, portanto, a observação de Sérgio Guerra no sentido de que a "relação de bens constante do instrumento contratual não é taxativa, sendo certo que outros bens que venham a ser adquiridos pela Concessionária, efetivamente utilizados na prestação dos serviços, serão passíveis de reversão ao Poder Concedente".[575]

No que diz respeito àqueles bens que a Administração Pública reconheça como reversíveis antes da delegação do serviço, o recomendável é que sejam *individualmente relacionados no edital da licitação*, devendo tal relação estar contida, preferencialmente, em anexo ao contrato a ser firmado. No caso específico das parcerias público-privadas, o art. 5º, X, da Lei nº 11.079/2004 determina que seja incluída nos contratos cláusula que obrigue a realização de vistoria dos bens reversíveis, de modo que o parceiro público possa reter, quando do pagamento de suas contrapartidas, os valores correspondentes ao reparo das irregularidades porventura detectadas. Para que tal vistoria seja possível, é evidente a necessidade de que tais bens sejam claramente identificados e mantidos em cadastro pelo concessionário, como exige o art. 31, II da Lei nº 8.987/95.

Porém, tal providência não basta para o enfrentamento do problema. Será necessário que a *cláusula contratual relacionada aos bens reversíveis* – de inserção obrigatória nos contratos de concessão, como se viu – contenha a disciplina do regime desses bens e os procedimentos previstos para a sua possível desafetação, assim como os parâmetros que deverão ser aplicados para o reconhecimento como reversíveis dos bens que venham a ser adquiridos no curso da concessão. Apesar de ser essa uma obrigação legalmente atribuída às concessionárias, não é conveniente, entretanto, que o Poder Concedente deixe tal tarefa exclusivamente sob sua responsabilidade, já que a clareza e transparência do regime dos bens vinculados à concessão é questão de seu grande interesse. Além disso, não se deve deixar para o momento da extinção do contrato de concessão o início de uma interminável

---

[575] GUERRA, Sérgio. A reversibilidade dos bens nas concessões de serviços públicos. *Revista de Direito Público da Economia – RBDE*, Belo Horizonte, ano 2, n. 8, out./dez. 2004. p. 194.

discussão acerca de que quais bens devem ser reconhecidos como reversíveis,[576] que arrasta consigo, como consequência, a necessidade de verificar se foram ou não amortizados completamente e, em caso negativo, a investigação das razões pelas quais isso não ocorreu, de modo a, se for o caso, estabelecer a indenização devida, que será o objeto de investigação do próximo capítulo. Como bem alertado por Lucas Navarro Prado, o ideal é que haja uma estrutura institucional organizada para exercer essa competência, responsabilizando-se por acompanhar o gerenciamento desse inventário pelo concessionário e assegurando-se de que sejam respeitadas as disposições contratualmente previstas.[577]

Sabe-se, todavia, que na maioria das situações com as quais se depara no dia a dia, nem os editais e contratos são elaborados com a qualidade esperada, nem as instituições responsáveis pela fiscalização exercem adequadamente as suas funções.[578] Um exemplo louvável é o das concessões rodoviárias, em cujos contratos, desde a 1ª Etapa de concessões, constam como anexos a relação dos bens reversíveis entregues pelo Poder Concedente ao concessionário.[579] Na maioria das

---

[576] "Também sob esse ângulo é relevante a identificação prévia dos bens reversíveis: somente assim será possível determinar o valor dos bens e fixar as tarifas aptas a proporcionar a amortização de seu valor" (JUSTEN FILHO, Marçal. *Teoria geral das concessões de serviço público*. São Paulo: Dialética, 2003. p. 570).

[577] PRADO, Lucas Navarro. Extinção de contratos de PPP e concessão: breves reflexões sobre o cálculo de indenizações considerando os parâmetros gerais da lei federal nº 8.987/95. *In*: OLIVEIRA, Gesner; OLIVEIRA FILHO, Luiz Chrysostomo (Org.). *Parcerias público-privadas*: experiências, desafios e propostas. Rio de Janeiro: LTC, 2013. p. 290.

[578] Pode-se referir a esse respeito à iniciativa do Tribunal de Contas de União, que instaurou processo administrativo com o objetivo de realizar auditoria operacional quanto à atuação da Anatel sobre o controle e acompanhamento do inventário de bens reversíveis das empresas concessionárias de serviço telefônico fixo comutado – STFC sob sua fiscalização, tendo sido produzidos dois acórdãos com uma série de recomendações dirigidas àquela agência reguladora para que aprimore suas práticas (TRIBUNAL DE CONTAS DA UNIÃO. Acórdão nº 3311/2015, Plenário, Relator Benjamin Zymler, processo nº 024.646/2014-8 e TRIBUNAL DE CONTAS DA UNIÃO. Acórdão nº 1809/2016, Plenário, Rel. Min. Benjamin Zymler, processo nº 024.646/2014-8 – mesmo processo, em embargos de declaração). A esse respeito, deve-se ressaltar que a atribuição dos tribunais de contas para, no âmbito de auditorias operacionais, pretender impor determinações a agências reguladoras quanto à forma como deverão exercer a sua função regulatória é bastante questionável. Para uma bem formulada crítica sobre os limites do controle exercido sobre a atuação de agências reguladoras, *vide*: JORDÃO, Eduardo; RIBEIRO, Maurício Portugal. Como desestruturar uma agência reguladora em passos simples. *Revista de Estudos Institucionais*, v. 3, n. 1, jan./jul. 2017 e CAMPANA, Priscilla de Souza Pestana. A necessidade de uma postura judicial de deferência aos atos regulatórios. *In*: ARAGÃO, Alexandre Santos de et al. (Coord.). *Regulação e infraestrutura*. Belo Horizonte: Fórum, 2018. p. 291-312.

[579] Na 1ª Etapa, tais anexos eram chamados "Termo de Transferência de Bens"; na fase I da 2ª Etapa, "Termo de Cessão de Bens" e, a partir da fase II da 2ª Etapa, incluindo as 3ª e 4ª Etapas, "Termo de Arrolamento e Transferência de Bens". Os contratos podem ser consultados em http://www.antt.gov.br/rodovias/Concessoes_Rodoviarias/Index.html.

vezes, no entanto, não é simples a sua identificação, sendo raríssimas as situações em que se poderá contar com um inventário organizado desde o início da concessão e devidamente atualizado ao longo da execução contratual, com a incorporação de novas infraestruturas implantadas, identificação de reformas, modernizações e ampliações das antigas e registro de todos os bens incorporados à concessão. Será necessário, então, encontrar alguma orientação que permita selecionar, entre os bens utilizados no âmbito da concessão, quais estarão sujeitos ao fenômeno da reversão.

A clareza na redação da cláusula de reversão, com parâmetros objetivos e facilmente identificáveis e a manutenção de um inventário contratual atualizado dos bens reversíveis são, portanto, medidas altamente recomendáveis, já que a reversão patrimonial ao cabo do prazo contratual dependerá, em última análise, de que se possa extrair essa condição de reversibilidade diretamente de algum preceito legal ou contratual. Antônio Carlos de Araújo Cintra,[580] com apoio em diversos autores clássicos do direito administrativo brasileiro, sustenta que a reversão de bens, além da previsão genérica da lei, necessita estar expressa no contrato:

> A extinção da concessão e a reversão dos serviços não implicam a reversão de bens de propriedade do concessionário, ainda que empregados na prestação do serviço público, pois tal reversão não lhes é essencial ou inerente [...], nem está prescrita em lei. Para que a reversão dos serviços seja acompanhada de reversão de bens de propriedade do concessionário é preciso que esta seja ajustada no contrato de concessão de serviço público. Assim, Ruy Cirne Lima escrevia que, na ausência de cláusula de reversão, o concessionário, findo o prazo da concessão, continua proprietário de todo o material aplicado à exploração do serviço, posto não mais o possa utilizar em tal exploração" (Princípios de Direito Administrativo, p. 181). Igualmente, Francisco Campos sustentava que "a reversão só se efetua quando expressamente pactuada no contrato" (Direito Administrativo, p. 184) e Mário Masagão lecionava que a "a reversão decorre de cláusula contratual" (Curso de Direito Administrativo, p. 294). Desse entendimento não se afasta José Cretella Jr. que, expressamente, adota a lição de Ruy Cirne Lima a respeito da matéria (Tratado de Direito Administrativo, vol. III, p. 166 e Dos Contratos Administrativos, p. 166). No mesmo sentido, manifesta-se José dos Santos Carvalho Filho (Manual de Direito Administrativo, p. 246).

---

[580] CINTRA, Antônio Carlos de Araújo. Apontamentos sobre a reversão de bens públicos na concessão de serviço público. *Revista Forense*, Rio de Janeiro, 1999. p. 17.

Assim, segundo essa linha de entendimento doutrinário, só haverá bem reversível se o contrato de concessão assim o dispuser expressamente. É possível admitir, portanto, a concessão de um serviço público sem que haja bem algum sujeito à reversão ao final do prazo convencionado. Obviamente não se está a sustentar que só possam ser admitidos como reversíveis os bens individualmente apontados no contrato de concessão. Como já anteriormente alertado, é possível que bens adquiridos durante a concessão sejam incorporados ao patrimônio reversível. Do mesmo modo, bens entregues ao concessionário pelo Poder Concedente, ainda que não estejam expressamente indicados como reversíveis, poderão ser assim considerados. É importante, no entanto, que os parâmetros que permitam identificar os bens reversíveis estejam expressos nos contratos, na cláusula de reversão.

Deve-se referir, ainda, à parte da doutrina que sustenta ser possível presumir a reversibilidade de bens da concessão, diante de sua essencialidade para a continuidade dos serviços públicos. É esse, por exemplo, o entendimento defendido por Celso Antônio Bandeira de Mello, que, embora reconheça a possibilidade de que haja concessão sem bem a ser revertido, exige que essa decisão conste expressa no texto contratual.[581] Mais uma razão, portanto, para que as cláusulas de reversão sejam redigidas com cuidado. Ainda que a intenção seja excluir a reversão de bens após o período contratual, o ideal é que o contrato indique expressamente essa condição, em nome da segurança jurídica.

A preocupação com a manutenção de um cadastro completo e atualizado dos bens vinculados à concessão, especialmente daqueles que reverterão quando do encerramento do período contratual, tem sido reiteradamente manifestada pelo Tribunal de Contas da União – TCU. Nos acórdãos nºs 102/2007,[582] 2.961/2009[583] e 290/2015,[584] aquela corte de contas enfatizou a importância de que os editais e os contratos de concessão contenham a relação dos bens reversíveis entregues às

---

[581] "[...] se o instrumento da concessão nada dispuser a respeito da reversão, a existência dela se presume e será onerosa ou gratuita para o Poder Público, dependendo de já ter havido, ou não, a amortização total ou parcial do capital representativo do equipamento aplicado ao serviço" (BANDEIRA DE MELLO, Celso Antônio. *Curso de direito administrativo*. 36. ed. Belo Horizonte: Fórum, 2023. p. 683).

[582] TRIBUNAL DE CONTAS DA UNIÃO. Acórdão nº 102/2007, Plenário, Rel. Min. Augusto Nardes, Processo TC 022.096/2005-9, sessão de 07.02.2007.

[583] TRIBUNAL DE CONTAS DA UNIÃO. Acórdão de relação nº 2961/2009, Plenário, Rel. Min. Walton Alencar Rodrigues, TC 016.189/2008-9, sessão de 09.12.2009.

[584] TRIBUNAL DE CONTAS DA UNIÃO. Acórdão nº 290/2015, Plenário, Rel. Min. Walton Alencar Rodrigues, TC 016.442/2013-0, sessão de 25.02.2015.

concessionárias e definam os parâmetros de reversibilidade dos bens, de modo que possam ser identificados e assim se permita um controle sobre o seu uso e seu estado de conservação, tendo em vista, como referido no item 268 do Acórdão nº 939/2011,[585] que o Poder Concedente deve "estar em condições de assumir a concessão a qualquer tempo", para o que "é imprescindível que disponha de lista atualizada dos bens reversíveis, e que esses bens só possam ser alienados com autorização da agência reguladora".

3.2.1.3 A essencialidade para a prestação do serviço público

Como se viu acima, a identificação dos bens da concessão que reverterão ao Poder Concedente ao final do prazo do contrato de concessão deve poder ser extraída do respectivo contrato. Em geral, admite-se que serão reversíveis aqueles bens que sejam essenciais para a manutenção do serviço, a ponto de alguns autores defenderem uma presunção de sua reversibilidade nesses casos diante de eventual silêncio do contrato. Em alguns casos, a identificação desses bens essenciais, tipicamente sujeitos ao regime de reversibilidade, pode ser simples. No caso de concessões que dependam diretamente da exploração de uma infraestrutura específica, dificilmente essa infraestrutura poderá ser considerada não reversível. Por exemplo, nas concessões para a exploração de uma rodovia, parece evidente que a via e as praças de pedágio devem ser consideradas bens essenciais ao serviço. Há equipamentos também que estão diretamente associados a essa infraestrutura, como as placas indicativas e todos os demais itens componentes do sistema de sinalização, assim como do sistema de comunicação à disposição dos motoristas para caso de emergência, que naturalmente se apresentam como reversíveis.

Outros bens e equipamentos, embora úteis, são menos essenciais ou podem ser mais facilmente repostos, como os veículos de apoio das equipes de manutenção, as ambulâncias, os aparelhos portáteis de comunicação (*walkie talkies*), máquinas usadas para o registro das cobranças da tarifa de pedágio e outros. Em uma concessão para a prestação do serviço de saneamento, não há dúvida de que as estações de tratamento de esgoto (ETE) são equipamentos essenciais, assim

---

[585] TRIBUNAL DE CONTAS DA UNIÃO. Acórdão nº 939/2011, Plenário, Rel. Min. Walmir Campelo, TC 034.023/2010-0, sessão de 13.04.2011.

como a rede de dutos. O mesmo não se pode dizer dos computadores, mesas e cadeiras usados pela administração, assim como a própria sede administrativa do concessionário.

Pode-se fazer a esse respeito uma analogia, como a proposta por Carlos Ari Sundfeld e Jacintho Arruda Câmara,[586] com as benfeitorias que, segundo o art. 96 do Código Civil, podem ser classificadas como necessárias, úteis ou voluptuárias. Diante do regramento legal genérico, devem ser considerados reversíveis apenas aqueles bens diretamente relacionados com a prestação do serviço concedido e essenciais para assegurar a sua continuidade. Deste modo, a não ser que haja disposição legal ou contratual específica, a mera utilidade do bem para o desempenho da atividade a cargo do concessionário não parece suficiente para que se qualifique um bem como reversível.

Apesar de não haver uma definição clara na legislação brasileira quanto às características de que devem se revestir os bens reversíveis, é possível sustentar, com largo apoio na doutrina disponível sobre o tema,[587] que, a se reconhecer uma reversibilidade presumida, essa só deve atingir aqueles bens que se mostrem essenciais para a continuidade de um serviço que deve ser retomado pelo Poder Concedente. Assim, haverá a reversão quando a) houver a necessidade de o poder público garantir a continuidade daquela atividade específica, desenvolvida pela concessão que se extingue[588] e b) haja bens cuja associação ao serviço seja essencial para garantir o seu prosseguimento, ou seja,

---

[586] SUNDFELD, Carlos Ari; CÂMARA, Jacintho Arruda. Bens reversíveis nas concessões públicas: a inviabilidade de uma teoria geral. *Revista da Faculdade de Direito – UFPR*, Curitiba, v. 61, n. 2, maio/ago. 2016. p. 163.

[587] Por todos, selecionam-se a seguir alguns extratos bastante ilustrativos: "Temos conosco que só podem ser tratados como bens reversíveis aqueles imprescindíveis à prestação do serviço delegado. Os demais constituirão patrimônio do delegatário" (MARQUES NETO, Floriano de Azevedo. *Bens públicos*: função social e exploração econômica. O regime jurídico das utilidades públicas. Belo Horizonte: Fórum, 2009. p. 172). "Em grande número de concessões de serviço público, mas não em todas, os bens que devem ser aplicados ao serviço e que a ele se aplicam, persistem indispensáveis à sua continuidade, [...]. Em suma: o concedente não poderia abrir mão deles. Teria interesse absoluto em retê-los, por indeclinável imposição das necessidades públicas. De revés, ao concessionário faleceriam razões para pretender conservá-los. É esta passagem definitiva para o concedente, ao cabo da concessão, do acervo de bens aplicados ao serviço pelo concessionário que se denomina reversão" (BANDEIRA DE MELLO, Celso Antônio. Reversão dos bens na concessão. *Revista Trimestral de Direito Público*, São Paulo, 1994. p. 9).

[588] Essa necessidade não existe, por exemplo, nos casos já referidos dos serviços de transporte público aéreo e radiodifusão de som e de sons e imagens, quando os serviços possam continuar a ser prestados regularmente aos usuários por outros concessionários já existentes, o que dispensa o poder público de garantir a continuidade da operação especificamente considerada do concessionário *sainte*.

bens imprescindíveis, sem cuja reposição não haveria possibilidade de mantê-la.

Para avaliar essa essencialidade é necessário considerar que, quando do encerramento de uma concessão deve haver um período de transição, de modo que o concessionário antigo possa transmitir o serviço ao novo. Algo semelhante ao que ocorre após a eleição de um novo presidente da República, cujos protocolos e procedimentos de transição da administração que se finda para a que a sucede seguem a disciplina da Lei nº 10.609/2002. No caso das concessões, embora não haja disciplina normativa específica – o que seria de todo desejável – essa transição deve ser assegurada sempre que possível. Nesse sentido, quando a redação da cláusula de reversão não for suficientemente clara, a presunção de reversibilidade deverá atingir apenas os bens indispensáveis ou imprescindíveis para que o novo concessionário possa assumir suas funções. Ou seja, aqueles bens que, mesmo que o novo concessionário conte com um período adequado de transição, não seria capaz de substituir sem pôr em risco a regular operação do serviço.

Isso não significa, no entanto, que demais bens que venham a ser considerados úteis, embora não revestidos da natureza de essencialidade, não possam ser considerados como reversíveis, desde que haja expressa definição contratual nesse sentido. Por isso, Leonardo Pessoa propõe o reconhecimento de uma classe mais ampla de bens, chamados bens vinculados à prestação dos serviços públicos, a abranger todo e qualquer bem que de algum modo se relacione ou esteja associado a determinada concessão. Esse seria o gênero, do qual os bens reversíveis seriam a espécie. Portanto, do conjunto de bens vinculados a uma concessão se destacaria um grupo específico ao qual seria atribuída a reversibilidade. Reversíveis seriam

> aqueles bens vinculados "extremamente" necessários à prestação do serviço público e que por força dos princípios da continuidade, regularidade e atualidade da prestação do serviço público deverão reverter (serão transferidos) ao poder concedente para que a prestação do serviço não sofra solução de continuidade.[589]

---

[589] PESSOA, Leonardo Ribeiro. *As origens dos bens vinculados à prestação dos serviços públicos e os seus regimes jurídicos*. p. 3. Disponível em: http://www.buscalegis.ufsc.br/revistas/files/anexos/19557-19558-1-PB.htm. Acesso em: 8 out. 2016. Complementa o autor, em trecho seguinte: "É importante fixar o entendimento de que os bens vinculados à prestação dos serviços públicos, só passam a categoria de bens reversíveis, a partir do momento que o poder concedente estabelece que terminados [sic] bens são da 'essência' da prestação dos serviços concedidos, isto é, sem os ditos bens a concessionária não poderá prestar um serviço público contínuo, atual e regular".

A esse respeito, é curioso notar que, ao lado de inúmeras referências aos bens reversíveis contidas na Lei nº 8.987/95, o seu art. 31, nos incs. II e VII, se refere a "bens vinculados" à concessão quando determina o dever da concessionária de manter em dia o inventário e o registro desses bens, assim como zelar pela sua integridade e segurá-los. É bem verdade que a distinção de significados entre as nomenclaturas não se extrai expressamente do texto legal. Pode-se alegar, inclusive, que a preocupação com a manutenção de um inventário atualizado e com seguro está muito mais relacionada aos bens reversíveis do que a outros que, apesar de vinculados à concessão, não estariam sujeitos à reversibilidade.

Todavia, alguma consequência deve-se extrair da opção legislativa de estabelecer termos diferentes. É possível igualmente concluir que a ideia da norma é garantir que haja um inventário de todos os bens "vinculados" à concessão, até mesmo para que seja possível apontar exatamente quais, entre eles, são reversíveis e que a política de manutenção de seguro das concessionárias não deve se restringir necessariamente a esses últimos, devendo ser traçada de modo adequado a garantir a eficiência na realização da atividade delegada.

O mais importante, no entanto, é fixar o entendimento de que, não necessariamente, haverá bens reversíveis em todas as concessões e, quando houver, não abrangerá necessariamente todos os bens utilizados pelo concessionário, podendo existir determinados bens, usados de alguma forma na prestação do serviço, mas que não necessariamente estão sujeitos a essa condição. Note-se que esse fato é reconhecido há muito pelo direito brasileiro. Já em 1958, em julgado da Segunda Turma do Supremo Tribunal Federal, da relatoria do Min. Edgard Costa, tratando do serviço de bondes no Distrito Federal, afirmou-se que "somente são reversíveis aquêles [bens] vinculados, próprios ou afetos à execução do serviço concedido [...] os adquiridos, portanto, pela concessionária, por aplicação de seus recursos, sem aquela destinação, são de sua livre propriedade e, consequentemente, não reversíveis".[590]

Mais recentemente, a Segunda Turma do Superior Tribunal de Justiça[591] reconheceu que bem imóvel onde funciona escritório administrativo da concessionária, em relação ao qual jamais houve manifestação do Poder Concedente quanto à sua reversibilidade, já

---

[590] SUPREMO TRIBUNAL FEDERAL. Segunda Turma, RE 32865. Rel. Min. Edgard Costa, julgado em 28.08.1956, DJ de 04.10.1956, p. 12006, Ement. vol. nº 273-02, p. 710.
[591] SUPERIOR TRIBUNAL DE JUSTIÇA. AgRg no REsp 971.851/SC, Rel. Min. Castro Meira, Segunda Turma, julgado em 10.06.2008, DJe 08.09.2008.

fora de uso, está livre para ser por ela alienado e, em outro julgado, manteve decisão de instância inferior que havia recusado reconhecer a reversibilidade de bem alienado pela concessionária, por considerar que não era imprescindível à prestação dos serviços concedidos, não representando a alienação nenhum tipo de prejuízo aos consumidores atendidos pela concessionária.[592] [593]

O direito francês adota uma solução interessante ao reconhecer três categorias de bens vinculados à concessão.[594] Ao lado de bens que podem ser perfeitamente associados ao que denominamos no Brasil bens reversíveis, que na França são os chamados *biens de retour*,[595] há bens que podem ser identificados como úteis ao serviço, mas que não se revelam propriamente indispensáveis à sua continuidade. Esses bens

---

[592] SUPERIOR TRIBUNAL DE JUSTIÇA. REsp 1268143/SC, Rel. Min. Humberto Martins, Segunda Turma, julgado em 14.04.2015, *DJe* 20.04.2015.

[593] Para uma abordagem mais detalhada do regime jurídico para a alienação de bens reversíveis, com análise das limitações e condicionantes impostas ao concessionário, *vide* REIS, Márcio Monteiro. Bens reversíveis: problemas e divergências. *In*: SADDY, André; MORAES, Salus. *Tratado de parcerias público-privadas*: teoria e prática. Rio de Janeiro: CEEJ, 2019. v. 5.

[594] Essas categorias de bens vinculados à concessão foram estabelecidas pela jurisprudência do Conselho de Estado francês e encontram-se hoje em dia consolidadas. Suas características estão muito bem descritas em: VINCI, Nathalie. *Mettre fin à une délégation de service public*. Voiron: Territorial, 2014. p. 40-41.

[595] Os bens assim qualificados devem ser restituídos ao final do período da concessão, sem que nenhuma indenização seja devida, embora mais recentemente a regra da gratuidade integral da reversão venha sendo flexibilizada pela jurisprudência mais recente do Conselho de Estado, que admitiu, em casos excepcionais, nos quais a amortização tenha sido impedida por determinações do Poder Concedente, orientadas para a satisfação do interesse público. É o que se extrai do seguinte trecho da obra de Nathalie Vinci: "Ainsi, lorsque les biens meubles ou immeubles en cause s'avèrent indispensable à l'exécution d'un service public `a l'expiration de la convention, le Conseil d'État, dans une jurisprudence constante, a énoncé le principe suivant lequel ils doivent être considérés comme appartenant à la personne publique dès leur achat, sans que le délégataire puisse exiger quelque indemnité que ce soit, et ce, en vertu du principe de continuité du service public (CE, Avis, 19 Avril 2005, nº 371234). La haute juridiction est néanmoins revenue dans des jurisprudences postérieures sur la régle de la gratuité intégrale. Aussi, lorsque les biens concernés n'ont pas été entièrment amortis au cours de l'éxecution de la convention, une indemnité peut être envisagée pour la partie des biens qui n'auraient pas été amortis" (VINCI, Nathalie. *Mettre fin à une délégation de service public*. Voiron: Territorial, 2014. p. 40) No mesmo sentido: "Les biens de retour sont les biens qui sont indispensables au service public et qui appartiennent, dès l'origine, à la collectivité publique, même s'ils on été acquis ou construits par le délégataire en cours d'exécution de son contrat L'entité gestionnaire du service dispose certes d'un droit exclusif de jouissance de ces biens, mais ces derniers retournent, en fin de contrat, dans le patrimoine de la collectivité organisatrice. Ce retour se fait génèralement à titre gratuit" (BRACONNIER, Stéphane. *Droits des services publics*. 2. ed. Paris: PUF, 2003. p. 384-385). Ver também: GUGLIELMI, Gilles J.; KOUBI, Geneviève; LONG, Martine. *Droit du service publics*. 4. ed. Paris: LGDJ, 2016. p. 819-822.

são identificados como *biens de reprise*, que poderíamos traduzir como bens de retomada. Trata-se de um acervo patrimonial pertencente ao concessionário, sobre o qual o Poder Concedente mantém um direito real durante o período da concessão, que lhe permite, em função da sua utilidade para o serviço, estipular regras que deverão ser observadas para o seu uso, assim como, ao final do prazo do contrato, exercer o direito de retomada. Essa decisão, no entanto, é discricionária do Poder Concedente e vincula o concessionário. O Poder Concedente poderá optar, segundo os seus critérios, em exercer ou não a faculdade de se apropriar de tais bens ao final do período contratual. Se o fizer, o concessionário não poderá impor nenhuma resistência e estará obrigado a entregar tais bens.[596] Há ainda no direito francês das concessões os chamados bens próprios do concessionário (*biens propres*). Esses pertencem ao concessionário e só indiretamente estão vinculados ao serviço público prestado. Sua aquisição por parte do Poder Concedente, ao final da concessão, dependerá da caracterização do interesse público em fazê-lo e de negociações a serem estabelecidas entre as partes ou de sua desapropriação.

Apesar de não haver disciplina legal equivalente no Brasil, pode-se dizer que o modelo francês é inteiramente compatível com a tradição jurídica brasileira, como o demonstra a jurisprudência e a legislação vigente referidas. Apesar de não existir, no direito pátrio, norma legal criando um direito de preferência para a aquisição de bens úteis, como ocorre com os bens de retomada no direito francês, não há nada que impeça que os contratos qualifiquem como reversíveis bens que, apesar de não serem essenciais à concessão, podem lhe ser úteis. Diante da ausência de disposição contratual específica, no entanto, devem ser considerados reversíveis somente as infraestruturas, equipamentos e demais bens que se revelem essenciais para a continuidade do desempenho do serviço público concedido,[597] ou seja, aqueles bens

---

[596] "Les biens de reprise, bien qu'utiles au service public, ne sont pas considérés comme étant indispensables à sa continuité. Dans ces conditions, le délégataire est le propriétaire de ces biens pour toute la durée de la convention et ils ne deviendront la propriété de l'autorité délégante que si elle en fait la demande en exerçant son droit de reprise" (VINCI, Nathalie. *Mettre fin à une délégation de service public*. Voiron: Territorial, 2014. p. 41). No mesmo sentido, *vide*: BRACONNIER, Stéphane. *Droits des services publics*. 2. ed. Paris: PUF, 2003. p. 385 e GUGLIELMI, Gilles J.; KOUBI, Geneviève; LONG, Martine. *Droit du service publics*. 4. ed. Paris: LGDJ, 2016. p. 823, este último os intitula *biens de reprise* (ou de *rachat*).

[597] "[...] na grande maioria das concessões, os ativos mais relevantes em termos de valor são a própria infraestrutura civil e os bens e equipamentos a ela incorporados, sobre os quais não costuma haver maiores discussões quanto a sua reversibilidade" (PRADO, Lucas Navarro. Extinção de contratos de PPP e concessão: breves reflexões sobre o cálculo de indenizações

sem os quais o novo concessionário, mesmo contando com um período razoável de transição, não seria capaz de manter a regular prestação do serviço. É de se ressaltar que a falha de planejamento do Poder Concedente em organizar uma transição razoável não deve ser considerada razão para atribuir a um bem a natureza de reversível. Nesses casos, se houver a necessidade de adquirir da concessionária um bem útil, mas não imprescindível à continuidade do serviço, que não tenha sido apontado pelo contrato de concessão como reversível, caberá ao Poder Concedente, se for esse o caso, desapropriá-lo.

Por outro lado, caso entenda conveniente e oportuno, a Administração Pública poderá incluir bens úteis na relação de bens reversíveis. Para isso, contudo, é necessário que haja clara indicação no edital, no contrato de concessão ou em inventário mantido pela concessionária e supervisionado pelo Poder Concedente ou agência reguladora. Nesses casos, portanto, sua reversibilidade não se presume.[598] Dependerá sempre de expressa previsão em algum dos documentos da concessão. Apenas aqueles bens essenciais e imprescindíveis para a continuidade do serviço é que podem ter a sua reversibilidade presumida. No que diz respeito aos bens úteis, portanto, tudo dependerá da decisão que tiver sido tomada quando do desenho contratual ou da atuação do Poder Concedente (ou da agência reguladora) ao longo da execução do contrato, ao exigir e manter atualizado um cadastro de bens vinculados à concessão que indique claramente aqueles a que se atribui a natureza de reversíveis.

Com o advento da Lei nº 13.448/2017 e a disciplina do instituto da relicitação, examinada no capítulo anterior, precipitou-se uma polêmica quanto ao tratamento a ser dado, nesses casos de extinção antecipada do contrato de concessão, à indenização dos bens reversíveis não inteiramente amortizados ou depreciados, que será o assunto abordado no próximo capítulo. No final de 2019, tanto a Agência Nacional de Transportes Terrestres – ANTT, como a Agência Nacional

---

considerando os parâmetros gerais da lei federal nº 8.987/95. *In*: OLIVEIRA, Gesner; OLIVEIRA FILHO, Luiz Chrysostomo (Org.). *Parcerias público-privadas*: experiências, desafios e propostas. Rio de Janeiro: LTC, 2013. p. 290).

[598] "A discussão tende a ocorrer, com mais probabilidade, com relação a veículos e outros bens móveis, que poderiam ser retirados pela concessionária e vendidos no mercado. É justamente sobre tais bens que o contrato de concessão deve evitar omissões, para permitir identificar se devem ou não reverter ao Poder Concedente ao final da concessão" (PRADO, Lucas Navarro. Extinção de contratos de PPP e concessão: breves reflexões sobre o cálculo de indenizações considerando os parâmetros gerais da lei federal nº 8.987/95. *In*: OLIVEIRA, Gesner; OLIVEIRA FILHO, Luiz Chrysostomo (Org.). *Parcerias público-privadas*: experiências, desafios e propostas. Rio de Janeiro: LTC, 2013. p. 290).

de Aviação Civil – Anac editaram resoluções destinadas a disciplinar a identificação dos bens reversíveis e estipular metodologia para o cálculo da indenização de eventuais parcelas não amortizadas quanto aos respectivos investimentos. São as Resolução Anac nº 533, de 7.11.2019[599] e Resolução ANTT nº 5.860, de 3.12.2019.[600]

Ambas as resoluções tratam, em seu art. 2º, da identificação dos bens que devem ser qualificados como reversíveis. A iniciativa, de logo, provoca alguma estranheza, uma vez que, como já anteriormente afirmado, a lista de bens reversíveis, ou os parâmetros para que se possa identificá-los, devem estar contidos no contrato, de modo que os critérios para que se possa identificá-los devem ser buscados em cada contrato. Deste modo, não parece adequado que se pretenda estabelecer uma norma genérica com a pretensão de servir para indicar a reversibilidade em todo e qualquer caso.[601]

> De todo modo, a resolução da Anac se refere aos bens "indispensáveis à continuidade e atualidade da prestação do serviço objeto da concessão", referindo-se expressamente aos (i) bens repassados à concessionária pelo poder público; (ii) máquinas, equipamentos, bens de informática, aparelhos, utensílios, instrumentos, veículos e móveis; (iii) *softwares* utilizados na prestação dos serviços e (iv) licenças ambientais, projetos de obras e manuais técnicos vigentes. Já a resolução da ANTT inclui entre os reversíveis todos os bens "utilizados na prestação de serviços de conservação, manutenção, monitoração e operação rodoviários, bem como a própria infraestrutura rodoviária sob concessão", tendo sido expressamente exemplificados: (a) edificações, obras civis e benfeitorias localizadas no sistema rodoviário; (b) máquinas, veículos e equipamentos; (c) móveis e utensílios; (d) equipamentos de informática; (e) sistemas, seus *softwares* e direitos associados e (f) projetos e estudos relacionados a melhorias e ampliação de capacidade do sistema rodoviário. A lista, como se vê, é

---

[599] Pode ser consultada em https://www.anac.gov.br/assuntos/legislacao/legislacao-1/resolucoes/2019/resolucao-no-533-07-11-2019/@@display-file/arquivo_norma/RA2019-0533.pdf (Acesso em: 23 dez. 2019).

[600] Pode ser consultada em http://www.antt.gov.br/participacao_social/audiencias/0032019.html (Acesso em: 23 dez. 2019).

[601] A mesma opinião é expressada por Maurício Portugal: "[...] também me parece violação dos contratos em curso a ANTT e a ANAC estabelecerem nas respectivas resoluções regras sobre quais bens são reversíveis e quais não o são, para efeito de definir o universo de bens reversíveis cujo valor será usado como base para o cálculo da indenização" (RIBEIRO, Maurício Portugal. iNFRADebate: ANTT, Crivella e Requião – regra sobre indenização aprovada pela ANTT ajuda populistas a estatizar concessões. *Agenciainfra.com*, Brasília, 13 jan. 2020. Disponível em: http://www.agenciainfra.com/blog/infradebate-antt-crivella-e-requiao-regra-sobre-indenizacao-aprovada-pela-antt-ajuda-populistas-a-estatizar-concessoes. Acesso em: 15 jan. 2020).

bastante extensa e inclui itens que dificilmente podem ser considerados necessários, quiçá essenciais, para garantir a continuidade do serviço.

Já a Norma de Controle Patrimonial dos Portos Organizados, aprovada em 2019 pela Resolução Normativa nº 29 da Agência Nacional de Transportes Aquaviários – Antaq,[602] estabelecia, em seu art. 3º, I, serem bens da União aqueles: (i) entregues à concessionária e inventariados pela União por ocasião da assinatura do contrato de concessão; (ii) adquiridos por investimentos realizados diretamente pela União na área do porto organizado e (iii) expressos em ato do Poder Concedente. Reversíveis seriam, segundo a redação do art. 3º, II, os bens "adquiridos mediante investimentos realizados pelos arrendatários, conforme especificado no respectivo contrato de arrendamento".

Referida norma administrativa foi revogada pela nova Resolução nº 43/2021 da Antaq,[603] que confere um tratamento bastante curioso e singular à matéria. Inicialmente, a norma parte da premissa de que tais bens "sob a guarda e responsabilidade das autoridades portuárias e dos arrendatários" são bens da União, adotando assim, em seu art. 3º, o entendimento de que os bens vinculados à concessão são bens públicos e classificando esses bens nos seguinte grupos: a) bens entregues e inventariados pela União por ocasião da celebração do contrato (de concessão ou arrendamento) ou do convênio de delegação com ente federativo; b) bens adquiridos na vigência do contrato, por meio de recursos investidos diretamente pela União; c) bens expressamente indicados em ato do Poder Concedente e, finalmente, d) os bens reversíveis, que seriam apenas aqueles adquiridos pelo concessionário, na vigência do contrato, com os recursos oriundos do desempenho da atividade delegada.

No âmbito da ANTT, chama a atenção que a Nota Técnica nº 016/2019-GEREF-SUINF, elaborada por uma das superintendências da agência reguladora para suporte teórico à proposta normativa, ainda durante a sua fase de elaboração e submetida à audiência pública,[604] reconhece expressamente que a reversibilidade deve ser reconhecida

---

[602] Pode ser consultada em http://portal.antaq.gov.br/wp-content/uploads/2019.05.Resolução-Normativa-nº-29.pdf (Acesso em: 23 dez. 2019).

[603] Pode ser consultada em: https://pesquisa.in.gov.br/imprensa/jsp/visualiza/index.jsp?data =01.04.2021&jornal=612&pagina=30&totalArquivos=69.

[604] A referida resolução foi precedida da Audiência Pública nº 003/2019, promovida pela ANTT. Todo o material produzido durante a fase de estudos, incluindo a minuta da resolução e a Nota Técnica nº 016/2019-GEREF-SUINF, pode ser encontrado em http://www.antt.gov.br/participacao_social/audiencias/0032019.html (Acesso em: 18 de dez. 2019).

apenas para aqueles "bens imprescindíveis à continuidade do serviço". Como se vê, no entanto, apesar de não haver maiores polêmicas quanto ao conceito, a sua aplicação na prática pode gerar resultados bastante discrepantes, pois há grande variação possível de significados a serem extraídos da expressão "bens imprescindíveis à continuidade do serviço".

Deve-se considerar ainda, a esse respeito, a prerrogativa do Poder Concedente de recusar a reversão de determinado bem, ainda que originalmente identificado como reversível. Isso ocorrerá sempre que, a seu juízo, o bem tiver se tornado inservível, tiver vida útil muito reduzida ou perder, de alguma forma, o interesse para a concessão. A referida Resolução Antaq nº 43/2021 prevê expressamente, em seu art. 33, que caberá à Antaq dispor sobre a reversibilidade dos bens, podendo recomendar a não reversibilidade daqueles bens que não estiverem em plenas condições de uso. Segundo Lucas Navarro, "para todos os bens reversíveis deveria haver uma preocupação sobre as condições técnico-operacionais que devem apresentar por ocasião da reversão",[605] exatamente para se assegurar que se trata, de fato, de bens imprescindíveis à continuidade do serviço.

O instituto da reversibilidade tem certamente uma origem patrimonialista, no sentido de que o Poder Concedente pretende formar, ampliar, modernizar e manter em boas condições de operação uma infraestrutura cuja implantação demanda significativo investimento econômico. Deste modo, ainda que, periodicamente, delegue a administração dessa infraestrutura a particulares, mantém, sob a sua titularidade, tanto o serviço em si, quanto os bens essenciais à sua prestação, que lhe revertem em cada momento que se encerra o vínculo contratual com as concessionárias que podem se suceder. Além disso, há um outro racional econômico, que é a inviabilidade de dar destinação economicamente relevante ao conjunto desses bens, que não poderiam ser utilizados em outra função, de modo que, dissociados daquela concessão em especial, perderiam todo o seu valor.

Nesse sentido, considerando os itens constantes das resoluções das agências reguladoras referidas, não parece haver dúvida de que a infraestrutura rodoviária, ou seja, a via por onde trafegam os veículos, ou o sítio aeroportuário, assim como as respectivas edificações, obras

---

[605] PRADO, Lucas Navarro. Extinção de contratos de PPP e concessão: breves reflexões sobre o cálculo de indenizações considerando os parâmetros gerais da lei federal nº 8.987/95. *In*: OLIVEIRA, Gesner; OLIVEIRA FILHO, Luiz Chrysostomo (Org.). *Parcerias público-privadas*: experiências, desafios e propostas. Rio de Janeiro: LTC, 2013. p. 290.

civis, instalações e benfeitorias, como as praças de pedágio e alças de acesso, no caso das rodovias e as pistas de decolagem e pouso, ou os terminais de passageiros ou de cargas, no caso dos aeroportos são, obviamente, bens essenciais ao serviço. Também projetos e estudos relacionados a melhorias e ampliação de capacidade rodoviária ou aeroportuária, por se referirem especificamente à infraestrutura dedicada àquela concessão, podem certamente ser assim entendidos.

Já em relação aos bens utilizados na prestação de serviços de conservação, manutenção, monitoração e operação, máquinas, equipamentos, aparelhos, utensílios e instrumentos, pode haver dúvida. Sistemas de sinalização e comunicação incorporados à infraestrutura rodoviária provavelmente podem ser considerados essenciais e não teriam utilidade dissociados do contexto em que foram implantados, já os equipamentos de proteção individual (EPI) dos trabalhadores não parecem revestidos da essencialidade que os passa a caracterizar como bens reversíveis. O mesmo se pode dizer quanto ao maquinário e equipamentos dedicados a dar manutenção às pistas, sejam as de rodagem, no caso das rodovias, sejam as de pouso e decolagem, no caso dos aeroportos. Muitas vezes, tais máquinas sequer são de propriedade obrigatória da concessionária. Em geral, pertencem a empresas terceirizadas, contratadas pela concessionária para a execução desses serviços de manutenção. O mesmo pode ser afirmado quanto a equipamentos de informática, sistemas e *softwares*. Atualmente é cada vez mais comum que as empresas não adquiram tais bens e optem por contratos de aluguel ou *leasing*, muitas vezes associados com serviços de manutenção e até treinamento de pessoal para o seu uso.

A esse respeito, é de se ressaltar que o art. 2º, §1º, II da Resolução ANTT nº 5.860/2019 estabelece expressamente que só serão reversíveis os bens de propriedade da concessionária. Nesse sentido, na página 54 da Nota Técnica nº 016/2019-GEREF-SUINF, há referência ao fato de que os bens locados ou que não configurem propriedade da concessionária devem ser restituídos a seus detentores. Deste modo, se determinados bens podem ser locados ou usados pela concessionária em razão de contratos mantidos com terceiros e, nessa condição, devem ser restituídos aos seus proprietários ao final da concessão, parece contraditório pretender considerá-los imprescindíveis para a continuidade do serviço. Não se pode admitir que um bem seja considerado essencial para a continuidade do serviço apenas se pertencer à concessionária, devendo nesse caso ser considerado reversível, sendo que, o mesmo bem, caso esteja sendo locado de terceiro, deve ser restituído ao seu proprietário ao final da concessão, ficando, nesse caso, o novo concessionário sem acesso a tal bem. O que deve definir a existência ou não da reversibilidade não é a pessoa proprietária do bem, mas sim a sua afetação a um serviço público e sua essencialidade para o seu desempenho.[606]

Em princípio, não haveria sequer problema em assegurar a reversibilidade de bens pertencentes a terceiro e afetados à concessão por um contrato particular firmado com o concessionário.[607] Há instrumentos regulatórios que poderiam permitir a reversão de direitos contratuais adquiridos pela concessionária de serviço público.[608] [609] No entanto, se se estabelece como regra que bens de terceiros não serão revertidos, não é possível pretender considerar que bens que possam pertencer tanto a terceiros como ao concessionário sejam reversíveis apenas nessa última hipótese. A presunção de reversibilidade dos bens essenciais à continuidade dos serviços públicos, nos casos de silêncio ou imprecisão dos contratos de concessão, não impõe maiores dificuldades conceituais. A polêmica maior está, no entanto, como revela

---

[606] Como menciona Gaspar Ariño Ortiz, "[...] talvez em direito público seja mais importante a 'função', isto é, a ideia do destino e do fim das coisas, do que sua titularidade formal; e isso por uma razão simples, vinculada ao próprio sentido do direito administrativo como direito para a ordenação dos interesses coletivos: a referência ao sujeito 'Estado' das coisas não é tanto 'patrimonial', mas de 'potestade' sobre elas" (ARIÑO ORTIZ, Gaspar. A afetação de bens ao serviço público. O caso das redes. *Revista de Direito Administrativo*, Belo Horizonte, ano 2011, n. 258, set./dez. 2011).

[607] "A partir desse enfoque não há nenhuma dificuldade para afirmar, ao mesmo tempo, a titularidade privada de uma coisa e o caráter público desta. [...] Com isso não se afirma a possibilidade de domínio público em mãos privadas, mas se afirma a existência de outro tipo de publicatio das coisas, que se produz não pelo dado da sua titularidade, mas pelo dado de sua funcionalidade ou, se se preferir, pelo fato de sua afetação ao serviço público" (ARIÑO ORTIZ, Gaspar. A afetação de bens ao serviço público. O caso das redes. *Revista de Direito Administrativo*, Belo Horizonte, ano 2011, n. 258, set./dez. 2011).

[608] Como exemplo, pode-se referir ao setor de telecomunicações. A Lei nº 9.472/97 possui normas específicas, em seu art. 94, I e II, autorizando as concessionárias a contratar com terceiros atividades inerentes ao serviço, para o que podem empregar equipamentos e, inclusive, infraestrutura que não lhe pertençam. De modo a garantir a continuidade do serviço, a Agência Nacional de Telecomunicações – Anatel editou a Resolução nº 447/2006, por meio da qual exige que, nesses casos, o contrato a ser firmado entre a concessionária e seu fornecedor contenha cláusula específica, como expresso em seu art. 12 nos seguintes termos: "art. 12 - A Prestadora, na utilização de Bens de Terceiros ou de Serviços Contratados, deve fazer constar, nos contratos respectivos, cláusula pela qual o contratado se obriga, em caso de extinção da concessão ou permissão, a mantê-los e a sub-rogar à Anatel os direitos e obrigações deles decorrentes, além do direito da Agência sub-rogar a outros".

[609] Para uma análise mais detalhada do caso da possibilidade de se estabelecer reversão de direitos exercidos pelo concessionário sobre bens pertencentes a terceiros, *vide* REIS, Márcio Monteiro. Bens reversíveis: problemas e divergências. *In*: SADDY, André; MORAES, Salus. *Tratado de parcerias público-privadas*: teoria e prática. Rio de Janeiro: CEEJ, 2019. v. 5. p. 314-323.

a Resolução ANTT nº 5.860/2019, em identificar parâmetros e critérios mais ou menos objetivos, que permitam identificar tal essencialidade.

Nesse aspecto, no que se refere aos *softwares* eventualmente utilizados na prestação do serviço pelo concessionário *sainte*, a Resolução Anac nº 533/2019 contém norma expressa, em seu art. 2º, §2º, prevendo que quando forem de propriedade de terceiros, "o antigo operador deverá assegurar a plena operação e manutenção por um prazo de pelo menos 120 (cento e vinte) dias após a transferência das atividades ao novo operador do aeroporto". Inicialmente, se poderia cogitar de que a resolução estivesse a exigir algum tipo de sucessão contratual que deveria ser assegurada pelo concessionário *sainte* ao entrante, que durasse ao menos 120 dias. Mas não parece ser esse o objeto da norma, já que em sua parte final estabelece a necessidade de resguardar "o direito de indenização do antigo operador em relação aos custos incrementais". Cria-se, então, uma situação curiosa em que não há propriamente a reversão dos direitos contratuais do concessionário *sainte*, mas sim a sua obrigação de manter, em seu próprio nome, a contratação com o fornecedor por, pelo menos, 120 dias após o encerramento do contrato de concessão, tendo o direito de ser indenizado, pelo novo concessionário, dos custos que vier a incorrer. Não parece ser essa a solução ideal, especialmente em razão do potencial de conflitos que podem surgir quando o fornecedor contratado e remunerado pelo antigo concessionário passar a prestar serviços ao novo, com quem não terá vínculo contratual. A reversão dos direitos contratuais parece ser a medida ideal em casos como esse.

3.2.2 Indenização de bens reversíveis ao final do prazo dos contratos de concessão ou permissão de serviço público

3.2.2.1 Investimentos não amortizados e desequilíbrio contratual

Como se sabe – e já se abordou anteriormente –, no Brasil, os contratos de concessão de serviço público têm, em geral, o seu equilíbrio econômico-financeiro assegurado.[610] Isso não significa que sua equação

---

[610] Como se viu anteriormente, há casos específicos de serviços públicos nos quais o Poder Concedente não se compromete com uma equação econômico-financeira do contrato, por não assegurar ao concessionário uma fonte de receita, nem dele exigir níveis de investimentos determinados. É esse o caso, por exemplo, dos serviços de radiodifusão sonora e

econômico-financeira deva, necessariamente, prever a integral amortização de todos os investimentos realizados ao longo da concessão. Nada impede, como se sustentou anteriormente, no tópico 1.4.1, que o modelo contratual estabelecido preveja, ao final do prazo estabelecido, a necessidade de serem indenizados investimentos não amortizados. Não é essa, no entanto, a prática corrente. No Brasil, a regra é a premissa contratual da integral amortização dos investimentos realizados pelo concessionário durante o prazo estipulado. É o que se extrai, por exemplo, da doutrina de Celso Antônio Bandeira de Mello:[611]

> Em geral são outorgadas por prazo longo as concessões em que os bens aplicados ao serviço devem, ao final, integrar-se no patrimônio público mediante reversão. Assim se faz para que os concessionários amortizem

---

de sons e imagens, no qual sequer há cobrança de tarifa dos usuários e dos serviços de transporte público aéreo, cujas tarifas e investimentos são livremente decididos pelo concessionário. Nesses casos, excepcionalmente, a qualificação das atividades como serviço público atendem apenas à necessidade de adoção de uma regulação de performance, mais intensa e com algum tipo de derrogação do princípio da livre iniciativa. Não atende, no entanto, à finalidade de assegurar a intangibilidade de uma equação econômico-financeira que proteja o investimento privado, pois essa equação sequer chega a se formar.

[611] BANDEIRA DE MELLO, Celso Antônio. Reversão dos bens na concessão. *Revista Trimestral de Direito Público*, São Paulo, 1994. p. 10. Pode-se referir, ainda, às seguintes considerações de variados autores: "A reversão não se faz gratuitamente. Como regra, o valor dos bens reversíveis é amortizado no curso do prazo da concessão. As tarifas são fixadas em valor que permita não apenas remunerar o concessionário pelo custo operacional do serviço mas por todas as despesas necessárias. Mais ainda, as tarifas deverão ser calculadas de modo a amortizar o valor dos bens empregados pelo particular e que serão ou consumidos na prestação do serviço ou integrados no domínio público ao final do prazo. Também sob esse ângulo é relevante a identificação prévia dos bens reversíveis: somente assim será possível determinar o valor dos bens e fixar tarifas aptas a propiciar a amortização de seu valor. Deverá examinar-se a situação concreta dos bens, tomando em vista, inclusive, o inventário e registro de bens mantido pelo concessionário (art. 31, inc. II). Como é lógico, a perspectiva de indenização é muito maior quando a extinção da concessão der-se antes do término do prazo originalmente previsto para a concessão" (JUSTEN FILHO, Marçal. *Teoria geral das concessões de serviço público*. São Paulo: Dialética, 2003. p. 570); "Também em princípio, por ocasião do término do prazo contratual todos os investimentos deverão ter sido amortizados e o Plano de Negócios cumprido nos termos em que foi pactuado" (AMARAL, Antônio Carlos Cintra do. *Concessão de serviços públicos*: novas tendências. São Paulo: Quartier Latin, 2012. p. 25); "[...] executado o contrato nas bases originais, o consectário lógico é que ao final do prazo os investimentos tenham sido amortizados" (GARCIA, Flávio Amaral. *Concessões, parcerias e regulação*. São Paulo: Malheiros, 2019. p. 226); "Ao final do prazo da concessão, presume-se que a concessionária recuperou todos os custos (lato sensu) e, ainda, obteve o lucro justo: a tarifa é calculada para esse fim" (GUIMARÃES, Felipe Montenegro Viviani. *Prorrogação por interesse público das concessões de serviço público*. São Paulo: Quartier Latin, 2018); "Teoricamente, findo o contrato, não deveria haver compensação ainda a ser feita" (SENNA, Laís Ribeiro de. *Alteração de prazo dos contratos de concessão de serviços públicos como forma de recomposição de seu equilíbrio econômico-financeiro*. 2018. Dissertação (Mestrado em Direito Administrativo) – Pontifícia Universidade Católica de São Paulo – PUC-SP, São Paulo, 2018. p. 63).

os investimentos efetuados, isto é, paguem-se destes dispêndios, ressarcindo-se através das próprias tarifas cobradas dos usuários, pela adscrição de uma parcela delas a tal finalidade. Destarte, ao expirar-se a concessão por decurso de prazo, o Poder Público não incorrerá em desembolsos para assenhorar-se do acervo.
[...] Segue-se que o prazo de tais concessões, conforme dito, haverá de ser longo. Então, graças à amplitude dele, adrede estabelecida para atender ao citado objetivo, presume-se que, ao se expirar normalmente o prazo fixado, já terá havido, salvo prova em contrário, amortização do capital invertido pelo concessionário. Por esta razão, admite-se, em princípio, que os bens aplicados ao serviço revertem ao concedente sem ônus para ele.

No entanto, há norma legal específica, no art. 36 da Lei nº 8.987/95, que cria para o concessionário *sainte* o direito subjetivo de ser indenizado "das parcelas dos investimentos vinculados a bens reversíveis, ainda não amortizados ou depreciados, que tenham sido realizados com o objetivo de garantir a continuidade e atualidade do serviço concedido". Não é de se supor que o legislador estivesse se referindo aos casos em que o próprio contrato prevê investimentos não amortizados em seu termo final. Tanto assim, que inseriu a referência àqueles investimentos necessários para garantir a continuidade e atualidade do serviço.

De se questionar, então, a razão pela qual – apesar de haver um reconhecimento unânime de que a regra, quando não haja previsão contratual expressa em contrário, é a amortização integral dos investimentos durante a duração do contrato – a disposição do art. 36 da lei de concessões é recebida com naturalidade no Brasil. A esse respeito, é preciso reconhecer que, por se tratar de contratos de longo prazo e necessariamente incompletos, é normal que, ao longo da execução dos contratos de concessão de serviços públicos, surjam imprevistos e a realidade apresente fatores de desequilíbrio, exija investimentos não previstos, ou seja, impeça a concretização do ideal de amortização integral, contratualmente estabelecido. Nesses casos – que, deve-se reconhecer, não são pouco frequentes – é que se impõe, segundo a maior parte da doutrina, a indenização devida ao concessionário no final da concessão, a qual deveria ser calculada pela parcela não amortizada dos bens que reverterão ao Poder Concedente. Essa ideia é bem exposta por Bernardo Strobel Guimarães:[612]

---

[612] GUIMARÃES, Bernardo Strobel. O prazo nas concessões e as normas que estipulam vigência máxima do vínculo: algumas inquietações. In: MOREIRA, Egon Bockmann

Em termos teóricos, ao final do prazo do contrato, todo investimento realizado será devidamente remunerado pelo fluxo de caixa do empreendimento. Assim, no instante final da vida do vínculo, todo dinheiro investido retornou para o investidor, assim como ele realizou o lucro projetado, encerrando-se naturalmente a relação, sem que nenhuma das partes nela envolvidas tenha ainda expectativas em aberto.

Essa relação multifacetada é que se usa chamar de equilíbrio econômico-financeiro do contrato de natureza concessionária. Cuida-se, portanto, de um cenário ideal projetado pelas partes que será testado contra o contexto fático. O problema é que, como todo cenário, ele sempre será desmentido pela realidade. A pretensão de dar conta de todas as vicissitudes do futuro é típica de um racionalismo que não se coaduna com a complexidade da realidade. Daí a necessidade de os contratos de concessão serem maleáveis, de modo a permitir sua correta aderência às vicissitudes do "mundo do ser".

Há, no entanto, algumas ponderações a serem feitas em relação a essa ideia tão difundida. Inicialmente, é preciso ter em conta que a amortização integral dos investimentos, quando prevista, é uma prescrição contratual idealizada. O fato de o modelo contratual basear-se em uma lógica de amortização integral não deve significar uma garantia oferecida pelo poder público ao concessionário de que, em qualquer caso, seus investimentos serão necessariamente amortizados, independentemente das razões pelas quais isso não se tenha demonstrado possível ao longo da execução do contrato, no prazo acordado. Como se sabe, os contratos de concessão são executados por conta e risco do concessionário. E há uma série de eventos que podem levar, inclusive, a que o investidor amargue prejuízos. Não existe garantia de lucro, nem sequer de completa amortização dos investimentos.[613] Na União

---

(Coord.). *Contratos administrativos, equilíbrio econômico-financeiro e a taxa interna de retorno.* Belo Horizonte: Fórum, 2016. p. 48. No mesmo sentido: OLIVEIRA, Rafael Carvalho Rezende. Extinção dos contratos de parcerias público-privadas (PPPs). *Revista Brasileira de Direito Público – RBDP*, Belo Horizonte, ano 17, n. 66, p. 87-111, jul./set. 2019. p. 107.

[613] "O risco da insuficiência de prazo para recuperar e recompensar o investimento inicialmente definido corre tipicamente por conta do concessionário. A genuína concessão não garante, à partida, a gestão financeiramente sustentada da empresa concessionária, nem muito menos a obtenção de um lucro" (TORGAL, Lino. Prorrogação do prazo de concessões de obras e de serviços públicos. *Revista de Contratos Públicos*, Coimbra, v. 1, p. 219-263, jan./abr. 2011. p. 237). Flávio Amaral também destaca que "Ao final do prazo de um contrato de infraestrutura duradouro não há um direito subjetivo por parte do operador econômico a uma lucratividade certa, determinada ou, mesmo, garantida ou compulsoriamente assegurável pelo Poder Público" (GARCIA, Flávio Amaral. *Concessões, parcerias e regulação.* São Paulo: Malheiros, 2019. p. 220). Para Guglielmi, "Toutes les activités marchandes comportent un risque financier, celui que les revenues de l'activité ne couvrent pas ses coûts. Celles qui relèvent du service public n'y font pas exception, d'autant plus qu'il faut,

Europeia, a Diretiva 2014/23[614] tratou expressamente do tema, em seu considerando nº 18:

> A principal característica de uma concessão, ou seja, o direito de explorar obras ou serviços, implica sempre a transferência para o concessionário de um risco de exploração de caráter económico associado à possibilidade de não recuperar todos os investimentos efetuados nem as despesas suportadas com a exploração das obras ou dos serviços adjudicados em condições de exploração normais, mesmo se uma parte do risco fica a cargo da autoridade adjudicantes ou entidade adjudicante. A aplicação de regras específicas que rejam a adjudicação de concessões não se justificaria se a autoridade ou entidade adjudicante isentasse o operador económico de quaisquer perdas potenciais, garantindo uma receita mínima igual ou superior aos investimentos efetuados e às despesas que este tem de suportar no âmbito da execução do contrato

O item 1 do artigo 5º da referida diretiva veicula prescrição normativa exatamente no sentido de que os países adotem em seus ordenamentos jurídicos internos um regime jurídico que assegure, nos casos de concessão da atividade, a efetiva transferência de riscos aos concessionários:

> A adjudicação de uma concessão de obras ou de serviços envolve a transferência para o concessionário de um risco de exploração dessas obras ou serviços que se traduz num risco ligado à procura ou à oferta, ou a ambos. Considera-se que o concessionário assume o risco de exploração quando, em condições normais de exploração, não há garantia de que recupere os investimentos efetuados ou as despesas suportadas no âmbito da exploração das obras ou dos serviços que são objeto da concessão. A parte do risco transferido para o concessionário envolve uma exposição real à imprevisibilidade do mercado, o que implica que quaisquer perdas potenciais incorridas pelo concessionário não sejam meramente nominais ou insignificantes.

à l'intérieure des coûts, inclure la rémunération du délégataire. [...] dans un contrat de délégation de service public l'acceptation des risques de l'activité et l'autonomie sont des conditions nécessaires à la réalisation de l'objet du contrat, qui est de transférer la gestion des activités de service public à une tierce personne. C'est en ce sens que la jurisprudence a conféré au risque le rôle d'indicateur du caractère substantiel de la rémunération assise sur les résultats d'exploitation" (GUGLIELMI, Gilles J. et alli. *Droit du service public*. 4. ed. Issy-les-Moulineaux: LGDJ, 2016. p. 687-688).

[614] UNIÃO EUROPEIA. Legislação. Parlamento Europeu e Conselho. *Diretiva 2014/23/UE, de 26 de fevereiro de 2014 e publicada no Jornal Oficial da União Europeia, L 94/1, de 28 de março de 2014*. Relativa à adjudicação de contratos de concessão. Disponível em: https://eur-lex.europa.eu/legal-content/PT/TXT/HTML/?uri=CELEX:32014L0023&from=pt. Acesso em: 10 jul. 2019.

O Código dos Contratos Públicos, de Portugal,[615] possui disposição expressa nesse sentido, em seu art. 413:

> Artigo 413.º Partilha de riscos
> 1 - O contrato deve implicar uma significativa e efetiva transferência para o concessionário do risco de exploração dessas obras ou serviços, que se traduz no risco ligado à procura ou à oferta, ou a ambos.
> 2 - Para efeitos do disposto no número anterior, considera-se que o concessionário assume o risco de exploração quando:
> a) Em condições normais de exploração, não há garantia de que recupere os investimentos efetuados ou as despesas suportadas no âmbito da exploração das obras ou dos serviços que são objeto da concessão; ou
> b) A parte do risco transferido para o concessionário envolve uma exposição real à imprevisibilidade do mercado, o que implica que quaisquer perdas potenciais por ele incorridas não sejam meramente nominais ou insignificantes

Na França, esse conceito também está expresso na legislação, em diversas normas, como o art. 5º da lei relativa aos contratos de concessão,[616] art. L. 1.411-1 do Código geral das coletividades territoriais e art. L. 1.121-1 do Código de compras públicas,[617] cujas redações são idênticas e exigem que o risco transferido ao concessionário implique uma exposição real às áleas do negócio, não sendo assegurada a amortização dos seus investimentos ao concessionário, que deve assumir o risco do negócio:

> A parcela de risco transferida ao concessionário implica em uma real exposição à álea de mercado, de modo que toda e qualquer perda potencial suportada pelo concessionário não deve ser puramente teórica ou insignificante. O concessionário assume o risco da operação de

---

[615] PORTUGAL. Legislação. *Decreto-Lei nº 18/2008, de 29 de janeiro de 2008.* Código dos contratos públicos. Disponível em: http://www.base.gov.pt/mediaRep/inci/files/ccp2018/CCP-DL_111-B.pdf. Acesso em: 8 jun. 2019.

[616] "La part de risque transférée au concessionnaire implique une réelle exposition aux aléas du marché, de sorte que toute perte potentielle supportée par le concessionnaire ne doit pas être purement théorique ou négligeable. Le concessionnaire assume le risque d'exploitation lorsque, dans des conditions d'exploitation normales, il n'est pas assuré d'amortir les investissements ou les coûts, liés à l'exploitation de l'ouvrage ou du service, qu'il a supportés" (FRANÇA. Legislação. *Lei nº 2016-65, de 29 de janeiro de 2016.* Relative aux contrats de concession. Disponível em: https://www.legifrance.gouv.fr/affichTexte.do?cidTexte=JORFTEX000031939947&categorieLien=cid. Acesso em: 18 nov. 2019).

[617] FRANÇA. Legislação. *Lei nº 2018-1074, de 26 de novembro de 2018.* Code de la comande publique. Disponível em: https://www.legifrance.gouv.fr/affichTexte.do?cidTexte=JORFTEXT000037695219&. Acesso em: 18 nov. 2019.

modo que, em condições normais de operação, não tem assegurada a amortização dos investimentos nem dos custos associados à operação da infraestrutura ou serviço, que lhe coube implantar.

Verifica-se, assim, claramente, a preocupação existente na União Europeia em assegurar que o concessionário, de fato, assuma parte significativa do risco do empreendimento, de modo a que a concessão não se confunda com um contrato ordinário de prestação de serviços, travestido de contrato de concessão de serviço público. Do mesmo modo, não se pode simplesmente admitir que todos os riscos envolvidos no desempenho da atividade sejam suportados pelo concessionário. O ideal é que o contrato seja elaborado com uma matriz adequada e equilibrada de distribuição dos riscos.[618] A partir dessa matriz e das condições contratuais estabelecidas pelo Poder Concedente – ao modelar a concessão e redigir a minuta do contrato – e pelo concessionário – ao oferecer a sua proposta –, é que será fixada a equação econômico-financeira, a qual deve ser respeitada ao longo de toda a execução do contrato. Espera-se, no plano ideal, que essa equação seja suficiente para que se chegue ao final do período concessional com os investimentos amortizados e um lucro apurado em benefício daqueles que investiram para a prestação do serviço público.

Antes de mais nada, portanto, é preciso compreender o alcance do significado da expressão "por conta e risco".[619] Assim, se a proposta

---

[618] "O que defendemos, nesse sentido, é que 'por conta e risco' não importa em transferência ao concessionário de todos os riscos inerentes ao empreendimento. Importa, sim, transferência ao concessionário dos riscos que o contrato indicar. Melhor dizendo, são por conta e risco do concessionário aqueles riscos que o contrato, expressa ou implicitamente, lhe transferir" (PEREZ, Marcos Augusto. *O risco no contrato de concessão de serviço público*. Belo Horizonte: Fórum, 2006. p. 130).

[619] Para Rafael Fernández Acevedo, "[...] para que se considere que el concesionario asume el riesgo operacional es preciso que, en condiciones normales de funcionamiento, no esté garantizado que vaya a recuperar las inversiones realizadas ni a cubrir los costes contraídos con ocasión de la explotación de las obras o los servicios objeto de la concesión. A su vez, la parte de los riesgos transferidos al concesionario debe suponer una exposición real a las incertidumbres del mercado que implique que cualquier pérdida potencial estimada en que incurra no es meramente nominal o desdeñable. Falta de garantía de recuperación de inversiones y costes y exposición real a las incertidumbres del mercado son los criterios que deben presidir el análisis de los riesgos transferidos en cada contrato al objeto de determinar si cumple o no el requisito de implicar la transferencia al contratista de un riesgo operacional en la explotación, es decir, si cabe o no calificar el contrato de concesión con todas las implicaciones de régimen jurídico que dicha calificación conlleva" (FERNÁNDEZ ACEVEDO, Rafael. Mantenimiento del equilíbrio económico y responsabillidad patrimonial como técnicas de moderación del riesgo concesional. *In*: MOREIRA, Egon Bockmann (Coord.). *Contratos administrativos, equilíbrio econômico-financeiro e a taxa interna de retorno*. Belo Horizonte: Fórum, 2016. p. 258).

apresentada pelo licitante vencedor, que se tornou concessionário, foi mal elaborada, excessivamente agressiva ou baseada em premissas mal projetadas pelo investidor e que acabaram não se realizando, não cabe ao Poder Concedente corrigir os erros por ele cometidos, devendo o concessionário arcar com as consequências de suas escolhas erradas. O mesmo se diga quando às ineficiências técnicas ou administrativas que impeçam a performance econômica projetada pelas empresas.[620]

Por essas razões, nos países que se utilizam da regulação contratual dos serviços públicos e adotam o regime dos contratos de concessão, não costuma haver previsão legal ou contratual de indenização de bens não amortizados ao final do contrato. Nesses casos, o concessionário-investidor está protegido pela equação econômico-financeira do contrato que firmou com o Poder Concedente, da qual o prazo é um dos elementos. Deste modo, adotando-se a premissa de integral amortização dos investimentos ao longo da duração do contrato, não há razão para manter uma previsão de indenização devida ao concessionário quando o contrato se encerra pelo decurso do prazo. Tal previsão costuma existir apenas para aqueles casos em que o contrato venha a ser extinto antes do decurso completo do prazo originalmente ajustado.[621]

---

[620] "Os riscos que o concessionário deve suportar sozinho abrangem, além dos prejuízos que lhe resultem por atuar canhestramente, com ineficiência ou imperícia, aqueloutros derivados de eventual estimativa inexata quanto à captação ou manutenção da clientela de possíveis usuários, bem como, no caso de fontes alternativas de receita, os que advenham de uma frustrada expectativa no que concerne aos proveitos extraíveis de tais negócios. É dizer: não lhe caberia alimentar a pretensão de eximir-se aos riscos que todo empresário corre ao arrojar-se em empreendimentos econômicos, pois seu amparo não pode ir além do resguardo, já de si peculiar, conferido pelas proteções anteriormente mencionadas e cuja existência só é justificável por estar em causa vínculo no qual se substancia um interesse público" (BANDEIRA DE MELLO, Celso Antônio. *Curso de direito administrativo*. 36. ed. Belo Horizonte: Fórum, 2023. p. 672).

[621] Pode-se referir, a esse respeito, exemplificativamente ao art. 56 da Lei nº 65/2016, da França, que trata dos contratos de concessão e prevê a obrigação de indenização apenas nos casos "d'annulation, de résolution ou de résiliation", não havendo nenhuma referência à extinção por decurso de prazo no capítulo destinado às "modalités particulières d'indemnisation du concessionnaire" (FRANÇA. Legislação. *Lei nº 2016-65, de 29 de janeiro de 2016*. Relative aux contrats de concession. Disponível em: https://www.legifrance.gouv.fr/affichTexte.do?cidTexte=JORFTEXT000031939947&categorieLien=cid. Acesso em: 18 nov. 2019). O Código dos Contratos Públicos de Portugal tem disposição expressa no seu art. 425, número 3, no sentido de que "revertem gratuitamente para o concedente todos os seus bens que integram o estabelecimento da concessão" (PORTUGAL. Legislação. *Decreto-Lei nº 18/2008, de 29 de janeiro de 2008*. Código dos contratos públicos. Disponível em: http://www.base.gov.pt/mediaRep/inci/files/ccp2018/CCP-DL_111-B.pdf. Acesso em: 8 jun. 2019). Já a *Ley* 9/2017 da Espanha, que trata dos contratos do setor público, estabelece no art. 286 as causas de resolução dos contratos de concessão, sempre relacionadas à extinção prematura do vínculo contratual e, no art. 288, ao tratar dos efeitos da resolução, inclui a indenização ao concessionário por investimentos não amortizados, distinguindo os casos

É preciso reconhecer, no entanto, que a doutrina tem razão quando afirma que contratos de longo de prazo, como os contratos de concessão, estão sujeitos a uma série de eventos imprevistos que podem desequilibrar a sua equação econômico-financeira, razão pela qual devem conter mecanismos que permitam a correção das imperfeições que vão surgindo na medida em que incidem fatores de desequilíbrio. O próprio direito francês, que tradicionalmente reconhece a possibilidade de indenização apenas dos bens de retomada (*biens de reprise*), úteis, mas não essenciais para a continuidade do serviço, tem temperado esse entendimento em relação aos bens reversíveis, podendo-se referir à recente decisão do Conselho de Estado que reconheceu que a gratuidade da reversão, expressamente prevista em lei, deve estar sujeita à condição de que os investimentos realizados pelo concessionário tenham efetivamente sido integralmente amortizados.[622]

Ocorre que, nesses casos, na verdade, estar-se-á diante de um quadro de desequilíbrio contratual. *Mantido o equilíbrio do contrato, não haverá razão para a existência de investimentos não amortizados ao final do prazo originalmente pactuado.* Ao menos, não haverá razões oponíveis ao Poder Concedente, devendo, em princípio, ser a defasagem de recursos assumida pelo próprio concessionário, que executou o contrato por sua conta e risco. Assim, é preciso considerar que os casos que impõem uma indenização ao concessionário no momento do encerramento do prazo originalmente pactuado são aqueles em que houve um desequilíbrio em seu desfavor.[623] Como dificilmente, algum evento contemporâneo

---

em que haja causa imputável à Administração de outros, em que não foi a Administração que deu causa à resolução contratual. Não há, no entanto, nenhuma disposição relacionada à extinção do contrato pelo decurso de prazo (ESPANHA. Legislação. *Ley 9/2017, de 8 de novembro de 2017*. Ley de Contratos del Sector Público. Disponível em: https://www.boe.es/buscar/pdf/2017/BOE-A-2017-12902-consolidado.pdf. Acesso em: 18 nov. 2019).

[622] Essa é a constatação de Nathalie Vinci, após análise da jurisprudência recente do Conselho de Estado, com especial referência aos casos CE, Avis, 19 avril 2005, nº 371234 e *CE, 4 juillet 2012, Cté d'agglomération de Chartres Métropole (CACM), Veolia eau – Compagnie générale des eaux, nº 352417* (VINCI, Nathalie. *Mettre fin à une délégation de service public*. Voiron: Territorial, 2014. p. 40).

[623] Os fatores de desequilíbrio podem ser de variadas naturezas. Até mesmo a introdução da concorrência pode desequilibrar um contrato de concessão de serviço, como lembra Stéphane Braconnier: "Lorsque le service est ouvert à la concurrence, en revanche, le tarif ne permet pas toujours d'amortir les biens sur la durée du contrat. Une clause d'indemnisation, égale à l'importance des capitaux investis par le délégataire et non encore amortis, peut alors être prévue au contrat. Une telle indemnisation ne doit en aucun cas dépasser la valeur non amortie du bien" (BRACONNIER, Stéphane. *Droit des services publics*. 2. ed. Paris: PUF, 2007. p. 385). Nesse sentido, deve-se asseverar que há casos em que o serviço público é prestado em ambiente competitivo, sem que o Poder Concedente se comprometa com uma equação econômico-financeira, já que não interfere na fixação de tarifas, nem impõe investimentos, como ocorre nos casos já examinados do transporte

ao momento de sua extinção terá o condão de desequilibrá-lo, é preciso considerar que tal desequilíbrio foi causado por algum ou alguns fatores – cujo risco não foi atribuído ao concessionário –, os quais, em regra, serão antecedentes ao momento do encerramento do contrato. Assim, o ideal é que esse desequilíbrio de sua equação econômico-financeira já esteja sendo discutido desde o seu aparecimento, inclusive em razão do que dispõe o art. 9º, §4º da Lei nº 8.987/95, quando exige que a restauração do equilíbrio econômico-financeiro se dê concomitantemente ao evento que gere o desequilíbrio.

Para Floriano Azevedo Marques, essa concomitância exigida pela lei decorre de que "[...] se apercebeu o legislador de que, nas complexas modelagens do contrato de concessão, mormente a partir da introdução dos referidos *project finance*, de nada servirá recompor o equilíbrio ao final do contrato, pois até lá poderá já estar inviabilizado todo o projeto".[624] Segundo Alexandre Aragão, "o ato do Estado que, alterando o contrato, onerar ou desonerar o concessionário, deve conter, em si próprio ou em ato paralelo emitido na mesma oportunidade, a forma de recomposição da equação econômico-financeira inicial".[625] Mariana Dall'Agnol Canto e Rafaella Guzela observam que "não se pode, portanto, cogitar de um desequilíbrio com posterior medida para reequilibra-lo" e que "está agindo de maneira inconstitucional e ilegal o ente da Administração que se olvida de promover as medidas necessárias para que os contratos [...] permaneçam equilibrados".[626]

---

público aéreo e da radiodifusão de sons e sons e imagens. Nesse caso, inexistindo equação econômico-financeira, inexistirá, por óbvio, obrigação quanto à sua manutenção. Há outros casos, no entanto, como o do serviço telefônico fixo comutado – STFC, regulado pela Lei nº 9.472/97, em que, apesar de haver liberdade tarifária (nos termos do seu art. 104), assim como concorrência, inclusive com assimetria regulatória, com empresas que não se submetem ao regime jurídico dos serviços públicos (segundo o disposto no art. 66), o poder público mantém exigências de investimento que assegurem a manutenção, continuidade e universalização do serviço, na forma dos arts. 79 e seguintes, exigindo, ainda, a reversão de bens (art. 101). Em casos como esse é que a concorrência – ainda mais com regimes regulatórios assimétricos – pode acabar se apresentando como um fator de desequilíbrio contratual, impondo a revisão das condições do contrato para permitir a amortização dos investimentos a serem impostos ao concessionário, ou o pagamento de uma indenização ao final do contrato.

[624] MARQUES NETO, Floriano de Azevedo. Breves considerações sobre o equilíbrio econômico-financeiro nas concessões. *Revista de Informação Legislativa*, v. 159, p. 193-197, 2003. p. 196.

[625] ARAGÃO, Alexandre Santos de. A evolução da proteção do equilíbrio econômico-financeiro nas concessões de serviços públicos e nas PPPs. *Revista de Direito Administrativo – RDA*, Rio de Janeiro, v. 263, p. 35-66, maio/ago. 2013. p. 45.

[626] CANTO, Mariana Dall'Agnol; GUZELA, Rafaella Peçanha. Prorrogações contratuais em contratos de concessão. *In*: MOREIRA, Egon Bockmann (Coord.). *Contratos administrativos, equilíbrio econômico-financeiro e a taxa interna de retorno*. Belo Horizonte: Fórum, 2016. p. 208.

Os contratos de concessão de serviço público, como já se viu, são mutáveis e possuem mecanismos de revisão contratual com o objetivo de recobrar o seu equilíbrio econômico-financeiro quando ele se perde. Deste modo, fatores de desequilíbrio contratual – que não sejam decorrentes de riscos assumidos pelo próprio concessionário – devem ser objeto de revisão contratual com a finalidade de reequilibrar a equação econômico-financeira, o que deve ocorrer de modo imediato. Deve-se reconhecer, no entanto, que são pertinentes as observações de Laís Senna, no sentido de que, apesar de ser almejada, a concomitância entre os fatores de desequilíbrio e as medidas corretivas nem sempre é possível na prática e, ao final da execução, pode ainda restar valor a ser compensado.[627] Com o encerramento do contrato, constatado, de fato, o desequilíbrio, uma indenização será devida.

É importante observar, contudo, que embora as medidas corretivas possam, no momento do termo final do contrato, não ter sido integralmente concluídas, é necessário que o desequilíbrio já tenha sido previamente apontado pelo concessionário. A solução final pode ainda estar sendo negociada entre as partes ou pode ser objeto de algum litígio, por exemplo. O que não se admite é que, no momento do encerramento contratual, o concessionário venha apontar desequilíbrios pretéritos jamais indicados anteriormente ou, ainda pior, pretenda apenas demonstrar uma defasagem de amortização dos seus investimentos, sem apontar nenhum fator específico de desequilíbrio, que justifique a responsabilidade do Poder Concedente em corrigi-la. O simples fato de não ter obtido a amortização integral não pode ser visto, em hipótese nenhuma, como uma razão, em si, para que uma indenização seja devida, já que a concessão é explorada por conta e risco do concessionário, que está, como em toda atividade empresarial, sujeito a sofrer prejuízos.

Pode-se alegar que, ao longo da execução do contrato, o acúmulo de diversos pequenos fatores de desequilíbrio, insuficientes cada um deles para justificar uma revisão contratual, tenham produzido um efeito acumulado suficiente para causar, ao final, um desequilíbrio. Em princípio, para resolver problemas deste tipo, grande parte dos contratos mais recentes têm previsto *revisões ordinárias periódicas* – normalmente revisões quinquenais – nas quais, independentemente de fatores de desequilíbrio agudo – tratados por revisões extraordinárias

---

[627] SENNA, Laís Ribeiro de. *Alteração de prazo dos contratos de concessão de serviços públicos como forma de recomposição de seu equilíbrio econômico-financeiro*. 2018. Dissertação (Mestrado em Direito Administrativo) – Pontifícia Universidade Católica de São Paulo – PUC-SP, São Paulo, 2018. p. 63.

específicas –, procede-se a uma avaliação profunda das condições do contrato, revisitando toda a planilha de custos e receitas, para ajustar eventuais efeitos acumulados de fatores de menor importância que tenham passado despercebidos.

Considerando-se que o contrato não disponha de mecanismos deste tipo, ou que não tenham sido, ainda assim, capazes de corrigir o desequilíbrio, haverá, na verdade, a necessidade de proceder a uma *revisão contratual de encerramento*. A esse respeito, insista-se que não se espera, no momento de encerramento do contrato, que sejam levantados fatores desequilibradores antigos, mas nunca antes aventados pelo concessionário. Muito menos que se pretenda simplesmente uma complementação da amortização faltante carente de fundamento jurídico. Se, ao final da concessão, a Administração Pública estivesse sempre obrigada a assegurar a completa amortização dos investimentos realizados pelo concessionário, qualquer que fosse a sua causa, isso significaria isentá-lo inteiramente de qualquer risco pelo exercício da atividade empresarial, o que não se coaduna com a natureza das concessões.

Uma revisão contratual de encerramento poderá ser necessária para tratar das questões pendentes que, já tendo sido identificadas, ainda não tenham tido ainda uma solução adequada e definitiva. Não se tratará, necessariamente, de indenizar parcela de bens reversíveis não amortizados. Mesmo porque, ainda que os bens a serem revertidos estejam integralmente amortizados, pode haver investimentos de outras naturezas, como aqueles realizados nas atividades de operação e manutenção, por exemplo, que não se tenha podido remunerar em decorrência de fatores de desequilíbrio. Não haverá nenhuma razão que permita negar a revisão contratual nesses casos, apenas porque os investimentos considerados não se destinaram à aquisição de bens reversíveis. Não há dúvida de que, na exata dicção do art. 36 da Lei nº 8.987/95, no advento do termo contratual, deverá ocorrer a "indenização das parcelas dos investimentos vinculados a bens reversíveis, ainda não amortizados ou depreciados". No entanto, tal previsão não parece suficiente para cumprir o comando constitucional que protege o equilíbrio econômico-financeiro do contrato de concessão. Mais adequado, portanto, é referir à indenização – não apenas dos bens – mas dos investimentos não amortizados.[628] Desde que se constate um desequilíbrio, o contrato deverá ser encerrado de modo equilibrado.

---

[628] A mesma opinião é expressada por Maurício Portugal, ao comentar as recentes regras editadas pela ANTT e Anac para a avaliação dos bens reversíveis para fins de indenização quando do encerramento antecipado da concessão: "a) Elas supõem que a indenização é do valor dos bens e não do valor dos investimentos. Focam-se, por isso, em estabelecer

3.2.2.2 A origem da indenização de investimentos não amortizados

Como se sabe, ao tratar da extinção dos contratos de concessão, a legislação faz expressa referência à necessidade de que sejam indenizados os "investimentos vinculados a bens reversíveis, ainda não amortizados ou depreciados". No entanto, como vimos acima – especialmente no que se refere à extinção pelo decurso de prazo daqueles contratos cuja premissa é a integral amortização dos investimentos durante a sua duração –, só haverá indenização devida caso se tenha verificado algum fator de desequilíbrio apto a afetar a equação econômico-financeira do contrato. Nesse caso, em princípio, não se vislumbram razões pelas quais apenas os investimentos "vinculados a bens reversíveis" devam ser indenizados, já que todos os investimentos exigidos do concessionário fazem parte da equação contratual. Uma vez desequilibrada, todos esses investimentos deverão ser considerados.

Essa tradição do direito brasileiro de vincular a indenização apenas aos investimentos não amortizados que estejam relacionados com os bens reversíveis provavelmente se explica pela influência exercida pelo direito norte-americano, já que os países que adotam o modelo de concessões geralmente não preveem regras de indenização nesses casos, exatamente por considerarem que, ou a amortização integral é uma premissa do contrato, não sendo devida qualquer indenização ao final do seu prazo; ou, em caso contrário, a indenização será disciplinada pelas próprias cláusulas contratuais.

o valor de aquisição, as regras de depreciação (e não de amortização) desses bens. O problema é que feito o desembolso que caracteriza o investimento, o valor dos bens só cai, por depreciação física. Por outro lado, os compromissos firmados (com financiadores e acionistas) para a viabilização do investimento crescem à medida que o tempo passa. Por isso, que uma regra de indenização adequada, que tivesse por objetivo manter indene o concessionário no ato de extinção do contrato, deveria centrar atenção em indenizar o valor do investimento e tratá-lo no tempo considerando os compromissos assumidos para a sua viabilização. [...] b) Outra consequência dessa visão de que a indenização é sobre bens e não sobre os investimentos é a atribuição aleatória, ou por cópia de regras fiscais (criadas para finalidades diversas do cálculo da indenização) de prazo de vida útil de bens para efeito do cálculo da depreciação; [...] d) Como a indenização é dos investimentos e não dos bens, descabe ao poder concedente abrir discussões sobre o 'valor justo' da aquisição dos bens, pois não há suporte legal para isso. A presunção nesse caso é que os interesses do concessionário e do poder concedente estão alinhados em relação à aquisição de bens. Quanto mais eficiente a aquisição dos bens, maior a rentabilidade do projeto para a concessionária" (RIBEIRO, Maurício Portugal. iNFRADebate: ANTT, Crivella e Requião – regra sobre indenização aprovada pela ANTT ajuda populistas a estatizar concessões. *Agenciainfra.com*, Brasília, 13 jan. 2020. Disponível em: http://www.agenciainfra.com/blog/infradebate-antt-crivella-e-requiao-regra-sobre-indenizacao-aprovada-pela-antt-ajuda-populistas-a-estatizar-concessoes. Acesso em: 15 jan. 2020).

Uma das principais distinções entre o modelo de regulação contratual dos serviços públicos e o modelo de regulação baseado apenas no poder de polícia, como se viu, é que, quando há contrato, as partes se comprometem em manter intangível uma equação econômico-financeira, estipulada no momento em que o contrato é firmado, sendo o prazo um dos seus elementos essenciais. Foi exatamente esse aspecto que gerou um dos principais problemas que precisou ser enfrentado nos Estados Unidos quando, no início do século XX, fez-se a transição do modelo contratual para o modelo de regulação por agências, sem contrato, que implicou o surgimento de relações jurídicas não sujeitas a prazo entre regulados e reguladores.

Sem o vínculo contratual, o investidor implanta a infraestrutura e depende da cobrança pelos serviços prestados por seu intermédio para amortizar o investimento. No entanto, não conta mais com um prazo fixo estabelecido em contrato e passa a exercer suas atividades por um prazo indeterminado, sendo que o preço cobrado, muitas vezes, é regulado por uma agência, a quem cabe fixar o valor justo que poderá ser cobrado dos usuários (*just and reasonable price*). Não havendo prazo, não há equação econômico-financeira do contrato e esse preço é calculado segundo uma taxa de retorno razoável a incidir sobre os investimentos que ainda não estejam depreciados,[629] como se viu acima, no tópico 1.2.2, o problema surge quando, por alguma razão, a *public utility* perde a prerrogativa de prestar o serviço. Como não há um prazo determinado e, consequentemente, não há uma equação econômico-financeira, a retomada da infraestrutura pelo Estado equivale verdadeiramente a uma expropriação e a única saída é indenizar o investidor quanto ao valor da infraestrutura que foi por ele implantada. Essa indenização será calculada, portanto, pelo valor ainda não amortizado do investimento realizado em sua implantação. Reveladora, a esse respeito, é a referência à lei do Estado de Wisconsin, noticiada por John Lapp em artigo publicado em 1907, quando se iniciava a transição de substituição do modelo contratual:[630] "Prevê-se

---

[629] Exemplificativamente, pode-se referir à legislação de Virginia Ocidental, que fixava taxas mínimas de remuneração do capital: "In the West Virginia law it is expressly stated that no rate shall be fixed for a public service corporation during the first ten years of its existence at a rate which will produce a net income of less than 8 per cent on the cost of construction and equipment" (LAPP, John A. Public utilities. *The American Political Science Review*, v. 7, n. 3, ago. 1913. p. 441).

[630] "It is provided that only indeterminate permits shall be granted in the future and that a municipality may acquire any utility at any time, by paying therefor the price fixed by the commission" (LAPP, John A. Public utilities – Control. *The American Political Science Review*, v. 1, n. 4, ago. 1907. p. 634).

que somente licenças indeterminadas sejam concedidas no futuro e que um município possa adquirir qualquer utilidade a qualquer momento, pagando-lhe o preço fixado pela Comissão".

A legislação, ao abandonar o regime de contratos de *franchise*, a prazo fixo, passou a estabelecer um sistema de licenças, ou seja, as *public utilities*, para operar, passavam a necessitar de uma licença. Diante da indeterminação temporal, a legislação estabelecia, então, que o município, se pretendesse reassumir aquela atividade, poderia "adquirir" a infraestrutura, devendo indenizar o investidor pelo preço a ser fixado pela agência. Por essa razão, tornou-se comum que as agências reguladoras mantivessem um cadastro com os valores atualizados dos bens da *public utility*, uma vez que geralmente cabia a elas a fixação do valor das indenizações quando o Estado decidia assumir o serviço ou transferi-lo para outra empresa. John Lapp em seus estudos, realizados nessa fase de transição, refere a diversas dessas legislações, como a própria legislação de Wisconsin:[631]

> A lei de Wisconsin prevê que a Comissão faça a avaliação da propriedade de todos os serviços públicos. Ao determinar tal valor, a comissão pode aproveitar-se de qualquer informação na posse do Conselho Estadual de Avaliação. Será realizada uma audiência pública, e após tal audiência a comissão fixará o valor e o comunicará à concessionária e à autoridade municipal onde está situada. Uma reavaliação pode ser feita a qualquer momento por iniciativa da Comissão.

Refere também à legislação de Washington, que possuía teor bastante semelhante:[632] "A Comissão é obrigada a fazer uma avaliação física das propriedades e do custo de sua duplicação. Também deverá investigar a condição financeira das *public utilities* e os fatos concernentes à sua capitalização".

---

[631] "The Wisconsin law provides for a valuation by the commission of the property of all public utilities. In determining such value, the commission may avail itself of any information in the possession of the State board of assessment. A public hearing shall be held, and upon such hearing the commission shall fix the value and file a statement thereof with the utility and with the clerk of the municipality where it is situated. A re-valuation may be made at any time on the initiative of the commission" (LAPP, John A. Public utilities – Control. *The American Political Science Review*, v. 1, n. 4, ago. 1907. p. 63).

[632] "The commission is required to make a physical valuation of properties and cost of reproduction. It is required also to investigate the financial condition of public utilities and pertinent facts concerning their capitalization" (LAPP, John A. Public utilities. *The American Political Science Review*, v. 5, n. 4, nov. 1911. p. 596).

Assim como à legislação aprovada, naquela época, pelo Estado da Califórnia:[633] "A lei da Califórnia autoriza a Comissão a estabelecer sistemas contábeis uniformes, exigir fundos de depreciação e fazer avaliações físicas".

Não havendo um vínculo contratual a prazo fixo e sendo a remuneração das *public utilities* estabelecida com base em uma taxa de retorno considerada justa e razoável, a amortização dos investimentos que vão se fazendo necessários é obtida ano a ano, sem o compromisso de que tenha que ser integralmente realizada em um momento determinado. Por essa razão, foi necessário estabelecer nos Estados Unidos essa sistemática de indenização dos investimentos em bens reversíveis ainda não inteiramente amortizados. A lógica do modelo contratual, no entanto, é distinta. Há uma equação econômico-financeira com a qual as partes se comprometem ao firmarem o pacto original, a qual prevê um prazo determinado. Deste modo, se foi adotada como premissa a integral amortização durante a duração do contrato e o equilíbrio foi preservado, não haverá que se cogitar de indenização. Ao contrário, se forem constatados fatores de desequilíbrio, será necessário identificar qual das partes assumiu o respectivo risco. Nos casos em que o risco foi assumido pelo poder público, o contrato deverá ser reequilibrado, o que importará na consideração de todos os investimentos que foram exigidos do concessionário. Sem dúvida, os investimentos vinculados a bens reversíveis não amortizados deverão ser indenizados, na forma do art. 36 da Lei nº 8.987/95. Mas isso não significa que outros investimentos, não diretamente relacionados à construção, expansão, modernização e manutenção dos bens reversíveis também não devam ser indenizados.

3.2.2.3 Investimentos a serem indenizados ao final do contrato

A não ser que o contrato contenha cláusula expressa prevendo que a sua equação financeira não adota a premissa da amortização integral durante o período de sua vigência, e considerando que o contrato esteja equilibrado, os investimentos devem estar integralmente amortizados ao final da concessão. Se o contrato tiver sofrido

---

[633] "California law authorizes the commission to establish uniform accounting systems and to require depreciation funds and make physical valuations" (LAPP, John A. Public utilities. *The American Political Science Review*, v. 6, n. 4, nov. 1912. p. 577).

desequilíbrios, as providências de reequilíbrio deveriam ter sido tomadas concomitantemente, na forma prevista no art. 9º, §4º da Lei nº 8.987/95. Assim, havendo, ao final do prazo contratual, investimentos ainda não amortizados, uma de três alternativas possíveis podem ter ocorrido: (i) houve desequilíbrio contratual sem que as providências de revisão tenham sido adotadas, o que se configura como uma irregularidade da execução do contrato; (ii) houve desequilíbrio contratual e as providências para a revisão foram iniciadas, mas não puderam ser concluídas antes do final do prazo ou (iii) mesmo diante do equilíbrio contratual, o concessionário não foi capaz – por ineficiência, incompetência ou em decorrência dos riscos que assumiu como seus – de obter a integral amortização de seus investimentos.

Neste último caso, como se viu, o Poder Concedente não pode, ao final do contrato, distorcer a sua matriz de risco e compensar o concessionário pelos prejuízos que sejam a ele atribuíveis. É muito importante, portanto, que a Administração não permita que esse momento de encerramento contratual seja usado para neutralizar os efeitos dos riscos que foram assumidos pelo concessionário, pois isso desnaturaria a concessão em si, uma vez que o contrato deixaria de ser assumido por conta e risco do concessionário. Nesse sentido, vale a transcrição do alerta de Rafael Fernández Acevedo:[634]

> É importante ressaltar que de forma alguma a restauração do equilíbrio da concessão pode ser utilizada para tentar garantir que a Administração, ou seja, a sociedade em geral, arque com as perdas geradas pela má gestão da concessionária, sua falta de diligência, nem com as consequências negativas que a exploração da concessão possa ter, o que, como já se repetiu inúmeras vezes, deve levar em consideração o risco operacional assumido.

O Código dos Contratos Públicos de Portugal tem disposição normativa expressa nesse sentido, em seu art. 282, número 6:

---

[634] "Es importante destacar que de ningún modo puede utilizarse el restablecimiento del equilibrio concesional para intentar que la Administración, esto es, la sociedad en general, cargue con las pérdidas generadas por la deficiente gestión del concesionario, con su falta de diligencia, ni tampoco con las consecuencias negativas que pueda tener la explotación de la concesión que, como se ha repetido numerosas veces, debe conllevar la asunción del riesgo operacional" (FERNÁNDEZ ACEVEDO, Rafael. Mantenimiento del equilíbrio económico y responsabillidad patrimonial como técnicas de moderación del riesgo concesional. *In*: MOREIRA, Egon Bockmann (Coord.). *Contratos administrativos, equilíbrio econômico-financeiro e a taxa interna de retorno*. Belo Horizonte: Fórum, 2016. p. 2).

6 - A reposição do equilíbrio financeiro não pode colocar qualquer das partes em situação mais favorável que a que resultava do equilíbrio financeiro inicialmente estabelecido, não podendo cobrir eventuais perdas que já decorriam desse equilíbrio ou eram inerentes ao risco próprio do contrato.

Nos casos em que há desequilíbrio contratual identificado, no entanto, o problema deve ser enfrentado. Essa, todavia, nos parece a perspectiva em que se deve encarar a eventual indenização devida ao final do prazo de um contrato de concessão de serviço público: o de uma revisão contratual para atingir um equilíbrio econômico-financeiro para o encerramento da concessão. Há, contudo, opiniões em contrário, destacando-se a de Fernando Vernalha,[635] que entende que o equilíbrio contratual não necessariamente garante a amortização de todos os investimentos durante o período de vigência contratual:

> [...] poder-se-ia afirmar que a equação econômico-financeira configurada ao tempo da licitação da concessão já contemplaria todos os investimentos necessários para a plena amortização do conjunto de bens reversíveis, sendo que, num caso, por exemplo, de extinção da concessão por decurso de prazo, nenhuma indenização haveria de ser paga ao concessionário. O problema desta formulação é que em muitos casos o contrato de concessão não dará conta de discriminar todos os bens reversíveis, inclusive porque novos bens serão adquiridos e incorporados ao conjunto de bens da concessão já ao longo de sua execução. Em razão disso, a verificação do saldo não amortizado de ativos reversíveis ao poder concedente é um expediente necessário a condicionar a extinção da concessão.

Não nos parece, no entanto, que a equação econômico-financeira dependa de que sejam listados no contrato todos os bens reversíveis. O equilíbrio contratual, de uma forma ou de outra, sempre se estabelecerá na forma de uma equação, que conterá elementos fixos ao lado de certas variáveis, que se baseiam em estimativas. Como já se afirmou anteriormente, os contratos de concessão são incompletos, o que se reflete também em sua equação econômico-financeira. Nesses casos, quando não houver certeza quanto a alguma dessas variáveis da equação, a uma das partes caberá assumir o respectivo risco. Se a estimativa não se concretizar, a parte a quem coube o risco assumirá os custos inesperados. O problema continua sendo, portanto, de revisão

---

[635] GUIMARÃES, Fernando Vernalha. *Concessão de serviço público*. 2. ed. São Paulo: Saraiva, 2014. p. 348.

contratual para o seu reequilíbrio, quando for o caso. Não há como sustentar, nesse sentido, que, tendo sido o contrato concebido para uma amortização integral dos investimentos ao longo de sua duração e tendo se mantido equilibrado, ainda assim se imponha, ao final, a indenização de investimentos não amortizados em bens reversíveis.

A nosso ver, portanto, a prescrição normativa do art. 36 da Lei nº 8.987/95, ao determinar a indenização de investimentos não amortizados, deve ser interpretada em conjunto com aquelas constantes dos incisos do art. 2º da mesma lei, que indicam que o concessionário atua por sua conta e risco. Quando do decurso regular do prazo contratual, portanto, só deve haver indenização quando for identificado um desequilíbrio ou quando essa circunstância tiver sido originalmente prevista e regulada pelo próprio contrato, modelado sem a premissa de amortização integral. A questão tem gerado, no entanto, muita polêmica e discussões, inclusive de natureza judicial. Maurício Portugal refere, por exemplo, aos inúmeros casos de encerramento de contratos de concessão para a prestação do serviço de saneamento que, firmados entre municípios e empresas estaduais, como parte do Plano Nacional de Saneamento – Planasa, de 1971, começaram a chegar a seus termos finais a partir de 2001.[636] Houve, então, a extinção de centenas de contratos de concessão, o que gerou grande preocupação nas empresas estaduais de saneamento, em razão da potencial perda de demanda que poderiam enfrentar.

Alguns municípios assinaram os novos contratos de programa, previstos na Lei nº 11.107/95, mas alguns decidiram licitar a operação, encontrando grande resistência das concessionárias estaduais, que alegavam, na maioria das vezes, que haviam realizado investimentos ainda não amortizados, razão pela qual seus contratos deveriam ser mantidos até que a amortização se completasse, argumento que, na época, foi admitido pelo Poder Judiciário, tendo adiado em décadas a possibilidade de que os municípios pudessem licitar os seus serviços, tendo perdurado certa indefinição até a aprovação da Lei nº 14.026/2020, que instituiu o marco legal do saneamento básico, conferindo maior segurança jurídica a potenciais investidores. Essa questão já foi examinada quando se abordou a possibilidade de prorrogações contratuais com a finalidade de restaurar o equilíbrio econômico-financeiro dos contratos,

---

[636] RIBEIRO, Maurício Portugal. *10 anos da Lei de PPP, 20 anos da Lei de Concessões*: viabilizando a implantação e melhoria de infraestruturas para o desenvolvimento econômico-social. p. 370 (nota de rodapé 4). Disponível em: http://www.portugalribeiro.com.br/10-anos-das-lei-de-pps-20-anos-da-lei-de-concessoes/. Acesso em: 18 nov. 2019.

no tópico 2.2.2.1 acima. Abordou-se naquela oportunidade jurisprudência mais recente referente a usinas de geração de energia elétrica que também sustentaram um suposto direito adquirido a manter em operação suas concessões até que os investimentos realizados fossem integralmente amortizados, embora dessa vez com menos sucesso. As observações apresentadas naquela ocasião servem perfeitamente para essa situação. Deste modo, para apurar se há ou não indenização devida ao final do contrato, é preciso verificar, em primeiro lugar, se o contrato adotou como premissa a amortização integral do investimento, o que deve ser presumido no caso do silêncio contratual, já que essa é a regra dos contratos de concessão. Confirmada a premissa, só será devida alguma indenização caso seja possível identificar algum fator de desequilíbrio.

Essas polêmicas têm levado, em diversos casos, à elaboração de cláusulas nos contratos de concessão que vedam expressamente qualquer possibilidade de indenização ao final do prazo contratual, decorrente de eventuais investimentos não integralmente amortizados. Os últimos contratos de concessão para exploração dos aeroportos, por exemplo, ao tratarem do advento do termo contratual, estabelecem:[637]

> 13.12.1. Ao termo da concessão ocorrerá a reversão para a União dos bens vinculados a ela, e esta se dará sem direito a qualquer indenização para o Concessionário.

Já no caso dos contratos de concessão de rodovias da 3ª Etapa, Fase III, sua cláusula 30 é expressa em excluir a possibilidade de qualquer pleito de reequilíbrio contratual quando do advento do seu termo final:[638]

> 30.3 Indenização
> *30.3.1* A *Concessionária* não fará jus a qualquer indenização relativa a investimentos vinculados aos *Bens da Concessão* em decorrência do término do *Prazo da Concessão*, tendo em vista o que dispõe a subcláusula 4.3.3.

---

[637] Disponível em: https://www.anac.gov.br/assuntos/paginas-tematicas/concessoes/aeroportos-concedidos/galeao/. Acesso em: 20 dez. 2019.
[638] Exemplificativamente, refere-se ao contrato firmado com a Concessionária Ponte Rio-Niterói S.A. – Ecoponte, que pode ser consultado em: http://www.antt.gov.br/rodovias/Concessoes_Rodoviarias/ECOPONTE/Index.html (Acesso em: 20 dez. 2019).

A referida subcláusula 4.3.3 tem a seguinte redação:

> 4.3.3 Todos os *Bens da Concessão* ou investimentos neles realizados deverão ser integralmente depreciados e amortizados pela *Concessionária* no *Prazo da Concessão* de acordo com os termos da legislação vigente, não cabendo qualquer pleito de recomposição do equilíbrio econômico-financeiro no advento do termo contratual.

No que se refere aos contratos que têm como premissa a amortização integral dos investimentos durante o prazo estabelecido para a sua duração, parece estritamente correta a providência de se inserir no contrato cláusula em que isso fique claro. Embora o silêncio contratual, em princípio, deva ser interpretado também nesse sentido, já que a previsão de investimentos não integralmente indenizáveis pelas receitas contratuais deve estar expressa nas disposições das cláusulas contratuais, o ideal é que o contrato deixe sempre explícita a adoção de um ou outro modelo. *Parece exagerada e, na verdade, ilegal e inconstitucional, no entanto, a vedação quanto à existência de pleito de recomposição do equilíbrio contratual.* Ora, se há uma equação econômico-financeira, com a qual as partes se comprometem, sua violação deverá sempre ser corrigida, sob pena de gerar um enriquecimento ilícito para a outra parte. Não é possível que cláusula contratual exclua a recomposição desse equilíbrio – quando tiver sido perdido – nem em favor do concessionário, nem do Poder Concedente, se for esse o caso.

A esse respeito, deve-se ressaltar que esses mesmos contratos de concessão de rodovia da 3ª Etapa, Fase III, possuem uma cláusula de alocação de riscos (cláusula 20) e uma cláusula de recomposição do equilíbrio econômico-financeiro (cláusula 21), cuja subcláusulas 21.1.1 e 21.1.2 têm as seguintes redações:

> 21.1 Cabimento da recomposição
> *21.1.1* Sempre que atendidas as condições do *Contrato* e mantida a alocação de riscos nele estabelecida, considera-se mantido o seu equilíbrio econômico-financeiro.
> *21.1.2* A *Concessionária* somente poderá solicitar a recomposição do equilíbrio econômico-financeiro nas hipóteses previstas na subcláusula 20.2 acima.

Interpretando-se a redação dessa disposição contratual *a contrario sensu*, pode-se concluir facilmente que, sempre que ocorrem as hipóteses previstas na subcláusula 20.2 – que trata dos riscos cuja responsabilidade é do Poder Concedente –, o concessionário terá direito a pleitear o reequilíbrio contratual. Desse modo, caso o contrato se encontre desequilibrado quando do advento do termo contratual, não haverá nenhuma razão pela qual se possa pretender vedar a formulação de um pleito dessa natureza. Como já se afirmou acima, diante de um fator de desequilíbrio, as providências para o reequilíbrio da equação contratual devem ser, o tanto quanto possível, concomitantes ao evento gerador do desequilíbrio. De todo modo, caso se chegue ao termo final do prazo do contrato sem que a revisão contratual esteja concluída ou mesmo sem que sequer tenha se iniciado, desde que não tenha ocorrido a prescrição do direito do concessionário, deverá haver uma revisão que garanta o encerramento equilibrado do contrato. Isso não significa, no entanto, como também já se afirmou no tópico 2.2.2.1 acima, que a extinção do contrato deva ser obstada enquanto o pagamento da indenização não tiver sido efetivado. Como é possível que haja litígios entre as partes para a fixação desse valor, não seria razoável estender-se indeterminadamente a duração do contrato, o que, em verdade, violaria o próprio art. 175 da Constituição, que exige a fixação de um prazo para os contratos de concessão de serviço público.

Solução intermediária foi concebida para os contratos de concessão das concessionárias de telefonia fixa, como se verifica pelo texto de sua cláusula 23.3:[639]

> Cláusula 23.3 A reversão dos bens de que trata este Capítulo, ao final do prazo contratual, será feita sem indenização, ressalvado o disposto nesta cláusula.
> §1º Somente caberá indenização em favor da Concessionária caso existam, ao final da concessão, bens ainda não integralmente amortizados, cuja aquisição tenha sido previamente autorizada pela Anatel, com o objetivo de garantir a continuidade e a atualidade do serviço concedido.
> §2º Alternativa ou supletivamente à indenização disposta no parágrafo anterior, a Anatel poderá admitir a transferência de bens que tenham sido dados em garantia do seu próprio financiamento, sub-rogando-se na parcela financiada ainda inadimplida.

---

[639] Exemplificativamente, faz-se referência ao contrato firmado com a empresa Telemar Norte Leste S.A., que pode ser consultado em: http://www.anatel.gov.br/Portal/verifica Documentos/documento.asp?null&filtro=1&documentoPath=Telefonia_Fixa/stfc/contratos/401667-CC__LOCAL_S06.pdf.

Como se vê, a cláusula também prevê, como regra geral, a premissa de que todos os bens estejam devidamente amortizados, não devendo ser cogitado o pagamento de nenhuma indenização ao final do contrato. No entanto, ressalva expressamente a possibilidade de que, durante o curso do contrato, tenha surgido a necessidade de aquisição de bens não originalmente previstos. Em casos como esse, pode-se admitir até mesmo que, diante do prazo remanescente, sequer seja possível encontrar fórmulas viáveis de reequilíbrio. Desta forma, a premissa original do contrato será, então, invertida, sendo de se esperar que, por ocasião do encerramento contratual, o bem não esteja completamente amortizado. O teor da cláusula contratual admite, então, excepcionalmente, caso se tenha revelado necessária alguma aquisição de bens para garantir a continuidade e atualidade do serviço e, desde que tal aquisição tenha sido previamente autorizada pela Anatel, que seja devida ao concessionário indenização em razão de não ter sido possível a amortização integral. Esse parece ser exatamente o espírito do art. 36 da Lei nº 8.987/95, quando prevê que a reversão dos bens, quando a extinção se dá pelo advento do termo contratual, "far-se-á com a indenização das parcelas dos investimentos vinculados a bens reversíveis, ainda não amortizados ou depreciados, que tenham sido realizados com o objetivo de garantir a continuidade e atualidade do serviço concedido".

Pode-se cogitar, nesses casos, que o investimento não originalmente previsto seja exigido pelo Poder Concedente ou provocado por iniciativa da própria concessionária. No primeiro caso, é de se esperar que o ato administrativo que impõe uma nova obrigação seja acompanhado de uma medida compensatória, já que, de outro modo, tratar-se-ia de uma imposição ilegal por parte do poder público.[640] Quando se trate de medida de iniciativa da própria concessionária, que pode concluir pela necessidade de aquisição de algum bem ou realização de

---

[640] Mariana Dll'Agnol Canto chama a atenção para a necessidade de que as medidas compensatórias ocorram de modo simultâneo ou, ao menos, contemporâneo, com o elemento que causou o desequilíbrio: "o ato administrativo que alterar cláusula contratual, onerando ou desonerando o particular, deve vir necessariamente acompanhado, no mesmo ato ou em ato simultâneo, de mecanismo apto a manter o equilíbrio de outra forma seria desnaturado pela alteração pretendida. A legalidade do ato administrativo que altere o contrato depende da referida adoção de medida compensatória, pois, de outro modo, o ato administrativo incorreria em manifesta violação à proporcionalidade entre ônus e bônus legalmente assegurada" (CANTO, Mariana Dall'Agnol; GUZELA, Rafaella Peçanha. Prorrogações contratuais em contratos de concessão. In: MOREIRA, Egon Bockmann (Coord.). *Contratos administrativos, equilíbrio econômico-financeiro e a taxa interna de retorno*. Belo Horizonte: Fórum, 2016. p. 207-208).

alguma obra para que seja possível, por exemplo, manter os índices de performance ou qualidade exigidos pelo contrato, sem que o prazo restante da concessão permita a sua completa amortização, parece ser recomendável a obtenção de prévia anuência do Poder Concedente.[641]

Ao examinar esse tipo de situação, Maurício Portugal faz uma importante distinção entre dois modelos de contratos de concessão de serviços públicos: aqueles baseados em obrigações de investimento e outros baseados em obrigações de desempenho.[642] O próprio autor reconhece, todavia, que, na prática, não é possível dividir os contratos em duas classes estanques como essas, podendo-se identificar apenas a prevalência de obrigações de cada um desses tipos nos diversos contratos de concessão. As obrigações de investimento são aquelas que impõem ao concessionário a construção de infraestruturas ou realizações de obras especificadas previamente, com valores previamente fixados, em momento predefinido pelo plano de negócios que consta como anexo do respectivo contrato. Oferece como exemplo os contratos de concessão rodoviária da Ponte Rio-Niterói ou da Rodovia Presidente Dutra, no que se refere às expansões de sua capacidade. Já as obrigações de desempenho dizem respeito à necessidade de que o concessionário mantenha índices de qualidade na prestação do serviço, cabendo-lhe decidir quais investimentos deverão ser realizados e em que momento, de modo a assegurar a manutenção dos índices de qualidade exigidos.

Segundo suas observações, quando há obrigações de investimento, "os acionistas da concessionária, enquanto ainda participantes da licitação, conseguem dimensionar a tarifa (e o pagamento público, se for uma PPP) necessária à amortização desses investimentos". Já no caso das obrigações de desempenho "esse procedimento simplesmente não é viável", uma vez que "o gatilho para a realização [...] do investimento em expansão de capacidade dessas infraestruturas é [...] vinculado ao

---

[641] "Além disso, muitos contratos já preveem que apenas poderão ser considerados bens reversíveis sujeitos a indenização aqueles que tiverem sido adquiridos ou construídos com anuência expressa do Poder Concedente e/ou da respectiva agência reguladora, o que delimita a discussão sobre o investimento ter sido feito para garantir a 'atualidade e a continuidade' do serviço concedido" (PRADO, Lucas Navarro. Extinção de contratos de PPP e concessão: breves reflexões sobre o cálculo de indenizações considerando os parâmetros gerais da lei federal nº 8.987/95. In: OLIVEIRA, Gesner; OLIVEIRA FILHO, Luiz Chrysostomo (Org.). *Parcerias público-privadas*: experiências, desafios e propostas. Rio de Janeiro: LTC, 2013. p. 289).

[642] RIBEIRO, Maurício Portugal. *10 anos da Lei de PPP, 20 anos da Lei de Concessões*: viabilizando a implantação e melhoria de infraestruturas para o desenvolvimento econômico-social. p. 376-381. Disponível em: http://www.portugalribeiro.com.br/10-anos-das-lei-de-pps-20-anos-da-lei-de-concessoes/. Acesso em: 18 nov. 2019.

crescimento da demanda, o que torna incerto os momentos e também os valores dos investimentos".[643]

O autor, então, condena as cláusulas que vedam o pagamento de indenização quando do término do prazo contratual nos casos em que haja obrigações de desempenho para o concessionário. Segundo sua concepção, nesses casos, cabe ao concessionário identificar os gatilhos que indiquem a necessidade de realizar os investimentos necessários para a manutenção dos índices de qualidade exigidos, o que pode ser imprevisível. Daí, se tais gatilhos ocorrerem em data próxima ao termo final do prazo contratado, caberá ao concessionário optar entre descumprir um indicador de serviço e se sujeitar às respectivas penalidades ou realizar um investimento que sabe não ser possível amortizar até o final do contrato, não sendo possível o seu reequilíbrio, já que "esses contratos não preveem essa hipótese de recomposição do equilíbrio econômico-financeiro".[644]

Como já se afirmou, no entanto, não nos parece possível que o contrato vede o reequilíbrio econômico-financeiro de um contrato de concessão de serviço público, pois isso violaria o disposto no art. 37, XXI da Constituição e art. 10 da Lei nº 8.987/95. O que o contrato pode fazer é alocar os riscos entre as partes. Nesse sentido, parece muito pertinente a distinção usada pelo autor entre as obrigações de investimentos e as obrigações de desempenho. No caso das obrigações de investimento, a identificação de eventual desequilíbrio do contrato será muito mais fácil, já que baseada em critérios objetivos. Os elementos da equação econômico-financeira, nesse caso, serão elementos fixados previamente pelo contrato, já que o valor dos investimentos e mesmo o momento de sua realização se encontram predeterminados. Em geral, a remuneração para a viabilização de tais investimentos deverá estar atrelada a uma expectativa de demanda, cujo risco deve estar atribuído a uma das partes. Caso o risco seja do Poder Concedente e a demanda não se mostre adequada, o regulador deverá rever a obrigação contratual ou reequilibrar o contrato.

Os casos de cláusula de desempenho serão, sem dúvida, mais complexos. Nesses casos, o contrato não possui valores ou marcos

---

[643] RIBEIRO, Maurício Portugal. *10 anos da Lei de PPP, 20 anos da Lei de Concessões*: viabilizando a implantação e melhoria de infraestruturas para o desenvolvimento econômico-social. p. 378. Disponível em: http://www.portugalribeiro.com.br/10-anos-das-lei-de-pps-20-anos-da-lei-de-concessoes/. Acesso em: 18 nov. 2019.

[644] RIBEIRO, Maurício Portugal. *10 anos da Lei de PPP, 20 anos da Lei de Concessões*: viabilizando a implantação e melhoria de infraestruturas para o desenvolvimento econômico-social. p. 379. Disponível em: http://www.portugalribeiro.com.br/10-anos-das-lei-de-pps-20-anos-da-lei-de-concessoes/. Acesso em: 18 nov. 2019.

temporais predeterminados. Isso não significa que o contrato não tenha uma equação econômico-financeira, mas essa equação foi propositalmente deixada mais incompleta, com maior quantidade de variáveis mantidas em incógnita. Normalmente, isso se justifica em razão da percepção de que os agentes de mercado têm maior capacidade do que o Poder Concedente para projetar o desenvolvimento potencial da concessão, estimando quais deverão ser os investimentos necessários e em que momento deverão ser realizados, de modo a manter os níveis de qualidade exigidos. Em princípio, portanto, tais riscos devem ser assumidos pelo concessionário. Assim, em contratos nos quais predominem as obrigações de desempenho, não havendo disposição em contrário, caberá ao concessionário planejar os investimentos e gerenciar a execução do contrato de modo a encontrar os níveis e momentos ótimos para investir, de modo a obter a melhor relação entre os custos necessários para garantir os níveis de qualidade de serviço e as receitas oriundas da demanda.

O problema nesses casos, portanto, não está em uma suposta vedação dos contratos a que sejam adotadas medidas de reequilíbrio, mas sim no fato de que os riscos que levaram ao seu desequilíbrio foram assumidos pelo concessionário, de modo que não faz jus a uma revisão. Se, ao contrário, os eventos desequilibradores da equação econômico-financeira consistem em riscos assumidos pelo Poder Concedente, a revisão será um direito do concessionário, independentemente de as naturezas das obrigações prevalecentes no contrato serem de desempenho. Não nos parece, portanto, que seja possível afirmar que a obrigação do Poder Concedente de indenizar o concessionário ao final do final do prazo contratual esteja descolada da equação econômico-financeira do contrato a depender da natureza das obrigações contratuais. Tratando-se de obrigações de investimento ou de desempenho, caso haja investimentos não amortizados quando do advento do prazo contratual, para saber se uma indenização será ou não devida será imprescindível identificar qual das partes assumiu os riscos relacionados ao evento que impediu a integral amortização.

A depender da natureza das obrigações assumidas pelo concessionário, esse exame pode ser mais ou menos difícil de ser concluído. O ideal, portanto, é que haja procedimentos devidamente disciplinados pelo contrato ou por algum regulamento posterior. Em princípio, não parece recomendável, por exemplo, especialmente quando se trate de risco assumido pelo poder público, que a concessionária tenha a prerrogativa de decidir sozinha quanto à realização de investimentos em bens reversíveis, cuja amortização não seja possível dentro do prazo contratual estabelecido. Nesses casos, tendo em vista que a decisão de investimento onerará a concessão, podendo impor um dever de indenização ao poder público ou a sua transferência para o próximo concessionário, com reflexos futuros, em período no qual o serviço não mais estará sob a gestão, o ideal é que o contrato imponha ao concessionário que, ao identificar uma situação desse tipo, consulte o Poder Concedente.

Constatada a existência de investimento em bens não inteiramente amortizados ao final do período de concessão e reconhecido o direito do concessionário a ser indenizado, Lucas Navarro Prado[645] ressalta que haverá três desafios principais ao aplicador do direito: (i) a identificação de quais sejam os bens reversíveis, (ii) a discriminação, entre os investimentos realizados, daqueles cujo objetivo reconhecidamente foi garantir a continuidade e atualidade do serviço e (iii) a compreensão do que seja amortização ou depreciação para este fim.

O tratamento a ser conferido a cada um desses elementos, como já se referiu, poderá variar significativamente a depender do modelo de concessão pelo qual se tenha optado quando da assinatura do contrato. Podem-se identificar diversas modelagens adotadas para as concessões ao longo do tempo e a depender do serviço delegado, as quais, para facilitar a análise, podem ser reunidas em três conjuntos principais, propostos pelo autor já referido:[646] (i) o modelo financeiro, mais comumente usado em concessões modernas, embora comportando diversas variantes, (ii) o modelo contábil (ou modelo do custo histórico) e (iii) o modelo patrimonial (ou modelo do custo de reposição), estes dois últimos mais comuns em contratos antigos, embora ainda usados contemporaneamente.

Importante referir, ainda, que, para que se configure efetivamente devida a indenização, será necessário demonstrar que o investimento, de fato, coube à concessionária. Nos casos dos contratos de parcerias público-privadas, por exemplo, a Lei nº 11.079/2004 prevê

---

[645] PRADO, Lucas Navarro. Extinção de contratos de PPP e concessão: breves reflexões sobre o cálculo de indenizações considerando os parâmetros gerais da lei federal nº 8.987/95. *In*: OLIVEIRA, Gesner; OLIVEIRA FILHO, Luiz Chrysostomo (Org.). *Parcerias público-privadas*: experiências, desafios e propostas. Rio de Janeiro: LTC, 2013. p. 288-289.

[646] PRADO, Lucas Navarro. Extinção de contratos de PPP e concessão: breves reflexões sobre o cálculo de indenizações considerando os parâmetros gerais da lei federal nº 8.987/95. *In*: OLIVEIRA, Gesner; OLIVEIRA FILHO, Luiz Chrysostomo (Org.). *Parcerias público-privadas*: experiências, desafios e propostas. Rio de Janeiro: LTC, 2013. p. 290-291 e REIS, Márcio Monteiro. De onde vêm, o que são, para onde vão e quanto custam os bens reversíveis? *In*: ARAGÃO, Alexandre Santos de et alli (Coord.). *Regulação e infraestrutura*. Belo Horizonte: Fórum, 2018, especialmente às p. 513-516.

expressamente, em seu art. 6º, §§2º e 5º, que não haverá indenização correspondente aos investimentos realizados com recursos aportados pelo parceiro público.

Pode-se concluir, então, afirmando que, no caso de uma concessão encerrada pelo decurso de prazo, há presunção de que todos os bens reversíveis estejam integralmente amortizados. Essa, no entanto, será certamente uma presunção relativa, cuja desconstituição dependerá de que seja demonstrada uma necessidade, não originalmente prevista, da aquisição de bem ou bens imprescindíveis para assegurar a continuidade e atualidade do serviço em momento no qual já não era mais possível obter sua integral amortização; ou algum outro fator de desequilíbrio da equação econômico-financeira do contrato, cabendo ao Poder Concedente o risco inerente ao evento desequilibrador. Caberá, nesses casos, então, estabelecer a metodologia mais adequada para calcular a indenização devida, que deverá corresponder, na verdade, não só à parcela que não foi possível amortizar integralmente desses bens especificamente considerados, mas de todos os investimentos realizados pelo concessionário que tenham sido afetados pelo fator que desequilibrou a concessão, devendo-se proceder a uma revisão contratual de encerramento para atingir o equilíbrio necessário para a extinção do vínculo contratual.

3.2.2.4 Extinção antecipada e indenização

Sem que se pretenda empreender uma análise das distintas possibilidades de extinção antecipada dos contratos de concessão e parcerias público-privadas, como a caducidade, encampação, rescisão ou relicitação, que possuem características bastantes específicas a serem consideradas, pode-se fazer uma afirmativa de cunho geral de que, tomada a decisão de antecipar o encerramento do contrato, haverá um desequilíbrio de sua equação econômico-financeira, diretamente provocada pela alteração de uma de suas variáveis: o prazo originalmente estabelecido, que foi encurtado.

Assim, ao contrário do que ocorre nos casos de extinção pelo decurso de prazo, a extinção antecipada é, em si, um elemento de desequilíbrio contratual, que impõe medidas de reequilíbrio. Ou seja, a extinção antecipada enseja necessariamente uma revisão contratual, que deverá ser contemporânea ao seu encerramento. Devem ser analisados, portanto, todos os elementos da equação econômico-financeira do contrato,[647] que restará desequilibrada pela alteração da variável de prazo. Não apenas os bens reversíveis não amortizados ou depreciados devem ser indenizados. Reconhecendo-se o *desequilíbrio provocado pela antecipação do termo final do prazo*, deve se proceder a uma ampla revisão de encerramento, na qual deverão ser considerados todos os aspectos inerentes ao seu equilíbrio, inclusive investimentos não necessariamente associados à aquisição de bens reversíveis. O equilíbrio estabelecido na origem contratual consiste na relação de proporcionalidade instituída quando de sua celebração, entre o potencial de todas as receitas contratualmente autorizadas em face do conjunto de todos os custos potencialmente impostos.[648] É esse equilíbrio original que, desfeito pela modificação do prazo de exploração do serviço, deve ser restabelecido.

Alguns exemplos podem ser imaginados, de modo a concretizar um pouco essa ideia. Considere-se, por exemplo, uma concessionária do serviço público de distribuição de gás canalizado que, cumprindo suas metas de universalização, constrói novo ramal para alimentar cidades de região do Estado ainda não atendidas. Naturalmente, a população dessas cidades já está acostumada a utilizar o gás liquefeito de petróleo (GLP) distribuído em botijões. Para receberem o gás canalizado poderão ser obrigadas a fazer obras em suas casas para instalar as tubulações internas, assim como adaptar seus equipamentos para passar a

---

[647] Como bem apontado por Egon Bockmann, "nestes tipos contratuais, a figura da balança é inadequada, pois existe um negócio firmado entre concedente e concessionário que se destina à eficiência de outros contratos, fragmentados e espalhados no tempo, celebrados com todos e com cada um dos usuários (isso sem falar nos contratos de empréstimos financeiros, de empreitada de obra, de pessoal, de tecnologia de informação etc. etc.). Nós não estamos analisando uma relação jurídica bilateral desenvolvida no tempo presente, mas sim estamos diante de um negócio bilateral (Administração-particular), que dá origem a todo um universo de relações multipolares, presentes e futuras. Assim, se balança houver, ela tem muitos pratos, de diferentes tamanhos e perspectivas, muitos deles presentes e outros tantos futuros" (MOREIRA, Egon Bockmann. Contratos administrativos de longo prazo e a lógica de seu equilíbrio econômico-financeiro. *In*: MOREIRA, Egon Bockmann (Coord.). *Contratos administrativos, equilíbrio econômico-financeiro e a taxa interna de retorno*. Belo Horizonte: Fórum, 2016. p. 86).

[648] Dromi distingue o equilíbrio econômico do equilíbrio financeiro, afirmando que, no que se refere ao equilíbrio econômico, "el sinalagma convenido debe *conciliar los términos de la ecuación, inversión y rentabilidad*, procurando el ecuador de la misma: la *intangibilidad del precio*, entendiendo por tal a la equivalencia entre las prestaciones a las que *se obligaron las partes al momento de la firma* del contrato [...]" (DROMI, Roberto. *Ecuaciones de los contratos públicos*. 2. ed. Buenos Aires-Madri: Ciudad Argentina-Hispania Libros, 2008. p. 281). Já no que se refere ao equilíbrio financeiro, "en el contexto del sinalagma contractual, el equilibrio surge de la valoración de la relación entre inversión y rentabilidad, que determine la tasa de retorno de la inversión a realizar en que se expresará la estructura económico-financiera" (DROMI, Roberto. *Ecuaciones de los contratos públicos*. 2. ed. Buenos Aires-Madri: Ciudad Argentina-Hispania Libros, 2008. p. 306).

receber o gás natural. Além disso, passarão a receber contas mensais, com cobrança pela disponibilidade do serviço, mesmo quando não utilizado. Faz-se necessária, portanto, uma campanha de esclarecimento à população quanto às vantagens da nova forma de fornecimento que está chegando na cidade e um esforço de convencimento para que haja, de fato, um engajamento da população ao novo serviço público e um acréscimo de usuários e, consequentemente, de demanda, que justifique o investimento realizado na infraestrutura.

Deste modo, além dos recursos investidos diretamente na construção da infraestrutura de gasodutos, a concessionária deverá realizar, em prol da concessão, campanhas de publicidade e esclarecimento da população local, de modo a angariar novos usuários para o serviço. Se a concessão vier a ser extinta antecipadamente em momento muito próximo dessa expansão, não se pode sustentar que os únicos investimentos a serem indenizados devem ser aqueles realizados para a construção do gasoduto. Não há sentido em impor à concessionária que assuma como prejuízo os investimentos em comunicação e publicidade, já que esses recursos foram também usados em prol da concessão e redundarão em vantagens a serem auferidas pelo novo operador do serviço durante um tempo que não se pode aferir com certeza, já que, muitas vezes, decisões como essa demoram a ser tomadas e, mesmo depois de tomadas, demoram a ser implementadas, especialmente quando se faz necessária a execução de obras nas residências para permitir que se receba o gás canalizado.

Outro exemplo a ser referido pode ser o de uma concessionária de rodovia que assumiu o compromisso contratual de, decorridos dez anos de um contrato firmado originalmente por vinte e cinco anos, construir uma nova via, mais moderna e com trajeto mais eficiente, de modo a reduzir o tempo de viagem, ocasião em que a via original, antiga, reverteria ao Poder Concedente e deixaria de ser pedagiada, de modo a servir como alternativa para os usuários. Alguns anos antes do marco temporal previsto em contrato, a concessionária contrata empresa especializada para a elaboração do projeto e realiza também a contratação de pessoal próprio para acompanhar o seu desenvolvimento, investindo somas consideráveis nessa atividade. Antes do início das obras, no entanto, o contrato é encerrado antecipadamente. Deste modo, não tendo havido sequer o início das obras, não haverá bem reversível a ser indenizado. Todavia, parece evidente que os investimentos ocorridos na fase de preparação deverão ser levados em conta em uma revisão de encerramento.

Pode-se, ainda, cogitar de uma hipótese em que o concessionário tenha vantagem indevida em decorrência do encerramento antecipado. Pode ser esse o caso no exemplo do aterro sanitário, já utilizado no tópico 3.1 acima, quando se examinou o instituto da relicitação. O encerramento de um contrato de concessão de aterro sanitário no final da sua vida útil, quando estiver próximo de atingir o limite da sua capacidade de recebimento de rejeitos, ocorrerá em uma fase na qual a maior parte das receitas já foi auferida, mas ainda há muitos investimentos pendentes, necessários para a inertização do local e adoção das medidas ambientais mitigadoras do impacto gerado por aquela acumulação de resíduos. A extinção antecipada do contrato, nesse caso, portanto, desequilibrará a equação econômico-financeira em desfavor do Poder Concedente, já que as receitas obtidas durante o período útil do aterro deveriam suportar não somente os custos de implantação da infraestrutura, mas também aqueles a serem incorridos ao final, com a gestão do passivo oriundo da atividade. Nesse caso, não basta constatar, ao final do contrato, que os bens reversíveis foram integralmente amortizados. Será necessário proceder a uma revisão de encerramento contratual, na qual deverão ser analisados todos os elementos da equação econômico-financeira original, ocasião na qual, provavelmente, será constatado um desequilíbrio a indicar a necessidade de a concessionária indenizar o Poder Concedente.

Deste modo, ainda que os arts. 35, §4º, 37 e 38, §5º da Lei nº 8.987/95 façam expressa referência ao art. 36, incorporando a determinação de "indenização das parcelas dos investimentos vinculados a bens reversíveis, ainda não amortizados ou depreciados", a todas as formas de extinção dos contratos de concessão, inclusive quando antecipada, reputa-se que a única forma de assegurar que sejam "mantidas as condições efetivas da proposta", como determina do art. 37, XXI da Constituição, é realizando – nesses casos, em que a extinção se dá antes do prazo originalmente previsto – uma ampla revisão de encerramento, na qual devem ser levados em conta todos os elementos da equação econômico-financeira do contrato e não apenas a efetiva amortização dos bens reversíveis, isso porque a modificação do prazo é, por si só, um fator de desequilíbrio.

CONCLUSÃO

Como se asseverou já na Introdução, o objetivo principal perseguido por este estudo foi, diante da crise contemporânea que se abate sobre a regulação dos serviços públicos, especialmente em razão de problemas variados que se têm identificado, normalmente relacionados com dificuldades inerentes à existência de um prazo certo nos contratos de concessão, investigar se o modelo contratual de regulação de serviços públicos se encontra ultrapassado e deve ser substituído. Após o levantamento realizado ao longo dos capítulos precedentes, pode-se concluir que tal modelo, caracterizado pela titularidade estatal, conserva a sua importância e deve ser preservado como uma das opções regulatórias disponíveis no ordenamento jurídico brasileiro.

Não se mostram necessárias, portanto, reformas institucionais ou de índole constitucional. Deve-se considerar que há vantagens e desvantagens em optar pelo modelo contratual, o que deverá ser ponderado caso a caso. Não se preconiza, portanto, o modelo de regulação contratual de serviços públicos como ideal, nem muito menos como indesejado ou algo a ser evitado. A decisão de qualificar atividades econômicas como serviço público, portanto, deverá ser precedida de reflexões específicas e da análise de cada mercado. De todo modo, quando se revelar adequada a utilização do modelo contratual aprazado, foram identificadas, ao longo deste estudo, várias oportunidades de aperfeiçoamento na prática do direito brasileiro, que podem ter o efeito de contornar ou minimizar os problemas que têm sido identificados.

Logo no primeiro capítulo deste livro, procurou-se caracterizar bem os principais problemas envolvendo a utilização de contratos aprazados, descrevendo as recentes iniciativas no âmbito legislativo para o enfrentamento desse problema: a prorrogação antecipada e a relicitação. Como o principal modelo alternativo à regulação contratual é o norte-americano, exclusivamente baseado no poder de polícia, normalmente exercido por agências reguladoras e sem prazo certo, procurou-se realizar um exame daquele sistema jurídico, especialmente quanto às razões que levaram ao abandono dos contratos de *franchise* e das repercussões positivas e negativas dessa transição, apontando, inclusive, casos recentes em que a jurisprudência ou a doutrina lançaram mão de artifícios interpretativos para simular uma relação contratual, de modo a encontrar soluções para problemas complexos, levando à utilização de conceitos como os de *regulatory compact* ou *implied regulatory contract*; além da difusão de uma prática cada vez maior de se lançar mão de instrumentos contratuais para transferir ao setor privado atividades tipicamente estatais, que tem sido conhecida como *governing by contract*.

Essas circunstâncias recentes do direito norte-americano indicam que pode haver benefícios na adoção do modelo regulatório contratual, capaz de oferecer respostas melhores ou mais eficientes, em determinados casos, do que o modelo baseado exclusivamente em poder de polícia. Dessas características, podem ser extraídas algumas vantagens, tanto para a sociedade e a Administração Pública, quanto para os investidores privados, na adoção desse regime público de natureza contratual, caracterizado por uma temporalidade necessária. Passou-se, então, a um esforço de identificação das principais vantagens e desvantagens de se valer de uma regulação aprazada, por contrato.

As principais vantagens para a sociedade são, de um lado, o papel de garantidor assumido pelo Estado quanto à prestação dessas atividades, assegurando níveis adequados de qualidade. Para se desincumbir dessa missão, o Poder Concedente passa a dispor, graças à existência de um contrato modificável por ele unilateralmente, de um instrumento jurídico que autoriza uma regulação de espectro mais amplo, à qual ora se denomina regulação de performance, com potencial de intervenção mais intensa no próprio desempenho da atividade; ao contrário da regulação de proteção, relacionada apenas ao exercício do poder de polícia; além de não se submeter às regras de isonomia competitiva, típicas do domínio da livre iniciativa. Como consequência, tendo em vista que a atividade qualificada como serviço público se afasta das regras do livre mercado, impõe-se a obrigatoriedade de se recorrer a uma licitação após determinados períodos previamente estipulados, o que assegura a existência de alguns momentos em que a Administração Pública será obrigada a se certificar de que as condições em que a atividade está sendo prestada são realmente as mais favoráveis disponíveis no mercado.

Do ponto de vista do concessionário, o estabelecimento do vínculo contratual permite a formulação de uma equação econômico-financeira com a qual ambas as partes se comprometem e da qual o prazo é um dos elementos essenciais, o que oferece ao investidor um grau de proteção reforçado, especialmente relevante em projetos de longo prazo. Por outro lado, tratando-se de um país em desenvolvimento, em fase de amadurecimento de suas instituições, assim como de sua economia, com uma arraigada cultura estatizante, em que frequentemente se verifica forte demanda popular pela intervenção do Estado nas relações entre empresas ou em suas relações com seus clientes e consumidores, revela-se importante a existência de dois modelos bem demarcados, de modo que seja conferida especial proteção à livre-iniciativa no regime aplicável às atividades privadas, que devem estar sujeitas apenas ao poder de polícia. Quando não tenha ocorrido a qualificação de determinada atividade como serviço público, não se deve admitir, portanto, imposições típicas de uma regulação de performance, em razão da expressa vedação contida no art. 174 da Constituição. O respeito aos limites entre um e outro modelo será essencial para transmitir maior segurança jurídica à iniciativa privada.

Esses são alguns dos aspectos que podem explicar porque diversos países em que os serviços públicos tradicionalmente são delegáveis por contratos de concessão jamais abandonaram o modelo contratual, mesmo quando adotaram o sistema de agências reguladoras, de inspiração norte-americana, ainda que nos Estados Unidos tal modelo tenha originalmente surgido, no início do século XX, quando foi abandonado o modelo contratual de regulação das *public utilities*. Especialmente no caso brasileiro, o vínculo contratual formado entre o concessionário e o Poder Concedente revela-se relevante para conferir segurança jurídica para o investidor. Deve-se reconhecer, a esse respeito, que o contexto nos dois casos é muito distinto. Quando fez a sua transição regulatória, os Estados Unidos estavam prestes a se tornar a maior potência econômica mundial. Já o Brasil, quando incorporou as agências reguladoras, no início dos anos 90, saía de um regime político ditatorial que havia durado mais de duas décadas e deixado o país mergulhado em uma grave crise econômica e de endividamento do Estado.

De todo modo, a Constituição, com raras exceções, como ocorre com o serviço postal ou a distribuição de gás canalizado, não impõe nenhum modelo regulatório. Pode ocorrer, em alguns casos, que o rol de opções do legislador seja restringido. É o que ocorre, por exemplo, em relação às atividades elencadas no art. 21, XI e XII da Constituição.

Nesses casos, impõe-se que, caso não sejam prestadas como serviço público, seja-lhes aplicável uma regulação baseada em poder de polícia, mas necessariamente com a exigência de atos de consentimento prévio, por meio do sistema de autorizações.

De tempos em tempos se faz perceptível no Brasil um movimento liberalizante, com a tendência de transposição de atividades anteriormente qualificadas como serviços públicos para o regime de atividades privadas, quando a Constituição assim o permite,[649] com ou sem exigência de prévia autorização, conforme o caso. Isso não significa, no entanto, que o regime de serviço público não seja ainda útil em determinados casos nem muito menos que deva ser suprimido como um modelo alternativo, à disposição do legislador, quando uma intervenção estatal mais intensa se revele necessária ou desejável.

Por outro lado, o simples fato de se constatar que a Constituição oferece alternativa para o legislador ordinário não é, por si só, uma indicação de que, em cada caso, o modelo de regulação contratual dos serviços públicos seja efetivamente o mais indicado, justificando a preservação dessa modalidade aprazada de regulação no ordenamento constitucional econômico brasileiro. A esse respeito, contudo, há de se reconhecer, em primeiro lugar que, apesar de todas as crises por que passou ao longo dos tempos e nada obstante os diversos problemas referidos ao longo deste estudo – que podem ser atribuídos à temporalidade do regime de delegação por contratos de concessão a prazo certo –, os serviços públicos jamais desapareceram e, naqueles países cujas tradições jurídicas os incorporam, frequentemente se continua a lançar mão de sua utilização. Como bem destaca Guglielmi,[650] mesmo diante da prevalência contemporânea – que também se verifica na França – de uma visão mais liberal, o regime dos serviços públicos ainda encontra espaço significativo na regulação das atividades econômicas pelo Estado:

---

[649] "As atividades privadas regulamentadas ou de interesse público, tal como expostas nesse Capítulo, sempre existiram, mormente após o advento do Estado Pluriclasse, mas está havendo uma discussão contemporânea a respeito delas da mais alta relevância, oriunda da convolação de alguns serviços públicos até há pouco reservados ao Estado, em atividades privadas, ainda que sujeitas a intensa regulação" (ARAGÃO, Alexandre Santos de. *Direito dos serviços públicos*. 3. ed. Rio de Janeiro: Forense, 2013. p. 215).

[650] "Nul doute que, dans la vision néoliberale comme selon les axes d'un droit européen attaché à des critères de convergence dont la maîtrise de la dette publique et du déficit public acquiert parfois une influence démesurée, la notion de service public semble perdre de son sens, de sa portée, de son utilité. Pourtant, son invocation est des plus rémanentes au sein des populations; des plus réactivées par les gouverants dans leurs discours; des plus renouvelées par les autorités publiques sur le terrain" (GUGLIELMI, Gilles J. *et alli*. *Droit du service public*. 4. ed. Issy-les-Moulineaux: LGDJ, 2016. p. 9).

Não há dúvida de que, tanto na visão neoliberal quanto no cerne de uma lei europeia vinculada a critérios de convergência cujo controle da dívida pública e do déficit público às vezes adquire uma influência excessiva, a noção de serviço público parece perder seu significado, seu escopo, sua utilidade. No entanto, sua invocação tem sido mais frequente pela população; mais reativada pelos governantes em seus discursos; mais renovada pelo poder público no dia a dia.

O principal objetivo do presente estudo foi investigar o aspecto temporal, inerente ao modelo de regulação contratual dos serviços públicos por força da determinação contida no art. 175 da Constituição, de modo a verificar sua compatibilidade com as circunstâncias que envolvem a realização dessas atividades e, eventualmente, identificar aperfeiçoamentos que pudessem ser introduzidos na prática jurídica brasileira para lidar com essa temporalidade obrigatória. Nesse sentido, deve-se ressaltar, como restou consignado no tópico 1.4, que o prazo é um dos principais elementos da equação econômico-financeira dos contratos de concessão de prestação de serviços públicos. Sua fixação deve ser criteriosa e fundada em estudos técnicos detalhados, baseados em cuidadosos levantamentos de dados. Nos casos em que se tenha optado pela qualificação da atividade como serviço público, o legislador deve se ater a definir parâmetros e limites para a fixação do prazo. Cabe à Administração Pública, no exercício da sua prerrogativa de modelagem contratual, examinar as circunstâncias do caso concreto e fixar os prazos, assim como as condições e requisitos para a sua prorrogação, que devem constar no edital de licitação ou na minuta de contrato, que é um de seus anexos obrigatórios.

A distribuição dessa competência entre os órgãos e entes que compõem a Administração Pública direta e indireta também compete ao Poder Legislativo. Nos casos em que tenha sido instituída agência reguladora em relação a certas atividades, o modelo mais adequado tem se revelado aquele em que as decisões de delegar ou não, assim como a modelagem, que envolve a fixação do prazo e das condições de prorrogação, sejam deixadas para esferas de atuação mais política, da Administração direta, ministerial, reservando-se à agência reguladora as funções de acompanhamento e supervisão da execução contratual, com poderes inclusive sancionatórios, mas preservando certa equidistância entre os concessionários e o Poder Concedente, exercendo, em certos casos, uma função moderadora. Caberá à lei, no entanto, em cada caso, essa distribuição de competências, podendo ser identificados diversos casos em que à agência se atribui função típica de Poder Concedente.

De todo modo, qualquer que seja a autoridade incumbida da modelagem da concessão e da fixação do prazo, tal função deverá ser exercida de modo informado e baseando-se nas circunstâncias específicas de cada caso e em estudos elaborados com antecedência, evitando-se decisões arbitrárias ou simplesmente baseadas em precedentes, tradições ou costumes arraigados. A mesma indicação é válida para o regime de prorrogações, a cujo exame se dedicou o Capítulo 2, do qual dependerá, em verdade, o prazo máximo real pelo qual determinado contrato poderá ser executado. Essas decisões, tomadas pelo poder público no momento da modelagem contratual, devem ser muito bem motivadas. Deve-se abandonar a prática difundida do contrato "prorrogável uma única vez por igual período", que não encontra respaldo na lógica econômica que permeia essas contratações, uma vez que não se pode prever, no momento da contratação original, quais serão os investimentos necessários a serem estipulados por ocasião da prorrogação, esse sim o momento adequado para que seja tomada a decisão quanto à duração do período adicional. A esse respeito, deve-se destacar que grande parte dos problemas relacionados à temporalidade das concessões está, de alguma forma, relacionada com decisões concernentes à prorrogação.

Deve-se considerar que, por serem os serviços públicos prestados fora de um ambiente de livre mercado, quanto mais se afasta do momento original da contratação, maior a probabilidade de que haja distorções nas condições de sua execução. Assim, tendo sempre em vista a importância de garantir o tempo suficiente para a amortização dos investimentos e sem descurar da modicidade tarifária, o ideal é que haja um prazo inicial mais curto possível, seguido da possibilidade de sucessivas prorrogações, também pelo menor prazo possível, prorrogando-se o contrato por tantas vezes quantas forem desejáveis, até um limite máximo de tempo, que deve ser previamente estabelecido. Isso concilia o interesse em obrigar o Poder Concedente a, em algum momento definido, consultar o mercado, ainda que esse momento possa ser adiado limitadamente pelas prorrogações; com as vantagens da continuidade de um concessionário com bom desempenho e a necessidade de fixar uma variável de prazo da equação econômico-financeira, assegurando a sua intangibilidade, que é importante fonte de segurança jurídica.

Os momentos previstos para as prorrogações devem ser usados como oportunidades de readequar as condições contratuais ou tomar a decisão de licitar. Com exceção de prorrogações premiais – que podem funcionar como mecanismos de remuneração variável e devem ser limitadas a períodos relativamente curtos –, não deve ser reconhecido direito adquirido do concessionário à prorrogação, a qual deve sempre estar subordinada a um exame discricionário de atendimento ao interesse público. Do mesmo modo, apesar de se reconhecer que as prorrogações contratuais podem ser um excelente mecanismo de reequilíbrio do contrato, cuja utilização pode ser preferível a outras modalidades em diversas ocasiões, não há razão pela qual se deva entender que extensões de prazo com essa finalidade não se submetam ao regime jurídico próprio das prorrogações em geral, especialmente quanto ao limite de tempo máximo que pode durar a execução de um contrato antes que o Poder Concedente seja obrigado a recorrer a uma nova licitação.

Conclui-se, portanto, que mais do que de algum defeito intrínseco do modelo de regulação contratual, os problemas que têm sido associados ao aspecto temporal dos contratos de concessão parecem decorrer de práticas distorcidas que muitas vezes são constatadas em relação à forma de lidar com os prazos dos contratos de concessão e suas condições de prorrogação. Mas a análise deste aspecto temporal não estaria completa sem o estudo da extinção da relação contratual, posto que essa é exatamente uma das principais distinções em relação à regulação sem prazo: o fato de que inexoravelmente ela se extingue, pelo simples decurso do tempo. Foi imperioso, portanto, examinar as consequências que podem ser extraídas do fato de que a regulação, quando se vincula a um contrato, está fadada a enfrentar uma extinção necessária do vínculo que une o Poder Concedente ao concessionário e permite a prestação do serviço público delegado.

O último capítulo foi, então, dedicado à extinção dos contratos de concessão, de modo que se pudessem examinar as principais implicações jurídicas relacionadas ao decurso do prazo contratual. Antes disso, no entanto, não seria possível deixar de abordar os casos de relicitação. Juntamente com o instituto da prorrogação antecipada – de que se cuidou juntamente com as outras espécies de prorrogação –, são as expressões mais evidentes da crise pela qual passa a regulação contratual dos serviços públicos. Embora possa se apresentar como uma via juridicamente adequada para a solução de problemas que, de fato, podem ser gerados pela existência de prazo na relação contratual da concessão, seu mau uso também pode transmitir incentivos perversos aos concessionários ou licitantes pretendentes a se tornar concessionários. O risco moral representa uma armadilha que pode incentivar comportamentos indesejados dos licitantes, com potencial de comprometer o modelo contratual de regulação como um todo, causando-lhe sérias distorções, o que deve ser, a todo custo, evitado.

É especialmente recomendável que concessões afetadas por problemas que não se podiam prever, cujos riscos foram assumidos de forma responsável pelo concessionário, mas que acabaram inviabilizando a sua execução, possam encontrar soluções consensuais de distrato. Deve-se evitar a todo custo, no entanto, que mecanismos deste tipo sejam utilizados como saída para concessionários que apresentaram propostas irrealistas, confiando em sua capacidade política de obter transformações das condições contratuais ao longo da sua execução; concessionários que arriscaram excessivamente com propostas demasiado agressivas ou mesmo aqueles que se demonstraram incompetentes, despreparados ou inexperientes para a gestão da atividade cuja responsabilidade de execução assumiram. Deste modo, a cautela na utilização desse instrumento corretivo será essencial para a preservação de um ambiente regulatório saudável.

Já a extinção contratual como decorrência do decurso de prazo é um momento de grande importância, ao qual deve ser conferida especial atenção. Ocorrerá sempre que for atingido o termo contratualmente estabelecido e não forem possíveis ou desejadas novas prorrogações, implicando o encerramento da execução do contrato de concessão. A estipulação de um termo final indefectível impõe transições periódicas, em que a prestação do serviço necessariamente será transferida de um prestador para outro, a não ser que o concessionário incumbente ganhe a nova licitação. Nesses momentos será imprescindível lidar com a reversibilidade dos bens usados para a prestação do serviço. Poder identificá-los com a maior segurança possível será determinante para que essa transição possa ser bem-sucedida, de modo que o contrato deverá oferecer parâmetros suficientes, e o Poder Concedente e a agência reguladora, quando houver, deverão manter cadastros atualizados e um controle rigoroso quanto a esse acervo.

Quando do decurso do prazo contratual, como em qualquer caso de encerramento, deverá ser assegurada ao concessionário *sainte* a indenização pelos investimentos realizados e não integralmente amortizados em bens reversíveis. Deve-se atentar, no entanto, que, quando o contrato tem como premissa a integral amortização dos bens durante a execução do contrato e não existirem razões a recomendar a revisão contratual para o seu reequilíbrio econômico-financeiro, não haverá justificativa possível para a falta de amortização integral, que não o desempenho insuficiente de gestão do concessionário ou prejuízos decorrentes de riscos por ele assumidos. Como o serviço é prestado por sua conta e risco, não há que se cogitar de indenização nesses casos.

Haverá parcelas de investimento não amortizados a serem indenizadas nos casos de desequilíbrio contratual constatado que crie o direito à revisão contratual em benefício do concessionário. Nesses casos, deverão ser identificados todos os investimentos não integralmente amortizados, não apenas em bens reversíveis, já que mesmo os investimentos não necessariamente relacionados à construção, reforma ou aquisição de bens reversíveis deverão ser considerados para fins de indenização.

Para se aferir o desequilíbrio que impediu a amortização integral dos investimentos, será necessário identificar os eventos que o provocaram, de modo a verificar qual das partes assumiu o risco a eles relacionado. A indenização só será devida caso o desequilíbrio seja oriundo de fatores cujo risco cabia ao Poder Concedente. No que se refere aos riscos assumidos pelo concessionário, a ele caberá arcar com os prejuízos decorrentes. Em qualquer caso, a extinção do contrato de concessão, sempre que necessária, deve se dar com uma revisão de encerramento, que assegure a extinção do vínculo contratual de modo equilibrado.

Por fim, diante de todas as considerações acima, e da constatação de que ainda é relevante a existência de um modelo de regulação contratual aplicável aos serviços públicos, deve-se reconhecer a relevância do fundamento jurídico conferido pela Constituição brasileira para que, em determinados casos, o legislador ordinário possa qualificar certas atividades como serviços públicos, retirando-as do regime geral de livre-iniciativa e transferindo-as para a titularidade estatal, propiciando, assim, uma regulação de performance, mais intensa e, em contrapartida, assegurando aos concessionários o respeito a uma equação econômico-financeira intangível.

Nesses casos, a fixação de um prazo certo mostra-se imprescindível tanto para que a equação econômico-financeira possa se completar, como para obrigar o poder público a, em algum momento, previamente definido, voltar ao mercado em busca daquelas que sejam efetivamente as condições mais vantajosas disponíveis. Caso essa regulação, marcada pela temporalidade, não se revele adequada, haverá, na maioria dos casos, alternativa disponível que não implique estipulação de prazos certos vinculados à regulação da atividade. Caberá, então, ao Poder Legislativo examinar cada um dos mercados em que se pretende instituir algum tipo de intervenção estatal para identificar a regulação setorial mais adequada de que se deva lançar mão em cada caso. Quando opte, no entanto, pela regulação contratual, é preciso que os prazos sejam levados a sério e que sua fixação e regime de prorrogações e extinção sejam encarados com maior rigor e cuidado. Desta forma, muito provavelmente grande parte dos problemas que se tem verificado poderá ser evitada ou, ao menos, minorada.

REFERÊNCIAS

ABBOUD, George. *Discricionariedade administrativa e judicial*. São Paulo: RT, 2014.

ALMEIDA, Fernando Dias Menezes de. *Formação da teoria do direito administrativo no Brasil*. São Paulo: Quartier Latin, 2015.

AMAN JR., Alfred C. Privatization and democracy: resources in administrative law. *In*: FREEMAN, Jody; MINOW, Martha (Org.). *Government by contract*: outsourcing and American democracy. Cambridge: Harvard University Press, 2009.

AMARAL, Antônio Carlos Cintra do. *Concessão de serviço público*. 2. ed. São Paulo: Malheiros, 1996.

AMARAL, Antônio Carlos Cintra do. *Concessão de serviços públicos*: novas tendências. São Paulo: Quartier Latin, 2012.

AMARAL, Diogo Freitas do. *Curso de direito administrativo*. 3. ed. 3. reimpr. Coimbra: Almedina, 2009.

ANDRADE, Letícia Queiroz de. *Teoria das relações jurídicas da prestação de serviço público sob regime de concessão*. 1. ed. São Paulo: Malheiros, 2015.

ANDRADE, Rogério Emílio de. *O preço na ordem* ético-jurídica. Campinas: Edicamp, 2003.

ARAGÃO, Alexandre Santos de. A "supremacia do interesse público" no advento do estado de direito e na hermenêutica do direito público contemporâneo. *In*: SARMENTO, Daniel (Org.). *Interesses públicos versus interesses privados:* desconstruindo o princípio da supremacia do interesse público. Rio de Janeiro: Lumen Juris, 2005.

ARAGÃO, Alexandre Santos de. A evolução da proteção do equilíbrio econômico-financeiro nas concessões de serviços públicos e nas PPPs. *Revista de Direito Administrativo – RDA*, Rio de Janeiro, v. 263, p. 35-66, maio/ago. 2013.

ARAGÃO, Alexandre Santos de. *Agências reguladoras* – E a evolução do direito administrativo econômico. Rio de Janeiro: Forense, 2004.

ARAGÃO, Alexandre Santos de. Atividades privadas regulamentadas: autorização administrativa, poder de polícia e regulação. *Revista de Direito Público da Economia – RDPE*, Belo Horizonte, ano 3, n. 10, abr./jun. 2005.

ARAGÃO, Alexandre Santos de. *Curso de direito administrativo*. 2. ed. Rio de Janeiro: Forense, 2013.

ARAGÃO, Alexandre Santos de. *Direito dos serviços públicos*. 3. ed. Rio de Janeiro: Forense, 2013.

ARAGÃO, Alexandre Santos de. O atual estágio da regulação estatal no Brasil. *In*: MARRARA, Thiago. *Direito administrativo*: transformações e tendências. São Paulo: Almedina, 2014.

ARAGÃO, Alexandre Santos de. Revisão tarifária substitutiva da modelagem econômica licitada. *In*: MOREIRA, Egon Bockmann (Coord.). *Contratos administrativos, equilíbrio econômico-financeiro e a taxa interna de retorno*. Belo Horizonte: Fórum, 2016.

ARAÚJO, Fernando. *Teoria económica do contrato*. Coimbra: Almedina, 2007.

ARBUET-VIGNALI, Herber. O atributo da soberania. *Estudos da Integração*, Brasília, v. 9, 1996.

ARGUELES, Diego Werneck; LEAL, Fernando. O argumento das "capacidades institucionais" entre a banalidade, a redundância e o absurdo. *Direito, Estado e Sociedade*, Rio de Janeiro, n. 38, jan./jun. 2011.

ARIÑO ORTIZ, Gaspar. A afetação de bens ao serviço público. O caso das redes. *Revista de Direito Administrativo*, Belo Horizonte, ano 2011, n. 258, set./dez. 2011.

ARIÑO ORTIZ, Gaspar. *Princípios de derecho público económico*: modelo de Estado, gestión pública, regulación económica. 3. ed. Granada: Comares, 2004.

ARISTÓTELES. *A política*. Tradução de Nestor Silveira Chaves. 2. ed. rev. Bauru: Edipro, 2009.

AUBY, Jean-François. *La délégation de service public*. Paris: PUF, 1995.

AZEVEDO, Eurico de Andrade; ALENCAR, Maria Lúcia Mazzei de. *Concessão de serviços públicos*. São Paulo: Malheiros, 1998.

BAKOVIC, Tonci; TENENBAUM, Bernard; WOOLF, Fiona. Regulation by contract: a new way to privatize electricity distribution? *World Bank Working Paper*, Washington, n. 14, 2003.

BANDEIRA DE MELLO, Celso Antônio. *Curso de direito administrativo*. 36. ed. Belo Horizonte: Fórum, 2023.

BANDEIRA DE MELLO, Celso Antônio. Parecer quanto à prorrogação do prazo da concessão para fins de reequilíbrio econômico-financeiro do contrato. In: CARVALHO, André Castro (Org.). *Contratos de concessão de rodovias*: artigos, decisões e pareceres jurídicos. São Paulo: MP, 2009.

BANDEIRA DE MELLO, Celso Antônio. Reversão dos bens na concessão. *Revista Trimestral de Direito Público*, São Paulo, 1994.

BANDEIRA DE MELLO, Celso Antônio. *Serviço público e concessão de serviço público*. São Paulo: Malheiros, 2017.

BANDEIRA DE MELLO, Oswaldo Aranha. Natureza jurídica da concessão do serviço público. *Revista de Direito Público – RDP*, São Paulo, n. 19, p. 9-36, jan./mar. 1972.

BANDEIRA DE MELLO, Oswaldo Aranha. *Princípios gerais de direito administrativo*. 3. ed. São Paulo: Malheiros, 2007.

BAPTISTA, Patrícia Ferreira. *Segurança jurídica e proteção da confiança legítima no direito administrativo*: análise sistemática e critérios de aplicação no direito administrativo brasileiro. Tese (Doutorado em Direito do Estado) – Universidade de São Paulo, São Paulo, 2006.

BARCELLOS, Ana Paula de. A gestão do tempo pela regulação: parâmetros constitucionais para a prorrogação de prazos e alguns casos concretos. In: PEREIRA NETO, Caio Mario da Silva Pereira; PINHEIRO, Luís Felipe Valerim (Coord.). *Direito da infraestrutura*. São Paulo: Saraiva, 2017. v. 2.

BARROSO, Luís Roberto. Alteração dos contratos de concessão rodoviária. *Revista de Direito Público da Economia – RDPE*, Belo Horizonte, ano 4, n. 15, p. 99-129, jul./set. 2006.

BARROSO, Luís Roberto. *Curso de direito constitucional contemporâneo*. 6. ed. São Paulo: Saraiva, 2017.

BARROSO, Luís Roberto. O contrato de concessão de rodovias: particularidades, alteração e recomposição do equilíbrio econômico-financeiro. *Revista de Direito da Procuradoria Geral do Rio de Janeiro*, Rio de Janeiro, p. 186215. Edição especial.

BATISTA, Joana Paula. *Remuneração dos serviços públicos*. São Paulo: Malheiros, 2005.

BAUBY, Pierre. *Service public, services publics*. 2. ed. Paris: La documentation française, 2016.

BAUMOL, William J.; SIDAK, Gregory. *Transmission pricing and stranded costs in the electric power industry*. Washington: AEI Press, 1995.

BENCHENDIKH, François. *L'essentiel de la délégation de service public*. Issy-les-Moulineaux: Gualino, 2014.

BEZANÇON, Xavier. *Essai sur les contrats de travaux et de services publics*: contribuition à l'histoire administrative de la délégation de mission publique. Paris: LGDJ, 1999.

BINENBOJM, Gustavo. *Poder de polícia, ordenação, regulação*: transformações político-jurídicas, econômicas e institucionais do direito administrativo ordenador. Belo Horizonte: Fórum, 2016.

BINENBOJM, Gustavo. *Uma teoria do direito administrativo*: direitos fundamentais, democracia e constitucionalização. Rio de Janeiro: Renovar, 2006.

BINENBOJM, Gustavo; CYRINO, André Rodrigues. Entre política e expertise: a repartição de competências entre o governo e a Anatel na Lei Geral de Telecomunicações. *Revista Brasileira de Direito Público – RBDP*, Belo Horizonte, ano 6, n. 21, p. 127-152, abr./jun. 2008.

BLACKSTONE, William. *Commentaries on the law of England*. Philadelphia: J. B. Lippncott Co., 1893. v. I.

BLANCHET, Luiz Alberto. *Concessões de serviço público*. 2. ed. Curitiba: Juruá, 2000.

BONAVIDES, Paulo. *Ciência política*. 10. ed. São Paulo: Malheiros, 1997.

BONBRIGHT, James C. *Principles of public utilities rates*. Nova Iorque: Columbia University Press, 1961.

BOULOIS, Jean. *Droit institutionnel de l'Union européenne*. 6. ed. Paris: Montchrestien, 1996.

BOYD, James. The "regulatory compact" and implicit contracts: should stranded costs be recoverable? *Discussion Paper*, 97-01, October 1996. Disponível em: http://www.rff.org/files/sharepoint/WorkImages/Download/RFF-DP-97-01.pdf. Acesso em: 4 jul. 2016.

BRACONNIER, Stéphane. *Droit des services publics*. 2. ed. Paris: PUF, 2007.

BREYER, Stephen. *Regulation and its reform*. Cambridge: Harvard University Press, 1982.

BROCHARD, Adrien. *Une histoire du Tribunal des conflits*: le Tribunal des conflits et la protection de l'admnistration. 2017. Tese (Doutorado em Direito Público) – Université Paris II – Panthéon-Assas, École doctorale Georges Vedel, Paris, 8 dez. 2017. Disponível em: https://docassas.u-paris2.fr/nuxeo/site/esupversions/9e1c9514-73b2-41ff-886e-5b1f645e31f3?inline. Acesso em: 24 nov. 2019.

BROWN, Ashley C. Concessions, markets and public policy in the Brazilian power sector. *The Electricity Journal*, v. 25, n. 9, 2012.

CÂMARA, Jacintho Arruda. O prazo nos contratos públicos. *In*: DI PIETRO, Maria Sylvia Zanella (Coord.). *Tratado de direito administrativo*: licitação e contrato administrativo. 1. ed. São Paulo: Revista dos Tribunais, 2014. v. 6.

CÂMARA, Jacintho Arruda. Prorrogações contínuas nas concessões? A legislação vem ampliando as hipóteses de prorrogação das parcerias com o setor privado. *Jota*, Brasília, 24 dez. 2019. Disponível em: https://www.jota.info/opiniao-e-analise/colunas/publicistas/prorrogacoes-continuas-nas-concessoes-24122019. Acesso em: 7 jan. 2020.

CÂMARA, Jacintho Arruda. *Tarifa nas concessões*. São Paulo: Malheiros, 2009.

CAMPANA, Priscilla de Souza Pestana. A necessidade de uma postura judicial de deferência aos atos regulatórios. *In*: ARAGÃO, Alexandre Santos de *et al.* (Coord.). *Regulação e infraestrutura*. Belo Horizonte: Fórum, 2018.

CANTO, Mariana Dall'Agnol; GUZELA, Rafaella Peçanha. Prorrogações contratuais em contratos de concessão. *In*: MOREIRA, Egon Bockmann (Coord.). *Contratos administrativos, equilíbrio econômico-financeiro e a taxa interna de retorno*. Belo Horizonte: Fórum, 2016.

CARTOU, Louis. *L'Union européenne* – Traités de Paris, Rome, Maastricht. 2. ed. Paris: Dalloz, 1996.

CARVALHO FILHO, José dos Santos. *Manual de direito administrativo*. 28. ed. São Paulo: Atlas, 2015.

CASTRO, Carlos Roberto Siqueira. *Direito constitucional e regulatório*: ensaios e pareceres. Rio de Janeiro: Renovar, 2011.

CAVALCANTI, Themistocles Brandão. *Tratado de direito administrativo*. 3. ed. Rio de Janeiro: Freitas Bastos, 1956. v. III.

CEREXHE, Etienne. *O direito europeu* – As instituições. Lisboa: Editorial Notícias, 1985.

CHADWICK, Edwin. Results of different principles of legislation and administration in Europe; of competition for the field, as compared with competition within the field, of service. *Journal of the Statistical Society of London*, Londres, v. 22, n. 3, set. 1859.

CHEVALLIER, Jacques. *Le service public*. Paris: PUF, 2015.

CINTRA, Antônio Carlos de Araújo. Apontamentos sobre a reversão de bens públicos na concessão de serviço público. *Revista Forense*, Rio de Janeiro, 1999.

COASE, Ronald. Problem of social cost. *The Journal of Law & Economics*, v. 3, out. 1960.

COASE, Ronald. *The firm, the market and the law*. Chicago e Londres: University of Chicago Press, 1988.

COASE, Ronald. The nature of the firm. *Economica*, new series, v. 4, n. 16, nov. 1937.

COELHO, Fábio Ulhoa. *Curso de direito comercial*: direito de empresa. 17. ed. São Paulo: Saraiva, 2013. v. 1.

COLE, G. D. H.; FILSON, A. W. *British working class movements*: select documents, 1789-1875. Londres: Macmillan & Co., 1951.

COOPER, Phillip. *Governing by contract*: challenges and opportunities for public managers. Washington: CQ Press, 2003.

CURY, Bruno da Silva Mussa. *Combatendo ratos, mosquitos e pessoas*: Oswaldo Cruz e a saúde pública na reforma da capital do Brasil (1902-1904). 2012. Dissertação (Mestrado em História) – Programa de Pós-Graduação em História, Universidade Federal do Estado do Rio de Janeiro – Unirio, Rio de Janeiro, 2012.

DALLARI, Dalmo de Abreu. *Elementos de teoria geral do Estado.* 16. ed. São Paulo: Saraiva, 1991.

DEMSERTZ, Harold. Why regulate utilities? *Journal of Law and Economics*, Chicago, v. 11, n. 1, abr. 1968.

DEVOLVÉ, Pierre. *Droit public de l'économie.* Paris: Dalloz, 1998.

DI PIETRO, Maria Sylvia Zanella. *Direito administrativo.* 36. ed. 2. reimpr. Rio de Janeiro: Forense, 2024.

DI PIETRO, Maria Sylvia Zanella. *Parcerias na administração pública*: concessão, permissão, terceirização, parceria público-privada e outras formas. 9. ed. São Paulo: Atlas, 2012.

DROMI, Roberto. *Derecho comunitario.* Buenos Aires: Ediciones Ciudad Argentina, 1995.

DROMI, Roberto. *Ecuaciones de los contratos públicos.* 2. ed. Buenos Aires-Madri: Ciudad Argentina-Hispania Libros, 2008.

DUGUIT, Léon. *Les transformations du droit public.* 1. ed. Paris: Librairie Armand Colin, 1913.

DUTRA, Joísa; SAMPAIO, Patrícia. Aspectos regulatórios e desafios da iluminação pública. *In*: ROCHA, Fábio Amorim da (Coord.). *Temas relevantes no direito de energia elétrica.* Rio de Janeiro: Synergia, 2014. t. III.

E. A. M., JR. State regulation of businesses affected with public interest. *Virginia Law Review*, v. 18, n. 7, maio 1932.

EKELUND JR., Robert B.; HÉBERT, Robert F. The proto-history of franchise bidding. *Southern Economic Journal*, v. 48, n. 2, out. 1981.

ENGEL, Eduardo M. R. A. *et al.* Least-Present-Value-of-Revenue Auctions and Highway Franchising. *Journal of Political Economy*, v. 109, n. 5, 2001.

ESPLUGAS, Pierre. *Le service public.* 3. ed. Paris: Dalloz, 2012.

ESQUÍVEL, José Luís. *Os contratos administrativos e a arbitragem.* Coimbra: Almedina, 2004.

FAGUNDES, Miguel Seabra. *O contrôle dos atos administrativos pelo poder judiciário.* 3. ed. Rio de Janeiro: Revista Forense, 1957.

FERNÁNDEZ ACEVEDO, Rafael. Mantenimiento del equilíbrio económico y responsabillidad patrimonial como técnicas de moderación del riesgo concesional. *In*: MOREIRA, Egon Bockmann (Coord.). *Contratos administrativos, equilíbrio econômico-financeiro e a taxa interna de retorno.* Belo Horizonte: Fórum, 2016.

FERRAZ JÚNIOR, Tércio Sampaio; MARANHÃO, Juliano Souza de Albuquerque. Separação estrutural entre serviços de telefonia e limites ao poder das agências para alteração de contratos de concessão. *Revista de Direito Público da Economia – RDPE*, Belo Horizonte, ano 2, n. 8, p. 197227, out./dez. 2004.

FERRAZ, Rafaella. *Arbitragem em litígios comerciais com a Administração Pública*: exame a partir da principialização do direito administrativo. Porto Alegre: Sergio Antonio Fabris, 2008.

FLAMENT-GUELFUCCI, Emmanuelle; CHAVE, Isabelle. *Guide de recherche dans les archives du Conseil d'État.* Paris: Direction de l'information légale et administrative, 2018.

FRANCESCHELLI, Remo. *Trattato di diritto industriale.* Milão: Giuffrè, 1960.

FREEMAN, Jody; MINOW, Martha (Org.). *Government by contract*: outsourcing and american democracy. Cambridge: Harvard University Press, 2009.

FREEMAN, Jody; MINOW, Martha. Introduction: refraiming the outsourcing debates. *In*: FREEMAN, Jody; MINOW, Martha (Org.). *Government by contract*: outsourcing and American democracy. Cambridge: Harvard University Press, 2009.

FREITAS, Daniela Bandeira de. *A fragmentação administrativa do estado*: fatores determinantes, limitações e problemas jurídico-políticos. Belo Horizonte: Fórum, 2011.

FREITAS, Rafael Véras de. A repartição de riscos nos contratos administrativos regulados: os contratos de partilha de produção e de concessão da infraestrutura aeroportuária. *Revista de Direito Público da Economia'– RDPE*, Belo Horizonte, ano 10, n. 39, p. 139-157, jul./set. 2012.

FREITAS, Rafael Véras de. As prorrogações e a relicitação previstas na Lei nº 13.448/2017: um novo regime jurídico de negociação para os contratos de longo prazo. *Revista de Direito Público da Economia – RDPE*, Belo Horizonte, ano 15, n. 59, p. 175-199, jul./set. 2017.

FREITAS, Rafael Véras de. *Equilíbrio econômico-financeiro das concessões*. Belo Horizonte: Fórum, 2023.

FREITAS, Rafael Véras de; RIBEIRO, Leonardo Coelho. O prazo como elemento da economia contratual das concessões: as espécies de 'prorrogação'. *In*: MOREIRA, Egon Bockmann (Coord.). *Contratos administrativos, equilíbrio econômico-financeiro e a taxa interna de retorno*. Belo Horizonte: Fórum, 2016.

FRETEL, Anne. Révolution française et association: régénération plus que négation. *Revue Internationale de l'Économie Sociale*, Paris, n. 299, 2006.

FURTADO, Lucas Rocha. *Curso de licitações e contratos administrativos*. 6. ed. Belo Horizonte: Fórum, 2015.

GARCÍA DE ENTERRÍA, Eduardo; FERNÁNDEZ, Tomás-Ramón. *Curso de derecho administrativo*. 10. ed. Madri: Thomson Civitas, 2006. v. I.

GARCÍA DE ENTERRÍA, Eduardo; FERNÁNDEZ, Tomás-Ramón. *Curso de derecho administrativo*. 10. ed. Madri: Thomson Civitas, 2006. v. II.

GARCIA, Flávio Amaral. A mutabilidade e incompletude na regulação por contrato e a função integrativa das Agências. *Revista de Contratos Públicos – RCP*, Belo Horizonte, ano 3, n. 5, mar./ago. 2014.

GARCIA, Flávio Amaral. *Concessões, parcerias e regulação*. São Paulo: Malheiros, 2019.

GASPARINI, Diógenes. *Direito administrativo*. 16. ed. São Paulo: Saraiva, 2011.

GAUDIN, Jean-Pierre. *Gouverner par contrat*. 2. ed. Paris: Presses de Sciences Po, 2007.

GLAESER, Martin G. *Public Utilities in American Capitalism*. Nova Iorque: The Macmillan Co., 1957.

GONÇALVES, Pedro António P. Costa. *A concessão de serviços públicos*. Coimbra: Almedina, 1999.

GONÇALVES, Pedro António P. Costa. *Entidades privadas com poderes públicos:* o exercício de poderes públicos por entidades privadas com funções administrativas. Coimbra: Almedina, 2008.

GONÇALVES, Pedro António P. Costa. Regulação administrativa e contrato. *Revista de Direito Público da Economia – RDPE*, Belo Horizonte, ano 9, n. 35, p. 105-141, jul./set. 2011.

GRAU, Eros Roberto. *A ordem econômica na constituição de 1988*: interpretação e crítica. 18. ed. São Paulo: Malheiros, 2017.

GRAU, Eros Roberto. Contrato de concessão: propriedade de bens públicos, encerramento do contrato e artigo 884 do Código Civil. *Revista de Direito Administrativo – RDA*, Rio de Janeiro, v. 261, set./dez. 2012.

GRIMM, Dieter. *Constituição e política*. Belo Horizonte: Del Rey, 2006.

GROTTI, Dinorá Adelaide Musetti. *O serviço público e a Constituição brasileira de 1988*. São Paulo: Malheiros, 2003.

GUERRA, Sérgio. A reversibilidade dos bens nas concessões de serviços públicos. *Revista de Direito Público da Economia – RBDE*, Belo Horizonte, ano 2, n. 8, out./dez. 2004.

GUERRA, Sérgio. Agencificação no Brasil: causas e efeitos no modelo regulatório. *In*: MARRARA, Thiago. *Direito administrativo*: transformações e tendências. 1. ed. São Paulo: Almedina, 2014.

GUGLIELMI, Gilles J. *et alli*. *Droit du service public*. 4. ed. Issy-les-Moulineaux: LGDJ, 2016.

GUIMARÃES, Bernardo Strobel. O prazo nas concessões e as normas que estipulam vigência máxima do vínculo: algumas inquietações. *In*: MOREIRA, Egon Bockmann (Coord.). *Contratos administrativos, equilíbrio econômico-financeiro e a taxa interna de retorno*. Belo Horizonte: Fórum, 2016.

GUIMARÃES, Bernardo Strobel; CAGGIANO, Heloísa Conrado. O que mudou no direito das concessões com a aprovação da MP nº 752: perguntas e respostas. *Revista de Direito Público da Economia – RDPE*, Belo Horizonte, ano 15, n. 58, p. 9-22, abr./jun. 2017.

GUIMARÃES, Felipe Montenegro Viviani. *Prorrogação por interesse público das concessões de serviço público*. São Paulo: Quartier Latin, 2018.

GUIMARÃES, Fernando Vernalha. As receitas alternativas nas concessões de serviços públicos no direito brasileiro. *Revista de Direito Público da Economia – RDPE*, Belo Horizonte, ano 6, n. 21, p. 121-148, jan./mar. 2008.

GUIMARÃES, Fernando Vernalha. *Concessão de serviço público*. 2. ed. São Paulo: Saraiva, 2014.

HAURIOU, Maurice. *Derecho publico y constitucional*. 2. ed. Madrid: Instituto Editorial Reus, [s.d.].

HAURIOU, Maurice. *Precis de droit administratiuf et de droit publique*. 12. ed. Paris: Dalloz, 2002.

HAUTON, Marianne. L'extension de la durée des contrats de concession. *Contrats Publics*, n. 183, jan. 2018. Disponível em: https://www.seban-associes.avocat.fr/wp-content/uploads/2018/01/L%E2%80%99extension-de-la-dur%C3%A9e-des-contrats.pdf. Acesso em: 22 nov. 2019.

HAYEK, Friedrich A von. The use of knowledge in society. *The American Economic Review*, v. 35, n. 4, set. 1945.

HEMPLING, Scott. *Regulating public utility performance*: The law of market structure, pricing and jurisdiction. Chicago: American Bar Association, 2013.

HERMALIN, Benjamin E.; KATZ, Michael L. Information and the Hold-Up Problem. *The RAND Journal of Economics*, v. 40, n. 3, 2009.

HOBSBAWM, Eric. *A era das revoluções*: 1789-1848. São Paulo: Paz e Terra, 1997, *E-book*.

HOEPFFNER, Helène. *La modification du contract administratif*. Paris: LGDJ, 2009.

JARRELL, Gregg A. The Demand for State Regulation of the Electric Utility Industry. *The Journal of Law & Economics*, Chicago, v. 21, n. 2, out. 1978.

JEANNOT, Gilles; COUTARD, Olivier. *Revenir au service public?* Paris: Direction de l'information légale et administrative, 2015.

JELLINEK, Georg. *Teoria General del Estado*. Buenos Aires: Albatros, 1954.

JÈZE, Gaston. *Les principes généraux du droit administratif*, tome 2. Reimpressão da 3ª edição de 1930 (Bibliothèque Dalloz). Paris, Dalloz, 2003.

JÈZE, Gaston. *Les principes généraux du droit administratif*, tome 3: le fonctionnement des services pubics. Reimpressão da edição de 1926. Paris, Dalloz, 2011.

JORDÃO, Eduardo; RIBEIRO, Maurício Portugal. Como desestruturar uma agência reguladora em passos simples. *Revista de Estudos Institucionais*, v. 3, n. 1, jan./jul. 2017.

JUSTEN FILHO, Marçal. *Comentários à Lei de Licitações e Contratações Administrativas*. 2. ed. São Paulo: RT, 2023.

JUSTEN FILHO, Marçal. *Curso de direito administrativo*. 14. ed. 2. reimpr. Rio de Janeiro: Forense, 2023.

JUSTEN FILHO, Marçal. *Teoria geral das concessões de serviço público*. São Paulo: Dialética, 2003.

KELMAN, Steven J. Achieving contracting goals and recognizing law concerns. *In*: FREEMAN, Jody; MINOW, Martha (Org.). *Government by contract*: outsourcing and american democracy. Cambridge: Harvard University Press, 2009.

KRELL, Andreas J. Discricionariedade administrativa, conceitos jurídicos indeterminados e controle judicial. *Revista ESMAFE – Escola de Magistratura Federal da 5ª Região*, v. 8, 2004. Disponível em: https://www.trf5.jus.br/downloads/rev08.pdf. Acesso em: 22 dez. 2019.

KRIELE, Martin. *Introdução à teoria do Estado*: os fundamentos históricos da legitimidade do Estado constitucional democrático. Porto Alegre: Sergio Antonio Fabris, 2009.

LACHAUME, Jean-François *et alli*. *Droit administratif*: les grndes décisions de la jurisprudence. 17. ed. Paris: PUF, 2017.

LAFER, Celso. Os dilemas da soberania. *Possibilidades e paradoxos*. Rio de Janeiro: Nova Fronteira, 1982.

LAPP, John A. Public utilities – Control. *The American Political Science Review*, v. 1, n. 4, ago. 1907.

LAPP, John A. Public utilities. *The American Political Science Review*, v. 2, n. 4, nov. 1908.

LAPP, John A. Public utilities. *The American Political Science Review*, v. 5, n. 4, nov. 1911.

LAPP, John A. Public utilities. *The American Political Science Review*, v. 6, n. 4, nov. 1912.

LAPP, John A. Public utilities. *The American Political Science Review*, v. 7, n. 3, ago. 1913.

LAUBADÈRE, André de. *Traité Élémentaire de droit administratif*. Paris: Librairie générale de droit et de jurisprudence, 1953.

LEMES, Selma. *Arbitragem na Administração Pública*: fundamentos jurídicos e eficiência econômica. São Paulo: Quartier Latin, 2007.

LIMA, Ruy Cirne. *Pareceres* (Direito Público). Porto Alegre: Livraria Sulina, 1963.

LOCKE, John. *Two Treatises on Government*. [s.l.]: Waxkeep Publishing, [s.d.]. *E-book*. The John Locke Collection: 6 Classic Works.

MALJAR, Daniel Edgardo. *Intervención del Estado em la prestación de servicios públicos*. Buenos Aires: Ed. Hammurabi, 1998.

MAQUIAVELLI, Niccolò. *Il Príncipe*. [s.l.]: Lavla Edizioni, [s.d.]. *E-book*.

MARQUES NETO, Floriano de Azevedo. A nova regulação dos serviços públicos. *Revista de Direito Administrativo*, v. 228, abr./jun. 2002.

MARQUES NETO, Floriano de Azevedo. A prorrogação dos contratos de concessão do setor elétrico e a medida provisória nº 579/2012. *In*: MARQUES NETO, Floriano de Azevedo *et al.* (Org.). *Direito e Administração Pública:* estudos em homenagem a Maria Sylvia Zanella Di Pietro. São Paulo: Atlas, 2013.

MARQUES NETO, Floriano de Azevedo. Alteração em contrato de concessão rodoviária. *Revista Tributária e de Finanças Públicas – RTrib*, São Paulo, n. 44, 2002.

MARQUES NETO, Floriano de Azevedo. *Bens públicos*: função social e exploração econômica. O regime jurídico das utilidades públicas. Belo Horizonte: Fórum, 2009.

MARQUES NETO, Floriano de Azevedo. Bens reversíveis nas concessões do setor de telecomunicações. *Revista de Direito Público da Economia – RDPE*, Belo Horizonte, n. 8, out./dez. 2004.

MARQUES NETO, Floriano de Azevedo. Breves considerações sobre o equilíbrio econômico-financeiro nas concessões. *Revista de Informação Legislativa*, v. 159, p. 193-197, 2003.

MARQUES NETO, Floriano de Azevedo. *Concessões*. 1. ed. Belo Horizonte: Fórum, 2015.

MARQUES NETO, Floriano de Azevedo. Discricionariedade e regulação setorial: o caso do controle de atos de concentração por regulação setorial. *In*: ARAGÃO, Alexandre Santos de (Org.). *O poder normativo das agências reguladoras*. 2. ed. Rio de Janeiro: Forense, 2011.

MARQUES NETO, Floriano de Azevedo. O direito administrativo no sistema de base romanística e de common law. *Revista de Direito Administrativo*, v. 268, jan./abr. 2015.

MARQUES NETO, Floriano de Azevedo. Prorrogações antecipadas – Caso "ferrovias, malha paulista". *In*: MARQUES NETO, Floriano de Azevedo *et al.* (Coord.). *Dinâmica da regulação* – Estudo de casos da jurisprudência brasileira: a convivência dos tribunais e órgãos de controle com agências reguladoras, autoridade da concorrência e livre iniciativa. Belo Horizonte: Fórum, 2020.

MARQUES, A. H. Oliveira. *Breve história de Portugal*. 5. ed. Porto-Lisboa: Presença, 2003.

MARRARA, Thiago. Serviços de táxi: aspectos jurídicos controvertidos e modelos regulatórios. *Revista de Direito da Cidade*, Rio de Janeiro, v. 8, n. 3, p. 1.049-1.063.

MARTINS, António. Project finance e medidas de reequilíbrio financeiro: uma nota analítica. *Revista de Contratos Públicos – RCP*, Belo Horizonte, ano 4, n. 7, p. 63-77, mar./ago. 2015.

MARTINS, António. Sobre o equilíbrio financeiro das concessões e a taxa interna de rendibilidade (TIR) accionista: uma perspectiva económica. *In*: MOREIRA, Egon Bockmann (Coord.). *Contratos administrativos, equilíbrio econômico-financeiro e a taxa interna de retorno*. Belo Horizonte: Fórum, 2016.

MATER, André. Le municipalisme et le conseil d'état. *Revue d'économie politique*, Paris, v. 19, n. 4, 1905. Disponível em: https://www.jstor.org/stable/pdf/24680533.pdf?refreqid=excelsior%3Ae297e3c9681b4084c62a50cb938095d0. Acesso em: 3 set. 2019.

MATTEUCCI, Nicola. "verbete: soberania". *In*: BOBBIO, Norberto *et alli*. (Org.). *Dicionário de política*. 9. ed. Brasília: Editora UnB, 1997.

MATTOS, César. Concessões de rodovias e renegociação no Brasil. *In*: OLIVEIRA, Gesner; OLIVEIRA FILHO, Luiz Chrysostomo (Org.). *Parcerias público-privadas*: experiências, desafios e propostas. Rio de Janeiro: LTC, 2013.

McILWAIN, Charles Howard. *Constitucionalismo antiguo y moderno*. Tradução de Juan José Solozábal Echavarría. Madrid: Centro de Estudios Constitucionales, 1991.

MEDAUAR, Odete. Ato Administrativo: origem, concepções, abrangência. *In*: MEDAUAR, Odete; SCHIRATO, Vitor (Org.). *Os caminhos do ato administrativo*. São Paulo: RT, 2011.

MEDAUAR, Odete. *Direito administrativo moderno*. 20. ed. São Paulo: Revista dos Tribunais, 2016.

MEDAUAR, Odete. Poder de polícia: origem, evolução, crítica à noção, caracterização. *In*: MEDAUAR, Odete; SCHIRATO, Vitor Rhein (Coord.). *Poder de polícia na atualidade*: Anuário do Centro de Estudos de Direito Administrativo, Ambiental e Urbanístico – CEDAU do ano de 2011. Belo Horizonte: Fórum, 2014.

MEDAUAR, Odete. Serviço público. *Revista de Direito Administrativo – RDA*, Rio de Janeiro, v. 189, jul./set. 1992.

MEIRELLES, Hely Lopes. *Direito administrativo brasileiro*. 34. ed. São Paulo: Malheiros, 2008.

MELLO, Celso Albuquerque. *Direito internacional da integração*. Rio de Janeiro: Renovar, 1996.

MELLO, Rafael Munhoz de. Prorrogação de concessão de serviço público. *Revista de Direito Público da Economia – RDPE*, Belo Horizonte, ano 12, n. 46, p. 207-222, abr./jun. 2014.

MENDES, Gilmar Ferreira *et al*. *Curso de direito constitucional*. São Paulo: Saraiva, 2007.

MENDONÇA, José Vicente Santos de. *Direito constitucional econômico*: a intervenção do Estado na economia à luz da razão pública e do pragmatismo. Belo Horizonte: Fórum, 2014.

MESTRE, Jean-Louis. *Introduction historique au droit administratif français*. Paris: Presses universitaires de France, 1985.

MILLER, Edyth S. Is the public utility concept obsolete? *Land Economics*, v. 71, n. 3, ago. 1995.

MONTEIRO, Vera. *Concessão*. São Paulo: Malheiros, 2010.

MONTESQUIEU. *De l'esprit des lois*. [s.l.]: Norph-Nop editions, 2011. E-book.

MORAIS, Rafael Pinho de. Empurrando concessões com a barriga. *Jota*, Brasília, 21 ago. 2019. Disponível em: https://www.jota.info/paywall?redirect_to=//www.jota.info/opiniao-e-analise/artigos/empurrando-concessoes-com-a-barriga-21082019. Acesso em: 8 nov. 2019.

MOREIRA NETO, Diogo de Figueiredo. *Curso de direito administrativo*. 16. ed. Rio de Janeiro: Forense, 2014.

MOREIRA NETO, Diogo de Figueiredo. Das normas de transição nas concessões de serviços públicos de transporte coletivos urbanos (um estudo de caso). *Revista de Direito da Associação dos Procuradores do Novo Estado do Rio de Janeiro*, Rio de Janeiro, v. IX, 2002.

MOREIRA NETO, Diogo de Figueiredo. *Mutações do direito administrativo*. Rio de Janeiro: Renovar, 2000.

MOREIRA, Egon Bockmann. Contratos administrativos de longo prazo: a lógica de seu equilíbrio econômico-financeiro. In: MOREIRA, Egon Bockmann (Coord.). *Contratos administrativos, equilíbrio econômico-financeiro e a taxa interna de retorno*. Belo Horizonte: Fórum, 2016.

MOREIRA, Egon Bockmann. *Direito das concessões de serviço público*: inteligência da Lei 8987/95. São Paulo: Malheiros, 2010.

MOREIRA, Egon Bockmann. Os serviços públicos brasileiros e sua lógica jurídico-econômica: reflexões a partir do art. 175 da Constituição. *Revista de Direito Público da Economia – RDPE*, Belo Horizonte, ano 17, n. 68, p. 9-43, out./dez. 2019.

NATAL, Tatiana Esteves. *A teoria dos contratos incompletos e a natural incompletude do contrato de concessão*. Disponível em: http://anape.org.br/site/wp-content/uploads/2014/01/004_056_TATIANA_ESTEVES_NATAL_10082009-17h08m.pdf. Acesso em: 4 jul. 2016.

NÓBREGA, Marcos. Contratos incompletos de infraestrutura: contratos administrativos, concessões de serviço público e PPPs. *Revista Eletrônica de Direito Administrativo Econômico (REDAE)*, Salvador, n. 18, maio/jul. 2009. Disponível em: http://www.direitodoestado.com/revista/redae-18-maio-2009-marcos-nobrega.pdf. Acesso em: 4 jul. 2016.

NORTH, Douglass C. *Institutions, institutional change and economic performance*. 27. ed. Nova Iorque: Cambridge University Press, 2015.

NOVAK, William J. Public-private governance: a historical introduction. In: FREEMAN, Jody; MINOW, Martha (Org.). *Government by contract*: outsourcing and American democracy. Cambridge: Harvard University Press, 2009.

NUNES, António José Avelãs. *A revolução francesa*: as origens do capitalismo – A nova ordem jurídica burguesa. Belo Horizonte: Fórum, 2017.

OLIVARES GALLARDO, Alberto. Libre mercado y regulación: la experiencia en el sector elétrico español. *Revista Chilena de Derecho*, Santiago, v. 41, n 1, jan. 2014.

OLIVEIRA FILHO, Luiz Chrysostomo de. Financiamento de longo prazo e mercado de capitais em investimentos de infraestrutura: novas concessões e parcerias público-privadas. In: OLIVEIRA, Gesner; OLIVEIRA FILHO, Luiz Chrysostomo (Org.). *Parcerias público-privadas:* experiências, desafios e propostas. Rio de Janeiro: LTC, 2013.

OLIVEIRA, Carolina Zaja Almada Campanate de. *Contratos administrativos complexos e de longo prazo*: a prorrogação antecipada e a relicitação na teoria dos contratos públicos. 2018. Dissertação (Mestrado em Direito da Regulação, Economia, Intervenção e Estratégias Regulatórias) – Escola de Direito do Rio de Janeiro, Fundação Getúlio Vargas, Rio de Janeiro, 2019.

OLIVEIRA, Gesner et al. *Avaliação da política de prorrogação antecipada das concessões ferroviárias*. Grupo de Economia da Infraestrutura e Soluções Ambientais. Rio de Janeiro: Fundação Getúlio Vargas, 2018. Disponível em: https://gei-sa.fgv.br/sites/gei-sa.fgv.br/files/u49/estudo_vantajosidade_final_grupo_de_economia_vf_limpa_.pdf. Acesso em: 2 dez. 2019.

OLIVEIRA, Rafael Carvalho Rezende. *Administração Pública, concessões e terceiro setor*. 2. ed. Rio de Janeiro: Lumen Juris, 2011.

OLIVEIRA, Rafael Carvalho Rezende. Extinção dos contratos de parcerias público-privadas (PPPs). *Revista Brasileira de Direito Público – RBDP*, Belo Horizonte, ano 17, n. 66, p. 87-111, jul./set. 2019.

OLIVEIRA, Rafael Carvalho Rezende; FREITAS, Rafael Véras de. A prorrogação dos contratos de concessão de aeroportos. *Interesse Público – IP*, Belo Horizonte, ano 17, n. 93, p. 145-162, set./out. 2015.

OSTROM, Elinor. *Governing the Commons*: the evolution of institutions for collective action. 29. ed. Cambridge: Cambridge University Press, 2011.

PAUPÉRIO, Arthur Machado. *Teoria democrática da soberania*. 3. ed. Rio de Janeiro: Forense, 1990.

PEREIRA NETO, Caio Mario da Silva *et al*. Reversibilidade de bens em concessões de telecomunicações. *Revista de Direito Público da Economia – RDPE*, Belo Horizonte, ano 14, n. 55, p. 73-110, jul./set. 2016.

PEREZ, Marcos Augusto. *O risco no contrato de concessão de serviço público*. Belo Horizonte: Fórum, 2006.

PESSOA, Leonardo Ribeiro. *As origens dos bens vinculados à prestação dos serviços públicos e os seus regimes jurídicos*. Disponível em: http://www.buscalegis.ufsc.br/revistas/files/anexos/19557-19558-1-PB.htm. Acesso em: 8 out. 2016.

PHILLIPS JR., Charles F. *The regulation of public utilities*: theory and practice. Virginia: Public Utilities Reports, 1988.

PIMENTA, Guilherme. TCU determina que Guedes decida atrito entre Banco Central e Casa da Moeda: para ministro Bruno Dantas, caso mostra incapacidade do Estado de solucionar internamente seus próprios conflitos. *Jota*, Brasília, 16 maio 2019. Disponível em: https://www.jota.info/tributos-e-empresas/mercado/tcu-determina-que-guedes-decida-atrito-entre-banco-central-e-casa-da-moeda-16052019. Acesso em: 22 maio 2019.

PINHEIRO, Armando Castelar; RIBEIRO, Leonardo Coelho. *Regulação das ferrovias*. 1. ed. Rio de Janeiro: FGV, 2017.

PINTO, Bilac. *Regulamentação efetiva dos serviços de utilidade pública*. Atualização de Alexandre Santos de Aragão. 2. ed. Rio de Janeiro: Forense, 2002.

PLUCKNETT, Theodore F. T. *A concise history of the common law*. 5. ed. Indianapolis: Little, Brown and Co, 1956 (reimpressão em 2010 por Liberty Fund edition).

PONTES FILHO, Valmir. *Poder, direito e Constituição*. Belo Horizonte: Fórum, 2010.

POSNER, Richard. Natural monopoly and its regulation. *Stanford Law Review*, v. 21, n. 3, fev. 1969.

PRADO, Lucas Navarro. Extinção de contratos de PPP e concessão: breves reflexões sobre o cálculo de indenizações considerando os parâmetros gerais da lei federal nº 8.987/95. *In*: OLIVEIRA, Gesner; OLIVEIRA FILHO, Luiz Chrysostomo (Org.). *Parcerias público-privadas*: experiências, desafios e propostas. Rio de Janeiro: LTC, 2013.

PRADO, Lucas Navarro; PINHEIRO, Luís Felipe Valerim. O tempo nas concessões de infraestrutura: prazo de vigência de sua prorrogação. *In*: MARCATO, Fernando S.; PINTO JR., Mario Engler (Coord.). *Direito da Infraestrutura*. São Paulo: Saraiva, 2017. v. 1.

PRIEST, George L. The origins of utility regulation and the "theories of regulation" debate. *The Journal of Law & Economics*, Chicago, v. 36, n. 1, part 2, abr. 1993.

PROSSER. Theorising utility regulation. *The Modern Law Review*, v. 62, n. 2, mar. 1999.

REBELLO, Ana Claudia Gonçalves. Efeitos Jurídicos da extinção da concessão de serviços públicos sobre contratos com terceiros. *In*: ROCHA, Fábio Amorim (Coord.). *Temas relevantes no direito de energia elétrica*. Rio de Janeiro: Synergia, 2014.

REIS, Márcio Monteiro. Bens reversíveis: problemas e divergências. *In*: SADDY, André; MORAES, Salus. *Tratado de parcerias público-privadas*: teoria e prática. Rio de Janeiro: CEEJ, 2019. v. 5.

REIS, Márcio Monteiro. De onde vêm, o que são, para onde vão e quanto custam os bens reversíveis? *In*: ARAGÃO, Alexandre Santos de et alli (Coord.). *Regulação e infraestrutura*. Belo Horizonte: Fórum, 2018.

REIS, Márcio Monteiro. Implantação do regime de cotas para as concessões de usinas de geração hidrelétrica (Lei n. 12.783/2013): prorrogação ou nova contratação? *In*: ROCHA, Fábio Amorim da (Coord.). *Temas relevantes no direito de energia elétrica*. Rio de Janeiro: Synergia, 2015. t. IV.

REIS, Márcio Monteiro. *Mercosul, União Europeia e Constituição*: a integração dos Estados e os ordenamentos jurídicos internacionais. Rio de Janeiro: Renovar, 2001.

REIS, Márcio Monteiro. Regulação contratual: uma revisita contemporânea à teoria do ato-condição. *Revista de Direito Administrativo e Infraestrutura – RDAI*, ano 1, n. 3, p. 87-133, out./dez. 2017.

RIBAS, Antonio Joaquim. *Direito administrativo brasileiro*. 1866. Edição do Ministério da Justiça, 1968.

RIBEIRO, Maurício Portugal. *10 anos da Lei de PPP, 20 anos da Lei de Concessões*: viabilizando a implantação e melhoria de infraestruturas para o desenvolvimento econômico-social. Disponível em: http://www.portugalribeiro.com.br/10-anos-das-lei-de-pps-20-anos-da-lei-de-concessoes/. Acesso em: 18 nov. 2019.

RIBEIRO, Maurício Portugal. *A Medida Provisória nº 752/16 e os setores rodoviário e aeroportuário*: seu contexto, seus objetivos e as alterações que ela precisa sofrer ao longo do seu processo de conversão em lei. Disponível em: http://www.portugalribeiro.com.br/wpp/wp-content/uploads/mp-para-reestruturar-contratos7.pdf. Acesso em: 25 nov. 2019.

RIBEIRO, Maurício Portugal. iNFRADebate: ANTT, Crivella e Requião – regra sobre indenização aprovada pela ANTT ajuda populistas a estatizar concessões. *Agenciainfra. com*, Brasília, 13 jan. 2020. Disponível em: http://www.agenciainfra.com/blog/infradebate-antt-crivella-e-requiao-regra-sobre-indenizacao-aprovada-pela-antt-ajuda-populistas-a-estatizar-concessoes. Acesso em: 15 jan. 2020.

ROCHA, Cármen Lúcia Antunes. *Estudos sobre concessão e permissão de serviço público no direito brasileiro*. São Paulo: Saraiva, 1996.

ROCHA, Iggor Gomes. Concessão de serviço público e parceria público-privada: da garantia ao equilíbrio econômico-financeiro à partilha contratual de riscos. *In*: GONÇALVES, Guilherme de Salles; GABARDO, Emerson (Coord.). *Direito da infraestrutura*: temas de organização do Estado, serviços públicos e intervenção administrativa. Belo Horizonte: Fórum, 2012.

ROOSEVELT, Franklin Delano. The revision of the public service commissions law. *Proceedings of the academy of political science*, Nova Iorque, v. 14, n. 1, maio 1930.

ROSA, Pérsio Thomaz Ferreira. *Os dispute boards e os contratos de construção*. Disponível em: http://www.frosa.com.br/docs/artigos/Dispute.pdf. Acesso em: 4 jul. 2016.

ROSENFELD, Michel. The rule of law and the legitimacy of constitutional democracy. Jacob Burns Institute for Advanced Legal Studies, Cardoso Law School. *Working Paper Series*, n. 36, 2001.

ROUSSEAU, Jean Jacques. *Du contrat social*: ou principes du droit politique. Paris: Bordas, 1972.

SAMPAIO, Patrícia; ARAÚJO, Thiago. Previsibilidade ou resiliência? Notas sobre a repartição de riscos em contratos administrativos. *Revista de Direito da Procuradoria Geral do Estado do Rio de Janeiro*, Rio de Janeiro, 2014. Edição Especial: Administração Pública, Risco e Segurança Jurídica.

SANTAMARÍA PASTOR, Juan Alfonso. *Principios de derecho administrativo general*. 3. ed. Madri: Iustel, 2015. v. II.

SANTANA, Edvaldo Alves de. *Instituições, governança econômica e incompletude dos contratos: teoria e prática*. Disponível na internet em: https://www.gwu.edu/~clai/recent_events/2007/Edvaldo_Santana_Paper.pdf. Acesso em: 4 jul. 2016.

SANTOS, Rodrigo Valgas dos. Concessão de serviço público: a prorrogação do prazo de exploração para recomposição do equilíbrio econômico-financeiro do contrato. *Interesse Público – IP*, Belo Horizonte, n. 38, ano 8, jul./ago. 2006.

SCHIRATO, Vitor Rhein. *Livre iniciativa nos serviços públicos*. Belo Horizonte: Fórum, 2012.

SCHIRATO, Vitor Rhein. O poder de polícia é discricionário? In: MEDAUAR, Odete; SCHIRATO, Vitor Rhein (Coord.). *Poder de polícia na atualidade*: Anuário do Centro de Estudos de Direito Administrativo, Ambiental E Urbanístico – CEDAU do ano de 2011. Belo Horizonte: Fórum, 2014.

SCHWIND, Rafael Wallbach. Prazo de vigência e prorrogação dos contratos de parcerias público-privadas. In: SADDY, André; MORAES, Salus. *Tratado de parcerias público-privadas*: teoria e prática. Rio de Janeiro: CEEJ, 2019. v. 5.

SCHWIND, Rafael Wallbach. *Remuneração do concessionário*: concessões comuns e parcerias público-privadas. Belo Horizonte: Fórum, 2010.

SCHWIND, Rafael Wallbach. Remuneração variável e contratos de eficiência no Regime Diferenciado de Contratações Públicas (RDC). *Revista Brasileira de Direito Público – RBDP*, Belo Horizonte, ano 10, n. 36, p. 177206, jan./mar. 2012.

SENDÍN GARCÍA, Miguel Ángel. *Regulación y servicios públicos*. Granada: Comares, 2003.

SENNA, Laís Ribeiro de. *Alteração de prazo dos contratos de concessão de serviços públicos como forma de recomposição de seu equilíbrio econômico-financeiro*. 2018. Dissertação (Mestrado em Direito Administrativo) – Pontifícia Universidade Católica de São Paulo – PUC-SP, São Paulo, 2018.

SHELANSKI, Howard. The case for rebalancing antitrust and regulation. *Michingan Law Review*, Michingan, v. 109, n. 5, mar. 2011.

SIEYÈS, Emmanuel-Joseph. *Qu'est-ce que le Tiers État*. Paris: Ed. du Bucher, 2002.

SILVA, Jose Afonso da. *Curso de direito constitucional positivo*. 37. ed. São Paulo: Malheiros, 2014.

SMITH, Adam. *An Inquiry into the nature and causes of the wealth of nations*. Londres: W. Strahan e T. Cadell, 1776. E-book.

SOUTO, Marcos Juruena Villela. *Direito administrativo contratual*: licitações – contratos administrativos. Rio de Janeiro: Lumen Juris, 2004.

SOUTO, Marcos Juruena Villela. *Direito administrativo das concessões*: concessões, terceirizações, convênios, consórcios e acordos – Outras formas de gestão associada. 5. ed. Rio de Janeiro: Lumen Juris, 2004.

SOUTO, Marcos Juruena Villela. *Licitações e contratos administrativos*: Lei nº 8.666, de 21-06-93 (comentada). 3. ed. Rio de Janeiro: Esplanada, 1998.

STIGLER, George J.; FRIEDLAND, Claire. What can regulators regulate? The case of electricity. *The Journal of Law & Economics*, v. 5, out. 1962.

SUNDFELD, Carlos Ari. *Direito administrativo ordenador*. 1. ed. 2. tir. São Paulo: Malheiros, 1997.

SUNDFELD, Carlos Ari. Direito ao equilíbrio financeiro na prestação precária do transporte coletivo de passageiros. *In*: MOREIRA, Egon Bockmann (Coord.). *Contratos administrativos, equilíbrio econômico-financeiro e a taxa interna de retorno*. Belo Horizonte: Fórum, 2016.

SUNDFELD, Carlos Ari. *Fundamentos de direito público*. 4. ed. São Paulo: Malheiros, 2000.

SUNDFELD, Carlos Ari. O paradoxo da licitação. *Revista Síntese Licitações, Contratos e Convênios*, São Paulo, v. 2, n. 8, abr./maio 2012.

SUNDFELD, Carlos Ari; CÂMARA, Jacintho Arruda. Bens reversíveis nas concessões públicas: a inviabilidade de uma teoria geral. *Revista da Faculdade de Direito – UFPR*, Curitiba, v. 61, n. 2, maio/ago. 2016.

SUNDFELD, Carlos Ari; CÂMARA, Jacintho Arruda. Uma crítica à tendência de uniformizar com princípios o regime jurídico dos contratos públicos. *Revista de Direito Público da Economia – RDPE*, Belo Horizonte, ano 11, n. 41, p. 57-72, jan./mar. 2013.

SUNDFELD, Carlos Ari; PALMA, Juliana Bonacorsi de. Dinâmica de preparação do edital. *In*: MARCATO, Fernando S.; PINTO JR., Mario Engler (Coord.). *Direito da infraestrutura*. São Paulo: Saraiva, 2017. v. 1.

TÁCITO, Caio. O equilíbrio financeiro na concessão de serviço público. *In*: TÁCITO, Caio. *Temas de direito público*. Rio de Janeiro: Renovar, 1997. v. 1.

TEIXEIRA JR., Flávio Germano de Sena; NÓBREGA, Marcos; CABRAL, Rodrigo Torres Pimenta. Matriz de riscos e a ilusão da perenidade do passado: precisamos ressignificar o conceito de tempo nas contratações públicas. *In*: NÓBREGA, Marcos. *Um olhar além do óbvio – Temas avançados de licitações e contratos*. 2. ed. São Paulo: JusPodivm, 2024.

TEIXEIRA, António Fernando Dias. *A natureza das comunidades européias (estudo político-jurídico)*. Coimbra: Livraria Almedina, 1993.

THALER, Richard H. *The winner's curse*: paradoxes and anomalies of economic life. Nova Iorque: The Free Press (Macmillan Inc.), 2012.

TOMAIN, Joseph P.; SHAPIRO, Sidney A. Analysing government regulation. *Administrative Law Review*, Chicago, v. 49, n. 2, 1997.

TORGAL, Lino. Prorrogação do prazo de concessões de obras e de serviços públicos. *Revista de Contratos Públicos*, Coimbra, v. 1, p. 219-263, jan./abr. 2011.

TORRES, Silvia Faber. *O princípio da subsidiariedade no direito público contemporâneo*. Rio de Janeiro: Renovar, 2001.

URRUTIGOITY, Javier. Retribuición en los servicios públicos. *In*: GONZÁLEZ AGUIRRE, Marta (Coord.). *Los servicios públicos*: régimen jurídico actual. Buenos Aires: Depalma, 1994.

VALIATI, Thiago Priess. O sistema duplo de regulação no Brasil: a regulação por contrato complementada pela regulação por agência. *Revista de Direito Administrativo e Infraestrutura*, São Paulo, v. 8, jan./mar. 2019.

VIANNA, Fernando Villela de Andrade. Buser e a inaplicabilidade do precedente Uber. *Jota*, Brasília, 21 maio 2019. Disponível em: https://www.jota.info/tributos-e-empresas/regulacao/buser-e-a-inaplicabilidade-do-precedente-uber-21052019. Acesso em: 26 dez. 2019.

VINCI, Nathalie. *Mettre fin à une délégation de service public*. Voiron: Territorial, 2014.

WEIDENFELD, Katia. *Histoire du droit administratif:* du XIVe siècle à nos jours. Paris: Economica, 2010.

WILLIAMSON, Oliver E. Franchise bidding for natural monopolies: in general and with respect to CATV. *The Bell Journal Of Economics*, New Jersey, v. 7, n 1, 1976.

WILLIAMSON, Oliver E. Transaction-cost economics: the governance of contractual relations. *Journal of Law and Economics*, v. 22, n. 2, out. 1979.

ZANOBINI, Guido. *Corso di diritto amnistrativo*. Milano: Giuffrè, 1955.

Esta obra foi composta em fonte Palatino Linotype, corpo 10
e impressa em papel Pólen Bold 70g (miolo) e Supremo 250g
(capa) pela Formato Artes Gráficas.